Guide
de
Charme

HOTELS, LANDGASTHÄUSER, UND AGRITURISMO MIT CHARME
ITALIEN

Rivages

Sämtliche Veröffentlichungen
von Editions Payot & Rivages finden Sie unter:
www.payot-rivages.fr

Gemäß einer Rechtsprechung (Toulouse, 14.01.1887) kann der Verleger für eventuelle Fehler, die sich trotz sorgfältiger Arbeit des Redaktionsteams eingeschlichen haben, nicht haftbar gemacht werden.

© 2010, Éditions Payot & Rivages

106, boulevard Saint-Germain – 75006 Paris (France)

ISBN: 978-27436-2066-0

ISSN: 0991-4781

Grafische Gestaltung: Marie Donzelli und Marie Gastaut

Dank an Yann Espenel

Anschrifft: Michelle Gastaut
3, impasse Victor Cousin
F-13008 Marseille
Fax 0033-4 91 77 52 67
E-Mail: michelle.gastaut@wanadoo.fr

Guide de Charme

HOTELS, LANDGASTHÄUSER, MIT AGRITURISMO MIT CHARME
ITALIEN

Projektleitung:
Michelle Gastaut

Erarbeitet von Michelle Gastaut,
Julien Baer und Bertrand Gastaut

Aus dem Französischen von Inge Hanneforth

Rivages
Web: http://www.guidesdecharme.com

Besser reisen mit
guidesdecharme.com

Mehr als **2 000 Web-Adressen**
(Frankreich, Italien, Spanien, Portugal)

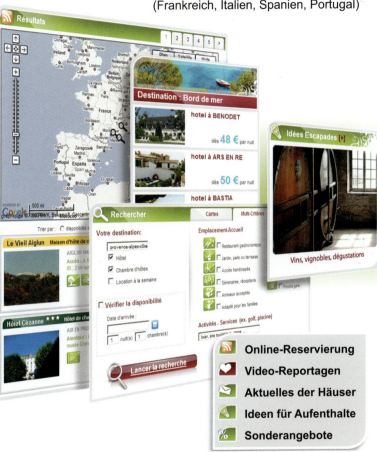

- Online-Reservierung
- Video-Reportagen
- Aktuelles der Häuser
- Ideen für Aufenthalte
- Sonderangebote

Reservieren Sie Ihren Aufenthalt in einem der von uns ausgewählten Häuser online.

Besuchen Sie die Webseiten der Hotels und Landgasthäuser mit Charme.

Entdecken Sie Events und Sehenswürdigkeiten in der Umgebung einer jeden Adresse.

Downloaden Sie die Anreisepläne.

Lassen Sie sich den kostenlosen Newsletter von Guides de Charme zusenden.

Guides de Charme
Editions Payot & Rivages

guidesdecharme.com

Die neue Ausgabe (2010) umfasst 567 Adressen. Diejenigen, die unseren Auswahlkriterien (Charme, Qualität von Empfang und Verpflegung sowie Traditionsbewusstsein) nicht mehr entsprachen, haben wir aussortiert.

Die ausgewählten Häuser gehören den verschiedensten Kategorien an. So gibt es Zimmer, Wohnungen, Villen und „Agriturismo"-Adressen: schlichter bis höchster Komfort. Die Beschreibungen der Hotels, die vor der Reservierung aufmerksam gelesen werden sollten, geben die Kategorien leicht zu erkennen. Es versteht sich von selbst, dass man bei einem Zimmer, das etwa 90 Euro kostet, nicht das gleiche verlangen kann wie bei einem anderen, für das 200 Euro verlangt wird.

Außerdem möchten wir darauf hinweisen, dass die von uns angegebenen Preise 2009 gültig waren und von den Hotelbesitzern jederzeit revidiert werden können. Deshalb ist es ratsam, sich bei der Reservierung die Preise für Halb- und Vollpension (entsprechend Personenanzahl und Aufenthaltsdauer sehr unterschiedlich) bestätigen zu lassen.

Am Ende des Führers sind empfehlenswerte Restaurants nach Regionen aufgeführt. Die Auswahl umfasst authentische Adressen, damit Ihnen weder die kleine Pizzeria in Neapel entgeht noch die Trattoria von Mailand oder die vielen erfreulichen Osterien in der Toskana. Einige Adressen zum Einkaufen lokaler Spezialitäten oder ausgefallener Souvenirs sind ebenfalls aufgeführt. Und schließlich ein paar Touristenrouten (Cinque Terre in Ligurien, das Lario-Tal am Comer See, Chianti Fiorentino, Chianti Senese usw.) mit Adressen von Restaurants und Geschäften, in denen Sie lokale Produkte fürs Picknick, zum Probieren vor Ort oder für zu Hause kaufen können.

Wie man diesen Hotelführer benutzen sollte
Die Hotels sind nach Regionen alphabetisch geordnet. Die Seitennummer eines jeden Hotels entspricht der Nummer auf den eingangs abgebildeten Straßenkarten; das Hotelverzeichnis befindet sich am Anfang des Führers.

Liebe Leserinnen und Leser,
gern würden wir Ihre Meinung zu diesem Führer erfahren.
Bei Angabe Ihres E-Mails erhalten Sie auf
Wunsch Touristeninfos Italien.

Editions Rivages, Michelle Gastaut
3, impasse Victor Cousin F-13008 Marseille
Fax 0033-4 91 77 52 67
E-Mail: michelle.gastaut@wanadoo.fr

HOTELVERZEICHNIS

BASILICATA - KALABRIEN

Acquafredda di Maratea (Potenza) - Karte Nr. 21
- Villa Cheta Elite 1

Matera - Karte Nr. 21
- Locanda di San Martino 2
- Hotel Sassi 3

Marconia - Karte Nr. 21
- Azienda agricola San Teodoro Nuovo 4

Dattilo - Marina di Strongoli (Crotone) - Karte Nr. 25
- Azienda Dattilo 5

Puzelle - Santa Severina (Crotone) - Karte Nr. 25
- Azienda agrituristica Le Puzelle 6

Marina di San Nicola - Parghelia (Vibo Valentia) - Karte Nr. 24
- Hotel Panta Rei 7

Gerace (Reggio di Calabria) - Karte Nr. 24
- La Casa di Gianna 8

KAMPANIEN

Baia Domizia Cellole (Caserta) - Karte Nr. 19
- Hotel della Baia 9

Capua (Caserta) - Karte Nr. 19
- Masseria Giòsole 10

Napoli - Karte Nr. 19
- Hotel Excelsior 11
- B&B Parteno 12
- Grand Hotel Parker's 13
- Hotel Miramare 14
- B&B Riviera di Chiaia 15
- Albergo del Purgatorio et Kaplan's Project 16

Isola di Capri (Napoli) - Karte Nr. 19
- Villa Brunella 17
- Hotel Punta Tragara 18
- Albergo Villa Sarah 19
- Pensione Quattro Stagioni 20

Isola d'Ischia (Napoli) - Karte Nr. 19

Sant'Angelo
- Park Hotel Miramare 21
- Pensione Casa Sofia 22

Bocca Forio d'Ischia
- Il Vitigno 23

Sorgeto - Panza d'Ischia
- Hotel Ristorante Residence Punta Chiarito 24

Sorrento (Napoli) - Karte Nr. 20
- Maison La Minervetta... 25
- Hotel Parco dei Principi.. 26
- Hotel Bellevue Syrene.. 27

Sant'Agata Sui Due Golfi (Napoli) - Karte Nr. 20
- Relais Don Alfonso 1890.. 28

Conca dei Marini (Salerno) - Karte Nr. 20
- Hotel Belvedere... 29

Amalfi (Salerno) - Karte Nr. 20
- Hotel Luna Convento 30
- Hotel Lidomare.. 31

Castiglione di Ravello (Salerno) - Karte Nr. 20
- Hotel Villa San Michele.. 32

Scarpariello (Salerno) - Karte Nr. 20
- Hotel Villa Scarpariello Relais..................................... 33

Positano (Salerno) - Karte Nr. 20
- Hotel San Pietro.. 34
- Le Sirenuse... 35
- Hotel Palazzo Murat... 36
- Albergo Casa Albertina.. 37
- La Fenice 38

Ravello (Salerno) - Karte Nr. 20
- Hotel Palumbo - Palazzo Confalone................................. 39
- Villa Cimbrone 40

Sieti - Giffoni Sei Casali (Salerno) - Karte Nr. 20
- Palazzo Pennasilico... 41

Capaccio Scalo - Paestum (Salerno) - Karte Nr. 20
- Il Cannito 42
- Agriturismo Seliano 43

Cenito - San Marco de Castellabate (Salerno) - Karte Nr. 20
- Giacaranda 44

Santa Maria di Castellabate (Salerno) - Karte Nr. 20
- Palazzo Belmonte 45
- Hotel Villa Sirio 46

EMILIA - ROMAGNA

Bologna - Karte Nr. 10
- Il Convento dei Fiori di Seta 47
- Art Hotel Commercianti 48
- Art Hotel Orologio.. 49
- Torre Prendiparte 50
- Ca' Fosca Due Torri B&B 51

Savigno (Bologna) - Karte Nr. 10
- Locanda Amerigo dal 1934 52

Sasso Marconi (Bologna) - Karte Nr. 10
- Agriturismo Le Conchiglie 53

Dozza (Bologna) - Karte Nr. 10
- Ristorante Albergo Canè 54

Parma - Karte Nr. 9
- Hotel Verdi 55

Polesine Parmense (Parma) - Karte Nr. 9
- Antica Corte Pallavicina Relais 56

Cangelasio - Salsomaggiore Terme (Parma) - Karte Nr. 9
- Antica Torre 57

Albareto (Parma) - Karte Nr. 9
- Borgo Casale 58

Bersano di Besenzone (Piacenza) - Karte Nr. 9
- Le Colombaie 59

Suzzano di Rivergano (Piacenza) - Karte Nr. 8
- Agriturismo B&B La Casarossa 60

Reggio nell'Emilia - Karte Nr. 9
- Hotel Posta 61
- Albergo delle Notarie 62

Modena - Karte Nr. 9
- Canalgrande Hotel 63

Ferrara - Karte Nr. 10
- Hotel Principessa Leonora 64
- Locanda Borgonuovo 65

Campotto di Argenta (Ferrara) - Karte Nr. 10
- Azienda agrituristica Val Campotto 67

Portico di Romagna (Forlì) - Karte Nr. 10
- Hotel Al Vecchio Convento 67

Brisighella (Ravenna) - Karte Nr. 10
- Il Palazzo 68

Santarcangelo di Romagna (Rimini) - Karte Nr. 11
- Hotel Il Villino 69

LATIUM ABRUZZEN MOLISE

Roma - Karte Nr. 14
- Hotel Locarno 70
- Hotel Gregoriana 71
- Crossing Condotti 72
- Hotel Pensione Parlamento 73
- Rose Garden Palace 74
- Roma Boutique Hotel 75
- Hotel Teatropace 33 76
- Hotel Raphaël 77

- Pantheon View B&B	78
- Hotel Relais Palazzo Taverna	79
- Suite Dreams	80
- Hotel Capo d'Africa	81
- Hotel Campo de' Fiori	82
- Kame Hall	83
- Casa Banzo B&B	84
- Hotel Villa Laetitia	85
- Buonanotte Garibaldi B&B	86

Grottaferrata (Roma) - Karte Nr. 14
- Park Hotel Villa Grazioli 87

Palo Laziale (Roma) - Karte Nr. 14
- La Posta Vecchia 88

Bracciano (Roma) - Karte Nr. 14
- Hotel Villa Clementina 89

Lago di Bracciano - Karte Nr. 14
Anguillara Sabazia (Roma)
- Country Relais I Due Laghi 90

Poggio Catino (Rieti) - Karte Nr. 14
- Hotel Borgo Paraelios 91

Latina - Karte Nr. 18
- Foro Appio Mansio Hotel 92

Isola di Ponza (Latina) - Karte Nr. 18
- Villa Laetizia Ponza 93

Sperlonga (Latina) - Karte Nr. 19
- Parkhotel Fiorelle 94

Gaeta (Latina) - Karte Nr. 19
- Grand Hotel Le Rocce 95

Isola di Ventotene (Latina) - Karte Nr. 19
- Agave e Ginestra 96

Viterbo - Karte Nr. 14
- Villa Farinella B&B 97

Civitella d'Agliano (Viterbo) - Karte Nr. 14
- L'Ombricolo 98

Santa Caterina - Lubriano (Viterbo) - Karte Nr. 14
- Locanda Settimo Cielo 99

Seripola - Orte (Viterbo) - Karte Nr. 14
- La Locanda della Chiocciola 100

Tuscania (Viterbo) - Karte Nr. 13
- Hotel Al Gallo 101
- Casa Caponetti 102

Santo Stefano di Sessanio (L'Aquila) - Karte Nr. 15
- Sextantio Albergo Diffuso 103

Pescocostanzo (L'Aquila) - Karte Nr. 15
- Relais Ducale 104

Venafro (Isernia) - Karte Nr. 19
- Dimora delPrete di Belmonte 105

LIGURIEN

Apricale (Imperia) - Karte Nr. 7
- Locanda dei Carugi 106

Arcagna - Dolceacqua (Imperia) - Karte Nr. 7
- Azienda agrituristica Terre Bianche 107

Vasia - Imperia - Karte Nr. 7
- Relais San Damian Azienda Agricola 108

Oneglia (Imperia) - Karte Nr. 7
- Tenuta Molino dei Giusi & Torre Rossa 109

Diano Marina (Imperia) - Karte Nr. 7
- Agriturismo Borgo Muratori 110

San Bartolomeo al Mare - Karte Nr. 7
- I Freschi 111

Castelvecchio di Rocca Barbena (Savona) - Karte Nr. 7
- Casa Cambi 112

Celle Ligure (Savona) - Karte Nr. 8
- La Natta di Monte Tabor 113

Finale Ligure (Savona) - Karte Nr. 8
- Hotel Punta Est 114

Genova - Karte Nr. 8
- Locanda di Palazzo Cicala 115
- Quartopiano B&B 116

Camogli (Genova) - Karte Nr. 8
- Hotel Cenobio dei Dogi 117
- Villa Rosmarino 118
- Albergo da Giovanni 119

Portofino (Genova) - Karte Nr. 8
- Hotel Splendido 120
- Hotel Nazionale 121

Moneglia (Genova) - Karte Nr. 8
- B&B A Casa di Roby 122

Sestri Levante (Genova) - Karte Nr. 8
- Hotel Helvetia 123

La Spezia - Karte Nr. 9
- Agriturismo Golfo dei Poeti 124

Levanto - Karte Nr. 9
- La Sosta di Ottone III 125

Isola della Palmeria - Karte Nr. 9
 Portovenere
- Casa del Pescatore 126

Corniglia (La Spezia) - Karte Nr. 9
- B&B Le Terrazze 127

Vernazza (La Spezia)- Karte Nr. 9
- La Malà 128

Monterosso al Mare (La Spezia) - Karte Nr. 9
   - Hotel Porto Roca 129
Tellaro (La Spezia) - Karte Nr. 9
   - Hotel Il Nido 130

LOMBARDEI

Bergamo Alta - Karte Nr. 3
   - Locanda Agnello d'Oro 131
Erbusco (Brescia) - Karte Nr. 3
   - L'Albereta & Ristorante Gualtiero Marchesi 132
Provaglio d'Iseo (Brescia) - Karte Nr. 3
   - Locanda al Dossello 133
Lago di Garda - Karte Nr. 3
   Gardone Riviera (Brescia)
   - Dimora Bolsone 134
   Fasano di Gardone Riviera (Brescia)
   - Hotel Villa del Sogno 135
   - Villa Fiordaliso 136
   Gargnano (Brescia)
   - Hotel Baia d'Oro 137
   - Hotel Villa Giulia 138
   Salò (Brescia)
   - Hotel Laurin 139
Lago di Como - Karte Nr. 2
   Como
   - Albergo Terminus 140
   Bellagio (Como)
   - Grand Hotel Villa Serbelloni 141
   - Hotel Florence 142
   Lenno (Como)
   - San Giorgio Hotel 143
Lago di Lugano - Karte Nr. 2
   San Mamete - Valsolda (Como)
   - Hotel Stella d'Italia 144
San Fedele d'Intelvi (Como) - Karte Nr. 2
   - Villa Simplicitas e Solferino 145
Mantova - Karte Nr. 9
   - B&B Del Mincio 146
Villastrada di Dosolo (Montova) - Karte Nr. 9
   - Albergo Locanda del Peccato di Gola 147
Castellaro Lagusello - Monzambano - Karte Nr. 9
   - Hotel Corte Uccellanda 148

Milano - Karte Nr. 2
- Straf Hotel 149
- The Gray 150
- Cocoon B&B 151
- Locanda Il Resentin 152
- Antica Locanda Solferino 153
- Antica Locanda dei Mercanti 154
- "Alle Meraviglie" 155
- Vietnam Mon Amour B&B 156
- Trova il Tempo 157

Begoglio - Santa Maria della Versa (Pavia) - Karte Nr. 8
- Agriturismo Da Prati 158

Maleo (Lodi) - Karte Nr. 9
- Albergo del Sole 159

Stagno Lombardo (Cremona) - Karte Nr. 9
- Lo Stagno 160

Cantello (Varese) - Karte Nr. 2
- Albergo Madonnina 161

MARKEN

Pantiere - Urbino - Karte Nr. 11
- Urbino Resort Santi Giacomo e Filippo 162

Sagrata - Fermignano (Pesaro) - Karte Nr. 11
- Locanda della Valle Nuova 163

Casenuove - Osimo (Ancora) - Karte Nr. 11
- Country B&B La Commenda 164

Portonovo (Ancora) - Karte Nr. 11
- Hotel Emilia 165
- Hotel Fortino Napoleonico 166

Monte Conero - Sirolo (Ancora) - Karte Nr. 11
- Hotel Monteconero 167

Sirolo (Ancora) - Karte Nr. 11
- Locanda Rocco 168

Castel Sant'Angelo - Castelraimondo (Macerata) - Karte Nr. 14
- Il Giardino degli Ulivi 169

Ascoli Piceno - Karte Nr. 15
- Hotel Residenza 100 Torri 170

Abbazia di Rosara (Ascoli Piceno) - Karte Nr. 15
- Villa Cicchi 171

San Severino Marche (Macerata) - Karte Nr. 14
- Locanda Salimbeni 172

Recanati (Macerata) - Karte Nr. 11
- Palazzo Dalla Casapiccola 173

Castel di Lama (Ascoli Piceno) - Karte Nr. 15
- Borgo Storico Seghetti Panichi 174

UMBRIEN

Perugia - Karte Nr. 14
- Locanda della Posta 175

Cenerente-Oscano - Perugia - Karte Nr. 14
- Castello dell'Oscano et Villa Ada 176

Cenerente-San Lorenzo della Rabatta - Perugia - Karte Nr. 14
- San Lorenzo della Rabatta 177

Castel del Piano Umbro (Perugia) - Karte Nr. 14
- Villa Aureli 178

Torgiano (Perugia) - Karte Nr. 14
- Relais Le Tre Vaselle 179

Montone (Perugia) - Karte Nr. 14
- La Locanda del Capitano 180

Assisi (Perugia) - Karte Nr. 14
- Hotel Umbra 181

Armenzano - Assisi (Perugia) - Karte Nr. 14
- Le Silve di Armenzano 182

Bevagna (Perugia) - Karte Nr. 14
- L'Orto degli Angeli 183

Canalicchio di Collazzone (Perugia) - Karte Nr. 14
- Relais Il Canalicchio 184

Città di Castello (Perugia) - Karten Nr. 10 und 14
- Hotel Tiferno 185

Colle San Paolo - Tavernelle di Panicale (Perugia) - Karte Nr. 13
- Villa di Monte Solare 186

Gubbio (Perugia) - Karte Nr. 14
- Relais Ducale 187

Santa Cristina - Gubbio (Perugia) - Karte Nr. 14
- Locanda del Gallo 188

Pieve San Quirico - Bagnara (Perugia) - Karte Nr. 14
- Le Torri di Bagnara 189

Piazzano - Tuoro sul Trasimeno (Perugia) - Karte Nr. 13
- Villa di Piazzano 190

Pissignano - Campello sul Clitunno (Perugia) - Karte Nr. 14
- Il Vecchio Molino 191

Spoleto (Perugia) - Karte Nr. 14
- Hotel Gattapone 192
- Palazzo Dragoni 193
- Hotel San Luca 194
- Hotel Charleston 195

Monteluco - Spoleto (Perugia) - Karte Nr. 14
- Hotel Eremo delle Grazie 196

Pompagnano - Spoleto (Perugia) - Karte Nr. 14
- Convento di Agghielli 197

Silvignano - Spoleto (Perugia) - Karte Nr. 14
- Le Logge di Silvignano 198

Castel Ritaldi (Perugia) - Karte Nr. 14
- La Gioia Country House.. 199

Spello (Perugia) - Karte Nr. 14
- Hotel Palazzo Bocci 200

Todi (Perugia) - Karte Nr. 14
- Hotel Fonte Cesia 201

Fratta Todina (Perugia) - Karte Nr. 14
- La Palazzetta del Vescovo.. 202

Canonica - Todi (Perugia) - Karte Nr. 14
- Tenuta di Canonica.. 203

Pesciano - Todi (Perugia) - Karte Nr. 14
- La Masale 204

Montecastello di Vibio (Perugia) - Karte Nr. 14
- Fattoria di Vibio... 205

Titignano (Terni) - Karte Nr. 14
- Titignano.. 206

Narni (Terni) - Karte Nr. 14
- Podere Costa Romana.. 207

Orvieto (Terni) - Karte Nr. 13
- Hotel Ristorante La Badia *(La Badia)* 208
- Locanda Rosati *(Buonviaggio)* 209

PIEMONT - AOSTATAL

Torino - Karte Nr. 7
- Hotel Victoria 210
- B&B Ai Savoia 211

Cantalupa (Torino) - Karte Nr. 7
- La Locanda della Maison Verte.. 212

Lago di Laux - Karte Nr. 7
   Usseaux (Torino)
- Albergo Lago Laux... 213

Sauze d'Oulx (Torino) - Karte Nr. 6
- Il Capricorno 214

Borgata Finello - Mármora (Cuneo) - Karte Nr. 7
- Locanda Lou Pitavin... 215

Verduno (Cuneo) - Karte Nr. 7
- Albergo Real Castello di Verduno 216

Riondino - Trezzo Tinella (Cuneo) - Karte Nr. 7
- Agriturismo Borgo del Riondino 217

Santa Rosalia - Alba (Cuneo) - Karte Nr. 7
- Alla Cascina Baresane.. 218

Grinziane Cavour (Cuneo) - Karte Nr. 7
- Hotel Casa Pavesi.. 219

Serralunga d'Alba (Cuneo) - Karte Nr. 7
- L'Antico Asilo 220

Monforte d'Alba (Cuneo) - Karte Nr. 7
- Hotel Villa Beccaris... 221
- Le Case della Saracca 222

Santa Anna - Carrù (Cuneo) - Karte Nr. 7
- Il Bricco 223

Canelli (Asti)- Karte Nr. 7
- La Luna e i Falo' 224
- La Casa in Collina 225

San Giorgio Monferrato (Alessandria) - Karte Nr. 8
- Castello di San Giorgio 226

Stazzano (Alessandria) - Karte Nr. 8
- La Traversina 227

Lago Maggiore - Karte Nr. 2
  Cannobio (Verbania)
- Hotel Pironi.. 228
  Isola del Pescatori - Stresa (Novara)
- Hotel Verbano.. 229

Lago d'Orta - Karte Nr. 2
  Orta San Giulio (Novara)
- Hotel Ristorante Villa Crespi 230

Lago di Mergozzo - Karte Nr. 2
  Mergozzo (Novara)
- La Quartina.. 231

Riale - Formazza (Verbania) - Karte Nr. 2
- Hotel Walser Schtuba 232

Alagna Valsesia (Vercelli) - Karte Nr. 1
- Montagna di Luce... 233

Aosta - Karte Nr. 1
- Hotel Milleluci 234

Entrèves - Courmayeur (Aosta) - Karte Nr. 1
- La Grange 235
- Auberge de La Maison 236

Homené Dessus - Saint-Pierre (Aosta) - Karte Nr. 1
- Les Écureuils 237

Vetan (Aosta) - Karte Nr. 1
- Hotel Notre Maison à Vetan 238

Ollomont (Aosta) - Karte Nr. 1
- Locanda della Vecchia Miniera.. 239

Saint-Rhémy-en-Bosses (Aosta) - Karte Nr. 1
- Hotel Suisse 240

Bard (Aosta) - Karte Nr. 1
- Ad Gallias Hotel 241

Pontboset (Aosta) - Karte Nr. 1
- Agriturismo Le Moulin des Aravis 242

Cogne (Aosta) - Karte Nr. 1
- Hotel Bellevue 243
- Hotel Miramonti 244

Valnontey (Aosta) - Karten Nr. 1 und 7
- Hotel La Barme 245
- Hotel Petit Dahu 246

Ayas-Champoluc (Aosta) - Karte Nr. 1
- Breithorn Hotel 247
- Chalet Mascognaz 248

Frachey-Ayas - Karte Nr. 1
- Hotel California 249

Breuil-Cervinia (Aosta) - Karte Nr. 1
- Hotel Hermitage 250
- Les Neiges d'Antan 251
- Hotel Mignon 252

Gressoney-Saint-Jean (Aosta) - Karte Nr. 1
- Hotel Gran-Baita 253

Gressoney-la-Trinité (Aosta) - Karte Nr. 1
- Hotel Lo Scoiattolo 254

APULIEN

Polignano a Mare (Bari) - Karte Nr. 22
- Hotel Ristorante Grotta Palazzese 255

Conversano (Bari) - Karte Nr. 22
- Hotel Corte Altavilla 256

Alberobello (Bari) - Karte Nr. 22
- Trullidea 257

Noci (Bari) - Karte Nr. 22
- B&B Masseria Murgia Albanese 258

Montegrosso - Andria (Bari) - Karte Nr. 22
- Biomasseria Lama di Luna 259

Fasano (Brindisi) - Karte Nr. 22
- Masseria Marzalossa 260
- Masseria Maccarone 261

Savelletri di Fasano (Brindisi) - Karte Nr. 22
- Masseria San Domenico 262

Pezze di Greco (Brindisi) - Karte Nr. 22
- Masseria Salamina 263

Ostuni (Brindisi) - Karte Nr. 22
- La Sommità Relais Culti 264
- Il Frantoio 265

Ostuni Marina (Brindisi) - Karte Nr. 22
- Grand Hotel Masseria Santa Lucia 266

Lecce - Karte Nr. 22
- Hotel Patria Palace 267
- Centro Storico Prestige B&B 268

Màglie (Lecce) - Karte Nr. 23
- Corte dei Francesi 269

Galatina (Lecce) - Karte Nr. 22
- Hotel Residence Palazzo Baldi 270

Corigliano d'Otranto (Lecce) - Karte Nr. 23
- Masseria Appidé 271

Otranto (Lecce) - Karte Nr. 23
- Masseria Montelauro 272

SARDINIEN

Porto Cervo (Olbia Tempio) - Karte Nr. 28
- Hotel Le Ginestre 273
- Villa Yolanda 274

Baia Sardinia - Porto Cervo (Olbia Tempio) - Karte Nr. 28
- Le Querce 275

Porto San Paolo (Olbia Tempio) - Karte Nr. 28
- Hotel Don Diego 276

San Biagio - Aglientu (Olbia Tempio) - Karte Nr. 28
- Li Pireddi 277

Fraiga - Aggius (Olbia Tempio) - Karte Nr. 28
- Il Muto di Gallura 278

L'Agnata - Tempio Pausania (Olbia Tempio) - Karte Nr. 28
- L'Agnata di De André 279

Codrongianos (Sassari) - Karte Nr. 28
- Hotel Funtanarena 280

Alghero (Sassari) - Karte Nr. 28
- Villa Las Tronas 281

Porto Conte - Alghero (Sassari) - Karte Nr. 28
- Grand Hotel El Faro 282

Porto Frailis - Arbatax (Ogliastra) - Karte Nr. 28
- Hotel La Bitta 283

Orosei (Nuoro) - Karte Nr. 28
- Anticos Palathos 284

Sorgente Su Gologone - Oliena (Nuoro) - Karte Nr. 28
- Hotel Su Gologone 285

S'Abba e Sa Murta - Tortoli (Ogliastra) - Karte Nr. 28
- Dimore Acqua di Mirto 286

Cabras (Oristano) - Karte Nr. 28
- Villa Canu 287

Piscinas di Ingurtosu - Arbus (Cagliari) - Karte Nr. 28
- Hotel Le Dune 288

Gonnesa (Cagliari) - Karte Nr. 28
- B&B Domus de Janas 289

Taccu - Orroli (Nuoro) - Karte Nr. 28
- Villagio Antichi Ovili 290
- Omuaxiu 291

Isola di San Pietro - Karte Nr. 28
  Tacca Rossa - Carloforte (Cagliari)
- Albergo Paola e Primo Maggio 292

SIZILIEN

Taormina (Messina) - Karte Nr. 27
- San Domenico Palace Hotel 293
- Hotel Villa Belvedere 294
- Hotel Villa Ducale 295
- Hotel Villa Schuler 296

Mazzaro-Taormina (Messina) - Karte Nr. 27
- Hotel Villa Sant'Andrea 297

Catania - Karte Nr. 27
- Palazzo Biscari 298

Siracusa - Karte Nr. 27
- Hotel Gutkowski 299
- Grand Hotel di Siracusa 300

Giubiliana - Ragusa - Karte Nr. 27
- Eremo della Giubiliana 301

Modica (Ragusa) - Karte Nr. 27
- Casa Talia 302
- B&B L'Orangerie 303

Maddalusa - Agrigento - Karte Nr. 26
- Baglio della Luna 304

Scolara Cisterna - Adrano (Catania) - Karte Nr. 27
- Le Cisterne 305

Isola di Lampedusa (Agrigento) - Karte Nr. 26
- Il Gattopardo 306

Isola de la Pantelleria - Tracino (Trapani) - Karte Nr. 26
- Pantelleria Dream 307

Fontanasalsa - Trapani - Karte Nr. 26
- Azienda Agricola Fontanasalsa 308

Scopello (Trapani) - Karte Nr. 26
- Pensione Tranchina 309

Valderice (Trapani) - Karte Nr. 26
- Baglio Santacroce 310

Bonagia - Valderice Mare (Trapani) - Karte Nr. 26
- Tonnara di Bonagia 311

Paceco (Trapani) - Karte Nr. 26
- Relais Antiche Saline 312

Palermo - Karte Nr. 26
- Grand Hotel Villa Igiea 313
- Centrale Palace Hotel 314
- Grand Hotel et des Palmes 315
- Massimo Plaza Hotel 316

Pernice - Camporeale (Palermo) - Karte Nr. 26
- Masseria Pernice 317

Castel di Tusa (Messina) - Karte Nr. 27
- Art Hotel Atelier sul Mare 318

Castroreale (Messina) - Karte Nr. 27
- Azienda Green Manors 319

Isole Eolie o Lipari (Messina) - Karte Nr. 27

Isola Lipari
- Hotel Carasco 320
- Hotel Villa Augustus 321
- Hotel Villa Meligunis 322

Isola Panarea
- Hotel Raya 323

Isola Salina
- Hotel Signum 324

Isola Stromboli
- La Locanda del Barbablú 325
- La Sirenetta Park Hotel 326

Isola Vulcano
- Les Sables Noirs 327

TOSKANA

Foiano della Chiana (Arezzo) - Karte Nr. 13
- La Lodola 328

Castiglion Fiorentino (Arezzo) - Karte Nr. 13
- Relais San Pietro in Polvano 329

Cortona (Arezzo) - Karte Nr. 13
- Hotel San Michele 330
- Relais Il Falconiere 331
- Borgo Il Melone 332

Montebenichi - Bucine (Arezzo) - Karte Nr. 13
- Castelletto di Montebenichi 333

Iesolana - Bucine (Arezzo) - Karte Nr. 13
- Borgo Iesolana 334

Monte San Savino (Arezzo) - Karte Nr. 13
- Castello di Gargonza 335

Poggio d'Acona - Subbiano (Arezzo) - Karte Nr. 10
- Il Trebbio 336

Bibbiena (Arezzo) - Karte Nr. 10
- Relais Il Fienile 337

Firenze - Karte Nr. 10
- Hotel Helvetia & Bristol 338
- J and J Historic House Hotel 339
- Hotel Monna Lisa 340
- JK Place 341
- Gallery Hotel Art 342
- Casa Howard Firenze 343
- Hotel Lungarno 344
- Torre di Bellosguardo 345
- Il Torrino B&B 346
- Villa Le Piazzole 347
- Hotel Loggiato dei Serviti 348
- Arti & Hotel 349
- B&B in Piazza della Signoria 350
- Relais Uffizi 351
- Hotel Morandi alla Crocetta 352
- Hotel Villa Liana 353
- Hotel Tornabuoni Beacci 354
- Antica Torre di Via Tornabuoni 1 355
- Hotel Botticelli 356
- Hotel David 357
- Residenza Johanna I et II - Residenza Johlea 358
- Antica Dimora Firenze - Antica Dimora Johlea 359
- Hotel Cellai 360
- Riva Lofts 361

Firenze - Fiesole - Karte Nr. 10
- Pensione Bencistà 362

Firenze - Scandicci - Karte Nr. 10
- Tenuta Le Viste 363

Figline Valdarno (Firenze) - Karte Nr. 10
- Villa La Palagina 364

Pontassieve (Firenze) - Karte Nr. 10
- Marchesi Gondi-Tenuta Bossi 365
- Agriturismo Casale Le Pergole 366

Impruneta (Firenze) - Karte Nr. 10
- Castello di Cafaggio 367

San Casciano Val di Pesa (Firenze) - Karte Nr. 10
- Villa Il Poggiale 368

Mercatale Val di Pesa (Firenze) - Karte Nr. 10
- Salvadonica 369

Montefiridolfi (Firenze) - Karte Nr. 10
- Fattoria La Loggia 370

Panzano in Chianti (Firenze) - Karte Nr. 10
- Villa Le Barone 371

Lamole - Greve in Chianti (Firenze) - Karte Nr. 10
- Castello di Lamole 372

Pomino - Rufina (Firenze) - Karte Nr. 10
- Fattoria di Petrognano 373

Sant'Agata - Reggello (Firenze) - Karte Nr. 10
- Tenuta I Bonsi.. 374

Barberino Val d'Elsa (Firenze) - Karte Nr. 13
- La Callaiola.. 375

San Filippo - Barberino Val d'Elsa (Firenze) - Karte Nr. 13
- Il Paretaio 376

Barberino Val d'Elsa (Firenze) - Karte Nr. 13
- Fattoria Casa Sola 377

Vicchio di Mugello (Firenze) - Karte Nr. 10
- Villa Campestri... 378

Palazzuolo sul Senio (Firenze) - Karte Nr. 10
- Locanda Senio.. 379

Prato - Karte Nr. 10
- Villa Rucellai - Fattoria di Canneto....................................... 380

Carmignano (Prato) - Karte Nr. 10
- Hotel Paggeria Medicea... 381

Siena - Karte Nr. 13
- Hotel Certosa di Maggiano 382
- Hotel Villa Scacciapensieri 383
- Palazzo Ravizza 384
- Palazzo Bruchi B&B 385
- Residenza d'Epoca Borgognini B&B 386
- Hotel Antica Torre 387
- Antica Residenza Cicogna 388
- Hotel Santa Caterina 389
- Castello delle Quattro Torra 390
- Villa dei Lecci 391

San Felice - Castelnuovo Berardenga (Siena) - Karte Nr. 13
- Hotel Relais Borgo San Felice... 392

Canonica A Cerreto - Castelnuovo Berardenga (Siena) - Karte Nr. 13
- Canonica A Cerreto 393

San Sano - Gaiole in Chianti (Siena) - Karte Nr. 13
- Residence San Sano 394

Pieve a Elsa - Colle di Val d'Elsa (Siena) - Karte Nr. 13
- La Piccola Pieve... 395

San Gimignano (Siena) - Karte Nr. 13
- Hotel l'Antico Pozzo.. 396
- Hotel Bel Soggiorno 397

Pancole - San Gimignano (Siena) - Karte Nr. 13
- Fattorie Santo Pietro 398

Il Cotone - San Gimignano (Siena) - Karte Nr. 13
- Il Casale del Cotone 399

Libbiano - San Gimignano (Siena) - Karte Nr. 13
- Il Casolare di Libbiano 400

Pescille - San Gimignano (Siena) - Karte Nr. 13
- Hotel Pescille 401

Castellina in Chianti (Siena) - Karte Nr. 13
- Palazzo Squarcialupi 402
- Hotel Salivolpi 403
- Tenuta di Ricavo *(Ricavo)* 404
- Hotel Villa Casalecchi 405
- Hotel Belvedere di San Leonino *(San Leonino)* 406

Gaiole in Chianti (Siena) - Karte Nr. 13
- Castello di Spaltenna 407

Argenina - Gaiole in Chianti (Siena) - Karte Nr. 13
- Borgo Argenina 408

La Ripresa di Vistarenni - Gaiole in Chianti (Siena) - Karte Nr. 13
- L'Ultimo Mulino 409

Radda in Chianti (Siena) - Karte Nr. 13
- Relais Fattoria Vignale 410

Montanino - Radda in Chianti (Siena) - Karte Nr. 13
- La Locanda 411

Volpaia - Radda in Chianti (Siena) - Karte Nr. 13
- Podere Terreno 412

Vescine - Radda in Chianti (Siena) - Karte Nr. 13
- Il Borgo di Vescine Relais 413

Pretale-Tonni - Sovicille (Siena) - Karte Nr. 13
- Hotel Borgo Pretale 414

Montestigliano Rosia - Sovicille (Siena) - Karte Nr. 13
- Azienda Agricola Montestigliano 415

Mulino delle Pile - Chiusdino (Siena) - Karte Nr. 13
- Il Mulino delle Pile 416

Casale - Monteroni d'Arbia (Siena) - Karte Nr. 13
- Casa Bolsinina 417

Montalcino (Siena) - Karte Nr. 13
- Hotel Vecchia Oliviera 418

Modanella - Serre di Rapolano (Siena) - Karte Nr. 13
- Castello di Modanella 419

San Giovanni d'Asso (Siena) - Karte Nr. 13
- La Locanda del Castello 420

Lucignano d'Asso - San Giovanni d'Asso (Siena) - Karte Nr. 13
- Lucignanello Bandini 421

Montisi - San Giovanni d'Asso (Siena) - Karte Nr. 13
- La Locanda di Montisi 422

L'Amorosa - Sinalunga (Siena) - Karte Nr. 13
- Locanda dell'Amorosa 423

Lupaia - Torrita di Siena (Siena) - Karte Nr. 13
- Hotelito Lupaia 424

Montefollonico (Siena) - Karte Nr. 13
- La Chiusa 425

Montepulciano (Siena) - Karte Nr. 13
- Villa Cicolina 426
- La Dionora 427

Sarteano (Siena) - Karte Nr. 13
- La Sovana 428

Pienza (Siena) - Karte Nr. 13
- La Saracina 429
- Relais Il Chiostro di Pienza 430

Monticchiello di Pienza (Siena) - Karte Nr. 13
- L'Olmo 431

Sant'Ambrogio - Trequanda (Siena) - Karte Nr. 13
- Locanda Vesuna 432

Bagno Vignoni (Siena) - Karte Nr. 13
- Locanda del Loggiato 433

Ripa d'Orcia - San Quirico d'Orcia (Siena) - Karte Nr. 13
- Castello di Ripa d'Orcia 434

Convento San Francesco - Cetona (Siena) - Karte Nr. 13
- La Frateria di Padre Eligio 435

San Casciano dei Bagni (Siena) - Karte Nr. 13
- Albergo Sette Querce 436

Orsola - Pontremoli (Massa Carrara) - Karte Nr. 9
- Country Hotel Costa d'Orsola 437

Lucca - Karte Nr. 9
- Alla Corte degli Angeli 438
- Albergo San Martino 439
- Hotel Ilaria & Residenza dell'Alba 440

San Lorenzo a Vaccoli - Lucca - Karte Nr. 9
- Albergo Villa Marta 441

Montecarlo (Lucca) - Karte Nr. 9
- Antica Casa Naldi 442

Forte dei Marmi (Lucca) - Karte Nr. 9
- California Park Hotel 443

Pietrasanta (Lucca) - Karte Nr. 9
- Albergo Pietrasanta 444

Santa Maria Del Guidice (Lucca) - Karte Nr. 9
- Hotel Villa Rinascimento 445

Viareggio (Lucca) - Karte Nr. 9
- Hotel Plaza e de Russie 446

Montecatini Val Di Cecina (Pisa) - Karte Nr. 12
- Il Frassinello 447

Pugnano - San Giuliano Terme (Pisa) - Karte Nr. 9

- Casetta delle Selve 448

Palaia (Pisa) - Karte Nr. 9
- Antica Dimora di Leones 449

Monsummano Terme (Pistoia) - Karte Nr. 9
- Grotta Giusti Natural Spa Resort 450

Montecatini Terme (Pistoia) - Karte Nr. 9
- Grand Hotel e La Pace 451

Punta Ala (Grosseto) - Karte Nr. 12
- Hotel Cala del Porto 452

Badiola - Castiglione della Pescaia (Grosseto) - Karte Nr. 13
- L'Andana-Tenuta La Badiola 453

Roccatederighi (Grosseto) - Karte Nr. 13
- Fattoria di Peruzzo *(Peruzzo)* 454
- Auberge Azienda Pereti *(Pereti)* 455
- Pieve di Caminino Historic Resort 456

Valpiana - Massa Marittima (Grosseto) - Karte Nr. 13
- Villa Il Tesoro 457

Vicarello - Poggi del Sasso (Grosseto) - Karte Nr. 13
- Castello di Vicarello 458

Manciano (Grosseto) - Karte Nr. 13
- Le Pisanelle 459

Lo Sbarcatello - Porto Ercole (Grosseto) - Karte Nr. 13
- Hotel Il Pellicano 460

Saturnia (Grosseto) - Karte Nr. 13
- Terme di Saturnia Spa Resort 461
- Hotel Villa Clodia 462

Conatelle - Pitigliano (Grosseto) - Karte Nr. 13
- Locanda Ilune 463

Mezzelune - Bibbona (Livorno) - Karte Nr. 12
- Relais di Campagna "Le Mezzelune" 464

Isola d'Elba (Livorno) - Karte Nr. 12
- Villa Ottone *(Ottone - Portoferraio)* 465
- Hotel da Giacomino *(Capo Sant'Andrea - Marciana)* 466

TRENTINO - SÜDTIROL

Bolzano - Karte Nr. 4
- Hotel Greif 467

Sarentino/Sarnthein (Bolzano) - Karte Nr. 4
- Hotel Bad Schörgau 468

Merano (Bolzano) - Karte Nr. 3
- Hotel Castello Schloss Labers 469
- Hotel Castel Fragsburg 470

Lagundo - Merano (Bolzano) - Karte Nr. 3
  - Hotel Pergola Residence 471
Marlengo - Merano (Bolzano) - Karte Nr. 3
  - Hotel Oberwirt 472
Monte S. Vigilio - Lana (Bolzano) - Karte Nr. 4
  - Vigilius Mountain Resort 473
Missiano (Bolzano) - Karte Nr. 4
  - Schloss Hotel Korb 474
Caldaro sulla Strada del Vino (Bolzano) - Karte Nr. 4
  - Pensione Leuchtenburg 475
Redagno (Bolzano) - Karte Nr. 4
  - Zirmerhof Berghotel 476
Fié allo Sciliar (Bolzano) - Karte Nr. 4
  - Romantik Hotel Turm 477
Castelrotto (Bolzano) - Karte Nr. 4
  - Hotel Cavallino d'Oro 478
San Osvaldo - Siusi allo Sciliar - Karte Nr. 4
  - Albergo Tschötscherhof 479
Bulla - Ortisei (Bolzano) - Karte Nr. 4
  - Hotel Uhrerhof Deur 480
Bressanone (Bolzano) - Karte Nr. 4
  - Hotel Elephant 481
  - Hotel Goldener Adler 482
Corvara in Badia (Bolzano) - Karte Nr. 4
  - La Perla 483
San Cassiano (Bolzano) - Karte Nr. 4
  - Hotel Armentarola 484
La Villa (Bolzano) - Karte Nr. 4
  - Hotel La Majun 485
Misurina (Bolzano) - Karte Nr. 4
  - Hotel Lavaredo 486
Monguelfo (Bolzano) - Karte Nr. 4
  - Maso Angerer Hof 487
San Candido - Innichen (Bolzano) - Karte Nr. 4
  - Parkhotel Sole Paradiso 488
Santa Cristina Valgardena (Bolzano) - Karte Nr. 4
  - Hotel Uridl 489
Sant'Antonio di Mavignola - Pinzolo (Bolzano) - Karte Nr. 3
  - Relais & Gourmet Maso Doss 490
Cavalese (Trento) - Karte Nr. 4
  - Hotel Garni Laurino 491
Carano (Trento) - Karte Nr. 4
  - Maso Franceschella 492
Arco (Trento) - Karte Nr. 3
  - Vivere 493

VENETO - FRIAUL

Venezia - Karte Nr. 4
- Hotel Londra Palace ... 494
- Hotel Metropole ... 495
- Hotel La Residenza ... 496
- Hotel La Fenice et des Artistes ... 497
- Hotel Flora ... 498
- Hotel Locanda San Barnaba ... 499
- Locanda Martini ... 500
- Domus Orsoni ... 501
- Ca' Pozzo ... 502
- Ca' Nigra Lagoon Resort ... 503
- Palazzo Odoni ... 504
- Locanda Ai Santi Apostoli ... 505
- Palazzo Barbarigo ... 506
- Novecento Boutique Hotel ... 507
- Locanda Art Déco ... 508
- Pensione Accademia - Villa Maravegie ... 509
- Ca' Pisani Hotel ... 510
- Hotel Agli Alboretti ... 511
- Hotel La Galleria ... 512
- Pensione La Calcina ... 513
- Pensione Seguso ... 514
- Avogaria Locanda & Restaurant ... 515
- Charming Houses DD.724 DD694 & I Qs House ... 516
- Ca' Maria Adele ... 517
- Hotel Pausania ... 518
- Oltre il Giardino ... 519
- La Villeggiatura ... 520
- Palazzetto da Schio ... 521

Venezia - Lido - Karte Nr. 4
- Albergo Quattro Fontane ... 522
- Hotel Villa Mabapa ... 523
- Agriturismo Le Garzette ... 524

Venezia - Isola Torcello - Karte Nr. 4
- Locanda Cipriani ... 525

Marango di Caorle (Venezia) - Karte Nr. 4
- Casa Pace ... 526

Pianiga (Venezia) - Karte Nr. 4
- Villa Rizzi-Albarea ... 527

Mira Porte (Venezia) - Karte Nr. 4
- Hotel Villa Margherita ... 528

Scorzé (Venezia) - Karte Nr. 4
- Villa Soranzo Conestabile ... 529

Rovigo - Karte Nr. 10
- Hotel Villa Regina Margherita ... 530

Taglio del Po (Rovigo) - Karte Nr. 10
- Tenuta Ca'Zen B&B ... 531

Vescovana (Padova) - Karte Nr. 10
- Villa Pisani ... 532

Modolo Castion - Belluno - Karte Nr. 4
  - Agriturismo Fulcio Miari Fulcis 533

Cortina d'Ampezzo (Belluno) - Karte Nr. 4
  - Hôtel de la Poste 534
  - Hotel Menardi 535
  - Baita Fraina 536

Tai di Cadore (Belluno) - Karte Nr. 4
  - Villa Marinotti 537

Sappada (Belluno) - Karte Nr. 5
  - Haus Michaela 538

Asolo (Treviso) - Karte Nr. 4
  - Hotel Villa Cipriani 539
  - Albergo Al Sole 540

Zecchei - Valdobbiadene (Treviso) - Karte Nr. 4
  - Locanda Sandi 541

Collalto - Susegana (Treviso) - Karte Nr. 4
  - Maso di Villa-Relais di Campagna 542

Follina (Treviso) - Karte Nr. 4
  - Hotel Villa Abbazia 543

Rolle di Cison di Valmarino (Treviso) - Karte Nr. 4
  - Agriturismo Foresteria Duca di Dolle 544

Portobuffolè (Treviso) - Karte Nr. 5
  - Villa Giustinian 545

Solighetto (Treviso) - Karte Nr. 4
  - Locanda Da Lino 546

Verona - Karten Nr. 3 und 4
  - Hotel Gabbia d'Oro 547
  - Hotel Aurora 548
  - Byblos-Art Hotel Amistà 549

Negrar (Verona) - Karte Nr. 3
  - La Magioca 550

Pedemonte (Verona) - Karte Nr. 3
  - Hotel Villa del Quar 551

Gargagnago di Valpolicella (Verona) - Karte Nr. 3
  - Foresteria Serego Alighieri 552

Lago di Garda - Karte Nr. 3
  Torri del Benaco (Verona)
  - Hotel Gardesana 553
  Punta San Vigilio (Verona)
  - Locanda San Vigilio 554
  Lazise (Verona)
  - La Tinassara 555

Borghetto di Valeggio sul Mincio (Verona) - Karte Nr. 3
  - Il Borghetto nei Mulini 556

Arcugnano (Vicenza) - Karte Nr. 4
  - Hotel Villa Michelangelo 557
Barbarano Vicentino (Vicenza) - Karte Nr. 4
  - Il Castello 558
Costozza di Longare (Vicenza) - Karte Nr. 4
  - Azienda A & G da Schio 559
Longare (Vicenza) - Karte Nr. 4
  - Le Vescovane 560
Trieste - Karte Nr. 5
  - Grand Hotel Duchi d'Aosta 561
  - L'Albero Nascosto 562
Faedis (Udine) - Karte Nr. 5
  - Azienda Agricola Casa del Grivò 563
Tissano (Udine) - Karte Nr. 5
  - Villa di Tissano-La Foresteria 564
Tarvisio (Udine) - Karte Nr. 5
  - Hotel Edelhof 565
San Floriano del Collio (Gorizia) - Karte Nr. 5
  - Golf Hotel 566
Cormòns (Gorizia) - Karte Nr. 5
  - La Subida 567

 : „Agriturismo"-Häuser, Landgasthäuser, Wohnungen und Villen

Historische Paläste oder Designerhotels, traditionelle Pensionen oder B&B-Häuser, „Agriturismo" in besonders ländlichen Gegenden oder Villen direkt am Meer: All diese sowohl schlichten als auch luxuriösen Adressen, die die verschiedensten Vorlieben und Budgets berücksichtigen, gefallen uns ausnahmslos. Bei unseren Besuchen kommt es jedoch hin und wieder vor, dass einige Häuser uns außerordentlich ansprechen und das Herz höher schlagen lassen. Auf diese „Faibles des Jahres" weisen wir künftig besonders hin.

KARTEN

KARTENERKLÄRUNG

Maßstab : 1/1 000 000
Karten 30 und 31 : Maßstab 1/1 200 000

AUTOBAHN
In Betrieb
Im Bau oder in Planung

STRASSE
Schnellstraße
Fernverkehrsstraße
Vierspurige Straße
Gut ausgebaute Straße
Nebenstraße

VERKEHR
National
Regional
Lokal

KREUZ
Komplett
Partiell

ENTFERNUNGSANGABEN
Autobahn
Straße

GRENZE
Eines Staates
Einer Region
Eines Departements

ORTSKLASSIFICATION
Bebaute Fläche
Hauptstadt
Großstadt
Bedeutende Stadt
Mittelstadt
Kleinstadt

FLUGPLATZ

WALD

PARK
Nationalpark oder Regionalpark

Kartographie ausführung

90, rue Nationale
75013 Paris
Tél : +33 (0)1 45 84 30 84

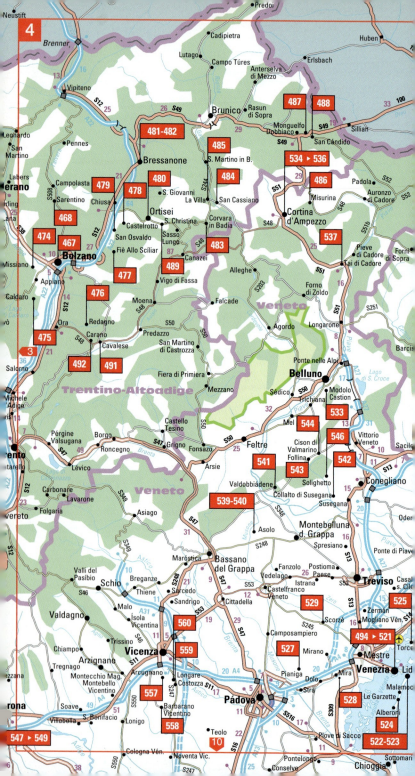

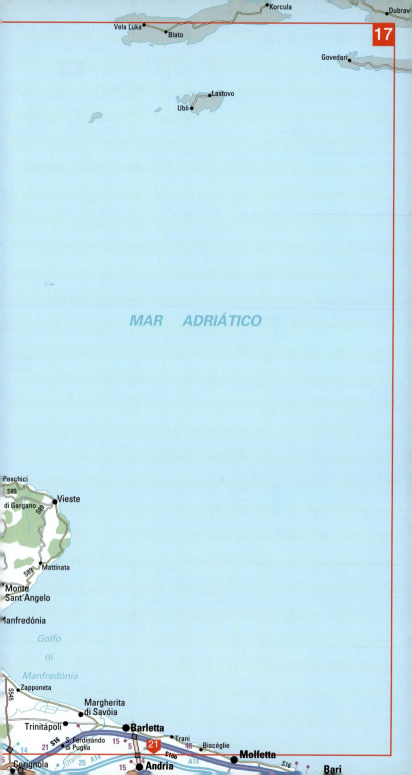

23

ALBANIA

Novosele

Vlore

MAR ADRIÁTICO

HOTELS, LANDGASTHÄUSER UND AGRITURISMO

Villa Cheta Elite

85041 Acquafredda di Maratea (Potenza)
Via Timpone, 46
Tel. 0973-87 81 34 - Fax 0973-87 81 35
E-Mail und Web: guidesdecharme.com/1341

Die Küste von Maratea entlang des Tyrrhenischen Meeres ist ein 30 Kilometer langer Streifen voller kleiner Buchten, Sandstrände und winziger grüner Inseln. Die Familie Aquadro, ursprünglich aus Bologna, hat sich vor bereits langer Zeit in diesem großen, das Meer überragenden Liberty-Haus niedergelassen. Die Innenräume sind mit Möbeln und Teppichen aus jener Zeit eingerichtet, die Zimmer bieten besten Komfort, und das Restaurant ist heute in der Region eine Referenzadresse. Auch das Ambiente der bei Kerzenschein auf der Terrasse mit Meerblick servierten Abendessen ist sehr gefragt. Wenn Sie hier in erster Linie wegen der Strände sind, müssen Sie unbedingt vom transparenten Wasser der per Auto erreichbaren Sandbank von Castocucco profitieren. Sie sollten sich aber auch einen Tag im bergigen Hinterland Piccole Dolomiti Lucane mit seinen ungewöhnlichen Panoramen und seiner hübschen ländlichen Seite gönnen und sogar bis nach Aliano vorstoßen; beschrieben wird es von Carlo Levi unter dem Namen Gagliano und zu sehen gibt es dort einen Literaturpark, ein Museum in dem Haus, das der Schriftsteller zwei Jahre lang bewohnte, sowie eine Ausstellung von Originaldokumenten im Palazzo Caporale.

Kategorie ★★★★ **Geöffnet** April bis November **23 Zimmer** mit Klimaanl., Tel., Bad, Satelliten-TV, Minibar; Eingang für Behinderte **Preise** DZ: 140-264 € - Frühst. (Buffet) inkl., von 8.00 bis 10.30 Uhr - HP: 98-161 € (pro Pers.) **Kreditkarten** akzeptiert **Verschiedenes** Hunde erlaubt (15 €) - Yoga-Kurse - Parkpl. **Umgebung** Maratea - Monte San Biagio - Rivello - San Lorenzo in Padula - Parco Nazionale Monte Pollino **Restaurant** von 12.30 bis 14.00 und 20.00 bis 22.00 Uhr - Karte **Anreise** (Karte Nr. 21): 186 km südöstl. von Salerno über die A-3, Ausfahrt Lagonegro-Nord/Maratea, S-585 bis Maratea, dann 10 km entlang der Küste Rtg. Norden.

Locanda di San Martino

75100 Matera (Potenza)
Via Fiorentini, 71
Tel. 0835-25 66 00 - Fax 0835-25 64 72
E-Mail und Web: guidesdecharme.com/1343

In einem unglaublichen Gewirr aus Gassen und Treppen vereinigen sich die *sassi*, diese alten Höhlenwohnungen, mit dem Fels. Eine Fusion, die einen verwirrt, wenn sich einem das ganz weiße Matera im grellen Sonnenlicht zeigt. Die Grotten, die für dieses sehr komfortable Hotel genutzt und umgebaut wurden, haben ihre ursprüngliche Seite nicht eingebüßt. Diese im Berg selbst geschaffenen Volumen, auch die eins mit dem Fels, sind heute riesige, schöne, gewölbte Räume, die trotz authentischer Rustikalität von vollendeter Eleganz sind. Hier wie auch außen ist die Architektur das wichtigste Dekoelement. Die ausschließliche Farbe Weiß und das minimale Mobiliar unterstreichen noch die intime, in der ganzen Locanda verbreitete Zen-Atmosphäre. Alle Zimmer sind von schöner Schlichtheit und gepflegtem Komfort, doch keines gleicht dem anderen. Ein Außen- und Innentreppenlabyrinth und ein Aufzug verbinden die drei Ebenen, die sich um die gleichnamige Kirche San Martino herum gruppieren, und eine Reihe kleiner Balkone bietet weiten Blick auf Sasso Barissano.

Kategorie ★★★ **Ganzj.** geöffn. **28 Zimmer** mit Klimaanl., Tel., Wi-Fi, Bad, Satelliten-TV, Minibar; Aufzug **Preise** DZ für 1 Pers.: 79-102 €, DZ: 89-109 €, DZ Superior: 99-129 €, Junior-Suite: 120-155 €, Suite: 140-200 €; Extrabett: 20 € - Frühst. inkl., von 8.00 bis 10.00 Uhr **Kreditkarten** akzeptiert **Verschiedenes** Hunde nicht erlaubt **Umgebung** Sassi und Dom in Matera - Die Felskirchen **Kein Restaurant** im Hotel (siehe unsere Restaurantauswahl S. 569) **Anreise** (Karte Nr. 21): ab Bari die SS-96, Rtg. Altamura, dann Matera.

Hotel Sassi

75100 Matera (Potenza)
Via San Giovanni Vecchio, 89
Tel. 0835-33 10 09 - Fax 0835-33 37 33
Raffaele Cristallo
E-Mail und Web: guidesdecharme.com/1344

Die Sehenswürdigkeiten von Matera sind die Heiligtümer und die Troglodyten von Sasso Caveoso, von der Unesco zum Weltkulturgut ernannt, und die Höhlen-Kirchen der Basilianer-Mönche der unmittelbaren Umgebung. In einem der alten Häuser hat die Familie Cristallo dieses kleine Hotel eingerichtet, das die ganze Sassi-Architektur vereint: mehrere Gewölberäume auf verschiedenen Ebenen und kleine Terrassen mit hübschen Ausblicken auf den nahen Dom. Wenn auch großer Wert darauf gelegt wurde, Charakteristisches und die besondere Atmosphäre zu wahren, so wurde der Komfort dennoch nicht vernachlässigt. Jedes Zimmer ist individuell gestaltet, einige sind größer als andere, aber alle sind hübsch und komfortabel. Wenn die Italiener sich eine Zeitlang die Hölle von Dante wie Sasso vorstellten, lange Jahre von armen Menschen bewohnt (wie von Carlo Levi in „Christus kam nur bis Eboli" beschrieben), so gibt es hier heute Architekten, Intellektuelle und Hotels mit Charme. Angesichts der Bodenerhebungen ist der Zugang nicht ganz leicht.

Kategorie ★★★ **Ganzj.** geöffn. **24 Zimmer** und 2 Suiten mit Klimaanl., Tel., Bad, TV, Minibar **Preise** EZ: 70 €, DZ: 90 €, Junior-Suite: 105 €, Suite: 125 €; Extrabett: 20 € - Frühst. inkl., von 7.30 bis 10.00 Uhr **Kreditkarten** akzeptiert **Verschiedenes** Hunde erlaubt (5 €) **Umgebung** Sassi und Dom in Matera - die Felskirchen **Kein Restaurant** im Hotel (siehe unsere Restaurantauswahl S. 565) **Anreise** (Karte Nr. 21): 67 km südl. von Bari über SS-96, Rtg. Altamura, dann Matera.

Azienda agricola San Teodoro Nuovo

San Teodoro Nuovo 75020 Marconia (Matera)
Tel. und Fax 0835-47 00 42 - Handy 338-569 81 16
Maria Xenia D'Oria
E-Mail und Web: guidesdecharme.com/1345

In der Basilicata ist der internationale Tourismus noch begrenzt. Und dennoch wird sie seit langem von vielen Menschen aufgesucht! Einst kolonisiert von den Griechen, den Römern, den Normannen und Kaiser Friedrich II., Pythagoras starb hier, und alle hinterließen bedeutende Zeugnisse. In diesem Großgriechenland genannten Teil der Basilicata ließen sich die ersten Griechen nieder. Das Land war fruchtbar, und Metaponto war der Sitz der 8. von den Griechen gegründeten Republik. Die Ureinwohner lebten von ihren Ländereien in oft befestigten Häusern wie *San Teodoro*, das seit mehreren Generationen ein und derselben Familie gehört. Die 167 Hektar Land und die Suiten werden von Maria Xenia bewirtschaftet, und zwar mit Charme und Effizienz. Die Zimmer sind hell und gepflegt, alle wurden mit maximalem Komfort ausgestattet, ohne jedoch die ursprüngliche Innenarchitektur beeinträchtigt zu haben. In dieser ländlichen Gestaltung finden sich sowohl Möbel als auch Erinnerungsstücke der Familie, jeder Schlafraum ist persönlich gestaltet. Ferner kann man den Swimmingpool genießen, und bei Vorbestellung auch die exzellenten, mit frischen Bioprodukten zubereiteten Abendessen. Umwelt und Tiere werden hier sehr respektiert.

Ganzj. geöffn. **10 Appartements** mit Klimaanl., Bad, TV **Preise** 110-220 € (2-4 Pers.) - 200-300 € (4-6 Pers.) - Frühst.: 10 €, von 8.30 bis 10.00 Uhr - HP: 75-90 € (pro Pers., mind. 2 Üb.) **Kreditkarten** akzeptiert **Verschiedenes** Hunde erlaubt - Swimmingpool **Umgebung** Archäologische Stätten Metaponto, Heraclea, Grumentum - La Lucania und die Straße der Calanchi - Lecce **Gästetisch** abends, um 20 Uhr - Menü: 30 € **Anreise** (Karte Nr. 21): A-3, Ausfahrt Sicignano, Rtg. Potenza, S-407 bis zum Anschluss an die S-106. An der Kilometermarke 442 rechts, dann nach „San Teodoro Nuovo".

Azienda Dattilo

Dattilo 88815 Marina di Strongoli (Crotone)
Tel. 0962-86 56 13 - Handy 328-482 30 88 - Fax 0962-86 56 96
Roberto Ceraudo
E-Mail und Web: guidesdecharme.com/1346

In Kalabrien hatte Großgriechenland Kolonien. Die Legende besagt, Stróngoli, das alte Petelia, sei von einem Deserteur des Trojanischen Krieges gegründet worden. Der Name der Azienda ist somit eine Anspielung auf eine griechische Gottheit. Dieses große landwirtschaftliche Anwesen, eingebettet in 60 Hektar Weinberge, Zitrusfrüchte- und Olivenplantagen, produziert biologisches Olivenöl namens Verdone. Roberto Ceraudo bewohnt das große Bauernhaus aus dem 17. Jahrhundert, während die Dependancen zu Appartements umgestaltet wurden; sie liegen parterre am Innenhof und können leicht zwei bis vier Personen aufnehmen. Vom Appartement Nr. 8 mit großer Terrasse hat man einen wunderbaren Blick auf die Hügel und das Meer. Sein eindrucksvolles, ganz in den Stein gehauenes Bad ist originell. Für die Mahlzeiten können Sie in der zu einem *negozzo* umfunktionierten Scheune Produkte vom Bauernhof wie Käse, Salami, Sopressata, Orangenhonig, Konfitüre und selbstverständlich den Wein und das Öl aus eigener Produktion kaufen oder all das im erst kürzlich eröffneten Restaurant konsumieren. Eine familiäre Adresse für diejenigen, die großen Wert auf frische Luft legen und grünen Tourismus mögen.

Ganzj. geöffn. **8 Appartements** mit Klimaanl., Dusche, 1 oder 2 Zi., Küche **Preise** mind. 2 Üb.: 30-34 € (pro Pers./Üb.) - Frühst. inkl., von 8.30 bis 10.30 Uhr - HP und VP: 55-85 €, 75-85 € (pro Pers.) **Kreditkarten** nicht akzeptiert **Verschiedenes** Hunde erlaubt - Swimmingpool - Fahrräder **Umgebung** Castello di Santa Severina - Capo Colonna di Crotone - Turm von Melissa und Aragonesse - See (2 km) **Gästetisch** vor Ort **Anreise** (Karte Nr. 25): 25 km nördl. von Crotone. Ab dem Dorf Marina di Strongoli ist „Dattilo" ausgeschildert.

Azienda agrituristica Le Puzelle

Puzelle 88832 Santa Severina (Crotone) - SS 107 bis
Tel. 0962-51 004 - Fax 0962-187 03 33
E-Mail und Web: guidesdecharme.com/1347

San Severina liegt dort, wo sich im 14. Jahrhundert die Hochburg Crotone befand und zählt zu den schönsten Dörfern Kalabriens. Seine bewundernswerte, sich an einen Felsvorsprung klammernde Festung überragt das Neto-Tal. Das ein Kilometer vom historischen Zentrum befindliche alte *Puzelle*, ist von Hügeln voller Olivenbäume und Wein umgeben. Die Zimmer wurden in den früheren Pferdeställen eingerichtet, in denen die originalen Balken erhalten blieben. Diese Schlafräume sind sehr groß, gestaltet wurden sie schlicht, aber geschmackvoll: traditionelle Materialien und alte schmiedeeiserne Betten, auf denen entweder hübsche weiße Pikee- oder geblümte Baumwolldecken liegen. Im größten Zimmer mit Mezzanin können vier Personen übernachten. Das Frühstück und die anderen Mahlzeiten werden im Sommer auf der großen Panorama-Terrasse oberhalb des Swimmingpools serviert; der Ausblick von hier auf das Patchwork aus Olivenhainen, Weinbergen und Obstgärten ist einzigartig. Das Essen, serviert mit Weißwein aus eigener Produktion, ist ausgezeichnet: Jahreszeitenküche aus frischester Ernte fürs Tagesmenü. Das Gut produziert biologische Produkte und verwendet diese auch vorrangig. Im kleinen Dorf finden häufig kulturelle Veranstaltungen statt, und das große Theater von Montefuscaldo inszeniert die großen Klassiker des griechischen Theaters.

Ganzj. geöffn. **8 Zimmer** mit Klimaanl., Bad **Preise** 28-35 € (pro Pers.) - 175-215 € (7 Üb./Pers. mit Frühst.) - 290-350 € (7 Üb./Pers. mit HP) - Frühst. inkl., von 8.00 bis 9.30 Uhr **Kreditkarten** akzeptiert **Verschiedenes** Hunde erlaubt - Reitbahn - Swimmingpool - Parkpl. **Umgebung** Castello, Kathedrale und Taufkapelle S. Anastasia, Kirche S. Filomena - Capo Colonna di Crotone - Turm von Melissa und Aragonese **Restaurant** mit Klimaanl., von 12.30 bis 14.00 und 19.30 bis 21.30 Uhr - Di geschl. - Menü: ca. 20 €, Hauswein inkl. **Anreise** (Karte Nr. 25): 21 km westl. von Crotone Rtg. Scandale.

Hotel Panta Rei

Marina di San Nicola 89861 Parghelia (Potenza)
Tel. 0963-60 00 00 - Fax 0963-60 17 21
E-Mail und Web: guidesdecharme.com/1348

Die Küste Kalabriens wird immer noch vorwiegend zur Überfahrt nach Sizilien aufgesucht und ist keine von ausländischen Touristen sonderlich begehrte Gegend, weshalb es hier keine Hotels mit Charme wie Sand am Meer gibt, obschon die Natur alles daran setzt, Sie hier festzuhalten: ob mit seinem azurblauen Meer, das an den rosa feinen Sandstränden „stirbt", mit seinen silbern glänzenden Olivenbäumen, seinen orangefarbenen Südfrüchteplantagen oder seinen Kaktusbäumen und seinem grünen, duftenden Maquis. Das Hotel, nahe des üppigen Tropea, befindet sich auf dem schönsten Küstenstreifen: wild und zerklüftet, mit karibisch-transparentem Wasser. Panta Rei hat eine schöne, geschützte Lage, von wo es steil zum Tyrrhenischen Meer abfällt. Die Gebäudeteile sind diskret und gut in einen Pinienhain integriert. Die Gestaltung der Salons ist ganz im Stil „hocheleganter Sommerferien": helle Farben, bequeme Korbsessel, herrliche Balkendecken. Die gleiche, schicke Atmosphäre in den Zimmern. Vom Restaurant, das wegen seiner Küche auch von Leuten aus der Umgebung aufgesucht wird, ist der Blick aufs Meer besonders nah. Einen Pool gibt es ebenfalls, zum kleinen weißen Sandstrand sind es in schöner Umgebung nur fünf Minuten, und dort wurde ein Meerwasserpool mit einer Strohhütte für Imbisse angelegt.

Geöffnet 1. Mai bis 30. September **16 Zimmer** und 5 Suiten mit Klimaanl., Tel., Bad, Satelliten-TV, Minibar, Safe **Preise** DZ mit HP (pro Pers.): 200-350 € - Frühst. inkl., von 8.00 bis 10.30 Uhr **Kreditkarten** akzeptiert **Verschiedenes** Hunde auf Anfrage erlaubt - 2 Swimmingpools **Umgebung** Pizzo Calabro - Tropea - Capo Vaticano **Restaurants** von 13.00 bis 14.30 Uhr - Buffet am Pool: 35 € - Speiseraum oder Terrasse, von 19.30 bis 21.30 Uhr - Karte **Anreise** (Karte Nr. 24): A-3, Ausf. Pizzo Calabro (30 km) oder Vibo Valentia (35 km).

La Casa di Gianna

89040 Gerace (Reggio di Calabria)
Via Paolo Frascà, 4
Tel. 0964-35 50 24/18 - Fax 0964-35 50 81
Aurelia Terranova
E-Mail und Web: guidesdecharme.com/1349

Als Schutz gegen Invasionen der Sarazenen entstanden auf den Anhöhen des Hinterlandes der Jasmin-Küste auf der ionischen Seite Dörfer wie Gerace. Sein majestätischer Dom (1100), die größte Kirche Kalabriens, zeugt von der Schönheit dieser mittelalterlichen Stadt. *La Casa di Gianna* ist ein altes Haus in einer kleinen Straße des historischen Zentrums. Mehrere Gebäude und kleine Innenhöfe verleihen der Architektur viel Charme. Von der Rezeption aus geht es über eine hübsche Treppe zu den oberen Etagen. Im 1. Stock befindet sich das für seine fein zubereiteten kalabrischen Spezialitäten berühmte Restaurant, das sich auf eine große Terrasse ausweitet. Das 2. Obergeschoss mit großem Salon und den Zimmern steht ganz den Gästen des Hauses zur Verfügung. Die Atmosphäre? Eher wie in einem von einer Familie denn von Leuten auf der Durchreise bewohnten Haus. Zu diesem Ambiente tragen antikes Mobiliar, persönliche Gegenstände und Porträts bei, selbstverständlich aber auch die hübschen Zimmer. Der Komfort ist perfekt. Und empfangen wird man hier wie bei guten Freunden oder lieben Verwandten.

Kategorie ★★★★ **Geschlossen** November **10 Zimmer** mit Klimaanl., Tel., Dusche oder Bad, Satelliten-TV, Minibar, Safe **Preise** EZ: 70-85 €, DZ: 110-130 €, Suite: 170-200 €; Extrabett:35-45 € - Frühst. inkl., von 7.30 bis 10.30 Uhr - HP und VP: + 25 €, + 40 € (pro Pers.) **Kreditkarten** akzeptiert **Verschiedenes** Hunde nicht erlaubt **Umgebung** Gerace: Dom, Kirchen S. Francesco, Sacro Cuore und S. Giovannello auf der Piazza delle Tre Chiese - Stilo - Massiv von Aspromonte **Restaurant** von 12.30 bis 14.30 und 20.00 bis 22.30 Uhr - Menü und Karte **Anreise** (Karte Nr. 24): 120 km nordöstl. von Reggio di Calabria.

Hotel della Baia

81030 Baia Domizia Cellole (Caserta)
Via dell' Erica
Tel. 0823-72 13 44 - Fax 0823-72 15 56
Imelde Sello
E-Mail und Web: guidesdecharme.com/1350

Das weiße, stattliche, von Bambus und anderen exotischen Arten umgebene Haus mediterranen Stils erhebt sich an einer großen Rasenfläche, die sanft zum privaten Sandstand herabführt. Elsa, Imelde und Velia Sello sind die drei sympathischen Schwestern, die mit vereinten Talenten dem Gast den Eindruck vermitteln, hier wie bei Freunden auf Urlaub zu sein. Ob in den Salons oder Gästezimmern (alle mit Balkon), die Innengestaltung ist elegant und gepflegt. Terrakotta und Pastellfarben schaffen eine frische Sommer-Atmosphäre. Auch schätzt man die exzellente leichte, feine Küche des Hauses. Der aufmerksame Empfang, das freundschaftliche Ambiente und das nahe Meer machen diesen Ort zu einer besonderen Adresse für Aufenthalte.

Kategorie ★★★★ **Geöffnet** Anfang Mai bis Ende September **50 Zimmer** und 2 Junior-Suiten mit Klimaanl., Tel., Wi-Fi, Bad oder Dusche, Satelliten-TV **Preise** EZ: 80-95 €, DZ: 110-130 €, Suite: 170-190 € - Frühst. inkl.: 10 €, von 7.30 bis 9.30 Uhr - HP (mind. 3 Üb.): 115-130 € (pro Pers.) **Kreditkarten** akzeptiert **Verschiedenes** Swimmingpool - Tennispl. - Kleine Hunde (außer im Restaurant und auf dem Strand) erlaubt - Parkpl. **Umgebung** Ischia - Capri - Caserta - Neapel - Pompeji - Golfpl. (22 km) - Reiten (5 km) **Restaurant** von 12.45 bis 14.30 und 19.45 bis 21.30 Uhr - Menü: 35-40 € - Karte **Anreise** (Karte Nr. 19): 67 km nordwestl. von Neapel. A-1 (Roma-Napoli), Ausfahrt Cassino Rtg. Formia und Neapel bis zur Ampel von Cellole, dann rechts.

Masseria Giòsole

91043 Capua (Caserta)
Via Giardini, 31
Tel. 0823-96 11 08 - Fax 0823-62 78 28
A. und F. Pasca di Magliano
E-Mail und Web: guidesdecharme.com/1351

Im Hinterland von Neapel zieht sich Terra di Lavoro, die Campania felix der Alten hin: Namen, die der fruchtbaren Ebene der vom Volturno bewässerten Provinz Caserta gegeben wurden. Antica Capua war eine römische Stätte, aber die einzigen Überreste sind heute die mittelalterliche Stadtmauer und das historische Zentrum mit zahlreichen Kirchen und Palästen. Diese Masseria produziert *verdure sott'olio*, Caserta-Spezialitäten und Fruchsäfte, die man vor Ort kaufen kann, außerdem Konfitüren und nach alten Rezepten hergestellte Liköre. Zwischen den Orangen- und Zitronenbäumen wurden einige alte landwirtschaftliche Gebäude umstrukturiert. In einem sind drei Wohnungen untergebracht, im anderen die Zimmer. Überall Geschmackvoll-Schlichtes, die gleichen freundlichen Farbabstufungen in Gelb der Wände, die gleichen schönen Vietri-Kacheln in den Bädern. Der große Salon (mit Kamin) liegt zu ebener Erde am üppigen Garten. Besonders liebenswürdiger Empfang.

Geschlossen 18. Dezember bis 11. Januar **3 Zimmer**, 2 Suiten und 2 Appart. (2-8 Pers.) mit Bad **Preise** DZ (mit oder ohne Klimaanl.): 86-120 €, Suite (mit Klimaanl.): 110-150 € - Frühst. inkl., von 8.30 bis 10.00 Uhr - HP: 68-99 € (pro Pers.) - Appart.: 90-310 € pro Tag (mind. 3 Üb.) **Kreditkarten** akzeptiert **Verschiedenes** Hunde nicht erlaubt - Swimmingpool - Fahrräder - Parkpl. **Umgebung** Paläste und Kirchen im historischen Zentrum von Capua, Museo provinciale campano, Basilika Sant'Angelo in Formis (4 km) - Caserta (Königspalast) - San Leucio - Caserta-Vecchia - Coliseum S. -M. Capua Vetere - Sant'Agata dei Goti **Gästetisch** um 20.00 Uhr (Winter), 20.30 Uhr (Sommer) - Menü und Wein aus Kampanien: 25 € (siehe unsere Restaurantauswahl S. 570) **Anreise** (Karte Nr. 19): A-1 (Roma-Napoli), Ausfahrt Capua Rtg. Capua. Nach 7 km stößt man rechts auf eine Agip-Tankstelle, links einbiegen und an der Ecke der Esso-Tankstelle auf die Via Brezza; hinter den Gleisen 1. Weg links.

Hotel Excelsior

80121 Napoli
Via Partenope, 48
Tel. 081-764 01 11 - Fax 081-764 97 43
Gerardo Fruncillo
E-Mail und Web: guidesdecharme.com/1352

Die im Zentrum durchgeführte Sanierung hat aus Neapel eine offene Stadt gemacht, der man sich mit Freude und großem Interesse zuwendet. Sein Kunsterbe, etwa das Museum Capodimonte (um nur eines zu nennen), ist sehr reich an Schätzen italienischer Kunst. Das berühmte neapolitanische Luxushotel ist ein Gedicht der Belle Epoque, ganz aus Stuck und Spiegeln, und hat den veralteten Charme der großen Hotels aus dem frühen 20. Jahrhundert. Wenn die Salons auch noch immer über ihren Flamboyantstil verfügen, so kann man sich über die Gestaltung der Zimmer streiten, und den großen Bädern täte eine kleine Renovierung sehr gut. Dennoch genießt man das Plüschige dieses in die Jahre gekommenen Palastes. Von den Zimmern aus blickt man auf die Bucht von Neapel und das Castel dell'Ovo. Bei schönem Wetter sieht man sogar Capri und den majestätischen Vesuv. Lassen Sie sich auf der Terrazza mit Blick auf die Bucht von den wundervollen regionalen Gerichten verwöhnen, die Pasta und Fisch aufs Glücklichste miteinander verbinden.

Kategorie ★★★★ **Ganzj.** geöffn. **122 Zimmer** mit Klimaanl., Tel., Wi-Fi, Bad oder Dusche, Satelliten-TV, Minibar, Safe; Aufzug **Preise** DZ: ab 175-215 € (Superior), ab 200-235 € (Deluxe) - Frühst. (Buffet) inkl., von 7.00 bis 10.30 Uhr **Kreditkarten** akzeptiert **Verschiedenes** Hunde erlaubt - Garage (28 €/Tag) **Umgebung** Neapel: Archäologisches Museum, Museum Capodimonte, Villa Floridiana, Kartause San Martino; Veranstaltungen: Estate di Napoli (Konzerte, Opern, Theater) - Pompeji - Ercolano - Cuma - Solfatara in Pozzuoli - Capri - Ischia - Amalfitanische Küste bis Salerno - Paestum **Restaurant** von 13.00 bis 15.30 und 20.00 bis 23.30 Uhr - Karte: 50-75 € - Regionale Küche - Fisch **Anreise** (Karte Nr. 19): am Meer, hinter dem Quigley's Pub, nach 400 m links ausgeschildert.

B&B Parteno

80121 Napoli
Via Partenope, 1
Tel. 081-245 20 95 - Fax 081-247 13 03
E-Mail und Web: guidesdecharme.com/1353

Eine bessere Lage als diese zwischen Castel dell'Ovo und Santa Lucia an der mytischen Promenade der Stadt, wo man joggt, seine Zeitung liest, sich auf den *aliscafs* für Procida, Capri und Ischia einschifft oder vor der Bucht mit dem berühmtesten Vulkan der Welt flaniert, gibt es einfach nicht. Sollte es Ihnen gelingen, eines der wenigen Zimmer des kleinen Hotels *Parteno* zu bekommen, werden Sie ein privilegierter Zuschauer sein. Dieses reizende B&B auf der 1. Etage eines Palastes des frühen 19. Jahrhunderts bietet ein paar Zimmer mit Blumennamen an. „Azalea" heißt das mit der schönsten Aussicht, „Tulipano", „Edera", „Narciso", „Orchidea" und „Rosa" bieten von ihrem Balkon aus Seitenblicke auf den Golf. Die Zimmer sind hübsch, technologisch gut ausgestattet, doch sind die Bäder klein. Das Frühstück mit frischem Brot und selbstgebackenen Obstkuchen ist sehr appetitlich; sollten Sie ein amerikanisches Breakfast bevorzugen, dann bietet die Karte nach Schriftstellern benannte Gerichte an. Eine exzellente Adresse, die nicht mit den direkt am Meer gelegenen Luxushotels rivalisiert, aber die warmherzige neapolitanische Gastfreundschaft bestätigt.

Ganzj. geöffn. **6 Zimmer** mit Klimaanl., Tel. (Festnetz-Flatrate für Europa, USA, Kanada), Fax, Wi-Fi, Dusche, Satelliten-TV, Minibar; Aufzug **Preise** DZ (für 1 Pers.): 80-99 €, DZ: 99-125 €, Superior mit Panoramamblick: 130-165 € - Frühst. inkl., von 7.30 bis 10.00 Uhr **Kreditkarten** akzeptiert **Verschiedenes** Hunde nicht erlaubt - Fitness - Garage (20 €/Tag) **Umgebung** Neapel: Kirchen und Paläste in der Altstadt; Archäologisches Museum, Museum Capodimonte, Villa Floridiana, Kartause San Martino; Veranstaltungen: L'Estate di Napoli (Konzerte, Opern, Theater) - Pompeji - Ercolano **Kein Restaurant** vor Ort (siehe unsere Restaurantauswahl S. 571-573) **Anreise** (Karte Nr. 19): gegenüber von Castel Nuovo.

Grand Hotel Parker's

80121 Napoli
Corso Vittorio Emanuele, 135
Tel. 081-761 24 74 - Fax 081-663 527
Cesira Avallone
E-Mail und Web: guidesdecharme.com/1354

Schick und elegant. Das sind die Adjektive, die das *Grand Hotel Parker's* seit 130 Jahren für sich in Anspruch nimmt. Ein großes Foyer mit Täfelungen, Marmor und Klubsesseln kultivieren ein eher angelsächsisches Ambiente – das trifft auch zu für die Piano-Bar „Napoleone", in der man sich abends zum Aperitif trifft. Die klassischen, sehr komfortablen Zimmer haben je nach Etage einen besonderen französischen Stil, der von Louis-seize bis Charles-dix reicht. Auf einem kleinen Hügel der Innenstadt gelegen, überragt es die Bucht. Diese berühmte Aussicht ist besonders reizvoll von „George's" aus, dem gastronomischen Restaurant des Hotels, in dem man in raffinierter Atmosphäre bei Kerzenschein, auch auf der einzigartigen Terrasse, zu Abend isst. Außerdem besitzt das Hotel eine bemerkenswerte Bibliothek mit alten, sehr interessanten Werken und einen Cigar corner. Interessante Wochenendpreise. Erkundigen Sie sich.

Kategorie ★★★★ **Ganzj.** geöffn. **82 Zimmer** mit Klimaanl., Tel., Wi-Fi, Bad oder Dusche, Satelliten-TV, Minibar, Safe; Aufzug **Preise** EZ: 200-290 €, DZ: 255-360 €, Deluxe: 310-360 € - Frühst. (Buffet) inkl., von 7.00 bis 10.00 Uhr **Kreditkarten** akzeptiert **Verschiedenes** Hunde nicht erlaubt - Sauna (15 €) - Zigarren- und Champagner-Bar - Health-Center Marc Messegué - Garage (21 €/Tag) **Umgebung** Neapel: Archäologisches Museum, Museum Capodimonte, Villa Floridiana, Kartause San Martino; Veranstaltungen: L'Estate di Napoli (Konzerte, Opern, Theater) - Pompeji - Ercolano - Cuma - Solfatara in Pozzuoli - Capri - Ischia - Amalfitanische Küste bis Salerno - Paestum **Restaurant** „George's": von 12.30 bis 14.30 und 20.00 bis 22.00 Uhr - Karte: 60 € - Regionale Küche - Fisch **Anreise** (Karte Nr. 19): im Zentrum.

Hotel Miramare

80132 Napoli
Via Nazario Sauro, 24
Tel. 081-764 75 89 - Fax 081-764 07 75
M. Vicenzo Rosolino
E-Mail und Web: guidesdecharme.com/1355

Das wunderbar an der Bucht von Neapel gelegene *Miramare* hat zudem den Vorteil, über nur wenige Zimmer zu verfügen. Deshalb ist der Empfang besonders liebenswürdig und aufmerksam. Das Hotel ist ein Herrenhaus aus dem frühen 20. Jahrhundert, das noch über einige schöne Liberty-Elemente verfügt. Für die Zimmer mit hohem Komfort wurden mit Bezugnahme auf den Stil der zwanziger Jahre Camaieuen in Grau und Blau gewählt. Nehmen Sie eines der Zimmer mit Aussicht. Im Sommer wird gespeist und somit auch gefrühstückt auf der reizvollen Terrasse mit Blick auf die Küste von Sorrent, Capri und in der Ferne auf den Vesuv. Empfehlen können wir im Hinblick auf Restaurants „La Cantinella" und die Pizzeria „Posto Accanto": beide knapp hundert Meter vom Hotel und von der gleichen Familie geführt.

Kategorie ★★★★ **Ganzj.** geöffn. **18 Zimmer** mit Klimaanl., Tel., Bad oder Dusche, Satelliten-TV, Minibar; Aufzug **Preise** EZ und DZ für 1 Pers.: 171-239 €, DZ (mit Straßen- oder Meerblick): 231-375 €; Extrabett: 60-70 € - Frühst. (Buffet) inkl., von 7.30 bis 10.30 Uhr **Kreditkarten** akzeptiert **Verschiedenes** Hunde erlaubt - Garage (18 €/Tag) **Umgebung** Neapel: Archäologisches Museum, Museum Capodimonte, Villa Floridiana, Kartause San Martino; Veranstaltungen: L'Estate di Napoli (Konzerte, Opern, Theater) - Pompeji - Ercolano - Cuma - Solfatara in Pozzuoli - Capri - Ischia - Amalfitanische Küste bis Salerno - Paestum **Restaurants** „La Cantinella" (Via Cuma 42l, Tel. 081 764 8838) - „Il Posto Accanto" (Via Nazario Sauro 7, Tel. 081-764 8600) **Anreise** (Karte Nr. 19): am Meer, zwischen Castel dell'Ovo, dem Hafen von Santa Lucia und dem Palazzo Reale.

B&B Riviera di Chiaia

80122 Napoli
Riviera di Chiaia, 66
Tel. und Fax 081-669-748
Giuseppina Turrisi-Rambaldi
E-Mail und Web: guidesdecharme.com/1356

Dieses reizende Bed and Breakfast liegt in einem schönen Gebäude der Innenstadt, gegenüber der Villa Comunale. Im Innern des Hauses ist die Wohnung nicht ganz leicht zu finden, aber die Eigentümer werden Ihnen bei der Reservierung alles genau beschreiben. Diese mit der Zeit zu groß gewordene Familienwohnung – zumal sich Signora Rambaldi auch um das reizende *Agritourisme Il Vitigno* in Ischia kümmert – wird aus dem Grund nun mit Gästen geteilt. Es ist ein reizvolles „bourgeoises" Appartement, gestaltet mit antikem Mobiliar und vielen Porträts der Familie. Die Bibliothek gibt ihrerseits das große Interesse des Gastgebers an Literatur zu erkennen. Die komfortablen, geräumigen Zimmer, einige mit Balkon und Blick auf die Bucht von Neapel, haben den gleichen Stil. Das raffinierte Frühstück (mit Hausgemachtem) nimmt man entweder im Speiseraum oder im Innenhof ein. Aufmerksamer Empfang.

Ganzj. geöffn. **3 Zimmer** mit Tel., Bad, TV **Preise** DZ: 45 € (pro Pers.) - Frühst. inkl., von 8.00 bis 9.30 Uhr **Kreditkarten** nicht akzeptiert **Verschiedenes** Hunde auf Anfrage erlaubt **Umgebung** Neapel: Kirchen und Paläste in der Altstadt; Archäologisches Museum, Museum Capodimonte, Villa Floridiana, Kartause San Martino; Veranstaltungen: L'Estate di Napoli (Konzerte, Opern, Theater) - Pompeji - Ercolano **Kein Restaurant** vor Ort (siehe unsere Restaurantauswahl S. 571- 573) **Anreise** (Karte Nr. 19): den Gärten der Villa Comunale und der Bucht gegenüber.

Albergo del Purgatorio et Kaplan's Project

80138 Napoli
Via San Biagio dei Librai, 39 / Via del Tribunali, 362
Tel. 081-29 95 79 - Paris 01 43 25 04 67 - Nathalie de Saint Phalle
E-Mail und Web: guidesdecharme.com/1357

Sollte man weiterhin nach Neapel fahren? Die übermediatisierten Probleme (im Grunde die gleichen wie in Rom) kann man natürlich nicht verniedlichen; die Antwort lautet ja, man sollte gerade jetzt Neapel aufsuchen: „Die Stadt war nie so schön wie heute, verlassen und nur noch da für uns, ein wahrer, wenn auch leicht dekadenter Luxus, aber zumindest bringen all diese negativen Auswirkungen auch so manchen Vorteil ..." Hier zwei „experimentelle" Adressen mit originellem Konzept. Es begann mit der Liebe zu Neapel, mit Freunden aus der Kunstszene und einem bemerkenswerten Adressbuch. Beim Architekturposten war man besonders ehrgeizig: Instandsetzung emblematischster Paläste des populären, historischen Stadtteils Spaccanapoli, dem historischen barocken Kern. Leihgaben von Künstlern und ein „Übernachtungsbeitrag" (77 €) tragen zur Finanzierung bei. Der Palazzo ist wundervoll. Die Treppe aus schwarzem Stein und das vorspringende Gewölbe sind majestätisch, die Decken „maßlos", und die Räume, alle von unterschiedlicher Größe, bieten teils einen außergewöhnlichen Blick auf die Gassen des Viertels oder die Allerseelen-Kirche. In den drei Schlafräumen (möglichst das größte nehmen) eine elegante Mischung moderner und ethnischer Kunstgegenstände, welche auch erworben werden können. Auch wird die Galerie für zeitgenössische Kunst „Kaplan's Project" in der Beletage des wundervollen Palazzo Spinelli zwischen den Ausstellungen als „Sammler-Appartement" angeboten. Komfort und Eigenständigkeit (Service aufs Wichtigste reduziert); B&B-Zimmer mit Charme und Bobo-Atmosphäre wie auch eine luxuriöse Suite.

Ganzj. geöffn. **3 Zimmer** mit Bad; 1 Suite **Preise** 100-150 € + Beitrag: 77 €, Suite Kaplan: 250-300 € - Frühst. und Getränke inkl. **Kreditkarten** nicht akzeptiert **Anreise** (Karte Nr. 19): Via san Baggio ist die Parallelstraße der Via Tribunali.

Villa Brunella

Isola di Capri 80073 Capri (Napoli)
Via Tragara, 24
Tel. 081-837 01 22 - Fax 081-837 04 30
Vincenzo Ruggiero
E-Mail und Web: guidesdecharme.com/1358

Capri, dieser beinahe 600 Meter hohe Felsen, ragt aus den Fluten hervor und bietet ein Konzentrat kontrastierender Schönheiten. Hinter den Felsen und Faraglioni die terrassierten Olivenhaine, Weinberge und Zitrusfruchtplantagen. Diese einzigartige Landschaft schuf einzigartige Orte wie Villa S. Michele, Villa Malaparte, aber auch *Villa Brunella*: ein veritabler Balkon am Golf von Neapel. Die meisten Zimmer dieses abgestuft am Hang erbauten Hauses besitzen eine Terrasse mit Blick auf Marina Piccola und Monte Solaro. Hier entschied man sich für eine besonders sanfte Gestaltung lokalen Stils mit weißen Wänden, die gut zu den pastellfarbenen Stoffen und den Majoliken auf dem Fußboden passen. Auf halbem Weg befindet sich der mit atemberaubendem Panoramablick aufgehängte Swimmingpool. Angesichts der langjährigen Führung der Familie Ruggiero ist dies eine komfortable Adresse, die warmen, sympathischen Luxus bietet. Mit den zwei Fahrstühlen sind nun die Zimmer in allen Etagen leicht zugänglich.

Kategorie ★★★★ **Geöffnet** 1. April bis 31. Oktober **7 Zimmer** und 13 Suiten mit Klimaanl., Tel., Bad, Satelliten-TV, Minibar **Preise** DZ Superior: 260-360 €, Junior-Suiten: 360-460 € - Frühst. inkl., von 8.30 bis 11.00 Uhr **Kreditkarten** akzeptiert **Verschiedenes** Hunde nicht erlaubt - Swimmingpool **Umgebung** Capri: Kartause San Omo, Villa Jovis, Punta Tragara (Faraglioni) - Anacapri: Kirche S. Michele, Villa San Michele, Grotta di Matromaria, Grotta Azzurra, Villa Malaparte - Monte Solaro **Restaurant** von 11.30 bis 15.30 und 19.30 bis 23.30 Uhr - Menüs: 45-60 € - Karte **Anreise** (Karte Nr. 19): Überfahrten ab Napoli (zw. 40 und 60 Min.) oder ab Sorrento (35 Min.); auf Capri: von der Piazzetta Rtg. Villa Tiberio über die Via Camerelle und die Via Tragara.

Hotel Punta Tragara

Isola di Capri 80073 Capri (Napoli)
Via Tragara, 57
Tel. 081-837 08 44 - Fax 081-837 77 90
M. Ceglia
E-Mail und Web: guidesdecharme.com/1359

Diese ockerfarbenen, von Le Corbusier konzipierten Häuser, hoch über dem Meer in den Fels gebaut, sind ungewöhnlich für Capri. Heute ist Punta Tragara ein Luxushotel mit mehr Suiten als Zimmern. Möbel, Gemälde, Teppiche und Tapisserien bilden die prachtvolle Gestaltung des Hotels, das kürzlich renoviert wurde. Von dem gleich neben dem Aussichtsturm von Tragara gelegenen Hotel und fast all seinen Zimmern schaut man direkt auf die berühmten Faraglioni. Die beiden Restaurants sind angenehm; im „La Bussola" speist man mit dem gleichen überwältigenden Ausblick im Freien. Im tropischen Garten mit riesigen Kakteen und Bougainvilleen stehen den Gästen zwei sehr schöne Meerwasser-Pools zur Verfügung, einer davon ist auf 35° C erwärmt. Und ein paar Stufen tiefer baden Sie bei Da Luigi im Meer. Gestylter Empfang. Aus Gründen der Sicherheit sind hier Kinder erst ab zwölf Jahren erwünscht.

Kategorie ★★★★ **Geschlossen** Mitte Oktober bis 16. April **47 Zimmer** mit Klimaanl., Tel., Bad oder Dusche, Satelliten-TV, Minibar; Aufzug **Preise** Classic Parco: 280-330 €, Superior mit Blick auf den Park: 380-520 €, Prestige Panoramico: 520-680 €; Extrabett: 100 € - Frühst. (Buffet) inkl., von 8.00 bis 11.00 Uhr - HP: + 60 € pro Pers. **Kreditkarten** akzeptiert **Verschiedenes** Hunde nicht erlaubt - Swimmingpool **Umgebung** Kartause San Omo - Villa Jovis - Punta Tragara (Faraglioni) - Anacapri - Villa San Michele - Grotta di Matromaria - Grotta Azzurra - Villa Malaparte - Monte Solaro - Neapel - Pompeji - Ercolano - Cuma - Solfatara in Pozzuoli - Ischia - Amalfitanische Küste bis Salerno - Paestum **Restaurant** von 13.00 bis 15.00 und 20.00 bis 22.00 Uhr - Menü: 42 € - Karte - Mittelmeerküche **Anreise** (Karte Nr. 19): Überfahrten ab Napoli (70 Min.) oder ab Sorrento (35 Min.); auf Capri: von der Piazzetta Rtg. Villa Tiberio über die Via Camerelle, Via Tragara.

Albergo Villa Sarah

Isola di Capri 80073 Capri (Napoli)
Via Tiberio, 3/A
Tel. 081-837 78 17 / 081-837 08 89 - Fax 081-837 72 15
Sig. De Martino
E-Mail und Web: guidesdecharme.com/1360

Eine der typischen Villen in erhöhter Lage auf Capri. Villa Sarah besitzt als Verlängerung ihres Gartens den traditionellen Weinberg und den obligatorischen Obstgarten, dem die guten Frühstücks-Konfitüren zu verdanken sind. Diese Gegend in der Nähe des Zentrums ist dennoch sehr ruhig; das heißt, man kann das Bad in der Menge im Sommer dosieren. Die Atmosphäre ist sehr angenehm, und es ist eine wahre Freude, sich im Garten oder auf der Sonnenterrasse des Hauses aufzuhalten. Alle Zimmer verfügen zwar über den Komfort kleiner Hotels, doch die Hälfte der Schlafräume bietet den Vorteil des Meerblicks. Und trotz des nicht-vorhandenen Restaurants werden einem hier im Sommer dennoch Kleinigkeiten am Pool serviert. Aufgrund ihrer Schönheit ist die Insel Capri schick und teuer. Villa Sarah macht es möglich, unter guten Bedingungen und zu vernünftigen Preisen von ihr zu profitieren.

Kategorie ★★★ **Geöffnet** Ostern bis Oktober **20 Zimmer** mit Klimaanl., Tel., Bad oder Dusche, Satelliten-TV **Preise** EZ: 90-140 €, DZ: 140-210 €, 3-BZ: 283 €, 4-BZ: 293 € - Frühst. (Buffet) inkl., von 8.00 bis 10.00 Uhr **Kreditkarten** akzeptiert **Verschiedenes** Hunde nicht erlaubt - Swimmingpool mit Hydromassage - Solarium **Umgebung** Kartause San Omo - Villa Jovis - Punta Tragara (Faraglioni) - Grotta di Matromaria - Ria - Grotta Azzurra - Anacapri - Villa San Michele - Villa Malaparte - Monte Solaro - Neapel - Pompeji - Ercolano - Cuma - Solfatara in Pozzuoli - Ischia - Amalfitanische Küste bis Salerno - Paestum **Kein Restaurant** im Hotel (siehe unsere Restaurantauswahl S. 573-574) **Anreise** (Karte Nr. 19): Überfahrten ab Napoli (70 Min.) oder Sorrento (35 Min.); auf Capri: ab Piazzetta Rtg. Villa Tiberio über Via Lomgeno und Via Tuberio; von der Piazzetta aus gelangt man zur Via Tiberio.

Pensione Quattro Stagioni

Isola di Capri 80073 Capri (Napoli)
Via Marina Piccola, 1
Tel. 081-837 00 41 - Handy 346 693 1265 - Fax 081-837 79 09
Sig. Salvia
E-Mail und Web: guidesdecharme.com/1361

Nach und nach gehen in Italien die berühmten *pensione* verloren, in denen der Reisende von einer warmherzigen Familie sehr einfach aufgenommen wird. Im feinen Capri ist eine einzige übrig geblieben, die *Pensione Quattro Stagioni*, die älteste Herberge der Insel. Äußerst gut gelegen (nach Marina Piccola kommt man zum Baden und zum Abendessen in den Straßenrestaurants mit Blick aufs Meer); es ist eines dieser Häuser voller Blumen, die oberhalb der Bucht zwischen dem Monte Solaro und dem Monte Castiglione liegen. Das Haus ist einfach und sehr bescheiden, doch ist das Ambiente sehr gastfreundlich, sind die Zimmer gepflegt und die Preise für Capri nicht zu unterbieten. Die Promenade, die das Zentrum Capris mit Marina Piccola über die Augustus-Gärten mit wundervollem Ausblick verbindet, ist reizvoll.

Kategorie ★★ **Ganzj.** geöffn. **12 Zimmer** mit Klimaanl., Bad oder Dusche, Internet **Preise** DZ: 80-130 €; DZ vom 4. November bis 15. März: 48 € - Wenn Sie mit unserem Führer anreisen, erhalten Sie in den Monaten April, Mai, Juni und Oktober einen Preisnachlass - Frühst. inkl., von 8.00 bis 10.30 Uhr - HP: 61,97-77,47 € (pro Pers.) **Kreditkarten** Visa, Eurocard, MasterCard **Verschiedenes** Hunde nicht erlaubt - Parkpl. **Umgebung** Strand - Kartause von San Omo - Villa Jovis - Punta Tragara (Faraglioni) - Anacapri - Villa San Michele - Grotta di Matromaria - Grotta Azzurra - Villa Malaparte - Monte Solaro - Neapel - Pompeji - Ercolano - Cuma - Solfatara in Pozzuoli - Ischia - Amalfitanische Küste bis Salerno - Paestum **Restaurant** ab 20.00 Uhr - Menü **Anreise** (Karte Nr. 19): Überfahrten ab Napoli (70 Min.) oder Sorrento (35 Min.); auf Capri: ab Piazzetta Rtg. Via Roma bis zur Kreuzung Via Marina Piccola.

Park Hotel Miramare

Isola d'Ischia 80070 Sant'Angelo (Napoli)
Tel. 081-99 92 19 - Fax 081-99 93 25
Linda Calise
E-Mail und Web: guidesdecharme.com/1362

Allein die kurze Überfahrt mit der Fähre ist ein Vergnügen. Sie durchqueren den prachtvollen Golf von Neapel mit dem Vesuv als Silhouette, passieren die Halbinsel Pozzuoli und die Insel Procida und erreichen Ischia. Das *Miramare* liegt in Sant'Angelo, einem der gut erhaltenen Orte der Insel, am Steilhang direkt am Meer. Die Zimmer zum Park sind besonders komfortabel, alle mit Balkon und einzigartigem Panorama; zwei Dependancen (drei Sterne, die Preise sind entsprechend) wurden im Dorf eröffnet: die eine nahe der *piazetta*, die andere mit Blick auf Baia dei Maronti. Im Restaurant: Typisches der Insel. Ein paar Meter weiter gelangen Sie über eine von Blumen gesäumte Privatallee zum wundervollen Aphrodite-Apollon-Thermalgarten (- 25 % für Hausgäste). Zwölf Becken mit unterschiedlichen Temperaturen liegen abgestuft über Treppen erreichbar am Felshang, die Sauna wurde in einer Grotte installiert. Bei der Ankunft erhalten Sie einen Korb mit Badeschuhen sowie Schüppe und Eimer für die Kinder.

Kategorie ★★★★ **Geschlossen** Oktober bis März **57 Zimmer** mit Klimaanl., Tel., Bad, Satelliten-TV, Ventilator, Minibar, Safe **Preise** pro Pers.: Miramare 130 €, Superior 164 €, Prestige 207 €, Suite 325 € + 15 € (EZ) - Dependance: Casa Apollon 96 €, Casa del Sole 96-107 € - Frühst. inkl., von 7.00 bis 12.00 Uhr - HP: + 45 € pro Pers. **Kreditkarten** akzeptiert **Verschiedenes** Kleine Hunde erlaubt - Privatstrand - Thermen - Beauty-Center - Fitness - Tennispl. **Umgebung** Inselrundfahrt (32 km) - Castello - Aussichtspunkt Cartaromana - Ausflug zum Monte Epomeo (788 m) ab Fontana (1 Std.) - Heilskirche und Poseidon-Garten, Strand Citara in Forio - Lacco Ameno - Lido San Montano **Restaurant** von 13.00 bis 14.00 und 19.30 bis 22.30 Uhr - Karte und Menü - Regionale Küche **Anreise** (Karte Nr. 19): Überfahrt ab Napoli-Molo Beverello (75 Min. mit der Fähre); ab Napoli/Mergellina: 40 Min. per Schnellboot (Tel. 081-76 11 004).

Pensione Casa Sofia

Isola d'Ischia 80070 Sant'Angelo (Napoli)
Via Sant'Angelo, 29 B
Tel. 081-99 93 10 - Fax 081-90 49 28
Christian Katz
E-Mail und Web: guidesdecharme.com/1363

Casa Sofia ist ein schönes, großes Haus mit beeindruckender Aussicht aufs Meer und eine reizvolle Adresse für diejenigen, die eine heitere familiäre Atmosphäre mögen. Die Zimmer mit Balkon sind hübsch eingerichtet. Von der Terrasse, auf der das (reichhaltige) Frühstück eingenommen wird, hat man einen Blick auf die Bucht von Sant'Angelo. Dieser alte Fischerhafen ist das einzige Dorf auf Ischia, das noch heute über jenen Charme verfügt, der einst auf der ganzen Insel verbreitet war. Gleich neben *Casa Sofia* können Sie die Thermalbäder des Aphrodite-Gartens genießen (man geht von einem Bad zum nächsten, und in jedem sollte man mindestens zehn Minuten verweilen). Wer nach Ischia kommt, darf diese stimulierenden Bäder in keinem Fall verpassen! Das Abendessen wird um 19.30 Uhr serviert. Hoffen wir, dass die Gäste, die es nicht gewohnt sind, zu so früher Stunde zu dinieren, sich später zu Tisch begeben können.

Kategorie ★★★ **Geschlossen** November bis März **11 Zimmer** mit Dusche, Ventilator **Preise** 55 € (pro Pers.) - Frühst. inkl., von 8.00 bis 9.30 Uhr **Kreditkarten** Visa, Eurocard, MasterCard **Verschiedenes** Hunde nicht erlaubt - Swimmingpools, Thermalbäder im Aphrodite-Garten (-15 %) **Umgebung** Inselrundfahrt (32 km) - Castello - Aussichtspunkt Cartaromana - Ausflug zum Monte Epomeo (788 m) ab Fontana (1 Std.) - Heilskirche und Poseidon-Garten, Strand Citara in Forio - Lacco Ameno - Lido San Montano **Kein Restaurant** im Hotel (siehe unsere Restaurantauswahl S. 574-575) **Anreise** (Karte Nr. 19): Überfahrt ab Napoli-Molo Beverello (75 Min. mit der Fähre); ab Napoli/Mergellina: 40 Min. per Schnellboot (Tel. 081-76 11 004).

Il Vitigno

Isola d'Ischia 80075 Bocca Forio d'Ischia (Napoli)
Via Bocca, 31
Tel. und Fax 081-99 83 07
Giuseppina Rambaldi-Turrisi
E-Mail und Web: guidesdecharme.com/1365

Seit Matta, Anna Magnani, Jean Marais und viele andere regelmäßig die Bar International am großen Platz aufsuchten, ist Forio d'Ischia das bekannteste Dorf der Insel. Von besonderem Interesse ist heute immer noch die Vielfalt der architektonischen Stile seiner etwa zwanzig Kirchen, eine wahre künstlerische Kuriosität darstellend. Das alte, oben auf dem Hügel eingenistete Bauernhaus mit zwei Nebengebäuden ist umgeben von zehn Hektar Weinbergen. Parallel zu den Weinbauaktivitäten bietet Giuseppina komfortable, helle und sehr gepflegte Zimmer an: Betten und Mobiliar, alles antik, und geblümte Stoffe schaffen eine freundliche Ferienatmosphäre. Das gleiche mediterrane Ambiente im Speiseraum und in der Küche, in der schmackhafte Gerichte zubereitet werden, deren Basisprodukte Fisch, Fleisch, Gemüse und Obst aus eigenem Anbau sind, ohne den hier produzierten Wein mit Herkunftsbezeichnung zu vergessen. Zum Frühstück in der Weinlaube werden Sie die hausgemachten Konfitüren und Kuchen schätzen. Vom Haus aus können Wanderungen im Hinterland unternommen werden: Urlaub am Meer auf eine andere Art.

Geschlossen November **17 Zimmer** mit Dusche **Preise** DZ: 80-100 € - Frühst. inkl., von 8.30 bis 9.30 Uhr - HP: 50-60 € (pro Pers.) **Kreditkarten** nicht akzeptiert **Verschiedenes** Hunde auf Anfrage erlaubt - Swimmingpool - Parkpl. **Umgebung** Inselrundfahrt (32 km) - Castello - Belvedere von Cartaromana - Ausflüge zum Epomeo-Berg (788 m) ab Fontana (1 Std.) - Heilskirche und Poseidon-Garten, Strand Citara in Forio - Lacco Ameno - Lido San Montano **Restaurant** nur für Hausgäste, von 19.00 bis 20.30 Uhr - Menü: 15 € **Anreise** (Karte Nr. 19): Überfahrt ab Napoli-Molo Beverello (75 Min. mit der Fähre); ab Napoli/Mergellina: 40 Min. per Schnellboot (Tel. 081- 76 11 004). 10 km von Porto d'Ischia, Rtg. Forio-Panza (Taxis an der Landungsbrücke).

Hotel Ristorante Residence Punta Chiarito

Isola d'Ischia 80075 Sorgeto - Panza d'Ischia (Napoli)
Tel. 081-908 102 - Fax 081-909 277
S. Impagliazzo
E-Mail und Web: guidesdecharme.com/1366

Wenn Sie nach zu vielen Besichtigungen eine Pause einlegen und nichts als das Meer sehen möchten, sollten Sie nicht zögern, im *Punta Chiarito* Halt zu machen. In diesem auf einer felsigen Anhöhe direkt am Meer gelegenen Hotel werden Sie sich rasch erholen. Zwei Thermalswimmingpools gleich am Hotel; eine (steile) Treppe führt zum Strand Baie di Sorgo, wo man dank des besonders warmen Meerwassers auch im Winter baden kann. Die modernen, schlichten und komfortablen Schlafräume werden von diesen Fluten umspült. Meerblick haben alle, aber die „richtigen" Hotelzimmer bieten zudem Aussicht auf die schöne Halbinsel Sant'Angelo. Wenn im Sommer im Innern der Insel der Betrieb den Höhepunkt erreicht, ist Punta Chiarito nach wie vor ein Ort, der auch dann wie „außerhalb der Saison" wirkt.

Kategorie ★★★★ **Geöffnet** 27. Dezember bis 10. Januar und 27. April bis 1. November **28 Zimmer** (7 in der Dependance Villa Caterina mit Kochnische) mit Klimaanl., Tel., Dusche, TV, Minibar **Preise** DZ im Hotel: 75-110 € (ohne Aussicht, pro Pers.), 85-140 € (mit Terrasse und Meerblick, pro Pers.) - Frühst. inkl., von 8.00 bis 10.00 Uhr - HP: 85-120 € pro Pers., 95-150 € (mit Meerblick, pro Pers.) - DZ mit Kochnische (für Aufenthalte): 800 € pro Woche **Kreditkarten** Visa, Eurocard, MasterCard **Verschiedenes** Hunde auf Anfrage erlaubt - 3 Swimmingpools und Thermalgrotte mit Hydromassage - Sauna - Parkpl. **Umgebung** Inselrundfahrt - Castello Aragonese - Belvedere von Cartaromana - Ausflüge zum Epomeo-Berg (788 m) - Heilskirche und Poseidon-Garten, S. Angelo, Strand Citara in Forio - Lacco Ameno - Lido San Montano **Restaurant** von 12.30 bis 14.30 und 20.00 bis 21.00 Uhr - Karte **Anreise** (Karte Nr. 19): Überfahrt ab Napoli-Molo Beverello (60-90 Min. mit der Fähre) oder ab Pozzuoli (1 Std., Tel. 081-333 44 11); ab Napoli/Mergellina: 40 Min. per Schnellboot (Tel. 081-76 11 004).

Maison La Minervetta

80067 Sorrento (Napoli) - Via Capo, 25
Tel. 081-877 44 55 - Fax 081-878 46 01
Marco De Luca
E-Mail und Web: guidesdecharme.com/1367

Das sich an den Fels klammernde *Minervetta* überragt den kleinen Hafen Marina Grande. Über vierzig Jahre war es ein Restaurant, und heute ist es eines der beliebtesten Hotels der Küste. Die auf drei Ebenen befindlichen Zimmer sind mit ihren Bädern phantastisch. Jedes hat seine mediterrane Farbe wie auch riesige Panorama-Fensterfronten mit Blick aufs Meer und den Vesuv. In den Gesellschaftsräumen ein Privatvilla-Ambiente, mit Möbeln aus dem Familienbesitz neben Designstühlen, neapolitanischen Aquarellen neben Werken von Man Ray, Caltagirone-Keramik neben einer Sammlung Vasen von Gaetano Pesce und Andrea Sotsass. Außerdem viele Bücher, in denen man im Salon oder auf der großen Terrasse blättern kann. In der Küche mit einem Fliesenbelag, der einem Gemälde von Vasarely ähnelt, kann sich jeder einen Kaffee oder einen Imbiss zubereiten. Die bemerkenswerte Innenarchitektur ist Marco und Eugenia De Luca zu verdanken, die das von ihrem Großvater in den sechziger Jahren gegründete Haus übernommen haben. Ein Aufzug spaltet den Fels, um Sie zum kleinen Wachturm oder zu dem in den Fels gehauenen Schwimmbassin zu geleiten. An diesem traumhaften Ort ist auch der Service so, wie man ihn sich wünscht: aufmerksam und mit der richtigen Portion Gelassenheit.

Kategorie ★★★★ **Geschlossen** 11. bis 28. Januar **12 Zimmer** mit Klimaanl. und Schallschutz, Tel., Bad, Satelliten-TV, Minibar, Safe, Wi-Fi und PPV; Aufzug **Preise** DZ für 1 Pers. und DZ: 180-300 €, Superior: 220-350 €, Suite: 260-400 €; Extrabett: 50-80 € - Frühst. (Buffet) inkl., von 8.00 bis 10.30 Uhr **Kreditkarten** akzeptiert **Verschiedenes** Hunde nicht erlaubt - Solarium - Parkpl. **Sprache** u.a. Deutsch **Umgebung** Halbinsel von Sorrento - Neapel - Pompeji - Paestum - Capri **Kein Restaurant** im Hotel **Anreise** (Karte Nr. 20): 48 km südl. von Neapel. A-3, Ausfahrt Castellammare di Stabia.

Hotel Parco dei Principi

80067 Sorrento (Napoli)
Via Rota, 1
Tel. 081-878 46 44 - Fax 081-878 37 86
E-Mail und Web: guidesdecharme.com/1368

Sorrent, südlich vom Golf von Neapel, ist ein Präludium der Schönheiten an der amalfitanischen Küste. 1792 wurde in einem 27 Hektar großen Park mit seltenen Arten ein eleganter Pavillon auf einem Felsen aus Tuffstein mit weitem Blick auf das Tyrrhenische Meer erbaut. In den sechziger Jahren beschloss dann ein reicher Unternehmer aus Neapel, dieser „Villa Corchacoff" ein Hotel hinzuzufügen: am Steilhang direkt am Meer gelegen, ist es das Werk des berühmten Mailänder Designer-Architekten Gio Ponti. Eine doppelte Herausforderung an Ponti. Verantwortlich vom Rohbau bis hin zu den Keramikkacheln, vom Mobiliar bis zu den Türklinken, der Gestaltung der Schlafräume bis zum Sprungbrett des pfeilförmigen Swimmingpools … Was überrascht ist die Tatsache, dass seit der Eröffnung im Jahr 1962 alles unverändert geblieben ist: eine Variante in Blau und Weiß mit dem von Cassina entworfenen Mobiliar, den Fußböden aus geometrischen Salernokacheln, den kubistischen Wandleuchten und dem ursprünglichen Geschirr. Ein Schmuckstück an Modernität, das unter Denkmalschutz gestellt werden sollte, um es vor jeglicher Verunstaltung zu bewahren.

Kategorie ★★★★ **Geschlossen** Januar bis März **96 Zimmer** mit Klimaanl., Tel., Wi-Fi und PPV, Bad, Satelliten-TV, Minibar, Safe; Aufzug **Preise** DZ: 200-300 € (je nach Aussicht), Superior: 320-350 €, Junior-Suite: 350-400 €, Suite: 640-700 €; Extrabett: 40-65 € - Frühst. (Buffet) inkl., ab 7.30 Uhr - HP: + 60 € pro Pers. **Kreditkarten** akzeptiert **Verschiedenes** Hunde nicht erlaubt - Beauty-Center - Fitness - Meerwasser-Pool - Privatstrand **Umgebung** Halbinsel von Sorrent - Neapel - Pompeji - Paestum - Capri **Restaurants** „Gio Ponti" oder „La Spiaggia", Pool-Bar (von Juni bis Sept.) **Anreise** (Karte Nr. 20): 48 km südl. von Neapel über die A-3, Ausfahrt Castellammare di Stabia.

Hotel Bellevue Syrene

80067 Sorrento (Napoli)
Piazza della Vittoria, 5
Tel. 081-878 10 24 - Fax 081-878 39 63
Simona Guida
E-Mail und Web: guidesdecharme.com/1369

Wo seinerzeit eine römische Villa stand, in der schon Tiberius und Virgilius zu Gast waren, befindet sich heute, direkt am Meer, ein schönes Gebäude aus dem 18. Jahrhundert. Die Umgebung mit Blick auf den Vesuv und die Bucht von Sorrent, von der Landzunge von Miseno bis zu der von Scutolo und der Insel Procida, lädt zum Betrachten ein und wirkt inspirierend. Die neue, junge Leitung hat das Hotel modernisiert. Derzeit sind die Zimmer geringer an der Zahl, dafür aber größer und komfortabler. Auch die Gestaltung ist moderner, die in Räumen mit ganz weißen Wänden Stile mixt und mit einer Palette aus Türkis, Parma und Pistaziengrün spielt .... Die meisten Zimmer haben einen Balkon mit Aussicht. Die Suite „Amore" ist mit ihren Fresken nach wie vor das historische Zimmer von Bellevue. Der Küchenchef des „Don Giovanni" bietet mediterrane Gerichte an. Um zum Privatstrand zu gelangen, steht den Gästen ein Fahrstuhl zur Verfügung. Man sollte jedoch auch einmal den Weg über die Treppe und die überwölbte Passage nehmen; wie die Säulen im Garten sind dies Überreste der römischen Villa.

Kategorie ★★★★ **Geöffnet** April bis Oktober **50 Zimmer** mit Klimaanl., Tel., Bad, Satelliten-TV, Minibar, Safe; Aufzug **Preise** DZ: 150-220 €, 250-350 € (Meerblick), Superior: 450-550 €, Suite: 750 € - Frühst. inkl., von 7.00 bis 10.00 Uhr - HP: + 60 € pro Pers. **Kreditkarten** akzeptiert **Verschiedenes** Hunde erlaubt - Wellness-Center - Hamman - Privatstrand - Parkpl. **Umgebung** Villa Comunale, Aussichtspunkt in Sorrent - Halbinsel von Sorrent - Neapel - Pompeji - Paestrum - Capri **Restaurant** „Il Don Giovanni", von 19.00 bis 22.00 Uhr - Menü - Karte - Hunde nicht erlaubt **Anreise** (Karte Nr. 20): 48 km südl. von Neapel über die A-3 bis Castellammare di Stabia, dann S-145.

Relais Don Alfonso 1890

80064 Sant'Agata Sui Due Golfi (Napoli) - Corso S. Agata, 11-13
Tel. 081-878 00 26 - Fax 081-533 02 26
Mario Iaccarino
E-Mail und Web: guidesdecharme.com/1370

Don Alfonso ist eine gastronomische Institution im Süden Italiens. Mit ausgeklügelter Garung und genialer Inspiration zelebriert Alfonso Iaccarino die Costiera mit ihren Produkten, die vorwiegend von Peracciole stammen, dem landwirtschaftlichen Familienbetrieb mit dem Bio-Label seit bereits geraumer Zeit. Livia trägt mit ihrem Empfang ebenfalls zum Renommee des Hauses bei. Heute haben die Söhne ihr Studium abgeschlossen: Ernesto, mit glänzendem Wirtschaftsdiplom, entschied sich für die Küche, und Marco, der sich als Küchenchef sah, kümmert sich ums Management. Die Ablösung mit dem Wunsch nach Kontinuität fand somit statt und zeigt sich aktiv, kreativ und effizient. Der Sinn fürs Detail wie auch Luxus in Maßen kommen in den kürzlich eingerichteten Zimmern zum Ausdruck, deren Farben in Rosmarin, Zitrone, Pfefferminze und Lavendel eher gewagt sind. Handwerklich hergestellte Möbel oder aus dem Familienbesitz, Murano-Lüster, neapolitanische Antiquitäten und Vietri-Majoliken gestalten voller Raffinement die Innenräume. Und eine Umgebung, die mithalten kann: der Garten voller Zitrusfrüchte und Olivenbäume, der Vesuv am Horizont und die Sonne, die den Golf von Neapel und die Reede von Sorrent abends erglühen lässt.

Kategorie ★★★★ **Geschlossen** 3. November bis 25. März **8 Zimmer** mit Klimaanl., Tel., Bad, Satelliten-TV, Minibar, Safe; Aufzug **Preise** Junior-Suite (1-2 Pers.): 220-310 €, Suite (1- 3 Pers.): 300-720 € - Frühst. inkl., von 8.30 bis 11.00 Uhr **Kreditkarten** akzeptiert **Verschiedenes** Hunde nicht erlaubt - Küchenlabor und Angebot von Kochkursen (mit Anmeldung) - Swimmingpool - Garage **Umgebung** Halbinsel von Sorrent - Neapel - Pompeji - Paestum - Capri **Restaurant** von 12.30 bis 14.30 und 20.00 bis 22.30 Uhr - Mo und Di geschl.; vom 15. Juni bis 15. September (außer Grill-Pool) mittags geschl. - Menü: ab 140 € - Karte **Anreise** (Karte Nr. 20): 7 km von Sorrent.

Hotel Belvedere

84010 Conca dei Marini (Salerno)
Tel. 089-83 12 82 - Fax 089-83 14 39
Familie Lucibello
E-Mail und Web: guidesdecharme.com/1371

Man sollte sich weder von der Fassade des Belvedere noch von seiner Lage direkt an der Straße beeinflussen lassen. Es wurde derart an den Felsen gebaut, dass es regelrecht „über dem Meer schwebt". Diese einzigartige Lage lässt die gesamte amalfitanische Küste überblicken. Die modernen und sehr komfortablen Zimmer verfügen alle über einen Balkon oder eine Terrasse mit Meerblick. Ein Fahrstuhl bringt Sie zum Swimmingpool, der zwischen den Felsen liegt. Von dort hat man auch Zugang zum Meer. Das Belvedere ist ein Hotel mit vollendeter Professionalität, die Küche ist exzellent, der Service perfekt und zuvorkommend. Der zurückhaltende, aber freundliche Empfang der Familie Lucibello verleiht diesem Hotel das gewisse Etwas, das nur die echten Hotels mit Charme haben.

Kategorie ★★★★ **Geschlossen** Mitte Oktober bis Mitte April **36 Zimmer** mit Klimaanl., Tel., Bad, Satelitten-TV, Minibar, Safe; Aufzug **Preise** EZ: 130-180 €, DZ: 160-230 €, Junior-Suiten: 210-270 €, Suite: 280-350 € - HP und VP: + 33 € + 55 € (pro Pers.) - Frühst. inkl., von 7.00 bis 10.00 Uhr **Kreditkarten** akzeptiert **Verschiedenes** Hunde erlaubt - Swimmingpool - Zugang zum Meer - Parkpl. **Umgebung** Golf von Salerno und amalfitanische Küste: Positano, Grotta dello Smeraldo, Ravello, Salerno - Paestum - Capri - Neapel - Pompeji - Ercolano - Cuma - Solfatara in Pozzuoli - Ischia **Restaurant** mit Klimaanl. - von 12.30 bis 14.00 und 19.30 bis 21.30 Uhr - Menü: 40 € - Karte **Anreise** (Karte Nr. 20): 65 km südöstl. von Neapel über A-3, Ausfahrt Castellammare di Stabia, dann N-336 Rtg. Amalfi. (Transfer, 1-4 Pers., ab Bahnhof Salerno 75 €, ab Flugplatz Napoli 110 €).

Hotel Luna Convento

84011 Amalfi (Salerno)
Via P. Comite, 23
Tel. 089-87 10 02 - Fax 089-87 13 33
G. Ciccone
E-Mail und Web: guidesdecharme.com/1372

Das *Luna Convento* überragt einen sarazenischen Turm, der die Seefahrt des Golfs überwacht, klammert sich an die Felsen und ist ein ehemaliges, für seinen herrlichen byzantinischen Kreuzgang berühmtes Franziskanerkloster. Dieses prachtvolle Hotel ist seit mehreren Generationen in Familienbesitz, wurde in den fünfziger Jahren umgebaut und erhielt einen neuen Trakt, in dem weitere Gästezimmer eingerichtet wurden. Der Komfort der Zimmer ist unterschiedlich; die des Stammhauses verfügen selbstverständlich noch über den Charme vergangener Zeiten. Das Haus hat einige Erinnerungen berühmter Gäste aufbewahrt, so Ibsens Korrespondenz mit Signora Barbano, der Inhaberin des Hotels. Auch wenn einige Verbesserungen wünschenswert erscheinen, ist dies nach wie vor ein reizvolles Haus.

Kategorie ★★★★ **Ganzj.** geöffn. **43 Zimmer** mit Klimaanl., Tel., Bad oder Dusche, Satelliten-TV, Minibar **Preise** Superior: 240-300 €, Deluxe: 280-340 €, - 20 € (DZ für 1 Pers.); Extrabett: 80 € - Frühst. inkl., von 7.30 bis 10.00 Uhr - HP: + 50 € pro Pers. **Kreditkarten** akzeptiert **Verschiedenes** Hunde nicht erlaubt - Swimmingpool - Privatstrand - Garage und Parkpl. (20 €/Tag) **Umgebung** Amalfi: Dom und Kreuzgang Paradis - Sorrento - Golf von Salerno und amalfitanische Küste - Paestum - Capri - Neapel - Pompeji - Ercolano - Cuma - Solfatara in Pozzuoli - Ischia **Restaurant** von 12.30 bis 14.00 und 19.30 bis 21.30 Uhr - Menü: 50 € - Karte **Anreise** (Karte Nr. 20): 25 km westl. von Salerno über die A-3, Ausfahrt Vietri sul Mare, dann S-163 über die Küstenstraße.

Hotel Lidomare

84011 Amalfi (Salerno)
Largo Piccolomini, 9
Tel. 089-87 13 32 - Fax 089-87 13 94 - Santolo Camera
E-Mail und Web: guidesdecharme.com/1373

Ohne zu zögern soll hier noch einmal die Schönheit der amalfitanischen Küste gepriesen werden mit ihren terrassierten Hängen, an denen duftende Zitronenbäume blühen und die eine aus zahllosen Buchten und Stränden bestehende Küste überragen. Das in der Mitte des Dorfes nur ein paar hundert Meter vom Strand und an zwei kleinen Plätzen gelegene Lidomare ist ein schlichtes, familiäres Gasthaus mit einem immer seltener anzutreffenden exzellenten Preis-Leistungsverhältnis. Dieses betagte Privathaus ist gewiss leicht veraltet mit seiner zeitlosen Küche, seiner großen neapolitanischen Krippe, seinem Mobiliar der sechziger Jahre und seinen alten Radierungen. Komfort und Pflege sind jedoch einwandfrei, in einigen Zimmern sind wunderschöne Majoliken auf dem Fußboden zu bewundern, andere haben eine Hydromassage-Badewanne oder einen Balkon. In diesem Haus bevorzugen wir die *camere am* (mit seinen belebten Bars und Restaurants derart typischen) Platz. Außerordentlich sympathischer Empfang; da man das Hotel mit dem Auto nicht erreicht, wird Ihnen ein Gepäckträger vom ganz nahen kleinen Hafen aus zur Hand gehen.

Kategorie ★★★ **Ganzj.** geöffn. **18 Zimmer** mit Klimaanl., Tel., Bad (14 mit Dusche, 4 mit Hydromassage), Satelliten-TV, Minibar, Safe **Preise** EZ: 55-65 €, DZ: 105-140 €; Extrabett: 20-25 € - Frühst. inkl., von 8.00 bis 10.00 Uhr **Kreditkarten** akzeptiert **Verschiedenes** Hunde auf Anfrage erlaubt - Garage (16 €/Tag) **Umgebung** Amalfi: Dom und Kreuzgang Paradis - Sorrento - Golf von Salerno und amalfitanische Küste: Positano, Grotta dello Smeraldo, Ravello, Salerno - Paestum - Capri - Neapel - Pompeji - Ercolano - Cuma - Solfatara in Pozzuoli - Ischia **Kein Restaurant** im Hotel (siehe unsere Restaurantauswahl S. 575-576) **Anreise** (Karte Nr. 20): 25 km westl. von Salerno über die A-3, Ausfahrt Vietri sul Mare, dann S-163 am Meer entlang.

Hotel Villa San Michele

84011 Castiglione di Ravello (Salerno)
SS. 163 Costiera Amalfitana
Tel. und Fax 089-87 22 37
Nicola Dipino
E-Mail und Web: guidesdecharme.com/1374

Gleich bei der Ankunft wird Ihnen der charmante Hotelbesitzer, der Sie an der Rezeption empfängt, darauf hinweisen, dass Sie das Paradies betreten … Und es ist wahr! Man erreicht das Haus über einen reizenden Garten voller Bougainvilleen, Wein und Zitronenbäume. Das reizende weiße Haus mit blauen Fensterläden befindet sich direkt am Meer. Die ausschließlich an der Fassade gelegenen Zimmer, die meisten mit Balkon oder sogar richtiger Terrasse, haben somit alle Blick aufs Meer. Die Gestaltung ist absolut nüchtern: weiße Wände, Mobiliar aus gestrichenem Holz, was gut auf die einfarbigen Stoffe oder Perkale mit persischen Motiven abgestimmt ist. Der mit Majoliken ausgelegte Fußboden und der natürliche Dekor ersetzen sehr vorteilhaft eine gestylte Dekoration. Nicola, dem Chef, ist die entspannte, gesellige Atmosphäre des Hauses zu verdanken. Zum Schwimmen brauchen Sie nur die Treppen zu den Felsen mit Liegestühlen herunterzusteigen: Die hier in aller Ruhe genommenen Bäder sind unvergesslich. Man wähnt sich tatsächlich im Paradies. Und schließlich die günstigen Preise!

Geschlossen 15. November bis 20. Februar **12 Zimmer** mit Klimaanl., Tel., Dusche, Satelliten-TV, Minibar **Preise** DZ pro Pers.: 50-85 € - Frühst. inkl., von 8.00 bis 10.00 Uhr - HP (mind. 2 Üb.): 85-110 € (pro Pers.) **Kreditkarten** akzeptiert **Verschiedenes** Hunde nicht erlaubt - „Hauseigene Felsen" - Parkpl. **Umgebung** Amalfi - Sorrento - Golf von Salerno und amalfitanische Küste: Positano, Grotta dello Smeraldo, Ravello, Salerno - Paestum - Capri - Neapel - Pompeji - Ercolano - Cuma - La Solfatara in Pozzuoli - Ischia **Restaurant** von 19.30 bis 21.15 Uhr - Vom 15. April bis 31. Mai und vom 1. Oktober bis 2. November ausschl. abends, vom 1. Juni bis 30. September mittags und abends - Menü **Anreise** (Karte Nr. 20): 27 km westl. von Salerno über die A-3, Ausfahrt Vietri sul Mare, dann SS-163 am Meer entlang.

Hotel Villa Scarpariello Relais

84011 Scarpariello (Salerno)
SS. 163 Costiera Amalfitana
Tel. 089-87 23 73 - Fax 089-87 22 37
Nicola Dipino
E-Mail und Web: guidesdecharme.com/1375

Nicola Dipino eröffnete 500 Meter von seinem reizenden Hotel *Villa San Michele* ein weiteres Traumhaus. Hier hat man tatsächlich alles: einen Eingang durch einen alten großen Turm, neomaurische Gebäude, eine einzigartige, abschüssige Lage an der Bucht von Amalfi, einen duftenden Garten voller Zitrusfrüchte und Arkaden mit hochkletterndem Wein, in dem ein von Statuen gesäumter Weg zu den Felsen herabführt. Der Swimmingpool scheint über der kleinen Privatbucht zu „hängen". Die Salons tragen zwar ein Mobiliar des 17. Jahrhunderts zur Schau, was daran erinnert, dass das Haus ein Ort historischer Ereignisse war und zahlreiche Persönlichkeiten empfing, doch die Zimmer sind ganz einfach. In denen genießt man das natürliche Dekor, das einfach hinreißend ist. In den Wintermonaten brennt in den meisten Zimmern ein Kaminfeuer. Nicola kann sich glücklich schätzen, diese zauberhaften Häuser in der Bucht von Amalfi zu besitzen.

Geschlossen 1. November bis 1. April **5 Zimmer** mit Klimaanl., Tel., Dusche, Satelliten-TV, Minibar und 7 Appart. (3-6 Pers.) mit Tel., Dusche, Satelliten-TV, Minibar **Preise** DZ: 140-195 € - Appart.: 1380-2570 € pro Woche - Frühst. inkl., von 8.30 bis 10.00 Uhr **Kreditkarten** akzeptiert **Verschiedenes** Hunde nicht erlaubt - Swimmingpool - „Hauseigene Felsen" - Parkpl. **Umgebung** Amalfi: Dom und Kreuzgang Paradis - Sorrento - Golf von Salerno und amalfitanische Küste: Positano, Grotta dello Smeraldo, Ravello, Salerno - Paestum - Capri - Neapel - Pompeji - Ercolano - Cuma - Solfatara in Pozzuoli - Ischia **Restaurant** in „Villa San Michele" (500 m weiter): von 12.30 bis 14.15 und 19.30 bis 21.15 Uhr - Menü - Mediterrane Küche und Fisch **Anreise** (Karte Nr. 20): 27 km westl. von Salerno über die A-3, Ausfahrt Vietri sul Mare, dann SS-163 am Meer entlang.

Hotel San Pietro

84017 Positano (Salerno)
Tel. 089-87 54 55 - Fax 089-81 14 49
Vito Cinque
E-Mail und Web: guidesdecharme.com/1376

Vom Meer aus betrachtet gleicht das *San Pietro* einer grünen, von Terrasse zu Terrasse den Monte Littari hinunterstürzenden Kaskade. Mit einem phantastischen Ausblick gesegnet, ist das Hotel eine Art verrückter Laune: Bougainvilleen und wilder Wein bahnen sich einen Weg bis in die Salons. Die Zimmer mit ihren Bädern, die an Hollywood erinnern, stechen sich gegenseitig hinsichtlich Pracht und Komfort aus. Sie besitzen alle einen mit Fayencen ausgelegten Balkon mit Meerblick. Ein in den Fels gehauener Fahrstuhl bringt die Gäste zum Privatstrand: der liegt 88 Meter tiefer und hat eine Snackbar. Einen Tennisplatz gibt es in der Bucht nebenan. Die Küche ist exzellent und der Empfang bemerkenswert. Aus Sicherheitsgründen nimmt das Hotel keine Kinder unter 12 Jahren auf. Außer den guten Leistungen, die in einem Hotel dieser Kategorie nichts Außergewöhnliches sind, ist das *San Pietro* angesichts seiner Lage und deren Nutzung ein wirklich legendäres Hotel.

Kategorie ★★★★ **Geschlossen** 2. November bis 31. März **61 Zimmer** mit Klimaanl., Tel., Bad, Satelliten-TV, Minibar, Safe **Preise** DZ: ab 420 €; Extrabett: + 80 € - Frühst. inkl., von 7.00 bis 11.00 Uhr **Kreditkarten** akzeptiert **Verschiedenes** Hunde auf Anfrage erlaubt - Fitness - Swimmingpool - Tennispl. - Privatstrand - Wasserski und Windsurfing - Parkpl. **Umgebung** Sorrento - Golf von Salerno und amalfitanische Küste: Positano, Grotta dello Smeraldo, Ravello, Salerno - Paestum - Capri - Neapel - Pompeji - Ercolano - Cuma - Solfatara in Pozzuoli - Ischia **Restaurant** von 13.00 bis 15.00 und von 20.00 bis 22.00 Uhr - Karte - Italienische und neapolitanische Küche **Anreise** (Karte Nr. 20): 57 km südöstl. von Neapel über die A-3 bis Castellammare di Stabia, dann S-145 bis Meta und S-163 nach Positano.

Le Sirenuse

84017 Positano (Salerno)
Via C. Colombo, 30
Tel. 089-87 50 66 - Fax 089-81 17 98
M. Sersale
E-Mail und Web: guidesdecharme.com/1377

Hinter der dunkelroten Fassade des *Sirenuse* verbirgt sich eines der besten Hotels der amalfitanischen Küste. Der ursprüngliche, sich zur Bucht von Positano hin öffnende Palast aus dem 18. Jahrhundert wurde im Laufe der Zeit umgebaut und vergrößert. Das erklärt die heute unregelmäßige, aber charmante Architektur des Hotels mit vielen Terrassen und Winkeln. (Aus Sicherheitsgründen werden Kinder unter acht Jahren von Mai bis September im Hotel nicht aufgenommen.) Eingerichtet ist es mit besonders schönem venezianischem und neapolitanischem Mobiliar. Die Zimmer sind außerordentlich behaglich. Einige im ältesten Teil des Hauses besitzen noch den Original-Kachelboden. Am Swimmingpool stehen Tische fürs Mittag- und Abendessen. Die Küche entspricht der Qualität des Hauses. Liebenswürdiger und effizienter Service.

Kategorie ★★★★ **Geöffnet** März bis Oktober **63 Zimmer** mit Klimaanl., Tel., Bad und Dusche, Satelliten-TV, Minibar, CD- und DVD-Player **Preise** je nach Aussicht und Saison - DZ für 1 Pers.: 310-850 €, DZ: 350-890 €; Extrabett: 50-160 € - Frühst. (Buffet) inkl., von 7.00 bis 11.00 Uhr **Kreditkarten** akzeptiert **Verschiedenes** Hunde nicht erlaubt - Spa - Sauna - Fitness - Beheizter Swimmingpool - Parkpl. (35 €/Tag) **Umgebung** Sorrento - Golf von Salerno und amalfitanische Küste: Positano, Grotta dello Smeraldo, Ravello, Salerno - Paestum - Capri - Neapel - Pompeji - Ercolano - Cuma - Solfatara in Pozzuoli - Ischia **Champagner- und Austernbar**, von 19.30 bis 24.00 Uhr (von Mai bis September) **Restaurants** Snack am Swimmingpool, von 13.00 bis 18.00 Uhr - Restaurant von 13.00 bis 14.30 und 20.00 bis 22.30 Uhr - Karte **Anreise** (Karte Nr. 20): 57 km südöstl. von Neapel über die A-3 bis Castellammare di Stabia, dann S-145 und S-163 nach Positano.

Hotel Palazzo Murat

84017 Positano (Salerno)
Via dei Mulini, 23
Tel. 089-87 51 77 - Fax 089-81 14 19
Familie Attanasio
E-Mail und Web: guidesdecharme.com/1378

Dieser palazzo, die Sommerresidenz Joachim Murats, Marschall von Frankreich und König von Neapel, ist heute ein Hotel. Die Hauptstrukturen des ganz in der Farbigkeit von Bougainvilleen versinkenden Barockbaus blieben mit dem Gewölbe, dem Arkadengeflecht und einem bezaubernden Innenhof (in dem bisweilen Kammermusik-Konzerte stattfinden) erhalten. Von Raffinement geprägte Zimmer: Das antike Mobiliar wirkt in der Gestaltung mit hellen Unifarben besonders elegant. Die angenehmsten (und kostspieligeren) Schlafräume liegen im älteren Teil des Hauses; von Nr. 1 bis 5 haben sie einen Balkon mit Aussicht auf die Bucht von Positano. Aber auch die meisten Zimmer des neueren Gebäudeteils besitzen einen Balkon mit Meerblick. Das Hotel kann mit dem Auto nicht direkt erreicht werden, aber es gibt einen Parkplatz auf der Piazza dei Mulini, nur fünfzig Meter vom *Palazzo Murat* entfernt.

Kategorie ★★★★ **Geschlossen** von November bis März **30 Zimmer** mit Klimaanl., Tel., Bad, Satelliten-TV, Minibar **Preise** DZ für 1 Pers.: 185-235 €, Superior: 280-370 €; Extrabett: 50-60 € - Frühst. (Buffet) inkl., von 8.00 bis 11.00 Uhr **Kreditkarten** akzeptiert **Verschiedenes** Hunde auf Anfrage erlaubt **Umgebung** Sorrento - Golf von Salerno und amalfitanische Küste: Positano, Grotta dello Smeraldo, Ravello, Salerno - Paestum - Capri - Neapel - Pompeji - Ercolano - Cuma - Solfatara in Pozzuoli - Ischia **Restaurant** „Al Palazzo" von 19.30 bis 23.00 Uhr - Karte **Anreise** (Karte Nr. 20): 57 km südl. von Neapel über die A-3, Ausfahrt Castellammare di Stabia, Rtg. Sorrento, Positano; im Zentrum.

Albergo Casa Albertina

84017 Positano (Salerno)
Via della Tavolozza, 3
Tel. 089-87 51 43 - Handy 339 820 2050 - Fax 089-81 15 40
Lorenzo Cinque
E-Mail und Web: guidesdecharme.com/1379

Steigt man einige Stufen der kleinen, abschüssigen Gasse herunter, entdeckt man die *Casa Albertina*. Diese alte Albergo wird von dem Sohn eines Fischers geführt, der zuvor im Sirenuse angestellt war. Das Haus ist mit Ausnahme der wundervollen Holztüren aus dem 17. Jahrhundert fast ausschließlich im Stil der sechziger Jahre gestaltet. Geschirr, Sitzmöbel, Nippes – alles wurde von Handwerkern speziell angefertigt und verleiht dem Ganzen eine eigenwillige Atmosphäre. Die meisten Zimmer verfügen über einen Balkon mit Meerblick, ideal zum Frühstücken. Und auf der Terrasse mit Blick auf den Strand von Positano serviert das Restaurant exzellente Fischspezialitäten. In der obersten Etage wurde ein Solarium eingerichtet, wo man abends den wunderbaren Sternenhimmel betrachten kann. Der Empfang in diesem einfachen Haus voller Charme ist besonders freundlich. Das Hotel kann per Auto nicht erreicht werden, Gepäckträger stehen jedoch zur Verfügung.

Kategorie ★★★ **Ganzj.** geöffn. **20 Zimmer** mit Klimaanl., Tel., Bad, Satelliten-TV, Wi-Fi, Minibar, Safe; Aufzug **Preise** DZ: 140-170 €, DZ mit Aussicht: 170-210 €, Superior mit Aussicht: 180-240 € - Frühst. (Buffet) inkl., von 7.00 bis 11.00 Uhr - HP (mind. 3 Üb.): + 40 € pro Pers. **Kreditkarten** Visa, Eurocard, MasterCard, Amex **Verschiedenes** Hunde auf Anfrage erlaubt (45 € pro Aufenthalt) - Parkpl. (20 €/Tag) **Umgebung** Sorrento - Golf von Salerno und amalfitanische Küste: Positano, Grotta dello Smeraldo, Ravello, Salerno - Paestum - Capri - Neapel - Pompeji - Ercolano - Cuma - Solfatara in Pozzuoli - Ischia **Restaurant** von 20.00 bis 21.30 Uhr - Menü: 35-45 € - Karte **Anreise** (Karte Nr. 20): 57 km südöstl. von Neapel über die A-3 bis Castellammare di Stabia, dann S-145 bis Meta und S-163 nach Positano.

La Fenice

84017 Positano (Salerno)
Via G. Marconi, 8
Tel. 089-87 55 13 - Fax 089-81 13 09
Familie Mandara
E-Mail und Web: guidesdecharme.com/1380

Die sich an den Felsen klammernde Villa mit schattigen Terrassen und üppiger Vegetation wurde auf mehreren Ebenen erbaut. Der größte Vorteil von *La Fenice* ist zweifellos ihre Lage, weshalb die Positano-Fans, die vor allem diese einzigartige Lage mit Meerblick lieben, gegen das einfache Mobiliar und die gewöhnliche Ausstattung der Bäder nichts einzuwenden haben – umso weniger, als die Preise dies berücksichtigen. Selbstverständlich sollte man ein Zimmer mit Meerblick wählen, allerdings werden die oft von einem Jahr zum anderen reserviert. Alle anderen müssen sich mit dem phantastischen Panorama beim Frühstück in der weinüberwucherten Laube der Terrasse inmitten von Blumen und Feigenbäumen „begnügen". Sämtliche Zimmer sind im Übrigen kühl und benötigen keine Klimaanlage. Der direkte Zugang zu einer Mini-Bucht ist auch nicht zu verachten; an diesem kleinen Privatstrand morgens und abends zu baden, wenn das Meer besonders ruhig ist, ist einfach unvergesslich. Für einen längeren, eventuellen Familienaufenthalt steht ein Haus direkt gegenüber zur Verfügung.

Ganzj. geöffn. **14 Zimmer** mit Bad oder Dusche, 13 mit WC **Preise** DZ: 140-150 €, Suite (4 Pers., 2 Zi.): 280 € - Frühst. inkl., von 8.00 bis 10.00 Uhr **Kreditkarten** nicht akzeptiert **Verschiedenes** Hunde nicht erlaubt - Meerwasser-Swimmingpool mit Hydromassage vom 1. Juni bis 31. Oktober - Privatstrand - Garage (16 €/Tag) **Umgebung** Sorrento - Golf von Salerno und amalfitanische Küste: Positano, Grotta dello Smeraldo, Ravello, Salerno - Paestum - Capri - Neapel - Pompeji - Ercolano - Cuma - Solfatara in Pozzuoli - Ischia **Kein Restaurant** im Hotel (siehe unsere Restaurantauswahl S. 575) **Anreise** (Karte Nr. 20): 57 km südl. von Neapel über die A-3, Ausfahrt Castellamare di Stabia, Rtg. Sorrento, Positano; in der Altstadt.

Hotel Palumbo - Palazzo Confalone

84010 Ravello (Salerno)
Via San Giovanni del Toro, 16
Tel. 089-85 72 44 - Fax 089-85 86 084
M. Vuilleumier
E-Mail und Web: guidesdecharme.com/1381

Pasquale Palumbo, der im 19. Jahrhundert aus der Schweiz kam, richtete zunächst im Palast Episcopio ein Hotel ein, das rasch zum Treffpunkt der Aristokratie der Küste von Amalfi wurde. Später dann wurde das Hotel in den *Palazzo Confalone* verlegt, und der gute Ruf ließ nicht auf sich warten. Dieses prachtvolle Haus arabisch-normannischen Stils mit Kreuzbogen- Innenhof und Majolika-Fußboden bietet auf fünf Etagen ein zum Meer hin offenes Labyrinth. Die Innenausstattung mit alten Gemälden, wozu ein großes Bild der Schule Caravaggios in einem Alkoven des großen Salons zählt, ist prächtig. Jedes Gästezimmer verfügt über eine besondere Atmosphäre und entspricht Bezeichnungen wie „Suite blu", „Torre", „Romantica" ... Die einfacheren Zimmer in der Dependance sind preiswerter. Ob aufs Meer oder die Berge, hier ist der Ausblick von überall außergewöhnlich. Der Garten voller Lauben und Rosen ist hochromantisch. Wegen der guten Küche sollte hier zu Abend gegessen werden.

Kategorie ★★★★ **Ganzj.** geöffn. **17 Zimmer** mit Klimaanl., Tel., Bad, Satelliten-TV, Safe, Minibar **Preise** DZ für 1 Pers.: 200-550 €, Deluxe: 250-600 €; Dependance (Casa Palumbo): 300 € (Deluxe), 600-800 € (Suite) - Frühst. (Buffet) inkl., von 7.30 bis 10.30 Uhr **Kreditkarten** akzeptiert **Verschiedenes** Hunde auf Anfrage erlaubt - Pianobar, Konzerte (Klassik einschl. Opernmusik) - Privatstrand, 6 km (kostenloser Transport) - Garage (24 €/Tag) **Umgebung** Villa Rufolo und Villa Cimbrone in Ravello - Positano, Grotta dello Smeraldo, Amalfi, Salerno - Paestum - Capri - Neapel - Pompeji - Ercolano - Cuma - Solfatara in Pozzuoli - Ischia **Restaurant** von 12.30 bis 14.30 und von 20.00 bis 22.00 Uhr - Menü: 75 € - Karte **Anreise** (Karte Nr. 20): 65 km südöstl. von Neapel.

Villa Cimbrone

84010 Ravello (Salerno) - Via Santa Chiara, 26
Tel. 089-85 74 59 - Fax 089-85 77 77
Familie Vuilleumier
E-Mail und Web: guidesdecharme.com/1382

Ravello beherbergt zwei wundervolle Villen, deren Gärten unbedingt aufgesucht werden müssen: Villa Rufolo (von der Wagner zum Garten des Zauberers Klingsor im „Parsifal" inspiriert wurde) und *Villa Cimbrone*, in der sich heute das Hotel befindet. Die hier gebotenen Leistungen sind luxuriös. Die antiken Möbel der Zimmer harmonieren mit den glasierten Majoliken. Und in den Suiten finden sich zudem wundervolle Decken mit Freskomalerei. Von allen Schlafräumen blickt man aufs Meer, den Kreuzgang oder den Garten – und auf was für einen Garten! Über den Park, in dem sich Rosen, Kamelien, Begonien und Hortensien abwechseln, gelangt man zu einem dorischen, der Göttin Ceres gewidmeten Tempel, und schließlich zum spektakulären Aussichtsturm mit seiner phantastischen, von antik gearbeiteten Statuen überhöhten Terrasse, von wo man den ganzen Golf von Salerno und Paestum bis hin zum Berg Licosa überblickt, wo Gott mit dem Teufel verhandeln soll! Zwei Restaurants: mediterrane Küche mittags, Gastronomisches abends. Das Hotel befindet sich in der Fußgängerzone. Ihr Gepäck kann mit einem Karren abgeholt werden.

Kategorie ★★★★ **Geschlossen** November bis März **19 Zimmer** mit Klimaanl., Tel., Wi-Fi, Bad, Satelliten-TV, Minibar, Safe; Aufzug **Preise** EZ: 290-360 €, DZ: 330-660 € - Frühst. inkl., von 7.30 bis 10.30 Uhr **Kreditkarten** Visa, Eurocard, MasterCard, Amex **Verschiedenes** Hunde nicht erlaubt - Swimmingpool - Parkpl. **Umgebung** Villa Rufolo und Villa Cimbrone in Ravello - Golf von Salerno und amalfitanische Küste: Positano, Grotta dello Smeraldo, Amalfi, Salerno - Paestum - Capri - Neapel - Pompeji - Ercolano - Cuma - Solfatara in Pozzuoli **Restaurant** von 12.30 bis 15.30 Uhr - „Il Flauto di Pan", von 19.30 bis 22.30 Uhr **Anreise** (Karte Nr. 20): 65 km südöst. von Napoli über die A-3, Ausfahrt Vietri sul Mare (Panoramaküstenstraße) oder Angri (schneller).

Palazzo Pennasilico

Sieti 84090 Giffoni Sei Casali (Salerno)
Tel. und Fax 089-88 18 22 - Handy 328 94 80 172
Liugi Pennasilico
E-Mail und Web: guidesdecharme.com/1383

Hinter Salerno fährt man über die Superstrada, um auf die Straße zu gelangen, die hochführt zu den Picentini-Bergen, wo sich Giffoni und der kleine Ort Sieti befinden. Das Hinterland nahe bedeutender Stätten (Pompeji, Herculaneum, Paestum) wurde beeinflusst von dieser Nachbarschaft. So entstanden hier vorwiegend im 16. und 17. Jahrhundert Paläste und Kirchen; in dieser Zeit wurde auch *Palazzo Pennasilico* erbaut und ist seither in Familienbesitz. Die Erdbeben und Brände erforderten einen Wiederaufbau des Palazzo, und deshalb ist der größte Teil heute eine schöne Repräsentation des Barock. Hinter dem alten Portal zeigt sich Ihnen der von seiner Kapelle und den Dependancen flankierte Palast sofort mit seinem ganzen Charme. Seine prachtvolle Architektur und Innengestaltung finden sich besonders in der „Alcova", dem einer gewissen Signorina Pennasilico geschenkten Hochzeitszimmer ganz aus Stuck und „pompejischen" Fresken und einer Decke, die zwei Medaillons umfasst, welche das Paar, Glaube und Hoffnung repräsentieren. Ein weiterer wunderschöner Raum, „La Galleria", der Salon, wurde so wegen der Gemälde an den Wänden benannt. Die drei Gästezimmer sind nicht von der gleichen Pracht, aber reizvoll und mit Komfort. Und die Terrasse führt Sie ins Herz dieser wunderbaren Gegend.

Geschlossen Dezember bis Ostern **1 Zimmer** und 2 Suiten mit Bad (1 mit Kochnische) **Preise** EZ: 110 €, DZ: 130 €, Suite Alcova: 250 €; Frühst. inkl., von 8.00 bis 10.00 Uhr - Suite Seta: 160 €/Tag oder 700 €/Woche; ohne Frühst. und ohne Reinigung **Kreditkarten** nicht akzeptiert **Verschiedenes** Hunde nicht erlaubt - Fitness-Raum - Parkpl. **Umgebung** Pompeji - Herculaneum - Amalfitanische Küste - Paestum - Küste des Cilento - Oase von Persano **Kein Restaurant**, aber ein dem Hotel angeschlossenes Bistro **Anreise** (Karte Nr. 20): 65 km südl. von Neapel. A-3, Ausfahrt Pontecagnano, Rtg. Giffoni/Sieti.

Il Cannito

Capaccio 84047 Paestum (Salerno) - Via Cannito
Tel. 0828-19 62 277 - Handy 333-365 23 24 - Fax 0828-19 62 276 - Sig. Barlotti
E-Mail und Web: guidesdecharme.com/1384

Einsam in einem Olivenhain gelegen, in dem es nach Maquis und Ginster duftet und in dem wilde Orchideen blühen, ist *Il Cannito* ein Traum, der allerdings 25 Jahre brauchte, um wahr zu werden. Mit dem Vater der Familie fing es an, und die Kinder und deren Mutter führten die begonnene Arbeit fort. Entsprechend eines Bioarchtitektur-Konzepts wurden die zwei Gebäude in die natürliche Umgebung einbezogen. Die gleiche Philosophie in den modernen, besonders nüchternen, hellen Innenräumen, in denen die Atmosphäre des ehemaligen Klosters der (orthodoxen) Basilischen Mönche fühlbar ist. In den Zimmern die gleiche Regel, d.h. Kontinuität zwischen außen und innen, unter Zuhilfenahme von Raum, Licht, und Design für maximales Wohlbefinden. Das gleiche Anliegen in der Küche mit *mamma* Anna Maria bei den Produkten aus der *azienda* für ihre lokalen Spezialitäten. Wenn man im Sommer bei klarem Wetter auf der Terrasse isst, vermag man Capri zu sehen. Zum Tempel von Paestum sind es nicht mehr als fünf Kilometer und nicht mehr als zehn zu den Stränden und dem Start für organisierte Ausflüge im Naturpark Cilento. Ein ganz besonderes Haus, das zwar äußerst raffiniert, aber alles andere als geschenkt ist.

Geschlossen November **4 Zimmer** mit Klimaanl., Tel., Wi-Fi, Bad, Satelliten-TV, Minibar, Safe **Preise** DZ: 187-385 € - Frühst. inkl., von 7.30 bis 11.00 Uhr **Kreditkarten** akzeptiert **Verschiedenes** Hunde erlaubt - Swimmingpool - Regelmäßiger und kostenloser Transport zum Privatstrand Cannito al Lido (10 km) - Parkpl. **Umgebung** Paestum und Küste des Cilento (siehe S. 577) - Oase von Persano - Wanderungen am Ufer des Sele bis Tenura Reale di Persano - Amalfitanische Küste - Neapel - Pompeji - Herculaneum **Restaurant** von 12.30 bis 14.00 und 19.30 bis 22.00 Uhr - Menü **Anreise** (Karte Nr. 20): 70 km südl. von Napoli. A-3, Ausfahrt Battipaglia oder Eboli, dann SS-18, Rtg. Paestum (nicht leicht zu finden, bei Anruf Abholung am Capaccio Lido).

Agriturismo Seliano

84047 Capaccio Scalo - Paestum (Salerno)
Tel. 0828-72 36 34 - Fax 0828-72 45 44 - Familie Bellelli
E-Mail und Web: guidesdecharme.com/1385

In unmittelbarer Nähe der archäologischen Stätte Paestum teilt dieser kleine, 80 Hektar umfassende borgo antico seine alten Gebäude unter landwirtschaftlicher Nutzung (Büffel-Züchtung) und Agriturismo-Aktivitäten auf. Auf geschickte Art bemüht sich die Familie Bellelli sehr, all das in den Griff zu bekommen. Der Gast wird hier sowohl großzügig als auch professionell aufgenommen. Die Zimmer sind auf die verschiedenen Nebengebäude aufgeteilt. Beachtliches Mobiliar und eine von Raffinement geprägte Gestaltung verleihen ihnen eine rustikale Eleganz, die ganz der Umgebung entspricht. Die Zimmer in den ursprünglichen Pferdeställen (scuderie) haben einen ländlicheren Look, und diejenigen des giubileo sind für mehr als zwei Personen eingerichtet. Das Essen ist stets ein echtes Fest: üppiges Frühstück mit Aufschnitt, Käse und selbstgebackenem Kuchen; die Menüs bieten bevorzugt Büffelfleisch an, aber auch frische, nach alten Familienrezepten hergestellte Mozzarella. Die Familie Bellini wird Ihnen gute Tipps geben für Ihre Spaziergänge entlang dem Sele-Fluss und Ihnen ihren landwirtschaftlichen Betrieb nur ein paar Kilometer weiter zeigen, der Pferde, Geflügel und Schweine züchtet, aber auch die berühmten Büffel: der Stolz Kampaniens. Genießen Sie die amalfitanische Küste zwischen Festland und Meer voller Wohlgeschmack und Düfte.

Geschlossen 3. November bis 15. März **14 Zimmer** mit Bad, TV (auf Wunsch Klimaanlage: + 5 € pro Tag) **Preise** DZ: 75-125 €; Extrabett: + 40 % - Frühst. inkl., von 8.00 bis 10.00 Uhr **Kreditkarten** akzeptiert **Verschiedenes** Hunde erlaubt - Swimmingpool - Parkpl. **Umgebung** Paestum und Küste des Cilento (siehe S. 577) - Oase von Persano - Wanderungen am Ufer des Sele bis Tenura Reale di Persano - Amalfitanische Küste - Neapel - Pompeji - Herculaneum **Restaurant** von 13.00 bis 15.00 und 20.00 bis 22.00 Uhr - Menü: 20-25 € **Anreise** (Karte Nr. 20): 70 km südl. von Neapel. A-3, Ausfahrt Battipaglia oder Eboli, dann SS-18 nach Paestum.

Giacaranda

Cenito 84071 San Marco de Castellabate (Salerno)
Tel. und Fax 0974-96 61 30 - Handy 339-33 69 648
Luisa Cavaliere
E-Mail und Web: guidesdecharme.com/1386

Das Hinterland des Golfs von Salerno bietet so reizvolle Sehenswürdigkeiten wie die griechischen Tempel von Paestum (die man sich unbedingt bei Sonnenuntergang ansehen sollte) und die monumentale Porta Rosa de Velia, als einziges Beispiel griechischer Rundbogen-Kunst bekannt. Diese Präzisionen sollen dazu beitragen, Giacaranda, auf halbem Weg der beiden Sehenswürdigkeiten gelegen, besser einordnen zu können. Es ist ein schönes Anwesen, das darauf bedacht ist, den Gästen die Zeit so angenehm wie möglich zu gestalten. Zimmer und Appartements sind gepflegt: gute Betten, komfortable Bäder, antikes Mobiliar und hübsche Wäsche schaffen einen schlicht-raffinierten Rahmen. Luisa Cavaliere wird Ihnen wertvolle Tipps im Hinblick auf ihre Region geben. Ein Haus, in das man gern zurückkehrt.

Geschlossen Ende Oktober bis Ostern **4 Zimmer** mit Bad und 4 Appart. **Preise** EZ: 60 €, DZ: 50 € (pro Pers.) - Frühst. inkl., von 9.00 bis 11.30 Uhr **Kreditkarten** akzeptiert **Verschiedenes** Hunde auf Anfrage erlaubt - Hydromassage - Tennispl. - Parkpl. **Umgebung** Amalfitanische Küste - Neapel - Pompeji - Paestum - Velia - Capri - Padula **Kein Restaurant** vor Ort **Anreise** (Karte Nr. 20): 120 km südl. von Neapel. A-3 (Salerno/Reggio), Ausf. Battipaglia, dann SS-18 (Rtg. Agropoli) bis Santa Maria de Castellabate. 1 km vom Badeort entfernt.

Palazzo Belmonte

84072 Santa Maria di Castellabate (Salerno)
Tel. 0974-96 02 11
Angela Wilkinson
E-Mail und Web: guidesdecharme.com/1387

In den Sommermonaten öffnet Prinz Belmonte seinen im 17. Jahrhundert errichteten und in einem kleinen Fischerdorf gelegenen Palast, in dem einst die Könige Spaniens und Italiens als Gäste weilten. Der Prinz und seine Familie bewohnen den linken Flügel des Schlosses; in einem anderen Teil dieses herrlichen, historischen Gebäudes wurden einige Suiten eingerichtet. Die Ausstattung ist nicht gerade als prachtvoll zu bezeichnen, doch ist hier das Urlaubs-Ambiente dennoch von raffinierter Art. Von einigen Suiten blickt man auf den hübschen Hof, in dem es nach chilenischem Jasmin duftet, andere gehen zum Garten mit Pinien, Magnolien, Hibisken und Oleander hinaus, und die restlichen haben eine Terrasse mit Blick aufs Meer: Bei klarem Wetter kann man von hier aus Capri sehen. In einem im Park gelegenen Nebengebäude werden nun 30 Zimmer angeboten (einige mit Terrasse und Meerblick). Swimmingpool, Privatstrand – und etwas weiter Neapel, Pompeji und die Küste von Amalfi. Farniente und Kultur!

Geöffnet Mai bis Oktober **20 Zimmer** mit Bad und Terrasse und 30 im Nebengebäude mit Klimaanl. (einige mit Kochnische) **Preise** Palazzo: 186-273 € (DZ), 278-401 € (Meerblick), 546-793 € (Suite, 4 Pers.) - Villa: 135-210 € (EZ), 180-280 € (DZ), 210-354 € (Blick auf den Park), 272-388 € (Meerblick und Terrasse) - Frühst. inkl., von 7.30 bis 10.30 Uhr **Kreditkarten** akzeptiert **Verschiedenes** Hunde nicht erlaubt - Swimmingpool - Privatstrand - Parkpl. **Umgebung** Amalfitanische Küste - Neapel - Pompeji - Paestum - Capri - Padula - Keramikherstellung in Vietri - Bauernhöfe von Capaccio (Herstellung von Mozzarella) **Restaurant** von 13.00 bis 15.30 und 20.00 bis 22.00 Uhr - Karte: 50-70 € - Regionale und Mediterrane Küche **Anreise** (Karte Nr. 20): 120 km südl. von Neapel über die A-3, Ausf. Battipaglia oder Eboli, dann Rtg. Paestum, Agropoli und Castellabate.

Hotel Villa Sirio

84072 Santa Maria di Castellabate (Salerno)
Via Lungomare De Simone, 15
Tel. 0974-96 10 99 - Fax 0974-96 05 07
Dr Alfonso Tortora
E-Mail und Web: guidesdecharme.com/1388

Villa Sirio, in der von den Göttern „ausgehöhlten" Bucht Punta Licosa gelegen, war einst die Sommerresidenz einer reichen neapolitanischen Familie. Erbaut im Jahr 1904, verfügt sie über den Charme des Libertystils. Der heutige Besitzer hat zwar aus der Villa ein Hotel gemacht, aber zum Glück die intime Seite des Privathauses erhalten. Wenige Zimmer, viel Komfort, klassische Gestaltung: Objekte aus Muranoglas und moderne Malerei in kräftigen Farben fangen den Blick. Die Umgebung ist von großer Ruhe geprägt; zehn Zimmer gehen aufs transparente Meer hinaus. Andrea Tortora und Alessandra bieten im Restaurant schmackhafte Gerichte und eine ansehnliche Karte regionaler Weine an. Von der Terrasse direkt am Meer profitiert man jederzeit: wenn man sich auf den Liegestühlen entspannt, das Abendessen bei Kerzenschein genießt, neapolitanischen Sängern zuhört oder in den heißesten Nächten der legendären Leucosia lauscht, wenn sie den strahlendsten aller Sterne – Sirius – himmlisch besingt.

Kategorie ★★★★ **Geöffnet** 20. März bis 1. November **15 Zimmer** mit Klimaanl., Tel., Wi-Fi, Bad (einige mit Jacuzzi), Satelliten-TV, Minibar, Safe **Preise** DZ: 120-240 €, Superior mit Meerblick und Balkon: 160-280 €, Deluxe: 180-300 € - HP: + 85-165 € (pro Pers.); VP: + 105-185 € (pro Pers.) - Frühst. (Buffet) inkl., von 8.00 bis 10.00 Uhr **Kreditkarten** akzeptiert **Verschiedenes** Hunde auf Anfrage erlaubt - Solarium - Pianobar - Kostenloses Parken (8 €/Tag) **Umgebung** Amalfitanische Küste - Neapel - Pompeji - Paestum - Capri - Padula - Keramikherstellung in Vietri **Restaurant** „Da Andrea", von Juni bis September - um 12.30 und um 19.30 Uhr - Karte: 30 € **Anreise** (Karte Nr. 20): 120 km südl. von Neapel über die A-3, Ausfahrt Battipaglia, dann Rtg. Paestum, Agropoli und Castellabate.

Il Convento dei Fiori di Seta

40124 Bologna
Via Orfeo, 34/4
Tel. 051-27 20 39 - Fax 051-27 59 001
E-Mail und Web: guidesdecharme.com/1389

Beim Betrachten der Unterschriften im Foyer stellt man fest, dass das Convento zahlreiche berühmte Gäste beherbergt hat. Was man leicht nachvollziehen kann, denn dieses ehemalige Kloster von Jesuitenschwestern, die hier Seideraupen züchteten, ist sehr anziehend. Die Hoteleinrichtungen haben klösterliches Gepräge. Ins Auge fallen vor allem das Gewölbe am Entree und die Fresken, die den Rahmen vergangener Zeit für das unvergessliche Frühstücksbuffet bilden. In der Apsis des 14. Jahrhunderts vier prachtvolle Zimmer mit Mezzanin und wunderschönen Mosaikbädern. Die Einrichtung ist hingegen entschieden modern und schick mit riesigen, an den Wänden angebrachten Fotoreproduktionen. Die Wine-Bar hat sich in der Sakristei aus dem 16. Jahrhundert niedergelassen, und an der einstigen Altarstelle steht heute ein Tisch für die Mahlzeiten. Empfang und Service gestylt und professionell.

Kategorie ★★★★ **Geschlossen** 23. Dezember bis 6. Januar und 9. bis 31. August **10 Zimmer** mit Klimaanl., Tel., Dusche, Satelliten-TV, Safe, Minibar; Aufzug **Preise** EZ: 100-198 €, DZ: 110-330 € - Frühst. (Buffet) inkl., von 7.00 bis 10.00 Uhr **Kreditkarten** akzeptiert **Verschiedenes** Hunde nicht erlaubt - Wireless Internet-Zugang, Spa (Hydromassage, Türkisches Bad, Wechselbäder) **Umgebung** Bologna: Pinakothek, Nettuno (Platz und Brunnen), Kirchen S. Petronio, S. Domenico, S. Francesco; Kinderbuchmesse im April - Madonna di San Luca - San Michele in Bosco - Wanderweg um Bologna herum (1 Std., Hinweisschilder: giro sulle colline) - Schlösser-Straße: Bazzano, Monteveglio, S. Maria **Wine-Bar** (siehe unsere Restaurantauswahl S. 578-579) **Anreise** (Karte Nr. 10): A-14, Ausfahrt Fiera.

EMILIA - ROMAGNA

Art Hotel Commercianti

40124 Bologna
Via de' Pignattari, 11
Tel. 051-745 75 11 - Fax 051-745 75 22
Serena Orsi
E-Mail und Web: guidesdecharme.com/1390

Von den Vorzügen dieses Hotels gilt es, an erster Stelle die besondere Lage zu erwähnen: direkt neben der Kathedrale San Petronio und damit in der Fußgängerzone. Da das Hotel über eine Garage verfügt, können Sie jedoch mit dem Auto vorfahren. Die traditionelle Gestaltung hat nun wieder das Ambiente des alten Palastes: Pastelltöne in den Gesellschaftsräumen, reizvolle Tapisserien in den Zimmern, das 319 besitzt sogar Fresken. Die Schlafräume mit den Nummern 310, 312, 316 und 325 sowie die Turmzimmer haben eine Terrasse mit ungewöhnlichem Ausblick auf Kirchenfenster und Kapitelle der Kathedrale. Von den anderen schaut man auf die Piazza Maggiore.

Kategorie ★★★★ **Ganzj.** geöffn. **35 Zimmer** mit Klimaanl., Tel., Wi-Fi, Bad, Satelliten-TV, Safe, Minibar; Aufzug, Eingang für Behinderte **Preise** EZ: 133-340 €, DZ: 199-370 €, Suite: 295-530 € - Frühst. (Buffet) inkl., von 7.00 bis 11.00 Uhr **Kreditkarten** akzeptiert **Verschiedenes** Hunde auf Anfrage erlaubt - Garage (30 €/Tag) **Umgebung** Bologna: Pinakothek, Nettuno (Platz und Brunnen), Kirchen S. Petronio, S. Domenico, S. Francesco; Kinderbuchmesse im April - Madonna di San Luca - San Michele in Bosco - Wanderweg um Bologna herum (1 Std., Hinweisschilder: giro sulle colline) - Schlösser-Straße: Bazzano, Monteveglio, S. Maria - Golfpl. in Chiesa Nuova di Monte San Pietro, Golfpl. (18 L.) in Bologna **Kein Restaurant** aber Hotelbar (siehe unsere Restaurantauswahl S. 578-579) **Anreise** (Karte Nr. 10): A-14, Ausf. Bologna-Arcoveggio. Bei der „Tangenziale" Abfahrt Nr. 7, Rtg. Zentrum und Piazza Maggiore.

Art Hotel Orologio

40123 Bologna
Via IV Novembre, 10
Tel. 051-745 74 11 - Fax 051-745 74 22
Cristina Orsi
E-Mail und Web: guidesdecharme.com/1391

Das *Orologio* hat im historischen und Geschäftszentrum dieser wunderschönen Stadt, die einen touristisch-gastronomischen Aufenthalt lohnt, eine sehr gute Lage. Das Hotel wurde vollkommen umstrukturiert: neuer Salon, neue Zimmer, freundliche Gestaltung mit Stilmobiliar, Marmorbäder mit nun höherem Komfort. Von einigen Zimmern hat man einen wunderschönen Ausblick auf die Piazza Maggiore und den Palazzo Comunale. Empfang und Service sind professionell wie die Familie Orsi, die einige der besten Häuser der Stadt führt; so auch das Viersternehotel *Corona d'Oro* (coronaoro.hotelsbologna.it; Tel.: 051-745 76 11).

Kategorie ★★★ **Ganzj.** geöffn. **33 Zimmer** mit Klimaanl., Tel., Wi-Fi, Bad oder Dusche, Satelliten-TV, Minibar, Safe; Aufzug **Preise** - 10 % außer in Messezeiten für alle, die mit unserem Führer 2010 anreisen - EZ: 123-340 €, DZ; 189-370 € - Frühst. (Buffet) inkl., von 7.00 bis 11.00 Uhr **Kreditkarten** akzeptiert **Verschiedenes** Hunde erlaubt - Wireless Internet-Zugang, Fahrräder - Parkpl. (30 €/Tag) **Umgebung** Bologna: Pinakothek, Nettuno (Platz und Brunnen), Kirchen S. Petronio, S. Domenico, S. Francesco; Kinderbuchmesse im April - Madonna di San Luca - San Michele in Bosco - Rundwanderweg Bologna (1 Std., ausgeschildert) - Schlösser-Straße: Bazzano, Monteveglio - S. Maria - Golfpl. in Chiesa Nuova di Monte San Pietro, Golfpl. (18 L) in Bologna **Kein Restaurant** im Hotel (siehe unsere Restaurantauswahl S. 578-579) **Anreise** (Karte Nr. 10): A-14, Ausfahrt Borgo-Panigale, Rtg. Zentrum und Piazza Maggiore.

EMILIA - ROMAGNA

Torre Prendiparte

40126 Bologna
Via Sant' Alò, 7
Tel. und Fax 051-58 90 23 - Handy 335 561 6858
Matteo Giovanardi
E-Mail und Web: guidesdecharme.com/1392

Das rote Bologna ist keine Touristenhochburg. Dennoch besitzt keine andere Stadt derart viele *portici*-Straßen (40 km Bogengänge), die gemäß mittelalterlicher Struktur zum Zentrum konvergieren, wo sich die zwei emblematischen Türme erheben: Asinelli und Garisenda (12. Jh.). Diese Türme stammen aus jener Epoche, als jede adelige Familie alles daransetzte, im Himmel der Stadt auf ihre Bedeutung hinzuweisen. Das ebenfalls im 12. Jahrhundert von einer reichen, mit den Welfen verwandte Familie erbaute und über sechzig Meter hohe Torre Prendiparte bietet dem Gast neunhundert Jahre Geschichte und Anekdoten. Hintereinander Gefängnis (siehe die bewegenden Graffiti an den Wänden), Zufluchtsort von Friedrich Barbarossa und Observationsposten in der obersten Etage für die ganze Region ... ein wahrlich außergewöhnlicher Ort. In den drei ersten Stockwerken befinden sich das Mezzanin-Zimmer, der Salon und die Küche. Die Einrichtung ist nicht gerade umwerfend, das hier Interessante ist etwas ganz anderes: die Möglichkeit, die zwölf Etagen hochzusteigen und sich für eine Nacht über den Dächern der Stadt zu befinden. Reservierung beim Eigentümer unumgänglich.

Ganzj. geöffn. **1 Studio** (2-4 Pers.) mit Küche, Dusche **Preise** 350 € - Kein Frühstücksservice **Kreditkarten** nicht akzeptiert **Verschiedenes** Hunde erlaubt **Umgebung** Bologna: Pinakothek, Nettuno (Platz und Brunnen), Kirchen S. Petronio, S. Domenico, S. Francesco; Kinderbuchmesse im April - Madonna di San Luca - San Michele in Bosco - Rundwanderweg Bologna (1 Std., ausgeschildert) - Schlösser-Straße: Bazzano, Monteveglio - S. Maria - Golfpl. in Chiesa Nuova di Monte San Pietro, Golfpl. (18 L) in Bologna **Kein Restaurant** Abendessen mit (oder ohne) Kerzenschein auf Vorbestellung **Anreise** (Karte Nr. 10): A-14, Ausfahrt Bologna-Panigale, Rtg. Zentrum und Piazza Maggiore.

Ca' Fosca Due Torri B&B

40123 Bologna - via Caprarie, 7
Tel. und Fax 051-261 221 - Handy 335-31 47 61 - Patrizia Ramponi
E-Mail und Web: guidesdecharme.com/1393

Dieses B&B im Herzen Bolognas befindet sich in einem der wenigen Libertystil-Paläste der Stadt. Der Aufzug aus der Entstehungszeit, aus Holz und Gusseisen, befördert Sie zur 4. Etage ins große Appartement der Signora Patrizia Ramponi, die hier die damalige Atmosphäre neu geschaffen hat. Die Decke des Salons ist nach wie vor mit Rosen aus Stuck dekoriert, während die Jugendstilfenster der Veranda irreales Licht schaffen. Die vier Zimmer sind ganz individuell: Das (kleine) Einzelzimmer geht zur Terrasse heraus und hat einen eigenen kleinen Waschraum auf dem Flur; und zu den drei Doppelzimmern wäre zu sagen, dass das „Turque" blauweiß gekachelt, mit einer Hammam-Dusche ausgestattet ist und den größten Komfort bietet. Das Ambiente ist bohemien, manchen sogar zu sehr angesichts der Hotelpreise ... Abends auf der Terrasse wird Ihnen dann Patrizia die Geschichte und Architektur Bolognas verdeutlichen und Ihnen dabei ein Glas Brunello anbieten, während die Sonne hinter den Türmen der Stadt, den grünen Kuppeln, San Petronio und Palazzo Re Enzo versinkt. Keinerlei Zeitzwang fürs Frühstück mit vielen lokalen Produkten, das man mit Hintergrundmusik einnimmt – ausschließlich Tango, worin die Gastgeberin geradezu vernarrt ist.

Ganzj. geöffn. **3 Zimmer** mit Klimaanl., Bad, Internet, Satelliten-TV; Aufzug **Preise** DZ für 1 Pers.: 100-120 €, DZ: 140-180 €, 3-BZ: 170-200 € - Frühst. (Buffet) inkl., von 8.30 bis 12.00 Uhr **Kreditkarten** Visa, Eurocard, MasterCard **Verschiedenes** Hunde auf Anfrage erlaubt - Babysitting - Fahrräder - Parkpl. **Umgebung** Bologna: Pinakothek, Nettuno (Platz und Brunnen), Kirchen S. Petronio, S. Domenico, S. Francesco - Madonna di San Luca - San Michele in Bosco - Rundwanderweg Bologna (1 Std., Hinweisschilder: giro sulle colline) - Schlösser-Straße: Bazzano, Monteveglio, S. Maria - Golfpl. in Chiesa Nuova di Monte San Pietro, (18 L. in Bologna) **Kein Restaurant** Küche steht zur Verfüg. (siehe unsere Restaurantauswahl S. 578-579) **Anreise** (Karte Nr. 10): im Zentrum.

Locanda Amerigo dal 1934

40060 Savigno (Bologna)
Via Marconi, 16
Tel. 051-670 83 26 - Handy 335 528 97 56 - Fax 051-670 85 28
Alberto Bettini
E-Mail und Web: guidesdecharme.com/1394

Savigno liegt im Val del Samoggia und ist eine Gemeinde des westlichen Apennin Bolognese, nur etwa 30 Kilometer vom Zentrum Bolognas und Modenas. Die Gegend ist reich an Hügeln, Wäldern und Tälern und eignet sich sehr für Wander- und Radtouren, vor allem aber ist Savigno die Hauptstadt der Emilia Romagna des Bianco Pregiato der Colli Bolognesi, weshalb sie auch Città del Tartufo und offizieller Città Italiana dei Sapori heißt. Alles begann mit Amerigo und Agnese, die im Jahr 1934 eine *osteria-drogheria* eröffneten, wo man an Markttagen etwas Einfaches aß und dazu ein Glas Wein trank. Es folgten drei Generationen, die sich Bodenständigem und Trüffeln widmeten, was der Neffe von Amerigo dann auf den Empfang von Gästen ausbaute. Was die Osteria angeht, so wurde Alberto Bettini mit einem Michelin-Stern ausgezeichnet. Die *drogheria*, in der früher die Trüffel abgewogen wurden, ist heute eine *dispensa*, in der alle guten Produkte der Colli Bolognesi verkauft werden. Dem wurde kürzlich noch eine *locanda* in einem der ältesten Häuser des Dorfes hinzugefügt, in dem fünf (von dem Architekten Paolo Fiorentini entworfene) Zimmer eingerichtet wurden, in denen auf subtile Art Epochen, Stile und Materialien gemixt wurden. Komfort und gutes Essen bietet das *Amerigo* zu erfreulichen Preisen. Ein Muss in der Umgebung von Bologna.

Geschlossen 20. Januar bis 10. Februar und 20. August bis 10. September **5 Zimmer** mit Bad, Wi-Fi, Satelliten-TV **Preise** DZ: 70-110 € - Frühst. inkl., im „Caffé del Centro" **Kreditkarten** akzeptiert **Verschiedenes** Hunde erlaubt **Umgebung** Bologna - Colli bolognesi **Restaurant** 1 Michelin*, von 12.00 bis 14.15 und 20.00 bis 22.30 Uhr - Mo geschl. - Menüs: 37-50 € - Karte **Anreise** (Karte Nr. 10): 30 km von Bologna. A-1, Ausfahrt Casalecchio, Superstrada Rtg. Bazzano bis Muffa, dann Rtg. Monteveglio/Savigno.

Agriturismo Le Conchiglie

Lagune 40037 Sasso Marconi (Bologna)
Strada Lagune, 76/1
Tel. und Fax 051-675 07 55 - Handy 335-315076
E-Mail und Web: guidesdecharme.com/1395

In einer natürlichen, unverdorbenen Umgebung 250 Hektar Ländereien oberhalb des Tals knapp 23 Kilometer von Bologna. Das vor 40 Jahren entstandene Anwesen empfängt heute solche Gäste, die gern auf einem Bauernhof wohnen, auf dem Viehzucht (Milchkühe, Lipizzaner-Pferde, Ziegen) die eigentlichen Aktivitäten darstellen; es wird hier aber auch tonnenweise biologisches Getreide angebaut und reichlich Heu und Stroh produziert. Bei Interesse kann der Gast die Ställe besichtigen und beim Melken zugegen sein. Außerdem gibt es hier einen Schlachterladen und einen Käsekeller. Das bedeutet, dass das Restaurant ausschließlich eigene frische Produkte anbietet. Die Komfort-Zimmer und -Studios wurden in alten Bauten für Aufenthalte eingerichtet, die man hier ganz eigenständig gestalten kann. Vor Ort ferner ein Jogging-Parcours, ein botanischer Garten, ein kleiner Fußball- und Bocciaplatz, eine Schlittschuhbahn, Mountainbike-Wege. Am 1. Freitag des Monats spielt eine Band live, und im August nimmt *Conchiglie* eine kubanische Tanzschule auf. Kinder sind hier draußen vollkommen außer Gefahr, und Eltern können die Natur ebenfalls genießen, die sich 600 Meter hoch in 360 Grad präsentiert. Die Warmherzigkeit und Großzügigkeit der Gastgeber schätzt man ebenfalls.

Geschlossen 10. Januar bis 10. Februar **15 Zimmer** mit Bad, TV **Preise** DZ: 90 € - Frühst. inkl., von 8.00 bis 9.30 Uhr - Appart.: 90-120 € (2 Pers.), 150-200 € (4 Pers.) **Kreditkarten** akzeptiert **Verschiedenes** Hunde auf Anfrage erlaubt - Jogging (Parcours) **Umgebung** Bologna **Restaurant** von 12.30 bis 14.30 und 19.30 bis 23.30 Uhr - Mo, Di geschl. - Karte: ca. 25 € **Anreise** (Karte Nr. 10): 25 km östl. von Bologna. Die A-Bologna/Firenze, Ausfahrt Sasso Marconi. Via Castello (5 km), dann links Via Lagune (2 km).

EMILIA - ROMAGNA

Ristorante Albergo Canè

40050 Dozza (Bologna)
Via XX Settembre, 27
Tel. 0542-67 81 20 - Fax 0542-67 85 22
Gian Battista Gaddoni
E-Mail und Web: guidesdecharme.com/1396

Der Besuch des kleinen Dozza in der Emilia-Romagna ist von zweifachem Interesse. Denn hier entdeckt man ein mittelalterliches Dorf mit reicher, gut erhaltner Architektur: Rocca Sforzesca, Kirche Santa Maria Assunta und Palazzo del Municipio. In den kleinen Straßen überrascht aber auch mit der Muri Dipinto ein echtes Open-Air-Museum, wurden doch seit 1960 die Mauern des Dorfes regelmäßig von zeitgenössischen Künstlern bemalt. Aggressiv wirkt das nicht. Es ist eher eine Arbeit, die eine Harmonie schafft zwischen dem Stein, der Farbe und der Architektur. Hier wollten wir ein Quartier finden. Das *Albergo Canè* im Zentrum ist eher für seine Küche denn für seine Zimmer bekannt, aber Letztere (Klimaanlage, guter Schallschutz) sind sehr gepflegt und wirklich angenehm; einige bieten Blick auf den Garten. Im Sommer werden die Mahlzeiten auf der großen Terrasse serviert, zu denen man sich, wie es sich hier gehört, eine Flasche Albana gönnt: jenen Wein dieser Gegend, den schon Corto Maltese sehr schätzte.

Kategorie ★★★ **Geschlossen** 9. Januar bis 8. Februar **12 Zimmer** mit Klimaanl., Tel., Bad, Satelliten-TV, Minibar, Safe, Modem-Anschluss **Preise** DZ für 1 Pers.: 65-70 €, DZ: 84 €, 3-BZ: 105 € - Frühst.: 8 €, von 7.30 bis 10.00 Uhr **Kreditkarten** akzeptiert **Umgebung** Bemalte Mauern im Dorf - Rocca Sforzesca und Bar regionaler Weine der Emilia-Romagna (Verkostung und Verkauf, u.a. Albana) - Sanktuarium Madonna del Piratello - Imola - Faenza - Bologna - Golfpl. Chiesa Nuova di Monte San Pietro (18 L.) in Bologna **Restaurant** von 12.30 bis 14.30 und 19.30 bis 22.30 Uhr - Mo geschl. - Menü: 33-36 € - Karte: 30-38 € **Anreise** (Karte Nr. 10): 32 km östl. von Bologna, 8 km von Imola.

Hotel Verdi

43100 Parma (Parma)
Viale Pasini, 18
Tel. 0521-29 35 39 - Fax 0521-29 35 59 - Sig. Dondi
E-Mail und Web: guidesdecharme.com/1397

Parma, nicht so bekannt wie manch andere italienische Stadt, ist dennoch ein wahres Schmuckstück im Herzen Norditaliens. Die berühmten Maler Parmas (u.a. Correggio und Parmigianio) hinterließen in den Kirchen und Palästen der Stadt bewundernswerte Werke. Parma ist aber auch eine Hochburg der italienischen Küche und verfügt über mehr beachtliche Restaurants als Hotels. Im *Verdi* lässt es sich gut wohnen, auch wenn es in den Zimmern der oberen Etagen nur Duschen gibt. Die Villa nahe der Gärten des Palazzio ducale ist ein kleiner Palais im Libertystil. Die Büste des Komponisten empfängt Sie im Hof. Eleganz von einst im Salon und der Bar mit Kristalllüstern, die sich auf den Porträts und Sammelstücken in Bezug auf den Maestro widerspiegeln. Die Zimmer sind identisch, ihre Gestaltung ist ein wenig streng. Und vom Komfort mal abgesehen, sind die Viersterne-Details der Bäder durchaus vorhanden. Wir bevorzugen die schallgeschützten Zimmer zur Straße (104 und 106). Im ganz nahen, dem Hotel angeschlossenen Restaurant: hausgemachte *culatello*, *tortelli* und *lasagne*.

Kategorie ★★★★ **Geschlossen** 21. Dezember bis 3. Januar und Juli **20 Zimmer** mit Klimaanl., Tel., Dusche, Satelliten-TV, Minibar, Safe; Aufzug **Preise** DZ Francese: 110-180 €, DZ: 150-220 €, Suite: 180-250 €, 2 Verbindungs-Zi. 3-4 Pers.: 240-340 € - Frühst. (Buffet): 10-15 €, von 7.00 bis 10.00 Uhr **Kreditkarten** akzeptiert **Verschiedenes** Hunde nicht erlaubt - Garage und Parkpl. **Umgebung** Parma - Schloss Torrechiara, Fontanellato, Soragna - Certosa di Parma - Verdi-Theater in Busseto - Verdi-Haus in Roncole - Villa Verdi in Sant'Agata di Villanova (mit Voranmeldg.), April-Sept. außer Mo: Tel. 0523-830000 - Mantova - Sabbioneta **Restaurant** „Santa Croce" von 12.00 bis 14.00 und 20.00 bis 22.00 Uhr - Sa mittags und So geschl. - Menüs und Karte: ca. 30-50 € **Anreise** (Karte Nr. 9): 100 km von Milano. 96 km von Bologna über die A-1.

EMILIA - ROMAGNA

Antica Corte Pallavicina Relais

43010 Polesine Parmense (Parma)
Strada del Palazzo Due Torri, 3
Tel. 0524-93 65 39 - Fax 0524-93 65 55 - Familie Spigaroli
E-Mail und Web: guidesdecharme.com/3285

Der Po, eine Quelle des Lebens, aber auch zerstörerische Furie, hat Einfluss ausgeübt auf die Geschichte, die Landschaften, die Wirtschaft. Angefangen bei Polesine Parmense im Nordosten Parmas: allein der Name geht auf die Geschichte des Po mit seinen Inselchen bildende Ablagerungen zurück, die *polesini*; mit dem Hochwasser haben sie sich schließlich mit dem Ufer vereint. Dieser Landstrich wurde zur Hochburg der Pallavicino ... mit einer besonders schönen Familiensaga. „Nach einer zwanzig Jahre währenden Restaurierung ist diese nun abgeschlossen. Es musste ja ein Erfolg sein!" Als der Urgroßvater mit seinen elf Söhnen das Anwesen Piantador von Giuseppe Verdi verließ, so deshalb, um zunächst das *Corte Pallavicina* zu pachten und es später zu bewohnen. Der Großvater ist hier im Jahr 1990 geboren, und seine Nachkommen erwarben die Domäne als Ruine. Mit dem Anliegen restauriert, die Vergangenheit ohne Nostalgie aufleben zu lassen, ist es heute ein bewundernswertes Anwesen und verankert in der Tradition, das Beste dieses Landstrichs, sei es gastronomischer, historischer oder kultureller Natur, mit anderen zu teilen. Die Zimmer von schöner, eleganter Einfachheit bieten Komfort von hohem Raffinement: vom Kaminfeuer bis hin zu den violetten Parma-Seifen, und von pappelförmigen Knäufen der Dusche bis zur Speisekammer und dem Wein der Azienda. Außerdem ein exzellentes Restaurant.

Ganzj. geöffn. **6 Zimmer** mit Bad, Minibar und gefüllter Speiseschrank - Aufzug **Preise** DZ und Suite: 140-250 € - Frühst. (Buffet) inkl., von 8.00 bis 10.00 Uhr **Kreditkarten** akzeptiert **Verschiedenes** Hunde auf Anfrage erlaubt - Fahrräder - Parkpl. **Umgebung** Madonna di Loreto, Zibello, Soragna, Pievettoville - Verdi- und Guareschi-Rundfahrt per Fahrrad - Parma **Restaurant** „Al Cavallino Bianco", Tel. 0524-96136 - Di geschl. - Bodenständige Produkte, Flussfisch **Anreise** (Karte Nr. 9): 45 km nördl. von Parma. A-1, Ausfahrt Fidenza, Rtg. Soragna, Zibello, Polesine Parmense.

Antica Torre

Cangelasio 43039 Salsomaggiore Terme (Parma)
Via Case Bussandri, 197
Tel. und Fax 0524-57 54 25
Francesco Pavesi
E-Mail und Web: guidesdecharme.com/1398

Antica Torre wird von der Familie Pavesi geführt und ist in der Hochsaison praktisch immer ausgebucht. Viele Gäste sind in der Tat Habitués, die besonders den Empfang der Familie wie auch die Art mögen, in der sie mit den Gästen die Geschichte ihres (40 Hektar großen) Anwesens und die Küchenrezepte teilt. Die Gestaltung ist ländlich, das Ambiente höchst entspannt. Die Gäste begegnen sich im Speiseraum, der auf nette Art im Erdgeschoss einer ehemaligen, von Efeu überwucherten Schäferhütte eingerichtet wurde, oder am angenehmen Swimmingpool, der von Obstbäumen umgeben ist. Unter den Zimmern zählt man drei Suiten in der berühmten *torre*; alle sind schlicht, hübsch, rustikal und mit guten sanitären Einrichtungen versehen. Die mit Bioprodukten vom Bauernhof zubereiteten Abendessen werden auf der Terrasse serviert, und hin und wieder wird ein Probiermenü in einem wundervollen Gewölbekeller des 11. Jahrhunderts angeboten, der hervorragend restauriert wurde. Eine sympathische Familienadresse zu erschwinglichen Preisen.

Geschlossen Januar, Februar und Dezember **12 Zimmer** mit Bad und Dusche, Minibar, TV in Suiten **Preise** 45-55 € (pro Pers.) - Frühst. inkl., von 8.00 bis 10.00 Uhr - HP: + 20 € pro Pers. **Kreditkarten** nicht akzeptiert **Verschiedenes** Hunde nicht erlaubt - Fahrradverleih - Swimmingpool **Umgebung** Verdi-Theater in Busseto - Verdi-Haus in Roncole - Villa-Verdi in Sant'Agata di Villanova (mit Voranmeldg.), April-Sept. außer Mo: Tel. 0523-830000 - Parma - Schloss Torrechiara, Fontanellato, Soragna - Certosa di Parma - Mantova - Sabbioneta **Gästetisch** Abendessen - Menü: 20 € - Familienküche **Anreise** (Karte Nr. 9): 40 km westl. von Parma auf der A-1, Ausfahrt und Rtg. Fidenza/Salsomaggiore, ab dem Zentrum dann nach Cangelassio (ausgeschildert).

Borgo Casale

Casale 43051 Albareto (Parma)
Tel. 0525-929 032/3 - Fax 0525-929 009 - Maurizio Sanvido
E-Mail und Web: guidesdecharme.com/1399

An der Scheide des Parma-Apennin und des Val Lunigiana über La Spezia an der ligurischen Küste nimmt *Borgo Casale* (in 700 Meter Höhe) den Gipfel eines Hügels ein. Dieser Weiler, dessen erste Häuser aus Granit auf das 16. Jahrhundert zurückgehen, war eine Station für Pilger auf dem Weg nach Rom. Heute sind die Steine von damals immer noch da, die Gestaltung ist ländlich und die Kamine, die im Winter für Wärme sorgen, sind unverändert, doch die außerordentlich anheimelnden Zimmer wurden vollkommen umgestaltet und bieten optimalen Komfort (mit Whirlpool in einigen). In den Salons und im Restaurant mit einem Zitat Senecas über Gastfreundschaft und Lebensgenuss fordert das Ambiente zu carpe diem auf. Und so werden im „Club del vino" Verkostungen der besten italienischen Weine angeboten, wozu Parmigiano reggiano und Culatello di Zitello gereicht werden. Im Restaurant wird seinerseits mit den besten regionalen Produkten gekocht. Körperliches Wohlbefinden wird hier aber auch nicht vernachlässigt, weshalb ein entsprechendes Center Bäder, Pflege und Aromatherapie anbietet. Freundschaftlicher Empfang und unterschiedliche Preise je nach Jahreszeit und gewähltem Aufenthalt (Kur, Pflege oder Gastronomie).

Geschlossen 6. bis 12. Januar und Februar **13 Zimmer** mit Bad und 3 mit Waschbecken und Toilette auf dem Flur, TV **Preise** pro Pers.: 95-120 € (DZ für 1 Pers.), 85-95 € (DZ), 75 € (3-BZ: 1 EZ und 1 DZ), 60 € (4-BZ: 2 DZ) - Frühst. inkl., von 8.00 bis 10.00 Uhr - HP: + 65 € pro Pers. **Kreditkarten** Visa, MasterCard, Amex **Verschiedenes** Hunde erlaubt - Wellness-Center - Parkpl. **Umgebung** Fornovo di Taro (romanische Kirche) - Berceto (romanische Kirche) und Pazo della Cisa (Panorama) - Parma - (70 km) - Meer in La Spezia (55 km) **Restaurant** von 12.15 bis 14.00 und 20.15 bis 22.00 Uhr - Menü: 40 € - Karte **Anreise** (Karte Nr. 9): 84 km südl. von Parma. Ab Parma die A-1 Rtg. La Spezia, sofort danach A-15 Rtg. La Spezia, Ausfahrt Borgo Taro und nach Borgotaro, Albereto, Casale.

Le Colombaie

43011 Bersano di Besenzone (Piacenza)
Tel. 0523-83 00 07 - Fax 0523-83 04 43
Enrica Merli Bergamaschi
E-Mail und Web: guidesdecharme.com/1400

Piacenza und seine Gemeinden befinden sich an den Toren der Emilia Romagna. Nur zwei Kilometer von Bussetto und den Verdi-Häusern liegt Bersano an den Po-Ufern sehr günstig für den Besuch der Bassa Parmense. Diese Rundfahrt kann inzwischen per Fahrrad auf der „ciclopista del Po" unternommen werden. *Le Colombaie* ist ein altes Landhaus, das von Enrica instandgesetzt wurde; so restaurierte sie geradezu wunderbar den Pferdestall und den Heuboden und machte daraus superbe, in jeder Jahreszeit angenehme Salons. Die Zimmer sind sehr gepflegt: traditionelle Landhausgestaltung mit antiken rustikalen Möbeln und geblümtem Perkal oder Schottenmusterstoff. Und da Sie sich hier in einer besonders gastronomischen Touristenregion befinden, ist auch der Brunch ein Fest. Außer den Kuchen und anderen lokalen Leckereien werden Sie in den Genuss des berühmten hiesigen Aufschnitts wie *culatello, coppa piacentina* und Parmaschinken kommen. Das Buffet zieht sich bis in den späten Vormittag hin, denn danach gibt es kein weiteres Speisenangebot außer dem Eis, das mit der Milch des Anwesens hergestellt wird und das man in der Gartenlaube genießt.

Geschlossen Mitte November bis Mitte Februar **6 Zimmer** mit Klimaanl., Bad, TV, Minibar **Preise** DZ: 90-100 €, Suite: 120 € - Frühst. (Buffet) inkl., von 7.30 bis 10.00 Uhr **Kreditkarten** Visa, Eurocard, MasterCard **Verschiedenes** Hunde erlaubt - Koch- und Yogakurse - Antiquitätengeschäft - Fahrräder - Parkpl. **Umgebung** Verdi-Theater in Busseto - Verdi-Haus in Roncole - Villa- Verdi in Sant'Agata di Villanova (mit Voranmeldg.), April-Sept. außer Mo: Tel. 0523-830000 - Po-Delta **Restaurant** um 20.00 Uhr - Mo und Di geschl. - Menü: 25 € - Karte **Anreise** (Karte Nr. 9): 30 km östl. von Piacenza, A-1 (Milano/Bologna), Ausfahrt Fiorenzuola, dann Rtg. Busseto (10 km).

Agriturismo B&B La Casarossa

Casarossa 43011 Suzzano di Rivergano (Piacenza)
Tel. 0523- 957 613 - Handy 348-802 11 19
E-Mail und Web: guidesdecharme.com/1401

Ab Piacenza teilen sich fünf quasi parallel verlaufende Täler nach Süden hin: Es ist das allgemein *colli piacentini* genannte Gebiet. Hemingway sagte über Val Trebbia, für das wir uns hier interessieren, es sei „das schönste Tal der Welt". Dem vielen Wasser in dieser Gegend ist es zu verdanken, dass die Natur großzügig ist, auch was Pilze, Trüffel und Schnecken angeht. Andererseits ist ein großer Teil der Hügel des Val Trebbia von Wein bewachsen, der den weißen Trebbianino Doc hervorbringt. Einsam in dieser schönen Landschaft gelegen, sind die Farben der *Casarossa* mit all ihren blühenden Rosen nicht zu übersehen. Für Übernachtungsgäste stehen acht Zimmer bereit. Sie sind groß, und ihr Ambiente ist entsprechend der Umgebung ländlich und rustikal. Die kräftigen Farben der Schlafräume schaffen eine sehr freundliche Atmosphäre. Das Frühstück wird in einer alten Scheune voller Morgensonnenstrahlen serviert. Auch hier Vorlieben für Farbiges und Respekt vor Ländlichem in einem sympathischen Durcheinander von Werkzeugen und bäuerlichen Gegenständen. Ein Haus, dessen mangelnde Gastlichkeit in den Gemeinschaftsräumen man wohl mit einem Rest von Hippy-Coolness betrachten sollte.

Ganzj. geöffn. **8 Zimmer** mit Bad und Minibar **Preise** DZ: 80-110 €, Suite: 120-135 € - Frühst. (Buffet) inkl., von 7.30 bis 10.00 Uhr **Kreditkarten** Visa, Eurocard, MasterCard **Verschiedenes** Hunde erlaubt - Parkpl. **Umgebung** Grazzano Visconti - Bobbio - Piacenza **Kein Restaurant** (siehe unsere Restaurantauswahl in Piacenza S. 579) **Anreise** (Karte Nr. 8): 12 km südl. von Piacenza. Ab Mailand A 1, Ausfahrt Piacenza-Sud; ab Brescia A 21, Ausfahrt Piacenza-Est. Rtg. Piacenza-Centro bis zur Abzweigung „tangenziale", dann Stadio und Abfahrt Bobbio Genova-Val Trebbia. SS-45 nach Niviano. An der Ampel Rtg. Grazzano. Nach 500 m 2. Straße rechts nach Ca Rossa.

Hotel Posta

42100 Reggio nell'Emilia (Piacenza)
Piazza del Monte, 2
Tel. 0522-43 29 44 - Fax 0522-45 26 02
Umberto Sidoli
E-Mail und Web: guidesdecharme.com/1402

Dieser ehemalige Palast liegt ideal im historischen Stadtkern an der Piazza del Monte. Die eher strenge mittelalterliche Fassade verbirgt eine gepflegte Einrichtung im Rokoko-Stil. Für die Gestaltung wurden Stuckelemente verwendet, die ehedem die Wände einer berühmten Patisserie – Treffpunkt der Honoratioren der Stadt – schmückten. Die Zimmer sind mit viel Originalität eingerichtet und verfügen über jenen Komfort, den man in einem Hotel dieser Kategorie erwartet. Außer den üblichen Leistungen eines guten Hauses bietet es Kostproben berühmter lokaler Produkte wie Parmesan, Öl und Balsamico-Essig (im 15 km von der Stadt entfernten und den Hotelbesitzern gehörenden Restaurant „Cavazzone") an, aber auch Führungen im Stadttheater und in der Galleria Ferrari in Maranello.

Kategorie ★★★★ **Geschlossen** 2 Wochen im August, 24. Dezember bis 1. Januar **28 Zimmer** und 10 Suiten mit Klimaanl., Tel., Wi-Fi, Bad oder Dusche, Satelliten-TV, Minibar, Safe; Aufzug **Preise** EZ: 108-160 €, DZ: 155-210 €, 3-BZ: 175-220 €, Junior-Suite: 185-245 €, Suite: 225-280 €; Extrabett: 45 € - Frühst. (Buffet) inkl., von 7.00 bis 10.00 Uhr **Kreditkarten** akzeptiert **Verschiedenes** Hunde nicht erlaubt - Fitness - Fahrräder(12 €/Tag) **Umgebung** Kirche San Faustino in Rubiera - Kirche Novellara - Galleria Parmeggiani - Rundfahrt der Schlösser Matildici di Canossa - Stiftung Magnani-Rocca in Mamiano - Rocca de Sassuolo - Po-Gegend - Parma - Golfpl. Matilde di Canossa (18 L.) in Reggio nell'Emilia **Kein Restaurant** im Hotel (siehe unsere Restaurantauswahl S. 581) **Anreise** (Karte Nr. 9): 27 km südöstl. von Parma über die A-1, Ausfahrt Reggio nell'Emilia.

EMILIA - ROMAGNA

Albergo delle Notarie

42100 Reggio nell'Emilia (Piacenza)
Via Palazzolo, 5
Tel. 0522-45 35 00 - Fax 0522-45 37 37
Dr Stefano Zanichelli
E-Mail und Web: guidesdecharme.com/1403

Wenn die kleine Stadt der Emilia Romagna auch nicht über den Glanz ihrer Nachbarinnen Parma und Modena verfügt, so ist sie dennoch ein angenehmer Ort für einen Stopp. Die Basiliken San Prospero und della Ghiara, die unweit des Hotels liegen, bezeugen Reggios künstlerische Bedeutung in der Vergangenheit. Im alten, eher farbenfrohen Viertel dieser Stadt spiegelt die *Albergo delle Notarie* eher die diskrete Eleganz von Reggio wider. Erst kürzlich in einem schlichten Stil renoviert, hat sie heute guten Komfort, doch kann man sich für die Stilmöbel leider nicht begeistern. Ein großer Pluspunkt des Hauses ist das ausgezeichnete Restaurant, in dem jene Pasta sowie Fleisch- und Wurstwaren aufgetischt werden, die den gastronomischen Ruf dieser italienischen Provinz ausmachen: dem kulinarischen Zentrum Italiens und Preise, die einem einen exzellenten Stopp erlauben.

Kategorie ★★★★ **Geschlossen** August **51 Zimmer** mit Klimaanl., Tel., Bad oder Dusche, Satelliten-TV, Wi-Fi, Minibar, Safe; Aufzug, 4 Zi. für Behinderte **Preise** EZ: 92-140 €, DZ: 119-165-180 €, Superior: 152-200-245 €; Extrabett: 45 € - Frühst.: 13 €, von 7.00 bis 10.00 Uhr **Kreditkarten** akzeptiert **Verschiedenes** Hunde erlaubt - Room-Service - Reinigung - Garage (15 €/Tag) **Umgebung** Kirche San Faustino in Rubiera - Kirche Novallara - Schloss Scandiano - Schloss Canossa - Parma - Golfpl. Matilde di Canossa (18 L.) in Reggio nell'Emilia **Restaurant** „Delle Notarie" (Tel. 0522-45 37 00): von 12.30 bis 14.30 und 19.30 bis 22.30 Uhr - So von Juni bis September und Sa und So im August geschl. - Menü: 33,50-47,50 € - Karte - Kreative traditionelle Küche **Anreise** (Karte Nr. 9): 27 km südöstl. von Parma über die A-1, Ausfahrt Reggio nell'Emilia.

Canalgrande Hotel

41100 Modena (Piacenza)
Corso Canalgrande, 6
Tel. 059-21 71 60 - Fax 059-22 16 74
E-Mail und Web: guidesdecharme.com/1404

Die ehemalige Patriziervilla *Canalgrande* ist heute ein Hotel im neoklassischen Stil. Ältere Teile lassen sich jedoch noch im Eingangsbereich ausmachen, wo Stuck und *cotto* die Halle und die umliegenden Salons schmücken. Bequeme moderne Sessel und alte Gemälde geben dem Ganzen eine persönliche Note. Die Zimmer und Bäder sind komfortabel. Das Hotel verfügt, obwohl mitten im Zentrum gelegen, über einen großen Garten mit hundertjährigen Bäumen, die einen reizenden Springbrunnen beschatten. Im „La Secchia Rapita", dem im Souterrain gelegenen Restaurant, speist man unter schönen Backsteinbögen. Interessant zu wissen ist, dass das Hotel auf seiner Homepage Preisnachlässe bei Internet-Buchungen anbietet, die jedoch absolut bindend sind: also weder Rückerstattung des gezahlten Betrages noch Änderung der Daten.

Kategorie ★★★★ **Ganzj.** geöffn. **79 Zimmer** mit Klimaanl., Tel., Bad oder Dusche, Satelliten-TV, Internet, Minibar; Aufzug **Preise** EZ: 132 €, DZ: 180 €, Junior-Suiten: 220 €, Suiten: 278 € - Frühst. inkl., von 7.00 bis 10.30 Uhr **Kreditkarten** akzeptiert **Verschiedenes** Hunde erlaubt - Garage (12 €/Tag) **Umgebung** Modena: Dom, Museum del Duomo (Metope), Galleria Estense, Palazzo Ducale - Romanische Kirchen San Cesario sul Panaro und Pieve Trebbio bei Monteorsello - Abtei von Nonantola - Golfpl.: 18- und 9 L. in Colombaro di Formigine **Restaurant** von 12.30 bis 14.30 und 19.00 bis 22.30 Uhr - So geschl. - Brunch (mittags): 15 € - Karte: 35-50 € **Anreise** (Karte Nr. 9): 39 km nordwestl. von Bologna über die A-1, Ausfahrt Modena-Sud, dann S-9 (über Emilia-Est) bis zum Corso Canalgrande und links; nahe der Kirche.

Hotel Principessa Leonora

44100 Ferrara
Via Mascheraio, 39
Tel. 0532-20 60 20 - Fax 0532-24 27 07
E-Mail und Web: guidesdecharme.com/1405

Stendhal und Chateaubriand haben Ferrara eine „entwohnte" Stadt genannt. Wenn man bedenkt, dass es die *città* von de Chirico und Antonioni ist, überrascht einen die Lebendigkeit dieser kleinen Stadt, in der es viele Radfahrer und Festivals gibt, aber auch verschiedene Märkte. In einem mit dem Auto erreichbaren Wohnviertel zehn Fußminuten vom Zentrum liegen die drei besten Hotels der Stadt. *Duchessa Isabella* (Tel. 0532-202121, Web: duchessaisabella.it, DZ: 299 €), das luxuriöseste, befindet sich in einem Palast des 15. Jahrhunderts, dessen Salon wunderbar bemalte Caissondecken besitzt und Zimmer mit Blick auf den Garten voller Vögel. *Principessa Leonora* liegt im benachbarten Palais. Hier sind die Schlafräume, wir bevorzugen die mit Terrasse, ebenso luxuriös, allerdings mit einigen Dekorations-„Exzessen". Und schließlich *Locanda della Duchessina* (Tel. 0532-206981, Web: laduchessina.it, DZ: 150 €), die preiswerte „Bonbonniere"-Zimmer anbietet. Drei gute Adressen für jegliche Budgets.

Kategorie ★★★ **Ganzj.** geöffn. **19 Zimmer** und 3 Suiten mit Klimaanl., Tel., Bad, Satelliten-TV, Minibar, Safe; Aufzug **Preise** EZ: 116 (WE)-177 €, DZ: 190 €, Suite: 299 € - Frühst. (Buffet) inkl., von 7.30 bis 10.30 Uhr **Kreditkarten** akzeptiert **Verschiedenes** Hunde erlaubt - Fitness - Fahrräder (5 € pro Tag) - Parkpl. (13 €/Tag) **Umgebung** Ferrara: Dom, Palazzo Ludovico il Moro, Castello Estense, Palazzo dei Diamanti; Veranstaltungen: Il Mercantino (großer Trödelmarkt am 1. WE jeden Monats außer August) - Palio am letzten Sa im Mai - Abtei von Pomposa - Comacchio - Abtei San Bartolo - Cento und Pieve di Cento **Restaurant** im „Duchessa Isabella" - Menüs: 34-39 € - Karte **Anreise** (Karte Nr. 10): Ausfahrt Ferrara-Nord; über Cavour am Castello Estense vorbeifahren, Corso Giovecca geradeaus, links Via Montebello, links Via Ariostea, Via Palestro, rechts Via Mascheraio.

Locanda Borgonuovo

44100 Ferrara
via Cairoli, 29
Tel. 0532-21 11 00 - Fax 0532-24 63 28
Familie Orlandini Spisani
E-Mail und Web: guidesdecharme.com/1406

Den vier Zimmern dieses sympathischen, inmitten des historischen Stadtteils von Ferrara gelegenen B&B wurden die Namen jener Wagen gegeben, die am Palio-Rennen (einem sehr großen, am letzten Sonntag im Mai stattfindenden Fest der Stadt) teilnehmen. Sie wurden im Obergeschoss des Hauses, das einst ein Kloster war, eingerichtet, sind ausnahmslos angenehm antik möbliert und ausgestattet mit Bädern, deren Komfortniveau bemerkenswert ist. Der Empfang ist sehr fein, das Ambiente besonders intim, egal ob im kühlen Innenhof oder im familiären Speiseraum, in dem die Sammlungen der Gastgeber ausgestellt sind. Bei schlechtem Wetter wird das Frühstück dort serviert: Das silberne Service und die 36 Sorten Tee, elegant in einem hübschen Holzbehälter präsentiert, sind ein Vorgeschmack der Höflichkeit und des Raffinements des Hauses. Etwas weiter wurden in der gleichen Straße kürzlich drei Appartements eingerichtet, die rustikaler und funktioneller sind. Für Spazierfahrten im Zentrum (ausschließlich Fußgängerzone wie oft in Italien) stehen außerdem Fahrräder zur Verfügung.

Ganzj. geöffn. **4 Zimmer** mit Klimaanl., Tel., Wi-Fi, Dusche, Satelliten-TV, Minibar, Safe **Preise** EZ: 60-70 €, DZ: 100-110 €; Extrabett: 30 € - Frühst. inkl., von 7.30 bis 10.00 Uhr - 3 Appart. mit 1 oder 2 Zi., Bad, Küche: ab 100 € pro Tag **Kreditkarten** Visa, Eurocard, MasterCard, Amex **Verschiedenes** Hunde erlaubt - Fahrräder - Parkpl. **Umgebung** Ferrara: Dom, Palazzo Ludovico il Moro, Castello Estense, Palazzo dei Diamanti; Veranstaltungen: Il Mercantino (großer Trödelmarkt am 1. WE jeden Monats außer August), Palio am letzten So im Mai - Abtei Pomposa (Juli/Aug. Konzerte in der Abtei) - Comacchio - Abtei San Bartolo - Cento und Pieve di Cento **Kein Restaurant** (siehe unsere Restaurantauswahl S. 582) **Anreise** (Karte Nr. 10): A-13, Ausfahrt Ferrara-Nord; im historischen Zentrum.

Azienda agrituristica Val Campotto

44011 Campotto di Argenta (Ferrara)
Strada Maria Margotti, 2
Tel. 0532-80 05 16 - Handy 338-691 30 66 - Fax 0532-31 94 13
Stefano Poppi
E-Mail und Web: guidesdecharme.com/1407

Oft wird die Po-Mündung (zwischen Emiglia Romagna und Veneto) mit ihrem Marschland, ihren Kanälen, dem häufigen Hochwasser, ihren Zugvögeln, Welsen, Aalen, riesigen Bauernhöfen usf. als die italienische Camargue bezeichnet. An der Straße am Rand des Naturschutzgebietes gelegen, dem einstigen Jagdgebiet der Herzöge von Este, nahe der reizvollen Städte Ravenna und Ferrara, ist *Val Compotto* vor allem ein Familienbetrieb. Das 1926 entstandene Hauptgebäude liegt inmitten der 80 Hektar Land, auf dem Mais, Soja, Rüben, Früchte und Schmuckkürbis angebaut werden. Zunächst dem Tourismus als besonders gutes Restaurant dienend, in dem vorwiegend eigene Produkte serviert werden, beherbergt es heute auch Reisende auf der Suche nach Authentizität. Die schlicht mit antikem Mobiliar eingerichteten Zimmer haben Parkettboden, sind groß, hell und mit jeglichem Komfort ausgestattet. Den Gästen stehen Mountainbikes für Radtouren entlang den Teichen zur Verfügung, um Aale zu angeln oder zum Fluss zu fahren, der, von Guareschi bis Bertolucci oder Soldati, in italienischen Filmen oft die Hauptrolle spielte.

Ganzj. geöffn. **9 Zimmer** mit Klimaanl., Tel., Wi-Fi, Dusche, TV **Preise** EZ: 50-64 €, DZ: 72-82 € - HP und VP: 54-59 €, 72-77 € (pro Pers.) - Frühst. inkl., von 7.30 bis 9.30 Uhr **Kreditkarten** Visa, Eurocard, MasterCard **Verschiedenes** Hunde nicht erlaubt - Fahrräder - Parkpl. **Umgebung** Kirchen S. Domenico von Argenta, Pieve di S. Giorgio - Comacchio - Abtei von Pomposa - Schloss Mesola - Bootsbrücke San Giulia - Basco und die Straße (Mautgebühr, ausschl. an Sonn- und Feiertagen) des Gran Basco - Ferrara - Ravenna - Birdwatching **Gästetisch** von 12.00 bis 14.00 und 19.00 bis 22.00 Uhr - Mo und Di geschl. - Menü: 18 € (Hausgäste)-28 € **Anreise** (Karte Nr. 10): 34 km südöstl. von Ferrara über die A-16.

Hotel Al Vecchio Convento

47010 Portico di Romagna (Forlì)
Via Roma, 7
Tel. 0543-96 70 53 / 0543-96 70 14 - Fax 0543-96 71 57
Sig. Raggi
E-Mail und Web: guidesdecharme.com/1408

Dieses ehemalige Kloster, in dem sich heute das Hotel *Al Vecchio Convento* befindet, liegt neben dem Palazzo der Beatrice Portinari, Dantes Muse. Zur Aufwertung der Originalarchitektur des Gebäudes und zum Restaurieren der alten Möbel wurde die Kunst bzw. das Können der hiesigen Künstler und Handwerker genutzt. So gibt es Betten aus Holz und aus handgeschmiedetem Eisen, Sessel und Kommoden aus der damaligen Zeit. In der Küche, die reichlich Gemüse, Teigwaren oder Reis sowie köstliche Konfitüren und einen hausgemachten Likör (den *laurino*) anbietet, wird Tradition groß geschrieben. Und da auch Gastfreundschaft hier eine lange Tradition hat, werden Sie den kleinen Umweg nicht bedauern, sondern im Gegenteil den ganzen Charme des alten Italiens genießen.

Kategorie ★★★ **Ganzj.** geöffn. **15 Zimmer** mit Tel., Bad, TV **Preise** EZ: 60 €, DZ: 73 € - Frühst.: 10 €, jederzeit - HP (mind. 3 Üb.): 77-87 € (pro Pers.) **Kreditkarten** akzeptiert **Verschiedenes** Hunde auf Anfrage erlaubt - Wireless Internet-Zugang, Italienisch-Kurse - Fahrradverleih - Parkpl. **Umgebung** Kirche von Polenta - Biblioteca Malatestiana in Cesena - Kloster Madona del Monte bei Cesena - Faenza - Ravenna **Restaurant** von 12.30 bis 14.00 und 19.30 bis 22.00 Uhr - Menüs: 20-40 € - Karte **Anreise** (Karte Nr. 10): 97 km südöstl. von Bologna über die A-14, Ausfahrt Forlì - S-67 (Rtg. Firenze).

EMILIA - ROMAGNA

Il Palazzo

48013 Brisighella (Ravenna)
Via Baccagnano, 11
Tel. und Fax 0546-803 38 - Handy 328-146 25 85
Ettore Matarese
E-Mail und Web: guidesdecharme.com/1409

Brisighella, ein mittelalterliches Dorf an den Ausläufern des Apenningebirges, ist auch ein kleiner Badeort. Die Adria mit ihren Stränden ist nicht weit, weshalb sich ein Ausflug nach Rimini anbietet: die obligatorische Besichtigung des Tempels Malatestino wegen seiner grandiosen Architektur, erbaut von Leon Battista Alberti, und auch wegen seiner wunderbaren, von Sigismond de Piero della Francesca entworfenen Fassade. Die berühmten Mosaiken von Ravenna sind auch nicht weit. Wenn Sie sich in dieser Gegend aufhalten, empfehlen wir Ihnen dieses ganz einfache Gasthaus, in dem der Besitzer und Architekt rustikal-moderne Zimmer mit Blick auf die Weinberge und die Obstgärten des Anwesens anbietet. Im Monat Mai werden Leuchtkäfer Ihnen bei nächtlichen Spaziergängen den Weg weisen. Im Hinblick auf die Mahlzeiten sollten Sie wissen, dass alle Spezialitäten von der Hausherrin mit Bio-Produkten zubereitet werden.

Geschlossen November bis Februar **3 Zimmer** mit Dusche **Preise** DZ: 62-68 €, 3-BZ: 93-102 € - Frühst. inkl., von 8.30 bis 10.00 Uhr - 1 Studio und 2 Appart. (4-5 Pers.) mit Dusche und Küche - 100-130 €/Tag (2 Pers.), 500-600 €/Woche; zusätzl. Pers.: + 4 € **Kreditkarten** akzeptiert **Verschiedenes** Hunde erlaubt - Parkpl. **Umgebung** Brisighella: La Rocca, Sanktuarium von Monticino, Via del Borgo, Terme - Pieve del Tho (Kirche S. Giovanni in Ottavo) - Park Carnè (Wanderwege) - Park della Vena del Gesso (La Tanaccia) - Modigliana - Faenza (Keramikmuseum) - Ravenna - Rimini - Riolo Terme Golfpl. (18 L.) - Veranstaltungen: mittelalterliche Feste Juli, Trödelmarkt jeden Freitagabend von Juni bis September **Restaurant** um 20.00 Uhr - Menü: 20 € - Biologische Küche **Anreise** (Karte Nr. 10): 12 km von Faenza. A-14, Ausfahrt Faenza Rtg. Brisighella-Firenze, ab Brisighella Rtg. Terme/Modigliana. „Il Palazzo" liegt links, 4 Häuser hinter dem „Hotel Terme".

Hotel Il Villino

47822 Santarcangelo di Romagna (Rimini) - C. Ruggeri, 48
Tel. 0541-68 59 59 - Fax 0541-32 62 23
Andrea Bombardieri
E-Mail und Web: guidesdecharme.com/1410

Santarcangelo liegt ein paar Kilometer von Rimini in der Region Montefeltro, zwischen der Romagna und den Marken. Es ist die Wiege der Malatesta mit noch zahlreichen Denkmälern aus der Renaissance und Erinnerungen an die von Dante in der „Göttlichen Komödie" besungene sündhafte Liebe Francescas und Paolos. Gelegen in einem Dorf, dessen Häuser aus Natur- und rotem Backstein erbaut wurden, respektiert das von dem Architekten Massimo Bottini entworfene Hotel diesen Geist harmonischer Mannigfaltigkeit. Außen zeigt das Haus seine Natursteine, schmiedeeisernen Balkone und blauen Fensterläden. Im Innern hier und da ein Loftambiente. In den Zimmern mit Vogelnamen verschmelzen die Stile: rustikal mit gekalkten Wänden, Holzfußböden und ein paar Möbeln vom Land; klassisch mit Fauteuils und Kommoden im Stil Louis-quinze; und schließlich modern mit minimalstischen Wandleuchten, verchromten Wasserhähnen und den Raum vergrößernden Glaswänden. Im Untergeschoss die Grotte fürs *pranzo* in elegantem Ambiente. Poetischer Garten mit der vom Dichter Tonino Guerra entworfenen Brunnenskulptur. Zwischen Zypressen und plätscherndem Wasser werden Sie Ihr Frühstück genießen, dem zudem die Tag und Nacht zu vernehmenden Glocken einen sanften Rhythmus verleihen.

Ganzj. geöffn. **12 Zimmer** mit Klimaanl., Tel., Bad, Satelliten-TV, Minibar, Safe **Preise** EZ: 80 €, DZ: 130 €, Suite: 150 € - Frühst. inkl., von 7.00 bis 10.00 Uhr **Kreditkarten** akzeptiert **Verschiedenes** Hunde erlaubt - Parkpl. **Umgebung** Santarcangelo: Ethnografisches Museum, Rocca Malatestiana, Kirche San Michele; Fiera San Martino (11.-14. Nov.); Markt Mo und Fr - Verruchio - Longiano - Rimini - San Marino **Kein Restaurant** aber Imbisse (siehe unsere Restaurantauswahl S. 584) **Anreise** (Karte Nr. 11): 15 km von Rimini; A-14, Ausfahrt Rimini-Nord, 4 km weiter.

Hotel Locarno

00186 Roma
Via della Penna, 22
Tel. 06-36 10 841 - Fax 06-32 15 249
Sig.a Celli und Sig.a Valente
E-Mail und Web: guidesdecharme.com/1411

Das *Locarno* liegt nur ein paar Schritte von der Piazza del Popolo entfernt und verfügt über hübsche, mit antikem Mobiliar (19. Jh. und Jugendstil) gestaltete Zimmer. Die Bäder sind mit handwerklich herstellten Kacheln ausgelegt. Im Erdgeschoss und im 1. Stock des angrenzenden Hauses, zu dem man über einen Garten Zugang hat, wurden zwölf neue, besonders luxuriöse Zimmer eingerichtet. Außerdem bietet das Hotel in einem kleinen Palazzo gegenüber dem Hotel einige Zimmer an, die einfacher, moderner und preiswerter sind. Im Sommer wird auf der großen, von weißen Sonnenschirmen geschützten Terrasse des Innenhofs das Frühstück serviert. Die Bar ist bis Mitternacht geöffnet, und ein Jazz-Duo tritt dort einmal pro Woche auf. In der kalten Jahreszeit brennt im Kamin des Salons ein Feuer. Der charmante Empfang, die moderaten Preise und die günstige Lage im Herzen der Stadt machen aus dem Locarno eines der angenehmen Hotels der Stadt. Von der schönen Terrasse mit Bar-Service wunderbarer Blick auf Rom.

Kategorie ★★★★ **Ganzj.** geöffn. **66 Zimmer** mit Klimaanl., Tel., Wi-Fi, Bad und Dusche, Satelliten-TV, Minibar, Safe; Aufzug, 2 Zi. für Behinderte **Preise** EZ: 170 €, DZ: 250 €, DZ Superior: 280 €, Deluxe: 350 €, Suite: 500 € - Frühst. inkl., von 7.00 bis 11.00 Uhr **Kreditkarten** akzeptiert **Verschiedenes** Hunde nicht erlaubt **Umgebung** an der Straße der Castelli Romani: Villa und Gärten Aldobrandini in Frascati, Tusculum, Kloster Grottaferrata, Piazza della Repubblica (Bernini) in Ariccia - Tivoli (per Bus ab Bahnhof): Villa d'Este (Licht- und Tonaufführungen im Sommer) und Villa Adriana (6 km vor Tivoli) - Palestrina - Anagni - Golfpl. ad Olgiata (9 und 18 L.) in Rom **Restaurant** im Hotel **Anreise** (Karte Nr. 14): nahe der Piazza del Popolo.

Hotel Gregoriana

00187 Roma
Via Gregoriana, 18
Tel. 06-679 42 69 - Fax 06-678 42 58
Sig. Panier-Bagat
E-Mail und Web: guidesdecharme.com/1412

Das Hotel liegt ideal in der Via *Gregoriana* oberhalb der Treppen der Piazza di Spagna, nahe der Kirche Trinita dei Monti. Dennoch ist die Straße ruhig, was zur intimen Atmosphäre des *Gregoriana* beiträgt. Die Zimmer sind komfortabel und still, und von einigen Zimmern hat man einen hübschen Ausblick auf die Dächer von Rom. Die Hälfte der kürzlich renovierten Zimmer bieten heute zeitgemäße Leistungen. Angesichts der banalen neuen Gestaltung ziehen wir jedoch bei weitem die „alten" wie auch die Maisonnette-Suiten mit ihren wundervollen Bädern vor. Der liebenswürdige Empfang und die große Verfügbarkeit, die man während des gesamten Aufenthalts zu schätzen weiß, machen jedoch den eigentlichen Charme dieses Hotels aus. Von Anfang an fühlt man sich hier als privilegierter Gast. Das erklärt die Treue der Kundschaft, aber auch die Notwendigkeit, im Voraus zu buchen.

Kategorie ★★★ **Ganzj.** geöffn. **19 Zimmer** mit Klimaanl., Tel., Bad oder Dusche, TV, Minibar; Aufzug **Preise** EZ und DZ für 1 Pers.: 148-198 €, DZ: 228-258 €, DZ mit Balkon: 268-288 €, 3-BZ: 290-310 € - Frühst. inkl., von 7.00 bis 11.00 Uhr **Kreditkarten** akzeptiert **Verschiedenes** Hunde auf Anfrage erlaubt **Umgebung** An der Straße der Castelli Romani: Villa und Gärten Aldobrandini in Frascati, Tusculum, Kloster Grottaferrata, Piazza della Repubblica (Bernini) in Ariccia - Tivoli (per Bus ab Bahnhof): Villa d'Este (Licht- und Tonaufführungen im Sommer) und Villa Adriana (6 km vor Tivoli) - Palestrina - Anagni - Golfpl. ad Olgiata (9 und 18 L.) in Rom **Kein Restaurant** im Hotel (siehe unsere Restaurantauswahl S. 585-590) **Anreise** (Karte Nr. 14): oberhalb der Treppen der Piazza di Spagna. Ein öffentlicher Aufzug verbindet heute Piazza di Spagna mit Piazza dei Monti.

Crossing Condotti

2010

00187 Roma
Via Mario de' Fiori, 28
Tel. 06-699 206 33 - Fax 06-692 954 69
Carlotta Botta und Alfio Puglisi
E-Mail und Web: guidesdecharme.com/3289

Die Via Condotti, eine in Rom ebenso prestigeträchtige Adresse wie etwa die Rue du Faubourg-Saint-Honoré in Paris oder die Goethe-Straße in Frankfurt, beherbergt die größten Luxusgeschäfte. Es ist eine unumgängliche Straße, wenn man die italienische Hauptstadt besucht, denn sie mündet auf die berühmte Piazza di Spagna, an einer Ecke, an der man im historischen *Café Greco* Halt machen sollte. Hier haben also Carlotta Botta und Alfio Puglisi Cosentino eine Etage eines bürgerlichen Wohnhauses zu einem „town house" mit Charme umgestaltet. Nichts prädestinierte dieses junge Paar für die Hotellerie, aber gerade das ist der Grund, weshalb Sie sich bei ihnen wie bei Freunden zu Besuch fühlen werden. Gleich bei der Ankunft übergibt man Ihnen die Schlüssel des Hauses und führt Sie zu einem Zimmer mit antikem Mobiliar, Gemälden und anderen persönlichen Gegenständen. Raffinement in Begleitung von Komfort und modernen Leistungen. Und all das unter dem wachsamen Auge und mit der sympathischen Hilfe des Chefs und bemerkenswert erfahrenen Fachmannes Marco Fuduli.

Ganzj. geöffn. **5 Zimmer** mit Klimaanl., Tel., Wi-Fi, Bad, Satelliten-TV, Safe **Preise** DZ: 180-280 € - Kitchenette mit Nespresso-Kaffeemaschine und Kühlschrank **Kreditkarten** akzeptiert **Verschiedenes** Hunde nicht erlaubt **Umgebung** an der Straße der Castelli Romani: Villa und Gärten Aldobrandini in Frascati, Tusculum, Abtei von Grottaferrata, Piazza della Repubblica (Bernini) in Ariccia - Tivoli (Bus ab Bahnhof): Villa d'Este (Licht- und Tonaufführungen im Sommer) und Villa Adriana (6 km vor Tivoli) - Palestrina - Anagni - Golfpl. ad Acquasanta (18 L.) - Golfpl. ad Olgiata (9 und 18 L.) in Rom **Kein Restaurant** vor Ort (siehe unsere Restaurantauswahl S. 585-590) **Anreise** (Karte Nr. 14): Umgebung Piazza di Spagna.

Hotel Pensione Parlamento

00187 Roma - Via delle Convertite, 5
Tel. und Fax 06-699 21 000
Plinio Chini und Daniela Ciatti Chini
E-Mail und Web: guidesdecharme.com/1413

Der Name dieser alten, im Stadtteil der Piazza di Spagna gelegenen Pension geht auf die Nähe der Abgeordnetenkammer zurück; auch wenn bei der Einrichtung Praktisches und Funktionelles bevorzugt wurden, hat sie durchaus Charme. Sie liegt im 3. und 4. Stockwerk eines Hauses und besitzt jene Dachterrassen, von denen man träumt. Wenn Sie unbedingt das Zimmer mit Terrasse haben möchten, müssen Sie Nr. 8 frühzeitig buchen. Bei der Reservierung aber nicht zu sehr enttäuscht sein, wenn es schon vergeben sein sollte, denn Nr. 110, groß, ruhig, hell und mit schrägen Wänden, ist ebenfalls sehr angenehm. Übrig bleiben dann noch 21 Zimmer, in denen man sich ebenfalls sehr wohl fühlt und zu denen eine Terrasse gehört, auf der man das Frühstück einnehmen und etwas trinken kann. Das Hotel ist beispielhaft gepflegt, und dank seiner Schallschutzfenster ist es inmitten dieses lebhaften Viertels angenehm ruhig. Einige interessante Radierungen und antike Möbel sorgen für eine persönliche Gestaltung. Das Hotel ist tadellos gepflegt. Die Preise für Rom und diese Gegend sind eher interessant.

Kategorie ★★ **Ganzj.** geöffn. **23 Zimmer** mit Klimaanl. (+ 12 €/Tag), Tel., Bad oder Dusche, Satelliten-TV, Safe; Aufzug **Preise** EZ: 80-132 €, DZ: 90-190 €, 3 Pers.: 120-205 €, 4 Pers.: 132-240 € - Frühst. inkl., von 7.30 bis 10.30 Uhr **Kreditkarten** Visa, Eurocard, MasterCard, Amex **Verschiedenes** Hunde auf Anfrage erlaubt **Umgebung** an der Straße der Castelli Romani: Villa und Gärten Aldobrandini in Frascati, Tusculum, Kloster Grottaferrata, Piazza della Repubblica (Bernini) in Ariccia - Tivoli (per Bus ab Bahnhof): Villa d'Este (Licht- und Tonaufführungen im Sommer) und Villa Adriana (6 km vor Tivoli) - Palestrina - Anagni - Golfpl. ad Olgiata (9 und 18 L.) in Rom **Kein Restaurant** (siehe unsere Restaurantauswahl S. 585-590) **Anreise** (Karte Nr. 14): in der Nähe der Piazza di Spagna.

Rose Garden Palace

00187 Roma
Via Boncompagni, 19
Tel. 06-42 17 41 - Fax 06-48 15 608
Gabriele Selci
E-Mail und Web: guidesdecharme.com/1414

Das Hotel befindet sich im Viertel Umbertino, dem eleganten Stadtteil der Hauptstadt, in dem sich die Banken, die Botschaften, die Via Veneto mit ihren Luxusgeschäften, die großen Cafés und Grandhotels befinden. Der romantische Name Rose Garden geht auf den Rosengarten im Innenhof, das Herz des Hotels, zurück. Die Rezeption und der Rotunde-Salon gehen auf diesen Innenhofgarten hinaus. Die Zimmer verfügen über wunderbare Proportionen, sind groß und haben hohe Decken. Die Farbpalette und das Mobiliar schaffen eine schöne Harmonie. Die Zimmer sind hell und freundlich, und von ihren großen Fenstern blickt man entweder auf den Rosengarten oder die Gärten des Palais Margherita: einst Residenz von Königin Margherita von Savoyen und heute Botschaft der Vereinigten Staaten. Die Bäder mit subtiler Mischung aus Marmor und Keramik sind von der gleichen Eleganz geprägt. Eine wirklich besondere Adresse in Rom.

Kategorie ★★★★ **Ganzj.** geöffn. **65 Zimmer** mit Klimaanl., Tel., Wi-Fi, Bad, Satelliten-TV, Minibar, Safe; Aufzug **Preise** EZ: 200-225 €, DZ: 350 €, Superior: 400 €, Junior-Suite: 430 €, Suite: 490 €; Extrabett: 70 € - Frühst. inkl., von 7.00 bis 11.00 Uhr **Kreditkarten** akzeptiert **Verschiedenes** Hunde auf Anfrage erlaubt - Fitness-Center **Umgebung** an der Straße der Castelli Romani: Villa und Gärten Aldobrandini in Frascati, Tusculum, Abtei von Grottaferrata, Piazza della Repubblica (Bernini) in Ariccia - Tivoli (Bus ab Bahnhof): Villa d'Este (Licht- und Tonaufführungen im Sommer) und Villa Adriana (6 km vor Tivoli) - Golfpl. ad Acquasanta (18 L.) - Golfpl. ad Olgiata (9 und 18 L.) in Rom **Restaurant** „Il Roseto" (Bar, Snack und Restaurant) **Anreise** (Karte Nr. 14): nahe Via Veneto auf Höhe amerikanischen Botschaft.

Roma Boutique Hotel

2010

00187 Roma
Via Toscana, 1
Tel. 06-420 120 23 - Fax 06-420 133 68 - Alessandro Trapasso
E-Mail und Web: guidesdecharme.com/3287

Im Viertel der Via Veneto und des Trevi-Brunnens gelegen, kultiviert das *Roma Boutique Hotel* die Kunst des guten Empfangs. Erwähnt werden muss zwar, dass der Eigentümer, Alessandro Trapasso, aus einer Familie erfahrener Hotelbesitzer stammt. Sein Etablissement, das in einer großen Wohnung in der 4. Etage eines Palastes aus dem 14. Jahrhundert in der Via Toscana eingerichet wurde, zählt sieben Zimmer, die sowohl die intime Seite eines B&B als auch den Service eines guten Hotels bieten. Bei der Ankunft auf dem Treppenabsatz erkennt man sofort das Ambiente: eine Reihe Nischen und Halbsäulen aus weißem Stuck klassizistischen Stils, dann eine Halle von schöner Design-Schlichtheit, gefolgt von einem langen Flur, an dem die Zimmer liegen. Alle sind elegant in klassischem Stil eingerichtet, die Farben sind sanft und die Materialien von guter Qualität; auch die Bäder sind bestens ausgestattet. Mit einem Preisaufschlag können Sie in einem der Zimmer mit Balkon und Blick auf die Dächer der Ewigen Stadt wohnen. Frühstück gibt's auf dem Zimmer, und der Empfang ist aufmerksam, auch schon mal mit Handkuss. Machen Sie sich darauf gefasst, meinen Damen.

Ganzj. geöffn. 7 Zimmer mit Klimaanl., Tel., Wi-Fi, Bad, Satelliten-TV, Minibar, Safe; Aufzug **Preise** DZ für 1 Pers.: 120 €, DZ Standard: 140-270 €, Superior: 160-290 € - Frühst. inkl., von 7.30 bis 9.30 Uhr **Kreditkarten** akzeptiert **Verschiedenes** Hunde nicht erlaubt **Umgebung** An der Straße der Castelli Romani: Villa und Gärten Aldobrandini in Frascati, Tusculum, Abtei von Grottaferrata, Piazza della Repubblica (Bernini) in Ariccia - Tivoli (Bus ab Bahnhof): Villa d'Este (Licht- und Tonaufführungen im Sommer) und Villa Adriana (6 km vor Tivoli) - Palestrina - Anagni - Golfpl. ad Acquasanta (18 L.) - Golfpl. ad Olgiata (9 und 18 L.) in Rom **Kein Restaurant** im Hotel (siehe unsere Restaurantauswahl S. 585-590) **Anreise** (Karte Nr. 14): parallel zur Via Veneto.

Hotel Teatropace 33

00186 Roma
Via del Teatro Pace, 33
Tel. 06-687 90 75 - Fax 06-681 923 64
Fabricio Trifoglio
E-Mail und Web: guidesdecharme.com/1415

Diese Adresse vereint alle Vorzüge eines kleinen Hotels mit Charme in sich – auch die der Preise, was in italienischen Großstädten eher eine Seltenheit ist. Die kleine Straße, in der sich dieses Kardinals-Palais aus dem 16. Jahrhundert verbirgt, die kleine Eingangstür, die bewundernswerte Treppe mit breiten Stufen und einem Geländer mit Balustraden à la Bernini, die zum *piano nobile* führt, bewirken, dass man bei der Ankunft große Freude ästhetischer Natur empfindet. Das gesamte Haus strahlt eine Atmosphäre des Wohlbefindens aus. Die Zimmer sind hübsch, gestaltet in Farben, die auf die Möbel antiken Stils, das Parkett und die Deckenbalken abgestimmt sind. Einige gehen zum *cortile*, andere zum *vicolo*, also zur Gasse hinaus, mit Blick auf die Dächer. In zehn von ihnen können drei Personen übernachten. Aber wenn Sie es sich leisten können, sollten Sie sich die Junior-Suite mit Terrasse und wundervollem Blick auf die Kuppel von Sant'Agnese in Aragone gönnen. Das Frühstück wird auf dem Zimmer serviert. Der Empfang ist lebendig und sympathisch.

Kategorie ★★★ **Ganzj.** geöffn. **23 Zimmer** mit Klimaanl., Tel., Wi-Fi, Bad, Satelliten-TV, Minibar, Safe **Preise** EZ: 115-160 €, DZ: 140-210 €, 3-BZ: 210-270 € - Frühst. inkl. **Kreditkarten** Visa, MasterCard, Amex **Verschiedenes** Hunde nicht erlaubt **Umgebung** an der Straße der Castelli Romani: Villa und Gärten Aldobrandini in Frascati, Tusculum, Kloster Grottaferrata, Piazza della Repubblica (Bernini) in Ariccia - Tivoli (per Bus ab Bahnhof): Villa d'Este (Licht- und Tonaufführungen im Sommer) und Villa Adriana (6 km vor Tivoli) **Kein Restaurant** im Hotel (siehe unsere Restaurantauswahl S. 585-590) **Anreise** (Karte Nr. 14): die Via del Teatro Pace beginnt am Corso Vittorio Emanuele und führt zur Piazza Navona hoch.

Hotel Raphaël

00186 Roma
Largo Febo, 2
Tel. 06-68 28 31 - Fax 06-68 78 993
M. Vannoni
E-Mail und Web: guidesdecharme.com/1416

Das *Raphaël* zählt zu den bekanntesten Hotels Roms, denn seine Salons und Zimmer wurden regelmäßig von internationalen Persönlichkeiten aufgesucht bzw. für internationale Veranstaltungen genutzt. Seine Lage, nahe Piazza Navona, ist ideal. Die Zimmer wurden ausnahmslos renoviert und entsprechen nun dem Komfort und der Technologie von heute; diejenigen der „Luxus"-Kategorie wurden von einem venezianischen Künstler bewundernswert dekoriert, und die gründliche Umgestaltung der 3. Etage wurde von dem berühmten Architekten Richard Meier vorgenommen (u.a. MacBa, Barcelona; Getty Foundation, Los Angeles). Im Restaurant kann man zu Mittag und zu Abend essen, und der Snack-Service steht immer bereit. Außerdem organisiert das Hotel für Hausgäste im Sommer Diners (reservieren) auf der phantastischen Panoramaterrasse.

Kategorie ★★★★ **Ganzj.** geöffn. **50 Zimmer** mit Klimaanl., Tel., Wi-Fi, Bad, Satelliten-TV (5 mit Terrasse); Aufzug **Preise** EZ: 200-400 €, DZ: 220-500 €, Deluxe: 300-600 €, Suiten: 400-900 € - Frühst. (Buffet): 26 €, von 7.00 bis 10.30 Uhr **Kreditkarten** akzeptiert **Verschiedenes** Hunde erlaubt - Fitness **Umgebung** an der Straße der Castelli Romani: Villa und Gärten Aldobrandini in Frascati, Tusculum, Kloster Grottaferrata, Piazza della Repubblica (Bernini) in Ariccia - Tivoli (per Bus ab Bahnhof): Villa d'Este (Licht- und Tonaufführungen im Sommer) und Villa Adriana (6 km vor Tivoli) - Palestrina - Anagni - Golfpl. ad Olgiata (9 und 18 L.) in Rom **Restaurant** von 12.30 bis 22.30 Uhr - Karte **Anreise** (Karte Nr. 14): neben der Piazza Navona.

Pantheon View B&B

00186 Roma
Via del Seminario, 87
Tel. und Fax 06-699 02 94
E-Mail und Web: guidesdecharme.com/1417

Eine kleine Straße nur ein paar Schritte vom Pantheon verbirgt eine geheim gebliebene Adresse. Keinerlei Schild, sondern nur der Name an der Klingel. Das große, üppige Appartement mit Resten der alten Innenarchitektur ist äußerst gepflegt. Die angenehmsten Zimmer gehen zur Via del Seminario hinaus: groß, sehr elegant gestaltet, mit komfortablen Duschbädern versehen, teilen sie sich einen mit bepflanzten Krügen und freundlichen Möbeln hübsch gestalteten Balkon, auf dem man es sich bei schönem Wetter bequem machen kann. Der Blick auf die Dächer voller Blumen und den Pantheon (ein wenig vorbeugen muss man sich schon) ist wirklich etwas Besonderes. Die nach hinten herausgehenden Schlafräume, sie sind etwas dunkler, bieten ihrerseits Aussicht auf den Dom. Gleich bei der Ankunft wird man Sie hier um den Gesamtbetrag der Übernachtungen in bar bitten. Als Gegenleistung erhalten Sie daraufhin die Schlüssel des Hauses, was den Vorteil von absoluter Eigenständigkeit bietet: Man kommt und geht, wann man will. Dennoch ein paar Vorbehalte: ein nicht gerade üppiges Frühstück und Aufpreise (etwa für frische Handtücher), die übertrieben scheinen. Der Stadtteil in unmittelbarer Nähe von Piazza Navona und Palazzo Farnese ist reizend.

Ganzj. geöffn. **3 Zimmer** (mind. 2 Üb.) für Nichtraucher mit Dusche, TV; Aufzug **Preise** DZ für 1 Pers.: 85-100 €, DZ: 110-140 €, 3-BZ: 140-150 €, Suite: 170-190 € (3-5 Pers.) - Frühst. inkl., von 8.00 bis 9.30 Uhr **Kreditkarten** nicht akzeptiert **Verschiedenes** Hunde nicht erlaubt **Umgebung** an der Straße der Castelli Romani: Villa und Gärten Aldobrandini in Frascati, Tusculum, Kloster Grottaferrata, Piazza della Repubblica (Bernini) in Ariccia - Tivoli (per Bus ab Bahnhof): Villa d'Este (Licht- und Tonaufführungen im Sommer) und Villa Adriana (6 km vor Tivoli) - Palestrina - Anagni - Golfpl. ad Olgiata (9 und 18 L.) in Rom **Kein Restaurant** (siehe unsere Restaurantauswahl S. 585-590) **Anreise** (Karte Nr. 14): Via del Seminario befindet sich links vom Pantheon.

Hotel Relais Palazzo Taverna

00186 Roma
Via dei Gabrielli, 92
Tel. 06-203 980 64
E-Mail und Web: guidesdecharme.com/1418

Das Hotel liegt unweit der viel fotografierten Brücke Ponte Sant'Angelo, im Jahr 134 von Kaiser Hadrian erbaut (vor allem dafür bekannt, dass sie fatal für Tosca war), um Zugang zu seinem Familien-Mausoleum Castello Sant'Angelo zu haben. Über die Brücke gelangt man aufs andere Ufer zur Via dei Coronari, der Straße der Antiquitätenhändler, und zum Palazzo Taverna, einem kleinen Palast aus dem 15. Jahrhundert. Die Lage ist somit gut, können doch die historischen Musts für Touristen zu Fuß erreicht werden. Zur Ausstattung und zum Komfort wäre zu sagen, dass sich die Umstrukturierung des Bauwerks eindeutig für Modernität entschieden hat – ausgenommen ein paar alte Stiche, die die Geschichte Roms erzählen. Aus Platzmangel (einen Salon gibt es nicht) werden Sie Ihr Frühstück auf dem Zimmer serviert bekommen. Darüber und auch über die relativ milden Preise für Rom wird sich wohl niemand beschweren! Somit bietet dieses sympathische Haus, in dem man freundlich-entspannt empfangen wird, nicht wenige Vorteile.

Ganzj. geöffn. **3 Zimmer** mit Klimaanl., Tel., Bad oder Dusche, Satelliten-TV, Minibar, Safe, Internet **Preise** EZ: 80-150 €, DZ: 100-210 €, 3-BZ: 120-240 € - Frühst. inkl., von 8.00 bis 10.00 Uhr **Kreditkarten** akzeptiert **Verschiedenes** Hunde auf Anfrage erlaubt - Reserv. für Museen **Umgebung** an der Straße der Castelli Romani: Villa und Gärten Aldobrandini in Frascati, Tusculum, Kloster Grottaferrata, Piazza della Repubblica (Bernini) in Ariccia - Tivoli (per Bus ab Bahnhof): Villa d'Este (Licht- und Tonaufführungen im Sommer) und Villa Adriana (6 km vor Tivoli) - Palestrina - Anagni - Golfpl. ad Acquasanta (18 L.) - Golfpl. ad Olgiata (9 und 18 L.) in Rom **Kein Restaurant** (siehe unsere Restaurantauswahl S. 585-590) **Anreise** (Karte Nr. 14): Piazza Ponte Sant'Angelo, Via Rondinella, Piazza S. Lauro, Via Gabrielli.

Suite Dreams

00187 Roma
Via Modena, 5
Tel. 06-489 139 07 - Fax 06-489 895 05
E-Mail und Web: guidesdecharme.com/3286

In unmittelbarer Nähe der Piazza della Repubblica – die die Römer meist noch nach ihrem ursprünglichen Namen nennen, nämlich Piazza Esedra – liegt dieses kleine Hotel, das Komfort, Modernität, Technizität und Gastlichkeit vereint und das innerhalb eines Jahres allein durch Flüsterpropaganda so viele Besucher überzeugt hat, um als Traveller's Choice 2009 ausgezeichnet zu werden. Das Konzept ist intelligent und effizient. In einer ehemaligen Wohnung eingerichtet, ist hier alles außerordentlich gepflegt und gut durchdacht, um Touristen und Geschäftsleute zufriedenzustellen: Modernität der Gestaltung in Schwarzweiß, exzellente anallergische Betten, Bettwäsche hoher Qualität, 5-Sterne-Inneneinrichtung und Wi-Fi-Anschluss. Der Empfang nimmt sich Zeit für Sie, und der Service ist permanent, mit ein paar angenehmen Aufmerksamkeiten wie DVDs, Eis und Wasser in Flaschen – kostenlos für Hausgäste. Die Preise sind vollkommen in Ordnung, was möglicherweise dazu beitragen wird, hier zudem besonders schöne Träume zu haben.

Ganzj. geöffn. **15 Zimmer** mit Klimaanl., Tel., Wi-Fi, Bad, Satelliten-TV, Minibar, Safe; Aufzug **Preise** DZ: ab 130 € - Frühst. inkl., von 7.30 bis 10.00 Uhr **Kreditkarten** nicht akzeptiert **Verschiedenes** Hunde nicht erlaubt - Massagen auf Wunsch **Umgebung** an der Straße der Castelli Romani: Villa und Gärten Aldobrandini in Frascati, Tusculum, Abtei von Grottaferrata, Piazza della Repubblica (Bernini) in Ariccia - Tivoli (Bus ab Bahnhof): Villa d'Este (Licht- und Tonaufführungen im Sommer) und Villa Adriana (6 km vor Tivoli) - Palestrina - Anagni - Golfpl. ad Acquasanta (18 L.) - Golfpl. ad Olgiata (9 und 18 L.) in Rome **Kein Restaurant** im Hotel (siehe unsere Restaurantauswahl S. 585-590) **Anreise** (Karte Nr. 14): nahe Piazza della Repubblica.

Hotel Capo d'Africa

00184 Roma
Via Capo d'Africa, 54
Tel. 06-772 801 - Fax 06-772 80 801
Angelo Battistini
E-Mail und Web: guidesdecharme.com/1419

Das Hotel befindet sich im Rione Monti, dem reizvollsten „Dorf" von Rom. Hier trifft man Studenten, Intellektuelle, Bobo-Paare und in Rom wohnende Ausländer, die abends in einem fröhlichen Melting Pot die Cafés der Piazza della Madonna dei Monti aufsuchen. Es ist aber auch das Viertel des imperialen Rom, des Forum Romanum und Neros Domus Aurea, des Konstantinbogens, der Mercati di Traiano und der majestätischen Kolosseums-Krone. Das *Capo d'Africa* wurde seinerseits in einem einstigen Kloster eingerichtet. Gestaltungsmäßig ließ sich das Hotel vom Namen seiner Straße inspirieren. Nichts wirklich Ethnisches, nur ein paar Details und eine Farbpalette, die in eleganter, schicker und zeitgenössischer Atmosphäre einen leicht exotischen Touch hinzufügen. In den Gesellschaftsräumen werden regelmäßig Werke junger römischer Künstler ausgestellt, und Gemälde der Gegenwartskunst schmücken auch die Wände der höchst raffinierten Zimmer. Die „Centrum Bar" ist ein einladender Ort, der in erster Linie wegen seiner an Cocktails und Whiskys reichen Karte aufgesucht wird, aber auch kleine Gerichte anbietet. Gleich beim Frühstück ist die Aussicht hübsch, aber Blick auf das Kolosseum hat man nur von der Suite aus.

Kategorie ★★★★ **Ganzj.** geöffn. **65 Zimmer** mit Klimaanl., Tel., Wi-Fi, Bad, Satelliten-TV, Minibar, Safe; Aufzug **Preise** EZ: 280-300 €, DZ: 290 €, Superior: 300 € - Frühst. (Buffet) inkl., von 6.30 bis 11.00 Uhr **Kreditkarten** akzeptiert **Verschiedenes** Hunde nicht erlaubt - Fitness - Garage (25 €/Tag) **Umgebung** an der Straße der Castelli Romani: Villa und Gärten Aldobrandini in Frascati, Tusculum, Kloster Grottaferrata, Piazza della Repubblica (Bernini) in Ariccia - Tivoli: Villa d'Este und Villa Adriana - Palestrina - Anagni **Bar** Cocktails, Imbisse **Anreise** (Karte Nr. 14): Via Capo d'Africa führt zum Platz am Kolosseum.

Hotel Campo de' Fiori

00186 Roma - Via del Biscione, 6
Tel. 06-688 068 65 - Fax 06-687 760 03 - Franco Severino
E-Mail und Web: guidesdecharme.com/1420

Jeden Morgen außer sonntags ist Kräuter- und Blumenmarkt auf dem Campo dei Fiori – unter dem skeptischen Auge des Philosophen Giordano Bruno, der an genau diesem Ort wegen Häresie auf dem Scheiterhaufen starb. Heute ist die Atmosphäre auf dem Platz dörflich: man unterhält sich, man trinkt einen Kaffee oder ein Glas Wein in einem der Straßencafés. Das Ghetto (Alternative und Bobos) liegt gleich nebenan, ebenso die von Kirchen und Palästen gesäumte Via Giulia, eine der ältesten Straßen des „Quartiere del Rinacimento" Roms (1508). Und natürlich der Palazzo Farnese und das Teatro Pompeo. Wenn Sie diese Lage mögen, dann sind Sie im (1474 erbauten) Hotel *Campo dei Fiori* an der richtigen Adresse. Die Zimmer mit römischen Ausmaßen (was eher klein bedeutet) zeigen sich in hübschen, beißenden Farben, freundlich, gepflegt und komfortabel. Nr. 601 und 602 haben einen Balkon mit einnehmendem Blick auf die Dächer von Rom. Die anderen müssen sich mit der Dachterrasse begnügen. In der Enoteca des Hotels werden Hausgäste bevorzugt behandelt. Sollte das Hotel ausgebucht sein oder sollten Sie etwas für einen längeren Aufenthalt suchen, ist es gut zu wissen, dass das Haus (schlichte) Appartements um den Platz herum besitzt, die sehr gut ausgestattet und preiswert sind. Der Empfang ist sympathisch, aufmerksam und polyglott.

Kategorie ★★★ **Ganzj.** geöffn. **23 Zimmer** mit Klimaanl., Tel., Bad, Satelliten-TV, Wi-Fi, Minibar, Safe; Aufzug **Preise** DZ für 1 Pers.: 110-240 €, DZ: 120-270 €, DZ mit kl. Terrasse: 200-340 € - Frühst. inkl., von 7.30 bis 10.15 Uhr **Kreditkarten** Visa, Eurocard, MasterCard **Verschiedenes** Hunde nicht erlaubt - Garage (20 €/Tag) **Umgebung** an der Straße der Castelli Romani: Villa, Gärten Aldobrandini in Frascati, Tusculum, Kloster Grottaferrata - Tivoli: Villa d'Este, Villa Adrianai **Enoteca**: Essen, französische, italienische Weine **Anreise** (Karte Nr. 14): Piazza Campo dei Fiori, Via del Biscione.

Kame Hall 🤍

00186 Roma - Via Paganica, 9
Tel. 06-681 355 68 - Handy 334-500 42 77 - Fax 06-83 50 22 88
Emanuela di Giovine
E-Mail und Web: guidesdecharme.com/3288

2010

Das Ghetto-Viertel in Rom erstreckt sich in einem Viereck zwischen dem Tiber und Campo de'Fiori, dem Portico d'Ottavia und der Synagoge. Es ist ein pittoresker Stadtteil mit gepflasterten kleinen, von schmalen Häusern gesäumten Straßen, die auf kleine Plätze münden. Der hübscheste ist einwandfrei Piazza Mattei mit ihrer reizenden Fontana delle Tartarughe, der Schildkrötenfontäne, *Kame Hall* auf Japanisch. Und hier, in einem Haus aus dem 17. Jahrhundert, bietet Emanuela vier Zimmer an. Diese rührige junge Frau, mit einem Diplom in Mode- und Kostümkunst, hat ihre Vorliebe für schöne Werkstoffe in den Dienst klarer Formen gestellt. Ein Beleg dafür ist gleich bei der Ankunft die Eingangstür, die sich Ihnen wie ein Gemälde präsentiert. Weiße Wände, Fußböden aus exotischem Holz sowie moderne Möbel und Accessoires in den Zimmern. Ein Minimalismus nach japanischem Vorbild, angefangen von Essentiellem bis hin zu Raffinement, einschließlich großer Ruhe. Die hier gebliebene jüdische Diaspora teilt heute dieses Viertel mit Bewohnern, die vorwiegend der Kunst- und Kulturszene angehören, was ein lebendiges, fröhliches Ambiente schafft. Nahe des historischen Rom und vieler guter Adressen, die Emanuela gern mit anderen, teilt.

Ganzj. geöffn. **4 Zimmer** mit Klimaanl., Bad, Satelliten-TV, Internet (ISDN), Safe, Wasserkocher, Tee und Kaffee **Preise** DZ (1 Pers.) und DZ: 130-195 €, Suite (2 Pers.): 150-250 €, 3-BZ: 160-225 € - Ohne Frühst. **Kreditkarten** akzeptiert **Verschiedenes** Hunde nicht erlaubt **Umgebung** an der Straße der Castelli Romani: Villa, Gärten Aldobrandini in Frascati, Tusculum, Kloster Grottaferrata; Piazza della Repubblica (Berni) in Ariccia - Tivoli (Bus ab Bahnhof): Villa d'Este (Licht- und Tonaufführungen im Sommer) und Villa Adriana (6 km vor Tivoli)- Palestrina - Anagni - Golfpl. ad Olgiata (9 und 18 L.) in Rom **Kein Restaurant** im Hotel (siehe unsere Restaurantauswahl S. 585-590) **Anreise** (Karte Nr. 14): im Ghetto, nahe Campo dei Fiori.

Casa Banzo B&B

00186 Roma
Piazza del Monte di Pietà, 30
Tel. 06-683 39 09 - Handy 338 338 72 84 - Fax 06-686 45 75
Antonietta Testagrossa
E-Mail und Web: guidesdecharme.com/1421

Das Ghetto und die Umgebung des Campo dei Fiori sind Roms lebendige Stadtviertel mit Boheme-Touch. Handwerker und Künstler leben und arbeiten in den kleinen Straßen, die den Campo (mit allmorgendlichem Gewürz- und Blumenmarkt) umgeben. Mittags schreckt die Kanone des Janiculum die Touristen auf, die Römer stellen ihre Uhren nach, und die Gemüseverkäufer fangen an, ihre nicht verkaufte Ware einzupacken. Unweit von hier ein ruhiger kleiner Platz mit der Barockkapelle del Monte di Pieta (Maderno, 17. Jh.) und dem Palais Alibrandi. Die Rezeption des B&B liegt im 1. Stock der Privaträume Antoniettas. Die vollkommen separaten Gästezimmer befinden sich im Stockwerk darüber. Die Appartements mit exzellentem Komfort sind groß und derart eingerichtet, dass vier oder mehr Personen in ihnen Platz finden. Die kleinen Zimmer mit weniger Komfort nicht nehmen. Alle Schlafräume gehen zum Hof hinaus (weshalb schon mal Geräusche zu vernehmen sind). Das Frühstück wird im eleganten Speiseraum der Familie serviert.

Ganzj. geöffn. - Aug. mind. 1 Woche (- 20 % ohne Service) 8 Zimmer oder Appart. mit Bad **Preise** DZ: 90-140 €, 3-BZ: 160-180 €, 4-BZ: 180-200 € - Frühst. inkl., von 8.30 bis 10.00 Uhr **Kreditkarten** Visa, Eurocard, MasterCard **Verschiedenes** Hunde nicht erlaubt - Garage (18 €/Tag) **Umgebung** an der Straße der Castelli Romani: Villa und Gärten Aldobrandini in Frascati, Tusculum, Kloster Grottaferrata, Piazza della Repubblica (Bernini) in Ariccia - Tivoli: Villa d'Este und Villa Adriana **Kein Restaurant** (siehe unsere Restaurantauswahl S. 585-590) **Anreise** (Karte Nr. 14): zwischen Piazza Benedetto Cairoli (für Autos zugänglich) und Piazza Campo dei Fiori. In der Via Guibbonari, Nr. 29, links Via dei Pombieri, die zur Piazza del Monte di Pietà führt.

Hotel Villa Laetitia

00195 Roma
Lungotevere delle Armi, 22/23
Tel. 06-322 776 - Anna Fendi Venturini
E-Mail und Web: guidesdecharme.com/1422

Adele und Eduardo Fendi haben im Jahr 1925 in Rom das berühmte Pelzhaus gegründet. Von 1950 an traten ihre fünf Töchter nach und nach in das Familienunternehmen ein. Heute ist nur noch eine Tochter von Anna, Silvia Venturini Fendi, in dem Unternehmen als Art Director der Marke tätig. Anna darf aber mit der *Villa Laetitia* am Ufer des Tiber stolz darauf sein, das originellste Hotel von ganz Rom zu besitzen. Das 1911 von Armando Brasini erbaute Hauptgebäude ist majestätisch, und der Bambus-bepflanzte Garten lässt einen vergessen, dass man sich hier im Zentrum der Stadt befindet. Foresteria, einst die Unterkunft der Bediensteten, wurde zu außerordentlich luxuriösen Mini-Appartements umgestellt. Jeder Ort ist einzigartig, nichts als maßgeschneiderte „Kreationen". „Star" ist natürlich dem Kino gewidmet. „Limonaia" erstrahlt in gelben Fayencen und Wandleuchten der Fünfziger. „Round" mit wundervollen Fotos von Silvano Mangano mit riesigem runden Bett und einem Privatgarten. Im „Karl Lagerfeld" zeigen sich die Freundschaft und eine über vierzigjährige Zusammenarbeit mit dem Haus. Und „Crystal" spielt mit den Transparenzen des Mobiliars und der Leuchten ... Die Glamour-Adresse für Eingeweihte *Villa Laetitia* zeigt auch hier wieder das Talent einer Familie und ganz ungewöhnlicher Frauen.

Kategorie ★★★★ **Geschlossen** Mai **15 Zimmer** mit Klimaanl., Tel., Wi-Fi, Bad, Satelliten-TV, Minibar, Safe; Aufzug **Preise** DZ: 190 €, Superior: 220 €, Suite: 270-350 € - Frühst.: 20-30 €, von 8.00 bis 10.30 Uhr **Kreditkarten** akzeptiert **Verschiedenes** Hunde auf Anfrage erlaubt - Parkpl. **Umgebung** an der Straße der Castelli Romani: Villa und Gärten Aldobrandini in Frascati, Tusculum, Kloster Grottaferrata, Piazza della Repubblica (Bernini) in Ariccia - Tivoli: Villa d'Este und Villa Adriana **Kein Restaurant** (siehe unsere Restaurantauswahl S. 585-590) **Anreise** (Karte Nr. 14): nahe Villa Borghese.

Buonanotte Garibaldi B&B

00153 Roma - Via Garibaldi, 83
Tel. 06-583 307 33 - Handy 335 309 404 - Fax 06-583 356 82
Luisa Longo
E-Mail und Web: guidesdecharme.com/1423

Das an der großen, zum Janiculus hochführenden Avenue gelegene *Buonanotte Garibaldi* ist eine wahre, von hohen Mauern umgebene Oase. Auf dem Schild am Eingang steht „B&B in atelier" geschrieben. Das Geheimnis wird gelüftet, sobald man die Textilmalerin Luisa Longo kennenlernt, die ihr Atelier im Erdgeschoss ihres reizenden Hauses eingerichtet hat. In den drei Gästezimmern sind ihre Kreationen „in Szene gesetzt", außerdem bemerkt man das Auge der Künstlerin wirklich überall. Die Wahl der Farben ist perfekt, das Material delikat (Taft, Holz oder Organdy), und der Komfort optimal. Das gleiche Anliegen kommt sowohl in der Gestaltung des Salons als auch bei der Zusammenstellung des Frühstücks zum Ausdruck. Von den drei Zimmern bevorzugen wir das blaue im Obergeschoss wegen seiner langen Blumenterrasse mit Blick auf Rom. Und wenn man den grünen oder orangefarbenen Schlafraum bekommt, wird man sich leicht im frischen Innenhof mit all den Magnolien „trösten". Luisa schenkt ihren vorwiegend der Modebranche zugehörigen Gästen viel Aufmerksamkeit, die es schätzen, hier dem Bling-bling ihres Milieus zu entgehen. Und um Garibaldi noch näher zu sein, sollten Sie sich ins Museo centrale del Risorgimento begeben, das sich im Vittoriano befindet, der so genannten „Schreibmaschine" an der Piazza Venezia mit einer bewegenden Garibaldi-Vitrine in Erinnerung an jenen, dem die Einheit Italiens derart am Herzen lag.

Geschlossen Januar und Februar **3 Zimmer** mit Klimaanl., Tel., Wi-Fi, Bad, Satelliten-TV, Minibar, Safe **Preise** DZ: 220-280 € - Frühst. inkl., von 8.00 bis 10.30 Uhr **Kreditkarten** Visa, Eurocard, MasterCard **Verschiedenes** Hunde nicht erlaubt **Umgebung** an der Straße der Castelli Romani - Tivoli: Villa d'Este und Villa Adriana (6 km vor Tivoli) **Kein Restaurant** (siehe unsere Restaurantauswahl S. 585-590) **Anreise** (Karte Nr. 14): Stadtteil Trastevere.

Park Hotel Villa Grazioli

00046 Grottaferrata (Roma)
Tel. 06-94 54 00 - Fax 06-94 13 506
E-Mail und Web: guidesdecharme.com/1424

Die Castelli Romani gruppieren die auf den Hügeln entstandenen Dörfer der Albaner Berge, die im Südosten von Rom die Weinberge überragen. Von jeher haben die Römer auf diesen Hügeln, nur zwanzig Kilometer von der Hauptstadt entfernt, Kühle und Ruhe gesucht – wie noch heute die Päpste, die sich im Sommer nach Castel Gandolfo zurückziehten. Die historische, im 16. Jahrhundert erbaute *Villa Grazioli* diente ebenfalls diesem Zweck. Nach einer bemerkenswerten Restaurierung des Hauses und Gartens heute ein Hotel, erteilt die Villa ihren Gästen eine Lektion in Kunstgeschichte: Die Fresken in der Stanza di Eliseo und erst recht in der Galleria del Pannini sind großartig. Die Gästezimmer befinden sich im Obergeschoss. Sie sind komfortabel und recht luxuriös und bieten fast alle Aussicht auf die Umgebung, die abends, wenn alles in goldenes Licht getaucht ist, besonders besticht.

Ganzj. geöffn. **58 Zimmer** mit Klimaanl., Bad, Wi-Fi, Satelliten-TV, Minibar; Aufzug, Eingang für Behinderte **Preise** DZ für 1 Pers.: 160-300 €, Deluxe: 250-330 €, Suite: 450-560 € - HP und VP: + 45-60 € + 70-85 € (pro Pers.) - Frühst. inkl., von 7.00 bis 10.00 Uhr **Kreditkarten** akzeptiert **Verschiedenes** Hunde erlaubt - Pendelverkehr zum Bahnhof Frascati - Parkpl. **Umgebung** an der Straße der Castelli Romani: Villa und Gärten Aldobrandini in Frascati, Tusculum, Kloster von Grottaferrata, Piazza della Repubblica (Bernini) in Ariccia - Rom - Tivoli: Villa d'Este und Villa Adriana - Golf-Club Castel Gandolfo (18 L., kostenloser Pendelverkehr) **Restaurant** von 12.30 bis 14.30 und von 20.00 bis 22.30 Uhr - Menüs: 65-120 € (lokaler Wein inkl.) **Anreise** (Karte Nr. 14): 10 km südöstl. von Rom über Via Tuscolana, Rtg. Frascati; Raccordo Anulare, Rtg. Napoli, Ausfahrt 21-22/Frascati. Ab Frascati ausgeschildert (das Hotel liegt zwischen Frascati und Grottaferrata).

La Posta Vecchia

Ladisposli 00055 Palo Laziale (Roma)
Tel. 06-994 95 01 - Fax 06-994 95 07
Danilo Guerrini
E-Mail und Web: guidesdecharme.com/1425

Das Schloss des Prinzen Odelscalchi (15. Jh.), das in der Nähe von Rom mit Blick aufs Tyrrhenische Meer liegt, wurde später zu einer Postwechselstation umgestellt, kam dann in den Besitz von Jean-Paul Ghetty und lässt uns somit weiter träumen. Im Anschluss daran wurde es von einer Schweizer Gesellschaft aufgekauft und einem Innenarchitekten mit der Auflage anvertraut, die prachtvolle historische Inneneinrichtung von Mister Ghetty zu erhalten, insbesondere ein kleines Museum, das er zusammen mit dem illustren Federico Zeri geschaffen hatte und das im Keller des Schlosses die zutage gekommenen Altertümer aus römischer Zeit ausstellt. Heute sind die Zimmer mit ihren Bädern wunderbar und voller Raffinement, die Suiten sind regelrechte Appartements, etwa „Castello", in dessen Salon eine reizende Sammlung kleiner Bilder römischer Besitzungen hängt. Im Restaurant werden Sie dank des Küchenchefs Michelino Gioia wunderbare Momente erleben – vor allem, wenn Sie auf der Terrasse mit Blick aufs Meer speisen.

Kategorie ★★★★ **Geschlossen** November bis März **11 Zimmer** und 8 Suiten mit Klimaanl., Tel., Wi-Fi, Bad, Satelliten-TV, Safe, Minibar (kostenlos) **Preise** Superior und Superior Deluxe: 320-590 €, Junior-Suiten und La Torre: 550-900 €, Suiten (Senior und Master): 900-1600 € - Frühst. inkl., von 7.30 bis 10.30 Uhr **Kreditkarten** akzeptiert **Verschiedenes** Hunde nicht erlaubt - Beauty-Center - Indoor-Pool - Privatstrand - Kleines römisches Museum - Pendelverkehr nach Rom - Parkpl. **Umgebung** Tivoli (Dom), Villa Adriana, Villa d'Este, Villa Gregoriana - Etruskische Grabstätten - Rom - Ostia **Restaurant** 12.30 und 20.00 Uhr - Menüs: 75-100 € - Mediterrane Küche **Anreise** (Karte Nr. 14): 37 km nordwestl. von Rom über die SS-1 Rtg. Aurelia nach Ladisposli.

Hotel Villa Clementina

Lago di Bracciano 00062 Bracciano (Roma)
Traversa Quarto del Lago, 12
Tel. 06-998 62 68 - Fax 06-998 09 94 28 - Dimitri Bonetti
E-Mail und Web: guidesdecharme.com/1426

Dieses mittelalterliche Dorf am Ufer des Sees mit kristallklarem Wasser (außer dem lokalen Schnellboot im Sommer ist jegliche Motorschifffahrt untersagt) sorgte unlängst für Schlagzeilen wegen der im Schloss von Tom Cruise und Katie Holmes gefeierten Hochzeit. Die außerhalb der Stadt gelegene *Villa Clementina* ist im Besitzt der Familie Bonetti, der die bestmögliche Aufnahme ihrer Gäste sehr am Herzen liegt. Gleich bei der Ankunft besticht die Ruhe mit dem zwei Hektar großen Park voller Bäume und Blumen, der nicht zugunsten von mehr Zimmern geopfert wurde. Er umfasst einen großen Pool, einen Tennisplatz, einen Garten und Terrassen wie auch einen Gemüsegarten, der das Restaurant „beliefert". Die Zimmer mit hohem Komfort umfassen Themen: jedes mit einem großen klassischen Wandfresko und bemaltem handwerklich hergestelltem Bettkopfteil. All das unter der Leitung von Dimitri, dem Künstler der Familie. Und schließlich das Essen: auch das von bester Qualität. Nur eine halbe Stunde mit der Bahn von Rom, ist dies ein exzellenter Ausgangspunkt, auch zum Aufsuchen der etruskischen Grabstätten (cf. Fausto, ein diesbezüglicher Kenner) und der wunderschönen Dörfer wie Calcata oder Civita di Bagnoregio.

Kategorie ★★★★ **Ganzj.** geöffn. **7 Zimmer** mit Klimaanl., Tel., Bad, Satelliten-TV, Minibar, Safe **Preise** EZ: 110-145 €, DZ: 145-185 €, Suite: 200-225-290 € - Frühst. inkl., von 7.30 bis 10.30 Uhr **Kreditkarten** Visa, Eurocard, MasterCard, Amex **Verschiedenes** Hunde nicht erlaubt - Jacuzzi (10 €) - Fitness - Swimmingpool - Tennispl. - Parkpl. **Umgebung** Rundfahrt auf dem Bracciano-See (Motonave Sabazia II, ab Idroscalo degli Inglesi in Bracciano, im Sommer außer Mo um 15, 16 und 18 Uhr) - Château Orsini-Odescalchi - Ruinen von Veji - Nekropole von Cerveteri - Rom (40 km) **Restaurant** von 12.00 bis 14.00 und 20.30 Uhr - Karte **Anreise** (Karte Nr. 14): 40 km nordwestl. von Rom, Rtg. Bracciano-See und Bracciano.

Country Relais I Due Laghi

Lago di Bracciano 00061 Anguillara Sabazia (Roma)
Le Cerque
Tel. 06-9969 70 59 - Fax 06-9960 70 68 - Familie Nizza
E-Mail und Web: guidesdecharme.com/1427

Das auf einem Gebirgsvorsprung gelegene Anguillara Sabazia mit der Abtei de S. M. Assunta spiegelt sich im klaren Wasser des Bracciano-Sees. Dieses Reitcenter liegt drei Kilometer vom Dorf auf den Hügeln des Naturparks Bracciano-Martignano, weshalb Sie bei der Anreise zunächst von Pferden auf der Koppel des Anwesens „begrüßt" werden. Das Ambiente des Hauses ist wie in einem freundlichen Country House, dessen Speiseraum von rustikaler Eleganz ist. Im Sommer wird jedoch auf der schattigen Terrasse aufgetragen. Die Zimmer liegen im 1. Stock, sind klein, haben abgeschrägte Wände und Komfort; von Nr. 14 hat man zudem einen schönen Ausblick auf die Hügel. Die Suiten befinden sich in den einstigen Pferdeställen und gehen ebenerdig auf einen kleinen eigenen Garten heraus. Die meisten sind zwar mit regionalem Mobiliar eingerichtet, doch erinnert Nr. 6 an eine Kapitänskabine. Den Garten voller Bäume und mit großem Swimmingpool schätzt man freilich besonders im Sommer. Sie können und sollten hier aber auch Wanderritte unternehmen.

Kategorie ★★★★ **Ganzj.** geöffn. **31 Zimmer** mit Klimaanl., Tel., Bad und Dusche, Satelliten-TV, Minibar **Preise** DZ für 1 Pers.: 120 €, DZ: 170 €, Suite: 290 € - HP und VP: + 30 € + 60 € (pro Pers.) - Frühst. inkl., von 7.00 bis 10.30 Uhr **Kreditkarten** Visa, Eurocard, MasterCard, Amex **Verschiedenes** Hunde auf Anfrage erlaubt (6 €) - Swimmingpool - Tennispl. - Treibjagd-Aufenthalte - Parkpl. **Umgebung** Rundfahrt auf dem Bracciano-See (Motonave Sabazia II, ab Idroscalo degli Inglesi in Bracciano, im Sommer außer Mo um 15, 16 und 18 Uhr) - Schloss Orsini-Odescalchi - Ruinen von Veji - Nekropole von Cerveteri - Rom (40 km) **Restaurant** „La Posta de' Cavalieri" von 12.30 bis 15.00 und 19.30 bis 22.30 Uhr - Menü: 30 € - Karte **Anreise** (Karte Nr. 14): 40 km nordwestl. von Rom über die SS-1 (Rtg. Aurelia/Civitavecchia), dann rechts nach Bracciano. 3 km von Anguillara.

Hotel Borgo Paraelios

02040 Poggio Catino (Rieti)
Valle Collicchia
Tel. 0765-26 267 - Fax 0765-26 268
M. Salabè
E-Mail und Web: guidesdecharme.com/1428

Das *Borgo Paraelios* ist ein erstaunliches Hotel: wenige Zimmer, aber eine ganze Reihe großer und kleiner Salons. Eine Insel feinen Geschmacks inmitten der ruhigen Landschaft um Rom. Die prachtvolle Ausstattung dieses schönen Privathauses wird so mancher dem Luxus der Paläste vorziehen. Wo man sich hinwendet: Möbel und Gemälde von außergewöhnlicher Schönheit, auch in den Zimmern, die allesamt im Erdgeschoss und zum Garten hin liegen. Im ansprechend gestalteten Billardsaal spielen die Gäste unter der Aufsicht römischer Kaiser, die auch bei den besten Schlägen marmorn bleiben. Derzeit befindet sich das Restaurant im Park ein paar hundert Meter vom Hotel, das sich um einen großen Speisesaal für Feiern und Seminare vergrößert hat. Ein üppiger Ort und ein Fest für die Sinne.

Kategorie ★★★★ **Geschlossen** (außer für Seminare) Januar und Februar **16 Zimmer** und 2 Junior-Suiten mit Klimaanl., Tel., Wi-Fi, Bad und Dusche, Satelliten-TV, Minibar **Preise** DZ für 1 Pers.: 240 €, DZ Deluxe: 330 €, Junior-Suite: 390 € - Frühst. inkl., von 8.30 bis 10.30 Uhr **Kreditkarten** akzeptiert **Verschiedenes** Hunde auf Anfrage erlaubt - 1 Outdoor-Pool und 1 Indoor-Pool - Türkisches Bad - Beauty-Center - Sauna - Fitness - Tennispl. - Shuttle Bahnhof/Flugplatz - Parkpl. **Umgebung** Rom - Viterbo - Golf Club Colle dei Tetti (9 L.) am Hotel **Restaurant** von 13.00 bis 14.30 und 20.00 bis 22.00 Uhr - Menüs: 60-90 € - Karte - Italienische Küche **Anreise** (Karte Nr. 14): 40 km nördl. von Rom über die A-1, Ausfahrt Ponzano Romano/Soratte, dann etwa 11 km in Rtg. Poggio Mirteto.

Foro Appio Mansio Hotel

Borgo Faiti 04010 Latina
Via Appia, 5 km 72.800
Tel. 0773-87 74 34 - Fax 0773-80 02 47 - Sig. Galante
E-Mail und Web: guidesdecharme.com/1429

Die Stadt Latina entstand 1932, als die ungesunden Niederungen des Marschlandes, heute fruchtbare Felder, trocken gelegt wurden. An der Via Appia etwa sechzig Kilometer von Rom gelegen, wurde die Region schon bald zur Kornkammer der Hauptstadt. Der in Paris niedergelassene Modedesigner Maurizio Galante wurde hier geboren, kehrte jedoch auf den Wunsch seines Bruders in seine Heimat zurück, um diese einstige Postwechselstation aus dem 18. Jahrhunderts zu restaurieren und zu einem Hotel umzustellen. Keine besonderen Effekte durch Stoffe, Farben oder Teppiche. Galante schuf hier ausschließlich mit Maestria, Strenge und Radikalität. Das Meisterstück dieser seiner Arbeit ist eine schmiedeeiserne Treppe, die wie ein Fächer eine zentrale Stütze bis ganz nach oben umgibt. Ein Schritt in Richtung Kompromiss zeigt sich in den Zimmern, in denen die Rustikalität der kupfernen Betten und des antiken Mobiliars wie auch die Kalligraphie eines Satzes aus der Odyssee an der Wand (anstatt eines Gemäldes) mit Modernität verbunden wurde. Das gilt auch für den Salon in Schwarz und Weiß. Außerdem entstand hier eine Kapelle aus Überresten, die bei den Bauarbeiten im Garten gefunden wurden. Im Restaurant ist alles einfach, gastlich, voller Qualität. *Foro Appio* liegt nahe Rom, trauen Sie sich hin!

Kategorie ★★★★ **Ganzj.** geöffn. **39 Zimmer** mit Klimaanl., Tel., Wi-Fi, Bad (einige mit Hydromassage), Satelliten-TV, Minibar, Safe **Preise** EZ: 85 €, Junior-Suite: 90-120 €, Suite: 145-180 € - Frühst. inkl., von 7.30 bis 10.00 Uhr **Kreditkarten** akzeptiert **Verschiedenes** Hunde nicht erlaubt - Swimmingpool - Parkpl. **Umgebung** Lido di Latina - Sezze - Abtei Fossanova - Rom (70 km) **Restaurant** „Cucinarium" von 13.00 bis 14.30 und 20.00 bis 22.00 Uhr - Menüs und Karte - Kreative Küche **Anreise** (Karte Nr. 18): 80 km von Rom, Ausfahrt A-24 zur A-1, Ausfahrt Frosinone, danach S-156 (etwa 40 km), SS-7.

Villa Laetizia Ponza

Isola di Ponza 04029 Ponza (Latina)
Salita Scotti Monteguardia
Tel. 06-322 67 76 - Fax 06-323 27 20
Anna Fendi Venturini
E-Mail und Web: guidesdecharme.com/1430

Die Insel Ponza gilt als die schönste der Pontines Inseln im Tyrrhenischen Meer. Am schnellsten dorthin begibt man sich ab Rom über die Autobahn nach Terracina, dem nächsten Ort auf dem Festland. Die Insel ist ganz von brüchigem Fels umgeben, mit Grotten (del Pilato), Buchten (Cala Fonte, Cala Fola mit seinem natürlichem Bassin, Cala del Cuore), Stränden (Chaia di Luna, Lucia Rosa) und einzigartigen *faraglioni*. Der Hafen ist sehr geschützt, und das Labyrinth der Gassen des Dorfes ist malerisch. Diese Charme-Unterkunft ist Anna Fendi zu verdanken, aber auch ihren Enkeln Giulio Cesare und Delphina, die das Haus samt Stil und Raffinement übernahmen. In diesem alten Dorfhaus wurden die Möbel, Accessoires und Bilder – eher vom Trödler als seltene Antiquitäten – hier in ausgeklügelter Einfachheit angeordnet. Die Zimmer sind sehr poetisch, und die goldbraunen Mosaiken à la Klimt in Salon und Aufenthaltsraum schaffen eine ganz unerwartete orientalische Atmosphäre. Jedes Zimmer hat direkten Zugang, der diskrete Service ist effizient. Bei Ihrer Ankunft werden Sie im Hafen erwartet, um Sie zum Haus zu geleiten und Ihnen die Schlüssel für den hiesigen Aufenthalt zu übergeben, der Ihnen bestimmt sehr gefallen wird.

Ganzj. geöffn. **3 Zimmer** mit Tel., Bad, Safe **Preise** DZ: 150-230 €; Extrabett: + 30 € - Frühst. inkl., von 8.00 bis 10.30 Uhr **Kreditkarten** Visa, Eurocard, MasterCard **Verschiedenes** Hunde erlaubt - Parkpl. **Umgebung** Überfahrt zur Insel Ventotène **Kein Restaurant** vor Ort **Anreise** (Karte Nr. 18): Fähre in Terracina, 134 km südl. von Rom. Ab Rom Zubringer A-24 (Rtg. Tivoli); Ausfahrt E-45/A-1 Rtg. Florenz/E-35/Neapel, dann Rtg. Neapel; Ausfahrt Frosinone, dann nach Terracina.

Parkhotel Fiorelle

04029 Sperlonga (Latina) - Via Fiorelle, 12
Tel. und Fax 0771-548 092 - M. C. Di Mille
E-Mail und Web: guidesdecharme.com/1431

Die Stammgäste, die sich hier Jahr für Jahr ein Stelldichein geben, beäugen jeden Neuankömmling mit gewissem Argwohn. Nur keine Störung der extremen Ruhe, über die die Hotelbesitzer im Interesse ihrer Gäste besonders wachen. Man kann ganz sicher sein, dass hier wirklich nur Hotelgäste in den Genuss des Swimmingpools, des Privatstrandes und der Bar kommen. Der Komfort der Zimmer umfasst das Wichtigste (keine Klimaanlage), und die Gestaltung des Speiseraums und der Salon- Bibliothek der Fünfziger ist gepflegt. In der Küche wird vorwiegend Eigenes aus dem Gemüsegarten verwendet. Und, Gipfel der Aufmerksamkeit: Die Menüs werden am Abend zuvor angekündigt, damit jeder seine Zustimmung geben kann. All das hat zwar einen gewissen Charme, ist aber nicht gerade sonderlich „fun". Also sollte man die Stammgäste im Sommer unter sich lassen und dieses Haus für einen Stopp via Kampanien oder für ein Wochenende außerhalb der Saison nutzen. Das Dorf Sperlonga ist ein Beispiel mittelalterlicher Architektur: Die auf einem kalkigen Gebirgsvorsprung befindlichen Häuser, kleinen Straßen und Treppen entstanden um den Fels herum, um sich gegen die vom Meer kommenden Invasoren zu schützen ... wer das weiß, vermag das vorsichtige Verhalten von Fiorelle besser nachzuvollziehen.

Kategorie ★★★ **Geöffnet** Ostern bis 1. Oktober **33 Zimmer** mit Tel., Bad oder Dusche, Safe **Preise** EZ: 80 €, DZ: 91 € - HP und VP: 57-75 €, 62-80 € (pro Pers.) - Frühst.: 7 €, von 8.00 bis 9.30 Uhr **Kreditkarten** Visa, Eurocard, MasterCard **Verschiedenes** Hunde erlaubt - Privatstrand - Parkpl. **Umgebung** S. Maria di Spelonca (12. Jh.), S. Rocco (15. Jh.), Palazzo Sabella, National-Museum der Archäologie und Tiberius-Grotte in Sperlonga - Piazza del Municipio und Duomo Terracina - Abtei Fossanova - Ponza **Restaurant** nur für Hausgäste - von 13.00 bis 14.00 und 20.00 bis 21.00 Uhr - Menü: 21 € - Karte **Anreise** (Karte Nr. 19): 57 km südöstl. von Latina über die S-148 bis Terracina, dann S-213 nach Sperlonga.

Grand Hotel Le Rocce

04024 Gaeta (Latina)
Via Flacca, km 23,300
Tel. 0771-74 09 85
Mario Viola
E-Mail und Web: guidesdecharme.com/1432

Wer von einem Urlaub direkt am Meer mit weiter Sicht auf selbiges träumt, für den ist dieses Hotel ideal. Es liegt in einer kleinen Bucht des Golfs von Gaeta. Die Gärten mit üppiger mediterraner Vegetation sind terrassiert und gehen bis zum Solarium hinunter, das oberhalb des Privatstrandes liegt. Die Innenarchitektur ist geprägt vom Stil der Region und von einer Vorliebe für Großräumiges, unterbrochen von Arkaden und Fußböden aus Majolika-Fayencen. Die Zimmer haben ausnahmslos einen Balkon oder eine Terrasse mit Blick aufs Meer. Die meisten sind geräumig, alle aber komfortabel. Auch die Salons und das Restaurant, ob drinnen oder draußen, wurden so gestaltet, dass man vom Garten und Meer voll profitiert. Eine hervorragende Adresse für diejenigen, die weiter nach Süden fahren, aber auch für längere Aufenthalte. Zudem ist *Le Rocce* ideal für Abstecher nach Rom und Neapel, denn Gaeta liegt zwischen diesen beiden Kapitalen Süditaliens.

Kategorie ★★★★ **Geschlossen** Oktober bis Ende April **57 Zimmer** mit Klimaanl., Tel., Bad oder Dusche, Satelliten-TV, Minibar, Safe **Preise** DZ Standard: 130-215 €, Superior: 180-275 €, Deluxe: 380 €; Extrabett: 45-90 € - Frühst. inkl., von 8.00 bis 10.00 Uhr - HP: + 40 € pro Pers. **Kreditkarten** akzeptiert **Verschiedenes** Hunde nicht erlaubt - Privatstrand - Parkpl. **Umgebung** Golf von Gaeta - Isola di Ponza (2 Std. 20 Min.) und di Ventotene **Restaurant** von 20.00 bis 21.30 Uhr - Karte: 40 € **Anreise** (Karte Nr. 19): 140 km südl. von Rom, 95 km nördl. von Neapel. 7 km westl. von Gaeta über die S-213.

Agave e Ginestra

04020 Isola di Ventotene (Latina)
Via Cala Battaglia, 10
Tel. 0771-85 290 - Fax 0771-187 0355
E-Mail und Web: guidesdecharme.com/1433

Segler schätzen es seit langem, in Ventotene anzulegen. Hier trifft man auf Delphine, ja Walfische, und der seesternbesäte Meeresgrund wie auch die *posidonia* sind einfach phantastisch. Die Insel ist ein Naturschutzgebiet und wird von Touristen kaum aufgesucht. Sie werden es genießen, sich hier ohne Auto fortzubewegen (Ventotene ist nur 2,7 km lang und 900 m breit) und sich ausschließlich von Fischen und Gemüse zu ernähren. Mit diesem ökologischen Angebot wirbt die Insel für sich und organisiert etwa das Beobachten von Zetazeen, Falken und Zugvögeln. Eine lange Straße, Via Olivi, durchquert die Insel. Das Hotel befindet sich eine viertel Stunde zu Fuß vom Hafen. Eingebettet in Buschwald und einen Garten, ist es mit Blick auf die kleine Insel Santo Stefano dem Meer zugewandt. Hier ist alles einfach, aber sehr gepflegt. Die Zimmer sind schlicht und hübsch mit ihren Betten plus Moskitonetz, und die meisten besitzen eine eingerichtete Terrasse samt Hängematte. Die Aussicht vom Appartement hoch über dem Meer ist geradezu spektakulär. Warmherziger, aufmerksamer Empfang. Für mittags Picknickangebot am Strand, Pendelbus zum Dorf.

Kategorie ★★★ **Geschlossen** November bis 15. März; Kinder ab 12 J. außer im Zi. Nr. 14 **14 Zimmer** mit Bad **Preise** DZ: 100-170 € - Frühst. inkl., von 8.00 bis 10.00 Uhr **Kreditkarten** akzeptiert **Verschiedenes** Hunde erlaubt - Parkpl. **Umgebung** Beobachtung des Meeresgrundes an Bord des „Occhio marino" - Tauchen in Begleitung - Archäologische Touren - Villa Giulia - Vorbildliches Gefängnis Sto Stefano (1795) **Abendessen** Juli und August **Anreise** (Karte Nr. 19): ab Formia: „traghetto" (2 Std.) oder „aliscafo" (55 Min.). Ab Napoli: „aliscafo" (knapp 2 Std.).

Villa Farinella B&B

01100 Viterbo
Via Capodistria, 14
Tel. 0761-30 47 84 / 0761- 34 42 53 - Handy 339-36 55 617 / 340-08 31 848 - Fax 0761-30 47 84
Maurizio Makovec und Rita delle Monache
E-Mail und Web: guidesdecharme.com/1436

Dieses sympathische Bed and Breakfast-Haus italienischer Art ist eine hervorragende Stoppadresse auf dem Weg gen Süden: ein schönes Haus aus dem ausgehenden 18. Jahrhundert, das dem Architekten Prada zu verdanken ist, dessen Nachfahren modebewusste Leute von heute kennen. Einst mitten auf dem Land gelegen, befindet sich das *Farinella* heute in einem Wohnviertel von Viterbo. Zur Verfügung stehen hier vier Zimmer, die sehr gepflegt und mit antikem Mobiliar eingerichtet sind und alle über ein eigenes Bad verfügen: „Rose" und „Lila" haben Duschen, während „Grand-mère", es ist das größte und von uns bevorzugte, ein vollständig eingerichtetes Bad besitzt. Auf der gleichen Ebene zwei große Salons, in denen das Frühstück gereicht wird. Vor den Toren der Stadt genießt man hier die Ruhe und das Ländliche im Garten mit Kastanienbäumen, der noch immer seine reizende Kapelle hat.

Ganzj. geöffn., Reserv. notwendig **4 Zimmer** mit Bad und 1 Appart. (2-4 Pers.) **Preise** DZ: 70-90 € - Appart. pro Woche: 500 € (2 Pers.), 900 € (4 Pers.) - Frühst. inkl., von 8.30 bis 10.00 Uhr **Kreditkarten** nicht akzeptiert **Verschiedenes** Hunde erlaubt - Parkpl. **Umgebung** Viterbo und Land der Etrusker: Castel d'Asso, Norchia, Cerveteri, Blera - Tuscania - Orvieto - Calcata - Civita de Bagnoregio - Santa Maria della Quercia - Bagnaia: Villa Lantea - Garten Niki de Saint-Phalle in Capalbio - Ferentium: Ruinen der Etrusker - Bomarzo: „Park der Monster" (19.00 - 20.00 Uhr) - Lago di Bolsena - Lago di Vico - Caprarola: Palazzo Farnese **Kein Restaurant** (siehe unsere Restaurantauswahl S. 591) **Anreise** Karte Nr. 14): in Viterbo Rtg. La Quercia-Bagnaia über die Viale Trieste. 500 m vor La Quercia, hinter der Agip-Tankstelle links Via Capodistria (Eisenportal); „Farinella" liegt am Ende der Straße.

LATIUM

L'Ombricolo

01020 Civitella d'Agliano (Viterbo)
Tel. und Fax 0761-91 47 35
Dawne Alstrom-Viotti
E-Mail und Web: guidesdecharme.com/1437

Das Teverina-Tal gruppiert einige Dörfer und etruskische Stätten, die zu den interessantesten zählen, so auch das wunderbare Phantomdorf Civita di Bagnoreggio. Deshalb möchten wir Ihnen zu einem Aufenthalt in dieser Gegend raten, die von der Autostrada Florenz-Rom durchquert wird. Zudem ist *L'Ombricolo* ein Haus mit außergewöhnlichem Charme, der mit dem der Hausbesitzerin rivalisiert, einer Engländerin, die nach Rom gekommen war, um für den Film zu arbeiten und dann beschloss, sich in diesem Dorf knapp 100 Kilometer von der Hauptstadt niederzulassen. Das von einer Loggia umgebene Haus besitzt ein Stockwerk mit Glockentürmchen. All das liegt in einem reizenden Garten voller Kletterpflanzen und blühender Sträucher. Zur Gestaltung der großen Räume wurden bemerkenswerte alte Materialien verwandt. So steht nun in der Essküche, die noch immer ihren Holzofen hat, ein großer Tisch aus Bohlen alter Futtertröge, und der große Kamin des Salons besteht aus einem gevierteilten monumentalen Stein. Zimmer und Bäder sind von raffinierter Schlichtheit und haben perfekten Komfort: warmes Ambiente eines Country Houses, das zu einem Guest House und im Grunde zu einem Haus für Freunde wurde.

Ganzj. geöffn. **5 Zimmer** mit Tel., Bad oder Dusche, Safe **Preise** EZ: 100 €, DZ: 120-130 €; Extrabett: 40 € - Frühst. (Buffet) inkl. **Kreditkarten** Visa, Eurocard, MasterCard, Amex **Verschiedenes** Hunde auf Anfrage erlaubt - Swimmingpool - Parkpl. **Umgebung** Civita di Bagnoregio - Orvieto - Lago di Bolsena und Land der Etrusker: Chiusi, Pitigliano, Sorano et Sovana - Farnese - Isola Bisentina - Tarquinia - Tuscania - Viterbo - Rom (70 km) **Abendessen** vorbestellen - Menü: 45 € (alles inkl.) **Anreise** (Karte Nr. 14): 22 km von Orvieto. Ab Rom A-1, Ausfahrt Attigliano, Rtg. Civitella. Weg links vor dem Dorf (ab Florenz Ausfahrt Orvieto).

Locanda Settimo Cielo

Santa Caterina 01020 Lubriano (Viterbo)
Tel. 0761-78 04 51 - Handy 349-359 77 32 - Francesca Anghileri
E-Mail und Web: guidesdecharme.com/1438

Die Natur um Civita di Bagnoregio ist erstaunlich: ein Dorf hoch oben auf einer Tuffsteinbergkuppe, die einer unvermeidbaren und im Tal bereits fortgeschrittenen Erosion widersteht. Die Valle dei Calanchi erblickt man von Lubriano, dem kleinen Nachbardorf auf einem Hügel der Tuscia Viterbese. Auf in den siebten Himmel, Sie werden es nicht bedauern! Ob Sie nun in der Locanda selbst oder in einem der zwei reizenden Häuschen des Anwesens wohnen, die „Hotel"-Qualität ist immer gegeben. Dieses große Bauernhaus ließ Prinz Boncompagni Ludovisi im 19. Jahrhundert zum Unterbringen seiner Tagelöhner erbauen. Nach der Renovierung wurden neun große Zimmer eingerichtet, die alle ganz poetisch sind, vor allem wenn das Licht mit den Schleiern des Baldachins spielt und all dem Holz an der Decke mit auf dem Fußboden (Parkett) und dem Mobiliar, das teils regional, teils afghanisch und teils balinesisch ist. Wenn Sie zahlreich sind, sollen Sie die „Kotten" namens „Coste" und „Piscille" (für vier bzw. sechs Personen) nehmen. Von „Piscille", das mitten im Calanchi-Tal liegt, ist die Aussicht von der Terrasse einzigartig. Auch ein Pool fehlt auf diesem hübschen Stückchen ländlicher Idylle nicht, wo man gern möglichst lange verweilen möchte.

Geschlossen 5. November bis 20. Dezember und 10. Januar bis 30. März **9 Zimmer** mit Bad, TV, CD- und DVD-Player und 2 Villen (4-6 Pers.) mit privatem Pool **Preise** EZ: 90 €, DZ: 120 €; Extrabett: 25 € - Frühst. inkl., von 8.30 bis 10.30 Uhr - HP: ab 85 € (pro Pers.) - Villen: „Piscille": 900-1200 €/Woche (6 Pers.), „Le Coste": 700-900 €/Woche (4 + 2 Pers.), plus Gasverbrauch **Kreditkarten** Visa, Eurocard, MasterCard **Verschiedenes** Hunde erlaubt - Swimmingpool **Umgebung** Civita di Bagnoregio - Orvieto - Lago di Bolsena und Land der Etrusker: Chiusi, Pitigliano, Sorano und Sovana - Farnèse - Isola Bisentina - Tarquinia - Tuscania - Viterbo **Gästetisch** reservieren **Anreise** (Karte Nr. 14): 31 km von Orvieto. Ab Florenz A-1, Ausfahrt Orvieto, Rtg. Todi, dann Lubriano (6 km) bis zum Weg rechts nach Sta. Caterina.

La Locanda della Chiocciola

Seripola 01028 Orte (Viterbo)
Tel. 0761-40 27 34 - Fax 0761-49 02 54
Roberto und Maria-Cristina de Fonseca Pimentel
E-Mail und Web: guidesdecharme.com/1439

Dieses Haus zwischen Rom und Orvieto ist ein guter Ausgangspunkt für Tagesausflüge zum Entdecken etruskischer Stätten, umbrischer Städte und der italienischen Kapitale (die Autobahnauffahrt ist leicht zu erreichen), während man gleichzeitig vom Charme und Komfort eines Hauses mitten auf dem Land profitiert. Ein paar Kilometer von Orte entfernt, einer befestigten Stadt, die man sich näher anschauen sollte, restaurierte ein junges Paar mit großer Sorgfalt diese alte *fattoria* und versah sie mit beispielhaftem Komfort. Die hübsch mit antikem Mobiliar gestalteten Zimmer (das „Chiocciola" ist das größte und schönste) sind mit ihren komfortablen Bädern sehr gepflegt. Hier wurde alles für das Wohlbefinden des Gastes eingerichtet: ein zum Garten hin offenes Restaurant, ein Wellness-Center in einem Nebengebäude am Garten und ein Swimmingpool. Die etwa zwanzig Hektar Weinberge und Olivenbäume garantieren Ruhe, und die vorbeifahrenden Züge stören im Grunde nicht. Eine gute Aufenthaltsadresse.

Geschlossen Mitte Januar bis Mitte Februar **8 Zimmer** mit Klimaanl., Bad oder Dusche, TV, Minibar; 1 Zi. mit Eingang für Behinderte **Preise** DZ: 120-140 €, Superior: 140-160 € - Frühst. inkl., von 8.30 bis 10.30 Uhr - HP: + 32 € pro Pers. **Kreditkarten** Visa, Eurocard, MasterCard **Verschiedenes** Hunde nicht erlaubt - Wellness-Center - Swimmingpool - Parkpl. **Umgebung** Viterbo und Land der Etrusker - Bomarzo: „Park der Monster" (von 19.00 bis 20.00 Uhr) - Rom - Todi **Restaurant** Reserv. notwendig - von 19.30 bis 21.00 Uhr - Mo bis Do (außer im Sommer) geschl. - Menüs: 30-35 € **Anreise** (Karte Nr. 14): 10 km nordöstl. von Orte. A-1 oder SS-E 45, Ausfahrt Orte. Sofort Rtg. Orte, nach 3 km dann Rtg. Amelia rechts und nach 300 m links Penna in Teverina.

Hotel Al Gallo

01017 Tuscania (Viterbo)
Via del Gallo, 22
Tel. 0761-44 33 88 - Fax 0761-44 36 28
José Pettiti & Perla Blanzieri
E-Mail und Web: guidesdecharme.com/1440

Das zwischen der Toskana und dem Latium gelegene Tuscania zählt zu den mysteriösesten der etruskischen Städte. In ihrer Umgebung finden sich zahlreiche Nekropolen, Grabhügel und Galerien. Die Stadt besitzt aber auch Denkmäler aus dem frühen Mittelalter: Die Basiliken San Pietro und Santa Maria Maggiore sind Kleinode paläolitisch-christlicher und romanischer Kunst. *Al Gallo* ist das einzige Hotel von Tuscania. Die Zimmer wurden mit antikem Mobiliar individuell gestaltet. Wir empfehlen insbesondere die Schlafräume 7, 8, oder 9, von denen man den unteren Teil der Stadt überblickt. Zimmer 6 hat einen Balkon. Einige kleine Einzelzimmer werden als *uso doppia* angeboten. Das Restaurant von *Al Gallo* ist berühmt. Jeden Monat ändert es seine abwechslungsreiche Jahreszeiten-Speisekarte. Halbpensions-Gäste „dürfen" jedoch auch à la carte essen.

Kategorie ★★★ Geschlossen 7. Januar bis 11. Februar **13 Zimmer** mit Klimaanl., Tel., Bad oder Dusche, Satelliten-TV; Aufzug **Preise** EZ: 42-78 €, DZ: 78-122 € - HP: 77-113 € (1 Pers.), 74-98 € (DZ, pro Pers.) - Frühst. inkl., von 7.30 bis 10.00 Uhr **Kreditkarten** akzeptiert **Verschiedenes** Hunde auf Anfrage erlaubt - Tennispl. - Parkpl. **Umgebung** Land der Etrusker: Viterbo, Tarquinia, Ortebello, Cerveteri, Veji - Golfpl. „Le Querce" (18 L.) in Viterbo **Restaurant** von 12.00 bis 14.00 und 19.30 bis 22.00 Uhr - Mo geschl. - Menüs: 36 €/45 € mit 3 oder 4 Gläsern Wein + 13 €/16 € (- 10 % auf jedes Gericht für Gäste mit unserem Führer 2010) - Karte **Anreise** (Karte Nr. 13): 20 km von Viterbo, A-1, Ausfahrt Orte; A-12, Ausfahrt Civitavecchia.

Casa Caponetti

01017 Tuscania (Viterbo)
Strada Quarticciolo, 1
Tel. 0761-43 57 92 - Fax 0761-44 42 47
Familie Caponetti
E-Mail und Web: guidesdecharme.com/1441

Die Schönheit der Lage von *Casa Caponetti* im Naturschutzgebiet Tuscania ist ein zusätzlicher Grund, im wunderbaren etruskischen und mittelalterlichen Dorf Tuscania Halt zu machen. Nach zwei Kilometern auf der Straße nach Vetralla fährt man auf einem Feldweg zur Anhöhe, auf der das Haus steht, dem Val Marta und die Umwallungen von Tuscania zu Füßen liegen. Die ockerfarbenen Wände wirken zwar nicht mehr ganz frisch, aber diese einfache Seite des Hauses macht auch seinen Charme aus. Die Zimmer liegen alle hintereinander in einem Holzhaus, sind schlicht, rustikal gestaltet, sehr gepflegt und haben Bäder mit Komfort. Speiseraum und Salon sind sehr freundlich, und die köstlichen, von Laura (einer Expertin, die Ihnen auf Wunsch auch Kochkurse erteilt) zubereiteten Abendessen sind besondere Momente großer Geselligkeit. Jedes Familienmitglied hat seine Aufgabe beim Betreuen der Gäste: Mit Giorgio können Sie Wanderritte in der Gegend unternehmen, Lorenzo wird Sie über die Herstellung von Olivenöl aufklären; jeder befolgt die vor etwa zwanzig Jahren erlassene „Familienanordnung", der zufolge der Gast ein Freund ist.

Ganzj. geöffn. **6 Zimmer** mit Bad **Preise** EZ: 80 €, DZ: 95 € - HP: 75 € (pro Pers. im DZ.), 95 € (1 Pers.) - Frühst. inkl. - HP: ab 80 € (pro Pers.) ab 95 € (2 Pers.) **Kreditkarten** nicht akzeptiert **Verschiedenes** Hunde erlaubt - Parkpl. **Umgebung** die im Caponetti-Anwesen befindliche etruskische Nekropole - Land der Etrusker: Viterbo, Tarquinia, Ortebello, Cerveteri, Véio - Bolsena-See - Golfpl. „Le Querce" (18 L.) in Sutri **Abendessen** 20.00 Uhr - Menü **Anreise** (Karte Nr. 13): 20 km von Viterbo, A-1: Ausfahrt Orte; A-12: Ausfahrt Civitavecchia. 2 km von Tuscania Rtg. Vetralla.

Sextantio Albergo Diffuso

Santo Stefano di Sessanio (L'Aquila)
Tel. 0862-89 91 12 - Fax 0862-89 96 96
E-Mail und Web: guidesdecharme.com/1434

Eine Stunde östlich von Rom und den langen Feinsandstränden der Adria ragen die über zweitausend Meter hohen Gipfel der Abruzzen in den Himmel. Im Naturpark Gran Sasso mit dem Monte Corno (2914 m), dem höchsten Berg der Halbinsel, liegt in karger, unberührter und grandioser Natur das Dorf Santo Stefano mit langer Geschichte: Merken wir uns, dass es im 13. und 14. Jahrhundert dem Baron di Carapelle gehörte, dann zu Aragon überging und sich später, vor der Einheit Italiens, im Schoß der Piccolomini, der Medici und des Königs von Neapel befand. Das ganz aus weißem Kalkstein erbaute Dorf präsentiert sich wie ein mittelalterliches Miniaturschmuckstück. Einst vernachlässigt und als „Tibet der Abruzzen" bezeichnet, erhielt Santo Stefano dank der Schirmherrschaft der lokalen Denkmalpflege, der Universität und des ethnografischen Museums Daniele Kihlgren sowie des Architekten Lelio Di Zio seine ursprüngliche Identität zurück. Das Konzept heißt Albergo Diffuso. Ein poetischer Name, der beutet: auf mehrere Bauten des Dorfes verteilte Wohnungen. Nach „Palazzo delle Loge" und „Dature Mesoins", in denen die sechs ersten Zimmer eingerichtet wurden, entstanden fünf weitere in sanierten Dorfhäusern. Das Restaurant befindet sich in einem anderen mittelalterlichen Bauwerk mit einem hübschen hängenden Garten. Holz, Leinen, Bodenständiges. Arte povera alltäglich.

Ganzj. geöffn. **27 Zimmer** mit Bad **Preise** DZ: 220-350 €, Suite: 450 € - Frühst. inkl., von 8.00 bis 10.30 Uhr **Kreditkarten** akzeptiert **Verschiedenes** Hunde auf Anfrage erlaubt - Parkpl. **Umgebung** L'Aquila - Nationalpark Gran Sasso und dei Monti della Laga **Restaurant** „Locanda Sotto gli Archi", von 20.00 bis 21.30 Uhr - Menü: 50 € **Anreise** (Karte Nr. 15): Rom A-25, Rtg. Pescara, Ausfahrt Barisciano.

Relais Ducale

67033 Pescocostanzo (L'Aquila)
Via Dei Mastri Lombardi, 26
Tel. 0864-642 484 / 0864_640 018 - Fax 0864-640 972 - G. Cimaglia
E-Mail und Web: guidesdecharme.com/1435

Bei der Ankunft in Pescocostanzo wird man darüber informiert, dies sei eines der schönsten Dörfer Italiens. Begeistert ist man aber bereits beim Durchqueren der einsamen, ursprünglichen Täler der Abruzzen. Das Gasthaus des Dorfes aus den fünfziger Jahren hat auf den Ort gesetzt – der im Sommer wie im Winter ein interessantes sportliches Angebot (Ski, Wandertouren) und sich „Spa und Pool" zugelegt hat, um diese neue, Wellness-Aufenthalte suchende Klientel zu gewinnen. Auf das karge Äußere antwortet das warme, bergschicke Ambiente der Innengestaltung mit Kaminen, Jagdtrophäen, fellbezogenen Sesseln, schweren Vorhängen, Holz und Naturstein. In den Zimmern mit unverputzten Balken ist das Mobiliar in österreichischem Stil bemalt und der Komfort (mit Hydromassage-Badewannen in einigen) gut. Das eigentliche Wellness-Programm konzentriert sich vor allem im Untergeschoss mit einem wundervollen Swimmingpool direkt am Fels, ferner einem Aroma-Hammam und einer finnischen Sauna. Das dem Hotel angeschlossene Restaurant wird von einem der besten Küchenchefs der Region, Concezio Gizzi, geführt. Auch der junge, motivierte Service ist vom Feinsten.

Geöffnet 1. Dezember bis 30. April und 1. Juli bis 15. September **29 Zimmer** mit Tel., Bad mit Hydromassage außer in Standard, Pay-TV, Minibar **Preise** pro Pers.: Standard: 85-110 €, Superior: 125-160 €, Prestige: 140-180 €, Suite: 160-210 € - Frühst. inkl., von 7.00 bis 11.00 Uhr **Kreditkarten** akzeptiert **Verschiedenes** Hunde nicht erlaubt - Spa und Swimmingpool, außer für Standardzimmer kostenlos - Wellness-Center (Tel. 0864-640 958) - Minibus zum Skigebiet **Umgebung** L'Aquila - Nationalpark Gran Sasso und dei Monti della Laga **Restaurant** „La Corniola" - von 13.00 bis 14.30 und von 19.30 bis 21.00 Uhr - Mi geschl. **Anreise** (Karte Nr. 15): ab Rom A-25 Rtg. Pescara, Ausfahrt Sulmona; ab Pratola Peligna Rtg. Roccaraso bis zur Umleitung nach Pescocostanzo.

Dimora delPrete di Belmonte

86079 Venafro (Isernia) - via Cristo, 49
Tel. und Fax 0865-90 01 59 - Handy 333 921 6370 - Dorothy del Prete
E-Mail und Web: guidesdecharme.com/1442

Eine ideale Stopp-Adresse für alle, die auf der Autobahn Rom-Neapel gen Süden fahren, denn einige Kilometer von der Ausfahrt San Vittore werden Sie sich in der Molise (der kleinsten und unbekanntesten Region Italiens) in einem Dorf befinden, das trotz seines nichtssagenden Aussehens noch zahlreiche Überreste aus römischer Zeit des alten Venafrum sowie einen im 19. Jahrhundert restaurierten Palast neoklassischen Stils erhalten hat. Die Nachfahren sind noch immer im Besitz der Dimora. Angesichts ihrer natürlichen Gastfreundschaft hatten sie die Idee, drei Gästezimmer an einer „Pause" interessierten Reisenden anzubieten. Die Villa verfügt über archäologische Schätze – die meisten werden im Museum aufbewahrt, das die Schenkung des Großvaters besitzt – sowie über Möbel und Gemälde der Familie. Die Gästezimmer sind nicht so prachtvoll wie die Salons; eingerichtet sind sie schlicht, und die Bäder sind praktisch. Frühstück mit Kuchen und Konfitüren hausgemacht, Abendessen mit Bioprodukten aus dem eigenen Anbau, und serviert wird im Speiseraum mit Deckenfreskomalerei. Zudem: ein schöner, von hundertjährigen Palmen beschatteter Garten.

Geschlossen 7. November bis Ende Februar **5 Zimmer**, 1 Appart. mit Bad, Kochnische (4 Pers.) und 1 Suite mit Salon und Balkon mit Panoramablick **Preise** DZ für 1 Pers.: 100 €, DZ: 120 €, Suite: 150 €; Extrabett: 35 € - Appart. (4 Pers.): 200 € (mind. 2 Üb.), 500 €/Woche - Frühst. inkl., von 8.30 bis 10.30 Uhr **Kreditkarten** akzeptiert **Verschiedenes** Hunde erlaubt **Umgebung** Venafro: Museum der Archäolgie, römisches Theater und Amphitheater, roman. Dom, Palazzio Caracciolo, Kirche Annunziata, Castello Pandono - Isernia - Nationalpark der Abruzzen - Capua - Caserta - Abbazia di Montecassino - Grotte di Pasterna - Pompeji - der Vesuv - Herkulaneum - Neapel (1 Std.) **Restaurant** nur für Hausgäste - Menü: 30 € **Anreise** (Karte Nr. 19): 140 km südöstl. von Rom über die A-1, Ausf. S. Vittore.

Locanda dei Carugi

18035 Apricale (Imperia)
Tel. 0184-20 90 10 - Handy 335-45 66 17 - Fax 0184-20 99 42
Giuditta Nardo
E-Mail und Web: guidesdecharme.com/1443

Apricale ist das erste Dorf Liguriens, das in den seriösen „Club der schönsten Dörfer Italiens" aufgenommen wurde. Hinter Ventimiglia, genauer zwischen Val Nervia bis Apricale, das sich um seine Kirche gruppiert, werden Sie eine vollkommen neue Umgebung erleben. Wenn Sie dann Dolceacqua durchquert und telefoniert haben, wird Sie der Gepäckträger des Hotels mit seinem Dreirad am Parkplatz erwarten und Sie über die reizenden kleinen Straßen des mittelalterlichen Dorfes zur Locanda begleiten. Sie können aber auch Ihr Gepäck stehen lassen und zu Fuß hochgehen. Sollte sich nach dem Klingeln niemand melden, folgen Sie ganz einfach den Informationen an der Tür, die Sie zur Weinbar oder zum Lebensmittelgeschäft der Familie führen. Nach dem Empfang wird man Ihnen die Schlüssel des Hauses für die Dauer Ihres Aufenthaltes übergeben. Reizende, komfortable Zimmer voller Raffinement wie aus einer anderen Zeit. Im nahen Restaurant und in der *dispensa* werden Sie dann die kulinarischen Spezialitäten dieses Tales kennenlernen, das auch für sein Olivenöl und seine Pilze bekannt ist. Vor lauter Arbeit fand Signora Nardo nicht die Zeit, uns ihre neuen Preise mitzuteilen, über die Sie sich somit informieren sollten.

Ganzj. geöffn. **6 Zimmer** (3 mit Klimaanl.) mit Tel., Dusche, TV, Minibar, Safe **Preise** EZ: 98-108 €, DZ: 110-135 €, 3-BZ: 160-180 € - Attico di Lucrezia: 145-180 € - Frühst. inkl. **Kreditkarten** Visa, Eurocard, MasterCard, Amex **Verschiedenes** Hunde auf Anfrage erlaubt - Öffentl. Parkpl. **Umgebung** Castello della Lucertola - Le Ponente Ligure (siehe S. 593) - Hanbury-Gärten in Ventimiglia (30 km) - Meer 13 km entf. **Restaurant** „Cappana da Baci" - Önothek Le Grotte - von 12.30 bis 14.00 und 20.00 bis 21.30 Uhr - Menü: 23,50 € - Karte - Ligurische Spezialitäten **Anreise** (Karte Nr. 7): 14 km von Ventimiglia. A-12, Ausfahrt Casello di Ventimiglia oder Bordighera. Straße des Val Nervia Rtg. Pigna. Ab Isolabona nach Apricale.

Azienda agrituristica Terre Bianche

Arcagna 18035 Dolceacqua (Imperia)
Tel. 0184-314 26 - Fax 0184-312 30
Filippo und Paolo Rondelli
E-Mail und Web: guidesdecharme.com/1444

Dolceacqua ist das größte Dorf des Nervia-Tals und reich an Zeugen der Geschichte, was die mittelalterliche Brücke aus einem einzigen Bogen belegt und Terra (den alten Teil) von Borgo (dem neuen Teil) trennt; ferner gibt es die imposanten Ruinen des Doria-Schlosses (12. Jh.) – aber auch ländliche Traditionen. Das von seinen Olivenhainen und Weinbergen umgebene Gut Terre Bianche, das den „Rossese Dolceacqua doc" produziert, liegt etwa zehn Kilometer vom Dorf auf den Anhöhen mit wunderbarem Ausblick. Die Ankunft ist wirklich eindrucksvoll, denn die Straße wird immer schmaler, öffnet sich dann aber zum Tal hin. Der Empfang der Familie Rondelli, die das Anwesen führt, ist warmherzig und freundschaftlich. Die angebotenen Zimmer, jedes mit seiner „Terrassen"-Ecke, sind rustikal, aber von gutem Komfort und sehr gepflegt. Die von der Großmutter zubereiteten Konfitüren und ligurischen Kuchen werden zum Frühstück auf der Panorama-Terrasse serviert. Hier ist die Atmosphäre schlicht, authentisch, ruhig und heiter. Eine gute Adresse zum Entspannen inmitten der Natur nur ein paar Kilometer von der französischen Grenze.

Geschlossen November **8 Zimmer** mit Dusche, TV **Preise** pro Pers.: ab 45 € - Frühst. inkl., von 8.00 bis 11.00 Uhr **Kreditkarten** akzeptiert **Verschiedenes** Hunde erlaubt - Fahrräder - Parkpl. **Umgebung** Le Ponente Ligure (siehe S. 593) - Hanbury-Gärten in Ventimiglia (30 km) - Meer 10 km entf. **Kein Restaurant** vor Ort **Anreise** (Karte Nr. 7): 10 km von Ventimiglia. A-12, Ausfahrt Casello di Ventimiglia oder Bordighera. Straße des Val Nervia, Rtg. Dolceacqua, dann Rtg. Rocchetta. Ab Dolceacqua links Rtg. Terre Bianche/la Colla.

Relais San Damian Azienda Agricola

Vasia 18100 Imperia - Strada Vasia, 47
Tel. 0183 280 309 - Handy 339-44 17 632 - Fax 0183-280 571
E-Mail und Web: guidesdecharme.com/1445

Val Prino, nur ein paar Kilometer vom Meer, ist ländliche Idylle pur. In diffusem, bläulichem Licht verteilen sich die Dörfer auf den silbern glänzenden Olivenbaumhügeln. In Dolcedo, am Zusammenfluss von Rio dei Boschi und dem Wildbach Prino, liegen die Natursteinhäuser mit rosa Ziegeldächern entlang den kleinen, engen Straßen, Trockensteinmauern und Brucken, darunter die elegante einbögige Brücke Ponte Grande, 1292 von den Maltesern erbaut. Der bemerkenswerteste Zeitzeuge geht jedoch auf die Benediktiner zurück, denen der Bischof von Albenga im Jahr 1103 die Kirche San Tomaso überlassen hatte und die in diesem Tal den Anbau von Oliven einführten. Das erklärt in der Umgebung das Meer von Olivenbäumen; vor der Ernte werden gelbe bzw. orangefarbene Netze gespannt zum Ernten des „Tresors", weshalb dann der ganze Hügel einer außergewöhnlichen „Performance" ähnelt. Vasia und San Damian liegen etwas höher: in einem üppigen Garten voller Bougainvilleen und Palmen, ist es ein wahrer Balkon am Golf von Ponente. Das „Azienda"-Ambiente ist typisch für ein Gästehaus, das jedem größtmögliche Freiheit bietet. Einige der hübschen, komfortablen und auf elegante Art ländlichen Zimmer haben ein eigenes Stückchen Garten. Der Pool mit Überlauf vermischt sich mit dem Horizont: ein schönes Schauspiel, dem man gern jeden Morgen aufs Neue beim Frühstück beiwohnt, das im Pool House nebenan serviert wird.

Geöffnet März bis November **10 Suiten** mit Bad, Salon und Kitchenette (kalte Gerichte) **Preise** 140-150 € - Frühst. (Buffet) inkl., von 9.00 bis 10.30 Uhr **Kreditkarten** Visa, Eurocard, MasterCard, Amex **Verschiedenes** Hunde auf Anfrage erlaubt - Swimmingpool - Parkpl. **Umgebung** Dolcedo - Le Ponente Ligure (siehe S. 593-594) - Hanbury-Gärten in Ventimiglia - Meer 5 km entf. **Kein Restaurant** (siehe M. P. Maurizio S. 594) **Anreise** (Karte Nr. 7): A-10, Ausfahrt Imperia-Ovest, Rtg. Dolcedo, dann Rtg. Vasia.

Tenuta Molino dei Giusi & Torre Rossa

18100 Oneglia (Imperia) - Via Molino dei Giusi, 14
Tel. und Fax 0183-290223 - Handy 348-896 4720
E-Mail und Web: guidesdecharme.com/1446

Molino dei Giusi ist ein landwirtschaftlicher Betrieb, der das hochgeschätzte Olivenöl mit Herkunftsbezeichnung „Taggiasca" (D.O.P) herstellt. Seine Lage zwischen dem nur drei Kilometer entfernten Meer (Oneglia liegt an der Küste zwischen Alassio und San Remo) und dem Hinterland ist wunderbar. Hier liegt das *Cottage Molino dei Giusi* schön im Garten. Diese angenehme „Hütte" voller Komfort und Raffinement mit hübscher sowohl moderner als auch ländlicher Gestaltung ist vollkommen eigenständig und hat eine eigene Terrasse direkt am Swimmingpool: für eine Traumwoche (im Sommer nicht darunter) oder ein Wochenende in der Nebensaison. Die gleiche Familie bietet außerdem im kleinen nahen Dorf (Villa Viani-Pontedassio), das noch immer nach dem Rhythmus der Glocken seiner Pfarrkirche lebt, drei Wohnungen in der *Torre Rossa* an. Naturstein, Terrakotta, eine Restaurierung und eine herkömmliche Einrichtung, die auf elegante Art Bio und Umwelt respektieren, um so mit dieser schönen Landschaft vollkommen im Einklang zu sein. Der Pool befindet sich außerhalb in einem reizenden Blumen- und Gemüsegarten. Für Infos und Reservierungen dieser zwei Adressen: die *Tenuta*.

Ganzj. geöffn. **Cottage und Appart.** im Molino dei Giusi: „Domus Virgilii" (2 Pers.) mit Klimaanl., Wohnküche, Zi., Dusche; in Torre Rossa: 3 Appart. (2-4 Pers.) mit Salon (Schlafcouch), Kochnische, 1 Zi., Dusche (2 mit direktem Ausgang zum Garten, 2 Maisonnetten, 2 Wohnungen haben Verbindungstüren) **Preise** „Domus Virgilii": 240-300 € (WE/2 Pers./mind. 2 Üb.); 79-1200 €/Woche/2 Pers. - „Torre Rossa": 220-250 € (WE/2 Pers./mind. 2 Üb.); 660-900 €/Woche/2 Pers. **Kreditkarten** Visa, Eurocard, MasterCard **Verschiedenes** Hunde nicht erlaubt - Parkpl. **Umgebung** Le Ponente Ligure - Hanbury Gärten in Vintimiglia - Strände **Kein Restaurant** (siehe unsere Restaurantauswahl S. 594) **Anreise** (Karte Nr. 7): A-10, Ausfahrt Imperia-Est, dann SS-28 Rtg. Garessio. Ab Kreisverkehr: Via Giacomo Agnesi, dann Via Nicolò Berio, Via Fanny Roncati Carli und Via Molino dei Giusi. Ausgeschildert.

Agriturismo Borgo Muratori

Borgo Muratori 18013 Diano Marina (Imperia)
Fraz. Borgo Muratori, 42
Tel. 0183-498 226 - Handy 335 456 617 - Maura Muratorio
E-Mail und Web: guidesdecharme.com/1447

Das Agriturismo *Borgo Muratori* liegt drei Kilometer vom Badeort Diano Marina. Das ganz von Olivenbäumen umgebene imposante Gebäude aus dem späten 16. Jahrhundert, das seinerzeit den Dorfbewohnern zum Schutz gegen die Sarazener als Festung diente und daraufhin ein Kloster war, ist seit Jahrhunderten im Besitz der Familie Muratori. Maura, die letzte aus der Nachkommenschaft, nimmt hier nun nach umfangreichen Restaurierungsarbeiten Gäste auf. Zwei Wohnungen mit Aussicht (für die höher gelegenen) und Terrasse wurden mit allem Komfort versehen und mit Möbeln aus dem Familienbesitz eingerichtet: „Il Ciliegio", in der 1. Etage, umfasst ein Zimmer, „Ginestra" im 2. Stock, zwei. Der Garten ist kaum „bearbeitet" und entspricht dem Konzept der Aufteilung von einst in Zier-, Zitrusfrüchte- und Gemüsegarten. Die Lauben ermöglichen es, draußen zu Abend zu essen, und weitere Ecken sind für diejenigen gedacht, die sich sonnen oder allein sein möchten. Unter dem Gewölbe des früheren *frantoio* (Presse) findet sich ein kleines Museum, wo auch die Verkostungen des von den Taggiasca-Oliven des Anwesens gewonnen Jungfrauenöls angeboten werden. Maura hat für ihre Gäste immer ein offenes Ohr und ist in der Nähe, denn sie hat sich auf dem früheren Heuboden eingerichtet.

Geschlossen November bis März **2 Appartements** (Cilegio, Ginestra) mit Küche, Salon, Bad, 1 oder 2 Zi. (3-5 Pers.), Schlafcouch im Studio **Preise** „Cilegio" und „Ginestra": 600-800 € pro Woche - Heizung: 7-10 € pro Tag **Kreditkarten** nicht akzeptiert **Verschiedenes** Hunde nicht erlaubt - Parkpl. **Umgebung** Le Ponente Ligure **Kein Restaurant** vor Ort **Anreise** (Karte Nr. 7): 3 km von Diano Marina. A-10, Ausfahrt San Bartolomeo al Mare, danach Rtg. Diano Marina. Am Ortseingang von Diano die Wildbachbrücke überqueren und am Bowlingschild links Rtg. Diano Calderina. Nach etwa 2 km in einer Kurve ist Muratori ausgeschildert.

I Freschi

Borgata Freschi 18016 San Bartolomeo al Mare (Imperia)
Via Luvea, 14 bis
Tel. 183-406 868 - Handy 338-83 68 926
Rosanna Brun
E-Mail und Web: guidesdecharme.com/2829

Fahren wir fort mit dem Entdecken des Charmes vergangener Zeiten an der ligurischen Küste, die volksnaher und familiärer geblieben ist als zum Beispiel die französische Riviera. Das dank des Olivenanbaus noch immer landwirtschaftliche Hinterland ist wunderbar authentisch. Und Rosanna Brun hat sich nicht geirrt. Nach zwanzig Jahren in der Politik, verkauft sie ein Gasthaus aus den Fünfzigern, erwirbt ein Anwesen und nimmt mit ihrem Ehemann den Umbau in Angriff, um acht B&B-Studios zu schaffen: *I Freschi*. Ihr Mann, er ist Tischler, schaut sich regelmäßig bei Tödlern um, um dort Möbel und altes Holz zu erwerben, woraus er dann ein Mobiliar fertigt, das zwar seine „alte" Seite behält, aber in diesem hübsch rustikal gebliebenen Rahmen dekorativ wirkt. Die in einem baumbewachsenen Garten versinkenden kleinen, reizenden Häuser haben Komfort, sind gepflegt, technologisch gut ausgestattet und bieten den Genuss einer unberührten ländlichen Gegend. Da es zum Meer nur neun Kilometer sind und der Sohn des Hauses dort Geschäftsführer einer „Konzession" am Strand von San Benedetto al Mare ist, werden Sie bevorzugt behandelt und auch dort einen Platz an der Sonne erhalten.

Ganzj. geöffn. **8 Appart.** mit Bad, Satelliten-TV, Internet **Preise** 100-120 €/Tag, 550-850 €/Woche (2-3 Pers.); 110-130 €/Tag, 650-900 €/Woche (2-4 Pers.) **Kreditkarten** Visa, Eurocard, MasterCard, Amex **Verschiedenes** Hunde auf Anfrage erlaubt (10 €) - Parkpl. **Umgebung** Le Ponente Ligure - Hanbury-Gärten in Ventimiglia (30 km) **Kein Restaurant** vor Ort **Anreise** (Karte Nr. 7): 60 km östl. von Ventimiglia, A-10, Ausfahrt S. Bartolomeo al Mare, dann Rtg. Pairola. In Pairola an der Kirche vorbeifahren, geradeaus bis Via Luvea, 1 km weiter.

Casa Cambi

17024 Castelvecchio di Rocca Barbena (Savona)
Via Roma, 42
Tel. und Fax 0182-780 09 - Handy 329 166 7507 - Anna Bozano
E-Mail und Web: guidesdecharme.com/1448

Machen Sie einen Abstecher ins Hinterland der ligurischen Küste! Castelvecchio ist ein regionaltypisches Dorf, dessen rosa und graue Häuser an jenem Felsen hängen, der vom *castello* überragt wird. Die Brise von der Küste bringt Frische in die mittelalterlichen Straßen. Das dem Schloss gegenüber gelegene *Casa Cambi* ist ein altes, restauriertes Familienanwesen. Es gibt nur wenige Zimmer, aber alle sind individuell gestaltet und bieten viel Raum und Aussicht. Zwei können mit einem gemeinsamen Salon verbunden werden. Die anderen gehen auf eine Terrasse hinaus, die sich weit zum Dorf und auf die Berge hin öffnet. Alle Schlafräume wurden von der Florentiner Hausbesitzerin und Antiquitätenhändlerin mit komfortablen Bädern und eleganten Möbeln ausgestattet. Das Frühstück wird in einem hübschen Raum im Erdgeschoss oder im Sommer im Garten aufgetragen, auch hier mit einzigartiger Aussicht. Das besonders liebevoll restaurierte Castelvecchio zählt zu den schönsten Dörfern Italiens, ist sehr ruhig und ideal gelegen für Ausflüge ans Meer oder für Bergtouren. Und wer sich für Guiseppe Penones Landart interessiert, braucht nur seinen Geburtsort ein paar Kilometer weiter aufzusuchen, wo seine ersten Installationen entstanden.

Geschlossen 5. Oktober bis 15. Mai (Buchung außerh. der Saison: Tel. 010-83 95 029; Fax 010-81 26 13) **5 Zimmer** mit Tel., Bad oder Dusche **Preise** DZ: 100- 110 € - Frühst. inkl., von 8.00 bis 10.00 Uhr - 3 Appart. mit 2 Zi., Terrasse oder Garten **Kreditkarten** akzeptiert **Verschiedenes** Hunde erlaubt **Umgebung** Albenga - Alasio - Finale Ligure - Insel Gallinara - Garessio - Taro-Grotten - Golfpl. Garlenda, (18 L.) **Gästetisch** abends auf Wunsch - Menü: 30 € **Anreise** (Karte Nr. 7): 80 km von Genova. A-10: Ausfahrt Albenga, dann 17 km auf der S-582 Rtg. Garessio, danach Castelvecchio. Fußgängerdorf, Parkplatz vor dem Dorf. Wegen dem Gepäck daran denken.

La Natta di Monte Tabor

17015 Celle Ligure (Savona)
Via Postetta, 35
Tel. und Fax 019-99 15 80 - Handy 335-122 54 88
Miriam Boero
E-Mail und Web: guidesdecharme.com/1449

Celle Ligure ist eine exzellente Etappe zum Kennenlernen der Küste von Ponente, aber auch Genuas, der Dörfer des Hinterlandes und des Naturschutzgebietes von Cinque Terre; desweiteren: Verkostungen von Wein und Olivenöl sowie Sammeln von Pilzen. Miriams und Paolos Gehöft (*casale*) befindet sich auf den Anhöhen mit Blick auf die italienische Küste bis hin zur französischen Riviera. Dieses Familienhaus wurde restauriert, und zwar entsprechend den Anforderungen der bioenergetischen Architektur und nach den Regeln des *feng-shui*. Das bedeutet, dass man sich hier um den Gast besonders bemüht, und das beginnt beim reichhaltigen Frühstück mit hausgemachter Konfitüre aus Biofrüchten und selbstgebackenem Brot; serviert wird in der großen Küche oder im Schatten der Laube mit einer Aussicht, die einen heiter-gelassen stimmt und zu Meditation anregt. Die Zimmer sind schlicht, elegant, komfortabel. Das Detail wird hier gepflegt, und zwei der Schlafräume sind für Familien mit Kindern (ab neun) eingerichtet. Kein Gästetisch, aber Kostproben des hier produzierten Olivenöls.

Ganzj. geöffn. **4 Zimmer** mit Klimaanl. (darunter 2 mit 4 Schlafstätten), Bad, TV, 3 mit Kochnische **Preise** pro Pers., mind. 2. Üb. und von Juni bis September mind. 1 Woche: 60-100 € - Frühst. inkl., von 8.00 bis 11.00 Uhr **Kreditkarten** Visa, Eurocard, MasterCard **Verschiedenes** Hunde nicht erlaubt - Swimmingpool - Parkpl. **Umgebung** Polyptychon von Perrin del Vaga in der Kirche (18. Jh.) von Celle Ligure - Riviera von Ponente - Abtei von Finale Pia - Prähistorische Grotten nahe Toirano - Noli **Kein Restaurant** im Haus **Anreise** (Karte N. 8): A-10, Ausfahrt Celle Ligure, Rtg. Celle und rechts auf die Via Natta, geradeaus, danach links Via Postetta.

Hotel Punta Est

17024 Finale Ligure (Savona)
Via Aurelia, 1
Tel. und Fax 019-60 06 11
Sig. Podesta
E-Mail und Web: guidesdecharme.com/1450

Das an der Promenade gelegene Punta Est überragt den Strand. Es umfasst zwei Bauwerke: eine Villa aus dem späten 18. Jahrhundert und ein Haus neueren Datums, eingetaucht in einen Spaliergarten, in dem Pinien und Palmen gedeihen. Alle Zimmer sind gut ausgestattet, die traditionelle Gestaltung ist vom einen zum anderen unterschiedlich, und die Bäder haben besten Komfort. Eher die Zimmer der Villa in den oberen Etagen und unter dem Dach nehmen, um in den Genuss des Ausblicks zu kommen. Das ganz dem Meer zugewandte Hotel besitzt mehrere Spalier-Terrassen und einen Pool. Außerdem gibt es Hotel-eigene Plätze auf dem Strand gleich gegenüber. Das reichhaltige Frühstücksbuffet wird im Garten serviert, weshalb man hier von der Seeluft gleich am Morgen profitiert. Das Restaurant hat einen guten Ruf. Im Sommer wird donnerstags und samstags auf der Panoramaterrasse ein großes Buffet mit Live-Musik angeboten – ganz in der Tradition eines großen Strandhotels.

Kategorie ★★★★ **Geöffnet** April bis Oktober **40 Zimmer** mit Klimaanl., Tel., Bad oder Dusche, Satelliten-TV, Wi-Fi; Aufzug in der Villa **Preise** EZ: 120-220 €, DZ: 200-300 €, Family Suite: 270-480 € - Frühst. inkl., von 8.00 bis 10.00 Uhr - HP: + 40 € pro Pers. **Kreditkarten** Visa, Eurocard, MasterCard, Amex **Verschiedenes** Hunde auf Anfrage erlaubt - Jacuzzi - Swimmingpool - Reserv. Strand - Parkpl. **Umgebung** Riviera von Ponente (siehe S. 593-594) - Kloster von Finale Pia - Prähistorische Grotten bei Toirano - Noli - Golfpl. von Garlenda (18 L.) **Restaurant** von 13.00 bis 14.00 und 20.00 bis 21.00 Uhr - Menüs: 45-85 € - Karte **Anreise** (Karte Nr. 8): 30 km südl. von Savona über die A-10, Ausfahrt Finale Ligure.

Locanda di Palazzo Cicala

16123 Genova
Piazza San Lorenzo, 16
Tel. 010-251 8824 - Fax 010-246-7414 - Arnaud Sourigues-Larrieu
E-Mail und Web: guidesdecharme.com/1451

Genua ist eine Stadt, die man regelrecht hasst, solange man sein Auto nicht geparkt hat. Die vielen sich kreuzenden Zubringerstraßen dulden keinerlei Irrtum, und sollte einem ein solcher trotzdem unterlaufen, wird man mit einer zusätzlichen Stadtumfahrt bestraft. Seien Sie also geduldig und aufmerksam bei der Anfahrt, belohnt wird man dann in der Innenstadt mit ihrer populären Hafenatmosphäre, wo sich die ganze barocke und neoklassische Monumentalität entfaltet. Das Hotel, es befindet sich in der 1. Etage des *Palazzo Cicala*, hat gegenüber dem Dom und etwas abseits der Via del Filo eine ideale Lage. Die Aufteilung des Palazzo blieb zwar unangetastet, aber ansonsten ist hier alles ganz modern, insbesondere das Foyer und der Salon; als Kontrast zu den weißen Wänden zum Beispiel das Zinnoberrot des Teppichbodens, die modernen Gemälde und die Sessel. Da die ursprünglichen Proportionen unangetastet, sind die Zimmer riesig mit großen Betten für zwei oder gar vier Personen (langer Tisch und Stühle aus hellem Holz, großer angestrichener Kleiderschrank, zwei große Doppelbetten), einige Bäder sind winzig und nicht sonderlich praktisch, aber nicht ohne Charme. Im Hinblick auf die Serviceleistungen funktioniert das Hotel wie ein B&B-Haus (Übergabe der Schlüssel, Frühstückstablett an den Gueridon-Tischen des Salons).

Ganzj. geöffn. **10 Zimmer** mit Klimaanl., Tel., Bad, Satelliten-TV, Minibar, PC und Wi-Fi **Preise** DZ für 1 Pers.: 137-179 €, DZ: 185-234 €, Suite: 241-299 € - Frühst. inkl., von 7.30 bis 10.30 Uhr **Kreditkarten** akzeptiert **Verschiedenes** Hunde nicht erlaubt - TV, Wireless Internet-Zugang **Restaurant** „Cantina Squarciafico", von 12.30 bis 14.30 und 19.30 bis 22.30 Uhr - Menü: 35 € - Karte **Anreise** (Karte Nr. 8): A-10, Ausfahrt Genova-Ovest, dann Schnellstraße Rtg. Centro, Ausfahrt Piazza Ferrari/Prefetura. Parkplatz City Park, Ausfahrt Piazza Dante, Piazza Ferrari und Via San Lorenzo bis zum Dom (ca. 25 €).

Quartopiano B&B

`2010`

16123 Genova
Piazza Pellicceria 2/4
Handy 348-742 67 79 /347-275 89 58
E-Mail und Web: guidesdecharme.com/3300

Wer fährt schon nach Genua? Und dennoch ... Die Arbeit von Renzo Piano am Hafen ist zwar vielen ein Begriff, aber weniger bekannt ist, dass die Rolli im historischen Zentrum seit dem Jahr 2007 zum UNESCO-Weltkulturgut gehören. Und um in Erfahrung zu bringen, was unter *Rolli degli alloggiamenti pubblici di Genova* zu verstehen ist, muss man zur Antica Repubblica mit den schönsten Palästen zurückkehren, die beanspruchten, bedeutende, sich für kurze oder längere Zeit in der ligurischen Hauptstadt aufhaltende Persönlichkeiten zu beherbergen. Die meisten befanden sich an den alten *strade nuove*: Via Garibaldi, Via Aurea, Via Balbi usw. Eine gute Adresse in diesem Stadtteil, die uns die Gelegenheit gibt, diese monumentale Stadt zu besichtigen. Das B&B befindet sich in einem ansprechenden Wohngebäude in der Fußgängerzone, an einem winzigen Platz gegenüber der Galleria Nazionale Palazzo Spinola, nahe der Via Garibaldi und des Aquarium in Richtung Hafen. Modernes, freundliches und schickes Ambiente und luxuriöse Leistungen in den Zimmern, die in subtilen Brauntönen gestaltet sind. Exzellente Qualität der Betten, bei denen die Farbe Weiß dominiert, entsprechende Beleuchtung, mit guten sanitären Einrichtungen ausgestattete Bäder einschließlich Kosmetika, außerdem perfekte Schalldämpfung. Das Frühstück umfasst frische Bioprodukte und kann ebenfalls auf der Terrasse eingenommen werden.

Ganzj. geöffn. **3 Zimmer** mit Klimaanl., Bad (Dusche mit Hydromassage im Superior und den Suiten), Satelliten-TV, Wi-Fi, DVD-Player, Minibar, Safe **Preise** EZ: 80-150 €, DZ: 100-150 €, Superior: 120-170 €, Suite: 150-200 € - Frühst. inkl., von 7.30 bis 10.00 Uhr **Kreditkarten** akzeptiert **Verschiedenes** Hunde nicht erlaubt **Kein Restaurant** vor Ort (siehe unsere Restaurantauswahl S. 595-598) **Anreise** (Karte Nr. 8): Rtg. Hafen, nahe Aquarium (300 m), öffentl. Parkplatz.

Hotel Cenobio dei Dogi

16032 Camogli (Genova)
Via Nicolo Cuneo, 34
Tel. 0185-72 41 - Fax 0185-77 27 96
A. Scipioni
E-Mail und Web: guidesdecharme.com/1453

Diese schöne große Villa, die am Ende der Bucht des hübschen kleinen Badeortes Camogli liegt und ein Zwilling von Portofino ist, befand sich lange im Besitz einer Familie der Republik Genua, die mehrere Dogen zählte. In den fünfziger Jahren zu einem Hotel umgestellt, verlangte die Geschichte vom neuen Besitzer diesen Namen. Heute zählt das *Cenobio dei Dogi* zu den Luxushotels der ligurischen Riviera. Alle Zimmer und Bäder wurden unlängst renoviert und haben heute somit jene Gestaltung und jenen Komfort, die man von einem 4-Sterne-Hotel erwartet. Die Zimmer mit Meerblick sind selbstverständlich vorzuziehen. Auch die Anlagen haben Grandhotel-Format: wundervolle Blumengärten, Privatstrand direkt am Hotel und Swimmingpool von absoluter Ruhe, auch mitten im Sommer.

Kategorie ★★★★ **Ganzj.** geöffn. **106 Zimmer** mit Klimaanl., Tel., Bad oder Dusche, Satelliten-TV, Minibar; Aufzug **Preise** EZ: 115-155 €, DZ: 160-220 €, DZ mit Gartenblick: 190-270 €, DZ mit Meerblick: 220-320 €, Junior-Suiten mit Meerblick: 300-430 €, Suite mit Meerblick: 390-530 €; Extrabett: 31-41 € - Frühst. inkl., von 7.30 bis 10.15 Uhr - HP (mind. 3 Üb.): + 70 € pro Pers. **Kreditkarten** akzeptiert **Verschiedenes** Hunde erlaubt - Solarium - Swimmingpool - Tennis (13 €) - Privatstrand - Parkpl. **Umgebung** Ruta und Portofino Vetta (Monte di Portofino) - Stündl. Bootstouren zur Abtei San Fruttuoso di Capodimonte, Punta Chiappa, Cala dell'Oro - Wanderungen nach Camogli-Punta Chiappa (2 Std., Rückkehr per Boot nach Porto Pidocchio) - Golfpl. von Rapallo (18 L.) **Restaurant** von 12.45 bis 14.15 und 20.00 bis 21.30 Uhr - Karte - Spezialitäten: Fisch **Anreise** (Karte Nr. 8): 26 km östl. von Genua über die A-12, Ausfahrt Recco, dann S-333 bis Recco, Camogli über die Küstenstraße.

Villa Rosmarino

16032 Camogli (Genova) - Via E. Figari, 38
Tel. 0185-77 15 80
Mario Pietraccetta
E-Mail und Web: guidesdecharme.com/1454

Zur Erläuterung der Lage von Camogli wird oft die stark mediatisierte Nachbarstadt Portofino genannt. Dieses Dorf mit seinen vielfarbigen oder in Trompe-l'oeil-Manier bemalten Häusern, die sich eng um den Hafen und den Strand ganz nah am Meer gruppieren, ist von besonderem Charme. Die auf den Anhöhen gelegene *Villa Rosmarino*, die einem palazzetto ähnelt, repräsentiert gut die Bauten des frühen 20. Jahrhunderts. Eine geduldige Renovierung hat sie zu einem zweiten Leben erweckt. Abgesehen vom Pool hat der Garten seine ursprüngliche Struktur im Gegenteil zu den Innenräumen erhalten, deren Umgestaltung dem in moderne Kunst vernarrten Hausbesitzer keine Probleme bereiteten, denn sie waren in sehr schlechtem Zustand. Heute sind die Räume groß, hell, nüchtern, Design-möbliert und ideal für seine Gemälde- und Vasensammlung. Auch die in den Bädern verwandten Materialien schaffen eine gewisse Modernität. Prachtvoll geht es dann mit Oleander im großen Garten zu und auch in den Lauben, an denen duftende Blumen hochranken. In der Stille am frühen Morgen kann man sein Frühstück auf der Terrasse mit Blick aufs Meer einnehmen. Zum sommerlichen Urlaubsrummel ist es nicht weit: nicht mehr als 15 Fußminuten.

Geschlossen 2 Wochen im November und 2 Wochen im Januar **6 Zimmer** mit Bad, 1 mit Klimaanl. **Preise** DZ: 160-190-220 € - Frühst. inkl., von 8.30 bis 10.30 Uhr **Kreditkarten** Visa, Eurocard, MasterCard **Verschiedenes** Hunde nicht erlaubt - Strand (200 m) - Swimmingpool - Parkpl. **Umgebung** Ruta und Portofino Vetta (Monte di Portofino) - Stündl. Bootstouren zur Abtei San Fruttuoso di Capodimonte, Punta Chiappa, Cala dell'Oro - Wanderungen nach Camogli-Punta Chiappa (2 Std., Rückkehr per Boot nach Porto Pidocchio) - Golfpl. von Rapallo (18 L.) **Kein Restaurant** in der Villa **Anreise** (Karte Nr. 8): 26 km östl. von Genua über die A-12, Ausfahrt Recco, dann S-333 und Camogli am Meer entlang.

Albergo da Giovanni

San Fruttuoso 16032 Camogli (Genova)
Casella Postale, 23
Tel. 0185-77 00 47
Familie Bozzo
E-Mail und Web: guidesdecharme.com/1455

Albergo da Giovanni hat eine wundervolle Lage in den Monte di Portofino, wo die mediterrane Macchia abwechselt mit Kastanienbäumen, Kiefern mit Olivenbäumen und Thymian und Wacholder mit Saxifraga … In dieser grünen Landschaft mit den am Meer auslaufenden Hügeln liegt die Abtei von San Fruttuoso in einer jener winzigen Buchten, die die Meeresfront zwischen Camogli und Portofino bilden. Vervollständigt wird dieser Rahmen durch ein paar Fischerhäuser, und dazu zählt auch das der von jeher hier lebenden Familie Bozzo, die außer dem Restaurant ein paar Zimmer anbietet, um diesen einzigartigen Ort als Reisender ganz auszukosten. Die Schlafräume sind zwar gepflegt, doch ist ihre Gestaltung eher einfallslos: verschiedenartige Tapeten, recyceltes Mobiliar und kleine Bäder mit einem Schlüssel für die auf dem Dach untergebrachte Dusche. Wem das nichts ausmacht, wird in den Genuss kommen, in kristallklarem Wasser zu baden, sich von frischem Fisch zu ernähren und den Zauber dieses Ortes ganz in sich aufzunehmen.

Geöffnet Juni bis September sowie im Mai und Oktober an WE **7 Zimmer** mit Dusche außerh. des Zi. **Preise** HP (pro Pers.): 95 € (DZ); VP (pro Pers.): 110-130 € (DZ) **Kreditkarten** Visa, Eurocard, MasterCard **Verschiedenes** Hunde nicht erlaubt **Umgebung** Abtei San Fruttuoso - Camogli - Portofino **Restaurant** von 13.00 bis 14.30 und 20.00 bis 21.45 Uhr - Menü und Karte - Spezialitäten: Fisch **Anreise** (Karte Nr. 8): 26 km östl. von Genua über die A-12, Ausfahrt Recco, S-333 nach Recco, dann bis Camogli am Meer entlang. In Camogli die Fähre nach San Fruttuoso (Auskunft: 0185-77 10 66).

Hotel Splendido

16034 Portofino (Genova)
Tel. 0185-267 801 - Fax 0185-267 806
E-Mail und Web: guidesdecharme.com/1456

Das *Splendido*, das aus dem bewaldeten Hang von Portofino hervorragt, ist Teil der Landschaft dieses berühmten kleinen Hafens, der auf wunderbare Art erhalten blieb. Für Juli/August empfehlen wir diese Adresse weniger. Aber welch' ein Pläsier, wenn man hier durch die duftenden Gärten voller Pflanzen und Blumen spaziert und das Kommen und Gehen der Segelschiffe im Hafen beobachtet. Das *Splendido* ist ein romantisches Luxushotel. Die Salons sind frisch und komfortabel. Eine wunderschöne Terrasse dient im Sommer als Restaurant. Der Garten mit Alleen und Wegen, die zum Dorf und zum Strand hinunterführen, bieten viele Plätze mit einzigartigem Ausblick. Die von uns bevorzugten Zimmer sind die mit Balkon im Grünen, auch wenn es nicht die frisch renovierten sind. Das Hotel ist gewiss teuer, aber es ist ein Paradies. Das *Splendido Mare* (Tel. 0185-267 802, DZ: 473-591 €) am Hafen ist mit seinen etwa 15 Zimmern und seiner „Chufflay-Bar" ein luxuriöser „Anhang".

Kategorie ★★★★ **Geschlossen** 14. November bis 24. März **65 Zimmer** mit Klimaanl., Tel., Bad, Satelliten-TV, Minibar; Aufzug **Preise** (mit HP) EZ: 512-597 €, DZ: 876-1005 €, 1034-1251 € (Meerblick), 1133-1375 € (Meerblick und Balkon), Junior-Suiten und Suiten: 1418-3733 €; Extrabett: 77 € - HP: + 74 € (pro Pers.) - Frühst. (Buffet) inkl., von 7.30 bis 10.30 Uhr **Kreditkarten** akzeptiert **Verschiedenes** Hunde auf Anfrage erlaubt - Fitness-Center - Sauna - Swimmingpool - Parkpl. (21 €/Tag) **Umgebung** Spaziergang zum Leuchtturm, Fortezza di San Giorgio in Portofino - Abtei San Fruttuoso di Camogli (per Schiff oder 2 Std. zu Fuß) - Abbazia della Cervara - Golfpl. von Rapallo (18 L.) **Restaurant** von 13.00 bis 14.30 und 20.00 bis 21.45 Uhr - Karte **Anreise** (Karte Nr. 8): 36 km östl. von Genua über die A-12, Ausfahrt Rapallo.

Hotel Nazionale

16034 Portofino (Genova)
Vico Dritto, 3
Tel. 0185-269 575 - Fax 0185-269 138
E-Mail und Web: guidesdecharme.com/1458

Das *Nazionale* liegt am Hafen. Wenn Sie kein Ereignis in Portofino verpassen wollen, müssen Sie ganz einfach in einem der rosa, gelben, ocker- oder orangefarbenen Fischerhäuser wohnen, die dem Dorf seinen Charme verleihen. Obwohl der Eingang des Hotels in der Via Roma liegt, haben einige Zimmer Aussicht auf den Platz, andere auf den Hafen. Nur: das „Spektakel" findet sowohl am Tag als auch nachts statt. Das Hotel wurde vor einigen Jahren renoviert, wobei zwar auf Komfort, nicht aber auf die eingentliche Gestaltung Wert gelegt wurde. Die Zimmer sind angenehm und haben das beste Preis-Leistungsverhälnis von ganz Portofino. Den Empfang kann man nicht gerade als zuvorkommend bezeichnen. Möglicher Grund: die wenigen Hotels am Ort.

Kategorie ★★★★ **Geöffnet** 15. März bis 30. November **12 Zimmer** mit Klimaanl., Tel., Bad oder Dusche, Satelliten-TV, Minibar **Preise** DZ: 250-450 €, Suite: 300-450 € - Frühst. inkl., von 7.30 bis 10.00 Uhr **Kreditkarten** Visa, MasterCard **Verschiedenes** Hunde erlaubt **Umgebung** Steiluferstraße Portofino-Rappallo (8 km, im Sommer nicht zu empfehlen) - Spaziergang zum Leuchtturm, Fortezza di San Giorgio in Portofino - Abtei San Fruttuoso di Camogli (per Schiff oder 2 Std. zu Fuß) - Abbazia della Cervara - Golfpl. von Rapallo (18 L.) **Restaurant** „Pizzeria da Patty e Nicola" - Do geschl. **Anreise** (Karte Nr. 8): 36 km östl. von Genua über die A-12, Ausfahrt Rapallo, dann S-227 über die Küstenstraße bis Portofino (Parkplatz am Ortseingang, 300 m vom Hotel entfernt).

B&B A Casa di Roby

16030 Moneglia (Genova)
Strada San Lorenzo, 7/A
Tel. und Fax 0185-496 42 - Roby und Roberta Rocco
E-Mail und Web: guidesdecharme.com/1459

Moneglia ist das letzte Dorf an der Riviera di Levante. Um zum B&B von Roberta und Roby zu gelangen, das inmitten der vierhundert Olivenbäume liegt und in schöner grüner, waldiger Umgebung eine bemerkenswerte Aussicht auf den Golf von Tigullio bietet, muss man ins Hinterland fahren. Die Restaurierung dieser ehemaligen Ölmühle (*frantoio*) ist beispielhaft; die Innenräume wurden außerordentlich gepflegt eingerichtet, und alles zeugt von bester Qualität. Man bemerkt sofort, dass das Material, das Geschirr wie auch die Bett- und Tischwäsche besonders ausgesucht sind, um den Gästen, die in den drei hübschen Zimmern des Hauses wohnen, reichlich Komfort und Raffinement zu bieten. Alle drei können „blind" gebucht werden, wobei man unter einem Zimmer mit Himmelbett und einem Bad wählen kann, dessen marmornes Waschbecken aus dem 17. Jahrhundert stammt und dessen Badewanne aus Stein ist („Romantica"), dem „Panoramica" mit Blick aufs Meer und auf die Kapelle von San Lorenzo, und dem rustikalen „Country" mit Kamin und Bad aus Stein und Sinter. Beim Frühstücks-Brunch werden hausgemachte Obstkuchen und Konfitüren angeboten wie auch eine hiesige *focacia* mit Olivenöl der Casa. Zum Meer sind es zwei Kilometer, der Swimmingpool ist mit Hydromassage. Nichts als Annehmlichkeiten.

Geschlossen November und Januar **3 Zimmer** mit Klimaanl. (Nichtraucher), Tel., Bad oder Dusche, Satelliten-TV, Minibar, Safe **Preise** DZ: 165-195 € - Frühst. (Buffet) inkl., von 9.00 bis 11.00 Uhr **Kreditkarten** Visa, Eurocard, MasterCard **Verschiedenes** Hunde nicht erlaubt - Swimmingpool - Parkpl. **Umgebung** Küstenstraße von Sestri Levante nach Monterosso al Mare - Cinque Terre (siehe S. 600) - Golfpl. von Rapallo (18 L.) **Kein Restaurant** im B&B **Anreise** (Karte Nr. 8): östl. von Genova, A-12, Ausfahrt Sestri Levante. SS-1, Rtg. La Spezia (etwa 7 km), rechts Rtg. Crova. Das B&B liegt ca. 2 km weiter.

Hotel Helvetia

16039 Sestri Levante (Genova)
Via Cappuccini, 43
Tel. 0185-41 175 - Fax 0185-45 72 16
Sig. Pernigotti
E-Mail und Web: guidesdecharme.com/1460

In diesem hübschen Badeort der ligurischen Riviera ist das *Helvetia* unser Lieblingshotel. Es liegt geschützt in der kleinen „Bucht der Stille" und wird seit Jahren mit liebevoller Sorgfalt von der Familie Pernigotti geführt. Alle Zimmer sind hell und freundlich, haben gut eingerichtete Bäder und bieten Blick entweder aufs Meer oder auf den Garten. Diesen Ausblick nicht auszukosten wäre schade, aber auch in den Salons und auf der Terrasse hat man einen „Logenplatz". Morgens ist es hier besonders angenehm. Dann sitzen Sie dem Meer gegenüber und genießen das reichhaltige, bis 10 Uhr servierte Frühstücksbuffet. Wenn Sie im Meer baden möchten, können Sie dies tun, ohne einen weiten Weg zurückzulegen: Es liegt Ihnen zu Füßen. Der Empfang des Signore Pernigotti ist besonders liebenswürdig. Auch deshalb ist es immer wieder eine Freude, im *Helvetia* zu wohnen.

Kategorie ★★★ **Geöffnet** April bis Oktober **21 Zimmer** mit Klimaanl., Tel., Bad oder Dusche, Satelliten-TV, Minibar, Safe; Aufzug **Preise** DZ: 160-250 €, Suite: 180-280 €; Extrabett: 50 € - Frühst. (Buffet) inkl., von 7.30 bis 10.30 Uhr **Kreditkarten** Visa, Eurocard, MasterCard, Amex **Verschiedenes** Hunde nicht erlaubt - Privatstrand in der „Bucht der Stille" - Garage (10 €/Tag) **Umgebung** Sestri Levante: Kirche San Nicolo, Museum Rizzi - Küstenstraße von Sestri Levante nach Monterosso al Mare - Cinque Terre (siehe S. 600) - Golfpl. von Rapallo (18 L.) **Kein Restaurant** im Hotel (siehe unsere Restaurantauswahl S. 598) **Anreise** (Karte Nr. 8): 50 km östl. von Genua über die A-12, Ausf. Sestri Levante. Obwohl die Straße zur Fußgängerzone gehört, kann man zum Absetzen des Gepäcks mit dem Auto vorfahren.

Agriturismo Golfo dei Poeti

19123 La Spezia (La Spezia)
Fattorie Bedogni von Berger - Via Proffiano, 34
Tel. und Fax 0187-71 10 53 - Handy 347-695 51 41 / 347-07 60 589
E-Mail und Web: guidesdecharme.com/1461

Zwanzig Minuten vom wunderbaren Nationalpark Cinque Terre und nur ein paar Minuten von der Innenstadt La Spezias erheben sich auf den Anhöhen mehrere *tenute* aus Trockenmauerwerk des 17. und 18. Jahrhunderts. Dieses landwirtschaftliche Anwesen mit etwa zwanzig Hektar Land ist noch immer aktiv und bietet den Gästen ein ganz und gar ländliches Ambiente. Die terrassierten Weinberge, die Kiefern und Olivenbäume alternieren mit der mediterranen Macchia und den dichten Baumgruppen. Dieser bewundernswert restaurierte Ort besteht aus mehreren kleinen, zu Wohnungen umgestellten Häusern. Die mit Möbeln und handwerklich hergestellten Gegenständen typisch ligurischen Stils geschmackvoll eingerichteten Zimmer – einige mit Zwischengeschoss, alle mit Kamin (Holzscheite: 5 €/Tag) – besitzen jeglichen Komfort. Jeder Schlafraum hat eine hübsche Terrasse zum Bewundern des Golfs der Poeten in der Bucht von Lerici. Ferner steht den Gästen ein Barbecue zur Verfügung. Zum Erfrischen ein in den Fels gehauenes Bassin, das von einem Wasserfall gespeist wird; außerdem ein ganz außerordentlicher Swimmingpool mit Himmel- und Meer-„Überlaufblick".

Ganzj. geöffn. **1 Zimmer** und 5 Appart. mit Bad,TV, Kochnische, Klimaanlage: 0,30 €/kw **Preise** DZ: 70-90 €; Appart.: 30-70 € pro Pers. und Tag; „Monolocale": 400-980 €; „Bilocale": 500-1200 €; „Trilocale": 600-1680 €; Gasheizung 4 €/m³ - Frühst.: 7 €, von 8.00 bis 10.00 Uhr **Kreditkarten** nicht akzeptiert **Verschiedenes** Hunde auf Anfrage erlaubt (7 €) - 2 Swimmingpools - Parkpl. **Umgebung** Museum Formentini in La Spezia (Stelen-Statue) - Cinque Terre (siehe S. 599-600) - Schifffahrten nach Fiascherino - Tellaro - Golfpl. Marigola (9 L.) in Lerici **Kein Gästetisch** (siehe unsere Restaurantauswahl S. 600) **Anreise** (Karte Nr. 9): in La Spezia zur Innenstadt, dann Lungomare und rechts Via Amendola bis zum Ende. Die Azienda ist gut ausgeschildert.

La Sosta di Ottone III

Chiesanuova 19015 Levanto (La Spezia)
Tel. und Fax 0187-81 45 02
Fabio Graziani
E-Mail und Web: guidesdecharme.com/1462

Folgende Geschichte erzählt man sich in der Gegend: Otto III. (983-1002) machte Halt (*sosta*) bei der Familie Zattera, die hier im Jahr 996 lebte, um sich danach zum Kaiser des Heiligen Römischen Reiches in Rom krönen zu lassen. Das Wort „Halt" gefällt Angela nicht sonderlich, die „Aufenthalt" vorzieht und deshalb nur Reservierungen von mindestens zwei Tagen entgegennimmt. Diese Zeit benötigt man wenigstens für eine Cinque-Terre-Tour, zu der man gleich am Hotel starten kann. Die Kanadierin Angela und ihr Ehemann, ein italienischer Sommelier, verbrachten hier einen Urlaub und beschlossen daraufhin, im Jahr 2000 das Haus zu kaufen. Die Zimmer zeigen die Farben Liguriens: Grün, Blau und Gelb. Zum klassischem Komfort gesellen sich ein paar nicht zu verachtende Details wie Klimaanlage, freier Internetanschluss, kostenlose Unterbringung der Kinder in den Elternzimmern hinzu. Auch wenn man das Meer nicht gleich am Fuß des Dorfes hat, so sieht man es doch dank der hohen Lage vom Haus aus. Mittagessen werden hier angeboten, sofern man sie am Vortag bestellt. Der Empfang ist sehr aufmerksam, und zwar während der ganzen Aufenthaltsdauer.

Geschlossen November bis Ostern **4 Zimmer** mit Klimaanl., Bad, Minibar, Safe, Wi-Fi **Preise** DZ: 180 €; Extrabett: 40 € (Kinder unter 12 J.: 20 €); - 10 % bei mehr als einwöchigem Aufenthalt - Frühst.: 5-10 €, von 8.30 bis 10.00 Uhr **Kreditkarten** akzeptiert **Verschiedenes** Hunde auf Anfrage erlaubt **Umgebung** Museum Formentini in La Spezia (Stelen-Statue) - Cinque Terre - Schifffahrten nach Fiascherino - Tellaro **Essen** außer So, am Vortag reservieren - Abendessen 20.00 Uhr - Menü: 35 € **Anreise** (Karte Nr. 9): A-12 Genova/ Livorno, Ausfahrt Carrodano/ Levanto; Rtg. Levanto, dann Rtg. Monterosso (5 km); nicht nach Chiesanueva, an Legnaro vorbeifahren, nach 3. Kurve kleiner Parkplatz zwischen der Zisterne und dem Abfall-Sammler.

Casa del Pescatore

Isola Palmaria 19025 Portovenere (La Spezia)
Secco
Tel. und Fax 0187-791 141 - Handy 320 0326 937
E-Mail und Web: guidesdecharme.com/1463

Lust auf Strandambiente und Farniente total – mit den Füßen im Wasser? Nach angenehmer Schifffahrt ab dem typisch ligurischen Badeort Portovenere werden Sie hier ganz natürlich von Andrea, der Hausbesitzerin, empfangen, die feinen Humor besitzt und zu improvisieren versteht. Das Fischerhaus ist auf der ganzen Insel bekannt und beliebt wegen seines unglaublichen Ausblicks auf Portovenere mit seiner Reihe bunter Häuser und seinem hier in tausend Farben schimmerndem Meer. Wenn Sie zu den Glücklichen zählen wollen, die auf dieser wunderschönen Terrasse zu Mittag essen, möglicherweise in Begleitung jener Musik, die Andrea ihren Gästen gern vorspielt: *Casa del Pescatore* öffnet weit ihre Tore. Der Fülle des Außerdekors (von keinem einzigen, bislang nur geplanten Bau gestört) antwortet das freundliche Innere des Hauses: Pastellfarben in den mit hübschen Bädern ausgestatteten Komfortzimmern mit Wänden voller Reiseerinnerungen und Landkarten verschiedenster Länder und mit (von einem Leutnant Napoleons auf der Rückkehr aus Ägypten) klassifizierten und abgebildeten Insekten. Ein Ferienhaus am Meer. Schlicht und unprätentiös.

Geöffnet April bis Oktober **3 Zimmer** mit Bad **Preise** DZ: 120-140 € - Frühst. inkl., von 8.00 bis 10.30 Uhr **Kreditkarten** Visa, Eurocard, MasterCard **Verschiedenes** Hunde erlaubt **Umgebung** Portovenere - Cinque Terre - Schifffahrten nach Fiascherino - Tellaro - Golfpl. Marigola (9 L.) in Lerici **Kein Gästetisch** (siehe unsere Restaurantauswahl S. 599) **Anreise** (Karte Nr. 9): A-12 (Genova-Livorno), Ausfahrt La Spezia/S. Stefano, dann Portovenere/ Cinque Terre. Anschließend DP-530 nach Porovenere. Parkplätze am Ortseingang; der Parkplatz des Golfpl. von Cavo eignet sich am besten für längere Aufenthalte (3 €).

B&B Le Terrazze

19010 Corniglia (La Spezia)
Via Fieschi, 102
Tel. und Fax 0187-81 20 96 - Handy 349-845 96 84
E-Mail und Web: guidesdecharme.com/1464

Cinque Terre ist von nun an auch mit dem Auto erreichbar, doch ratsamer ist es, per Schiff, Bahn oder Fußwanderung diesen Landstreifen mit den fünf Dörfern zu entdecken, denen es trotz allem gelungen ist, hier zu existieren und dank Weinanbau am Felshang zu überleben. Seit zum Weltkulturerbe ernannt, ist der Tourismus lebendig und florieren die B&B-Häuser. Corniglia ist das hoch oben befindliche Dorf mit dem geringsten Tourismus. Die beiden nebeneinander gelegenen Häuser der Schwestern Guelfi befinden sich nahe der Hauptstraße. Das Gästehaus ist schmuck, weiß, vierstöckig und versehen mit drei Terrassen, auf denen man sich entspannt oder eine Kleinigkeit zu sich nimmt an den Zitronen- und Mandarinenbäumen oder Hibisken. Auch die Zimmer sind sehr schmuck: schmiedeeiserne Betten, Möbel aus Nussholz oder hübsch bemalt und ausgesuchte Radierungen, was ein freundliches Familienhausambiente vergangener Zeiten schafft. Auf Wunsch wird man Ihnen ein (köstliches) Frühstück zubereiten oder auch die Bettwäsche wechseln. Mariangela und Nadia empfangen besonders liebenswürdig.

Ganzj. geöffn. **4 Zimmer** mit Bad und 5 Studios **Preise** 105-120 € (2 Pers.) - Frühst., von 8.00 bis 10.00 Uhr **Kreditkarten** nicht akzeptiert **Verschiedenes** Hunde nicht erlaubt - Parkpl. (10 €/Tag) **Umgebung** Kirche San Pietro - Cinque Terre **Kein Gästetisch** (siehe unsere Restaurantauswahl S. 600) **Anreise** (Karte Nr. 9): ab dem Zentrum von La Spezia Rtg. Riomaggiore, dann Groppo Volastra und Corniglia. Im Dorf auf dem kleinen Platz parken und im B&B anrufen: man holt Sie von hier ab. Danach für die Zeit Ihres Aufenthaltes einen Parkschein lösen.

La Malà

19018 Vernazza (La Spezia) - Via San Giovanni Battista, 29
Tel. 334-2875 718 - Fax 0187-812 218
E-Mail und Web: guidesdecharme.com/1465

Das zwischen Corniglia und Monterrosso gelegene Vernazza gehört nicht nur zu den von der Unesco als Weltkulturgut ernannten fünf Dörfern von Cinque Terre, sondern auch zur Auswahl der schönsten Dörfer Italiens. Ihre schmalen kleinen Straßen, gesäumt von den *casa-torri*, die die Hoffnung hegten, gegen die Angreifer vom Meer geschützt zu sein, sind nämlich immer noch sehr malerisch. Die Kirche ist mit ihrem Glockenturm, der einem Minarett ähnelt, mit dem ins Meer tauchenden Fels und dem *torrione* verbunden, einem Überrest des alten Castello Doria. *La Malà* befindet sich in jenem Teil des Dorfes, das die Einheimischen Levagu nennen. Man verliert sich auf angenehme Art in diesem Labyrinth der Sackgassen, bevor man schließlich vor dem Eingang des B&B steht. Schlichtheit, Modernität, Helligkeit und Eleganz standen bei der Restaurierung und der Einrichtung dieses alten Dorfhauses im Vordergrund. Weiß ist die ausschließliche Farbe des Hauses und lässt dem hellen Blau des Meeres und des Himmels den Vortritt, was man in den Zimmern und auf der Terrasse sehr genießt. Charme und Komfort sind hier wirklich beispielhaft. Eine ideale Adresse für alle, die die Wandertour von Cinque Terre (am Meerufer entlang oder über den Abteienweg) planen. Aber auch ein Ort für außerordentlich angenehme Aufenthalte außerhalb der Saison.

Ganzj. geöffn. **4 Zimmer** (Nichtraucher) mit Klimaanl., Bad, Satelliten-TV, Minibar **Preise** DZ: 130-210 €; Extrabett: 40 € **Kreditkarten** Visa, Eurocard, MasterCard **Verschiedenes** Hunde nicht erlaubt **Umgebung** Kirche San Pietro - Cinque Terre **Kein Restaurant** (siehe unsere Restaurantauswahl S. 600) **Anreise** (Karte Nr. 9): Autobahn A-12 (Genova-Livorno), Ausfahrt Carradano, Rtg. Levanto. Ab Levanto Rtg. Colle di Gritta und Kreuzung zum Monterosso. Hinter dem Sanktuarium N.S. di Soviore nach Vernazza über eine sehr gewundene Panoramastraße (etwa 45 Min.).

Hotel Porto Roca

19016 Monterosso al Mare (La Spezia)
Via Corone, 1
Tel. 0187-81 75 02 - Fax 0187-81 76 92
Sig.r Guerina Arpe
E-Mail und Web: guidesdecharme.com/1466

Monterosso ist ein Dorf, das, was den Charme betrifft, es mit seinen Nachbarn von Cinque Terre aufnehmen kann. Es ist auch das einzige, das ein Hotel vom Rang des *Porto Roca* vorweisen kann. Es verfügt über 43 Zimmer (nicht alle mit Meerblick) und überragt dank seiner Lage in den Klippen die Bucht von Porticciolo und den Strand von Fegina. In der Inneneinrichtung vermischen sich nonchalant verschiedene Stilrichtungen (vom Mittelalter bis zu Gemälden des 18. Jahrhunderts) zu liebenswürdigem Kitsch. Aber es gibt Konkurrenz, und deshalb musste reagiert werden. Somit wurde renoviert, weshalb heute Zimmer mit aktuellerer Gestaltung angeboten werden. Und genau die empfehlen wir, zumal die meisten dieser Schlafräume auch eine Terrasse mit Ausblick besitzen. Zum Sonnenbaden gibt es die wunderbare Hotelterrasse oberhalb der Felsen und natürlich den Strand. Das Restaurant ist gut, das Frühstück köstlich und die Lage einzigartig.

Kategorie ★★★★ **Geöffnet** 2. April bis 2. November **43 Zimmer** mit Klimaanl., Tel., Dusche, Satelliten-TV, Minibar **Preise** EZ: 150-160 €, kl. DZ: 170-195 €, DZ: 235-255 €, DZ (mit Meerblick): 275-295 € - Frühst. inkl., von 7.30 bis 10.00 Uhr - HP (mind. 3 Üb.): + 24 € pro Pers. **Kreditkarten** Visa, Eurocard, MasterCard, Amex **Verschiedenes** Hunde auf Anfrage erlaubt (11 €) - Privatstrand während der Hochsaison - Öffentl. Parkpl. **Umgebung** Kirche S. Margherita di Antiocha, Wanderung zu den Sanktuarien Madonna di Reggio und S. Bernardino - Cinque Terre - Golfpl. Marigola (9 L.) in Lerici **Restaurant** von 12.30 bis 13.30 und 19.30 bis 21.00 Uhr - Menüs: 31-36 € - Karte **Anreise** (Karte Nr. 9): 32 km nordwestl. von La Spezia über die S-370 am Meer entlang.

Hotel Il Nido

19030 Tellaro (La Spezia)
Via Fiascherino, 75
Tel. 0187-96 72 86 / 0187-96 92 63 - Fax 0187-96 46 17
Massimiliano Matteucci
E-Mail und Web: guidesdecharme.com/1467

Das Hotel befindet sich in einer der reizvollsten Regionen der ligurischen Küste, genauer im Dorf Tellaro, das vor allem deshalb bekannt ist, weil dort der Erzähler Mario Saldati (der viel für den Erhalt von Tellaro tat) bis zu seinem Tod lebte. An den Felsen geklammert, überragt es wundervolle kleine Buchten – eine dieser Minibuchten ist der Privatstrand des *Nido*. Eine in den Fels gehauene Treppe führt Sie zwischen Pinien und Olivenbäumen hinunter. Auf dem Weg dorthin können Sie auf einer der Terrassen, auf denen Liegestühle bereitstehen, Halt machen oder sich an der Snackbar ein Eis gönnen. Im großen Salon ganz aus Glasflächen werden Sie Ihr Frühstück mit Blick auf den Golf der Dichter einnehmen. Das lackierte Mobiliar in minimalistischem Stil passt bestens zu den Plakaten und modernen Bildern an den Wänden. In einer Vitrine werden regionale Produkte (Pasta, Olivenöl, Balsamico-Essig) zum Kauf angeboten. Die Zimmer haben guten Komfort. Die meisten besitzen eine kleine Terrasse mit Meerblick. Das Hotel verfügt über zusätzliche Zimmer in einem Nebengebäude weiter oben am Hügel. Abends werden Sie die wundervollen Sonnenuntergänge genießen, die die Bucht illuminieren.

Kategorie ★★★ **Geschlossen** 4. November bis 28. Februar **34 Zimmer** mit Klimaanl., Tel., Dusche, TV, Minibar, Safe **Preise** EZ: 60-100 €, DZ: 110-150 €, Zi. mit Panoramablick: 160 €, 3-BZ: 149-195 € - Frühst. inkl., von 8.00 bis 10.00 Uhr **Kreditkarten** akzeptiert **Verschiedenes** Hunde nicht erlaubt - Sauna - Jacuzzi - Fitness - Privatstrand - Garage und Parkpl. (15 €/Tag) **Umgebung** Cinque Terre - Schifffahrten ab Fiascherino - Golfpl. Marigola (9 L.) in Lerici **Kein Restaurant** im Hotel (siehe unsere Restaurantauswahl S. 600) **Anreise** (Karte Nr. 9): 15 km von La Spezia. A-10, Ausfahrt Sarzana, Rtg. Lerici. Vor der Ankunft in Lerici links nach Tellaro.

Locanda Agnello d'Oro

24129 Bergamo Alta
Via Gombito, 22
Tel. 035-24 98 83 - Fax 035-23 56 12
Pino Capozzi
E-Mail und Web: guidesdecharme.com/1468

Bergamo, die Wiege der Comedia dell'arte und für viele die schönste Stadt der Lombardei, hat zwei Gesichter: Der untere Teil, modern und betriebsam, ist das Nervenzentrum der ganzen Region, und in der Oberstadt werden die meisten Baudenkmäler noch immer von der hohen Umwallung und dem Labyrinth gewundener Gassen geschützt. Im historischen Zentrum liegt das *Agnello d'Oro*, eine Institution Bergamos. Seine traditionelle Küche findet allerdings mehr Anklang als seine Zimmer mit mäßigem Komfort und veralteter Möblierung. Dennoch ist das Hotel nicht ohne Charme, vor allem für diejenigen, die das Mobiliar der Fünfziger mögen und es schätzen, zu einem verhältnismäßig niedrigen Preis in einem Gemäuer zu nächtigen, das über tausenddreihundert Jahre alt ist. Außerdem ist es die Gelegenheit, mit der echten einheimischen Küche Bekanntschaft zu machen – umgeben von Masken, Schwertern, Kochtöpfen, Gegenständen aus Kupfer, alten Diplomen usw. Einen geeigneteren Ort zum Probieren von *salame* und *pancetta della bergamasca*, *risotti di Pino Capozzi*, *stracotto di manzo al Valcaleppio* oder Donizetti-Forelle gibt es kaum. Außerdem, wie bereits erwähnt, eine Architektur vergangener Zeiten.

Kategorie ★★ **Ganzj.** geöffn. **20 Zimmer** mit Tel, Bad oder Dusche, TV, Satelliten-TV; Aufzug **Preise** EZ: 58 €, DZ: 93-102 € - Frühst.: 7 €, von 7.15 bis 10.00 Uhr **Kreditkarten** Visa, Eurocard, MasterCard, Amex **Verschiedenes** Hunde erlaubt **Umgebung** Piazza Vecchia, Via Pignolo - S. Maria Maggiore, Kapelle Coleoni - Museum Accademia Carrara **Restaurant** Reservierung erwünscht, von 12.15 bis 14.00 und 19.30 bis 22.00 Uhr - So abends und Mo geschlossen sowie 8. Januar bis 7. Februar - Menüs: 31 und 36 € - Karte **Anreise** (Karte Nr. 3): 30 km nördl. von Mailand. In Bergamo Alta.

L'Albereta & Ristorante Gualtiero Marchesi

Erbusco (Brescia) - Via Vittorio Emanuele II, 23
Tel. 030-776 05 50 - Fax 030-776 05 73 - Carmen Moretti de Rosa
E-Mail und Web: guidesdecharme.com/1469

Von Brescia bis zu den Ufern des Iseosees erstrecken sich die sanften Hügel der Weinberge des Franciacorta. Erbusco ist der Puls dieser Gegend und Sitz der Genossenschaft, die die begehrte, hier angebaute Rebenart vertreibt. Und hier lebt seit dem Quattrocento die Familie Moretti. Das Anwesen Bellavista ist im Besitz von Vittorio Moretti, dem Geschäftsführer einer großen Industriegruppe, der sich aber nach wie vor für diesen Landstrich mit seinen Rebbergen und für diesen Wein begeistert. *Albereta* gehört ebenfalls der Familie und beherbergt eine weitere Berühmtheit: Gualtiero Marchesi, der das Restaurant (zwei Michelin-Sterne seit 1985) führt, jedoch anlässlich der Eröffnung seines neuen Restaurants, „Il Marchesino" in der Mailänder Scala mit dem Gedanken spielt, seine Sterne zurückzugeben. Das Hotel mit hohem Luxus und enorm viel Charme befindet sich in einem Haus des frühen 19. Jahrhunderts mit phantastischem Garten und Aussicht auf den See. Komfort und Raffinement in den Zimmern, und für die restliche Zeit eines Traum-Wochenendes stehen eine Bibliothek, ein Billardraum wie auch ein Swimmingpool, ein Tennisplatz und das Wellness-Center „Henri Chenot" zur Verfügung.

Kategorie ★★★★ Ganzj. geöffn. **57 Zimmer** mit Klimaanl., Tel, Bad, Satelliten-TV, Minibar **Preise** EZ: ab 175 €, DZ: ab 240 €, Suiten: ab 650 € - Frühst.: 30 €, von 7.30 bis 10.30 Uhr **Kreditkarten** akzeptiert **Verschiedenes** Hunde auf Anfrage erlaubt (30 €) - Spa - Swimmingpool - Tennispl. **Umgebung** Iseosee - Val Camonica (jenseits Pisogne) - Nationalpark mit Felsgravierungen (ab Capo di Ponte) - Abtei von Rodengo - Kirche S. Pietro de Lamosa in Provaglio von Iseo - Von Brescia nach Bergamo über die Weinberge und Dörfer des Franciacorta - Golfpl. Franciacorta (9 und 18 L.) **Restaurant** „Gualtiero Marchesi" (Tel. 030-776 05 62), von 12.30 bis 14.00 und 19.30 bis 22.00 Uhr - So abends und Mo geschlossen - Menü - Karte **Anreise** (Karte Nr. 3): 80 km von Mailand. 20 km westl. von Brescia über die A-4 (Milano/Venezia), Ausfahrt Rovato.

Locanda al Dossello

25050 Provaglio d'Iseo (Brescia)
Via per Monterotondo, 24
Tel. 030-983 91 83 - Fax 030-908 12 62 - Alessio Zatti
E-Mail und Web: guidesdecharme.com/1470

Der Iseosee ist sehr anziehend mit dem tiefen Blau seines Wassers, seinem eingeschnittenen Ufer und seiner kleinen Insel. Auch bietet er den Vorteil, dass man ihn innerhalb eines Tages umkreisen kann, erst recht, wenn Sie der Fahrrad-Wein-Tourismus reizt, der hier zur Weinerntezeit gut organisiert ist. Dieser ehemalige, in den Nebbiolo-Weinbergen gelegene landwirtschaftliche Betrieb, dessen ursprüngliche Gebäude erhalten blieben, wurde luxuriös umgebaut und bietet heute ein ruhiges, gepflegtes und distinguiertes Ambiente. Die Zimmer mit ockerfarbenen Wänden und Terrakottafußböden sind mit ihren schönen Marmorbädern sehr groß. Ihre Einrichtung mit Himmelbetten und weiß lackiertem Mobiliar hat etwas „Provenzalisch-Gustav'sches". Das Haus ist auch für sein gutes Restaurant bekannt, das jeden Monat ein neues Probiermenü in einem sehr ansprechenden Speiseraum anbietet; Letzterer weitet sich auf eine große Terrasse mit Blick auf Monterotondo aus. Der Gipfel der in diesem Haus gebotenen Romantik ist der Tisch im Turm, der für ein intimes Abendessen bei Kerzenschein und mit einem 360°-Panorama reserviert werden kann.

Ganzj. geöffn. **6 Zimmer** mit Klimaanl., Tel., Bad, TV, Minibar, Safe **Preise** EZ: 60-80 €, DZ: 100 €, Suite: 130 € - Frühst. inkl., von 7.00 bis 12.00 Uhr **Kreditkarten** akzeptiert **Verschiedenes** Hunde nicht erlaubt - Fahrräder - Parkpl. **Umgebung** Iseosee - Val Camonica (jenseits Pisogne) - Nationalpark mit Felsgravierungen (ab Capo di Ponte) - Abtei von Rodengo - Kirche S. Pietro de Lamosa in Provaglio von Iseo - Von Brescia nach Bergamo über die Weinberge und Dörfer des Franciacorta - Golfpl. Franciacorta (9 und 18 L.) **Restaurant** von 12.00 bis 14.00 und 19.00 bis 23.00 Uhr - Di und 1. Nov.-Woche, 15. Febr. bis 1. März geschl. - Karte **Anreise** (Karte Nr. 3): Über die A-4 (Milano/Venezia), Ausfahrt Rovato. Rtg. Lago d'Iseo dann Provaglio d'Iseo und „Locando Al Dossello".

Dimora Bolsone

Lago di Garda 25083 Gardone Riviera (Brescia)
Via Panoramica, 23
Tel. 0365-210 22 - Fax 0365-29 30 42
Raffaele und Katia Bonaspetti
E-Mail und Web: guidesdecharme.com/1471

Dass *Dimora Bolsone* als ein ruhiger, von Raffinement geprägter Ort empfunden wird, ist Raffaeles und Katias größtes Anliegen. Deshalb soll es ein Gästehaus bleiben, in dem man in diesem uralten, von einem achtzigtausend Quadratmeter großen Park umgebenen Gehöft (*casale*), das rigoros restauriert und größtenteils mit zeitgenössischem Mobiliar eingerichtet wurde, ruhig-heitere Momente verbringt und teilt. Für den von Raffaele erträumten und entsprechend dem Thema „Sinne" realisierten Giardino dei Sensi muss man sich mehrere Tage Zeit nehmen, so groß ist er; erkunden kann man ihn über einen langen Weg, den Percorso vita, der einen zu den interessantesten Ecken führt. Die Zimmer sind mit komfortablen Bädern groß und elegant: Uns gefielen besonders die „Camera degli Angeli", das Zimmer in „La Torre", Raffinement bieten aber alle. Das Frühstück, zu dem nur Hausgemachtes (auch eigene frische Eier) von Katia serviert und das in der Laube mit Blick auf den See eingenommen wird, ist ein Moment vollkommener Harmonie. Für alle, die die Natur lieben und großen Wert auf eine besondere Lebensart legen.

Geschlossen Dezember, Januar und Februar - Kinder ab 12 J. **4 Zimmer** (Nichtraucher) mit Bad **Preise** DZ für 1 Pers.: 160 €, DZ: 190 € - Frühst. inkl., von 9.00 bis 10.30 Uhr **Kreditkarten** nicht akzeptiert **Verschiedenes** Hunde nicht erlaubt - Fahrräder - Parkpl. **Umgebung** Villa Martinengo in Barbarano - Botanischer Garten von Gardone di Sotto - Vittoriale degli Italiani (Residenz von d'Annunzio) - Aussichtspunkt San Michele - Valvestino - Verona - Golfpl. von Soiano (27 L.) **Kein Restaurant** im „Dimora Bolsone" **Anreise** (Karte Nr. 3): 36 km nordöstl. von Brescia über S-45bis. In Gardone dann Il Vittoriale bis zum Parkplatz der Villa folgen. Wer das Haus nicht findet und telefoniert, wird abgeholt.

Hotel Villa del Sogno

Lago di Garda 25083 Fasano di Gardone Riviera (Brescia) - Via Zanardelli, 107
Tel. 0365-29 01 81 - Fax 0365-29 02 30 - Familie Calderan
E-Mail und Web: guidesdecharme.com/1472

Die Fassade dieser Villa aus der Jahrhundertwende ist eine Sinfonie aus Ocker und sanftem Gelb; die malerische Terrasse scheint einem Traum entsprungen. Oberhalb des Gardasees in einem wunderschönen üppig wuchernden Garten gelegen, ist dies ein elegantes, sehr geschmackvolles Hotel. Die Innenarchitektur mit ihrer wundervollen Treppe und all den alten Gemälden, der Täfelung, den Arkaden des Salons, dem verschiedenartigen Mobiliar und den kleinen Blumensträußen unterstreichen nur noch diese nostalgische poetische Atmosphäre, die Seenlandschaften schaffen. Die Zimmer sind geräumig, manche im Libertystil, andere im venezianischen. Das mit der kleinen Loggia ist noch besser, und einige unter der Terrasse verfügen über kleine Privatterrassen. Nicht alle haben einen weiten Blick über den See, weshalb Sie beim Buchen Ihre Wünsche äußern sollten. Die Bar ist sehr sympathisch. Im Park dann ein besonders angenehmer Pool, ein Tennisplatz und ein Wellness-Center für diejenigen, denen die natürliche Umgebung nicht genügt. Und sollte es uns nicht gelungen sein, Sie zu „ködern", dann sollten Sie die Webseite villadelsogno. it anklicken, mit der Andrea Bocelli Sie endgültig überzeugen wird.

Kategorie ★★★★ **Geöffnet** 1. April bis 15. Oktober **35 Zimmer** mit Klimaanl., Tel., Wi-Fi, Bad, Satelliten-TV, Minibar; Aufzug **Preise** je nach Aussicht: DZ: 280-370 €, Superior: 370-420 €, Suite: 420-920 €; Extrabett: 20-55 € - Frühst. (Buffet) inkl., von 7.30 bis 10.30 Uhr - HP: +50 € pro Pers. **Kreditkarten** akzeptiert **Verschiedenes** Hunde nicht erlaubt - Hydromassage - Tennis (15 €/Std.) - Sauna - Swimmingpool - Parkpl. **Umgebung** Villa Martinengo in Barbarano - Botanischer Garten von Gardone di Sotto - Vittoriale degli Italiani (Residenz von d'Annunzio) - Aussichtspunkt San Michele - Valvestino - Verona - Golfpl. von Soiano (27 L.) **Restaurant** von 12.30 bis 14.30 und 20.00 bis 22.00 Uhr - Karte **Anreise** (Karte Nr. 3): 130 km östl. von Mailand - 36 km nordöstl. von Brescia über die S-45bis auf dem linken Seeufer; 2 km weiter im kleinen Ort Fasano di Gardone.

Villa Fiordaliso

Lago di Garda 25083 Gardone Riviera (Brescia)
Corso Zanardelli, 132 - Lago di Garda
Tel. 0365-20 158 - Fax 0365-29 00 11
Sig. Tosetti
E-Mail und Web: guidesdecharme.com/1473

Die vier Etagen der *Villa Fiordaliso* erheben sich direkt über dem See. Hier herrscht architektonischer Ekklektizismus, denn Renaissance-Loggien und neoklassizistische Fenster venezianischen Stils wechseln einander ab. Gabriele d'Annunzio war hier zu Gast (bevor er sich ganz in der Nähe niederließ), und von 1943 bis 1945 war dies der Wohnsitz von Claretta Petacci, der Gefährtin Mussolinis. 1985 wurde das Hotel restauriert und viel Wert darauf gelegt, seinen Charme zu erhalten. Die Zimmer sind wunderbar und liegen in den Obergeschossen ohne Aufzug. „Iris" und „Mimosa" sind klein, haben aber Seeblick, von „Gardenia" und „Magnolia" schaut man ebenfalls auf den Lago di Garda, aber auch auf die Straße; das kleine „Orchidea" bietet eine direkte Aussicht, ebenso „Camelia" und die Suite „Claretta" (die sogenannten „Historischen"), die außerdem eine Terrasse am See besitzen; das rosa Zimmer erfreut sich eines prachtvollen Bades aus Carrara-Marmor. Das gastronomische Restaurant ist sehr empfehlenswert, auch wenn man nicht im Hotel wohnt.

Kategorie ★★★★ **Geschlossen** 1. November bis Anfang März **2 Zimmer** und 3 Suiten mit Klimaanl., Tel., Bad, Satelliten-TV, Minibar **Preise** DZ: 350-500 €; „Mimosa" und „Iris": 500 €, „Claretta": 700 € - Frühst. inkl., von 7.30 bis 10.30 Uhr **Kreditkarten** akzeptiert **Verschiedenes** Hunde nicht erlaubt - Priv. Bootssteg - Parkpl. **Umgebung** Villa Martinengo in Barbarano - Botanischer Garten von Gardone di Sotto - Vittoriale degli Italiani (Residenz von d'Annunzio) - Aussichtspunkt San Michele - Valvestino - Verona - Golfpl. von Bogliaco (9 L.) **Restaurant** von 12.30 bis 14.00 und 19.30 bis 22.00 Uhr - Mo und Di mittags geschl. - Menü: 120 € - Karte - Regionale Jahreszeitenküche **Anreise** (Karte Nr. 3): 130 km östl. von Mailand - auf dem linken Seeufer, 1 km von Gardone.

Hotel Baia d'Oro

Lago di Garda 25084 Gargnano (Brescia)
Via Gamberera, 13
Tel. 0365-711 71 - Fax 0365-725 68
Gabriele Terzi
E-Mail und Web: guidesdecharme.com/1474

Der Gardasee ist bekanntlich sehr angenehm für Aufenthalte, auch um von hier Ausflüge in die wunderschönen Städte Norditaliens (Verona, Brescia, Mantova) wie nach Trento und in die Dolomiten zu unternehmen. Das kleine Hotel *Baia d'Oro* ist hierfür geradezu ideal. Dieses alte Fischerhaus erhebt sich mit seiner farbigen Fassade an einem reizenden kleinen Strand des Sees. Von seiner malerischen Terrasse und der Landungsbrücke aus hat man die schönste Aussicht. Gargnano, am westlichen Ufer gelegen, das von Desenzano über Salo bis Riva reicht, ist Teil dieser Brescia-Riviera, an der einst inmitten mediterraner und exotischer Vegetation Paläste und Villen erbaut wurden. Unser kleines Hotel ist zwar bescheidener, aber derart charmant ... Die komfortablen, gepflegten Zimmer ganz in Pastellfarben haben fast alle (vier mit Straßenlage) einen kleinen Balkon, auf dem man gern sein Frühstück mit Aussicht einnimmt. Die Salons sind anheimelnd. Dass *Baia d'Oro* so manchem gefallen hat, stellt man beim Lesen der an den Wänden des Restaurants aufgehängten Dankesbriefe illustrer Gäste fest – der eindrucksvollste trägt die Unterschrift Winston Churchills.

Kategorie ★★★ **Geöffnet** Ende März bis Ende Oktober **13 Zimmer** mit Klimaanl., Tel., Dusche, TV, Minibar, Safe **Preise** EZ: 80 €, DZ: 125 €; Extrabett: 50 € - Frühst.: 20 €, von 8.00 bis 10.30 Uhr **Kreditkarten** Visa, Eurocard, MasterCard **Verschiedenes** Hunde erlaubt - Garage (10 €/Tag) **Umgebung** Villa Feltrinelli - Idro-See - Sanktuarium der Madonna di Monte Castello in Tignale - Pieve di Tremosine - Verona - Golfpl. von Bogliaco (9 L.) **Kein Restaurant** im Hotel **Anreise** (Karte Nr. 3): 46 km nordwestl. von Brescia über die S-45bis auf dem linken Seeufer.

Hotel Villa Giulia

Lago di Garda- 25084 Gargnano (Brescia)
Viale Rimembranza, 20
Tel. 0365-710 22 / 0365-712 89 - Fax 0365-727 74
Familie Bombardelli
E-Mail und Web: guidesdecharme.com/1475

Erfolg ist oft auf Leidenschaft und Hartnäckigkeit zurückzuführen, zwei Eigenschaften, die Rina Bombardelli dazu brachten, aus der Familienpension ein Hotel mit Charme zu machen. Die äußerst gut gelegene Villa im neogotischen Stil (1900) liegt direkt am See, und der Blick auf den Gardasee und Monte Baldo – je nach Jahreszeit grün oder mit Schnee bedeckt – ist wunderbar. Die Atmosphäre des Hauses kann man als ausgesprochen anheimelnd bezeichnen: Lehn- und Clubsessel schaffen im Salon mit Bar mehrere ungestörte Sitzecken. Ähnlich ist die Stimmung in dem von zwei schönen Murano-Lampen erhellten Restaurant. Im Sommer wird das Restaurant auf die Terrasse direkt am Garten verlegt. Von den gut ausgestatteten Zimmern blickt man entweder auf den Garten oder den See. Swimmingpool und Solarium liegen etwas abseits.

Kategorie ★★★★ **Geschlossen** Mitte Oktober bis Ostern **22 Zimmer** und 1 Suite mit Klimaanl., Tel., Wi-Fi, Dusche, Satelliten-TV, Safe, Minibar **Preise** EZ: 140 €, DZ: 225 €, Romantic und Junior-Suite mit See- oder Gartenblick: 245-335 € - Frühst. (Buffet) inkl., von 7.30 bis 11.00 Uhr **Kreditkarten** Visa, Eurocard, MasterCard, Amex **Verschiedenes** Hunde auf Anfrage erlaubt (16 €) - Kleiner Fitness-Raum - Türkisches Bad - Sauna - Jacuzzi - Swimmingpool - Privatstrand - Parkpl. **Umgebung** Idro-See - Sanktuarium der Madonna di Monte Castello in Tignale - Pieve di Tremosine - Verona - Golfpl. von Bogliaco (9 L.) **Restaurant** von 12.30 bis 14.30 und 19.30 bis 21.00 Uhr - Karte **Anreise** (Karte Nr. 3): 46 km nordwestl. von Brescia über die S-45bis am linken Seeufer.

Hotel Laurin

Lago di Garda 25087 Salò (Brescia)
Viale Landi, 9
Tel. 0365-220 22 - Fax 0365-223 82
Sig. Rossi
E-Mail und Web: guidesdecharme.com/1476

Im 19. Jahrhundert war der Gardasee eine berühmte Sommerfrische und hat aus dieser Zeit bemerkenswerte Häuser erhalten. Mit Salò, einem der wenigen Dörfer, die die Pracht dieser Vergangenheit bewahrt haben, ist ein trauriges Kapitel der italienischen Geschichte verbunden, denn es war die letzte, wenn auch ephemere Hochburg der Getreuen Mussolinis. Das *Laurin* zählt zu den Kleinoden des Ortes. Es ist eine schön erhaltene Villa im Libertystil, die Salons sind mit romantischen und sinnenfreudigen Fresken dekoriert. Die geschmackvoll eingerichteten Zimmer mit Parkettboden entsprechen voll und ganz der Eleganz des Hauses. Wenn auch einige Zimmer zur Straße gehen, die an der Rückseite des Hotels vorbeiführt, so liegen doch die meisten zum See hin und laden zum Träumen ein. Freundlicher Empfang. Der Spaziergang am Seeufer entlang zum Dorf ist unumgänglich, ebenso der Besuch von Vittoriale, dem ehemaligen Palais und heutigen Museum des Dichters Gabriele d'Annunzio.

Kategorie ★★★★ **Geschlossen** Dezember bis Ende Januar **33 Zimmer** (22 mit Klimaanl.), Tel., Bad oder Dusche, Satelliten-TV, Minibar **Preise** DZ für 1 Pers. und DZ: 125-145 €, DZ ohne Aussicht: 180-250 €, DZ mit Aussicht: 200-250 €, DZ mit Terrasse und Aussicht: 300 € - Frühst. (Buffet) inkl., von 8.00 bis 10.30 Uhr - HP: + 48 € pro Pers. **Kreditkarten** akzeptiert **Verschiedenes** Hunde auf Anfrage erlaubt - Swimmingpool - Parkpl. **Umgebung** Villa Martinengo in Barbarano - Bot. Garten Gardone di Sotto - Vittoriale - Belvedere San Michele - Verona - Garda Golfpl. in Soiano (18 L.) **Restaurant** von 12.30 bis 14.30 und 20.00 bis 21.30 Uhr - Karte: 70 € - Spezialitäten: Fisch **Anreise** (Karte Nr. 3): 130 km östl. von Mailand - 35 km nordöstl. von Brescia über die S-45 auf dem linken Seeufer (1 km von Gardone Riviera).

Albergo Terminus

Lago di Como 22100 Como
Lungo Lario Trieste, 14
Tel. 031-329 111 - Fax 031-302 550
Cristina Zucchi
E-Mail und Web: guidesdecharme.com/1477

An den Kais des Comer Hafens berühren sich die großen Villen beinahe. Den kleinen französischen Garten, der zwischen *Albergo Terminus* und der Straße liegt und aus Kieselsteinen und Rasen besteht, kann man jedoch nicht übersehen. Das Hotel hat seine Stuckdecken, seine Holztäfelungen und seine Floral-Dekoration des Libertystils erhalten können, aber auch die phantasiereiche Aufteilung im Innern mit einer großen Halle und Galerien, um die herum die Salons angelegt sind wie auch das Veranda-Restaurant, das im Sommer die Terrasse einschließt. Alle Gästezimmer haben guten Komfort, aber die mit Seeblick sind freilich am schönsten. Besonders erwähnenswert ist „Torretta" mit Terrasse und Panoramablick auf Como. Das am See gelegene *Hotel Flori* (Tel. 031-33 820) hat den der gleichen Eigentümer wie *Terminus*.

Kategorie ★★★★ **Ganzj.** geöffn. **49 Zimmer** mit Klimaanl., Tel., Bad oder Dusche, Satelliten-TV, Wi-Fi, Minibar; Aufzug **Preise** EZ: 137-186 €, DZ: 184-285 €; Extrabett: 60 € - Frühst. inkl., von 7.15 bis 11.00 Uhr **Kreditkarten** akzeptiert **Verschiedenes** Hunde erlaubt - Sauna - Fitness - Garage (22 €/Tag) **Umgebung** Menaggio - Villa Carlotta in Tremezzo - Bellagio: Gärten der Villa Serbelloni und Villa Melzi - Golfpl. Villa d'Este (18 L.) in Montorfano **Restaurant** „Bar delle Terme" von 12.30 bis 15.00 und 19.30 bis 22.30 Uhr - Di geschl. - Karte - Italienische Küche **Anreise** (Karte Nr. 2): 48 km von Mailand; am Hafen.

Grand Hotel Villa Serbelloni

Lago di Como 22021 Bellagio (Como)
Tel. 031-95 02 16 - Fax 031-95 15 29
Sig. Spinelli
E-Mail und Web: guidesdecharme.com/1478

Das *Serbelloni* ist eine der historischen Villen, die zu Beginn des 19. Jahrhunderts in diesem wunderschönen Teil des Sees errichtet wurden, um den Wunsch aristokratischer Familien der Lombardei nach Größe zu befriedigen. Dazu zählen ferner Villa d'Este in Cernobbio, Villa Carlotta in Tremezzo, Villa Olmo in Como und Villa Ricordi in Cadenabbia, wo Verdi einen Teil der Traviata komponierte. In dem wundervollen englischen Garten zeigt *Villa Serbelloni* ihre imposante Fassade im Libertystil. Stuck und Säulen verleihen den Salons noch immer viel Pracht. Die meisten Zimmer haben nach wie vor ihre originale Größe, ihre bemalten Decken und ihr Mobiliar von einst. Möglichst eines der Zimmer mit Seeblick buchen. Zwei Restaurants: das schicke „Terrazza", mit Terrasse am See und Kammermusik, und das informellere „Mistral" am Pool. *Villa Serbelloni* ist einzigartig, um in barocker Umgebung die italienische Lebensart zu genießen. Das taten bereits Flaubert und Liszt.

Kategorie ★★★★ **Geschlossen** 4. November bis 31. März **95 Zimmer** mit Klimaanl., Tel., Bad, Satelliten-TV, Minibar; Aufzug und 13 Appart. in der Residenz L'Ulivo **Preise** EZ: 235-275 €, DZ Standard: 375-445 €; Extrabett: 32-58 € - Appart.: 945-1890 €/Woche - Frühst. inkl., von 7.30 bis 10.30 Uhr - HP (mind. 3 Üb.): + 70 € pro Pers. **Kreditkarten** akzeptiert **Verschiedenes** Hunde erlaubt - Fitness- und Beauty-Center - Sauna - Swimmingpool - Tennis (11 €) - Privater Anleger - Wassersport - Squash - Garage und Parkpl. (16 €/Tag) **Umgebung** Villa Melzi - Bellagio/Erba über Valassina - Bellagio/Comer See: Gärten der Villa Trotti, Grüne Grotte in Lezzeno, Careno, Villa Pliniana in Riva di Faggetto - Menaggio und Cadenabbia Golfpl. (18 L.) **Restaurant** von 12.30 bis 14.30 und 20.00 bis 22.00 Uhr - Menü: 70 € - Karte **Anreise** (Karte Nr. 2): 31 km nördl. von Como.

Hotel Florence

Lago di Como 22021 Bellagio (Como)
Piazza Mazzini, 46
Tel. 031-950 342 - Fax 031-951 722
Familie Ketzlar
E-Mail und Web: guidesdecharme.com/1479

Unter den Arkaden, die den Hafen begrenzen, und direkt neben dem Serbelloni entdeckt man dieses kleine Hotel, das jenen Touristen Erfrischungen serviert, die auf das Boot warten. Restaurant und Zimmer befinden sich in den oberen Stockwerken. Heute sind alle Gästezimmer hübsch eingerichtet und bieten Blick auf den See und das Leben und Treiben im Hafen. Die Atmosphäre des Restaurants mit Kamin ist einladend, der Empfang der Hotelbesitzer sehr freundlich. Weniger luxuriös als sein Nachbar, das *Serbelloni*, aber auch nicht so kostspielig, ist das *Florence* eine durchaus charmante Adresse mit nicht wenigen Vorzügen.

Kategorie ★★★ **Geöffnet** April bis Oktober **30 Zimmer** mit Tel., Bad, Fön, Satelliten-TV, Safe **Preise** EZ: 120 €, DZ: 140-200 €, Suiten: 230-260 € - Frühst. inkl., von 7.30 bis 10.00 Uhr - HP: + 40 € pro Pers. **Kreditkarten** Visa, Eurocard, MasterCard **Verschiedenes** Hunde nicht erlaubt - Spa **Umgebung** Gärten der Villa Serbelloni - Villa Melzi - Erba über Valassina - Comer See: Gärten der Villa Trotti, Grüne Grotte in Lezzeno, Careno, Villa Pliniana in Riva di Faggetto - Golfpl. (18 L.) Grandola und Mennagio **Restaurant** von 12.30 bis 14.30 und 19.30 bis 22.00 Uhr - Karte **Anreise** (Karte Nr. 2): 31 km nördl. von Como über die S-583, am rechten Seeufer.

San Giorgio Hotel

Lago di Como 22016 Lenno (Como)
Via Regina, 81
Tel. 0344-40 415 - Fax 0344-41 591
Andrea Redaelli
E-Mail und Web: guidesdecharme.com/1481

Das *San Giorgio* ist ein Familienunternehmen. Der Großvater der jetzigen Inhaberin ließ das große, weiße Gebäude errichten, das mit dem kleinen, älteren Haus nebenan verbunden ist. Schon damals als Hotel konzipiert, war es leicht, im Laufe der Jahre den Komfort zu verbessern. Das Restaurant und der große Salon, beide mit Möbeln aus dem Familienbesitz eingerichtet (Sessel, Stühle, Sekretär aus dem 18./19. Jahrhundert) gehen direkt auf die Loggia und den Garten hinaus. Die Zimmer, mit Blick auf die Berge und die Bucht von Tremezzina, verfügen alle über einen Balkon. Sie sind groß und mit zweckmäßigen Bädern ausgestattet. Diejenigen, die nach hinten und somit zur Straße hinausgehen, sind selbstverständlich lauter. Der sanft zum Seeufer abfallende Garten war früher ein Olivenhain. Heute blühen hier im Frühjahr Glyzinien und Magnolien, und im Herbst füllt sich die Luft mit ölhaltigen Düften. Nur wenige Kilometer von den Bootsanlegern (Überfahrten ans andere Ufer) enfernt, ist *San Giorgio* der ideale Ausgangspunkt für eine Reise zu den anderen italienischen Seen.

Kategorie ★★★ **Geöffnet** April bis Mitte Oktober **26 Zimmer** mit Tel., Bad oder Dusche, Safe; Aufzug **Preise** EZ: 100 €, DZ: 130-150 € - Frühst.: 10 €, von 8.00 bis 10.30 Uhr - HP (mind. 3 Üb.): 110-112 € (pro Pers.) **Kreditkarten** akzeptiert **Verschiedenes** Hunde auf Anfrage erlaubt (20 €) - Parkpl. **Umgebung** Menaggio - Villa Carlotta in Tremezzo - Abfahrtstelle für Bellagio (100 m): Gärten der Villa Serbelloni und Villa Melzi - Golfpl. (18 L.) in Grandola und Uniti **Restaurant** von 12.30 bis 14.30 und 19.30 bis 21.00 Uhr - Menü: 35 € **Anreise** (Karte Nr. 2): 27 km nördl. von Como über die S-340, am linken Seeufer.

Hotel Stella d'Italia

Lago di Lugano-San Mamete 22010 Valsolda (Como)
Piazza Roma, 1
Tel. 034468139 - Fax 034468729
M. Ortelli
E-Mail und Web: guidesdecharme.com/1482

San Mamete ist eines dieser hübschen kleinen Dörfer am Luganer See. Das *Stella d'Italia*, seit vier Generationen im Besitz der Familie Ortelli, besteht aus einem Haupt- und einem Nebengebäude. Die Innengestaltung, die „interessante Sammlung der Bilder Signora Ortellis, die Beleuchtung und das bequeme Mobiliar schaffen ein sehr angenehmes Ensemble" (so mehrere Leser unseres Führers). Die Zimmer werden stetig renoviert und verschönt, die angenehmsten haben große Fenstertüren zum See. Der Garten direkt am Ufer ist phantastisch. Eine eindrucksvolle Laube aus Rosen und wildem Wein lädt zum Mittagessen ein, der kleine Strand zum Baden oder Sonnen. Die Umgebung und das Panorama sind superbe, die Preise moderat, und der Empfang ist sympathisch.

Kategorie ★★★ **Geöffnet** 1. April bis 15. Oktober **34 Zimmer** (28 mit Klimaanl.) mit Tel., Wi-Fi, Dusche oder Bad, Satelliten-TV, Safe; Aufzug **Preise** EZ: 95-115 €, DZ: 115-160 € - Frühst. (Buffet) inkl., von 7.30 bis 10.00 Uhr **Kreditkarten** akzeptiert **Verschiedenes** Hunde auf Anfrage erlaubt - Privatstrand - Garage (9 €/Tag) **Umgebung** Panoramastraße von Menaggio nach Lugano - Lugano - Villa Carlotta in Tremezzo **Restaurant** von 12.30 bis 14.00 und 19.30 bis 21.00 Uhr - Karte - Spezialitäten: Pesce del lago **Anreise** (Karte Nr. 2): 42 km nördl. von Como über die A-9, Ausfahrt Lugano-Sud, dann Rtg. Gandria Sankt Moritz.

Villa Simplicitas e Solferino

22028 San Fedele d'Intelvi (Como)
Tel. 031831132 - Fax 031830455
Ulla Wagner
E-Mail und Web: guidesdecharme.com/1483

Einer der schönsten Flecken in dieser Seenlandschaft, wo Berge und üppige Vegetation die Buchten des Comer Sees begrenzen, ist das Intelvi-Tal. Eine romantische Landschaft, die die Erinnerung an Manzonis „Die Verlobten" wachruft und an den jungen Visconti, der oft in Begleitung seiner Mutter hierher kam ... *Villa Simplicitas* ist ein von Weiden und hundertjährigen Kastanien umgebenes großes Landhaus. Das Innere ist eine Wonne: Parkettboden mit Patina, Gardinen aus einer anderen Zeit, alte Stiche. Die Zimmer (mit Komfort-Bädern) sind anheimelnd-großmütterlich, und die Küche ist vom Trentino und von Norditalien inspiriert (versichern Sie sich, dass das Restaurant, wenn Sie abends ankommen, geöffnet ist). Ein idealer Ort zum Insichgehen, für Verliebte oder ganz einfach zum Genießen eines echten Familienhauses.

Kategorie ★★ **Geöffnet** Mai bis Oktober **15 Zimmer** mit Bad **Preise** DZ: 45-60 € (pro Pers.) - Frühst. inkl. - HP: 70-85 € (pro Pers.) **Kreditkarten** akzeptiert **Verschiedenes** Hunde auf Anfrage erlaubt - Parkpl. **Umgebung** Cernobbio - Kirche von Sala Comacina - Isola Comacina (Spezialität: Fisch à la contrabbando) - Val d'Intelvi: Lanzo d'Intelvi - Drahtseilbahn zum Aussichtspunkt di Lanzo mit Santa Margherita am Ufer des Luganer Sees - Lugano **Restaurant** reservieren, von 12.30 bis 14.30 und 20.30 bis 22.00 Uhr - Menüs: 30-35 € - Karte - Norditalienische Spezialitäten **Anreise** (Karte Nr. 2): 25 km nördl. von Como über die S-340, auf dem linken Seeufer bis Argegno, dann links Rtg. San Fedele Intelvi. Eine stark gewundene Bergstraße über ein paar Kilometer.

B&B Del Mincio

Loc. Formigosa 46100 Mantova - Stradello Croce, 43
Tel. 0376-30 25 19 - Handy 347-130 63 22
Umberto und Maria Ballerini
E-Mail und Web: guidesdecharme.com/1484

In Mantua, sechs Jahrhunderte lang war es Hauptstadt und die Heimat von Andrea Mantegna, wird man sich an jeder Straßenecke seiner einflussreichen Vergangenheit bewusst. Seit dem 12. Jahrhundert ist diese *citta-isola* von vier Seen umgeben, auf denen heute Seerosen schwimmen, deren Blüte spektakulär ist. Viel später dann wurden Mantua und die kleine Gemeinde Formigosa in den Parco del Mincio integriert, in dem man mit dem Fahrrad im Schatten von Trauerweiden und Platanen spazierenfahren und dabei Silberreiher und Kraniche beobachten kann. Deshalb sollte man sich unbedingt nach Mantua begeben, in „die romantischste Stadt der Welt" schon zu Zeiten Aldous Huxleys … Das B&B von Umberto und Maria liegt auf dem Land, mitten im Park, acht Kilometer vom historischen Zentrum entfernt, doch fährt regelmäßig der Gemeindebus, es sei denn, Sie nehmen die Fahrräder des Hauses. Die Villa, der Garten und die Einrichtung geben den außerordentlich guten Geschmack und die Begeisterung dieses Antiquitätenhändlerpaares zu erkennen. Die Möbel aus Nussholz oder Akazie, die Bücher und die persönlichen Gegenstände (auch in den Gästezimmern, nur eines hat ein eigenes Bad) schaffen eine warme Atmosphäre. Die Preise sind günstig.

Geschlossen 10. Januar bis 5. März **3 Zimmer** mit Klimaanl. (2 mit eigenem Bad), Internet **Preise** EZ mit Gemeinschaftsbad: 35 €, DZ für 1 Pers. mit eig. Bad: 45 €, DZ mit Gemeinschaftsbad: 70 €, DZ mit eig. Bad: 90 € - Frühst. (Buffet) inkl., von 8.30 bis 10.00 Uhr **Kreditkarten** nicht akzeptiert **Verschiedenes** Hunde nicht erlaubt - Fahrräder - Parkpl. **Umgebung** Mantova - Parc del Mincio - Sabbioneta - San Benedetto Po - Solferino - Castiglione delle Stiviere **Kein Restaurant** (siehe unsere Restaurantauswahl S. 605) **Anreise** (Karte Nr. 9): ab Mantova Rtg. Padova, am 1. Kreisverkehr rechts Rtg. Rovigo/Ostigia, hinter dem Kreisverkehr rechts nach Formigosa. Bus Nr. 65.

Albergo Locanda del Peccato di Gola

46100 Villastrada di Dosolo (Mantova)
Via Garibaldi, 18
Tel. 0375-83 80 66 - Fax 0375-89 99 91
Lina Albertini, Arneo, Dario Nizzoli
E-Mail und Web: guidesdecharme.com/1485

In der Gegend südlich von Mantua, an der Grenze der Emilia-Romagna, ziehen sich zwischen Viadana und Suzzara die stillen, umnebelten Ufer des Po hin. Dieser von naiven Malern (cf. Museum von Luzzara) geschätzte Landstrich, aber auch vom Schriftsteller und Journalisten Cesare Zavattini (dem Drehbuchschreiber von Visconti und Vittorio De Sica), der, seit er erstmals die Locanda betrat, sich sofort mit Arneo Nizzoli anfreundete. Als Hommage an diesen Freund steht ein Raum ganz in dessen Zeichen. Ob in den reizenden Zimmern im Libertystil oder im Restaurant: weder Luxus noch Modernität. Seit etwa fünfzig Jahren wird hier Tradition und Gastfreundschaft gepflegt von der Familie Nizzoli, die die Kunst beherrscht, Kürbisse, Melonen, Schnecken und Frösche meisterhaft zuzubereiten. In dieser wahren Institution Italiens wurden somit die Größten bewirtet. Bertolucci, Pavarotti, Tinto Brass und auch Robert de Niro kamen in dieses Haus, um sich mit Blutwurst und Kürbis oder Risotto mit Trüffeln verwöhnen zu lassen. Auch heute wallfahrten weiterhin Persönlichkeiten an diesen Ort, wo die Zeit nicht zu zählen scheint und Abend für Abend Traditionelles zelebriert wird. Ein Haus, das aufgesucht werden sollte, befürchtet doch Arneo Nizzoli, dass „alles bald der Vergangenheit angehören wird".

Geschlossen 23. bis 28. Dezember **10 Zimmer** (5 mit Klimaanl.) mit Tel., Bad oder Dusche, Satelliten-TV, 5 mit Minibar **Preise** EZ: 35 €, DZ: 55 € - Frühst. (Buffet): 5 €, von 8.00 bis 10.00 Uhr - HP (mind. 3 Üb.): 45-55 € (pro Pers.). **Kreditkarten** akzeptiert **Verschiedenes** Hunde nicht erlaubt **Umgebung** Mantova - Sabbioneta - Viadana - Pomponesco **Restaurant** von 12.00 bis 13.30 und 20.00 bis 21.30 Uhr - Mi geschl. - Menü: 20 € - Karte **Anreise** (Karte Nr. 9): 35 km nordöstl. von Parma über die A-1. 25 km von Mantova.

Hotel Corte Uccellanda

Castellaro Lagusello 46040 Monzambano (Mantova)
Tel. 0376-88 763 - Fax 0376-88 764
Monica Campagnari
E-Mail und Web: guidesdecharme.com/1486

Die grüne Umgebung südlich des Gardasees zwischen Brescia, Verona und Mantua namens Colli Morenici wird seit dem Neolithikum bis zum Hof der Gozagues geschätzt wegen seiner angenehm kühlen kleinen Täler mit Zypressen, Weinbergen und kleinen Eichenwäldern (cf. archäologisches Museum von Cavriana). Castellaro Lagusello ist aus mehreren Gründen in der Region bekannt. Es ist bemerkenswert erhalten (man betritt nach wie vor diesen mittelalterlichen, von einer gezackten Schutzmauer umgebenen Mini-Weiler über eine Hebebrücke), es hat eine Tamburin-Gruppe, es ist eine gastronomische Etappe und beherbergt die alte *corte agricola*, die heute *case-appartamenti* anbietet: 50 bis 80 Quadratmeter große Suiten. Die Gestaltung ist von größter Phantasie geprägt: im „Odysseo" fällt das Floßbett ins Auge, im „Giulio Cesare" ein sehr nachdenklicher General, im „Marco Polo" das chinesische und im „Erasmo" das besonders nüchterne Mobiliar. Exzellenter Komfort, tagtäglicher Hotelservice, aufmerksamer Empfang und Heilpflege (sowie Entspannung in der Beauty Farm für diejenigen, denen die barocken Darstellungen Galileos oder Saffos „zu weit gehen").

Geschlossen 10. Januar bis 10. Februar **14 Appartements** mit Klimaanl., Tel., Wi-Fi, Bad oder Dusche, Satelliten-TV, Minibar, Safe - Frühst. inkl., von 8.00 bis 10.00 Uhr **Preise** EZ: 70 €, DZ: 100 €; Extrabett: 35 € **Kreditkarten** Visa, Eurocard, MasterCard **Verschiedenes** Hunde auf Anfrage erlaubt (5 €) - Beauty Farm (Di geschl.): Sauna, Dampfbad, Massagen, Solarium, Schönheitspflege - Parkpl. **Restaurant** „La Pesa" (Tel. 0376-889 01) - Von 12.00 bis 14.30 und 19.00 bis 22.00 Uhr - Mo und Di geschl. - Menüs: 18-25 € - Einheimische Küche **Anreise** (Karte Nr. 9): A-4 zwischen Brescia und Verona. Ausfahrt Peschiera del Garda, dann Rtg. Ponti sul Mincio, Monzabano, Castellaro Lagusello.

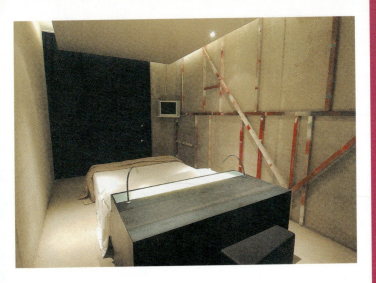

Straf Hotel

20121 Milano
Via San Raffaele, 3
Tel. 02-805 081 - Fax 02-890 952 94
E-Mail und Web: guidesdecharme.com/1487

Der Name des Hotels ist die Abkürzung seiner Straße. Die Gestaltung des *Straf*, das sich seinen Eigentümer mit dem Mailänder *Grand Hotel* teilt, ist ebenso radikal wie Letzteres – das eine absolut modern, das andere vollkommen im Stil Napoléon-trois. Keinerlei Konzessionen an Dekoratives, Vorzug haben die Architektur, die Materialien und die Ausleuchtung; diese hebt die Volumen und Einfarbigkeit stark hervor. Das Ambiente ist ruhig, ja klösterlich. Die gestylten, luxuriösen Zimmer sind vollkommen schnörkellos und von absoluter Schlichtheit. In Braun-Abstufungen und gekonnter Beleuchtung ist das Bett das einzig sichtbare Möbelstück, denn die sich in den Wänden befindlichen Schränke und Schrankkoffer über dem Bett sind vollkommen verborgen. Auch die Bäder verblüffen mit ihren becherförmigen Waschbecken aus weißem „zerknautschtem" Porzellan. Im Erdgeschoss das Restaurant und eine zur Straße hin offene Lounge – beides sehr „angesagte", schicke Mailänder Orte.

Geschlossen 3 Wochen im August **64 Zimmer** mit Klimaanl., Bad, Satelliten-TV, Wi-Fi, Safe, Minibar; Aufzug **Preise** DZ: 230-270 €, Relax: 308 €, Bien-être: 319 €, Deluxe: 341 €; Extrabett: 66 € **Kreditkarten** akzeptiert **Verschiedenes** Hunde erlaubt - Massagen: 110 € - Fitness - Garage (45 €/Tag) **Umgebung** Mailand: Dom, Museum La Brera - Veranstaltungen in Mailand: Eröffnung am 7. Dez. der Opernsaison in der Scala, Piccolo Teatro di Milano - Abtei Chiaravalle - Villa Reale in Monza - Abtei Viboldone - Comer See - Piazza Ducale in Vigevano - Kartause von Pavia - Golfpl. al Parco di Monza (9 und 18 L.) **Imbisse** vor Ort (siehe unsere Restaurantauswahl S. 601-604). **Anreise** (Karte Nr. 2): dem Dom gegenüber, parallel zur Passage Vittorio Emanuele.

The Gray

20121 Milano
Via Raffaele, 6
Tel. 02-720 89 51 - Fax 02-86 65 26
Guiliano L. Nardiotti
E-Mail und Web: guidesdecharme.com/1488

Nach den Boutiquen-Hotels heute nun die Designer-Hotels. Nach der „Schmuckkästchen"-Ausstattung mit reichlich Chintz und dickem Teppichboden jetzt also die Zen-Atmosphäre mit Möbeln aus exotischem Holz, Bewegungsbad und Flachbildschirmen von Bang & Olufsen. *The Gray* behauptete von sich zu Recht, in Mailand etwas ganz Neues darzustellen, obwohl dieser Stil in der internationalen Hotellerie inzwischen weit verbreitet ist, doch beseht die Gefahr, dass er rasch langweilt. Aber boykottieren wollen wir diese Adresse von üppigem Luxus selbstverständlich nicht. Gleich an der Rezeption erkennt man diesen „angesagten" Stil. Eine überdimensionale Schaukel nimmt praktisch den gesamten Raum ein, eine Treppe mit der üblichen Reihe asiatischer Krüge führt zum im Halbdunkel gehaltenen Restaurant. Die Zimmer sind nicht gerade groß. Das wichtigste in ihnen sind die Kingsize-Betten, in den Suiten hingegen die Swimmingpool-Badewannen (daran denken, wie lange es dauert, sie zu füllen). Überall hoher Komfort und gut durchdachte Beleuchtung. Das von einem Modedesigner eingekleidete Personal ist gestylt und höflich.

Ganzj. geöffn. **21 Zimmer** mit Klimaanl., Tel., Bad (1 mit Sauna, 2 mit Fitnessraum), Satelliten-TV, Internet, DVD- und CD-Player, Safe, Minibar; Aufzug **Preise** 355 € (Standard Gray 5), 520 € (DZ Gray 4), 680 € (Gray 3: Blick auf Galleria V. Emanuele), 990 € (Gray 2: eig. Fitnessraum) - Frühst. (Buffet): 28 €, von 7.00 bis 11.30 Uhr **Kreditkarten** akzeptiert **Verschiedenes** Hunde nicht erlaubt - Spa - Fitness **Umgebung** Veranstaltungen in Mailand: Eröffnung am 7. Dez. der Opernsaison in der Scala, Piccolo Teatro - Abtei Chiaravalle und Viboldone - La Piazza Ducale in Vigevano - Kartause von Pavia **Restaurant** „Le Noir": von 11.00 bis 23.00 Uhr - Karte - Italienische Küche **Anreise** (Karte Nr. 2): zum Dom, die Straße befindet sich parallel zur Galerie Vittorio Emanuele.

Cocoon B&B

20144 Milano
Via Voghera, 7
Tel. 02-832 27 69 - Handy 349-860 06 014 - Mia Buzzi
E-Mail und Web: guidesdecharme.com/1490

Beschreiben wir die Lage dieses reizvollen Hauses (fern dem Treiben der Stadt) vom Dom aus: am Ende der Via Torino, hinter der Piazza Genova mit ständig Taxis, Bussen und auch U-Bahn (*stazione* verpflichtet). Die kleine Straße ist ruhig und beherbergte einst Industriebauten: ein für Architekten ideales „Material". Mia übt genau diesen Beruf aus und fand hier alles vor, um ihr Talent zu beweisen. Das „rote Haus" finden Sie sofort. Gleich hinter der Eingangstür werden Sie dem Charme nicht nur des nach Jasmin duftenden „Hauses" und des Gartens erliegen, sondern auch dem der jungen, hübschen Gastgeberin. Das B&B liegt mit direktem Eingang im linken Flügel. Der untere Teil der Wände und die Steigungen sind, das Weiß der Wände hervorhebend, rot gestrichen; diese beiden Farben sind auch in den Zimmern anzutreffen. Schlichtheit, Eleganz, Liebe zum Detail und edle Materialien sowie dezente, ja poetische Modernität machen jedoch die eigentliche Gestaltung aus. Der Komfort ist sowohl anheimelnd als auch gepflegt, ebenso das in der kleinen, japanisierenden Küche servierte Frühstück, wo Mia sich die Zeit für einen Plausch mit Ihnen nimmt. Eine Adresse, die man ungern auf den Markt „wirft"!

Ganzj. geöffn. **3 Zimmer** (für Nichtraucher) mit Klimaanl., Bad, Satelliten-TV, Internet auf Wunsch **Preise** EZ: 80 €, 100 € (mit Gartenblick), DZ: 95 €, 115 € (mit Gartenblick) - Frühst. inkl., von 8.30 bis 10.30 Uhr **Kreditkarten** nicht akzeptiert **Verschiedenes** Hunde nicht erlaubt - Parkpl. (20 €/Tag) **Umgebung** Trödelmarkt letzter So des Monats im Viertel Navigli - Abtei Chiaravalle - Villa Reale in Monza - Abtei Viboldone - Comer See - Piazza Ducale in Vigevano - Kartause von Pavia **Kein Restaurant** (siehe unsere Restaurantauswahl S. 601-606) **Anreise** (Karte Nr. 2): Piazza Duomo, Via Torino, Corso Genova, Corso Colombo, Piazza Porta Genova, Piazza Genova, Eisenbahnbrücke (Fußgänger), Via Voghera.

Locanda Il Resentin

2010

20121 Milano
Via Mercato, 24
Tel. (Handy) 380-46.66.659 - Fax 02-720 964 88
E-Mail und Web: guidesdecharme.com/3293

Il Resentin liegt im Herzen des historischen Viertels von Mailand. Es war ein etwas bizarrer Stewart der Marine, der in den 1940er Jahren das *Café Gabriele* in diesem Viertel der Brera eröffnete, wo schon damals Maler auf der Suche nach Kundschaft waren und Bilder gegen ein Glas Wein und einen Teller Spaghetti tauschten. So wurde das *Gabriele* zu einem Ort informeller Begegnungen, den alle möglichen Künstler aufsuchten (Vittorio de Sica, Sophia Loren, Umberto Eco usw., um nur die international bekanntesten zu nennen). Die Gegend entwickelte sich zu einem „angesagten" Viertel, und beim Tod Gabrieles folgte die Bar dem Trend, bis dann ein Römer 2008 die neue Version des *Resentin* schuf. Das Ambiente ist heute zwar modern, aber es gibt nach wie vor die Tische, die Bilder und die Grappa-Karte wie auch die sich spiegelnde Bar hinter dem Tresen und viele Souvenirfotos. Das Restaurant serviert den ganzen Tag über: vom Kaffee-Frühstück bis hin zum Abendessen mit vollständigen Gerichten. Ganz neu sind die vier Suiten mit separatem, diskretem Eingang. Die Zimmer sind luxuriös, alle mit gestreiften (verschiedenartigen) Tapeten und Stoffen in den Tönen Beige und Grau, die sehr schick (und alles andere als langweilig) sind. Optimaler Komfort, Frühstück serviert im „Bancone", und Anonymität, die hier, allerdings nur scheinbar, kultiviert wird.

Kategorie ★★★★ **Ganzj.** geöffn. **4 Nichtraucher-Zimmer** mit Schallschutz, Klimaanl., Tel., Wi-Fi, Bad, Satelliten-TV **Preise** DZ: 290 € - Ohne Frühst. **Kreditkarten** akzeptiert **Verschiedenes** Hunde nicht erlaubt - Fahrräder (deren Erwerb ist geplant) **Umgebung** Dom, Brera-Museum; Eröffnung am 7. Dez. der Opernsaison in der Scala, Piccolo Teatro di Milano **Restaurant** „Resentin": „formula cafè" 15 €, Abendessen (Tel. 02 87 59 23) etwa 40 € **Anreise** (Karte Nr. 2): im Brera-Viertel, nur ein paar Schritte von der Piazza Castello.

Antica Locanda Solferino

20121 Milano
Via Castelfidardo, 2
Tel. 02-657 0129 - Fax 02-657 1361
E-Mail und Web: guidesdecharme.com/1491

Locanda Solferino, eine Hotel-Legende im Brera-Viertel, ist mit Sicherheit die erste Charme-Adresse von ganz Mailand. Sie hat zwar nichts von dem eingebüßt, was ihren Erfolg herbeiführte, d.h. ihre Landhaus- Atmosphäre mit den hübschen antiken Möbeln, doch legt sie sich nun den erforderlichen Komfort zu, so dass manche Zimmer inzwischen klimatisiert sind und ein Bad mit Whirlpool besitzen. Einige Zimmer haben allerdings noch immer ihre winzigen Duschen und die Minibar fehlt, aber es geht voran. Die Zimmer haben doppelseitigen Lichteinfall: diejenigen, die zum hübschen Hof hinausgehen, sind am ruhigsten, die mit Straßenlage haben hingegen blumengeschmückte Balkone. Da ein Salon nicht zur Verfügung steht, wird das Frühstück auf dem Zimmer serviert. Und weil hier Leute aus Mode und Kultur seit bereits langem regelmäßig wohnen, ist es praktisch unmöglich, zu Messe- oder Ausstellungszeiten ein Zimmer zu bekommen. Wie in allen Großstädten muss man außerhalb der Ferien auch hier sehr frühzeitig buchen. Empfang und Verfügbarkeit von Gerardo Vitolo sind weitere Vorteile dieses kleinen Hotels.

Ganzj. geöffn. **23 Zimmer** (einige mit Klimaanl.) mit Tel., Wi-Fi, Bad oder Dusche, Satelliten-TV **Preise** EZ: 140-270 €, DZ für 1 Pers.: 160-360 €, DZ: 180-460 € - Frühst. inkl., von 7.30 bis 11.00 Uhr **Kreditkarten** Visa, Eurocard, MasterCard, Amex **Verschiedenes** Hunde auf Anfrage erlaubt **Umgebung** Veranstaltungen in Mailand: Eröffnung am 7. Dez. der Opernsaison in der Scala, Piccolo Teatro di Milano, Trödelmarkt am letzten So des Monats im Viertel Navigli - Abtei Chiaravalle - Villa Reale in Monza - Abtei Viboldone - Comer See - Piazza Ducale in Vigevano - Kartause von Pavia - Golfpl. al Parco di Monza (9 und 18 L.) **Kein Restaurant** (siehe unsere Restaurantauswahl S. 601-604) **Anreise** (Karte Nr. 2): im Brera-Viertel.

Antica Locanda dei Mercanti

20121 Milano
Via San Tomaso, 6 (réception au n° 8)
Tel. 02-805 40 80 - Fax 02-805 40 90
Paola Ora
E-Mail und Web: guidesdecharme.com/1492

Dieses kleine Hotel ist ein Beweis dafür, dass man in Italien gut wohnen kann, ohne allzu tief in die Tasche greifen zu müssen (zumindest für die Zimmer ohne Terrasse und ohne Klimaanlage). *Antica Locanda* liegt im Viertel der Scala und nimmt den 2. Stock eines alten Gebäudes ein. Man muss etwas aufpassen bei der Ankunft, der Empfang ist in Nummer 8, wo sich das andere B&B der Gastgeber befindet. Ein Aushängeschild gibt es nicht, sondern nur den Namen der Locanda an der Schelle des Hauses. Die Gästezimmer sind hübsch gestaltet, und die mit blühender, duftender Terrasse möchte man am liebsten gar nicht mehr verlassen. Die Duschbäder sind zwar klein, reichen aber aus. Die Ruhe ist vollkommen. Das Frühstück wird im Foyer serviert – einen Salon gibt es nicht –, und Empfang und Service sind aufs Nötigste reduziert. Das Rauchen ist hier zwar nicht ausdrücklich untersagt, wird aber auch nicht geschätzt. Die zentrale Lage ist ein weiterer großer Vorteil.

Ganzj. geöffn. **14 Zimmer** (4 mit Klimaanl. und Terrasse) mit Tel., Dusche; 2 Zi. für Raucher; Aufzug **Preise** EZ: 175-195 €, DZ: 195-225 €, mit Terrasse: 255-350 € - Frühst.: 10-15 €, von 7.00 bis 11.00 Uhr **Kreditkarten** akzeptiert **Verschiedenes** Hunde nicht erlaubt **Umgebung** Mailand: Dom, Museum La Brera, Kirche S. Maurizio, 22 Corso Magenta - Veranstaltungen in Mailand: Eröffnung am 7. Dez. der Opernsaison in der Scala, Piccolo Teatro di Milano, Trödelmarkt am letzten So des Monats im Viertel Navigli - Abtei Chiaravalle - Villa Reale in Monza - Abtei Viboldone - Comer See - Piazza Ducale in Vigevano - Kartause von Pavia - Golfpl. al Parco di Monza (9 und 18 L.) **Kein Restaurant** (siehe unsere Restaurantauswahl S. 601-604) **Anreise** (Karte Nr. 2): Piazza Duomo, Piazza Cardusio, in der Via Dante, Via San Tomaso rechts; nächstgelegener öffentl. Parkplatz: Rinascente am Dom.

"Alle Meraviglie"

20121 Milano
Via San Tomaso, 8
Tel. 02-805 10 23 - Fax 02- 805 40 90
Paola Ora
E-Mail und Web: guidesdecharme.com/1493

Entsprechend dem Konzept der *Locanda dei Mercanti* haben die Inhaber im Nebengebäude ein paar sehr schöne Zimmer mit hohem Komfortniveau eingerichtet. Die Rezeption mit Blumensujets ist bemerkenswert und lässt das diesbezügliche Talent und die Sorgfalt der Eigentümerin in Bezug auf Gestaltung erkennen. Den exquisiten Geschmack Paolas und ihr Talent, Möbel, alte Objekte und reizvolle Stoffe zusammenzustellen, erkennt man hier in der Tat wieder. Die Duschen, stets angenehm ruhig, sind allerdings nicht sehr groß. Die in der unteren Etage befindlichen Suiten sind regelrechte große Wohnungen mit hohem Komfort und sehr geeignet für längere Aufenthalte oder für Familien. Der ursprüngliche Vorzeigestil der Gestaltung gehört nun der Vergangenheit an, denn sie wurden mit dekorativer Modernität versehen. Außer für irgendwelche Notwendigkeiten beschränkt sich der Service auf das im Zimmer servierte Frühstück. Bruce ist dennoch verfügbar, um Ihnen zu helfen oder Sie zu beraten. Sie haben Ihren Zimmerschlüssel und den fürs Haus und können sich somit zwischen Einkäufen und Kultur vollkommen frei bewegen. Und Sie wohnen im Herzen jener interessanten Orte, die die Stadt beleben.

Ganzj. geöffn. **10 Zimmer** und 3 Suiten mit Klimaanl., Tel., Bad, TV, Wi-Fi **Preise** Classic: 175 €, Master: 225 € - Frühst.: 15-20 €, von 7.00 bis 12.00 Uhr **Kreditkarten** Visa, Eurocard, MasterCard, Amex **Verschiedenes** Hunde nicht erlaubt **Umgebung** Abtei Viboldone - Comer See - Piazza Ducale in Vigevano - Kartause von Pavia - Golfpl. al Parco di Monza (9 und 18 L.) **Kein Restaurant** (siehe unsere Restaurantauswahl S. 601-604) **Anreise** (Karte Nr. 2): Piazza Duomo, Piazza Cardusio, auf der Via Dante dann Via San Tomaso rechts. Der nächste öffentliche Parkplatz: Rinascente am Dom.

Vietnam Mon Amour B&B

20131 Milano - Via Alessandro Pestalozza, 7
Tel. 02-706 346 14
Christiane Blanchet - Dario Arlunno
E-Mail und Web: guidesdecharme.com/3290

2010

Außerordentlich interessant, dieses atypische B&B, ebenso wie die Welt der Christiane Blanchet. Glückliche Lebensumstände führten die junge französische Akademikerin zunächst nach Mailand, um an der dortigen Fakultät für politische Wissenschaften zu lehren und sich danach dem zuzuwenden, was ihr eigentlich am teuersten ist: ihre französisch-vietnamesische Doppelkultur. Ihre Liebe zu Vietnam wird somit in einem B&B, einem Restaurant und einer Boutique in einem *palazzino* aus dem frühen 20. Jahrhundert zum Ausdruck gebracht, der sich nahe des typischen Stadtteils Navigli befindet. Die vier Zimmer im 1. Stockwerk bieten Komfort und Poesie und eine Atmosphäre des *Liebhabers* von Marguerite Duras: Die Holzdielen, die Bilder, die Farben, das Licht und selbstverständlich das Mobiliar, alles führt einen nach Vietnam. Das gleiche Ambiente im Restaurant, das seine Gäste bei schönem Wetter in einem reizenden *cortile* bewirtet: eine kreative asiatische Fusion-Küche, unter der Leitung von Dario, der ebenfalls zum Erfolg dieser kleinen städtischen *albergo diffuso* beiträgt. Und wenn Sie wie wir vollkommen überzeugt sind von diesem Ort, dann können Sie zudem Bücher, Fotos, Kunsthandwerkliches und Kleidung in der Boutique nebenan erwerben.

Ganzj. geöffn. **4 Zimmer** mit Klimaanl., Bad, Satelliten-TV, Internet **Preise** EZ: 80-100 €, DZ: 120 €, 3-BZ: 140 € - Frühst. inkl., von 8.00 bis 10.00 Uhr **Kreditkarten** akzeptiert **Verschiedenes** Hunde nicht erlaubt **Umgebung** Eröffnung am 7. Dez. der Opernsaison in der Scala, Piccolo Teatro di Milano; Trödel am letzten So des Monats am Navigli - Abtei Chiaravalle - Villa Reale in Monza - Abtei Viboldone - Comer See - Piazza Ducale in Vigevano - Kartause von Pavia - Golfpl. al Parco di Monza (9 und 18 L.) **Restaurant** von 12.30 bis 14.30 und 19.00 bis 23.00 Uhr - Sa mittags und So geschl. **Anreise** (Karten Nr. 2 und 8): ab Piazza Piola (U-Bahn-Station) Viale Gran Sasso, dann rechts Via Alessandro Pestalozza.

Trova il Tempo

20153 Milano
Via Novara, 216
Handy 330-502 17 30
E-Mail und Web: guidesdecharme.com/3292

Là, tout n'est qu'ordre et beauté, Luxe, calme et volupté … Die „Einladung zur Reise" von Beaudelair war eine Quelle der Inspiration, wie die beiden Töchter der Familie hervorheben; sie haben sich um die Umbauarbeiten gekümmert, die das Haus ihrer Kindheit in ein B&B-Haus verwandelt haben. Gelegen in einem Wohnviertel (nahe des berühmten Stadions San Siro und der Messecenter), mit öffentlichen Verkehrsmittel gut erreichbar, was den Stress vermeidet, sich per Auto ins Mailänder Zentrum zu begeben, einen Parkplatz zu suchen und zu bezahlen. Und wenn man dann noch erfährt, dass sich die Villa in einem Garten am Rand eines Parks befindet, kann man sicher sein, es hier schön ruhig zu haben. Simona und Barbara, die beide in der Literatur zu Hause sind und sich auch für Architektur und Design sehr interessieren, haben sich bei den Zimmern für den schwedischen Gustav'schen Stil entschieden: Stilmöbel, gestrichen in den Farbtönen Grau, Weiß und Blau, was eine elegante, schlichte und zugleich raffinierte und sanfte Atmosphäre schafft. Auch der Komfort ist hier anspruchsvoll … *Mon enfant, ma sœur Songe à la douceur D'aller là-bas vivre ensemble … trova il tempo.*

Ganzj. geöffn. **4 Nichtraucher-Zimmer** (Rauchzimmer) mit Schallschutz, Klimaanl., Bad, Satelliten-TV, Minibar, Wasserkocher und 1 Appart. **Preise** DZ für 1 Pers.: 70-180 €, DZ: 90-200 €, Appart.: 140-280 € - mit, aber nicht serviertem Frühst. **Kreditkarten** Visa, Eurocard, MasterCard **Verschiedenes** Hunde nicht erlaubt **Umgebung** Mailand: Dom, Brera-Museum; Eröffnung am 7. Dez. der Opernsaison in der Scala, Piccolo Teatro di Milano - Abtei Chiaravalle - Villa Reale in Monza - Abtei Viboldone - Lago di Como - Piazza Ducale in Vigevano - Kartause von Pavia - Golf al Parco di Monza (9 und 18 L.) **Kein Restaurant** vor Ort (siehe unsere Restaurantauswahl S. 601-606) **Anreise** (Karte Nr. 2): nahe Stadion San Siro.

Agriturismo Da Prati

Begoglio 27047 Santa Maria della Versa (Pavia) - Via Aldo Moro, 4
Tel. 0385-793 24 - Handy 338-261 41 31 - Fax 0385-26 29 42 - Rosita Da Prati
E-Mail und Web: guidesdecharme.com/1495

Oltrepo Pavese ist ein Landstrich südlich von Pavia und umfasst vor allem sich sanft vom Apennin zum Po hinziehende Hügel. Fern des Massentourismus entdeckt man hier Wegbiegung hinter Wegbiegung zwischen den Bonarda-Weinbergen und Gerstenfeldern Schlösser, Dörfer, Kapellen, aber auch Weinkeller. Das Agriturismo von Rosita, einer ehemaligen Französischlehrerin, steht ganz im Zeichen von Tradition und Bodenständigem. In einem alten Bauernhaus hat sie Räume eingerichtet, deren Authentizität bewundernswert ist und die heute sieben großräumige Wohnungen voller Komfort sind. Jede ist mit unverputzten Balken, einem Kamin und antikem regionalem Mobiliar von warmer Landhausatmosphäre geprägt. Geteilt werden von den Gästen der Teesalon und der Swimmingpool ganz im Grünen. Und um in diesem Versa-Tal alles auszukosten, kooperiert das Agriturismo mit der „Locanda dei Beccaria" in Montù Beccaria, einem Tempel der Gastronomie des Oltrepo und Teil des historischen Weingutes Il Montù, das exzellente DOC-Weine produziert (Bonarda, Buttafuoco, Moscato, Spumante brut usw.). Serviert wird bei Rosita nicht, doch steht morgens ein Frühstückskorb zu Ihrer Verfügung. Zum Kennenlernen der Gegend um Pavia und selbstverständlich für den Besuch der berühmten Kartause. Einziges Bedauern: der Personalmangel, denn trotz Rositas Liebenswürdigkeit und Bemühen gelingt es nicht immer, den Pool richtig zu warten und Gastlichkeit im Haus zu schaffen.

Ganzj. geöffn. **7 Appartements** mit Küche, Tagesraum, Bad **Preise** 75-120 € (2 Pers.) **Kreditkarten** nicht akzeptiert **Verschiedenes** Hunde erlaubt - Hydromassage - Swimmingpool - Fahrräder - Parkpl. **Umgebung** Kartause von Pavia - Eremitage Sant'Alberto di Butrio **Restaurant** „Locanda dei Beccaria" (Tel.: 0385-26 23 10) - Mo und Di geschlossen - Menü: ca. 35 € **Anreise** (Karte Nr. 8): südl. von Pavia. A-21, Ausfahrt Broni/Stradella, Rtg. Stradella und Sta Maria Versa. Hinter dem Kreisverkehr (Weintraube) an der 1. Kreuzung rechts (Via don Orione); hinter dem letzten Haus, Eingang rechts.

Albergo del Sole

26847 Maleo (Lodi)
Via Trabattoni, 22
Tel. 0377-58 142 - Fax 0377-45 80 58
Francesca und Mario Colombani
E-Mail und Web: guidesdecharme.com/1496

Wo die Adda- und die Po-Ebene sich vereinen, etwa 60 Kilometer von Mailand entfernt, liegt der Ort Maleo. Bisher war es üblich, in der Albergo del Sole einzukehren, um sich von der ausgezeichneten lombardischen Küche verwöhnen zu lassen. Und hinterher machte man sich auf die Suche nach einer Unterkunft. Entsprechend dem Wunsch einiger Gäste, die die Gaumenfreuden gerne noch etwas verlängern möchten, wurden ein paar Zimmer eingerichtet – eine Aktivität, die der einstigen Postwechselstation durchaus entspricht. Die Zimmer sind von schlichter Eleganz und komfortabel. Die Leitung des Hauses haben inzwischen die Söhne von Franco Colombani übernommen. Ein gastronomisches Muss und ein angenehmes Wochenendquartier für jene, die Cremone oder die Kartause von Pavia besichtigen möchten. Zu berücksichtigen ist, dass der Empfang von 14.30 bis 18 Uhr nicht besetzt ist. Sollten Sie in dieser Zeit ankommen, muss dies vorher mitgeteilt werden.

Geschlossen Januar und August - So abends und Mo **3 Zimmer** mit Tel., Bad oder Dusche, TV, Minibar (2 mit Klimaanl.) **Preise** EZ: 70 €, DZ: 120 €; Extrabett: 25 € - Frühst. inkl., von 8.00 bis 10.30 Uhr **Kreditkarten** akzeptiert **Verschiedenes** Hunde erlaubt - Parkpl. **Umgebung** Cremona - Piacenza - Kartause von Pavia - Mantova - Mailand **Restaurant** von 12.00 bis 14.00 und 20.00 bis 22.00 Uhr - Januar und August, So abends und Mo geschl. - Karte **Anreise** (Karte Nr. 9): 60 km südl. von Mailand über die A-1, Ausf. Casalpusterlengo, Rtg. Codogno, dann 5 km bis Maleo Rtg. Cremona. Von Süden aus Ausfahrt Piacenza-Nord, Rtg. Cremona/Codogno.

Lo Stagno

26043 Stagno Lombardo (Cremona)
Tel. 0372-57 055 - Handy 335-735 02 92
Dott.sa Paola Gerevini
E-Mail und Web: guidesdecharme.com/1497

Knapp zehn Kilometer von der einst von den Galliern gegründeten Stadt Cremona liegt zwischen Feldern dieses alte landwirtschaftliche Anwesen, das Ende des 15. Jahrhunderts von Benediktinern erbaut wurde. Heute ist das *Lo Stagno* in Familienbesitz und hat sich unlängst auf Tourismus umgestellt, um über ausreichende Mittel zu verfügen, das architektonische Erbe in bestem Zustand zu erhalten. Genießen kann man das auf mehrere Arten. Für längere oder familiäre Aufenthalte sind die perfekt eingerichteten Wohnungen mit kleiner Terrasse vorzuziehen. Als Paar übernachtet man im Palazzo. Die nach wie vor sehr großen Zimmer sind geblümt und romantisch, nur muss man zum Bad ein paar Meter über den Flur geben. Für junge Leute ist das Obergeschoss ideal: Inmitten ausgestellter landwirtschaftlicher Geräte wurde unter dem Dach eine Küche eingerichtet und stehen mehrere Betten zur Verfügung. In der ländlichen Gegend um Cremona, nicht sehr bekannt, aber freundlich und von Frühjahr bis Herbst voller Blumenpracht, sind die Radwege zahlreich. Diese gute Adresse ist *die* Gelegenheit, sie kennen zu lernen.

Ganzj. geöffn. (reservieren) **6 Zimmer** mit Klimaanl., Bad (2 mit WC) und Appart. (2-12 Pers.) **Preise** EZ: 80 €, DZ: 120 € - Appart.: 500-1500 €/Woche - Frühst.: 10 €, von 8.00 bis 10.00 Uhr **Kreditkarten** nicht akzeptiert **Verschiedenes** Hunde erlaubt - Jagd in der Saison - Parkpl. **Umgebung** Cremona - Piacenza - Verdi-Stätten: Busseto, Parma, Gardasee - Certosa di Pavia - Mantova **Kein Restaurant** im Agriturismo **Anreise** (Karte Nr. 9): 6 km von Cremona Rtg. Parma.

Albergo Madonnina

21050 Cantello (Varese)
Largo Lanfranco da Ligurno, 1
Tel. 0332-41 77 31 - Fax 0332-41 84 03
Carla Guzzetti
E-Mail und Web: guidesdecharme.com/1498

Cantello ist ein kleines Dorf auf dem Land und liegt zwischen dem Comer See und dem Lago Maggiore, in der Nähe von Varese und des italienisch-schweizerischen Grenzortes Stabio-Gaggiolo. *Albergo Madonnina* verdankt ihr Renommee hauptsächlich dem Restaurant, insbesondere aber ihren Spargel-Frühjahrsmenüs. In anderen Jahreszeiten werden Gerichte „nach Themen" angeboten, die weiteren lokalen Produkten eine besondere Ehre erweisen. Diese ehemalige, von üppiger Vegetation bewachsene und umgebene Postwechselstation bietet aber auch einige Gästezimmer an. Die Gestaltung ist von schlichter Eleganz und hebt die Architektur des Hauses hervor, der Komfort ist sehr gepflegt, besonders in den Bädern der Zimmer des Relais; die Einrichtung in denen der früheren Scheune nebenan ist moderner. Eine raffinierte Feinschmecker-Adresse in einer Gegend, die viele Sehenswürdigkeiten bietet. Ein guter Charme-Stopp für diejenigen, die auf dem Weg nach Süditalien sind.

Kategorie ★★★ **Ganzj.** geöffn. **20 Zimmer** mit Tel., Bad, Satelliten-TV; Aufzug **Preise** EZ: 70 €, DZ: 100 €, Suite: 250 €; Familienz. (4 Pers.) im Nebengebäude: 150 € - Frühst.: 8 €, von 7.00 bis 11.00 Uhr - HP (mind. 3 Üb.): 90-98 € (pro Pers.) **Kreditkarten** akzeptiert **Verschiedenes** Hunde erlaubt - Garage und Parkpl. **Umgebung** Comer See - Lago Maggiore - Varese-See - Sanktuarium Sacro Monte und Monte Campo dei Fiori (Aussicht), Castiglione Olona (Chiesa di Villa, Stift, Baptisterium) - Castelseprio (Fresken der Kirche S. Maria Foris Portas) - Golfpl. Luvinate (18 L.) **Restaurant** von 12.30 bis 14.00 und 19.30 bis 22.00 Uhr - Mo geschl. - Menüs: 40-50 € (mit Getränken) - Karte - Regionale Küche **Anreise** (Karte Nr. 2): 9 km von Varese; ab dem Sankt-Gotthard-Pass Autobahn, Ausfahrt Stabio-Gaggiolo. Cantello ist 2 km entfernt. 27 km vom Flugplatz Malpensa.

Urbino Resort Santi Giacomo e Filippo

Pantiere 61029 Urbino (Pesaro) - Via San Giacomo in Foglia, 7
Tel. 072-258 03 05 - Fax 072-258 07 98 - Familie Bruscolii
E-Mail und Web: guidesdecharme.com/1499

Eine gute Adresse in Urbino, die sich für länger als nur einen Stopp eignet und wo man, in diesem von Federico da Montefeltro großzügig bedachten Herzogtum, länger bleiben sollte: mit dem historischen Zentrum, dem „Weltkulturerbe", dem prachtvollen Palazzo Ducale, aber auch den zwei Betkapellen San Giuseppe (Skulpturen von F. Brandini) und San Giovanni mit Fresken von Jacopo und Lorenzo Salimbeni: Meisterwerke der Gotik. Ein paar Kilometer weiter beherbergt Fossombrone in der Renaissance-Kirche San Bernardino barocke Bestattungswerke der Montefeltro. Der 360 Hektar umfassende landwirtschaftliche Betrieb umfasst ein altes, einst verlassenes Dorf, das vollständig und mit viel Geduld etwa zehn Jahre lang restauriert wurde. Im Vordergrund stand hier Bio-Architektur, um der Harmonie aus Natur, Geschichte und Anbau der Marken zu entsprechen. Gemäß dem Prinzip der „Abergo diffuso" befinden sich in den verschiedenen, Stallungen und Scheunen des Dorfes fünf „Wohnpole" mit Zimmern, kleinen Suiten oder Wohnungen, alle sehr gut mit regionalem Mobiliar, natürlichen Materialien und Stoffen eingerichtet und gestaltet. Die gemeinsam nutzbaren Räume befinden sich in Nebenbauten, etwa das gut ausgestattete Wellness-Center. Wenn Sie im Mai kommen, werden Sie das traditionelle Madonna-del-Giro-Fest erleben, das in der kleinen Abtei begangen wird.

Geschlossen 2 Wochen im Januar **30 Zimmer** mit Klimaanl., Tel., Bad, Satelliten-TV, Minibar, Safe **Preise** DZ: 144 €, Suite: 192 € - Appart.: 216 € - Frühst. inkl., von 8.00 bis 11.00 Uhr **Kreditkarten** Visa, Eurocard, MasterCard **Verschiedenes** Hunde auf Anfrage erlaubt - Wellness-Center - Swimmingpool - Parkpl. **Umgebung** Urbino (Festival alter Musik im Juli) - Gola und Galleria del Furlo - Pesaro (Rossini-Festival im August) - Gradara - Acqualagna (Trüffelmarkt im Aug. und Okt.) - S. Angelo in Vado - San Leo - Urbania **Organic Bar** Imbisse **Anreise** (Karte Nr. 11): 15 km von Urbino über SP-56 Rtg. Pesaro.

Locanda della Valle Nuova

Sagrata 61033 Fermignano (Pesaro)
La Cappella, 14
Tel. und Fax 0722-33 03 03 - Familie Savini
E-Mail und Web: guidesdecharme.com/1500

Diese Locanda nur ein paar Kilometer von Urbino, die den Agriturismo auf besondere Art symbolisiert, wird denjenigen sehr zusagen, die die Natur lieben und sich für Landwirtschaft interessieren. Sie werden Urlaub auf dem Bauernhof verbringen, wo alles auf biologische Landwirtschaft ausgerichtet ist. Der Vater ist Architekt, die Tochter hat einen Beraterjob in Madrid. Aber auf den 70 Hektar Land bauen sie Weizen, Früchte und Gemüse an (was zu Brot, Konfitüren und Kompott verarbeitet wird) und besitzen wie jede Familie in dieser Gegend ihr Trüffelfeld! Außerdem werden hier auf ganz natürliche Art ernährte Rinder gezüchtet. Sie werden das zarte, schmackhafte Fleisch schätzen, ebenso die vorzüglichen Wurstwaren und die Eier (selbstverständlich alles Bio). Der Wein stammt zwar von einer Genossenschaft, wird aber mit den Trauben der Locanda zubereitet. Besonders originell: Hier bekommen Sie sogar Bio-Ketchup! Der Bauernhof funktioniert auch im Hinblick auf Wasserwiederaufbereitung, Abfallrecycling und Sonnenenergieheizung auf eine ganz und gar ökologische Art. Das Haus und die Zimmer bieten in einem sowohl rustikalen als auch modernen Rahmen Komfort. Abends werden Sie es schätzen, der Neige des Tages in einer höchst ungewöhnlichen Atmosphäre beizuwohnen.

Geschlossen Dezember bis Mai - Mind. 3 Üb./Zi., mind. 7 Üb./Appart. **6 Nichtraucher-Zimmer** mit Tel., Wi-Fi, Dusche, Safe, TV, Ventilator und 2 Appart. (2 Pers.); Kinder ab 12 J. **Preise** EZ: 80 €, DZ: 110 €; Appart.: 680 € pro Woche - Frühst. inkl., ab 9.00 Uhr - HP: + 29 € pro Pers. **Kreditkarten** Visa, Eurocard, MasterCard **Verschiedenes** Hunde nicht erlaubt - Swimmingpool - Reiten **Umgebung** Urbino (Festival alter Musik im Juli) - Gola und Gallería del Furlo - Pesaro (Rossini-Festival im August) - Gradara - Acqualagna (Trüffelmarkt im Aug. und Okt.) - S. Angelo in Vado - San Leo - Urbania **Gästetisch** Nichtraucher, reservieren, um 20.00 Uhr - Menü **Anreise** (Karte Nr. 11): 12 km von Úrbino.

Country B&B La Commenda

Casenuove 60027 Osimo (Ancona) - Via della Commenda, 1
Tel. und Fax 071-710 33 60 - Ezia Pugnetti
E-Mail und Web: guidesdecharme.com/1501

Es ist eine wahre Freude, die friedliche, kaum touristische Gegend der Marken wie auch die historischen unverfälschten Dörfer zu entdecken. Casenuove, etwa zehn Kilometer von Osimo, ist nicht ganz leicht zu finden. Einsam inmitten von Sonnenblumenfeldern gelegen, ist diese einstige Komturei der Tempelritter heute ein besonders schickes Country House. Auch wenn die Materialien alt sind, entschied man sich hier dennoch für moderne, große und zur Landschaft hin offene Räume. Der Salon im Erdgeschoss ist für alle Gäste da: zum Lesen, um etwas zu trinken oder sich vor einen Flachbildschirm zu setzen; eine schöne Terrasse aus Teak und Terrakotta verlängert ihn. Die Zimmer sind geräumig, das Mobiliar und die Betten sehr gepflegt, die Stoffe ausgesucht und die Bäder gut entworfen. Das in einem hübschen violetten Speiseraum oder auf der Terrasse servierte Essen ist üppig. Sehr freundlicher, lockerer Empfang; man übergibt Ihnen die Schlüssel des Hauses, damit Sie sich frei bewegen und kommen und gehen können, wie es Ihnen gerade passt. In einem kleinen Ort nahe Casenuove, in Maiolati Spontini, stellt Vittorio Piccionis *azienda* immer noch das *lonzetta di fico* her: ein Trockenfrüchtebrot, eine hiesige Spezialität, von der bereits in der Korrespondenz von Gattopardo die Rede war, der seinen Vater darum bat, ihm ein solches zu schicken. Jedem seine Madeleine ...

Ganzj. geöffn. **8 Zimmer** mit Bad, Satelliten-TV, Wi-Fi, Safe **Preise** EZ: 85-95 €, DZ: 100-120 €, Suite (3 Pers.): 140 € - Frühst. inkl., von 7.00 bis 10.00 Uhr **Kreditkarten** Visa, Eurocard, MasterCard **Verschiedenes** Hunde auf Anfrage erlaubt (10 €) - Swimmingpool - Parkpl. **Umgebung** Osimo (Dom) - Grotte di Frasassi (60 km) - Wandertouren und Conero-Strände - Dörfer Fabriano, Recanati, Macerata (Opernfestival) **Essen** mit Vorbestellung **Anreise** (Karte Nr. 11): 18 km von Ancona über A-14, Ausfahrt Ancona-Nord, Rtg. Polverigi, Osimo, dann Casenuove. Am Ortsausgang von Casenuove sofort rechts nach Commenda.

Hotel Emilia

60129 Portonovo (Ancona) - Collina di Portonovo, 149/a
Tel. 071-80 11 45 - Fax 071-80 13 30 - Raffaella Fiorini
E-Mail und Web: guidesdecharme.com/1502

Das *Emilia* liegt erhöht inmitten des Parks del Conero, zwischen der Bucht von Portonovo und dem Monte Conero, mit majestätisch weitem Blick über die Strände bis hin zum Horizont von seiner natürlichen Terrasse aus, die von Ginster, Buchen und Sandbeerbäumen umgeben ist. Ein gepflegter Rasen erstreckt sich vom Hotel bis zu den steil zum Meer abfallenden Klippen. Fast alle Zimmer haben Meerlage. Kürzlich vorgenommene Umbauarbeiten modernisierten die Hälfte aller Zimmer. Den Möbeln mangelt es in diesen allerdings an Eleganz. Deshalb sind die „alten" mit regionalen Möbeln und geblümten Baumwollstoffen vorzuziehen, oder erst recht die Maisonnette-Suiten mit einzigartigen Bädern; die Erdgeschoss-Zimmer haben direkten Zugang zum Garten. Eine große Ruhe geht von diesem Familienbesitz aus, der den Namen jener Großmutter trägt, die damals schon viel für den Schutz ihrer Region getan hat. Diese Tradition wird heute fortgesetzt, indem hier alljährlich eine Gemeinschaftsausstellung mit der Verleihung des Preises „Ginestra d'oro del Conero" stattfindet, was die große Gemälde- und Skulpturensammlung des Hotels erklärt.

Kategorie ★★★★ **Geschlossen** 1. November bis 7. März **30 Zimmer** mit Klimaanl., Tel., Wi-Fi, Bad, Satelliten-TV, DVD-Player, Minibar, Safe **Preise** Standard: 155-260 €, DZ mit Aussicht: 175-280 €, Confort: 180-300 €, Superior: 210-330 €, Junior-Suite: 300-430 €; Extrabett: 40-45 € - Frühst. inkl., von 7.30 bis 10.30 Uhr - HP (mind. 3 Üb.): + 50 € pro Pers. **Kreditkarten** Visa, Eurocard, MasterCard **Verschiedenes** Hunde nicht erlaubt - Swimmingpool - Tennispl. - Kostenloser Pendelbus zum Strand - Parkpl. **Sprache** u.a. Deutsch **Umgebung** Kloster Santa Maria di Portonovo - Ancona - Fermo (Dom und Museo diocesano) - Corinaldo - Golfpl. Club Conero (27 L.) in Sirolo (- 50 % für Hausgäste) **Restaurant** von 13.00 bis 14.30 und 20.00 bis 22.30 Uhr - Di (März, April und Oktober) geschl. - Menüs: 60-80 € - Karte **Anreise** (Karte Nr. 11): 10 km südl. von Ancona über die A-14, Ausf. Ancona-Sud, dann Rtg. Camerano.

Hotel Fortino Napoleonico

60129 Portonovo (Ancona)
Baia di Portonovo
Tel. 071-80 14 50 - Fax 071-80 14 54
A. Roscioni
E-Mail und Web: guidesdecharme.com/1503

Dieses „Napoleonische Fort", 1808 von Eugène de Beauharnais an der Bucht von Portonovo errichtet, ist ein einzigartiges Hotel. Der Rundgang dieser ehemaligen Militäranlage wurde in eine begrünte Terrasse umgewandelt, auf der heute Lorbeerbäume und duftende Pflanzen wachsen. Die Waffenkammern beherbergen verschiedene Salons und Speisesäle, die – wie es sich hier gehört – im Empire-Stil eingerichtet sind. Ganz besondere Sorgfalt kam der Ausstattung der Zimmer zu, in denen antike Möbel mit Modernem harmonieren. Im Restaurant ist das Ambiente elegant und musikalisch mit dem auf einem herrlichen Flügel spielenden Pianisten. Die Küche (vorwiegend Meeresprodukte) ist einfallsreich und exzellent. Und da das Restaurant Mitglied der „Accademia dello Stoccafisso" ist, werden Sie sich hier selbstverständlich den Stockfisch *alla anconetana* schmecken lassen!

Kategorie ★★★★ **Ganzj.** geöffn. **33 Zimmer** mit Klimaanl., Tel., Wi-Fi, Bad oder Dusche, Satelliten-TV, Minibar **Preise** DZ für 1 Pers.: 130-250 €, DZ: 180-250 €, Suiten: 280-350 €, Royal-Suite: 400-450 €; Extrabett: 35 € - Frühst. inkl., von 7.30 bis 10.30 Uhr - HP (mind. 3 Üb.): + 50 € pro Pers. **Kreditkarten** akzeptiert **Verschiedenes** Hunde auf Anfrage erlaubt - Health-Center - Privatstrand - Parkpl. **Umgebung** Kloster Santa Maria di Portonovo - Ancona - Fermo (Dom und Museo diocesano, wo die „Storie de Santa Lucia" aus dem Jahr 1412 erneut ausgestellt wird). Golfpl. Club Conero (27 L.) in Sirolo **Restaurant** von 13.00 bis 14.30 und von 20.00 bis 22.00 Uhr - Menü: 75 € - Karte - Spezialität: Fisch **Anreise** (Karte Nr. 11): 10 km südl. von Ancona über die A-14, Ausfahrt Ancona-Sud, dann Rtg. Camerano.

Hotel Monteconero

Monte Conero 60020 Sirolo (Ancona)
via Monte Conero, 26
Tel. 071-93 30 592 - Fax 071-93 30 365
E-Mail und Web: guidesdecharme.com/1504

Auf dem Gipfel des gleichnamigen Regionalparks überragt diese ehemalige 550 Meter hoch gelegene Benediktinerabtei aus dem 12. Jahrhundert das Meer und das Dorf Sirolo. Die Besitzer haben, vom Kloster ausgehend, ein Hotel modernen Komforts mit einem guten Restaurant einschließlich Blick auf die Adria bis hin nach Gargano geschaffen. Die Zimmer sind einfach, aber gut ausgestattet und liegen zum Meer hin; die über dem Restaurant haben eine eigene Terrasse. Wegen der nahen Strände von Sirolo (vier Kilometer) wird das Hotel im Sommer stark frequentiert. Die großen Gesellschaftsräume, der offene Park, die frische Höhenluft und der Panoramablick schaffen jedoch viel Weite und tragen zu besonderem Wohlbefinden bei. Im Frühjahr bieten die blühenden Kirsch- und Pflaumenbäume weiteren Charme. Zum Hotel gehört ein schöner, großer Pool. Ein Golfplatz liegt vier Kilometer weiter. Besonders liebenswürdiger Empfang durch Augusto und Pracicia, deren Kinder Alessia und Alfredo ihnen zur Hand gehen.

Kategorie ★★★ Geöffnet 15. März bis 15. November **41 Zimmer** und 9 Suiten mit Klimaanl., Bad oder Dusche, Minibar; Aufzug **Preise** DZ: 115-150 € - Frühst. inkl., von 8.00 bis 10.00 Uhr - HP (mind. 2 Üb.): 84-100 € (pro Pers.) **Kreditkarten** akzeptiert **Verschiedenes** Hunde auf Anfrage erlaubt - Swimmingpool - Tennispl. - Parkpl. **Umgebung** Abtei San Pietro - Kloster Santa Maria di Portonovo - Ancona - Golfpl. Club Conero (27 L.) in Sirolo (- 30 % für Hausgäste) **Restaurant** von 13.00 bis 15.00 und von 20.00 bis 22.00 Uhr - Karte - Spezialität: Fisch **Anreise** (Karte Nr. 11): 26 km südöstl. von Ancona über die Küstenstraße bis Fonte d'Olio, Rtg. Sirolo, dann Rtg. Badia di San Pietro bis Monte Conero.

Locanda Rocco

60020 Sirolo (Ancona)
via Torrione, 1
Tel. und Fax 071-933 05 58 - Handy 339-520 5519
Isabella Fabiani und Giorio Tridenti
E-Mail und Web: guidesdecharme.com/1505

Sirolo ist ein hübsches, mittelalterliches, an den Hängen des Coneobergs errichtetes Dorf inmitten des gleichnamigen Naturparks. Mit den steil in die Adria abstürzenden Felsen bietet *Locanda Rocco* ein ganz ungewöhnliches Panorama. Diese einstige Postwechselstation des 14. Jahrhunderts ist seit 1948 ein Hotel – bis heute von der gleichen Familie geführt. Und die Atmosphäre des Hauses ist von diesem Fortbestand eindeutig geprägt. Von den sieben Zimmern liegt eines im Turm mit Panoramablick. Alle Schlafräume wurden mit antikem Mobiliar eingerichtet, haben Natursteinwände und Terrakottafußböden. *Locanda Rocco* ist aber auch ein Restaurant, in dem Fisch- und Krustazeenspezialitäten angeboten werden und dessen Weinkarte beeindruckt: mehr als 200 Sorten, insbesondere verschiedene Château-Petrus und Cheval-Blanc. Im Sommer isst man auf der Terrasse nahe der historischen Gebäude zu Abend, und als Ausgleich zum Remmidemmi in den Gassen haben Sie das ruhige Meer am Horizont. Wer es gern rustikaler hat, wird sich in der kürzlich vom Hotel eröffneten *Albergo Rocco in Campagna* im Herzen des Conero-Parks wohl fühlen.

Kategorie ★★★ **Geschlossen** 6. Januar bis 1. April **7 Zimmer** mit Klimaanl., Tel., Bad, Satelliten-TV, Minibar, Safe **Preise** DZ: 125-165 €, DZ mit Meerblick: 140-180 €, Superior: 155-200 €, 3-BZ: 185-250 € - Frühst. inkl., von 8.00 bis 10.00 Uhr **Kreditkarten** Visa, Eurocard, MasterCard **Verschiedenes** Hunde nicht erlaubt - Parkpl. **Umgebung** Abtei San Pietro - Kloster Santa Maria di Portonovo - Ancona - Golfpl. Club Conero (27 L.) in Sirolo **Restaurant** von 12.30 bis 14.00 und von 19.30 bis 22.00 Uhr - 15. Oktober bis 1. April und Di außer im Sommer geschl. - Menüs: 39-49 € - Karte **Anreise** (Karte Nr. 11): 18 km südöstl. von Ancona über die A-14, Ausfahrt Ancona-Sud, dann 12 km bis Sirolo. In unmittelbarer Nähe des Theaters von Sirolo.

Il Giardino degli Ulivi

Castel Sant'Angelo 62022 Castelraimondo (Macerata)
Crucianelli, 54
Tel. (Handy) 338-305 6098 - Fax 0737-642 600
Francesco und Raffaela Cioccoloni
E-Mail und Web: guidesdecharme.com/1506

Die Region Marken, mehr für ihre „maritime" Seite bekannt, lehnt sich an das Apenningebirge an und bildet dazwischen ein Hinterland aus Hügeln und fruchtbaren Tälern. Im Familienanwesen der Cioccolonis, die 20 Hektar Land biologisch anbauen und zudem Pferde züchten, werden in einem kleinen Teil der alten Gebäude Gäste aufgenommen. Die Ausbildung des Hausbesitzers als Architekt und die Kochkünste seiner Gattin Maria Pia haben sich hier sehr positiv ausgewirkt. Die kleinen Zimmer, mit reizvollem regionalem Mobiliar gestaltet, sind sehr angenehm und zeigen hübsche Ausblicke aufs Tal. Der exzellente Gästetisch bietet schmackhafte lokale Spezialitäten an, die mit den biologischen Produkten der *tenuta* zubereitet werden. Ein exzellenter Aufenthaltsort zum Kennenlernen der Marken mit zahlreichen Wandermöglichkeiten (direkt vom Haus aus), aber auch der historischen Städte wie Fabriano, San Severino, Ascoli Piceno und Urbino (hier insbesondere das Polyptychon von Crivelli).

Ganzj. geöffn. (reservieren) **5 Zimmer** mit Dusche, TV auf Wunsch **Preise** Zi.: 45-65 € (pro Pers. und Üb.) - Frühst. inkl., von 8.00 bis 10.30 Uhr **Kreditkarten** Visa, Eurocard, MasterCard **Verschiedenes** Hunde auf Anfrage erlaubt - Parkpl. **Umgebung** Abtei von Chiaravalle di Fiastra - Grotten von Frasassi - Romanische Abteien San Claudio, S. Maria und Pié di Chienti, Chiavarelle - Chienti-Tal: San Claudio al Chienti, Santa Maria a Pie di Chienti - Ascoli Piceno - Treia Recanati **Restaurant** von 12.30 bis 14.30 und von 20.00 bis 22.30 Uhr - Di geschl. - Menüs: 30-40 € **Anreise** (Karte Nr. 14): A-14, Ausfahrt Ancona, dann S-76 Rtg. Fabriano; ab Cerreto d'Esi Rtg. Matelica.

Hotel Residenza 100 Torri

63100 Ascoli Piceno
Via Constanzo Mazzoni, 6
Tel. 0736-25 51 23 - Fax 0732-25 16 46 - Maria Enrica Tass
E-Mail und Web: guidesdecharme.com/1507

Folgendes schrieb der „Guide Bleu", als er noch „belesen" war: "Wie viele italienische Städte mittlerer Größe überrascht Ascoli Piceno durch die Pracht und die Größe seiner Denkmäler, die seit der kommunalen Freiheit eine besondere, im Laufe der Zeit jedoch abgeschwächte Vitalität darlegen. Diese ungewöhnliche Stadt mit langsamem Lebensrhythmus, die angesichts vieler Dinge verwundert, ähnelt durch diese Mischung monumentaler Eitelkeit und einer Art Erstarrung manchen Bildern von de Chirico – mit dem Spiel von Licht und Schatten in einer menschenleeren Stadtlandschaft und einer Architektur, die an Maßlosigkeit grenzt –, wie auch Filmen von Fellini, in denen die Einsamkeit des Menschen eine prachtvolle Umgebung verlangt." In diesem Kontext ist die *Residenza 100 Torri*, in den früheren Pferdeställen eines Palastes (17. Jh.) nahe der berühmten Piazza del Popolo eingerichtet, perfekt zum Goutieren dieses Gefühls von Großartigkeit und Dekadenz. Die Gestaltung ist von eleganter Ruhe und trägt in den Farbabstufungen von Weiß und Beige ebenfalls zu dieser Empfindung bei. Die Zimmer sind mit ihren wundervollen alten, aber auch modernen Betten samt tadelloser weißer Bettwäsche von hohem Komfort. In jedem findet sich ein Aquarell mit der Abbildung einer der zahllosen Türme der Stadt. Eine Adresse, die dieser für seine Antiquitätenhändler und seinen sanften Lebensrhythmus berühmten Stadt voll und ganz entspricht.

Kategorie ★★★★ **Ganzj.** geöffn. **14 Zimmer** mit Tel., Bad, Satelliten-TV, Wi-Fi, Safe, Minibar; Aufzug **Preise** EZ: 115-175 €, DZ: 128-250 €, Suite: 200-500 € - Frühst. inkl., von 7.00 bis 10.00 Uhr **Kreditkarten** akzeptiert **Verschiedenes** Hunde auf Anfrage erlaubt (15 €) - Garage **Sprache** u.a. Deutsch **Umgebung** Ascoli Piceno - Strände von S. Benedetto del Tronto - Offida (piazza centrale) **Kein Restaurant** im Hotel **Anreise** (Karte Nr. 15): im historischen Zentrum.

Villa Cicchi

63100 Abbazia di Rosara (Ascoli Piceno)
Via Salaria Superiore, 137
Tel. 0736-25 22 72 - Handy 335-637 46 51 - Fax 0736-24 72 81
Laura, Maria Elena und Alessandra Cicchi
E-Mail und Web: guidesdecharme.com/1508

Ein im 17. Jahrhundert erbauter Weiler umfasst *Villa Cicchi*: heute ein als Landgasthaus dienendes Bauernhaus in Familienbesitz, dessen Restaurierung von Signore Cicchi meisterhaft vorgenommenen wurde. Die Fassaden sind eine Mischung aus Natur- und Backstein. Die mit Skulpturen versehene Decke des Speiseraumes hat noch immer Originalfriese. An den Wänden Porträts der Familie, und in jedem Raum originales Mobiliar, das jeden Schlossbesitzer neidisch macht. Die Gestaltung der Zimmer mit Vertäfelung, Natursteinfußböden und auch hier wieder wundervollen Friesen ist ähnlich. Die Küche wurde der jungen, talentierten Chefin Barbara Settembri anvertraut, denn hier ist die Küche von großer Bedeutung, die vorwiegend lokale biologische Produkte verarbeitet. Die Ländereien der Cicchis ziehen sich über gut vierzig Hektar hin. Besichtigen Sie das Anwesen in Begleitung, vor allem die Kapelle aus dem Jahr 1734 und den Gewölbekeller, in dem der Wein hergestellt und gelagert wird. Auf dem Gelände des Hauses werden zudem regelmäßig Konzerte gegeben. Eine unumgängliche Adresse zum Kennenlernen von Ascoli Piceno.

Geschlossen ein paar Tage zw. November und März **6 Zimmer** mit Bad, Satelliten-TV, Wi-Fi; Aufzug **Preise** DZ für 1 Pers.: 70-190 €, DZ: 80-300 € - Frühst. inkl., von 8.30 bis 10.30 Uhr **Kreditkarten** Visa, MasterCard **Verschiedenes** Hunde auf Anfrage erlaubt (25 €) - Parkpl. **Umgebung** Ascoli Piceno - Strände von S. Benedetto del Tronto - Offida (piazza centrale) **Restaurant** von 12.30 bis 14.30 und 20.00 bis 22.00 Uhr - Menü: 25-50 € **Anreise** (Karte Nr. 15): 3 km von Ascoli Piceno. A-14, Ausfahrt San Benedetto del Tronto, Rtg. Ascoli Piceno.

MARKEN

Locanda Salimbeni

62027 San Severino Marche (Macerata) - Valle dei Grilli
Tel. 0733-63 40 47 - Handy 328-624 12 35 - Fax 0733-63 39 01
Familie Ulissi
E-Mail und Web: guidesdecharme.com/1509

In den Marken gibt es zahlreiche wunderbar erhaltene Dörfer und Städte mit reichem künstlerischem Erbe, die sich auf diskrete Art zu erkennen geben, beinahe so, als ließe man sich von einem magischen Ariadnefaden leiten. Auch die Marca Maceratese zählt zu den Gegenden voller mittelalterlicher Dörfer in unveränderter Landschaft, in der das Leben noch friedlich ist. San Severino signalisiert sich durch einen riesigen ellipsenförmigen Platz (der umgeben ist von mit Wappen geschmückten Palästen des 16. Jahrhunderts) und seinen Dom. Dort sind noch Teile jener Fresken zu sehen, die die Brüder Salimbeni schufen; Letztere gaben der Locanda ihren Namen. Das Hotel liegt an der Straße und ist umgeben von grünen Hügeln. In den neunziger Jahren restauriert, entschied die Familie Ulissi schließlich, hier alles selbst in die Hand zu nehmen, und zwar mit guten Kenntnissen und der Überzeugung, dass ihre Gäste nur das Beste verdienen und verwöhnt werden sollen. Schlichtheit und guter Geschmack sind die Vorzüge der antik möblierten Zimmer und des Restaurants; es wurde für seine Interpretation alter Marken-Rezepte prämiert. Der Garten ist zwar nicht riesig, doch besitzt er immerhin einen Swimmingpool. Von besonderem Interesse sind hier Wanderungen, Besichtigungen aller Art und die zahlreichen unterschiedlichsten Musikfestivals.

Kategorie ★★★ **Geschlossen** Januar **9 Zimmer** mit Tel., Bad, Satelliten-TV **Preise** EZ: 48 €, DZ: 65 € - Frühst. inkl., von 7.30 bis 9.30 Uhr - HP: ab 52 € (pro Pers.) **Kreditkarten** akzeptiert **Verschiedenes** Hunde nicht erlaubt - Swimmingpool - Parkpl. **Umgebung** Severino Pinakothek (Pinturicchio und V. Crivelli), Blues-Festival - Macerata (Opern-Festival), Recanati, Tolentino, Camerino, Cingoli, Treia, San Ginesio usw. **Restaurant** von 20.20 bis 22.00 Uhr - Mo und Januar geschl. - Menü: 18-25 € - Karte **Anreise** (Karte Nr. 14): 3 km von S. Severino über die S-361 Rtg. Castelraimondo.

Palazzo Dalla Casapiccola

62019 Recanati (Macerata)
Piazzuola V. Gioberti, 2
Tel. 071-757 48 18 - Handy 338-138 00 55 - Fax 071-757 43 52
E-Mail und Web: guidesdecharme.com/1510

Die Marken mit ihren am Meer auslaufenden Hügeln, ihren gut bestellten Tälern, ihren das castello oder rocca umgebenden Städten aus rosa Stein und ihrem besonderen Licht bieten ein besonders ungetrübtes, harmonisches Bild. Diese Region, die seit Jahrhunderten unter der Herrschaft des Papstes stand, verfügt über ein bemerkenswertes künstlerisches und architektonisches Erbe. Recanati ist zudem die Stadt des einzigartigen Dichters Giacomo Leopardi; dessen Palais wie auch das Haus Silvias befinden sich an der Piazzetta Sabato del Villaggio. Vor allem aber auch die Pinakothek aufsuchen, in der sich einige der Meisterwerke des großen Lorenzo Lotto befinden, dessen Wahlheimat diese Gegend war. Der Palast der Familie Biondo dalla Casapiccola befindet sich im Zentrum. Noch immer von den Nachfahren bewohnt, wurde ein Teil als Gästehaus eingerichtet. Die Zimmer sind geräumig, komfortabel, antik möbliert, und einige besitzen einen Whirlpool. Vom „Rosa" ist der Blick auf die Horizontlinie absolut „leopardisch". Außerdem: Appartements mit zwei oder drei Zimmern und italienischem Garten.

Ganzj. geöffn. **10 Zimmer** mit Bad (mind. 2 Üb.) und 4 Appart. **Preise** EZ und DZ für 1 Pers.: 80-100 €, DZ: 130-150 €, Superior: 150-170 €, Suite: 170-220 €; Extrabett: 50 € - Appart./Woche: 780-900 € (2 Pers.), 1020-1320 € (2-3 Pers.), 5-6 Pers. auf Wunsch; Gründliche Reinigung: 20-30 € - Frühst. im App. nicht inklusive - Frühst. inkl., von 8.30 bis 10.30 Uhr **Kreditkarten** akzeptiert **Verschiedenes** Hunde nicht erlaubt - Swimmingpool mit Hydromassage - Fahrräder - Sauna - Jacuzzi - Fitness - Parkpl. **Umgebung** Loreto (Sanktuarium Santa Casa) - Dörfer, mittelalterliche Abteien des Macerata - Meer (10 km) **Kein Restaurant** Abendessen auf Vorbestellung **Anreise** (Karte Nr. 11): 25 km nördöstl. von Macerata. A-14, Ausfahrt Porto Recanati/Loreto.

Borgo Storico Seghetti Panichi

63030 Castel di Lama (Ascoli Piceno)
Via San Pancrazio, 1
Tel. 0736-81 25 52 - Fax 0736-81 45 28
Familie Seghetti-Panichi
E-Mail und Web: guidesdecharme.com/1511

Dieser historische, das Tronto-Tal überragende Weiler umfasst Bauten unterschiedlicher Epochen: eine ländliche Residenz des 18. Jahrhunderts, zwei Dependancen aus dem 17. Jahrhundert, eine San Pancrazio geweihte Kapelle (1580-1610) und im Wald ein kleines Jagdhaus, das im 19. Jahrhundert entstand. All das in einem hochromantischen, vom Landschaftsgestalter Ludwig Winter entworfenen Garten mit Bassin und Muschelwerk, in dem Zugvögel nisten. Die Innenräume sind von höchster Eleganz, und die auf die Villa und die Residenz San Pancrazio aufgeteilten Zimmer sind derart groß und luxuriös, dass sie als Suiten bezeichnet werden können. Zu den Annehmlichkeiten dieser natürlichen, wundervollen Umgebung – über den Garten und das Tal hinaus schaut man auf das Sasso-Massiv und die türkisfarbene Adria – kommen noch die Bereicherungen der Kultur, der Geschichte und der Traditionen hinzu. Versiert in Kunst, einschließlich der kulinarischen, organisieren die Fürstinnen Giulia Panichi Pignatelli und Stefania Pignatelli Aragona Cortesi Führungen mit Vorträgen, an denen Sie selbstverständlich teilnehmen können.

Ganzj. geöffn. **11 Suiten** mit Klimaanl., Tel., Bad, Satelliten-TV, Internet, Minibar, Safe, 5 mit Kochnische in Residenza San Pancrazio **Preise** Junior: 99-300 €, Deluxe (2-3 Pers.): 150-500 € - Frühst. inkl., von 8.00 bis 10.30 Uhr **Kreditkarten** akzeptiert **Verschiedenes** Hunde auf Anfrage erlaubt - Sauna - Fitness - Swimmingpool - Parkpl. **Umgebung** Ascoli Piceno (Polyptychon von Carlo Crivelli, Sacramento-Kapelle, Dom Sant'Emidio) - Acquaviva Picena - Offida - Ripatransone - Fermo - Servigliano - Strände von S. Benedetto del Tronto - Nationalpark Sibillin **Restaurant** La Quintana, reservieren - Menü: 50 € (mit Aperitif und Getränke) **Anreise** (Karte Nr. 15): 10 km östl. von Ascoli Piceno. A-14, Ausfahrt S. Benedetto di Tronto. SS-4 (Rtg. Ascoli Piceno). Nach 16 km Rtg. Appignano del Tronto.

Locanda della Posta

06100 Perugia
Corso Vanucci, 97
Tel. 075-57 28 925 - Fax 075-57 32 562
E-Mail und Web: guidesdecharme.com/1512

Perugia, die Hauptstadt Umbriens, bewahrte zahlreiche Kulturgüter aus etruskischer und römischer Zeit wie auch aus der Renaissance. Diese bedeutenden Kunstschätze, vorwiegend betrifft das die Architektur, verdienen besonderes Interesse. Italienische und internationale Universitäten schätzen das historische, auf den Anhöhen der Stadt gelegene und vom Corso Vannucci durchzogene Zentrum ganz besonders. Die *Locanda della Posta* befindet sich genau dort in einem alten, gründlich restaurierten Palast. Alle Zimmer wurden modernisiert und gut ausgestattet. Die Gestaltung evoziert die Vergangenheit nicht, entspricht vielmehr der eines komfortablen, üppigen Hotels. Lediglich in den Salons blieben die alten Fresken erhalten. Auf dem Corso macht man Bekanntschaft mit dem Rhythmus der Einwohner der Stadt, nur: Es ist laut. Sympathischer Empfang.

Kategorie ★★★★ **Ganzj.** geöffn. **40 Zimmer** mit Klimaanl., Tel., Bad oder Dusche, Satelliten-TV, Minibar; Aufzug **Preise** EZ: 90-108 €, DZ: 134-170 €, 3-BZ und Junior-Suite: 165-201 € - Frühst. inkl., von 7.30 bis 10.30 Uhr **Kreditkarten** akzeptiert **Verschiedenes** Hunde erlaubt **Umgebung** Perugia: Piazza IV Novembre (Fontäne und Dom), Palazzo dei Priori und Galeria Nationale, Oratorio S. Bernardino, Via Baglione; Veranstaltungen: Desolata-Fest, Karfreitag, Trödelmarkt am letzten WE des Monats, Umbria Jazz im Juli - Torgiano - Assisi - Bettona - Kirche Madonna dei Miracoli in Castel Rigone bei Passignano - Etruskische Grabkammer in Ponte San Giovanni (N 75) - Spello - Spoleto - Golfpl. ad Ellera in Perugia (18 L.) **Kein Restaurant** (siehe unsere Restaurantauswahl S. 610) **Anreise** (Karte Nr. 14): in der Altstadt.

Castello dell'Oscano et Villa Ada

Cenerente-Oscano 06070 Perugia
Tel. 075-58 43 71 - Fax 075-69 06 66 - Maurizio und Luca Bussolati
E-Mail und Web: guidesdecharme.com/1513

Nur ein paar Kilometer von der schönen Stadt Perugia ragen aus den Zedern-, Mammut- und Zypressenwäldern die Türme, Mauerzinnen und Pechnasen des historischen Schlosses *Castello dell'Oscano* hervor, das eine interessante Bibliothek und einen großen vertäfelten Salon besitzt. Im Castello sind die Zimmer geräumige, luxuriöse Suiten. Alle mit Blick auf den Park, doch ganz besonders mögen wir das an der Loggia gelegene und das „Torre", das ein Bett „mit Aussicht" hat – auf eine große Privatdachterrasse. Hier befindet sich auch das Restaurant, das, um die intime Seite dieses besonderen Ortes zu wahren, ausschließlich Hausgäste bewirtet. Gute Küche, liebenswürdiger Empfang. Eine wunderbare Adresse zum Entdecken von Perugia und der umbrischen Sehenswürdigkeiten zu Preisen, die unter jenen anderer Hotels dieser Kategorie liegen. Die gleiche Besitzung mit 250 Hektar Land, in der sich das *Castello dell'Oscano* befindet, verfügt auch über *Villa Ada*: ein edles Haus aus dem 19. Jahrhundert. Die Ausstattung der Villa ist zwar nicht ganz so prachtvoll, aber ebenso elegant. Die 20 Zimmer haben weniger Luxus, jedoch viel Komfort (Tel. 075-58 43 71, DZ: 125 €).

Kategorie ★★★★ **Ganzj.** geöffn. **10 Zimmer** mit Klimaanl., Tel., Dusche, Satelliten-TV, Pay-TV, Minibar; Aufzug - 1 Zi. für Behinderte **Preise** „Castello dell' Oscano": EZ: 190 €, DZ: 200 €, Suiten: 290 €; Extrabett: 70 € - „Villa Ada": ab 120 € - Frühst. inkl., von 7.30 bis 10.30 Uhr **Kreditkarten** akzeptiert **Verschiedenes** Hunde erlaubt - Sauna - Fitness - Swimmingpool **Umgebung** Perugia - Torgiano - Assisi - Bettona - Kirche Madonna dei Miracoli in Castel Rigone - Etruskische Grabkammer in Ponte San Giovanni - Spello - Spoleto - Golfpl. ad Ellera und Golfpl. Antognolla in Perugia (18 L.) **Restaurant** „Tourandot" - um 20.30 Uhr - Menü: 38 € - Karte **Anreise** (Karte Nr. 14): 10 km von Perugia. SS Firenze-Roma, Ausfahrt Madonna Alta, rechts bis zum Stadion, dann Bahnübergang, Santa Lucia, San Marco und Cenerente. Den blauen Hinweisschildern „Oscano" folgen.

San Lorenzo della Rabatta

Cenerente-San Lorenzo della Rabatta 06134 Perugia
Tel. und Fax 075-69 07 64
E-Mail und Web: guidesdecharme.com/1514

Cenerente ist der Wohnvorort von Perugia, 15 Autominuten vom Stadtzentrum entfernt. Seit Paola Cascini die Häuser des Dorfes vollkommen restaurierte und in ihnen hübsche Agriturismo-Appartements eingerichtet hat, ist der nahe mittelalterliche Weiler wieder von Leben erfüllt. Die Gestaltung entspricht dieser umbrischen, besonders klaren und sanften Umgebung voller Spiritualität, wie sie Perugino malte (und weshalb noch heute alljährliche Friedensmärsche von Perugia und Assisi mit Bezug auf die friedensstiftende Botschaft Franz von Assisis stattfinden). In den sechs Wohnungen, jede nach einer regionalen Olivensorte benannt, ist man vollkommen eigenständig; zudem sind sie so konzipiert, dass die tägliche Verpflegung (und Pflege) gewährleistet ist. Voller Komfort, aber auch Eleganz und angenehm antik-rustikal möbliert, kann man hier in der kühlen Jahreszeit auch den Kamin anzünden. Am ersten Abend wird den Gästen ein Korb mit lokalen Spezialitäten überreicht.

Geschlossen 10. Januar bis 10. März **7 Wohnungen** (2-8 Betten) mit Bad, Satelliten-TV **Preise** Apparts./Woche: 520-700 € (2 Pers., Moraiolo), 520-750 € (2 Pers., Frantoio), 520-750 € (3 Pers., Dolce Ulivo), 720-1200 € (4 Pers., Pendolino), 770-1200 € (4 Pers., Frantoiano), 1250-1900 € (7 + 2 Pers., Dolce Agogia), 1400-2000 € (8 Pers., Carboncella) **Kreditkarten** akzeptiert **Verschiedenes** Hunde nicht erlaubt - Swimmingpool - Parkpl. **Umgebung** Perugia - Torgiano - Assisi - Bettona - Kirche Madonna dei Miracoli in Castel Rigone - Etruskische Grabkammer in Ponte San Giovanni (N-75) - Spello - Spoleto **Kein Restaurant** im Agriturismo **Anreise** (Karte Nr. 14): 10 km von Perugia. SS Florenz-Rom, Ausfahrt Madonna Alta. Weiter rechts bis zum Sportplatz, dann Eisenbahnüberführung, Sta Lucia, S. Marco, Cenerente, Rtg. Oscano. Oscano rechts liegen lassen, „S. Lorenzo".

Villa Aureli

06132 Castel del Piano Umbro (Perugia) - Via Cirenei, 70
Handy 347-284 51 76 - 340-645 90 61 - Fax 0755-14 94 08
Familie di Serego Alighieri
E-Mail und Web: guidesdecharme.com/1515

Die sommerliche Ankunft in der *Villa Aureli* ist besonders reizvoll: ein Schauplatz, an dem Visconti gefilmt hätte. Jeden Sommer kommen Kinder und Enkelkinder der Familie aus ganz Europa zur Villa, um hier Cousinen und Cousins zu treffen und eine Zeitlang ihren Wurzeln nahe zu sein. Das Gebäude stammt aus dem 16., die Inneneinrichtung entspricht der schönsten Dekorationstradition des 18. Jahrhunderts, jener Zeit, da die Alighieris die Villa kauften. Mit Hilfe von Unterlagen wurden die Dekor-Elemente restauriert, blieben somit erhalten, und die italienischen Barockgärten wurden neu angelegt: ein echtes Museum der Lebensart der damaligen Zeit. Die Villa ist groß, und es wurden zwei wunderschöne Appartements eingerichtet, die komfortabel, elegant und von der Vergangenheit geprägt sind. Das größte und reizvollste ist für vier Personen vorgesehen und liegt im 2. Geschoss. Zwei weitere befinden sich im „Gärtnerhaus"; in ihnen wohnt man besonders ungestört, sie sind moderner und zudem klimatisiert. Es muss wohl nicht extra erwähnt werden, dass wenn Sie in der *Villa Aureli* zu wohnen wünschen, mit Sperello früh genug Kontakt aufnehmen müssen (per E-Mail oder Fax), um die Einzelheiten Ihres Aufenthalts zu regeln. Ein schönes „Experiment".

Ganzj. geöffn. **2 Appartements** (4-8 Pers.) in der Villa mit Küche, Speiseraum, Salon, 2-4 Zi., Tel., Bad, TV, Internet und 2 im „Gärtnerhaus" mit Klimaanl. **Preise** Appart./Woche: 700-1350 € (920-2025 € Juli/August) **Kreditkarten** Visa, Eurocard, MasterCard **Verschiedenes** Hunde erlaubt - Swimmingpool - Fahrräder - Parkpl. **Sprache** u.a. Deutsch **Umgebung** Perugia - Assisi - Spello - Collegio del Cambio (Fresken von Perugino) - Montefalco - Golfpl. ad Ellera in Perugia (18 L.) Kein **Kein Restaurant** aber Grill zur Verf. **Anreise** (Karte Nr. 14): 10 km südl. von Perugia, Ausfahrt Madonna Alta, dann Rtg. Città della Pieve. In Strazzacapponi links nach Castel del Piano; ab dem Platz 200 m Rtg. Bagnaia.

Relais Le Tre Vaselle

06089 Torgiano (Perugia) - Via G. Garibaldi, 48
Tel. 075-98 80 447 - Fax 075-98 80 214 - G. Margheritini
E-Mail und Web: guidesdecharme.com/1516

Wenn Sie Ländliches, Traditionelles, Raffinement und eine gute Küche mögen, dann sollten Sie im *Tre Vaselle* nur acht Kilometer von Perugia wohnen. Das Hotel verfügt über eine schöne Steinfassade, vor der sich eine superbe Terrasse erstreckt; hier nimmt man in den Sommermonaten das Frühstück und auch die anderen Mahlzeiten ein. Für die kühlere Jahreszeit finden sich im Restaurant und in den Salons Kamine, die eine intime Atmosphäre schaffen. Die Gästezimmer sind von schlichter Eleganz, der Service ist diskret und sehr höflich. Auch die Lage ist wunderschön, doch ist es hier inzwischen mit Gruppen im Hotel sehr touristisch geworden. Ruhiger ist es in der Dependance „La Bondazina" mit zwei kleinen Einzelzimmern, zwei Doppelzimmern und einer Suite mit antikem Mobiliar und großem Rundblick von absoluter Poesie. Das reizvolle, befestigte Dorf Torgiano ist für seinen Lungarotti bekannt (das Weinmuseum zeigt interessante Sammlungen zu diesem Thema) und wird deshalb auch stark besucht. Woanders kann man die lokale Produktion aber auch kennen- und schätzen lernen, so in der *Osteria del Museo*, wo man Olivenöl und exzellente Weine probieren und erwerben kann. Wer besonders interessiert ist, wird die Weinberge und -keller des Gutes besichtigen oder sich eine Vinotherapie gönnen.

Kategorie ★★★★ Ganzj. geöffn. **48 Zimmer** und 12 Suiten mit Klimaanl., Tel., Wi-Fi, Bad und Dusche, Minibar **Preise** EZ: 185 €, DZ: 220-240 €, Junior-Suite: 285 € - Frühst. (Buffet) inkl., von 7.00 bis 10.30 Uhr **Kreditkarten** akzeptiert **Verschiedenes** Hunde erlaubt - Health-Center - Wellness-Center (Vinotherapie) - Fitness - Swimmingpool - Garage und Parkpl. **Umgebung** Weinmuseum, Keramiksammlung sowie Oliven- und Ölmuseum in Torgiano - Perugia - Bettona - Assisi - Golfpl. ad Ellera in Perugia (18 L.) **Restaurant** von 12.30 bis 14.30 und 20.00 bis 22.30 Uhr - Menü: 42 € - Karte **Anreise** (Karte Nr. 14): 16 km von Perugia über die SS-3bis, Rtg. Todi.

La Locanda del Capitano

06014 Montone (Perugia)
Via Roma, 7
Tel. 075-93 06 521 - Fax 075-93 06 455
G. Polito
E-Mail und Web: guidesdecharme.com/1517

Montone ist ein reizendes, mittelalterliches Dorf. Es ist eingebettet in die Natur und liegt oberhalb eines die Umgebung von Perugia charakterisierenden Tales. *Locanda del Capitano* ist ein typischer Dorfgasthof, den Sie an der Biegung einer kleinen Straße entdecken und der seinen Namen dem berühmten *condottiere* Braccio Fontebraccio verdankt: Das Fresko am Eingang bezeugt, dass er hier gewohnt hat. Die zu den Zimmern führenden Treppen sind mit geschnitzten Gorgonen geschmückt. Die mit regionalem Mobiliar eingerichteten Schlafräume sind charmant. Die größten (Nr. 7 und 8) befinden sich auf der 2. Etage, haben eine Terrasse und bieten Ausblick auf die Dächer des Dorfes und den Kirchturm. Alles ist sehr gepflegt. Das große Restaurant liegt im Erdgeschoss, aber bei schönem Wetter wird auf der Terrasse an der Straße gespeist. Exzellente Küche, warmherziger Empfang. Da das Dorf nicht touristisch ist, kann man sich mit dem unverfälschten Leben in dieser Region bekannt machen. Eine besonders gute Adresse.

Kategorie ★★★ **Geschlossen** Februar **10 Zimmer** mit Tel., Dusche und 1 Zi. mit Bad, TV, Minibar **Preise** DZ für 1 Pers.: 90 €, DZ: 120-140 € - Frühst. inkl., von 8.00 bis 10.00 Uhr - HP: 85-110 € (pro Pers.) **Kreditkarten** akzeptiert **Verschiedenes** Hunde auf Anfrage erlaubt - Trekking zu Pferd mit Führer **Umgebung** Perugia - Bettona - Assisi - Gùbbio - Trasimeno-See - Golfpl. Antognolla in Perugia (18 L.; - 10 % für Hausgäste) **Restaurant** von 12.30 bis 14.00 und 19.30 bis 22.30 Uhr - Menü und Karte - Regionale Küche **Anreise** (Karte Nr. 14): 35 km nördl. von Perugia; E-45, Ausfahrt Montone.

Hotel Umbra

06081 Assisi (Perugia)
Via degli Archi, 6
Tel. 075-81 22 40 - Fax 075-81 36 53
Alberto Laudenzi
E-Mail und Web: guidesdecharme.com/1518

Ein zentral, aber dennoch ruhig gelegenes Hotel: im Fußgängerabschnitt einer kleinen Straße des historischen Zentrums von Assisi. Auf einer Seite überragt das Haus den unteren Teil der Stadt und das Tal. Das Hotel verbreitet die angenehme Atmosphäre eines guten Hauses, das seit mehr als drei Generationen Gäste beherbergt. Die Zimmer sind komfortabel und gepflegt und, mit Salonecke und Balkon, wie kleine Wohnungen eingerichtet. Von einigen hat man Ausblick auf die ländliche Umgebung. Das Restaurant weitet sich im Sommer auf die Laube der Terrasse aus. Küche und Landwein werden Ihnen weltliche Genüsse bereiten, auch dann, wenn die Schönheit und einsiedlerische Armut des heiligen Franz Sie zuvor beeindruckt haben.

Kategorie ★★★ **Geschlossen** 7. Januar bis 14. März **25 Zimmer** mit Klimaanl., Tel., Bad oder Dusche, TV, Minibar; Aufzug **Preise** EZ: 75-80 €, DZ: 100-125 € - Frühst. inkl., von 8.00 bis 10.00 Uhr **Kreditkarten** akzeptiert **Verschiedenes** Hunde nicht erlaubt **Umgebung** Assisi: Basilika S. Francesco, Santa Chiara, Dom; das ganze Jahr über zahlreiche religiöse und folkloristische Veranstaltungen: Kreuzabnahme (liturgisches Drama des 14. Jh.) Gründonnerstag und Prozession Karfreitag, Fronleichnam mit Blumenschmuck - Eremitage Eremo delle Carceri - Basilika Convento San Damiano - Basilika Santa Maria degli Angeli - Kirche Santa Maria di Rivotorto - Perugia - Kloster San Benedetto - Spello - Golfpl. ad Ellera (18 L.) in Perugia **Restaurant** von 19.45 bis 21.30 Uhr - So geschl. - Karte **Anreise** (Karte Nr. 14): 25 km östl. von Perugia über die S-75, dann S-147 bis Assisi; im Zentrum.

Le Silve di Armenzano

Armenzano 06081 Assisi (Perugia)
Tel. 075-801 90 00 - Fax 075-801 90 05
Marco Sirignani
E-Mail und Web: guidesdecharme.com/1519

Eine Atmosphäre von Ruhe und Geborgenheit empfängt Sie bei der Ankunft in *Armenzano*. Dennoch liegt diese restaurierte und zu einem Hotel umgestaltete mittelalterliche Bergsiedlung nur zehn Kilometer von Assisi entfernt; man erreicht sie über eine gewundene Straße in den Hügeln des Regionalparks Monte Subasio. Die in dieser grandiosen, wilden Berglandschaft befindliche *tenuta* mit 250 Hektar Land restaurierte drei Bauernhäuser; in zwei von ihnen wurden hübsche, rustikale Zimmer eingerichtet, im 3. befinden sich das Restaurant und der Musiksalon. In der Küche wirken die Zwillinge der Familie und zeigen ihr Talent beim Kochen eigenwilliger Gerichte mit Produkten aus dem eigenen Anbau. Neben Swimmingpool und Tennisplatz stellt das Hotel auch Pferde zum Ausreiten bereit, außerdem geländegängige Mopeds. In diesem Privatbesitz bemüht man sich, professioneller als die Profis dieses Gewerbes zu sein. *Die* Charme-Adresse für einen Aufenthalt in der nahen Umgebung von Assisi.

Kategorie ★★★★ **Geöffnet** April bis November **15 Zimmer** mit Tel., Bad, Satelliten-TV, Minibar **Preise** (degressiv) für 2 Pers.: 160 € (2 Üb.) - HP auf Anfrage - Frühst. inkl., von 8.00 bis 10.00 Uhr **Kreditkarten** akzeptiert **Verschiedenes** Hunde nicht erlaubt - Sauna - Swimmingpool - Tennispl. - Minigolf - Parkpl. **Umgebung** Assisi - Eremitage Eremo delle Carceri - Basilika Convento San Damiano - Basilika Santa Maria degli Angeli - Kirche Santa Maria di Rivotorto - Perugia - Kloster San Benedetto - Spello - Spoleto - Golfpl. ad Ellera (18 L.) in Perugia **Restaurant** Menüs: 25-45 € - Karte - Regionale Küche und Produkte des Anwesens **Anreise** (Karte Nr. 14): 32 km östl. von Perugia; Rtg. Assisi über die S-75, am Ortsausgang von Assisi sofort rechts nach „Armenzano" (10 km).

L'Orto degli Angeli

06031 Bevagna (Perugia)
Via Dante Alighieri, 1
Tel. 0742- 36 01 30 - Fax 0742-36 17 56
T. und F. Antonini Mongalli
E-Mail und Web: guidesdecharme.com/1520

In Bevagna befindet man sich im Herzen der historischen Stätten Umbriens. Auch der kleine Ort stammt größtenteils aus dem Mittelalter, was die den hübschen Platz S. Silvestro umgebenden Bauten bezeugen, aber auch das interessante Fest, das Ende Juni stattfindet und bei dem das ganze Dorf seine Denkmäler und seine Geschichte ehrt. Das auf den Fundamenten eines Tempels und eines römischen Theaters errichtete *L'Orto degli Angeli* erfreut sich noch vieler Überreste aus jener Zeit. Ein wundervoller hängender Garten (in dem in der warmen Jahreszeit das Frühstück serviert wird) trennt den Palazzo Alberti (14.-17. Jh.) vom noblen Patrizierhaus (1710), das seit 1788 im Besitz der Familie Nieri Mongalli ist; heute wird man hier von den Nachfahren empfangen. Eine Monumentaltreppe führt zum Salon, dessen Decke mit Freskomalerei und dessen schöner Kamin bemerkenswert sind. Die mit exzellenten Bädern ausgestatteten Gästezimmer sind elegant und mit ansprechenden Stoffen gestaltet. Auch die Zubereitung der Spezialitäten, die auf einfache und raffinierte Art zugleich serviert werden, ist von Tradition geprägt. Freundlicher Empfang.

Ganzj. geöffn. **14 Zimmer** mit Klimaanl., Tel., Bad oder Dusche, Satelliten-TV, Minibar, Safe **Preise** DZ: 200 €, Suite: 300 € - Frühst. inkl., von 8.00 bis 10.00 Uhr - HP (mind. 3 Üb.): + 35 € pro Pers. **Kreditkarten** akzeptiert **Verschiedenes** Hunde nicht erlaubt **Umgebung** Bevagna: Piazza S. Silvestro, Palazzo dei Consoli, roman. Kirchen S. Silvestro und S. Michel, Pinacoteca F. Torti; „Il Mercato della Gaite" im Juni - Foligno - Montefalco - Abtei von Sassovino - Spello - Assisi - Perugia - Trevi - Spoleto - Todi - Orvieto **Restaurant** von 12.30 bis 13.30 und 19.30 bis 21.30 Uhr - Di geschl. - Menü-Karte: 40-50 € **Anreise** (Karte Nr. 14): 32 km südl. von Perugia.

Relais Il Canalicchio

06050 Canalicchio di Collazzone (Perugia)
Via della Piazza, 4
Tel. 075-87 07 325 - Fax 075-87 07 296
Marco Castrica
E-Mail und Web: guidesdecharme.com/1521

Canalicchio, unweit von Assisi, ist eine kleine, befestigte, bereits im 9. Jahrhundert erwähnte Anlage mit Wachturm und Kapelle; sie ragt aus dem von 50 Hektar Land umgebenen Wald hervor. Dieses edle Ländliche wurde bewahrt. Die robusten Wände aus hiesigem Quaderstein und die Cotto-Fußböden stellen das Besondere und die Eleganz dieses Hotels dar. Die aristokratischen Zimmer, die „Contessa di Oxford" oder „Duci di Buckingham" heißen, verfügen über den Charme und den anheimelnden Komfort angelsächsischer Herrenhäuser: Betten aus Schmiedeeisen bzw. gobelinbezogen, auf die gestreiften Stoffe abgestimmte Tapeten, niedrige Sessel in der Sitzecke und ein kleiner Schreibtisch am Fenster, um so (von einigen Zimmern) den Ausblick auf die grünen umbrischen Hügel zu genießen, die denen der benachbarten Toskana in nichts nachstehen. Das Panorama-Restaurant in einer kleinen Straße des Dorfes bietet vorwiegend hiesige Spezialitäten an und verwendet Produkte von der „Hacienda". Ein sehr angenehmer, erholsamer Ort mit allen Vorteilen des Landes (Reiten, Angeln, Wanderungen, Jagd).

Ganzj. geöffn. **49 Zimmer** mit Klimaanl., Tel., Bad oder Dusche, Satelliten-TV, Minibar **Preise** DZ: 170-200 €, Superior: 210-240 €, Suite: 230-260 €, Country-Suite: 250-285 €, Tower-Suite: 300-350 € - Frühst. inkl., von 8.00 bis 10.00 Uhr - HP: + 40 € pro Pers. **Kreditkarten** akzeptiert **Verschiedenes** Hunde auf Anfrage erlaubt - Wellness-Center: Sauna, Fitness, Türkisches Bad, Jacuzzi, Massagen - Swimmingpool - Tennispl. - Fahrräder - Geschlossenes Parken **Umgebung** Perugia - Assisi - Todi **Restaurant** von 12.30 bis 14.30 und 19.30 bis 22.00 Uhr - Menü: 35-45 € - Karte - Regionale Küche **Anreise** (Karte Nr. 14): 25 km südl. von Perugia. E-45, Ausfahrt Ripabianca, Rtg. Canalicchio.

Hotel Tiferno

06012 Città di Castello (Perugia)
Piazza R. Sanzio, 13
Tel. 075-85 50 331 - Fax 075-85 21 196
Luigi Neri
E-Mail und Web: guidesdecharme.com/1522

Città di Castello ist ein klassisches, von umbrischer Renaissance geprägtes Dorf, welches stolz darauf ist, dass der junge Raffael eine Zeit lang hier gelebt hat. So darf man sich unter keinen Umständen die beidseitig bemalte Standarte mit der Schöpfung Evas und der Dreiheiligkeit entgehen lassen, die sich in der interessanten Pinakothek der Gemeinde befindet. Nach Perugia besitzt sie im Übrigen die bedeutendsten Malereien Umbriens. Das *Tiferno*, nach der römischen Bezeichnung der Stadt benannt, erhielt seine ursprüngliche Architektur des ehemaligen Klosters, ebenso das Kreuzgewölbe und die großen Kamine, legte sich aber auch eine kleine Sammlung von Bildern Alberto Burris zu. Die Gästezimmer sind modern und entsprechen den Kriterien funktionellen Komforts. Ein Grandhotel von schlichter Eleganz und ein angenehmes Quartier. Das Restaurant des Hotels ist gut, aber wenn Sie in der Stadt essen möchten, empfehlen wir Ihnen das „Amici miei" (Tel. 075 855 9904). Ein Muss!

Kategorie ★★★★ Ganzj. geöffn. **47 Zimmer** mit Klimaanl., darunter einige für Nichtraucher, Tel., Wi-Fi, Bad oder Dusche, Satelliten-TV, Minibar; Aufzug **Preise** EZ: 65-90 €, DZ: 95-156 €, Junior-Suite: 200 €; Extrabett: 15-40 € (-10 % im B&B für Gäste mit der letzten Ausgabe unseres Führers) - Frühst. inkl., von 7.30 bis 10.00 Uhr **Kreditkarten** akzeptiert **Verschiedenes** Hunde nicht erlaubt - Fitness - Parkpl. **Umgebung** Città di Castello: Dom, Pinacoteca, Burri Museum; Trödelmarkt 3. So des Monats, herkömmlicher Markt Do und Sa, Musikfestival Juli und August - Monterchi Museum (Madonna del Parto von P. della Francesca) - Perugia - Assisi - Trasimeno-See **Restaurant** „Le Logge" Mittag- und Abendessen - Mi geschl. - Menü: 28-36 € - Regionale Küche **Anreise** (Karten Nr. 10 und 14): 50 km nördl. von Perugia.

Villa di Monte Solare

Colle San Paolo 06068 Tavernelle di Panicale (Perugia) - Via Montali, 7
Tel. 075-83 23 76 - 075-835 58 18 - Fax 075-83 554 62
Sig. und Sig.r Iannarone Strunk
E-Mail und Web: guidesdecharme.com/1523

Der zur *Villa di Monte Solare* führende Weg ist zwar lang, aber befahrbar, und die umbrische Landschaft mit ihren Weinbergen und Olivenhainen – seit der Antike Apollon, dem Gott des Lichts geweiht – ist wunderbar. Es erwartet Sie hier ein schönes Patrizierhaus aus dem 18. Jahrhundert, das viel Ursprüngliches erhalten konnte: Der Boden ist aus altem *cotto*, die Möbel stammen aus derselben Epoche, und das Frühstückszimmer schmücken Fresken. Die Zimmer der Villa sind alle sehr reizvoll. Die Schlafräume und Suiten, die kürzlich in einem der Bauernhäuser aus dem 17. Jahrhundert eingerichtet wurden, sind von gleicher Güte. Der Garten wurde neu angelegt, und etwas abseits entstanden zwei Swimmingpools. Der landwirtschaftliche, 76 Hektar umfassende Betrieb stellt Olivenöl, Wein (die Karte umbrischer Weine ist phantastisch) und noch viele andere Produkte her, die in der (guten) Küche verwertet werden. Und im Beauty-Spa sind die Produkte von Carita Paris ausschließlich für Ihre Schönheit da. Ein einzigartiger, Komfort bietender Ort zum Entspannen in Umbrien.

Ganzj. geöffn. **15 Zimmer** und 10 Suiten mit Klimaanl., Wi-Fi und Bad **Preise** EZ: 130-145 €, DZ: 200-240 €, Superior: 240-280 €, Suite und Deluxe-Suite: 300-450 € - Frühst. inkl., von 7.30 bis 10.00 Uhr - HP: + 42 € pro Pers. **Kreditkarten** akzeptiert **Verschiedenes** Hunde auf Anfrage erlaubt (10 €) – Weinproben - Kochkurse - Wöchentl. in der Kapelle stattfindende Konzerte klassischer Musik - Beauty-Center mit Spa - Swimmingpool - Tennispl. - Parkpl. **Umgebung** Perugia - Assisi - Bettona - Kirche Madonna dei Miracoli in Castel Rigone - Trasimeno-See - Circolo Golfpl. di Perugia (18 L.) **Restaurant** Dolium, von 13.00 bis 14.30 und 19.30 bis 21.30 Uhr - Probiermenü: 45 € - Karte **Anreise** (Karte Nr. 13): 25 km südwestl. von Perugia, die SS-220 Rtg. Città delle Pieve, vor Tavernelle in Colle San Paolo links den Weg bis „Monte Solare".

Relais Ducale

06024 Gubbio (Perugia)
Via Galeotti, 19
Tel. 075-92 20 157 - Fax 075-92 20 159
Daniela Mencarelli
E-Mail und Web: guidesdecharme.com/1524

Am Hang des Monte Ingino strebt eine ganze Reihe von Straßen und Treppen nach Gubbio, der besterhaltenen mittelalterlichen Stadt ganz Italiens. *Relais Ducale* liegt in der Nähe des Doms und des 1479 von Federico da Montefeltro erbauten Palazzo Ducale, in dem der Herzog von Urbino einst seine Gäste empfing. Zu einem Luxushotel umstrukturiert, blieb jedoch im Innern die ganze Architektur aus Gewölbe und Naturstein erhalten und auch der hübsche Garten unangetastet, von wo man auf die Dächer der Stadt und das Apenningebirge schaut. Alle Zimmer sind sehr gepflegt, antik möbliert und mit bestem Komfort versehen – ob die Doppelzimmer, wie das besonders reizvolle 216, das wie ausgehöhlt scheint, oder die besonders großen Suiten wie Nr. 402 mit üppiger Ausstattung und Balkon mit Blick auf die Stadt. Das Frühstück ist köstlich, und an der Hotelbar werden einem auf Wunsch leichte Gerichte serviert. Zu Abend essen sollten Sie jedoch unbedingt in der „Taverna del Lupo": eine der besten Adressen der Region für Trüffelspezialitäten.

Kategorie ★★★★ **Ganzj.** geöffn. **30 Zimmer** mit Klimaanl., Tel., Bad oder Dusche, Satelliten-TV, Minibar, Safe; Aufzug, Eingang für Behinderte **Preise** EZ: 110-130 €, DZ: 155-180 €, Deluxe: 210-242 €, Junior-Suite: 242-290 € - Frühst. inkl., von 7.30 bis 10.30 Uhr **Kreditkarten** akzeptiert **Verschiedenes** Hunde auf Anfrage erlaubt - Garage **Umgebung** Gubbio: S. Francesco, Piazza della Signoria, Pinakothek dei Consoli, Duomo, Palazzo Ducale, Via dei Consoli, Via Baldassini - Palio della Balestra (letzter So im Mai), Karwoche, Markttag: Di **Restaurant** „Taverna del Lupo" (Tel. 075-927 43 68): von 12.00 bis 14.30 und 19.00 bis 22.00 Uhr - Mo außer August, September und feiertags geschl. - Menü: 31-50 € - Karte - Spezialitäten: Trüffelgerichte **Anreise** (Karte Nr. 14): 35 km nordwestl. von Perugia.

Locanda del Gallo

Santa Cristina 06020 Gubbio (Perugia)
Tel. und Fax 075-922 99 12
Paola Moro und Erich Breuer
E-Mail und Web: guidesdecharme.com/1525

Umbrien, das grüne Herz Italiens, besticht sowohl durch sein künstlerisches Erbe als auch seine sanften Hügel. *Locanda del Gallo* befindet sich im Tevere-Tal. Das einst vom Marquis Capranica del Grillo bewohnte Anwesen wurde vollkommen restauriert, besitzt aber noch immer seine geweihte Kapelle. Der Name „del Gallo" ist zurückzuführen auf die hölzerne, von einer Reise mitgebrachten Hahnplastik. Dieses Tier und Maskottchen des Hauses thront heute im Eingang. Die jungen Hausbesitzer haben etwas gewagt, was sich als sehr gelungen herausstellt: verliebt in Indonesien, wollten sie ein typisch umbrisches Haus mit Möbeln aus dem einstigen Niederländisch-Indien einrichten. Diese Verbindung ist absolut harmonisch, und so gibt es in den ungewöhnlichen Zimmern Betten aus Edelholz, seltene Spiegel, Stühle und Schreibtische aus Teakholz. Auch der Koch kommt aus dem Orient, hat sich bestens umgestellt auf Mediterranes, verleiht ihm jedoch hier und da einen delikat exotischen Touch. Außerdem: ein großer Garten, ein schöner Swimmingpool und der Ausgangspunkt diverser Wandertouren.

Geschlossen Januar und März **10 Zimmer** mit Dusche (1 mit Bad), Wi-Fi **Preise** DZ: 130-140 € - Frühst. (Buffet) inkl., von 8.30 bis 10.30 Uhr - HP: 80-90 € (pro Pers.) **Kreditkarten** Visa, MasterCard **Verschiedenes** Hunde auf Anfrage erlaubt - Spa - Jacuzzi - Swimmingpool - Parkpl. **Sprache** u.a. Deutsch **Umgebung** Gubbio - Perugia - Assisi - Palio della Balestra (letzter So im Mai) - Corsa dei Ceri (15. Mai) - Markttag: Di **Restaurant** nur für Hausgäste; um 20.15 Uhr - Menü: 25 € - Bio-Küche **Anreise** (Karte Nr. 14): 18 km von Gubbio. 25 km nordöstl. von Perugia. E-45 Rtg. Cesana, Ausfahrt Ponte Pattoli, Rtg. Casa del Diavolo (1 km) und Santa Cristina (7 km).

Le Torri di Bagnara

Pieve San Quirico 06134 Bagnara (Perugia) - Strada della Bruna, 8
Tel. und Fax 075-579 30 01 - Handy résa 335-64 08 54
Familie Treni-Giunta
E-Mail und Web: guidesdecharme.com/3296

Die *Torri di Bagnara* gruppieren in einem etwa 600 Hektar großen Anwesen, im Besitz der Familie Treni-Giunta seit 1901, eine Reihe historischer Bauten (eine Abtei, 11. Jh.; einen Turm, 12. Jh. und einen Bauernhof, 17. Jh.). Eine umfangreiche Restaurierung erlaubt es nun, Gäste in einem absolut phantastischen Rahmen zu empfangen. Wir befinden uns hier am Anfang des Tevere-Tals, das sich, von Perugia bis Città di Castello, am Fluss entlang mit all den Wäldern hinzieht und schöne Ausblicke auf die befestigten Dörfer, Schlösser und Abteien bietet. Beherbergt werden die Gäste in zwei Gebäuden: in der „Pieve San Quirico", wo sieben Zimmer bereitstehen, und in der vier Wohnungen umfassenden „Torre". Die Zimmer sind komfortabel und sogar üppig eingerichtet, mit Betthimmeln und edler Wandbekleidung; die gut ausgestatteten Wohnungen sind mit Regionalmobiliar und geblümten Stoffen ländlicher gestaltet. Das in einem Raum der Abtei eingerichtete Restaurant nimmt ausschließlich Gäste auf, die am Vortag reserviert haben. Den sonntäglichen Brunch dürfen Sie sich nicht entgehen lassen, ebenso wenig die guten Abendessen, die die Produkte des Anwesens würdigen. Am Swimmingpool genießt man im Sommer die unverdorbene Natur, die zum Aufsuchen der Nachbartäler und der umbrischen Seen einlädt.

Ganzj. geöffn. **7 Zimmer** mit Klimaanl., Tel., Internet, Bad, Satelliten-TV, Minibar und 4 eingerichtete Appart. (2-5 Pers.) mit Klimaanl. auf Wunsch, Tel., Wi-Fi **Preise** DZ für 1 Pers.: 90-120 €, DZ: 150-160 €, Superior: 150-180 €, Junior-Suite: 170-215 €; Extrabett: 10-40 € - Appart.: 460-1390 €/Woche - Frühst. (Buffet) inkl., von 8.00 bis 11.00 Uhr **Kreditkarten** akzeptiert **Verschiedenes** Hunde auf Anfrage erlaubt - Mountainbikes - Swimmingpool - Parkpl. **Umgebung** Perugia - Tevere-Tal - Todi - Corvara-See - Orvieto - Citta delle Pieve – Trasimeno-See **Anreise** (Karte Nr. 14): 20 km nördl. von Perugia, E-45, Rtg. Umbertudine, Abfahrt Resina.

Villa di Piazzano

Piazzano 06069 Tuoro sul Trasimeno (Perugia)
Tel. 075 82 62 26 - Fax 075-82 63 36
Alessandra Wimpole
E-Mail und Web: guidesdecharme.com/1526

In der Nähe des Trasimeno-Sees (Umbrien) und nur fünf Kilometer von Cortona (Toskana) befindet sich *Villa di Piazzano* dennoch auf umbrischem Boden. Erbaut um 1500, diente die Villa zunächst Kardinal Silvio Passerini als Jagdhaus. Bei der Restaurierung dieses historischen Baus blieb die ursprüngliche Struktur erhalten, Salons und Zimmer wurden mit dem Mobiliar aus dem Familienbesitz gestaltet. Die Schlafräume sind verschiedenartig, groß, elegant, gepflegt und ausgestattet mit außergewöhnlichem Komfort. Das majestätische Kardinalszimmer verdient ein besonderes Lob. Die Hügel, auf denen der Kirchenmann jagte, sind im Übrigen auch jene der historischen Schlacht von Trasimeno, als Hannibal gegen die Römer kämpfte. Der Garten mit hohen Bäumen besitzt hübsche Spazierwege und einen außerordentlich angenehmen Swimmingpool. Die Mahlzeiten werden in einem eleganten Speiseraum, an kühleren Tagen am Kamin und im Sommer auf der Terrasse serviert. Die Küche entspricht den Jahreszeiten, der servierte Wein stammt aus der Region. Höchst liebenswürdiger Empfang. Somit viele Qualitäten in diesem hübschen Haus, das sowohl von der Toskana als auch von Umbrien geprägt und deshalb von besonderem Interesse ist.

Geschlossen 12. November bis 12. März **18 Zimmer** mit Klimaanl., Tel., Bad, Satelliten-TV und Sky-TV, Minibar; Aufzug **Preise** DZ für 1 Pers.: 135-180 €, DZ: 160-205 €, Superior: 195-235 €, Deluxe: 225-285 €, Junior-Suite: 260-340 € - Frühst. inkl., von 8.00 bis 10.30 Uhr **Kreditkarten** Visa, Eurocard, MasterCard **Verschiedenes** Hunde auf Anfrage erlaubt - Swimmingpool - Parkpl. **Umgebung** Cortona - Arezzo - Val di Chiana: Abtei von Farneta, Lucignano, Sinalunga - Trasimeno-See - Perugia - Assisi - Gubbio **Abendessen** reservieren, um 20.00 Uhr - Di geschl. - Menü: 40 € **Anreise** (Karte Nr. 13): über Cortona (5 km südl.) SP-35, Rtg. Mercatale. Hinter Pergo rechts nach Piazzano.

Il Vecchio Molino

Pissignano 06042 Campello sul Clitunno (Perugia)
Via del Tempio, 34
Tel. 0743-52 11 22 - Fax 0743-27 50 97
E-Mail und Web: guidesdecharme.com/1527

Der Tempietto del Clitunno aus römischer Zeit, der sich bewirbt, als Weltkulturerbe der Unesco anerkannt zu werden, überragt das Hotel *Vecchio Molino*. Nur ein paar hundert Meter weiter befinden sich die Fonti del Clitunno, ein wahres Juwel der Natur mit seinem Wasserspiegel inmitten einer dichten, seltenen und üppigen Flora, die in bereits römischer Zeit Plinius und Vergil inspirierte und danach die Dichter Lord Byron und Carducci wie auch den Maler Corot. Diese einstige, zu einem sehr angenehmen Hotel umgestellte Mühle, *residenza d'epoca*, hat noch immer ihr Mühlwerk aus dem 15. Jahrhundert (nach wie vor ist hier der rauschende Fluss zu sehen). Die schlichte Gestaltung ganz in Weiß bringt die alten Strukturen des Gebäudes schön zur Geltung. Die Zimmer sind groß und wunderbar eingerichtet, alle sind unterschiedlich, und einige haben sogar einen Salon. Auf jeder Etage stehen Lese- oder Ruheecken zur Verfügung. Das nur ein paar Kilometer von Spoleto gelegene *Vecchio Molino* ist Cinephilen sehr bekannt, die regelmäßig zum „Festival der zwei Welten" anreisen, das von Gian Carlo Menotti ins Leben gerufen wurde.

Kategorie ★★★★ **Geöffnet** 1. April bis 31. Oktober **13 Zimmer** mit Klimaanl., Tel., Bad, Minibar **Preise** EZ: 75-100 €, DZ: 115 €, Junior-Suite: 120 €, Suite: 130-140 € - Frühst. inkl., von 8.00 bis 10.00 Uhr **Kreditkarten** akzeptiert **Verschiedenes** Hunde nicht erlaubt - Parkpl. **Umgebung** Fonti del Clitunno - Tempietto del Clitunno - Ponte delle Torri - Kirche San Pietro - Basilika San Salvatore - Kirche San Ponziano - Monteluco und das Kloster San Francesco - Trevi - Spoleto - Spello - Orvieto - Golfpl. Santa Sabina (9 L.) und Golfpl. Antognolla **Kein Restaurant** (siehe unsere Restaurantauswahl in Campello sul Clitunno und Spoleto S. 610) **Anreise** (Karte Nr. 14): 50 km südöstl. von Perugia über die SS-75 bis Foligno, dann S-3.

Hotel Gattapone

06049 Spoleto (Perugia)
Via del Ponte, 6
Tel. 0743-223 447 - Fax 0743-223 448
Pier Giulio Hanke
E-Mail und Web: guidesdecharme.com/1528

Das *Gattapone*, etwas außerhalb des Dorfes, ist der Geheimtip der Besucher des Musikfestivals von Spoleto. An einen Steilhang angelehnt, von dem aus man das ganze Tessino-Tal überblickt (direkt gegenüber eines Aquädukts, das Lucrezia Borgia, die Herzogin von Spoleto, so geliebt hat), ist das Hotel vollständig in die Landschaft integriert. Seine Inneneinrichtung ist gelungen und verbindet Komfort mit Harmonie. Die Zimmer sind geschmackvoll gestaltet, modern und bieten einen Panoramablick, was ihnen Ruhe und auch eine gewisse Heiterkeit verleiht. Einige verdienten allerdings komfortablere Betten. Professor Hanke, der Hotelbesitzer, weiß, was Gastfreudschaft bedeutet und sorgt dafür, dass die Hotelgäste sich wie geladene Gäste fühlen.

Kategorie ★★★★ **Ganzj.** geöffn. **16 Zimmer** mit Klimaanl. (vom 15. Juni bis 15. September), Tel., Bad oder Dusche, Satelliten-TV, Minibar **Preise** EZ: 90-150 €, DZ: 120-170 €, Suiten: 170-230 € - Frühst. inkl., von 7.30 bis 10.30 Uhr **Kreditkarten** akzeptiert **Verschiedenes** Hunde erlaubt **Umgebung** Spoleto: Dom, Arco di Druso; Festival dei Due Mondi (Juni und Juli) - Ponte delle Torri - Kirche San Pietro - Basilika San Salvatore - Kirche San Ponziano - Monteluco und das Kloster San Francesco - Fonti del Clitunno - Tempietto del Clitunno - Trevi - Golfpl. Santa Sabina (9 L.) und Golfpl. Antognolla **Kein Restaurant** (siehe unsere Restaurantauswahl S. 610) **Anreise** (Karte Nr. 14): 65 km südöstl. von Perugia über die SS-3bis Rtg. Terni nach Acquasparta, dann S-418 nach Spoleto.

Palazzo Dragoni

06049 Spoleto (Perugia)
Via del Duomo, 13
Tel. 0743-22 22 20 - Fax 0743-22 22 25
E-Mail und Web: guidesdecharme.com/1529

Diese *residenza d'epoqua* aus dem 14. Jahrhundert liegt in unmittelbarer Nähe des Doms und öffnet heute seine Toren, um Sie in dem einst für die Familie Dragoni errichteten Palast zu empfangen. Die Salons und die Gästezimmer liegen in der Beletage, also im 1. Stock. Tische mit tief herabfallenden Decken, Sessel, Sofas und einige antike Möbelstücke stellen die elegante Einrichtung des Palastes dar. Die Zimmer sind groß, einige haben zudem einen richtigen Salon. Es gibt zwei Speiseräume: das Frühstück wird in dem Galerie-Salon mit Bogenfenstern und weitem Blick auf den mittelalterlichen Teil des Dorfes gereicht; im anderen, der mit seinem Dekor aus Stein und Gewölbe intimer ist, finden ausschließlich Privatdiners statt. Ihre Ruhe wird aber keineswegs beeinträchtigt, denn die drei Drachen mit grünen Köpfen wachen seit bereits mehreren Jahrhunderten über das Haus.

Ganzj. geöffn. **15 Zimmer** mit Klimaanl., Tel., Bad oder Dusche, Satelliten-TV, Minibar; Aufzug **Preise** Standard: 125 €, Superior: 150 € - Frühst. inkl., von 8.00 bis 10.00 Uhr **Kreditkarten** Visa, Eurocard, MasterCard **Verschiedenes** Hunde auf Anfrage erlaubt **Umgebung** Spoleto: Dom, Arco di Druso; Festival dei Due Mondi (Juni und Juli) - Ponte delle Torri - Kirche San Pietro - Basilika San Salvatore - Kirche San Ponziano - Monteluco und das Kloster San Francesco - Fonti del Clitunno - Tempietto del Clitunno - Trevi - Golfpl. Santa Sabina (9 L.) und Golfpl. Antognolla **Kein Restaurant** (siehe unsere Restaurantauswahl S. 610) **Anreise** (Karte Nr. 14): 65 km südöstl. von Perugia über die SS-3bis, Rtg. Terni nach Acquasparta, dann S-418 bis Spoleto.

Hotel San Luca

06049 Spoleto (Perugia)
Via Interna delle Mura, 21
Tel. 0743-22 33 99 - Fax 0743-22 38 00
Daniela Zuccari
E-Mail und Web: guidesdecharme.com/1530

Das Hotel befindet sich in einer ehemaligen Gerberei. Die Außenstruktur des Gebäudes aus dem 19. Jahrhundert ließen die Architekten unverändert, im Innern wurde jedoch energisch umgebaut. Heute kommuniziert alles mit dem Innenhof (*cortile*) und dem Garten dank eines ausgetüftelten Systems aus Gängen und eisernen Treppen, was ein erstaunliches Labyrinth hervorbringt. Die Zimmer gehen zum Garten, zum Hof oder zur Altstadt hinaus, die von Obstgärten umgeben ist. Sie sind elegant, geräumig und haben marmorne Bäder, einige sogar Jacuzzi-Badewannen; die Juniorsuite, Nr. 114, zählt zu den prachtvollsten Exemplaren. Frische Blumensträuße in den freundlichen Salons mit bequemen Sofas und Stilmöbeln, an den Wänden Zeichnungen und Radierungen, und in zwei Vitrinen kann man eine Sammlung alter Suppenschüsseln bewundern. Heller Frühstücksraum mit großzügigem Buffet (u.a. regionale Wurstwaren und hausgemachter Kuchen). Eine Quelle mit legendärer therapeutischer Wirkung sprudelt noch immer auf dem Areal des Hotels; ein Glas sollten Sie schon probieren.

Kategorie ★★★★ **Ganzj.** geöffn. **35 Zimmer** mit Klimaanl., Tel., Bad oder Dusche, Satelliten-TV, Safe, Minibar; Aufzug; Eingang und Zi. für Behinderte **Preise** EZ: 85-95 €, DZ: 110-150 €, Superior: 160-240 €, Suite: 210-300 €; Extrabett: 50 € - Frühst. inkl., von 7.30 bis 10.00 Uhr **Kreditkarten** akzeptiert **Verschiedenes** Hunde auf Anfrage erlaubt - Garage (13 €/Tag) **Umgebung** Spoleto: Dom, Arco di Druso; Festival dei Due Mondi (Juni und Juli) - Ponte delle Torri - Kirche San Pietro - Basilika San Salvatore - Kirche San Ponziano - Monteluco und das Kloster San Francesco - Fonti del Clitunno - Tempietto del Clitunno - Trevi - Golfpl. Santa Sabina (9 L.) und Golfpl. Antognolla **Kein Restaurant** (siehe unsere Restaurantauswahl S. 610) **Anreise** (Karte Nr. 14): 65 km südöstl. von Perugia.

Hotel Charleston

06049 Spoleto (Perugia)
Piazza Collicola, 10
Tel. 0743-22 00 52 / 0743-22 32 35 - Fax 0743-22 12 44
Cristiana Rinaldi
E-Mail und Web: guidesdecharme.com/1531

Dieses reizende Hotel befindet sich in einem Bauwerk des 17. Jahrhunderts an einem hübschen Platz in der historischen Innenstadt. Im Innern wurde alles vollkommen umgestaltet, um Zimmer zu schaffen, die unterschiedlich groß, aber ausnahmslos angenehm eingerichtet sind. Alle haben Holzböden und -decken, und jedes Zimmer ist individuell eingerichtet. Nr. 36 und 41 sind die größten, wobei wir das erste mit seinen großen Erkerfenstern bevorzugen. Im Sommer wird das Frühstück in der schattigen Pergola der Terrasse serviert, während der restlichen Jahreszeit in einem Salon, in dem regelmäßig Gegenwartskunst ausgestellt wird. Einige Vorrichtungen für Fitness und Entspannung sind ebenfalls vorhanden, und die Preise dieses Hauses sollte man in Italien häufiger antreffen.

Kategorie ★★★ **Ganzj.** geöffn. **26 Zimmer** mit Klimaanl., Tel., Bad oder Dusche, Satelliten-TV, Video, Wi-Fi, Safe, Minibar; Aufzug **Preise** EZ: 45-75 €, DZ: 65-135 € - Frühst. (Buffet) inkl., von 8.00 bis 10.30 Uhr **Kreditkarten** akzeptiert **Verschiedenes** Hunde erlaubt - Sauna (20 €) - Garage (10 €/Tag) **Umgebung** Spoleto: Dom, Arco di Druso; Festival dei Due Mondi (Juni und Juli) - Ponte delle Torri - Kirche San Pietro - Basilika San Salvatore - Kirche San Ponziano - Monteluco und das Kloster San Francesco - Fonti del Clitunno - Tempietto del Clitunno - Trevi - Golfpl. Santa Sabina (9 L.) und Golfpl. Antognolla **Kein Restaurant** (siehe unsere Restaurantauswahl S. 610) **Anreise** (Karte Nr. 14): 65 km südöstl. von Perugia. Im historischen Zentrum von Spoleto.

Hotel Eremo delle Grazie

Monteluco 04960 Spoleto (Perugia)
Tel. 0743-49 624 - Handy 329-074 52 51 - Fax 0743-49 650
Valeria Lalli und Vittoria Alessandri
E-Mail und Web: guidesdecharme.com/1532

Bevor das *Eremo* zu einem Hotel umgestellt wurde, war es eine *residenzia d'epoca*, was der Besitzer, Pio Lalli, nachdrücklich erwähnt. Das *Eremo delle Grazie* könnte man aber auch *residenzia storica* nennen, denn es wurde vom Stammhaus des Ordens von Monteluco erbaut, weshalb die umliegenden Wälder den Anachoreten als Unterschlupf dienten. Ferner kann es illustre Besucher wie Michelangelo und Papst Pius VI. vorweisen. Es ist aber auch eine *residenza museo*, denn es verfügt noch immer über interessante Erinnerungen wie etwa die Bibliothek von Kardinal Cybo, der hier lebte. Obwohl die Zellen-Zimmer mit dem nötigen Komfort ausgestattet wurden, haben sie eine gewisse klösterliche Atmosphäre bewahrt. Freundlicher sind die mit antikem Mobiliar eingerichteten Salons, die auf eine Terrasse mit eindrucksvollem Ausblick hinausgehen.

Ganzj. geöffn. **10 Zimmer** mit Tel., Wi-Fi, Bad oder Dusche **Preise** EZ: 80-100 €, Standard: 170-190 €, Junior: 190-230 €, Superior: 260 €, Cardinale: 240-280 € - Frühst. inkl. **Kreditkarten** akzeptiert **Verschiedenes** Hunde auf Anfrage erlaubt - Swimmingpool **Umgebung** Spoleto: Dom, Arco di Druso; Festival dei Due Mondi (Juni und Juli) - Ponte delle Torri - Kirche San Pietro - Basilika San Salvatore - Kirche San Ponziano - Monteluco und das Kloster San Francesco - Fonti del Clitunno - Tempietto del Clitunno - Trevi - Golfpl. Soiano (9 L.) **Restaurant** im Sommer Abendessen nur mit Vorbestellung - Mo geschl. **Anreise** (Karte Nr. 14): 3 km südöstl. von Spoleto. 65 km südöstl. von Perugia über die SS-3bis, Rtg. Terni bis Acquasparta, dann S-418 nach Spoleto.

Convento di Agghielli

Pompagnano 06049 Spoleto (Perugia)
Tel. und Fax 0743-22 50 10
Marinella De Simone
E-Mail und Web: guidesdecharme.com/1533

Dieses alte Klarissenkloster entstand in einer wunderbaren Gegend und überragt einen 100 Hektar großen Privatbesitz voller Hügel und Eichenwälder. Heute gründlich renoviert, verfügt das *Convento* derzeit über Zimmer für jene, die die Abgeschiedenheit dieses Ortes genießen und das besonders professionelle (fakultative) Wellness-Programm des Hauses in Anspruch nehmen möchten. Und wer die exzellenten, während des Aufenthalts genossenen Rezepte selbst ausprobieren möchte, kann hier auch ganz handfeste Kochkurse belegen. Die Zimmer sind reizvoll: Balken, antikes, sorgfältig poliertes Mobiliar und Terrakotta schaffen ein zwar rustikales, aber elegantes Ambiente. Die gleiche Atmosphäre wurde in der Bibliothek, dem Salon und im Restaurant geschaffen, wo Frühstück und Tagesmenüs Sie vom großen kulinarischen Savoir-faire des Hauses überzeugen werden; Konfitüren, Backwaren, Pasta usw. sind hausgemacht. Alles wird a *casa* mit biologischen Produkten zubereitet, und serviert wird unter anderem auf der Panoramaterrasse. Der Empfang ist sehr sympathisch.

Ganzj. geöffn. **5 Zimmer** und 11 Suiten mit Tel., Bad, Satelliten-TV, Minibar **Preise** DZ für 1 Pers.: 85-110 €, DZ: 120-150 €, Junior-Suite: 160-200 €, Suite: 200-250 €, Suite mit Innenhof: 150-240 €; Extrabett: 30-70 € - Frühst. inkl., von 7.30 bis 10.00 Uhr - HP: + 28 € pro Pers. **Kreditkarten** Visa, Eurocard, MasterCard **Verschiedenes** Hunde auf Anfrage erlaubt (8 €) - Fitness-Center - Kochkurse - Swimmingpool - Parkpl. **Umgebung** Spoleto: Dom, Arco di Druso; Festival dei Due Mondi (Juni und Juli) - Ponte delle Torri - Kirche San Pietro - Basilika San Salvatore - Kirche San Ponziano - Monteluco und das Kloster San Francesco - Fonti del Clitunno - Tempietto del Clitunno - Trevi - Golfpl. Soiano (9 L.) **Restaurant** um 13.00 und um 20.00 Uhr - Menü: 30-40 € **Anreise** (Karte Nr. 14): 2 km südl. von Spoleto die Straße nach Pompagnano. 65 km südöstl. von Perugia.

Le Logge di Silvignano

Silvignano 06049 Spoleto (Perugia)
Tel. 0743-27 40 98 - Handy 347-222 18 69
Alberto und Diana Araimo
E-Mail und Web: guidesdecharme.com/1534

Das *Logge de Silvignano* liegt 600 Meter hoch in einem Dorf, das lange eine strategische Position zwecks Verteidigung seiner großen Nachbarin inne hatte. In der heutigen friedlichen Zeit ist es ein Hafen der Ruhe und Meditation. Hier zu wohnen bedeutet in erster Linie: *abitare la storia*. Das Hauptgebäude stammt aus dem 12. Jahrhundert und diente vor langer Zeit dem Militärgouverneur und einem Teil seiner Garnison als Residenz. Das 2. Stockwerk, das im 15. Jahrhundert entstand, ist seinerseits bemerkenswert wegen seiner Loggia mit den oktogonalen Säulen. Die geräumigen Suiten haben Kamine, einen kleinen Salon oder Mezzanine. Es wurde alles darangesetzt, die Strukturen der Entstehungszeit zu erhalten: alte Fußböden, Schießscharten, Naturstein und sogar die Ringe im Erdgeschosszimmer zum (damaligen) Anbinden der Pferde. Die schmiedeeisernen Betten sind bedeckt mit Montefalco-Stoffen. Die Aussicht von den Balkonbögen aus ist einzigartig. Um Paare, die die Intimität des Ortes schätzen, und andere, die hier möglicherweise zu meditieren wünschen, nicht zu „stören", werden Kinder nicht aufgenommen.

Geschlossen 7. Januar bis 15. März **7 Zimmer** (Nichtraucher) mit Tel., Dusche, Satelliten-TV, Minibar und 2 Appart. (2-4 Pers.) **Preise** DZ und Suite: 120-250 € - Appart.: 550-1000 € pro Woche - Frühst. inkl., von 9.00 bis 10.30 Uhr **Kreditkarten** akzeptiert **Verschiedenes** Hunde nicht erlaubt - Wireless Internet-Zugang, Weinbar mit Verkostungsangebot - Swimmingpool **Umgebung** Spoleto: Dom, Arco di Druso; Festival dei Due Mondi (Juni und Juli) - Ponte delle Torri - Kirche San Pietro - Basilika San Salvatore - Kirche San Ponziano - Monteluco und das Kloster San Francesco - Fonti del Clitunno - Tempietto del Clitunno - Trevi - Golfpl. Soiano (9 L.) **Kein Restaurant** (siehe unsere Restaurantauswahl S. 610) **Anreise** (Karte Nr. 14): 12 km nördl. von Spoleto bis Fonti del Clitunno. Links dann Rtg. Pettino, Campello. „Silvignano" 3,5 km weiter.

La Gioia Country House

06044 Castel Ritaldi (Perugia)
Tel. 0743-25 40 68 - Fax 0743-25 40 46
Marianne und Daniel Aerni-Kühne
E-Mail und Web: guidesdecharme.com/1535

Ein Dorf im Herzen Umbriens, ein zwei Kilometer langer Flurweg, und dann kommen Sie in *La Gioia* an, was im Italienischen Freude, und im weiteren Sinn Paradies bedeutet! Diese alte, im 17. Jahrhundert entstandene und lange verwahrloste Mühle wurde von einem Schweizer Paar, Marianne und Daniel, wunderbar restauriert. Naturstein, Mobiliar verschiedenartigen Stils, moderne Gemälde und Skulpturen – und dazu entweder klassische oder Jazzmusik. Zimmer mit beispielhaftem Komfort. Ein schöner Swimmingpool, ein Boccia-Platz und ein Raum für Events: Ausstellungen und kulturelle Workshops. *La Gioia* funktioniert sowohl ökologisch als auch biologisch: Sonnenenergiesystem und Wiederaufbereitung des Wassers, Verwendung natürlichen Materials bei den Restaurierungsarbeiten, ohne den Gemüsegarten, die traditionell gebackenen Brote, die Bio-Joghurts und -Säfte fürs Frühstück zu vergessen. Und abends dann der Gästetisch. Die Jahreszeitenküche des Chefs Andrea ist raffiniert und offen für Abwandlungen. Eine 75 Weinsorten umfassende Karte, darunter 50 aus der Region. Sinnenfreuden in einer nur von zirpenden Grillen gestörten Ruhe. Zauberhaft.

Geschlossen 3. Januar bis 19. März und 6. November bis 25. Dezember **11 Zimmer** mit Tel., Wi-Fi, Bad, TV **Preise** DZ: 190 €, Suite: 250 € - Frühst. inkl., von 8.30 bis 10.00 Uhr **Kreditkarten** Visa, Eurocard, MasterCard **Verschiedenes** Hunde auf Anfrage erlaubt (8 €) - Swimmingpool - Fahrräder **Umgebung** Spoleto: Dom, Arco di Druso; Festival dei Due Mondi (Juni und Juli) - Ponte delle Torri - Kirche San Pietro - Basilika San Salvatore - Kirche San Ponziano - Monteluco und das Kloster San Francesco - Fonti del Clitunno - Tempietto del Clitunno - Trevi - Golfpl. Perugia (18 L.) **Restaurant** Mittagessen 14 Uhr: 15 € - Abendessen 20.00 Uhr: 40 € **Anreise** (Karte Nr. 14): 12 km nördl. von Spoleto. SS-3 Rtg. Perugia, Ausfahrt Campello sul Clitunno, Rtg. Castel Ritaldi bis La Bruna, ausgeschildert.

Hotel Palazzo Bocci

06038 Spello (Perugia)
Via Cavour, 17
Tel. 0742-30 10 21 - Fax 0742-30 14 64
M. Buono
E-Mail und Web: guidesdecharme.com/1536

Das zwischen Assisi und Foligno gelegene Spello, erbaut auf einer Kuppe des Monte Subasio, überragt das grüne Tal. Die Ringmauer, die als Unterbau der mittelalterlichen Umwallung und der Eingangstore zum Dorf dienten (darunter die wunderschöne Porta Consolare) sind nur ein Teil der Überreste aus römischer Zeit. Aber die Geschichte geht weiter mit u.a. der wunderschönen Baglioni-Kapelle mit Fresken von Pinturricchio. Rundgemälde, Fresken, Stuck, Balken und Gewölbe aus Stein – *Palazzo Bocci* bietet seinerseits all das und die Atmosphäre eines echten kleinen Palastes. Das Mobiliar ist klassischer und nicht so prachtvoll wie die Dekoration. Die Gästezimmer sind geräumig und verfügen über den modernen Komfort eines guten Hotels. Im Sommer wird das Frühstück auf der Terrasse serviert, von wo aus man auf die kleinen Straßen und Dächer der Altstadt blickt. Das Restaurant, das bereits vor der Eröffnung des Hotels für seine gute Küche und seinen Weinkeller bekannt war, ist ein weiterer Pluspunkt des *Palazzo Bocci*.

Kategorie ★★★★ **Ganzj.** geöffn. **23 Zimmer** mit Klimaanl., Tel., Bad, Satelliten-TV, Safe, Minibar; Aufzug **Preise** EZ: 80-100 €, DZ: 130-160 €, Junior-Suite: 180-230 €, Suite: 230-280 €; Extrabett: 20-40 € - Frühst. inkl., von 7.30 bis 10.00 Uhr - HP (mind. 3 Üb.): + 35 € pro Pers. **Kreditkarten** akzeptiert **Verschiedenes** Hunde nicht erlaubt **Umgebung** Spello: Kirche Santa Maria Maggiore (Cappella Baglioni), Palazzo Comunale, Porta Venere, Belvedere; Chiesa Tonda (2 km) - Assisi - Perugia - Trevi - Bevagna - Montefalco - Fonti del Clitunno - Tempietto del Clitunno - Spoleto **Restaurant** „Il Molino": von 12.30 bis 15.00 und 19.30 bis 22.00 Uhr - Di geschl. - Menüs: 30-35 € - Karte **Anreise** (Karte Nr. 14): 31 km südöstl. von Perugia.

Hotel Fonte Cesia

06059 Todi (Perugia)
Via Lorenzo Leoni, 3
Tel. 075-894 37 37 - Fax 075-894 46 77
Sig. Felice
E-Mail und Web: guidesdecharme.com/1537

Die alte etruskische, oberhalb des Tiber-Tals gelegene Stadt Todi hat in ihren kleinen Straßen die Erinnerung an ihre Blüte im Mittelalter bewahrt (ihr bekanntester Bürger war der Dichter Jacopone da Todi, der das berühmte Stabat Mater verfasste). In diesem historischen Umfeld wurde das Hotel *Fonte Cesia* eröffnet. Es liegt in einem der wundervollen Paläste aus dem 17. Jahrhundert und hat es verstanden, Tradition, Eleganz und modernen Komfort harmonisch miteinander zu verbinden. Die gut erhaltene Architektur dieses Hauses (insbesondere die gewölbten Backsteindecken) muss lobend erwähnt werden. Das *Fonte Cesia* ist ein intimes, sehr geschmackvolles Hotel mit komfortablen, gut möblierten Zimmern – einige verfügen über Trompe-l'oeil-Malereien. Im Restaurant werden vorwiegend umbrische Spezialitäten angeboten, um Sie, falls erforderlich, von der besonderen Lebensart dieser Region zu überzeugen.

Kategorie ★★★★ Ganzj. geöffn. **32 Zimmer** und 5 Junior-Suiten mit Klimaanl., Tel., Bad oder Dusche, Satelliten-TV, Minibar **Preise** EZ: 117-120 €, DZ: 147-172 €, Junior-Suite: 209-219 €, Extrabett: 26-37 € - Frühst. inkl., von 8.00 bis 10.00 Uhr - HP: + 33 € pro Pers. **Kreditkarten** akzeptiert **Verschiedenes** Hunde auf Anfrage erlaubt - Parkpl. **Umgebung** Todi: Kirche S. Maria della Consolazione (1 km) Rtg. Orvieto - Orvieto - Perugia - Assisi - Spoleto - Gùbbio - Golfpl. ad Ellera, (9 L.) in Perugia **Restaurant** von 13.00 bis 14.30 und 20.00 bis 21.30 Uhr - Menü - Karte - Italienische und regionale Küche **Anreise** (Karte Nr. 14): 45 km südl. von Perugia über die SS-3bis, Ausfahrt Todi.

La Palazzetta del Vescovo

60594 Fratta Todina (Perugia)
Via Clausura, 17
Tel. 075-87 45 183 - Fax 075-87 45 042
E-Mail und Web: guidesdecharme.com/2321

Palazzetta del Vescovo war einst die Sommerresidenz der Bischöfe von Todi, vor allem aber von Ludovico Gualtiero, der sie im Jahr 1763 erbauen ließ. 500 Meter hoch gelegen, zieht sich die unglaubliche Aussicht von Perugia bis Todi und von Collelungo bis Monte Castello di Vibio hin. Die kleine, sich anschließende, San Girolamo geweihte Kapelle dient heute den jungen Eigentümern, die hier alles renoviert haben, als Wohnhaus. Es wurden neun recht luxuriöse Gästezimmer eingerichtet. Sie sind geräumig, die Betten üppig, die Möbel antik und gut auf die restliche Gestaltung abgestimmt. Die daneben gelegenen Bäder, ausschließlich mit Tageslicht, machen alles noch heller und sind somit Orte, wo man sich sehr gern aufhält. Man hat sich keine Zurückhaltung weder beim Komfort noch bei der Technologie im ganzen Haus auferlegt. Die Innenarchitektur in den eleganten Tagesräumen und Salons ist bemerkenswert. Zwischen dem Haus und dem Horizont zieht sich ein großer Überlauf-Pool mit Blick auf den Hügel hin. Letzterer verleiht diesem Haus einen nicht zu verachtenden Pluspunkt, der für Ihren Aufenthalt in dieser Gegend ausschlaggebend sein mag.

Geschlossen Mitte Januar bis Ende Februar **9 Zimmer** mit Klimaanl., Tel., Wi-Fi, Bad, Satelliten-TV, Minibar ohne alkoholische Getränke, Safe; 1 Zi. für Behinderte **Preise** DZ: 180-260 € - Frühst. inkl., von 8.30 bis 10.00 Uhr **Kreditkarten** Visa, Eurocard, MasterCard **Verschiedenes** Hunde auf Anfrage erlaubt - Massagen - Trüffelsuche - Swimmingpool - Parkpl. **Umgebung** Todi - Perugia - Assisi - Bettona - Kirche Madonna dei Miracoli in Castel Rigone - Trasimeno-See **Restaurant** um 20.30 Uhr - Probiermenü: 40 € **Anreise** (Karte Nr. 14): 30 km von Perugia über E-45, Ausfahrt Todina/Montecastello di Vibio. 7 km Rtg. Fratta Todina. Hinter Umwallung links Rtg. Spineta. Nach 3 km, hinter Zentrum von Spineta, Rtg. Il Convento, ausgeschildert.

Tenuta di Canonica

Canonica 06059 Todi (Perugia)
Tel. 0758947545 - Fax 0758947581
Daniele Fano
E-Mail und Web: guidesdecharme.com/1540

Auf den Hügeln gegenüber von Todi wurde ein mittelalterlicher Turm restauriert und mit einem alten Gebäude verbunden. Geschaffen wurde so ein charmantes Labyrinth aus Räumen, die entdeckt werden wollen. Im Erdgeschoss mehrere Salons, auch im Turm ein wunderbarer Raum. Die individuell gestalteten Zimmer haben viel Charme: farbige Gipswände, Möbel aus dem Familienbesitz oder vom Antiquitätenhändler und schöne, nagelneue Bäder. Von überall ist die Aussicht einzigartig: ein Stückchen des Sees von Corbara oder ganz Todi. Umgeben ist man hier von freundlicher Landschaft, und Kinder fühlen sich auf den Wiesen, die zum Haus gehören, wie im Paradies. Das Abendessen – heute zubereitet von einem Küchenchef, der die Schule Cordon Bleu in Rom absolvierte – besteht nach wie vor aus Familiengerichten mit Pasta, Brot und Desserts hausgemacht. Informelle Ferienatmosphäre.

Geschlossen 1. Dezember bis März **11 Zimmer** mit Tel., Bad oder Dusche **Preise** DZ: 150-185 €, Junior-Suite (mit Klimaanl.): 195-235 €; Extrabett: 10-40 € - Frühst. inkl., von 8.30 bis 10.30 Uhr - HP: 105-145 € (pro Pers.) **Kreditkarten** Visa, Eurocard, MasterCard, Amex **Verschiedenes** Hunde nicht erlaubt - Swimmingpool - Fahrräder - Parkpl. **Umgebung** Todi: Kirche S. Maria della Consolazione (1 km Rtg. Orvieto) - Orvieto - Perugia - Spoleto - Assisi - Gùbbio - Golfpl. Santa Sabina (9 L.) und Golfpl. Antognolla **Abendessen** 20.00 Uhr - Mo geschl. - Menü: 40 € **Anreise** (Karte Nr. 14): 35 km südl. von Perugia, Ausf. Todi, Rtg. Orvieto über die N-448 (5 km) Rtg. Prodo, Titignano, in Titignano bis zur Ausschilderung Cordigliano; der nach Tenuta führende Weg liegt an dieser Gabelung.

La Masale

Pesciano 06059 Todi (Perugia)
Vocabolo Piane, 17
Tel. und Fax 075-894 70 73 - Handy 348 490 12 58
C. Rosset und M. Bérenhole
E-Mail und Web: guidesdecharme.com/1541

La Masale liegt im Herzen von vier Papststädten, d.h. Todi, Orvieto, Narni und Terni. „Masale" ist eine Verkürzung von Mazel Tov, denn vor der Übernahme dieser reizvollen Villa aus dem 18. Jahrhundert musste das französisch-schweizerische Gastgeberpaar Zugeständnisse machen. Kunstliebhaber werden von der umfangreichen Gemälde- und Grafiksammlung (insbesondere des Schweizer Surrealisten Serge Brignoni) angetan sein, aber darüber hinaus auch von der besonders gepflegten Einrichtung und dem liebenswürdigen Empfang. Die Zimmer umfassen Wandmalereien, Reisesouvenirs, antike italienische oder spanische Betten, indische Stoffe, Mosaiken in den Bädern und eine eigene Farbe, was ihnen diese besondere individuelle Note gibt. Alles wurde so konzipiert, dass die wunderbare Umgebung wie auch das Wohlergehen der Gäste – ob am ruhigen Swimmingpool, inmitten der Felder, im Leseraum oder im großen Salon zum Musik hören – absolut respektiert wird. Gebildet und verliebt in ihre Wahlheimat, informieren Christine und Max ihre Gäste in fünf Sprachen über die in der Umgebung interessanten Exkursionen, erteilen aber auch Kochkurse.

Ganzj. geöffn. **2 Zimmer**, 2 Lofts und 2 Suiten mit Dusche - Vermietung der gesamten „Masale" (15 Pers.) **Preise** 75-95 €; Extrabett: 30 € - Frühst. inkl., von 9.00 bis 11.00 Uhr **Kreditkarten** Visa, Eurocard, MasterCard, Amex **Verschiedenes** Hunde nicht erlaubt - Massagen - Swimmingpool - Fahrräder - Parkpl. **Sprache** u.a. Deutsch **Umgebung** Todi: Kirche S. Maria della Consolazione (1 km Rtg. Orvieto) - Orvieto - Perugia - Spoleto - Assisi - Gùbbio - Golfpl. Santa Sabina (9 L.) und Golfpl. Antognolla **Gästetisch** reservieren (siehe unsere Restaurantauswahl in Avigliano S. 611) **Anreise** (Karte Nr. 14): 35 km südl. von Perugia über die A-1, Ausfahrt Orvieto, dann nach Todi und Pesciano (9 km).

Fattoria di Vibio

Doglio 06057 Montecastello di Vibio (Perugia)
Vocabolo Casabuchella
Tel. 075-87 49 607 - Fax 075-87 80 014
Giuseppe Saladini
E-Mail und Web: guidesdecharme.com/1542

Das Anwesen auf den Hügeln nur ein paar Kilometer von Montecastello di Vibio, der bedeutendsten mittelalterlichen Stadt Umbriens, hat eine ganz und gar außergewöhnliche Lage. 600 Meter hoch, überragt es das ganze Tal und erfreut sich größter Ruhe, die nur zeitweise vom Swimmingpool unterbrochen wird. Die Fattoria setzt sich aus mehreren kleinen Natursteinhäusern zusammen, die ganz im hiesigen Stil restauriert wurden. Auch in den Zimmern wurde die Originalarchitektur respektiert: Terrakottaböden, Holzbalken und Natursteinwände. Das rustikale Mobiliar ist meist ländlichen Stils. In der Fattoria können Sie traditionell hergestellte landwirtschaftliche Produkte der Umgebung probieren und kaufen: kalt gepresstes Jungfernolivenöl, Honig, Konfitüren und Pasteten. Im Restaurant kocht die Hausherrin Gabriella typisch umbrisch. Wer Lust hat, kann die Gegend per Mountainbike, Trekking oder Wanderritt erkunden. Am Swimmingpool neben der Bar zu verweilen, mit Blick auf das Tal, ist aber auch keine schlechte Alternative.

Geschlossen 7. Januar bis 28. Februar **14 Zimmer** mit Tel., Bad oder Dusche, TV und 3 Casale (4 Pers.). mit Tel., Bad oder Dusche, TV **Preise** Degressive HP-Preise: 115-125 € (Confort), 130-140 € (Super), 150-160 € (Suite); Casale: 700-910 € pro Woche (pro Pers.) - Frühst. inkl., von 8.30 bis 10.00 Uhr **Kreditkarten** akzeptiert **Verschiedenes** Hunde auf Anfrage erlaubt (10 €) - Spa, Türkisches Bad (im Sommer geschl.) und Massagen - Swimmingpool - Parkpl. **Umgebung** Todi - Orvieto - Perugia - Assisi - Spoleto - Gùbbio **Restaurant** reservieren, von 13.00 bis 14.30 und 20.00 bis 21.30 Uhr - Menü: 30 € - Karte **Anreise** (Karte Nr. 14): 10 km nördl. von Todi. Über SS-3bis: Ausfahrt Todi. Über die A-1: Ausfahrt Orvieto (Norden) oder Orte (Süden). SS-448 (Todi/Orvieto) und den Hinweisen Prodo-Quadro (SS-79bis) folgen, dann ausgeschildert.

Titignano

05019 Titignano (Terni)
Tel. 0763-30 80 00 - Handy 0763-30 80 22 - Fax 0763-30 80 02
E-Mail und Web: guidesdecharme.com/1543

Nach Titignano zu fahren bedeutet, in die Vergangenheit zurückzukehren. Das Anwesen, das noch immer zweitausend Hektar Land besitzt, erlebte die Jahrhunderte in einem unveränderten Umfeld und bewahrte all seine Gebäude, die ein richtiges kleines Dorf bilden. Lassen Sie sich nicht irritieren von den Feldern und Wäldern, durch die man fahren muss, wenn man die Straße verlassen hat, denn *Titignano* ist ein wenig das Ende der Welt. Das Herrenhaus liegt am kleinen Platz. Und hier muss man wohnen, wenn einen majestätische Innenarchitektur interessiert. Auch der Komfort ist hier am besten. Der ansprechende Salon führt zu einer Loggia, in der man sich entspannen kann; im Speiseraum werden Sie einen imposanten Kamin entdecken. Die anderen Zimmer liegen in Gebäuden mit Blick sowohl auf den Platz als auch aufs Tal, einige sind ein wenig dunkel. Unterhalb, aber Wiesen und Hügel des kleinen Sees Corbara überragend, der Swimmingpool; der Blick von hier auf eine der schönsten Landschaften Umbriens ist unvergesslich.

Ganzj. geöffn. **6 Zimmer** im Schloss und 20 Zi. in Nebengebäuden mit Dusche **Preise** 45 € pro Pers. - Frühst. inkl., von 8.30 bis 10.30 Uhr - HP: ab 60 € (pro Pers.) **Kreditkarten** Visa, Eurocard, MasterCard **Verschiedenes** Hunde erlaubt - Kostproben (Wein, Öl, Käse) - Swimmingpool - Fahrräder - Parkpl. **Umgebung** Todi - Grotte Della Piana - La Roccacia - Corbara-See - Orvieto - Bolsena-See und Land der Etrusker **Gästetisch** reservieren **Anreise** (Karte Nr. 14): 30 km von Orvieto. A-1, Ausfahrt Orvieto Rtg. Arezzo-Prodo auf der N-79bis, dann rechts nach Titignano. 35 km südl. von Perugia, Ausfahrt Todi, Rtg. Orvieto über N-448 (5 km), Rtg. Prodo, dann Titignano.

Podere Costa Romana

Narni (Terni)
S.S. Flaminia, strada per Itieli
Handy 335-573 82 10 - Fax 0823-79 71 18
Anna Maria Giordano
E-Mail und Web: guidesdecharme.com/1544

Wie ihre Nachbarinnen mit Blick auf die Ebene von Terni gelegen, ist Narni eine mittelalterliche Stadt, die von der (sich daraufhin ins Tibertal ergießenden) Nera durchflossen wird. Dies war die erste Station der Römer, nachdem sie die Ewige Stadt verlassen hatten. *Podere Costa Romana* erreicht man über einen steinigen, ein paar hundert Meter langen Weg. Erbaut auf den mittelalterlichen Ruinen am Hang, entstand das Haus im ausgehenden 19. Jahrhundert und wurde bewundernswert restauriert. Erhalten blieben die Steinfußböden, das Parkett, die Kamine und die Gewölbe. Das bei Antiquitätenhändlern in Montpellier erworbene Mobiliar wie auch die vielen französischen Radierungen geben in diesem umbrischen Haus ein beachtliches Bild. Die Zimmer mit Dachschrägen sind sehr groß, voller Komfort und verfügen über alles, was man zum Kochen braucht. Nach den Frauen der Familie benannt, heißen sie „Celeste", „Carolina" usw. Sollten Sie nach der am Swimmingpool oder mit dem Mountainbike in den benachbarten Hügeln verbrachten Zeit noch Interesse haben, können Sie sich von der neapolitanischen Hausherrin in Yoga oder Keramik unterweisen lassen.

Geschlossen 10. Januar bis 10. März **6 Zimmer** mit Klimaanl. (+ 8 € pro Tag), Tel., Bad oder Dusche, Minibar **Preise** 110 € (2 Pers.), 150 € (4 Pers.), 180 € (5 Pers.) - Frühst. inkl. **Kreditkarten** nicht akzeptiert **Verschiedenes** Hunde erlaubt - Swimmingpool - Parkpl. **Umgebung** Dom und Palazzo del Podestà, Augustusburg und -brücke in Narni - Lugnano in Teverina - Todi - Orvieto - Cività Castellana (Dom und Burg) - Faleii Novi - Castel Sant Elia (Basilika) **Kein Restaurant** vor Ort **Anreise** (Karte Nr. 14): 11 km südwestl. von Terni. In Narni Rtg. Itieli.

Hotel Ristorante La Badia

La Badia 05019 Orvieto (Terni)
Tel. 0763-30 19 59 - Handy 0763-30 18 76 - Fax 0763-30 53 96
Sig.r Fiumi
E-Mail und Web: guidesdecharme.com/1545

Dieses ehemalige, auf einem Hügel gelegene Kloster, das einen herrlichen Ausblick auf die umbrische Landschaft und die alte Stadt Orvieto bietet, ist ein prachtvolles Quartier auf dem Land. Das Hotel mit seinen perfekt eingerichteten Zimmern und Suiten, seinem guten Restaurant, seinem Swimmingpool und seinem Tennisplatz bietet viel Komfort und verfügt über alles, was man sich auf einem Landgasthof nur fünf Kilometer vom historischen Zentrum wünscht. Der Empfang ist besonders liebenswürdig.

Kategorie ★★★★ **Geschlossen** Januar und Februar **18 Zimmer** und 9 Suiten mit Klimaanl., Tel., Wi-Fi, Bad oder Dusche, Satelliten-TV, Minibar **Preise** DZ: 200-300 €; Suiten: 280-420 € - Frühst. inkl., von 7.30 bis 10.00 Uhr - HP: 290-510 € **Kreditkarten** Visa, Eurocard, MasterCard, Amex **Verschiedenes** Hunde nicht erlaubt - Swimmingpool - Tennispl. - Parkpl. **Umgebung** Orvieto: Dom, Palazzo del Popolo - Kirche S. Cristina in Bolsena - Bolsena-See - Region der Etrusker von San Lorenzo Nuovo bis Chiusi: Grotta di Castro, Pitigliano, Sorano, Sovana, Chiusi - Todi - Golfpl. Tarquinia (9 L.) und Golfpl. Sutri (18 L.) **Restaurant** von 12.30 bis 14.30 und 19.30 bis 21.30 Uhr - Mo und Fr mittags geschl. - Menü - Karte **Anreise** (Karte Nr. 13): 86 km südl. von Perugia über die SS-3bis (bis zum Ortsausgang von Todi), dann S-448; der Ausschilderung Piazza Duomo folgen. Im Weiler La Badia, 5 km südl. von Orvieto.

Locanda Rosati

Buonviaggio 05018 Orvieto (Terni)
Tel. 0763217314 - Fax 0763217783
Giampiero Rosati
E-Mail und Web: guidesdecharme.com/1546

Um die *Locanda Rosati* an der Straße des Bolsena-Sees ausfindig zu machen, muss man sich vom Felsen von Orvieto und seinem prachtvollen Dom entfernen. Die Locanda ist ein altes, im 19. Jahrhundert aus Naturstein erbautes Bauernhaus mit seit nunmehr einigen Jahren Agriturismus-Aktivitäten. Auch wenn im Sommer der große Kamin im Salon nicht brennt, hat er in jedem Fall seine Erhabenheit. Hier steht außerdem das Klavier und hier befindet sich die interessante Miniaturkeramikpuppen-Sammlung. Die Zimmer sind einfach, mit viel Holz gestaltet, und über den Betten finden sich geflochtene kleine Tierfiguren. Die Mahlzeiten werden gemeinsam in einem großen Gewölberaum eingenommen, ideal für Kontakte und Gespräche. Der von ungewöhnlichen etruskischen Grotten umgebene Swimmingpool ist weit genug entfernt, um die Ruhe des Ortes nicht zu beeinträchtigen. Und dann muss man sich natürlich in die *cantina* begeben, nicht nur um dort Konfitüren, Honig oder Wein zu kaufen, sondern um ihre regionaltypische Bauweise in ihrer ganzen Größe und Länge zu bewundern.

Geschlossen 7. Januar bis 28. Februar **10 Zimmer** mit Tel., Bad oder Dusche **Preise** EZ: 90-110 €, DZ: 110-140 € - Frühst. inkl., von 8.00 bis 10.00 Uhr **Kreditkarten** Visa, Eurocard, MasterCard **Verschiedenes** Hunde auf Anfrage erlaubt (7 €) - Swimmingpool - Parkpl. **Umgebung** Orvieto: Dom, Palazzo del Popolo - Markt Do und Sa; Kirche S. Cristina in Bolsena; Bolsena-See - Cività de Bagnoregio - Land der Etrusker von San Lorenzo Nuovo nach Chiusi - Todi - Golfpl. Tarquinia (9 L.) und Golfpl. Sutri (18 L.) **Gästetisch** um 20.30 Uhr - Menü: 37,50 € (Getränke inkl.) **Anreise** (Karte Nr. 13): 86 km südl. von Perugia. 1 km vor dem Zentrum auf die Straße des Bolsena-Sees.

Hotel Victoria

10123 Torino - Via Nino Costa, 4
Tel. 011-56 11 909 - Fax 011-56 11 806
Sig. und Sig.r Vallinotto
E-Mail und Web: guidesdecharme.com/1547

Das *Victoria* will entdeckt werden. Das Haus, das außen in der Tat karg wirkt, bietet im Inneren viel Erfreuliches. Heute haben die Valinottos, sie sind beispielhafte Hotelbesitzer, die Renovierung abgeschlossen, die ihr Haus zu einem Vier-Sterne-Hotel erhebt. Das *Victoria*, dessen Parcours von Anfang an fehlerfrei war und das von Anfang an ein Hotel mit Charme sein wollte, gestaltete deshalb auch jedes seiner gut hundert Zimmer individuell: nordafrikanisch, romantisch mit Toile de Jouy oder als indische Suite. Heute hat sich das Hotel um einen Garten mit Innenhof vergrößert (in dem bei schönem Wetter das reichhaltige Frühstück serviert wird), außerdem um ein Wellness-Center mit Sauna, Hammam und Indoor-Pool. Der große Salon mit Kamin und dem mit geblümtem Chintz bezognen Sofas schafft eine angenehme angelsächsische Atmosphäre. Zum Schluss soll noch die zehn Stellplätze umfassende Gästegarage erwähnt werden. Und wenn Sie mit unserem Führer anreisen, werden Sie preisgünstiger wohnen.

Kategorie ★★★★ **Ganzj.** geöffn. **106 Zimmer** mit Klimaanl., Schallschutz, Tel., Bad oder Dusche, Satelliten-TV, freie Minibar; Aufzug **Preise** EZ: 155-190 €, DZ: 250-280 €, Junior-Suiten: 290 € - Frühst. (Buffet) inkl., von 7.00 bis 10.30 Uhr **Kreditkarten** akzeptiert **Verschiedenes** Hunde nicht erlaubt - Wireless Internet-Zugang, Wellness-Center: Sauna, Hamman - Indoor-Pool - Fahrräder - Garage **Umgebung** Turin: Palazzo Madama, Ägyptisches Museum, Galleria Sabauda, Santuario della Consolata, Galleria d'Arte moderna, Filmmuseum, Stiftung S. Re Rebaudengo, Pinacoteca Agnelli von Lingotto, „Balòn" (Turiner Flohmarkt) - Basilika Superga - Villa Reale di Stupinigi - Dom Chieri - Kirche Sant'Antonio di Ranverso - Abtei Sacra di San Michele - Golfp. I Roveri in Mandria **Kein Restaurant** (siehe unsere Restaurantauswahl S. 612-614) **Anreise** (Karte Nr. 7): am Bahnhof Via Lagrange, rechts Via Cavour, links Via Pomba. Das Hotel liegt an der Ecke von Via Pomba und Via Costa.

B&B Ai Savoia

10122 Torino
Via del Carmine, 1/Ecke via Bligny
Handy 339-125 77 11
E-Mail und Web: guidesdecharme.com/1549

Mitten in Turin, im *quadrilatero romano* genannten Stadtteil mit vielen Restaurants und Boutiquen, liegt *B&B Ai Savoia*, dessen Name die lange Zeit der Herrschaft Savoyens über das Königreich Italien evoziert. In einem der Appartements des wunderschönen Palazzo Saluzzo Paesana (1730) wurden die Zimmer eingerichtet, die allerdings nicht über den majestätischen Eingang zugängig sind, sondern seitlich durch eine kleine Tür neben der Apotheke. Das Innere hat zwar nichts von einem Palast, aber alles von einem bemerkenswerten, großbürgerlichen Haus. Sie werden reizvolle Zimmer vorfinden, die Vornamen der Dynastie Savoyens tragen. Die Gestaltung ist ganz 18. Jahrhundert mit bemalten Holzbetten und Rohrgeflecht oder Gobelins, hellen Farben, drapierten Vorhängen und Kronleuchtern. Alles ist höchst komfortabel, ruhig, freundlich. Zum Frühstück gibt's Turiner Spezialitäten, darunter die köstliche Cioccolata alla Sabauda. Das ist aber noch nicht alles. Gegenüber, nahe der Fußgängerstraße Via Garibaldi, bieten *La Foresteria dei Savoia* und *Residence dei Savoia* weitere Zimmer und Appartements an – im gleichen Stil und mit dem gleichen hohen Komfort.

Geschlossen August **10 Zimmer** mit Klimaanl., Bad, TV, Safe; Aufzug **Preise** EZ: 75 €, DZ Foresteria: 80-95 €, DZ Regina: 115 €, DZ Re: 125 € - Frühst. (Buffet) inkl., von 7.30 bis 11.00 Uhr **Kreditkarten** akzeptiert **Verschiedenes** Hunde nicht erlaubt **Umgebung** Turin: Palazzo Madama, Ägyptisches Museum, Galleria Sabauda, Santuario della Consolata, Galleria d'Arte moderna, Filmmuseum, Stiftung S. Re Rebaudengo, Pinacoteca Agnelli von Lingotto, „Balòn" (Turiner Flohmarkt) - Basilika Superga - Villa Reale di Stupinigi - Dom Chieri - Kirche Sant'Antonio di Ranverso - Abtei Sacra di San Michele - Golfpl. Roveri in Mandria **Kein Restaurant** (siehe unsere Restaurantauswahl S. 612-614) **Anreise** (Karte Nr. 7): Piazza Savoia, Eingang Via del Carmine.

La Locanda della Maison Verte

10060 Cantalupa (Torino)
Via Rossi, 34
Tel. 0121-35 46 10 - Fax 0121-35 46 14
Enrica und Luca Ferrero
E-Mail und Web: guidesdecharme.com/1550

Vor den Toren Turins und vor den Gebirgsausläufern ziehen sich die Susa- und Chisone-Täler hin. Avigliana, Susa und Pinerolo (1630-1706 zu Frankreich gehörend) gelten als die reizvollsten Dörfer dieser Gegend, sind sie doch besonders reich an Kunst und Geschichte. In der Festung von Pignerol wurde zum Beispiel die mysteriöse Persönlichkeit Masque de Fer eingekerkert und starb Nicolas Fouquet. In Cantalupa nahe Pinerolo liegt *La Locanda della Maison Verte*, ein idealer Ort für ein Wochenende auf dem Land oder einen Stopp in Richtung Frankreich über Montgenèvre. Dieses große, ursprüngliche Bauernhaus ist heute ein komfortables, üppiges, nicht aber prätentiöses Hotel. Der einen großen Teil des Erdgeschosses einnehmende Salon geht zur Terrasse und zum Park hinaus. An kühleren Tagen sorgen Kamine für Wärme, auch im Speiseraum. Die Zimmer sind geräumig und anheimelnd und derart ausgestattet, dass sie in jeder Jahreszeit angenehm sind. Hier wurde Tradition geschickt mit Modernität verbunden, und zwar sowohl die Gestaltung als auch die Küche sowie den Wellnessbereich mit Geräten auf dem letzten Stand und das Angebot von Kräutern betreffend. Besonders guter Empfang.

Ganzj. geöffn. **28 Zimmer** mit Tel., Bad, Satelliten-TV, Safe **Preise** DZ: 80-160 € - Frühst. inkl., von 7.00 bis 10.30 Uhr **Kreditkarten** Visa, Eurocard, MasterCard, Amex **Verschiedenes** Hunde erlaubt - Fitness - Türkisches Bad - Sauna - Swimmingpool - Parkpl. **Umgebung** Pinerolo: Dom, Nationales Reitermuseum - Pellice-Tal - Chisone-Tal (Fenestrelle und Sestriere 65 km entf.) **Restaurant** von 12.30 bis 14.00 und 20.00 bis 21.30 Uhr - Karte - Regionale Küche **Anreise** (Karte Nr. 7): 35 km südwestl. von Turin. Die Tangenziale (Rtg. Pinerolo), Ausfahrt Orbassano. An der Kreuzung von Frossasco rechts.

Albergo Lago Laux

Lago di Laux 10060 Usseaux (Torino)
Via al Lago, 7
Tel. und Fax 0121-83 944
Marinella Canton
E-Mail und Web: guidesdecharme.com/1552

Bereits 1928 interessierte sich Giovanni Agnelli für den Wintersport, den das Chisone-Tal bot, und begann in Sestiere mit dem Bau von Skiliften, der ersten Drahtseilbahn und der mythischen Hoteltürme, deren letzter vom Club Med aufgekauft wurde. Seitdem kein Hotel mit Charme in Sicht, doch liegt Usseaux nur etwa 20 Kilometer weiter – in einer Höhe von 1381 Metern. Dieses ursprüngliche, sich an den Wald am lieblichen kleinen Natursee schmiegende Chalet konvertierte 1984 zu einem Hotel. Im gesamten Haus ein warmes Bergambiente. Die Zimmer mit Aussicht auf den See bzw. den Park sind hübsch in einem lockeren, modernisierten rustikalen Stil gestaltet. In den Studios mit zwei Etagenbetten und Kochnische finden vier Personen Platz. Alles ist komfortabel und gepflegt, und das Restaurant ist für seine Piemonteser und okzitanischen Spezialitäten bekannt. Im Sommer wie im Winter ist das Angebot in der Umgebung groß: Wanderungen, Angeln und Ski.

Kategorie ★★★ **Geschlossen** 4. bis 26. Mai und 21. September bis 6. Oktober **2 Zimmer** mit Tel., Bad, TV, Minibar und 5 Appart. **Preise** DZ: 105-126 €; Appart.: 415-715 €/Woche - Frühst. inkl., von 8.00 bis 10.30 Uhr - HP (mind. 3 Üb.): 74-84 € (pro Pers.) **Kreditkarten** akzeptiert **Verschiedenes** Hunde nicht erlaubt - Parkpl. **Umgebung** Naturpark Troncea - Fort Fenestrelle - Ski in Pragelato (8 km) und Sestriere (25 km) - Angeln im Sommer **Restaurant** von 12.30 bis 14.30 und 19.30 bis 22.30 Uhr - Menü: 30-40 € - Karte - Piemonteser und okzitanische Küche **Anreise** (Karte Nr. 7): 100 km von Briançon, Montgenèvre-Pass Rtg. Sestriere, danach Usseaux und Laux.

Il Capricorno

Le Clotes 10050 Sauze d'Oulx (Torino)
Tel. 0122-850 273 - Fax 0122-850 055
Sig. und Sig.r Sacchi
E-Mail und Web: guidesdecharme.com/1553

Sauze d'Oulx ist ein Bergdorf, das in 1500 Meter Höhe in der Nähe des französisch-italienischen Grenzübergangs Clavière-Montgenèvre liegt. Die Olympischen Winterspiele von 2006 haben dazu beigetragen, dass im Skigebiet der Station zahlreiche Verbesserungen vorgenommen wurden. Das hübsche Chalet *Capricorno*, mitten in den Bergen, 1800 Meter hoch und in der Nähe der Pisten gelegen, zählt nicht mehr als sieben Zimmer, aber alle haben kleine, zweckmäßige Bäder. Deshalb vermag die Gastgeberin Mariarosa auch ihre Gäste zu verwöhnen: Ihre Küche *fatta in casa* ist nach wie vor einfach köstlich, und das Restaurant erfreut sich größter Beliebtheit in der Station. Das *Capricorno* ist sowohl im Sommer wie im Winter angenehm und liegt für Wanderer und Skifahrer gleichermaßen günstig: nur wenige Kilometer von Bardonecchia und Sestriere und 30 Kilometer von Briançon entfernt. Reservierung unumgänglich.

Kategorie ★★★★ **Geöffnet** 1. Dezember bis 25. April und 15. Juni bis 15. September **7 Zimmer** mit Tel., Bad, Satelliten-TV **Preise** EZ: 130-150 €, DZ: 180-200 € - Kinder von 4-14: -50 % - Frühst. inkl., von 8.00 bis 10.30 Uhr - HP (mind. 3 Üb.): 160-180 € (pro Pers.) **Kreditkarten** Visa, Eurocard, MasterCard **Verschiedenes** Hunde nicht erlaubt - Parkpl. **Umgebung** Ski, Abfahrten ab Hotel - Bardonecchia - Sestriere - Briançon - Golfpl. in Sestriere (18 L.) **Restaurant** von 12.30 bis 14.30 und 19.30 bis 21.00 Uhr **Anreise** (Karte Nr. 6): 40 km nordöstl. von Briançon über den Col de Montgenèvre bis Oulx, dann Rtg. Sauze-d'Oulx (Le Clotes: im Winter per Sessellift, im Sommer über die Straße) - 81 km westl. von Turin über die A-32.

Locanda Lou Pitavin

Borgata Finello 12020 Mármora (Cuneo)
Tel. und Fax 0171-99 81 88
Marco Andreis
E-Mail und Web: guidesdecharme.com/1554

Es gibt immer eine Nische zu entdecken, und es freut einen, wenn man sie dank eines nahen Gasthauses teilen kann. Hinter der mittelalterlichen Dronero-Brücke erstreckt sich das kleine, von den Alpen und der französischen Grenze eingefasste Tal des südlichen Piemont. Während Okzitanien einst alle Departements Südfrankreichs bis zum Atlantik umfasste, hat eine winzige Ecke in den okzitanischen Bergen des Piemont die okzitanische Sprache, Kultur und Gastronomie beibehalten. *Lou Pitavin* ist eine dieser alten *osterie*. Außer der Küche haben diese *locande* eine „kulturelle" Aufgabe im Hinblick auf die Sprache, die Musik und als Verwahrer der Schlüssel der benachbarten Kapellen. Marco und Valeria haben Dronero verlassen, um die *cascina* der Familie in diesem 35-Seelen-Weiler zu restaurieren. Die Zimmer dieser Gasthaus-Almenhütte, die hübsch und komfortabel und mit einem breiten, aber auch Etagenbett ausgestattet sind, eignen sich für Paare, Familien oder mehrere Freunde. Wanderer, Liebhaber wundervoller romanischer Kapellen und Familien: Diese zwei jungen Leute werden Sie mit ihren Spezialitäten, ihren Kenntnissen und ihrer Gastfreundschaft verblüffen.

Geschlossen 12. Oktober bis 25. Dezember **4 Zimmer** mit Bad, Tel. **Preise** DZ: 68-76 €, 29-32 € pro Pers. bei 3 Pers. - 25-27 € pro Pers. bei 4 Pers. - Frühst. inkl., von 8.30 bis 10.30 Uhr - HP: 60-64 € (pro Pers.) **Kreditkarten** Visa, Eurocard, MasterCard, Amex **Verschiedenes** Hunde erlaubt **Umgebung** Museum Okzitanien in Dronero - Kapellen S. Sarvou (Macra), S. Pietro, S. Peyre (Stoppo), S. Maria (Elva) **Restaurant** Juni bis September geöffnet.; am WE in der restl. Jahreszeit - Von 12.30 bis 14.00 und 19.30 bis 21.00 Uhr - Menü: 27 € - Okzitanische Spezialitäten **Anreise** (Karte Nr. 7): 60 km nordwestl. von Cuneo, Rtg. Dronero, Macra.

Albergo Real Castello di Verduno

12060 Verduno (Cuneo)
Via Umberto I, 9
Tel. 0172-47 01 25 - Fax 0172-47 02 98
Elisa Burlotto
E-Mail und Web: guidesdecharme.com/1555

Im *Castello* wird seit nunmehr 50 Jahren von drei Generationen Gastfreundschaft gepflegt. Nach der Rückkehr aus dem Erythrea-Krieg übernimmt der Befehlshaber Giovanni Burlotti das Schloss mitsamt den von seinem Großvater aufgegebenen Ländereien und beschließt, Önogastronomisches anzubieten, um so die Kassen zu füllen. *Albergo Real Castello* liegt in einer für seinen Wein (Barolo und Verduno Pelaverga) berühmten Gegend, baut noch immer Wein an und besitzt einen bemerkenswerten Weinkeller. Dank der mit viel Gespür im Innern vorgenommenen Renovierung vermochte das Schloss Ursprüngliches zu erhalten: Fresken, eindrucksvolle alte Möbel und einige Gemälde aus dem Besitz der königlichen Familie Savoia, die hier eine Zeit lang residierte. Die Schlafräume des Stammhauses sind klösterlich schlicht, einige haben ihr Bad außerhalb des Zimmers. Die des Nebengebäudes, das luxuriösere Rosa und Blaue, sind mit hübschen Fresken dekoriert. Sieben weitere, ganz einfache Zimmer wurden in einem neben dem Schloss gelegenen Bauernhaus eingerichtet. Vom reizenden Garten aus können Sie die Piemonteser Landschaft betrachten. Elisa, sie liebt die Künste sehr, gründete die kulturelle Vereinigung „Arte nel Castello", die hier regelmäßig Ausstellungen zeigt und auf Voranmeldung Kochkurse organisiert.

Kategorie ★★ **Geschlossen** Dezember bis Februar **20 Zimmer** mit Dusche (12 mit Tel.) **Preise** DZ mit nebenliegendem Bad: 100 €, DZ: 130 €, Junior-Suite: 160 €, Senior-Suite: 220 € - Frühst. inkl., von 8.00 bis 11.00 Uhr - HP: + 80 € (2 Pers., mind. 3 Üb.) **Kreditkarten** akzeptiert **Verschiedenes** Hunde nicht erlaubt - Parkpl. **Umgebung** Torino - Asti - Bra - Alba - Abtei von Vezzolano **Restaurant** ab 20.00 Uhr - Menü: 60 € **Anreise** (Karte Nr. 7): 50 km südl. von Turin. A-21, Ausfahrt Asti-Est; A-6, Ausfahrt Marene.

Agriturismo Borgo del Riondino

Riondino 12051 Trezzo Tinella (Cuneo)
Via dei Fiori, 13
Tel. 0173-630 313 - Handy 349-429 0534 - Fax 0173-630 329
Familie Poncellini
E-Mail und Web: guidesdecharme.com/1556

Heute ist Marco Piombellis Leben eng mit dem Anwesen der Familie im kleinen Ort Riondino verbunden. Es wurde von der letzten Generation restauriert, genauer von Marco, der den Beruf des Grafikdesigners ausübt und sein Talent für Architektur wie auch Raumgestaltung hier unter Beweis stellte. Wie in den *Case della Saracca* sind ihm auch hier die Aufwertung von Architektur und die ursprünglichen Werkstoffen sehr wichtig. Und wenn es erforderlich ist, Räume neu aufzuteilen, verwendet er gern alte Hölzer, Stahl, angerostetes Eisen, Glas usw. Auch legt er großen Wert auf die richtige Ausleuchtung, die hier auf besonders subtile Art die Innenräume modelliert. Das kleine Dorf ist um den *cortile* herum erbaut, und die Zimmer sind auf die verschiedenen Bauten aufgeteilt. Geräumig, nüchtern, komfortabel und von schöner Rustikalität, strahlen sie große Ruhe aus. Ebenso der Park des *Riondino*, der eine Art Landschafts-Konservatorium dieser Gegend ist, in der nach und nach die Wälder abgeholzt wurden, um den Weinbergen den Vortritt zu lassen; inzwischen sind sie Gold wert und verleihen der Langhe-Region dieses neue Gesicht, das gewiss wunderschön ist, jedoch den Alten zu einförmig erscheint.

Geöffnet Juli, August und Oktober **6 Zimmer** mit Bad **Preise** EZ und DZ: 120 €, 3-BZ: 150 € **Kreditkarten** akzeptiert **Verschiedenes** Hunde erlaubt - Besuche von Weinkellern einschl. Verkostung - Trüffelsuchen **Umgebung** In Alba: Winzerfest April, Fest der weißen Trüffel Okt. - Die Langhe (siehe S. 616-617) **Anreise** (Karte Nr. 7): Autobahn Turin-Piacenza, Ausfahrt Asti-Est. Superstrada Rtg. Alba, Ausfahrt Castagnito, Rtg. Neive. Ab Neive nach Trezzo Tinella. Vor Trezzo links, dann gelb ausgeschildert.

Alla Cascina Baresane

Santa Rosalia 12051 Alba (Cuneo)
Strada Santa Rosalia, 32
Tel. 0173-28 01 24 - Handy 335-724 87 64 - Fax 0173-35 065
E-Mail und Web: guidesdecharme.com/1557

Die Santa Rosalia genannte kleine Ortschaft liegt ein paar Kilometer von Alba an einer der wundervollen Straßen, die diese Hügellandschaft durchqueren. Das große Bauernhaus zu finden, das das einzigartige Panorama überragt, ist vielleicht nicht ganz leicht. Ein Plan, GPS oder eine per Handy erklärte Anfahrt wird dieses Problem lösen, wir haben unsere Anreise aber auch aktualisiert. Die Idee für das B&B-Haus ist der Hausherrin Amabile zu verdanken. Drei Zimmer befinden sich im Stammhaus und vier in dem Nebengebäude, das eine Kapelle des 17. Jahrhunderts umgibt, die derzeit restauriert wird. Sehr geräumig und hübsch mit regionalem Mobiliar und Familienandenken gestaltet, sind die Schlafräume zwar rustikal, bieten jedoch jeglichen Komfort, und alle haben ein gut ausgestattetes Bad. Das Frühstück wird im großen Salon der Familie serviert; der liegt im 1. Stock, um so die Aussicht besonders genießen zu können, aber am schönsten ist das Weinbergpanorama, wenn man sich im Schatten der hundertjährigen Feigenbäume und des Granatapfelbaums befindet. Für Aufenthalte in einem rustikalen Bauernhaus mit diskret liebenswürdiger Betreuung einer Winzerfamilie.

Ganzj. geöffn. **7 Zimmer** mit Bad **Preise** EZ: 60-70 €, DZ: 67-85 €, Suite: 200-250 € - mehr als 5 Tage: 60 € (Küche und Waschküche stehen zur Verfügung; Frühst. inkl.) - Frühst.: 3 €, bis 10.00 Uhr **Kreditkarten** akzeptiert **Verschiedenes** Hunde erlaubt - Weinkeller-Besichtigung - Parkpl. **Umgebung** In Alba: Winzerfest April, Fest der weißen Trüffel Okt. - Die Langhe (siehe S. 616-617) - Barbaresco- und Muskatellerstraße von Asti nach Canelli **Imbisse** (siehe unsere Restaurantauswahl in Alba S. 616) **Anreise** (Karte Nr. 7): ab Alba Rtg. Savona bis Piazza Savona, Corso Langhe. An der 3. Ampel gegenüber dem Restaurant „Cristallo" rechts, danach Strada S. Rosalia. 1,8 km auf der Straße nach Gallo Grinzane/Strada Bersane, 600 m weiter.

Hotel Casa Pavesi

12060 Grinziane Cavour (Cuneo)
Strada IV Novembre, 11
Tel. 0173-23 11 49 - Fax 0173-23 09 83
E-Mail und Web: guidesdecharme.com/1558

Acht Kilometer von Alba liegt das Schloss von Grinziane Cavour, das die Sommerresidenz der Familie Cavour war und wie ein Leuchtturm die Region Langhe überragt. Dieser kleine Teil des Piemont war bis in die sechziger Jahre ein armer Landstrich und eine Einwandererregion, doch hat der Weinanbau die Landschaft bereichert und derart verändert, dass es um die Ernennung als UNESCO-Kulturgut anhält. Grinziane Cavour, wo sich die regionale Önothek befindet wie auch zwei Museen, ist ein aktiver, lebendiger kleiner Marktflecken. *Casa Pavesi* ist ein Dorfhaus in der Nähe des Schlosses. Gleich beim Betreten des Hauses bemerkt man den schönen alten Steinfußboden, das Gewölbe und die Nussbaumtäfelung. Die Gestaltung ist aus früherer Zeit und der Komfort in den Zimmern, die drei Kategorien umfassen, beispielhaft. Wenn Sie die Wahl haben, sollten Sie eines der Zimmer mit Blick auf die Weinberge nehmen. Der intime, anheimelnde Salon führt zur schattigen Terrasse, die zu Ihren Füßen den grünen Teppich der Barolo-Weinberge abrollt.

Kategorie ★★★★ **Geschlossen** August und 23. Dezember bis 6. Januar **12 Zimmer** mit Klimaanl., Tel., Bad, Satelliten-TV, Minibar, Safe; Aufzug **Preise** EZ: 130-150 €, DZ: 140-180 €, Suite: 190-240 € - Frühst. inkl., von 8.00 bis 10.30 Uhr **Kreditkarten** akzeptiert **Verschiedenes** Hunde auf Anfrage erlaubt (5 €) - Parkpl. **Umgebung** In Alba: Winzerfest April, Fest der weißen Trüffel Okt. - Die Langhe (siehe S. 616-617) - Barbaresco- und Muskatellerstraße von Asti nach Canelli - Asti: Dom, S. Secondo (Baptisterium), Palio von Asti im September - Sanktuarium von Crea - Abtei von Vezollano **Kein Restaurant** (siehe unsere Restaurantauswahl S. 616-617) **Anreise** (Karte Nr. 7): 8 km von Alba.

L'Antico Asilo

Serralunga d'Alba (Cuneo)
Via Mazzini, 13
Tel. 0173-61 30 16 - Fax 0173-61 39 56
Elena Picedi
E-Mail und Web: guidesdecharme.com/1559

Das Dorf Serralunga scheint sein Schloss beschützen zu wollen. Bloß nicht sagen, dass es etwas merkwürdig wirkt mit seinen zwei ungleichen Türmen, der eine viereckig, der andere rund, und außerdem mit einem weiteren schiefen ... Ganz in der Nähe dann *Antico Asilo*, das schöne, große Haus von Elena. Der Name bedeutet nicht etwa Asyl. Dieses B&B diente früher eine Zeit lang als Kindergarten (*asilo infantile*). Der Eingang führt ganz üppig und ein wenig feierlich seinen Jungendstil (somit um 1900) vor. Für die Gäste spielt sich alles im Erdgeschoss ab, wo sich die vier Zimmer und der Speiseraum befinden, denn das Obergeschoss ist ausschließlich das Reich der Gastgeberin. Die Zimmer sind weder luxuriös noch gestylt, sondern groß, hell, gepflegt und reizend. Elena sieht man dann morgens wieder, wenn einen die Düfte von Kaffee und Gebäck in den Frühstücksraum locken: ein kleines Fest für Hungrige und Feinschmecker!

Geschlossen 3 Wochen zw. Januar und Februar **4 Zimmer** mit Bad und Minibar **Preise** EZ und DZ: 98 €, 3-BZ: 130 € - Frühst. inkl., von 8.00 bis 9.30 Uhr **Kreditkarten** akzeptiert **Verschiedenes** Hunde auf Anfrage erlaubt **Umgebung** In Alba: Winzerfest April, Fest der weißen Trüffel Okt./Nov. - Die Langhe (siehe S. 616-617) - Barbaresco- und Muskatellerstraße von Asti nach Canelli - Asti: Kathedrale, S. Secondo, Pallio von Asti im September - Sanktuarium von Crea - Abtei Vezollano **Kein Restaurant** (siehe unsere Restaurantauswahl S. 616-617) **Anreise** (Karte Nr. 7): 12 km von Alba.

Hotel Villa Beccaris

12065 Monforte d'Alba (Cuneo)
Via Bava Beccaris, 1
Tel. 0173-78 158 - Fax 0173-78 190 - Ribezzo Ferruccio
E-Mail und Web: guidesdecharme.com/1560

Die schweren Wagen, die in diesem kleinen Langhe-Dorf parken, wirken hier vollkommen deplatziert. Umso mehr, als Villa Beccaris sich als großes Dorfhaus präsentiert und der Zugang über den kleinen Innenhof auf nette Art veraltet wirkt. Beim Betreten der Villa begreift man dann aber sofort, dass das Haus zwar Charme besitzt, den aber in Luxus-Version. Somit ein wunderschönes Landhaus mit bemalten Decken, außergewöhnlichem Parkettboden, antikem Mobiliar, alten Radierungen und Gemälden. Das „Caffé dell' Auditorium" im Erdgeschoss ist anheimelnd und immer geöffnet für einen Espresso oder einen Tee mit selbstgebackenem Kuchen. Das Frühstück wird in der Orangerie, der „Limonaia", serviert. Die Zimmer sind von prachtvoller, eleganter Schönheit, zudem voller Komfort und Raffinement. In der „Önothek" in einem reizvollen Raum mit Backsteingewölbe im Untergeschoss werden die besten Weine der Region angeboten; daneben dann die Bar, in der man sie verkosten kann. Der Garten mit Swimmingpool ist ein idealer Rahmen für Empfänge. Deshalb ist hier vor allem im Frühjahr schon mal eine Hochzeitsgesellschaft anzutreffen. Das Haus ist jedoch derart konzipiert, dass Sie das bestimmt nicht als störend empfinden werden.

Ganzj. geöffn. **23 Zimmer** mit Klimaanl., Tel., Bad, Satelliten-TV, Minibar, Safe **Preise** DZ: 170-240 €, Deluxe: 210-275 €, Suite: 280-395 € - Frühst. inkl., von 7.30 bis 10.30 Uhr **Kreditkarten** Visa, Eurocard, MasterCard, Amex **Verschiedenes** Hunde auf Anfrage erlaubt (20 €) - Swimmingpool - Parkpl. **Umgebung** Die Langhe (siehe S. 616-617) - Barbaresco- und Muskatellerstraße von Asti nach Canelli - Asti: Kathedrale, S. Secondo, Pallio von Asti im September - Sanktuarium von Crea - Golfpl. Le Chocciole (18 L.) **Kein Restaurant** (siehe unsere Restaurantauswahl S. 617) **Anreise** (Karte Nr. 7): 20 km südl. von Alba Rtg. Barolo und Monforte.

Le Case della Saracca

12065 Monforte d'Alba (Cuneo)
Via Cavour, 5
Tel. 0173-789 222 - Handy 333-191 8060 - Fax 0173-789 798
Giulio und Paolo Perin
E-Mail und Web: guidesdecharme.com/1561

Ein ganz besonderes Ambiente in diesem mittelalterlichen Dorf Monforte d'Alba, das, um seinen Kirchturm herum erbaut, die Langhe-Weinberge überragt. Die Familie Perin hat den Architekten Marco Poncellini damit beauftragt, vier im Herzen des kleinen historischen Zentrums nebeneinander gelegene Bauernhäuser zu verbinden, um eine originelle „mittelalterliche" Atmosphäre zu schaffen. Folklore, Personal in Trachten, deftiges Essen und Viola da gamba erwarten Sie hier nicht, dafür aber der Wunsch, Interesse für eine Arbeit mit der Architektur zu wecken, die das Rustikale jener Zeit mit modernem Komfort verbindet, vielleicht sogar Emotionen ... Zu bewundern sind hier schöne freigelegte Wände und Fußböden, die ihre ursprüngliche Schönheit zeigen, ein Labyrinth aus Galerien und Gängen, die zu den drei Ebenen und ein paar Zimmern führen, welche von mönchischer Nüchternheit sind, einige mit in der entsprechenden Jahreszeit nutzbarem Kamin. Beim Komfort wurde mitnichten geknausert: bemerkenswerte Qualität der Betten, gut ausgestattete Bäder, das Frühstück wird serviert, es fehlt an rein gar nichts.

Ganzj. geöffn. **6 Zimmer** mit Bad (einige mit Kamin) **Preise** DZ für 1 Pers.: 110 €, DZ: 130 € - Frühst. im Zi. inkl. (Wasserkocher, Kaffee, Gebäck, Früchte usw.) Frühst. (Buffet): 10 € **Kreditkarten** Visa, Eurocard, MasterCard, Amex **Verschiedenes** Hunde nicht erlaubt **Umgebung** Die Langhe (siehe S. 616-617) - Barbaresco- und Muskatellerstraße von Asti nach Canelli - Asti: Kathedrale, S. Secondo, Pallio von Asti im September - Sanktuarium von Crea - Golfpl. Le Chocciole (18 L.) **Osteria** von 18.30 bis 24.00 Uhr - Mi geschl. **Anreise** (Karte Nr. 7): 20 km südl. von Alba, Rtg. Barolo und Monforte.

Il Bricco

Santa Anna 12061 Carrù (Cuneo)
Strada Santa Anna, 5
Tel. 0173-755 58 - Handy 333-346 44 85
Wilma Calleri
E-Mail und Web: guidesdecharme.com/1563

Carrù ist ein großes landwirtschaftliches, mit der Autobahn nach Turin und Genua verbundenes Dorf, wohin man sich begibt, um den *bollito salsa verde* zu essen. Das vier Kilometer vom Dorf gelegene *Il Bricco* ist das Ferienhaus der Turiner Wilma und ihres Ehemannes, des Schriftstellers Pier Luigi Berbotto, die im Sommer ihre hübschen Zimmer vermieten. Das Haus ist äußerst intim, sympathisch und wirklich komfortabel. Der kleine Salon und die Küche, in der das Frühstück serviert wird, liegen parterre am Garten. Die reizenden Zimmer ländlichen Stils besitzen zudem ein eigenes Bad. Der von uns bevorzugte Schlafraum hat eine Loggia entlang der Fassade. Im Obergeschoss dann ein zwei Zimmer mit Panoramabalkon umfassendes richtiges Appartement, in dem eine ganze Familie Platz findet. Wilma liegt es sehr am Herzen, dass die Gäste ihren Aufenthalt hier als gelungen empfinden. Sie wird Sie somit über die Geschichte der Region, mögliche Touren und gute Restaurants informieren. Eine angenehme Stoppadresse.

Geschlossen 1. Dezember bis 24. März **2 Zimmer** mit Bad und 1 Appart. mit Bad, TV, Terrasse (2-4-6 Pers.) **Preise** EZ: 48-58 €, DZ: 75-90 €, Suite: 90-110 € - Appart. (2 Zi.): 500-850 €/Woche - Frühst.: 6 €, bis 10.30 Uhr **Kreditkarten** nicht akzeptiert **Verschiedenes** Hunde erlaubt - Fahrräder - Parkpl. **Umgebung** Die Langhe (siehe S. 616-617) - Asti - Mondovicino Outlet **Kein Restaurant** (siehe unsere Restaurantauswahl S. 617) **Anreise** (Karte Nr. 7): A-6 (Torino/Savona), Ausfahrt Carrù. Rtg. Carrù, aber an der Kreuzung Carrù/Magliano links nach Magliano, dann sofort rechts auf den Weg Santa Anna. 300 Meter weiter Weg rechts nach „Bricco".

La Luna e i Falo'

14053 Canelli (Asti)
Regione Aie, 37
Tel. und Fax 0141-83 16 43 - Handy 328-719 15 67
Franco Carnero
E-Mail und Web: guidesdecharme.com/1564

Weil Franco Carnero Cesare Pavese sehr bewundert, benannte er sein Haus nach dem Titel des Meisterwerks dieses berühmten italienischen Schriftstellers: „La Luna e i Falo'" (Junger Mond). Denn Paveses Heimat ist hier, in den Hügeln des Piemont, wo jedes Jahr im Juni bei Vollmond die Lichter brennen und den Beginn der Ernte ankündigen. Ein wunderbares, ergreifendes Schauspiel, das Sie von der großen, den Weinberg überragenden Terrasse aus verfolgen können. Die Inneneinrichtung ist freundlich und ungewöhnlich aufgrund der zahlreichen imposanten Möbel und einer ebenso großen wie abwechslungsreichen Gemäldesammlung. Die Zimmer sind komfortabel und üppig. Die Küche, die bereits in Turin von sich reden machte, bevor die Carneros endgültig nach Canelli umzogen, kann sich sehen lassen. Die an Traditionen, Kultur und Gastronomie reiche Region verspricht interessante Aufenthalte.

Geöffnet 1. April bis 30. November **3 Zimmer** mit Bad oder Dusche, TV, Minibar **Preise** DZ: 80-100 €, 3-BZ: 100-130 € - Frühst. inkl., bis 10.00 Uhr **Kreditkarten** nicht akzeptiert **Verschiedenes** Hunde erlaubt - Fahrräder - Parkpl. **Umgebung** Canelli: im Juni das historische Fest „l'Assedio", im Herbst Erntefeste (Wein und weiße Trüffel) - S. Stefano Belbo: Museum Cesare Pavese und Weinfestival Moscato (vom 30. Mai bis 2. Juni) - Moscato - Alba - Asti: Dom, S. Secondo, Pallio von Asti im September - Monferatto - Sanktuarium von Crea - Abtei Vezollano **Gästetisch** abends: 35 € (mit Getränken) **Anreise** (Karte Nr. 7): 30 km von Asti. Ab Canelli Rtg. „Castello Gancia", Aie.

La Casa in Collina

14053 Canelli (Asti)
Regione Sant'Antonio, 30
Tel. 0141-82 28 27 - Fax 0141-82 35 43
Giancarlo Amerio
E-Mail und Web: guidesdecharme.com/1565

In der schönen Region Langhe Astigiane, in der sich der Horizont in einer Reihe weinbedeckter Hügel verliert, liegt das alte Weingut *Casa in Collina*, auf dem der Moscato „Cà dù Giaj" wie auch ein berühmter Weiß- und Rotwein produziert werden. Wer sich dafür interessiert (und es versteht), dem werden die *nonne* (Großmütter) Adele und Valentina die abenteuerliche Geschichte des Weinbergs vom Großvater Carlo, genannt Giaj der Rothaarige, im Piemonteser Dialekt erzählen. In der Familie Amerio ist es Giancarlo, der sich um die in einem Flügel des edlen Familienanwesens untergebrachten „Bed & Breakfast"-Zimmer kümmert. Die sechs in bester regionaler Tradition restaurierten geräumigen Schlafräume und der Salon wurden für die Gäste sorgfältig eingerichtet. So gibt es schmiedeeiserne Betten, regionales Mobiliar und Bäder voller Komfort. Der Empfang ist warmherzig, die Besitzung wunderschön und höchst interessant für alle, die Bodenständiges mögen.

Geschlossen Januar und Februar **6 Zimmer** mit Tel., Bad **Preise** DZ (mind. 2 Üb.): 80-110 € - Frühst. inkl., von 8.00 bis 10.00 Uhr **Kreditkarten** akzeptiert **Verschiedenes** Hunde auf Anfrage erlaubt - Swimmingpool - Parkpl. **Umgebung** Canelli: im Juni das historische Fest „l'Assedio", im Herbst Erntefeste (Wein und weiße Trüffel) - S. Stefano Belbo: Museum Cesare Pavese und Weinfestival Moscato (vom 30. Mai bis 2. Juni) - Alba - Asti: Dom, S. Secondo (Baptisterium), Pallio von Asti im September - Monferatto - Sanktuarium von Crea - Abtei Vezollano **Kein Restaurant** aber in der Nähe von „La Luna e i Falo", siehe S. 224 oder unsere Auswahl in Canelli und S. Stefano Belbo S. 616 **Anreise** (Karte Nr. 7): 30 km von Asti. Ab Canelli 2 km Rtg. Regione S. Antonio.

Castello di San Giorgio

15020 San Giorgio Monferrato (Alessandria)
Via Cavalli d'Olivola, 3
Tel. 0142-80 62 03 - Fax 0142-80 65 05
Sig. Cavaliere
E-Mail und Web: guidesdecharme.com/1566

Das alte Herzogtum Monferrato ist eine reizvolle, oft vom leichten Nebel des Po und von Weinbergen überzogene Region mit zahlreichen Kapellen. Dieses um ein bemerkenswertes Restaurant ergänzte Hotel wurde auf dem Bauernhof und in den einstigen Pferdeställen des Schlosses von Monferrato eingerichtet. Das Schloss ist ein enormes Bauwerk, das im 14. Jahrhundert für Gonzales von Mantua errichtet wurde und inmitten eines wunderschönen Parks liegt, der auch heute noch durch seine Originalmauern begrenzt wird. Die alten Gebäude sind herrlich restauriert und zum Teil mit dem alten Mobiliar aus dem Schloss eingerichtet. Die geschmackvollen Zimmer sind luxuriös, die Aussicht auf die weite Piemonteser Ebene und ihre Hügel ist beeindruckend. Gute Küche mit à-lacarte- Menü bei Halbpension. Und da hier auch alles andere stimmt, empfehlen wir dringend einen Abstecher.

Kategorie ★★★★ **Geschlossen** 26. Dezember bis 10. Januar und 1. bis 21. August **10 Zimmer** und 1 Suite mit Tel., Bad, Satelliten-TV, Minibar **Preise** EZ: 105 €, DZ: 155 €, Suite: 210 € - Frühst.: 12,90 €, von 8.00 bis 10.00 Uhr - HP: ab 155 € (pro Pers.) 255-310 € **Kreditkarten** akzeptiert **Verschiedenes** Hunde nicht erlaubt - Parkpl. **Umgebung** Casale Monferrato: Dom, Torre Civica, Palazzo Gozani di Treville, Palazzo Anna von Alençon, Synagoge (So von 10.00 bis 12.00 und von 15.00 bis 17.00 Uhr geöffnet), Teatro municipale - Marengo (Villa Marengo) - Asti - Abtei Vezzolano in Albugnano **Restaurant** von 12.00 bis 14.30 und 19.30 bis 21.30 Uhr - Mo geschl. - Karte **Anreise** (Karte Nr. 8): 26 km nordwestl. von Alessandria über die A-26, Ausfahrt Casale-Sud, nach 6 km Abzweigung Alessandria- Asti, Straße rechts nach San Giorgio Monferrato.

La Traversina

15060 Stazzano (Alessandria)
Tel. und Fax 0143-613 77 - Handy 335-49 42 95
Rosanna Varese
E-Mail und Web: guidesdecharme.com/1567

La Traversina zählt zu jenen vertraulichen Adressen, die B&B-Liebhaber begeistern dürfte. Vom Dörfchen Stazzano aus führt eine kleine Straße durch die üppige Vegetation und zerklüftete Landschaft des Monferrato, dieser unbekannten Piemonteser Provinz, die an die Lombardei und an Ligurien grenzt. Nach zwei Kilometern taucht das von Rosen bedeckte Haus inmitten der Natur auf. Rosanna und Domenico werden Sie hier empfangen. Vor mehreren Jahren haben die beiden beschlossen, in diesem Familienanwesen zu leben und ihre Vorliebe für die einfachen, schönen und seltenen Dinge des Lebens mit anderen zu teilen: etwa den Anbau von alten Rosenarten und Iris, von Gewürzpflanzen, Gemüse und Früchten für die Zubereitung des Abendessens, wo sie geradezu glänzen. Am Herzen liegt ihnen aber auch ein gastfreundliches Haus, in dem sie Reiseerinnerungen, ihre Bücher und ihre Liebe zu dieser Region mit ihren Gästen teilen können. Charme und Talent sowohl bei der Gestaltung des Hauses als auch in der Küche und beim Empfang. Ein Stück vom Paradies. Kinder unter zwölf können hier angesichts der Beschaffenheit des Hauses nicht aufgenommen werden.

Ganzj. geöffn. **4 Zimmer** mit Bad, 3 Studios mit Bad, Terrasse oder kleinem Privatgarten **Preise** Zi.: 45-57 € (pro Pers.) - Studio: 100-130 € (plus Heizung im Winter) - Frühst. inkl. auf dem Zimmer, in den Studios: 8 €, von 8.30 bis 9.30 Uhr - HP im Zi.: 72-84 € pro Pers. **Kreditkarten** akzeptiert **Verschiedenes** Hunde nicht erlaubt - Swimmingpool - Parkpl. **Umgebung** Marengo (Villa Marengo) - Asti - Abtei Vezzolano in Albugnano **Gästetisch** um 20.15 Uhr - Menü: 27-35 € **Anreise** (Karte Nr. 8): A-7 (Genova/Milano), Ausf. Vignole Borbera, Rtg. Stazzano. Im Dorf an der Ampel rechts, dann ausgeschildert.

Hotel Pironi

Lago Maggiore 28822 Cannobio (Verbania)
Via Marconi, 35
Tel. 0323-706 24 - 0323-708 71 - Fax 0323-721 84
Familie Albertella
E-Mail und Web: guidesdecharme.com/1568

In der alten Stadt Cannobio wirkt das *Pironi* wie ein Bug an jenem kleinen Platz, an dem zwei zum See hinabführende Gassen zusammentreffen. Das von einem eleganten Säulengang gestützte Hotel setzt sich aus zwei Stadtpalästen zusammen. Dank einer besonders sorgsamen Restaurierung blieben die alte Bausubstanz und die Dekoration erhalten, wurde Historisches mit Rentabilität verbunden. In den Zimmern kein übermäßiger Luxus, aber antikes Mobiliar und guter Komfort; das von uns bevorzugte ist Nr. 12 mit Blick auf die reizende Renaissance-Loggia. Der als Frühstücksraum dienende Salon ist ganz mit Fresken ausgemalt und ein Juwel des Settecento. Nahe der Schweizer Grenze ist dies eine besonders gute Adresse zum Kennenlernen der beiden schönen, wildromantischen Täler Cannobina und Vigezzo.

Kategorie ★★★ **Geschlossen** November bis März **12 Zimmer** mit Tel., Bad oder Dusche, Safe, Minibar; Aufzug **Preise** EZ: 100-120 €, DZ: 140-180 € - Frühst. (Buffet) inkl. **Kreditkarten** Visa, Eurocard, MasterCard, Amex **Verschiedenes** Hunde nicht erlaubt **Umgebung** Santuario della Pietà - Cannobina-Tal (Orrido di S. Anna) - Vigezzo-Tal - Stresa - Borromäische Inseln - Verbania, Villa Taranto - Ascona - Locarno - Lugano **Kein Restaurant** im Hotel **Anreise** (Karte Nr. 2): 117 km nordwestl. von Mailand über die A-8 (Milano/Laghi), Ausfahrt Baveno, Rtg. Locarno.

Hotel Verbano

Lago Maggiore - Isola dei Pescatori 28838 Stresa (Novara)
Tel. 0323-30 408 - Handy 0323-32 534 - Fax 0323-33 129
E-Mail und Web: guidesdecharme.com/1569

Die Borromäischen Inseln des Lago Maggiore muss man ganz einfach besuchen. Schiffe für eine Inselrundfahrt liegen im Hafen von Stresa. Diese wundervollen Inseln voller Charme mit ihren Villen und den bis zur Landungsbrücke reichenden Gärten laden zu einem Aufenthalt ein. Isola dei Pescatori ist eine der kleinsten der Borromäischen Inseln. Das *Verbano*, in dem Toscanini sich gerne aufhielt und arbeitete, ist auch nicht gerade groß. Übermäßiger Luxus wird hier nicht geboten, aber viel Charme und Gästezimmer mit knarrenden Fußböden. Eingerichtet sind die Zimmer mit Mobiliar aus dem Familienbesitz, das etwas veraltet wirkt, aber der Blick auf den See (von den meisten Zimmern aus) ist wunderschön. Wem dann noch immer Romantik fehlt, muss bis zum Abendessen (bei Kerzenschein) warten.

Kategorie ★★★ **Geschlossen** November bis Mitte Februar **12 Zimmer** mit Tel., Bad oder Dusche **Preise** DZ für 1 Pers.: 100-120 €, DZ: 150-185 €; Extrabett: 20 € - HP: 150-160 € (1 Pers. im DZ), 130-140 € (pro Pers. im DZ) - Frühst. inkl. **Kreditkarten** akzeptiert **Verschiedenes** Hunde erlaubt - Kostenloses hoteleigenes Motorboot von 19.30 bis 23.30 Uhr **Umgebung** Isola Bella: Palazzo Borromäo und seine Gärten - Botanischer Garten der Isola Madre - Golfpl. der Borromäischen Inseln (18 L.) in Stresa **Restaurant** von 12.00 bis 14.30 und 19.30 bis 21.30 Uhr - Menüs: 45-55 € - Karte - Spezialitäten: Antipasti - Pesce del lago **Anreise** (Karte Nr. 2): nordwestl. von Mailand über die A-8 und A-26, Rtg. Lago Maggiore; in Stresa oder Pallanza das Schiff zu den Borromäischen Inseln bis zur Isola dei Pescatori nehmen. Überfahrten ab 18.30 Uhr; Taxi-Boote.

Hotel Ristorante Villa Crespi

Lago d'Orta 28016 Orta San Giulio (Novara)
Via Generale Fava, 18
Tel. 0322-91 19 02 - Fax 0322-91 19 19
Familie Cannavacciuolo
E-Mail und Web: guidesdecharme.com/1570

Am Ufer des ausgesprochen romantischen Lago d'Orta werden Sie ein ungewöhnliches, maurisches Minarett entdecken: eine luxuriöse Hommage des Baumwoll-Industriellen Benigno Crespi an den Orient. In industrielle Architektur Vernarrte werden die alten, seit kurzem zum Kulturgut der UNESCO gehörenden Fabriken der Arbeiterstadt Crespi d'Adda bei Bergamo aufsuchen. Die Villa (1880) wurde inmitten eines herrlichen Parks voller schattenspendender Lärchen errichtet. In den Salons und Zimmern gelingt es dem klassischen Mobiliar, die etwas überladene orientalische Dekoration auszugleichen. Die Gästezimmer sind mit imposanten Baldachinbetten und schönen Samtstoffen romantisch gestaltet. Die geräumigen Marmorbäder haben modernsten Komfort und verfügen über Kingzise-Whirlpools. Das Restaurant (1 Michelin*) bietet vorwiegend mediterrane Gerichte an, die Karte (Wein, Likör und Zigarren) ist bemerkenswert. *Villa Crespi* ist ein Familienbetrieb und professionell. Eine gute Stopp-Adresse in Richtung Schweiz.

Kategorie ★★★★ **Geschlossen** 7. Januar bis 15. März **6 Zimmer** und 8 Suiten mit Klimaanl., Tel., Bad, Satelliten-TV, Minibar, Safe; Aufzug **Preise** DZ für 1 Pers.: 200-300 €, DZ: 250-350 €, Junior-Suiten: 300-400 € - Frühst. inkl., von 7.30 bis 11.00 Uhr - HP: + 80 € pro Pers. **Kreditkarten** akzeptiert **Verschiedenes** Hunde erlaubt - Swimmigpool und Strand (1,5 km) - Türkisches Bad - Sauna - Jacuzzi - Parkpl. **Umgebung** Orta San Guilio - Sacro Monte - Isola di San Guilio - Stiftung Calderana in Vacciago - Lago Maggiore - Golfpl. Bogogno/Castelconturbia - Borromäische Inseln **Restaurant** 2 Michelin*, von 12.30 bis 14.00 und 19.30 bis 21.45 Uhr - Menüs: 85 €, 110 €, 130 € **Anreise** (Karte Nr. 2): 20 km westl. von Stresa und vom Lago Maggiore. 45 km vom Flugplatz Malpensa. 1 Stunde von Mailand.

La Quartina

Lago di Mergozzo 28802 Mergozzo (Verbania)
Via Pallanza, 20
Tel. 0323-801 18 - Fax 0323-807 43
Giovanni Cordero und Laura Profumo
E-Mail und Web: guidesdecharme.com/1571

Im äußersten Westen des Lago Maggiore gibt es einen kleinen See, der einem reizenden, an seinem Ufer gelegenen Fischerdorf seinen Namen gegeben hat. Paradoxerweise wirkte sich die Autobahn positiv auf das Dorf aus: Sie befreite es vom Durchgangsverkehr. Deshalb kann man heute die einzigartige Umgebung mit dem See und Gebirge störungslos genießen. Groß ist das Hotel nicht, eher schlicht, aber charmant eingerichtet. An das geräumige Restaurant im Erdgeschoss mit hübschen Tischdecken schließt sich eine schattige Terrasse voller Blumen an. Dahinter dann die bis zum See mit seinem (öffentlichen) Strand reichende Rasenfläche. Vom großen Solarium im 1. Stock hat man eine noch schönere Aussicht – einfach phantastisch. Zimmer gibt es nur wenige. Nr. 201 und 203 mit beachtlichen Terrassen und Seeblick sind die größten und angenehmsten. Drei weitere bieten einen seitlichen Blick auf den See, aber auch auf den Campingplatz. Die vier anderen gehen nach hinten hinaus. Alle haben jedoch eine Standard-Einrichtung. Das Restaurant, ein Anhänger der Bewegung *slow food*, bietet Jahreszeitengerichte und Fisch aus dem See an. Ein einfaches, ruhiges, familiäres Haus.

Kategorie ★★★ **Geschlossen** 20. November bis 1. Februar **10 Zimmer** mit Tel., Dusche, Satelliten-TV, Minibar, Safe und 5 Appart. (2 Pers.) **Preise** EZ: 60-85 €, DZ: 85-105 €, Appart.: 125 €; Extrabett: 20 € - Frühst. inkl.: 12,50 €, von 7.30 bis 10.00 Uhr - HP: + 30 € pro Pers. (mind. 3 Üb.) **Kreditkarten** akzeptiert **Verschiedenes** Hunde erlaubt - Garage **Umgebung** Markt Di, Trödel Sa im Sommer, Dorffest 29. Juli - Lago Maggiore - Borromäische Inseln **Restaurant** von 12.30 bis 14.00 und 19.30 bis 21.30 Uhr - Mo außer im Sommer geschl. - Menüs: 40-55 € - Karte **Anreise** (Karte Nr. 2): nordwestl. von Mailand über die A-8, Ausf. Mergozzo.

Hotel Walser Schtuba

Riale 28863 Formazza (Verbania)
Tel. 0324-63 43 52 - Handy 339-366 33 30 - Fax 0324-630 76
E-Mail und Web: guidesdecharme.com/1572

Eine andere Gegend, ein anderes Tal, andere Traditionen. Das ursprüngliche Gletscher-Tal Antigorio-Formazza ist ein Stückchen Piemont, von drei Seiten umschlossen und zwischen den Schweizer Kantonen Valais und Tessin gelegenen. Das dem Flussbett des Toce folgende Tal wird seit Jahrhunderten von den Walsern bewohnt, einem alemannischen Volksstamm, der sich im Laufe der Jahrhunderte in den unwirtlichsten Landstrichen niederließ, autonom lebte und seine Mundart, architektonische Traditionen, Essgewohnheiten und lange auch seine Trachten beibehielt (cf. Museo Walser in Ponte). Der Legende zufolge begaben sich zu Beginn des 20. Jahrhunderts erstmals zwei Schweizer Skifahrer ins Formozza-Tal. Ein Beweis dafür, wie sehr diese Region geschützt war, die heute mit ihren schönen Langlaufpisten international bekannt ist. Riale ist ein winziger Ort, der sich am Ende der Straße befindet, am Ufer des Morascosees. Matteo und Francesca haben vor wenigen Jahren ihre *Walser Schtuba* eröffnet und bieten heute ein paar Zimmer im komfortablen Bergstil an. Matteo steht am Herd und begeistert uns mit seiner Küche (und Spezialitäten aus Ossolana und dem Piemont), die größten Wert auf Qualität und Echtheit des Produktes legt. Erfahrene Langläufer dürfte das besonders interessieren, aber auch alle, die ganz einfach eine Schwäche für Italien haben.

Kategorie ★★★ **Geschlossen** Mai und Oktober **6 Zimmer** mit Bad **Preise** EZ: 48 €, DZ: 76 € - Frühst. inkl., von 8.30 bis 10.00 Uhr - HP: 58-68 € (pro Pers.) **Kreditkarten** nicht akzeptiert **Verschiedenes** Hunde nicht erlaubt - Langlaufski **Sprache** u.a. Deutsch **Restaurant** von 12.30 bis 14.00 und 19.30 bis 21.30 Uhr - Mi und So abends geschlossen - Menü: 30 € **Anreise** (Karte Nr. 2): nordwestl. von Mailand über die A-8, Ausfahrt Domodóssola Rtg. Formazza.

Montagna di Luce

Pedemonte 13021 Alagna Valsesia (Vercelli)
Tel. 0163-92 28 20 - Fax 0163-92 28 30 - Sergio Gabbio
E-Mail und Web: guidesdecharme.com/1573

Alagna, ein typisches Dorf der Walser-Tradition am Fuß des Monte Rosa (3900 m) ist erstaunlich dynamisch für Gleitsportler und Liebhaber von ungewöhnlicher Bergwelt. Alagna ist Teil des Monterosa-Skigebietes, von dem aus man Gressoney per Ski erreicht wie auch Champoluc und Zermatt. Der Eigentümer Sergio Gabbio ist ein äußerst erfahrener und professioneller Führer, der im Übrigen eine Kletterschule für Kinder gegründet hat. Die Umgebung ist phantastisch: Die Berge umkreisen das Dorf, und das alte Chalet liegt am kleinen Platz neben der Kirche, die ganz mit Fresken des 19. Jahrhunderts bedeckt ist. Der Empfang ist ausgesprochen freundlich, und das Haus ist so, wie man es sich vorstellt: Das polierte, lackierte bzw. roh belassene Holz schafft überall freundliche Wärme. Die Zimmer und Bäder sind groß, voller Komfort und verwöhnen einen nach den sportlichen Anstrengungen. Von manchen kann man – vom Balkon aus, wo früher das Heut getrocknet wurde – in aller Ruhe das Bergpanorama und die Flachziegelbedachungen der Nachbarhäuser bewundern. Und wenn man auch das Frühstück in Gesellschaft der Vorfahren einnimmt, deren Sepia-Porträts eine ganze Wand bedecken, so ist das Ambiente doch alles andere als altmodisch, sondern fordert dazu auf, von dem ganzen Spektrum des Sportangebots zu profitieren, bei dem Sergio Sie beraten, ja begleiten kann (Handy 349-2975203, E-Mail: sergio.gabbio@ libero.it). Grazianos Empfang ist außerordentlich sympathisch.

Kategorie ★★★ **Geöffnet** 1. Oktober bis 1. Dezember und 1. Mai bis 15. Juni **8 Zimmer** mit Tel., Bad, Hydromassage, Internet **Preise** 70-80 € (pro Pers./HP, mind. 3 Üb.) - Frühst. inkl., von 8.30 bis 10.00 Uhr **Kreditkarten** nicht akzeptiert **Verschiedenes** Hunde nicht erlaubt - Sauna - Parkpl. **Restaurant** von 12.30 bis 14.00 und 19.30 bis 21.30 Uhr - Do geschl. - Menü: 30 € **Anreise** (Karte Nr. 1): ab Mailand A-8; in Vergiate A-26; in Gattico S-142; in Romagnano Sesia S-75 Rtg. Varallo, dann Valsesia.

Hotel Milleluci

11100 Aosta
Porossan Roppoz 15
Tel. 0165-23 52 78 - Fax 0165-23 52 84
E-Mail und Web: guidesdecharme.com/2331

Aosta kann eine 5000-jährige Geschichte vorweisen. Bedeutende Überreste hat es aus jener Zeit erhalten, als es unter dem römischen Kaiser Augustus eine Festung war. Nach zig Invasionen kam es schließlich zur Dynastie der Grafen von Savoyen, und erst 1948 erlangte es politische Unabhängigkeit. Zugängig über den Mont-Blanc-Tunnel und den Großen Sankt Bernhard, ist es eine Drehscheibe für Handel und Tourismus. Aosta liegt am Zusammenfluss des Dora Baltea und Buthier und wurde in einem grünen Talkessel erbaut, den Monte Emilius (3559 m), Becca di Viou (2856 m) und Becca di Nona (3142 m) krönen. Binnen zwanzig Minuten befördert Sie die Drahtseilbahn zu Wald und Weiden von Pila. Das historische Stadtzentrum innerhalb der römischen Umwallung ist ausgesprochen lebhaft. Das Hotel liegt außerhalb der Stadtmauer auf den Anhöhen (neben einem kleinen Campingplatz im Sommer), was von der Terrasse aus einen Panoramablick über die Stadt und die Rutor-Gletscher bietet. Ein empfehlenswerter Halt mit großen, komfortablen Zimmern. Der Stil ist sehr (zu?) ländlich, auch im Frühstücksraum, wo Sie eine Orgie von Leckerbissen erwartet – hausgemacht von der sympathischen Gastgeberin, und zwar mit den Produkten ihres Anwesens.

Kategorie ★★★ **Geschlossen** Mai **33 Zimmer** mit Tel., Bad, TV; Eingang für Behinderte **Preise** DZ für 1 Pers.: 120-140 €, DZ: 140-240 €; Extrabett: 25-40 € - Frühst. (Buffet) inkl., von 8.00 bis 10.00 Uhr **Kreditkarten** akzeptiert **Verschiedenes** Hunde nicht erlaubt - Wellness-Center (Sauna, Türkisches Bad, Hydromassage) - Palestra - Swimmingpool - Garage **Umgebung** Aosta - Chamonix - Courmayeur - Großer Sankt Bernhard **Kein Restaurant** (siehe unsere Restaurantauswahl S. 620) **Anreise** (Karte Nr. 1): Zentrum, am Kreisverkehr Arco d'Augusto über Corso Ivrea durch den Tunnel nach Porossan. 2, 5 km vom Zentrum Aosta.

La Grange

Entréves 11013 Courmayeur (Aosta)
Tel. 0165-86 97 33 - Handy 335-646 35 33 - Fax 0165-86 97 44
Bruna, Davide, Giacomo Berthod
E-Mail und Web: guidesdecharme.com/1575

Trotz seines Charmes und seiner Beliebtheit ist dieses kleine Hotel ein Geheimtipp geblieben. Es liegt versteckt in diesem vormals hintersten Winkel des Aostatals, am Fuß des Brevagletschers und des Mont Blanc. Heute führt die Tunnelstrecke, die Courmayeur mit Chamonix verbindet, dort entlang. Zum Glück ist Entrèves ein authentisches Bergdorf geblieben. Das Innere dieser hervorragend restaurierten Scheune ist sehr gemütlich: Alte Möbel, allerlei Gegenstände und Kupferstiche schmücken den Salon und das Frühstückszimmer. Die Zimmer sind in gleicher Weise behaglich und kuschelig. Signora Berthod und ihr Sohn empfangen professionell und sympathisch.

Kategorie ★★★ Geöffnet 1. Dezember bis 30. April und 1. Juli bis 30. September **21 Zimmer** mit Tel., Wi-Fi, Bad, Satelliten-TV (Sky), Minibar - Aufzug **Preise** EZ: 80-150 €, DZ: 100-150 €, 3-BZ: 130-180 €, Suiten (4-5 Pers.): 180-230 € - 1 weiße Woche/7 Nächte: 300-400 € pro Pers. - Frühst. inkl., von 8.00 bis 10.30 Uhr **Kreditkarten** akzeptiert **Verschiedenes** Hunde erlaubt (6 €) - Sauna und Gymnastikraum - Parkpl. **Umgebung** Ski - Wasserfälle und Rutor-See bei Thuile - Col du Géant und Aiguille du Midi per Seilbahn - Seilbahn des Chécrouit - Val Veny und Val Ferret - Chamonix - Golfpl. von Chamonix (18 L.) - Golfpl. von Plainpincieux (9 L.) **Kein Restaurant** aber Vereinbarungen mit einem Restaurant in der Nähe (siehe unsere Restaurantauswahl S. 621) **Anreise** (Karte Nr. 1): 20 km von Chamonix über den Mont-Blanc-Tunnel - 42 km westl. von Aosta über die A-5, Ausfahrt Courmayeur, Tunnel-Straße des Mont-Blanc, Entrèves.

Auberge de La Maison

Entrèves 11013 Courmayeur (Aosta)
Tel. 0165-86 98 11 - Fax 0165-86 97 59
Alessandra Garin
E-Mail und Web: guidesdecharme.com/1576

Courmayeur teilt sich mit Chamonix den Mont Blanc und die Alpinismus-Fans. Hier wurde im Übrigen nach dem Vorbild Chamonix' die erste Gesellschaft italienischer Bergführer gegründet, deren Service man im Sommer wie im Winter in Anspruch nehmen kann. Die weniger Mutigen werden sich per Drahtseilbahn zur Landspitze Hellbroner begeben, um sich am Anblick der Gipfel und des Gran Paradiso zu berauschen. Entrèves, das als einziger Ort der großen Station mit Charme-Gasthäusern aufwarten kann, befindet sich nur zwei Kilometer vom Zentrum. Dieses, ideal mit Blick auf den Mont Blanc gelegene, wurde vom Direktor des Verkehrsbüros in einem alten, typischen Aostatal-Chalet eröffnet. Komfort, Tradition und Gastlichkeit schaffen das warme Ambiente von *La Maison*. Hübscher, typischer Bergstil. Exzellentes, auf der Terrasse mit Aussicht serviertes Frühstück; gleiches gilt für die anderen Mahlzeiten. Sehr aufmerksamer Empfang.

Kategorie ★★★★ **Geschlossen** Mai und November **33 Zimmer** mit Tel., Wi-Fi, Bad, TV; Eingang für Behinderte **Preise** DZ: 140-200 € - Frühst. inkl., jederzeit auf dem Zimmer **Kreditkarten** akzeptiert **Verschiedenes** Hunde nicht erlaubt - Wellness-Center (Sauna, Hammam, Massagen usw.) - Garage **Umgebung** Ski - Col du Géant und Aiguille du Midi per Seilbahn - Seilbahn des Chécrouit - Seilbahn des Val Veny - Val Veny und Val Ferret - Chamonix - Golfpl. von Plainpincieux (9 L.) **Restaurant** im Hotel (siehe unsere Restaurantauswahl S. 621) **Anreise** (Karte Nr. 1): 20 km von Chamonix über den Mont-Blanc-Tunnel; 30 km westl. von Aosta über die A-5, Ausfahrt Courmayeur, Tunnelstraße des Mont-Blanc, Entrèves.

Les Écureuils

Homené Dessus 11010 Saint-Pierre (Aosta)
Tel. 0165-90 38 31 - Fax 0165-90 98 49
Giuseppe Moniotto
E-Mail und Web: guidesdecharme.com/1577

Westlich von Aosta und entlang dem Lauf der Doira Baltea werden Sie auf einige der zahlreichen Schlösser der Region stoßen, die im Mittelalter zu Verteidigungszwecken erbaut und danach zu Jagdresidenzen umgestaltet wurden. Um den bescheideneren Bauernhof von Giuseppe Moniotto *Les Écureuils* (vorwiegend Zucht von Ziegen) zu erreichen, müssen Sie sich noch etwa zehn Kilometer weiter ins Gebirge vorwagen. Mehrere Gebäude des Anwesens, so das Ziegenhaus mit Molkerei und Käserei und der Hühnerhof, werden landwirtschaftlich genutzt; dann gibt es den Laden, in dem die Produkte des Hauses verkauft werden, den Bauernsaal mit Terrasse fürs Abendessen und das Gästehaus mit fünf komfortablen, schlicht mit geblümten Stoffen gestalteten Zimmern; drei bieten einen schönen Blick auf die Täler des Gran Paradiso. In dieses Haus kommt man, um das Landleben mit anderen zu teilen. Hierzu werden die Gastgeber Ihnen Tipps für Picknicke auf den Almen, Weiden und in den hoch gelegenen Weilern geben. Außer dem Wein stammt alles, was beim Abendessen aufgetischt wird, vom Hof. Reizend. Sollte mit der ganzen Familie genossen werden.

Geschlossen Dezember und Januar **5 Zimmer** mit Dusche **Preise** pro Pers.: 25-32 € - Frühst. inkl., von 8.00 bis 9.30 Uhr - HP: 38-45 € (pro Pers.) **Kreditkarten** nicht akzeptiert **Verschiedenes** Hunde nicht erlaubt - Parkpl. **Umgebung** Aostatal bis zum Mont-Blanc **Restaurant** nur für HP-Hausgäste, von 20.00 bis 21.30 Uhr - Spezialitäten mit Produkten des Bauernhofs **Anreise** (Karte Nr. 1): 15 km westl. von Aosta. Rtg. Mont-Blanc-Tunnel bis Sarre (5 km), dann Rtg. Ville-sur-Sarre (8 km), Bellon (2 km), danach „Les Ecureuils".

Hotel Notre Maison à Vetan

11010 Vetan (Aosta)
Tel. 0165-90 89 60 - Fax 0165-90 89 78
Lale Murix Jonny
E-Mail und Web: guidesdecharme.com/1578

Jenseits des Château de Saint-Pierre führt eine Panoramastraße nach Saint-Nicolas. Hier beginnt das Naturschutz-Tal mit zahllosen kleinen Weilern, in dem oft nur zwei Familien wohnen. Dazu gehört auch Vetan, eine Art Ende der Welt in 1800 Meter Höhe am Fuß der schneebedeckten Gipfel wie Falère. Im Sommer ist ein kleiner See sichtbar. Alle Zimmer (einige mit Balkon) des nicht gerade großen Hotels bieten diesen Panoramablick. Ausgestattet wurden die Schlafräume ganz rustikal vorwiegend mit Holz, im Innern ist alles freundlich und komfortabel. Da die Lage eine gewisse Organisation des täglichen Lebens erfordert, wird das gute Schwarzbrot vor Ort gebacken, und zur Animation der Abende wurden ein Lesesalon und sogar eine kleine Diskothek eingerichtet – auf Letztere könnten wir verzichten …

Kategorie ★★★ **Ganzj.** geöffn. **22 Zimmer** mit Tel., Bad oder Dusche, TV, Safe; Aufzug; Zi. für Behinderte **Preise** DZ: 40-50 € (pro Pers.) + 20 € (DZ für 1 Pers.) - HP und VP: 50-60 €, 60-70 € (pro Pers.) - Frühst. inkl., von 7.30 bis 9.45 Uhr **Kreditkarten** Visa, Eurocard, MasterCard **Verschiedenes** Hunde auf Anfrage erlaubt (8 €) - Parkpl. **Umgebung** Aostatal bis zum Mont Blanc (Aosta-Courmayeur, Chamonix) **Restaurant** von 12.30 bis 14.00 und 19.30 bis 21.00 Uhr - Menü - Karte - Regionale und italienische Küche **Anreise** (Karte Nr. 1): 24 km von Aosta. Im Nordwesten von Aosta bis Saint-Pierre und Vetan.

Locanda della Vecchia Miniera

11010 Ollomont (Aosta)
Frazione Les Rey, 11 - Tel. 0165-734 14
Valentina Jory und Daniele Camisasca
E-Mail und Web: guidesdecharme.com/1579

Etwa zwanzig Kilometer von Aosta bietet das Valpelline-Tal, das in der Ferne von den verschneiten Gipfeln der Tête de By, Vélan und Grand Combin überragt wird, eine friedliche grüne Wiesenlandschaft. Das reizende Gasthaus, das sich in einem Bauwerk aus dem 18. Jahrhundert befindet, hat den Namen des Nachbarhauses übernommen, in dem bis 1945 in den Kupferminen wirkende Bergarbeiter untergebracht wurden; heute werden diese Galerien für die Herstellung des Fontina-Käse genutzt. In einer Gestaltung aus schlicht weißen Wänden und hellem Holz bietet das Haus vier komfortable, sehr hübsche Zimmer an: zwei mit Mezzanin, zwei mit Balkon. Auch im Speiseraum ist die Atmosphäre voller Charme; das Angebot umfasst edle Aostatal-Spezialitäten, die man sich mit einer guten Weinauswahl (auf kleiner Karte) schmecken lassen sollte. Der Empfang durch Valentina und Daniele, beide sehr jung, ist sympathisch und zeugt von Erfahrung. Grüner Tourismus, gastronomische Feste, Prozessionen (Ausflüge, die mit einem Picknick enden) und für den Winter eine acht Kilometer lange, abends beleuchtete Langlaufpiste.

Geschlossen 20. Mai bis 15. Juni und 30. September bis 30. Oktober **5 Zimmer** mit Bad **Preise** DZ: 45-55 € (pro Pers.) - Frühst. inkl., von 8.30 bis 9.30 Uhr - HP: 55-70 € (pro Pers.) **Kreditkarten** Visa, Eurocard, MasterCard **Verschiedenes** Hunde nicht erlaubt - Parkpl. **Umgebung** Tour Les Combins (Trekking/6 Tage) - Aufstieg zum Pass de la Fenêtre (Passage Calvin) - See von Place-Moulin - La Tornalla in Oyace - Gastronomische Feste im Sommer: Seupa alla Vapelenentse in Valpelline; Sagra del Teteun; Sagra della polenta in Doues; Festa del pane nero in Bionaz **Restaurant** Reservierung empfohlen, für Hausgäste ab 19.30 Uhr, für andere Gäste 20.30 Uhr - Sa und So von 12.30 bis 14.00 Uhr - So abends und Mo geschl. - Menü **Anreise** (Karte Nr. 1): 17 km nördl. von Aosta, Rtg. St-Bernhard-Pass bis Variney, dann Rtg. Valpelline und Ollomont.

Hotel Suisse

11010 Saint-Rhémy-en-Bosses (Aosta)
Via Roma, 21
Tel. 0165-78 09 06 - Fax 0165-78 07 64
E-Mail und Web: guidesdecharme.com/1580

Etwa zwanzig Kilometer von Aosta ist Gignod dort, wo die Täler Valpelline und des Großen Sankt-Bernhard zusammentreffen, das letzte italienische Dorf vor der Schweiz über den Sankt-Bernard-Tunnel. Diesbezüglich ist das *Hotel Suisse* eine historische Station in diesem Tal. Bereits 1860 als „exzellente Herberge des guten Marcoz" erwähnt, wurde sie anschließend von dessen Sohn Anselmo geführt, dem letzten Hauptmann der „Schneesoldaten" (ein bis 1927 existierendes Gesetz, geltend für die jungen Leute des Tales, die zwar vom Wehrdienst befreit wurden, im Winter aber für den Zustand der Straßen und die Sicherheit der Pilger verantwortlich waren). Die Zimmer sind anheimelnd und komfortabel: Wände aus Naturstein oder holzverkleidet, schmiedeeiserne Betten und einige Möbel aus der „Gründerzeit". Die beiden Dachgeschosszimmer ziehen wir den anderen vor. Im Restaurant mit Blick auf den Wildbach werden gute regionale Spezialitäten serviert. Die traditionale Stoppadresse *Hotel Suisse* scheint sich zu einem Aufenthaltsort für diejenigen hin zu entwickeln, die es lieben, in noch jungfräulichen Bergen zu wandern.

Kategorie ★★ **Geschlossen** Mai, Oktober und November **8 Zimmer** mit Tel., Bad **Preise** EZ: 50 €, DZ: 72 € - HP: 62-72 € (pro Pers.) + 5 % (1 Pers.) - Frühst.: 7,50 €, von 8.00 bis 10.00 Uhr - HP: 62-72 € (pro Pers., mind. 3 Üb.) **Kreditkarten** akzeptiert **Verschiedenes** Hunde auf Anfrage erlaubt **Umgebung** Gignod (Turm 12. Jh.), Kirche Sant'Ilario (15. Jh.) - Allein - Saint-Oyen (Schloss Verdun) - Schloss von Bosses, Festung von Chevillien, Kirche S. Leonardo - Hospiz des Großen Sankt Bernhard (Hundeausstellung) - Skipiste Tête de Crévacol, Langlaufski in Etroubles und Bosses - Tour des Petit und Grand Combin **Restaurant** von 12.30 bis 14.00 und 19.30 bis 21.00 Uhr - Menü: 20-34 € - Karte **Anreise** (Karte Nr. 1): 23 km nördl. von Aosta, Kammstraße des Großen Sankt Bernhard (ausgeschildert).

Ad Gallias Hotel

11020 Bard (Aosta) - Via Vittorio Emanuele II, 5/7
Tel. 0125-80 98 78 - Fax 0125-83 48 35
E-Mail und Web: guidesdecharme.com/3295

In diesem Grenz-Tal, dem Tor zum Aostatal, muss die Festung Bard aufgesucht werden, die sich hinter einer Wegbiegung wie viele große Kuben präsentiert. Nach langwährender Restaurierung ist es seit den Olympischen Winterspielen von Turin ein kulturelles und historisches Zentrum, ein bedeutender Ort der Erinnerung an Napoleon (die Festung war in der bildlichen und literarischen Überlieferung immer das Beispiel einer selbst durch Napoleon Bonaparte, der hier kehrtmachen musste, uneinnehmbaren Festung). Dem Dorf, in dem man eher kurz denn länger Halt macht, fehlte ein Hotel mit Charme, um sich den hier das ganze Jahr über stattfindenden Ausstellungen und Installationen widmen zu können. Das *Ad Gallias* ist nun da mit seinem Restaurant. Das Hotel befindet sich in einem der Häuser, die der Festung einst als erstes Bollwerk dienten. Das auf dem Felsen verankerte Bauwerk beeindruckt: Naturstein, Holz, Glas und Stahl tragen dazu bei, Modernität mit der Vergangenheit in Einklang zu bringen und eine warme Atmosphäre zu schaffen, die man in den Bergen erwartet. Größe und Einrichtung der Zimmer sind unterschiedlich (Dachschrägen, Mezzanine, unverputzte Balken, Caissondecken, Dachfenster, Balkone), bieten jedoch hohen Komfort und Aussicht. Der Rahmen des Restaurants ist reizend, und die am Kamin servierten Gerichte sind bodenständig. Ein Hotel, das Sie dazu einlädt, festzustellen, dass es in der Umgebung mehr Sehenswürdiges gibt, als dies auf den ersten Blick erscheinen mag.

Kategorie ★★★★ **Geschlossen** November **18 Zimmer** mit Tel., Wi-Fi, Bad, Satelliten-TV, Minibar, Safe **Preise** EZ: 110 €, DZ: 140-170 €, 3-BZ: 230-250 €, 4-BZ: 290 €, Suite: 230-290 € (2 Pers.) **Kreditkarten** akzeptiert **Verschiedenes** Hunde nicht erlaubt - Wellness-Center - Parkpl. **Umgebung** Trekking im Regionalpark Monte und im Champorcher-Tal - Schlösser des Aostatals **Restaurant** vegetarisches Menü - regionales Del-Borgo-Menü - Karte **Anreise** (Karte Nr. 1): ab Turin oder Mont-Blanc-Tunnel über die A-5.

Agriturismo Le Moulin des Aravis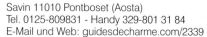

Savin 11010 Pontboset (Aosta)
Tel. 0125-809831 - Handy 329-801 31 84
E-Mail und Web: guidesdecharme.com/2339

Pontboset ist ein winziges Dorf am Anfang des unteren, von Touristen kaum aufgesuchten Aostatals, welche die schattigen Hänge der drei Riesen der Region bevorzugen, nämlich Monte Cervino (Matterhon), Monte Rosa und den Mont Blanc. Doch die um Festung Bard entfaltete Dynamik bei den Olympischen Winterspielen von 2006 hat aufgezeigt, dass dieses Gebiet touristisch und geologisch („Geosite") insofern bedeutend ist, als es durch Glazialeinwirkung aus Rundhöckern und erratischem Gestein besteht. Um nach Pontboset zu gelangen, muss man von der Autobahn ab- und bis Savin quasi bis zum Ende der Straße hochfahren. Unter den alten Häusern befindet sich hier am Wildbach seit bereits dem 17. Jahrhundert *Moulin des Aravis*, das derzeit zwei Schwestern gehört, die hier voller polyvalenter Energie wirken: Sie kümmern sich nämlich nicht nur ums Hotel und das Restaurant, sondern zusätzlich um das Mühlrad, das soviel Strom erzeugt, dass sie den Überschuss an das hiesige Elektrizitätswerk verkaufen! Vier Jahre wurden benötigt, um das gesamte Gebäude zu restaurieren und aus dem Maschinenraum einen Wohnraum zu machen, der eines Ökomuseums würdig ist. Die Zimmer sind von ländlichem, rustikalem Charme, desgleichen das Restaurant, in dem Sie regionale Produkte und natürlich selbstgemachtes Brot probieren werden, denn die Mühle verpflichtet ... Eine ungewöhnliche Adresse, die allerdings ausschließlich im Juli und August genutzt werden kann.

Geöffnet Juli, August und WE (Reserv. notwendig) **4 Zimmer** mit Bad **Preise** 30-35 € (pro Pers.) - Frühst. inkl., von 8.00 bis 10.00 Uhr - HP: 45-90 € (pro Pers.) **Kreditkarten** Visa, Eurocard, MasterCard **Verschiedenes** Hunde nicht erlaubt **Umgebung** Kirche San Grato - Brücke von Ayasse - Kapelle von Gorn - Festung und Marktflecken Bard **Restaurant** jeden Abend geöffnet - Mittagessen nur an Sonn- und Feiertagen - Menü: 25 € **Anreise** (Karte Nr. 1): Torino/Mont-Blanc-Tunnel, A-5 bis Bard, dann links nach Savin und Ponboset.

Hotel Bellevue

11012 Cogne (Aosta)
Tel. 0165-748 25 - Fax 0165-74 91 92
Familien Jantet-Roullet
E-Mail und Web: guidesdecharme.com/1582

Cogne liegt am Rand des Nationalparks Grand Paradis, der auf französischer Seite vom Parc de la Vanoise verlängert wird. Im Winter wegen seiner Langlaufskipisten sehr geschätzt, zieht er im Sommer viele Wandertouren-Fans an. *Bellevue* ist eine seit 1925 von der gleichen Familie verwaltete Institution, die Jahr für Jahr mit zusätzlichen Bauten um ihr Chalet herum einen richtigen kleinen Weiler geschaffen hat. Drei Jahre nach dem Eröffnen des Nationalparks entstand das große, schöne Chalet zum Beherbergen von Gästen in wundervoller Berglandschaft auf der grünen Wiese von Sant'Orso. Alle Zimmer sind berggerecht elegant gestaltet. In den märchenhaften „Chalets" gegenüber können zwischen vier und sechs Personen untergebracht werden. Außer dem Panoramarestaurant Gourmet (1 Michelin-Stern) des Hotels gibt es die rustikale „Bar à Fromage", die elegante Brasserie du „Bon Bec" und „Le Petit Restaurant", in dem man an vier Tischen Köstlichkeiten vom Küchenchef und Sommelier vorgesetzt bekommt. Außer all diesen Agapen steht ein Spa zur Verfügung, und einem „Flohmarkt" kann man auch einen Besuch abstatten. Aber nicht vergessen: Sie sind zum Betreiben von Sport hierhin gekommen.

Kategorie ★★★★ **Geschlossen** 4. Oktober bis 3. Dezember **35 Zimmer** und 3 Zi. im Chalet mit Tel., Bad, Satelliten-TV, Minibar, Safe; Aufzug **Preise** DZ: 170-350 €, Suite mit Kamin und Jacuzzi: 340-430 €, Zi im Chalet: 250-430 € - Frühst. inkl., von 8.00 bis 10.30 Uhr - HP (mind. 3 Üb.): + 40 € pro Pers. **Kreditkarten** akzeptiert **Verschiedenes** Hunde auf Anfrage erlaubt - Spa - Indoor-Pool - Fahrräder - Garage **Umgebung** Alpengarten von Valnontey - Ausflüge in den Parco Nazionale Gran Paradiso - Wasserfall von Lillaz **Restaurants** Aostatal- und italienische Spezialitäten **Anreise** (Karte Nr. 1): 27 km von Aosta. A-5, Ausfahrt Aosta-Ovest, dann RR-47; 1,5 km vom Zentrum.

VAL D'AOSTE

Hotel Miramonti

11012 Cogne (Aosta)
Avenue Cavagnet, 31
Tel. 0165-740 30 - Fax 0165-74 93 78 - Familie Gilliavod
E-Mail und Web: guidesdecharme.com/1583

Das an den Park Gran Paradiso angelehnte Cogne verdankt sein Leben und Überleben zwei Persönlichkeiten. Die Legende besagt, Sant'Orso, der Bischof von Aosta, habe die Schäfer dazu angehalten, ihre Herden zum Weiden auf die Bergwiese am Fuß des Gletschers zu führen, dem berühmten Prato di Sant'Orso – noch heute das Dorf begrenzend und unberührt von jeglicher Bebauungsspekulation. Die andere *personalità* war Vittore Emanuele II., der in diesem Park ein Schloss für königliche Jagden erbauen ließ, das 1922 öffentlich wurde. All dies erlaubte es dem Bergbaudorf, das seinen letzten Stollen 1979 schloss, sich ganz natürlich auf Bergtourismus umzustellen. Als Erste kamen Engländer, die bereits das von Celestino Gilliavod eröffnete *Hotel Londres* aufsuchten und das von der gleichen Familie unter dem Namen *Miramonti* fortgeführt wird. Heute ist es eine reizende, elegante Herberge, die mit ihren Täfelungen und ihrem polierten Mobiliar aus der Entstehungszeit besonders authentisch ist und Top-Komfort und -Leistungen (Thermen und Kino als Après-Ski) sowie den Service und Empfang eines guten, alten, großen Hauses bietet.

Kategorie ★★★★ **Ganzj.** geöffn. **45 Zimmer** mit Tel., Bad, TV; Aufzug **Preise** pro Pers.: Standard: 70-90 €, Romantica: 85-125 € - Frühst. inkl., von 8.00 bis 10.00 Uhr - HP (mind. 2 Üb.): 90-145 € (pro Pers.) **Kreditkarten** akzeptiert **Verschiedenes** Hunde auf Anfrage erlaubt (16 €) - Wireless Internet-Zugang, Thermen (Indoor-Pool, Jacuzzi, Türkisches Bad, Römisches Bad, Sauna, Tropendusche, Como-Therapie/traditionelle chinesische Behandlung, Massagen, Schönheitspflege) - Kleines Kino - Mountainbikes - Garage **Umgebung** Alpengarten von Valnontey - Ausflüge in den Parco Nazionale Gran Paradiso - Wasserfall von Lillaz **Restaurant** „Cœur des Bois" (Tel. 0165-74 017) von 12.30 bis 14.00 und 19.30 bis 21.00 Uhr - Menü: 35 € - Karte **Anreise** (Karte Nr. 1): 27 km südl. von Aosta. A-5, Ausfahrt Aosta-Ovest und RR-47.

VAL D'AOSTE

Hotel La Barme

11012 Valnontey (Aosta)
Tel. 0165-74 91 77 - Fax 0165-74 92 13
Familie Herren
E-Mail und Web: guidesdecharme.com/1584

Es ist bereits die zweite Generation der Familie Herren, die *La Barme* betreibt. Diese frühere Molkerei wurde mit einigen Häusern des Dorfes zu einem kleinen Familienhotel mit Restaurant umgebaut. Auch wenn die Zusammenstellung von braunem Rohholz und Naturstein der Chalets bestens mit der urwüchsigen Umgebung harmoniert, so sind doch die Innenräume besonders nüchtern gestaltet: weiße Kacheln, gekalkte Wände, rustikales Mobiliar aus hellem Holz, hervorgehoben mit Kissen oder dekorativen Motiven in Rot, und eine Sammlung Fotos der Region an den Wänden. Die Zimmer sind genauso minimalistisch im positiven Wortsinn: helle Farben, Kiefernmöbel und ganz weiße Bäder, hochwertige Materialien und perfekter Komfort. Im gesamten Haus verbreitete Schlichtheit, abgestimmt auf eine eher sportliche, den Bergen besonders zugetane Kundschaft. Der diskrete Empfang verbirgt warme Gastfreundschaft. Außerdem kann hier ein kleines separates Chalet gemietet werden (erkundigen Sie sich).

Kategorie ★★ **Geschlossen** 3. November bis 1. Dezember **16 Nichtraucher-Zimmer** mit Tel., Dusche, Satelliten-TV **Preise** HP: 61-88 € (1 Pers.), 94-150 € (2 Pers.), 122-175 € (3 Pers.), 140-220 € (4 Pers.), 155-235 € (5 Pers.) - Frühst. inkl., von 8.00 bis 10.00 Uhr - pro Woche: 295-320 € pro Pers. mit Frühst. und + 12 € (HP) **Kreditkarten** Visa, Eurocard, MasterCard **Verschiedenes** Hunde nicht erlaubt - Sauna - Jacuzzi - Verleih Langlaufski und Schneeteller - Mountainbikes - Garage **Umgebung** Alpengarten von Valnontey - Ausflüge in den Parco Nazionale Gran Paradiso **Restaurant** von 12.30 bis 14.00 und 19.30 bis 21.00 Uhr - Menü und Karte **Anreise** (Karten Nr. 1 und 7): 27 km südwestl. von Aosta über die A-5, Ausfahrt Aosta-Ovest, dann Cogne und Valnontey. Über die S-26 bis Sarre, dann R-47.

Hotel Petit Dahu

11012 Valnontey (Aosta)
Tel. 0165-741 46 - Handy 328-977 2475 - Fax 0165-74 95 64
E-Mail und Web: guidesdecharme.com/1585

Wenn Ihnen der hohe Luxus der Grandhotels von Cogne gleichgültig ist, dann sollten Sie sich in diesen Weiler des Nationalparks Gran Paradiso begeben, der bis heute ausschließlich über Gasthäuser verfügt und ganz auf „Rustikal" setzt. Auf der rechten Seite des Dorfes bilden zwei durch einen Laufsteg miteinander verbundene Häuser das *Petit Dahu*. Es ist ein Miniaturhotel mit kleinen Zimmern, kleinem Garten und kleinem Restaurant. Deshalb ist es aber nicht minder gepflegt, sympathisch und freundlich. Ein idealer Ausgangspunkt für diejenigen, die sich ins Tal begeben oder der hiesigen Fauna begegnen möchten, denn in dieser geschützten Gegend leben zutrauliche Murmeltiere, Gemsen und Steinböcke. Wenn Sie sich nach den Ausflügen nach Vittorio Sella, Roccia Viva oder Becca di Gay stärken möchten, werden Ihnen die guten lokalen Gerichte wie Fondues oder Wild besonders schmecken. Ein schlichtes, gastfreundliches Haus.

Kategorie ★★ **Geschlossen** Oktober und Mai **8 Zimmer** (Nichtraucher) mit Tel., Dusche, Satelliten-TV **Preise** 40-55 € (pro Pers., mind. 3 Üb.) - Frühst. inkl., von 8.00 bis 9.30 Uhr - HP: + 15 € pro Pers. **Kreditkarten** Visa, Eurocard, MasterCard **Verschiedenes** Hunde auf Anfrage erlaubt - Parkpl. **Umgebung** Alpengarten von Valnontey - Ausflüge in den Parco Nazionale Gran Paradiso **Restaurant** von 12.30 bis 14.30 und 19.30 bis 21.30 Uhr - Menü - Karte **Anreise** (Karten Nr. 1 und 7): 27 km südwestl. von Aosta über die A-5, Ausfahrt Aosta-Ovest, dann Cogne und Valnontey. Über die S-26 bis Sarre, dann R-47.

Breithorn Hotel

11020 Ayas-Champoluc (Aosta)
Route Ramey, 27
Tel. 0125-30 87 34 - Fax 0125-30 83 98
John Ferraris
E-Mail und Web: guidesdecharme.com/1586

Das Ayas-Tal folgt dem Lauf des Wildbachs Evançon, der vom Monte Rosa aus in die Dora Bàltea in Vérres mündet. Champoluc, „Hauptstadt" vieler über das ganze Tal verteilter Schweizer Dörfern ähnelnder *frazione*, klammert sich ans Breithorn (4165 m), das westliche äußerste Ende des Monte Rosa an. Das Skigebiet ist groß, bietet der Monte-Rosa-Skipass doch die Verbindung bis hin zum Gressoney-Tal. 500 Meter von der Kirche liegt das Hotel: ein wunderbares Haus, das in einem besonders freundlichen Rahmen mit Gebirgscharakter luxuriöse Serviceleistungen anbietet. Die wunderbar getäfelten geräumigen Zimmer sind reizvoll möbliert und voller Komfort; die Suiten, einige mit Mezzanin oder Kamin, sind freilich noch größer. Die Gestaltung der Salons, des gastronomischen Restaurants (Reservierung empfohlen) und der Brasserie ist ebenso authentisch wie gelungen. Vier Kilometer weiter verfügt das *Chalet Mascognaz*, im Sommer wie im Winter dank spezieller Technik zugänglich, über weitere Zimmer mit Hotelservice, Restaurant und Fitness-Einrichtungen. Außerdem gibt es hier etwas ganz Besonderes: frische Kuhmilch vom Chalet. Eintauchen in ein Bergrefugium voller Komfort und Raffinement.

Kategorie ★★★★ **Geschlossen** Mai, Oktober und November **31 Zimmer** mit Tel., Bad, Satelliten-TV, Wi-Fi, Minibar, Safe; Aufzug **Preise** DZ: 120-350 € - Frühst. inkl., von 7.30 bis 10.30 Uhr - HP: 115-200 € (pro Pers.) **Kreditkarten** akzeptiert **Verschiedenes** Hunde erlaubt - Sauna - Jacuzzi - Fitness - Hamman - Garage (15 €/Tag) **Umgebung** Val de Challand-Ayas **Restaurant** von 12.30 bis 14.00 und 19.30 bis 22.00 Uhr - Menüs: 40-60 € **Anreise** (Karte Nr. 1): nordöstl. von Aosta. A-5, Ausfahrt Verres.

Chalet Mascognaz

11020 Ayas-Champoluc (Aosta)
Route Ramey, 27
Tel. 0125-30 87 34 - Fax 0125-30 83 98
John Ferraris
E-Mail und Web: guidesdecharme.com/1587

Ein in die Berge vernarrter Luxusyachtkonstrukteur und ein auf Instandsetzung alter Chalets spezialisierter Architekt haben gemeinsam all das konserviert, was von dem ganz abgeschieden auf den Anhöhen von Champoluc gelegenen Weiler Mascognaz übrig geblieben war. Im Sommer ist Mascognaz zwar über einen Weg erreichbar, doch im Winter ist ein Schneemotorrad erforderlich. So entstand die erste „Hütte" ganz im Stil der bereits früher erwähnten Walser, die in entlegenen Bergregionen zurückgezogen und ungestört gemäß ihren Traditionen leben. Das Ergebnis ist wundervoll. Die vollkommen mit altem Holz rekonstruierten Innenräume umfassen drei Bereiche: Die Gäste wohnen in den sieben freundlichen Zimmern oder Suiten, die ganz in das goldene, von alten gebohnerten Bohlen und dem Parkett verbreiteten Licht getaucht sind. Luxuriöser Komfort unterstreicht weiter diese Cocooning-Atmosphäre. Im Salon und Restaurant die gleiche Magie um einen großen Kamin herum zum Ritual des Après-Ski ... aber erst nach dem Relaxen in Sauna oder Dampfbad. Bei all diesem Wellness sollten Sie jedoch nicht vergessen, dass der Monte Rosa Sie zumindest für eine Schneeschuhtour erwartet.

Kategorie ★★★★ **Geschlossen** Mai und November **7 Zimmer** mit Tel., Wi-Fi, Bad, Satelliten-TV, Minibar, Safe; Aufzug **Preise** mit HP (mind. 3 Üb.): Classique: 100-200 €, Deluxe: 160-220 € - Frühst. inkl., von 7.30 bis 10.30 Uhr **Kreditkarten** akzeptiert **Verschiedenes** Hunde erlaubt - Sauna - Jacuzzi - Fitness - Hamman - Garage **Umgebung** Challand-Ayas-Tal **Restaurant** von 12.30 bis 14.00 und 19.30 bis 22.00 Uhr - Menüs: 40-60 € **Anreise** (Karte Nr. 1): nordöstl. von Aosta. A-5, Ausfahrt Verres.

Hotel California

11020 Frachey-Ayas (Aosta)
Tel. und Fax 0125-30 79 77
E-Mail und Web: guidesdecharme.com/1588

Das Musikhotel *California* ist für die einen eine leicht verrückte Adresse, für Fans allerdings das Größte überhaupt. Wer für dergleichen nichts übrig hat, sollte somit Abstand halten. Angesichts der Lage in einem kleinen traditionellen Bergdorf ist dieses Konzept besonders ungewöhnlich, doch Leidenschaft kennt keine Grenzen, weshalb Guido beschloss, seine Passion mit anderen zu teilen und sogar davon zu leben. So wurde zunächst die Idee einer Diskothek in die Tat umgesetzt, danach folgte eine Kneipe, später der echt irländische „West Road Pub", schließlich das Hotel und vor kurzem ein „Saloon" wie auch das Restaurant „El Paso". Jedes Zimmer ist mit einem individuell gestalteten Bett einem Künstler bzw. einer Gruppe gewidmet: den Doors (mit ihrem Namenszug am Bett), Janis Joplin, den Birds, Bob Dylan, natürlich Elvis Presley, der Marshall Tucker Band, Sandy Denny, John Denver (im Neokolonialstil), Grateful Dead, Gram Parsons, Csn Young und Joan Baez (Palmenbett), mit der Fernbedienung selbstverständlich auf dem Nachttisch, um so die *best of's* eines jeden und eine Auswahl der anderen Songs zu hören. Die Zimmer und Bäder sind leicht „psycho", aber komfortabel und gepflegt. Selbstverständlich hört man Musik in allen Gemeinschaftsräumen – diese Orte sind derzeit *der* Treffpunkt von Rock-‚n'-Roll-Skiläufern.

Geschlossen Mai, Oktober und November **12 Zimmer** mit Tel., Bad, TV, Stereoanlage **Preise** DZ: 100-110 € - Frühst. inkl., von 8.00 bis 10.30 Uhr - HP: 50-70 € (pro Pers.) **Kreditkarten** Visa, Eurocard, MasterCard **Verschiedenes** Hunde erlaubt **Umgebung** Challand-Ayas-Tal **Restaurants** „El Paso" und Pizzeria **Anreise** (Karte Nr. 1): nordöstl. von Aosta. A-5, Ausfahrt Verres.

VAL D'AOSTE

Hotel Hermitage

11021 Breuil-Cervinia (Aosta)
Tel. 0166-94 89 98 - Fax 0166-94 90 32
E-Mail und Web: guidesdecharme.com/1589

Ein Aufenthalt im *Hermitage* bedeutet nicht nur, dass man etwas Besonderes in 3000 Meter Höhe auf den Pisten von Cervinia sucht oder dass es Spaß macht, in der Schweiz bis Zermatt Ski zu laufen, sondern auch, dass man all das genießen kann, was das Hotel bietet: exzellenten Komfort eines Luxushotels, moderne, behagliche, für die Berge typische Ausstattung der geräumigen Zimmer und auch der neuen, romantischen Dachzimmer, angenehmes Après-Ski im Pool, Fitness- oder Beauty-Center. Außerdem die gute Hotelküche, die für ihre alten Familienrezepte berühmt und in der alles wirklich hausgemacht ist, einschließlich des Frühstücksgebäcks und der Konfitüren. In der ruhigen Zeit, d.h. Dezember, Januar und April, bietet das *Hermitage* Aufenthalte (5 Tage) zu interessanten Preisen an, um in einem Hotel mit Charme eines der schönsten Skigebiete Europas zu genießen. Zwei Hinweise: Fürs Abendessen sollten die Herren ihren Blazer nicht vergessen. Kinder sind hier erst ab zehn gern gesehen.

Kategorie ★★★★ **Geschlossen** Mai, Juni, September, Oktober und November **14 Zimmer** 14 Junior-Suiten, 7 Suiten mit Tel., Bad oder Dusche, Satelliten-TV, Minibar, Safe; Aufzug **Preise** HP im Winter pro Pers.: DZ: 240-330 €, Superior: 270-390 € - Im Sommer: DZ: 300-320 €, Superior: 360-380 € - Sonderangebote auch auf seiner Homepage: hotelhermitage.com - Frühst. inkl. **Kreditkarten** akzeptiert **Verschiedenes** Hunde auf Anfrage erlaubt - Beauty-Center - Sauna - Indoor-Pool - Kostenl. Pendelbus zur Seilbahn (300 m) - Garage und Parkpl. (20 € Tag) **Umgebung** Ski - Plateau Rosà und Furggen per Seilschwebebahn - Golfpl. in Cervino (9 L.) **Restaurant** von 13.00 bis 14.00 und 20.00 bis 22.00 Uhr - Menüs: 70-80 € - Karte **Anreise** (Karte Nr. 1): 50 km nordöstl. von Aosta über die A-5, Ausfahrt Aosta-Ovest, dann RR-47.

Les Neiges d'Antan

Frazione Crêt Perrères 11021 Breuil-Cervinia (Aosta)
Tel. 0166-94 87 75 - Fax 0166-94 88 52
Sig. und Sig.r Bich
E-Mail und Web: guidesdecharme.com/1590

Mitten in den Bergen gegenüber dem Matterhorn liegt das *Neiges d'Antan*, in dem die liebenswürdige Sorgfalt einer ganzen Familie zu spüren ist. Die Gestaltung ist einfach, aber sehr freundlich und persönlich: eine getäfelte Bar, Wände mit Erinnerungsfotos, ein großer moderner Salon, in dem man Bücher, Zeitungen und Zeitschriften vorfindet und der auch als Musikzimmer dient. Was hier den Luxus ausmacht ist viel Qualität, verbunden mit großer Einfachheit. Die exzellente Küche wird von Signora Bich beaufsichtigt, der auch die selbstgemachten Frühstückskonfitüren zu verdanken sind. Signore Bich kümmert sich mit seinem Sohn und Kellermeister um die „Önothek". In den Zimmern ist ebenfalls alles sehr geschmackvoll gestaltet und gibt es viel Komfort. Ein vorzügliches Hotel, geführt von vorzüglichen Menschen.

Kategorie ★★★ **Geschlossen** 3. Mai bis 29. Juni **24 Zimmer** mit Tel., Bad oder Dusche, Jacuzzi, Satelliten-TV, Minibar, Safe **Preise** DZ pro Pers.: 140 € (Standard), 180 € (Superior), Suiten für 2-3 Pers.: 290 € - Frühst. inkl., von 7.30 bis 10.00 Uhr **Kreditkarten** Visa, Eurocard, MasterCard **Verschiedenes** Hunde erlaubt - Spa mit finnischer holzbeheizter Sauna - Pendelverkehr zu den Pisten - Parkpl. **Umgebung** Ski, Abfahrt ab Hotel - Plateau Rosa und Furggen per Seilschwebebahn - Golfpl. in Cervino (18 L.) **Restaurant** von 12.30 bis 14.00 und 19.30 bis 22.00 Uhr - Menü: 30 € - Karte - Italienische und regionale Küche **Anreise** (Karte Nr. 1): 49 km nordöstl. von Aosta über die A-5, Ausfahrt Saint-Vincent - Châtillon, dann S-406 (4 km vor Cervinia).

Hotel Mignon

11021 Breuil-Cervinia (Aosta)
Via Carrel, 50
Tel. 0166-94 93 44 - Fax 0166-94 96 87
Familie Pession
E-Mail und Web: guidesdecharme.com/1591

Cervinia, von Les Jumeaux und im Norden vom Matterhorn überragt, zählt zu den bekanntesten Skiorten der italienischen Alpen. Das inmitten der Station gelegene *Mignon* ist das erste Hotel in der Fußgängerzone, in die Sie trotzdem mit dem Auto (und zum Parken desselben) zum Absetzen des Gepäcks hineinfahren dürfen. Das Hotel entspricht ganz seinem französischen Namen: klein und niedlich. Im Erdgeschoss eine Bar, ein kleiner Salon und das Restaurant, das wie die roten, grünen oder blauen Tischdecken die Farbe wechselt und das ausschließlich abends eine regionale Küche serviert, die mit dem Label „Sapori di Val d'Aosta" belohnt wurde. Im ganzen, sehr freundlich wirkenden Haus Aostatal-Volkskunst und regionales Mobiliar. Im Lesesalon können Sie am nordischen Ofen in den vielen Büchern zum Thema Gebirge blättern. Alle Wände sind holzvertäfelt, auch die der nicht besonders großen, aber reizenden Zimmer. Das Haus wird von einer Bergführer- und Skilehrer-Familie aus Cervinia geführt, was zum warmen, gastfreundlichen Ambiente beiträgt.

Kategorie ★★★ **Geschlossen** Mai, Juni, September und Oktober **20 Zimmer** mit Tel., Wi-Fi, Bad, Satelliten-TV, Safe; Aufzug **Preise** EZ: 50-110 €, DZ: 100-220 € - 330-595 €/Woche (pro Pers.) - Frühst. (Buffet) inkl., von 8.00 bis 10.00 Uhr - HP: 60-130 € (pro Pers., mind. 3 Üb.) **Kreditkarten** Visa, Eurocard, MasterCard **Verschiedenes** Hunde nicht erlaubt - Langlaufski - Garage (12 €/Tag) **Umgebung** 400 m weiter die Skilifte (Verbindung mit Zermatt und Valtournenche) - Alpinismus - Wanderungen - Golfpl. Cervino, 18 L. (Vertrag mit dem Hotel) **Restaurant** von 19.30 bis 20.30 Uhr - Menü: 25-30 € - Italienische und regionale Küche **Anreise** (Karte Nr. 1): ab Cervinia am Golfplatz entlang, Zentrum, kurz darauf links in die Fußgängerzone.

Hotel Gran-Baita

11025 Gressoney-Saint-Jean (Aosta)
Strada Castello Savoia, 26
Tel. und Fax 0125-35 64 41 - Andrea Polini
E-Mail und Web: guidesdecharme.com/1592

In den beiden Dörfern Gressoney, die am Ende des Tals der Lilien nur einen Kilometer voneinander liegen, kann man das ganze Jahr über Bergsport jeglichen Schwierigkeitsgrads ausüben, bis hin zu Exkursionen oder dem Aufstieg des Monte Rosa. Das *Gran-Baita* befindet sich in einem alten Chalet, dessen Innenräume nun einem Komfort-Hotel ähneln und das Wert auf lokales Ambiente legt. Holz wurde großzügig verwandt; alt ist es bei den Balken und der Täfelung, moderner beim Mobiliar regionalen Stils. Das Ganze wirkt freundlich: im Lesesalon mit Informationen über die Gegend und die Traditionen der Region ebenso wie im Restaurant (vorwiegend Aostatal-Gerichte) oder in der jederzeit geöffneten Bar. Die Zimmer im modernisierten Bergstil haben guten Komfort und fast alle einen Balkon. Und schließlich steht ein Minibus zur Verfügung, der Sie zu den Pisten bzw. zum Ausgangspunkt der Bergtouren bringt. Außerdem: ein türkisches Bad und im Winter ein Außen-Heißwasserbad gegen Muskelkater!

Kategorie ★★★ **Geschlossen** Mitte April bis Ende Juni und Mitte September bis Anfang Dezember **12 Zimmer** mit Tel., Wi-Fi, Bad, Satelliten-TV, Safe; Aufzug **Preise** DZ: 90-140 € - Frühst. (Buffet) inkl., von 8.00 bis 10.00 Uhr - HP: 52-98 € (pro Pers.) **Kreditkarten** Visa, Eurocard, MasterCard **Verschiedenes** Hunde auf Anfrage erlaubt - Türkisches Bad - Nordisches Bad - UVA (6,50 €) - Sauna - Fitness - Kneipp-Parcours - Parkpl. **Umgebung** Abfahrtsski, Lifte 1 km entf., Langlauf-Start: 50 m entf. - Wanderungen und Aufstieg zum Monte Rosa - Golfpl. Gressoney Monte Rosa (kostenlos für Hausgäste) **Restaurant** um 12.30 Uhr (Sommer) und 19.30 bis 20.30 Uhr - Menü - Karte - Restaurant hoch gelegen (- 10 % für die Gäste des Hotels) **Anreise** (Karte Nr. 1): 70 km östl. von Aosta über die A-5, Ausf. Pont-Saint-Martin, dann S-505. Kostenloser Transfer ab Torino Caselle (bei mind. einwöchigem Aufenthalt).

Hotel Lo Scoiattolo

11020 Gressoney-la-Trinité (Aosta)
Tel. 0125-36 63 13 - Fax 0125-36 62 20
Sig.r Bethaz
E-Mail und Web: guidesdecharme.com/1593

Gressoney-la-Trinité ist das letzte Dorf des Aostatals am Monte Rosa. Hauptsächlich von italienischen Familien und fanatischen Bergfans frequentiert, ist die Atmosphäre im Dorf eine ganz andere als in den mondäneren Wintersportorten. Das angenehmste der Hotels ist dieses kleine, vor ein paar Jahren eröffnete und von Silvana und ihren beiden Töchtern geführte *Lo Scoiattolo*. Die Zimmer sind sehr schlicht, aber groß und haben zufriedenstellende Bäder. Die hellen Holztäfelungen in allen Räumen schaffen eine echte Bergatmosphäre. Signora Bethaz, die bisweilen eine etwas schroffe Art hat, überwacht jedoch mit großer Aufmerksamkeit den Ablauf im Hotel, die Qualität ihrer Küche und das Wohlbefinden ihrer Gäste (Sauna, Hammam usw.). Eine interessante Adresse für sportliche und preisgünstige Urlaube.

Kategorie ★★★ **Geöffnet** 1. Dezember bis 30. April und 25. Juni bis 30. September **14 Zimmer** mit Tel., Bad, TV **Preise** 45-68 € (pro Pers.) - Frühst.: 9 €, von 7.30 bis 10.00 Uhr - HP: 55-78 € (pro Pers.) in der Sommerzeit - 368-644 €/Woche mit HP (pro Pers.) in der Winterzeit - Frühst.: 9 €, von 7.30 bis 10.00 Uhr - HP: 50-90 € (pro Pers.) **Kreditkarten** Visa, Eurocard, MasterCard **Verschiedenes** Hunde nicht erlaubt - Relax Center (Sauna, Türkisches Bad, Hydromassage, UVA, Fitness, Massagen) - Garage **Umgebung** Ski: 500 m zu den Skiliften (Kostenloser Pendelverkehr) - Wanderungen und Aufstieg zum Monte Rosa - Golfpl. Gressoney Monte Rosa **Restaurant** nur für Hotelgäste: von 19.30 bis 20.30 Uhr - Menü - Regionale Küche **Anreise** (Karte Nr. 1): 100 km östl. von Aosta über die A-5, Ausf. Pont-Saint-Martin, dann S-505.

Hotel Ristorante Grotta Palazzese

70044 Polignano a Mare (Bari)
Via Narciso, 59
Tel. 080-424 06 77 - Fax 080-424 07 67
Pietro Mongardi
E-Mail und Web: guidesdecharme.com/1594

Die Küste von Bari in Monopoli ist stark erodiert, und es finden sich hier zahlreiche Fischereien, steil bergauf an der Adria erbaute Dörfer, umgeben von freundlicher Landschaft mit dem Anbau von Mandel- und Olivenbäumen sowie Wein dank dem milden Klima. Das ist die „bezaubernde" Seite der Murge-Hochfläche. Polignano zeigt sich in leuchtendem Weiß hoch oben auf seinem Felsen. Was wäre über das Hotel zu sagen, das Ihnen diese unglaubliche Lage bietet? Das am Wasser in den 1960er Jahren erbaute und später zu einem Hotel umgebaute Haus bietet verschiedenartige Zimmer an. In jedem Fall zählt hier die Aussicht mehr als die Gestaltung. Möglichst also Zimmer mit Meerblick und zudem „hängendem" Balkon nehmen; die anderen, sie sind lauter, gehen zur Straße hinaus. Aber der Clou ist die Grotte, die seit 1730 zugänglich ist, als der Lehnsherr von Polignano einen Eingang schuf und dort den Ballsaal seines Palastes unterbrachte (was ein Aquarell des 18. Jh. belegt). Heute isst man in dieser Grotte sechs Monate pro Jahr, wobei man den Eindruck hat, sich auf einem Ozeandampfer zu befinden; in den Wintermonaten sitzt man im verglasten Speiseraum mit ebenfalls Blick aufs Meer.

Kategorie ★★★★ **Ganzj.** geöffn. **25 Zimmer** mit Klimaanl., Tel., Bad, Satelliten-TV, Minibar, Safe **Preise** EZ: 90-115 €, DZ: 116 €, 180 € (mit Aussicht), 165-260 € (mit Balkon); Extrabett: 25 € - Frühst. inkl., von 7.30 bis 10.30 Uhr **Kreditkarten** akzeptiert **Verschiedenes** Hunde nicht erlaubt - Garage **Umgebung** Lecce: Piazza del Duomo, S. Croce, Ss. Nicolo e Cataldo, Proinz- Museum, Altstadt - Halbinsel Salentina (der Absatz des italienischen Stiefels) - Strand von S. Cataldo - Abbazia di S. Maria di Cerrate **Restaurant** (von Mai bis Oktober in der Grotte) - Von 12.30 bis 15.00 und 20.00 bis 23.00 Uhr - Karte **Anreise** (Karte Nr. 22): 30 km von Bari.

Hotel Corte Altavilla

70014 Conversano (Bari)
Vico Goffredo Altavilla, 8
Tel. 080-495 96 68 - Fax 080-495 17 40
Laetitia Valenzano
E-Mail und Web: guidesdecharme.com/1595

Wenn Sie sich über die Küstenstraße von Bari nach Monopoli begeben und in Mola di Bari ankommen, sollten Sie sich von dort ins Hinterland nach Rutiglianio begeben – wo man wegen seiner romanischen Kirche Santa Maria della Colonna Halt machen sollte –, um schließlich in Conversano anzukommen, das vom großen Turm seines normannischen Schlosses überragt wird. Es ist eine hübsche kleine, an historischen Überresten reiche Stadt. Die Direktorin Laetitia hat großes Interesse an dieser mittelalterlichen Geschichte, und deshalb fügt sich das Hotel harmonisch in den Ort ein, bietet aber trotzdem den Komfort moderner Technologie. Die Zimmer sind in drei verschiedenen, nah beieinander gelegenen Bauwerken untergebracht. Die Gestaltung ist elegant und fein: weiße Wände, Balken und schmiedeeiserne Betten. Viele Details tragen zum Charme des Ortes bei, etwa ein kleiner Früchtekorb oder überall verteilte Blumensträuße. Das reichhaltige Frühstücksbuffet wird in einem schönen überwölbten Raum, aber auch auf der Terrasse serviert. Und das Restaurant bietet außer seiner guten Küche einen Blick aufs normannische Schloss. Außderdem können Sie hier auf einen verfügbaren Service und liebenswürdigen Empfang zählen.

Ganzj. geöffn. **32 Zimmer** mit Klimaanl. Tel., Internet, Bad, Satelliten-TV, Minibar, Safe, Kochnische **Preise** EZ: 56-120 €, DZ: 75-130 €, Junior-Suite: 125-160 € - HP und VP: + 25 € + 40 € (pro Pers.) - Frühst. inkl. von 7.30 bis 10.30 Uhr **Kreditkarten** akzeptiert **Verschiedenes** Hunde erlaubt (25 €) - Solarium - Fahrräder - 2 Parkpl. **Umgebung** Dom, Kloster, Kirchen Ss. Cosma e Damiano und S. Caterina **Restaurant** von 13.00 bis 15.00 und 20.30 bis 23.00 Uhr - Menüs: 20-40 € **Anreise** (Karte Nr. 22): 30 km von Bari.

Trullidea

70011 Alberobello (Bari)
Via Monte San Gabriele, 1
Tel. und Fax 080-432 38 60 - Handy 329-266 15 49
Dino und Antonella
E-Mail und Web: guidesdecharme.com/1596

Alberobello ist ein absolutes Muss in Apulien, haben doch die *trulli* eine größere Auswirkung auf den Tourismus als die zahllosen archäologischen, historischen und künstlerischen Stätten der Region. Das Dorf überrascht und bezaubert. Das Konzept der *albergo diffuso*, für das sich Antonella entschied, ist einzigartig. Ein *trullo* dient als Rezeption, ein andere als Restaurant, und in weiteren fünfundzwanzig befinden sich verteilt auf den ältesten Teil des Dorfes die Studio-Zimmer. Die Einrichtung ist von bemerkenswerter Schlichtheit, Authentizität und hohem Komfort und ein Beweis dafür, dass man mit wenig vorlieb nehmen kann – ein großer Raum als Schlafzimmer, eine Sitzecke und eine Kitchenette –, sofern es gut und gelungen ist. Das rustikale Mobiliar ist ausgesucht, alles ist hübsch und sorgfältig gestaltet. Wählen kann man unter der B&B-Formel, einem HP-, und auch VP-Aufenthalt. Der Untergang der Sonne hinter diesem Wald konischer Dächer ist, mit all den weißen Fassaden, wundervoll.

Ganzj. geöffn. **25 Zimmer** mit Bad, Kitchenette (+ 10 €), Kamin (+ 25 €) **Preise** Trulli Standard: 90-131 € (2-3 Pers.) - Trulli Superior: 107-149 € (2-3 Pers.) - Trulli-Suite: 149-178 € (5 Pers.), 168-208 € (6 Pers.) - Frühst. (das man sich selbst zubereitet) inkl. - HP: + 25 € pro Pers. **Kreditkarten** akzeptiert **Verschiedenes** Hunde auf Anfrage erlaubt (7 €) - Room-Service: (+ 25 €) - Fahrräder (15 €) - Pendelverkehr Bahnhof und Flugplatz - Organisation von Besichtigungen in der Umgebung - Garage und Parkpl. (10 €/Tag) **Umgebung** Lecce - Ruinen von Egnazia - Polignano a Mare: Kirche Matrice, Grotte Palazzese, Grotte der Tauben und Seehunde - Zona Trulli von Alberobello - Locorotondo - Martina Franca - Taranto (griechische Keramik im Nationalmuseum) - Grotte Castellana - Castel del Monte **Restaurant** von 12.30 bis 14.30 und 20.00 bis 22.30 Uhr - Menü: 45 € - Karte **Anreise** (Karte Nr. 22): südl. von Bari.

APULIEN

B&B Masseria Murgia Albanese

Murgia Albanese 70015 Noci (Bari)
Zona E-34
Tel. und Fax 080-497 56 76 - Handy 347-229 89 07
Elisabetta Schirone Francese
E-Mail und Web: guidesdecharme.com/1597

Das auf einem sanften Hügel gelegene Noci, benannt nach dem Nussbaumwald, der einst das ganze Gebiet bedeckte, liegt nahe Alberobello, das für die konischen Dächer seiner Trulli bekannt ist. Hier muss man es mögen, das bäuerliche Leben auf dem Bauernhof zu teilen. Mit den Kühen, Pfauen, Kaninchen, Hühnern und Hähnen, ohne den Esel zu vergessen, sind in dieser Masseria die Tiere König. Das Ambiente ist somit absolut ländlich und rustikal. Die Hausbesitzer, deren Gastfreundschaft ganz echt ist, haben beschlossen, ihre Masseria zu einem „Hotel" umzugestalten und mit ihren Gästen die alten Gegenstände der Familie und auch alles andere wie Silberbestecke, Porträts, Amaretto-Flaschen usw. zu „teilen". Zum Frühstück werden Sie hier selbstverständlich Kuhmilch aus der eigenen Produktion des „zootechnischen" Anwesens serviert bekommen. Alle Zimmer haben direkten Ausgang zur Terrasse, und die „Suite" liegt separat. Elisabettas Liebenswürdigkeit und Humor werden Ihnen sehr gefallen und Sie davon überzeugen, dass man gar nicht schlecht lebt, wenn die Kühe das Sagen haben.

Geschlossen Januar, Februar **5 Zimmer** mit Bad **Preise** EZ: 55 €, DZ: 90 €, Suite: 100 € - Frühst. inkl., von 8.30 bis 10.15 Uhr - HP: + 20 € pro Pers. **Kreditkarten** nicht akzeptiert **Verschiedenes** Hunde erlaubt - Parkpl. **Umgebung** Alberobello - Martina Franca - Ostuni - Grotte di Castellana - Andria - Castel del Monte **Gästetisch** Menü: 25 € **Anreise** (Karte Nr. 22): südl. von Bari bis Monopoli, dann Noci. Ab Noci Rtg. Móttola. Am km 34,200 links nach Murgia Antici. 3 km weiter links auf den zur Masseria führenden Weg.

Biomasseria Lama di Luna

Montegrosso 70031 Andria (Bari)
Tel. und Fax 0883-56 95 05 - Handy 328-011 73 75 - Pietro Petroni
E-Mail und Web: guidesdecharme.com/1598

Die *Biomasseria Lama di Luna* liegt in der Murge-Ebene (die sich hinzieht, soweit das Auge reicht, und ganz von jenen weißen Steinen bedeckt ist, mit denen die kleinen Mauern errichtet werden), innerhalb des von Andria, Barletta und Trani geformten Dreiecks, knapp zehn Kilometer vom Meer. Die grüne, auch an Blumen reiche Landschaft voller Oliven- und Mandelbäume hebt das Weiß der Dörfer, der Kirchen und der Paläste hervor, die aus dem normannischen Mittelalter stammen, vor allem aber aus der Zeit Friedrichs II. mit dem Militärgebäude Castel Monte. Diese *Biomasseria* entwickelte ein Konzept, entsprechend dem der Mensch harmonisch im Universum lebt, sofern der Mond einbezogen wird. Technologische Kälte gibt es hier nicht: Die Klimatisierung wird über die Abkühlung des Bodens durch Regenwasser vorgenommen, geheizt wird mit Kaminen und Sonnenenergie, die Stoffe bestehen aus Naturfasern ... Die Küche ist selbstverständlich bio, und gegart wird im Holzbackofen. Wer sich in dieser 180 Hektar großen *Biomasseria* eine Zeit lang niederlässt, muss selbstverständlich ein Minimum an Neugier mitbringen, aber die (heute ganz aktuelle) Erfahrung, die man hier macht, ist wirklich einzigartig, außerdem ist die Lage in einer abwechselnd von der Meerbrise und dem Wind aus den Bergen aufgefrischten Landschaft sehr schön.

Geschlossen 20. Dezember bis 20. März **11 Zimmer** mit Bad oder Dusche, Wi-Fi, Minibar; Eingang f. Behinderte **Preise** EZ: 100-110 €, DZ Standard: 150 €, DZ Murgia:160 €, Suite: 200 €, Suite Wellness: 300 € - Frühst. inkl., von 8.30 bis 10.00 Uhr **Kreditkarten** akzeptiert **Verschiedenes** Hunde auf Anfrage erlaubt - Mountainbikes - Swimmingpool - Parkpl. **Umgebung** Andria - Barletta - Castel del Monte **Restaurant** nur für Hausgäste - Menü: 25 € **Anreise** (Karte Nr. 22): 70 km nördl. von Bari. A-14, Ausfahrt und Rtg. Canosa di Puglia/Andria. Zwischen Canosa und Andria Rtg. Montegrosso. 3 km hinter Castel del Monte bis zur Ausschilderung von „Lama di Luma".

APULIEN

Masseria Marzalossa

Contrada Pezze Vicine 72015 Fasano (Brindisi)
Tel. und Fax 080-44 13 780
Mario Guarini
E-Mail und Web: guidesdecharme.com/1599

Ein außergewöhnlicher Ort unweit vom schönen Ostuni und des „trullischen" Fasano. *Masseria Marzalossa* ist ein befestigtes Bauernhaus aus dem 17. Jahrhundert, das mit Feingefühl restauriert wurde. Das Anwesen besitzt mehrere Innenhöfe. In einem befindet sich die reizvolle Orangerie, im anderen, im Schatten der Zitronenbäume, der phantastische, mit Säulen umgebene Swimmingpool. Die Masseria verfügt über einige Zimmer und zwei Suiten (im Stammhaus), die zwar in antik-elegantem Stil gestaltet sind, deren Ausstattungen jedoch nicht den allerletzten Komfort umfassen. Dem ehemaligen Besitz einer Kleriker-Familie gelang es, zahlreiche Zeugnisse aus der Vergangenheit zu erhalten, was ihm eine gewisse mysteriöse Atmosphäre verleiht. Die Küche des Hauses ist lokal und edel, verwendet werden eigene biologische Produkte. So gibt es ein bemerkenswertes Olivenöl und, zum Frühstück, köstliche Konfitüren. Die isolierte Lage trägt zum Charme des Hauses bei. Die Hausbesitzer stellen ihren Gästen alles zum Erforschen dieser ungewöhnlichen Region zur Verfügung – zu einem besonders niedrigen Preis.

Geschlossen 15. November bis 22. Dezember **7 Zimmer** und 5 Suiten mit Klimaanl., Bad, TV auf Wunsch, Minibar, Safe **Preise** (pro Pers., mind. 3. Üb.), DZ Classique: 80-109 €, DZ Superior: 95-124 €, Junior Suite: 109-135 €, Suite: 150-250 € + 45 € DZ für 1 Pers. - Frühst. inkl., von 8.00 bis 10.30 Uhr **Kreditkarten** Visa, Eurocard, MasterCard, Amex **Verschiedenes** Hunde nicht erlaubt - Swimmingpool - Parkpl. **Umgebung** Ruinen von Egnazia - Alberobello - Locorotondo - Martina Franca - Taranto - Grotte von Castellana **Restaurant** von 20.00 bis 21.30 Uhr - Menü: 40 € **Anreise** (Karte Nr. 22): 60 km südöstl. von Bari über die SS-379, Ausfahrt Bari-Nord, Rtg. Brindisi, Ausfahrt Fasano (2 km), SS-16 bis Ostuni (siehe Homepage).

Masseria Maccarone

72015 Fasano (Brindisi)
Contrada Carbonelli, 29
Tel. 080-414 829 176 - Handy 340-565 6892 - Fax 080-482 93 00
E-Mail und Web: guidesdecharme.com/1600

Rustikal oder elegant, die alten *masserie* (Bauernhäuser dieser Gegend), die nun Reisenden als Unterkunft angeboten werden, bieten die ganze Würze ihrer Tradition. Das trifft auch für die *Masseria Maccarone* zu, ein noch immer landwirtschaftlicher Betrieb mit den dazu erforderlichen Gebäuden. Am Fuß der Murge, zwischen Bari und Brindisi nur drei Kilometer vom Meer, erhebt sich dieser riesige Komplex aus dem 18. Jahrhundert, der von einer halbbefestigten Schutzmauer und sechzig Hektar hundertjährigen Olivenbäumen umgeben ist. Auch besitzt die Masseria noch immer ihre Kapelle (1700) mit barockem Altar und zwei Eingängen: der eine für den Landwirt und seine Familie, der andere für die hier einst arbeitenden Bauern. Aldos Empfang und der seiner Neffen ist höchst sympathisch und gastfreundlich. Die komfortablen, rustikalen Wohnungen sind sehr gut und derart eingerichtet, dass die Gäste weder einen Service fürs Frühstück noch einen Gästetisch benötigen. Die Nutzung des Anwesens und der Restaurantservice des Palais entsprechen ganz der Bestimmung einer Masseria: zwischen ländlicher Funktion und herrschaftlicher Repräsentation. Genau das bietet die Familie Colucci an.

Geschlossen 6. November bis 22. Dezember und 1. Januar bis 19. März **10 Appartements** (mind. 1 Woche) mit Tel., Bad, TV - Frühst. auf Wunsch **Preise** Appart.: 60-130 € (3 Schlafstellen) - 70-140 € (4 Schlafstellen) - 80-150 € (6 Schlafstellen) **Kreditkarten** akzeptiert **Verschiedenes** Hunde erlaubt - Fahrräder - Parkpl. **Umgebung** Ruinen von Egnazia - Alberobello - Locorotondo - Martina Franca - Taranto - Grotte Castellana **Kein Restaurant** vor Ort **Anreise** (Karte Nr. 22): 60 km südöstl. von Bari auf der SS-16; Abfahrt Bari-Nord, Rtg. Brindisi, Abfahrt Savelletri di Fasano.

Masseria San Domenico

72010 Savelletri di Fasano (Brindisi)
Tel. 080-482 77 69 - Fax 080-482 79 78
Viola Melpignano
E-Mail und Web: guidesdecharme.com/1601

Die *Masseria San Domenico* zählt zu den schönsten Exemplaren der befestigten Bauernhöfe in dieser Region Apuliens. Um sich vom 15. bis 17. Jahrhundert vor Piraten zu schützen, bauten die Großgrundbesitzer ihre *masseria à torre* – mit Umwallung, Wassergraben und Wache. Dieser auf bewundernswerte Art restaurierte, besonders gut möblierte Komplex ist spektakulär, vor allem jener Raum, der als Salon, Speise- und Billardsaal dient und ungewöhnliche Ausmaße besitzt. Die Zimmer und Appartements sind ebenfalls sehr geschmackvoll und bieten besten Komfort. Auch im Hinblick auf die Zerstreuung intra muros hat das Hotel einiges zu bieten: Es können Fahrräder und Boote gemietet werden, ferner besitzt es einen eigenen Golfplatz und ein Thalassotherapie-Center. Die Umgebung ermöglicht einen ausgesprochen abwechslungsreichen Urlaub: Strand (600 m), Touren in den Bergen von Murgia und Besichtigungen im historischen Hinterland.

Ganzj. geöffn. **32 Zimmer** und 16 Suiten mit Klimaanl., Tel., Bad oder Dusche, Satelliten-TV, Safe, Minibar, Wi-Fi **Preise** DZ (für 1 Pers.): 195-265 €, DZ Superior: ab 330 € - HP und VP: + 60 € + 90 € (pro Pers., mind. 3 Üb.) - Frühst. (Buffet) inkl., von 7.30 bis 10.30 Uhr **Kreditkarten** akzeptiert **Verschiedenes** Hunde nicht erlaubt - Beauty-Center mit Thalassotherapie - Swimmingpool - Fahrräder - Golfpl. San Domenico des Hotels (3 km, 18 L.) - Parkpl. **Umgebung** Ruinen von Egnazia bei Monopoli - Zona Trulli in Alberobello - Locorotodon - Martina Franca - Taranto (griechische Keramik im Nationalmuseum) - Grotte von Castellana Restaurant von 12.30 bis 14.00 und 20.00 bis 22.00 Uhr - Karte - Regionale Küche **Anreise** (Karte Nr. 22): 60 km südöstl. von Bari über die SS-379, Ausfahrt Fasano-Savelletri.

Masseria Salamina

72010 Pezze di Greco (Brindisi)
Tel. 080-489 73 07 - Fax 080-489 85 82
G.V. de Miccolis Angelini
E-Mail und Web: guidesdecharme.com/1602

Zwischen Fasano und Ostuni wechselt die Landschaft zwischen den in Nebel getauchten Olivenhainen der Adria und der Murge-Kalkhochebene voller Grotten und Höhlen und endet an der *città bianca*. In dieser Gegend wurde im 17. Jahrhundert die Festung erbaut, die mit ihrem eleganten, goldgelben Turm das Tal überragt. Die Masseria bestellt noch heute ihre sieben Hektar Land, bietet aber auch Reisenden Zimmer und Wohnungen an. Der Kontrast zwischen der Pracht des imposanten Gebäudes und der kargen Inneneinrichtung kann einen durchaus irritieren. In der Beletage der Masseria wurden die Zimmer jedoch mit Antikmobiliar neu eingerichtet, und es wurde ein Zugang zum Salon geschaffen; diejenigen mit Mezzanin, die sich in den früheren Stallungen befinden, sind wie die in weiteren Nebengebäuden eingerichteten Wohnungen weniger ausgesucht gestaltet. Dennoch sind alle erforderlichen Ausstattungen wie auch Komfort ausreichend vorhanden. Einige Schlafräume liegen zur Küste hin, die man hinter den Olivenhainen erblickt. Wie in vielen Agriturismo-Häusern wird im Restaurant mit frischen Produkten aus dem eigenen Betrieb gekocht.

Ganzj. geöffn. **11 Zimmer** mit Klimaanl., Bad und 8 Studios (2-4 Pers.) mit Klimaanl. **Preise** DZ Soppalco für 1 Pers.: 71,25-86,25 €, DZ Soppalco: 95-135 €, DZ Bilocale: 135-175 €; im Herrenhaus (Padronali): 185-225 € (Superior), 205-245 € (Junior-Suite + 20-40 € mit Terrasse); Extrabett: 10-30 € - Frühst. inkl., von 8.00 bis 10.00 Uhr **Kreditkarten** Visa, Eurocard, MasterCard **Verschiedenes** Hunde erlaubt - Wireless Internet-Zugang - Swimmingpool - Parkpl. **Umgebung** Ostuni (die weiße Stadt), Ruinen von Egnazia - Alberobello (trulli) - Martina Franca (Barockstadt) - Grotte von Castellana **Restaurant** Menüs: 25-30 € - Regionale Küche **Anreise** (Karte Nr. 22): 18 km von Ostuni und 5 km von Fasano.

La Sommità Relais Culti

72017 Ostuni (Brindisi)
Via Scipione Petrarolo, 7
Tel. 0831-30 59 25 - Fax 0831-30 67 29
E-Mail und Web: guidesdecharme.com/1603

Palazzo Palmieri im Herzen des historischen Zentrums von Ostuni direkt am Dom beherbergt ein luxuriöses Hotel. Im Besitz der berühmten italienischen Designmarke „Culti", ist dieses Hotel deren elegantes Schaufenster. Das Bauwerk ist superbe. Der zugerichtete helle Stein der Arkaden wurde freigelegt und gliedert so die traditionelle, bemerkenswerte Architektur der Rezeption. Farbabstufungen in Beige und Weiß in den Zimmern mit hohem Komfort, deren Werkstoffe und Ausleuchtung mit besonders großer Sorgfalt ausgesucht und durchdacht wurden. Die geräumigen Bäder sind regelrechte moderne Boudoirs. Das angenehm nüchterne Mobiliar trägt ebenfalls zu dieser sanften, heiteren Gestaltung des gesamten Hotels bei, das klassisch-modern und voller Raffinement ist. Zimmer Nr. 9 hat jedoch nur ein winziges Fenster, was den Charme ein wenig dämpft – vor allem im Hinblick auf die Aussicht, die die anderen haben. Auch schätzt man die Enoteca (Weinbar) des Hotels.

Kategorie ★★★★ **Ganzj.** geöffn. **9 Suiten** mit Klimaanl., Tel., Bad, Satelliten-TV, Minibar, Safe **Preise** Suite: 250 € - Frühst. inkl. **Kreditkarten** akzeptiert **Verschiedenes** Hunde nicht erlaubt - Spa - Sauna - Swimmingpool - Shuttle-Bus zum Flugplatz **Umgebung** Mittelalterliches Dorf Ostuni - Carovigno - Ceglie Messapico - Martina Franca - Alberobello - Grotte von Castellana **Restaurant** von 12.30 bis 14.30 und 19.30 bis 21.00 Uhr **Anreise** (Karte Nr. 22): 25 km von Brindisi. Shuttle vom Hotel zum Flugplatz.

Il Frantoio

72017 Ostuni (Brindisi)
SS 16, km 874
Tel. und Fax 0831-33 02 76
Familie Balestrazzi
E-Mail und Web: guidesdecharme.com/1604

Ein paar Kilometer vom weißen Ostuni liegt *Il Frantoio* in einer alten *masseria*. Die direkte Umgebung ist einzigartig, der Blick verliert sich über die weiten Olivenhaine bis hin zum Meer. Die 70 Hektar, die zum Anwesen gehören, zählen mehrere Gärten: So gibt es den Rosen- und Papyrusgarten, den Biogarten, den Gemüsegarten, den Obstgarten mit Zitronen- und Orangenbäumen sowie die Ölbaumpflanzung, aus der hervorragendes Öl gewonnen wird. Und alles, was in den Gärten geerntet wird, können Sie auch vor Ort kosten. Das Frühstück ist eine wahre Freude: u.a. *foccace*, Joghurt und *ricotta* ganz frisch mit Orangenmarmelade. Im offenen Restaurant, zu dem jeder Zugang hat, ein wahres Festival hausgemachter Spezialitäten: *orechiette*, *panzerotti* usw. Nach all diesen Agapen müssen aber zum Schluss noch die Zimmer erwähnt werden. Sie sind individuell gestaltet und haben Komfort. Viel Atmosphäre im ganzen Haus; die halb offenen Fensterläden lassen im Sommer die frische Brise vom Meer eindringen. Ein kleiner Wermutstropfen: Der Erfolg zieht im Restaurant auch Gruppen an – immer seltener, wie man uns kürzlich versicherte.

Ganzj. geöffn. 9 Zimmer mit Bad oder Dusche **Preise** EZ: 88-110 €, DZ: 176-220 € - Frühst. inkl., von 8.00 bis 10.00 Uhr **Kreditkarten** Visa, Eurocard, MasterCard, Amex **Verschiedenes** Hunde nicht erlaubt - Fahrräder - Strände (4-7 km) **Umgebung** Die mittelalterlichen Orte Ostuni, Ceglie Messapico - Castellana - Alberobello - Locorotondo - Martina Franca **Restaurant** reservieren, 13.00 und 20.30 Uhr - 1 nicht festgelegter Ruhetag pro Woche - Menü: 55 € (Wein inkl.) - Kinder-Menü: 31 € **Anreise** (Karte Nr. 22): 40 km von Brindisi, 80 km von Bari.

Grand Hotel Masseria Santa Lucia

72017 Ostuni (Brindisi)
Ostuni Marina
Tel. 0831-35 61 11 - Fax 0831-30 40 90
M. Bartolo d'Amico
E-Mail und Web: guidesdecharme.com/1605

Ostuni ist zweifellos einer der wundervollen Orte Apuliens. Die auf dem Hügel erbaute Stadt hat von der einstigen spanischen Herrschaft etwas Iberisches bewahrt. Unterhalb, 500 Meter vom Meer, hat die *Masseria Santa Lucia* versucht, den Charme vergangener Zeiten einzufangen. Wie eine Hazienda konzipiert, umfasst die Hotelanlage einen Swimmingpool und ein kleines galloromanisches Theater, in dem im Sommer Konzerte und andere Aufführungen stattfinden. Wer nicht allergisch ist gegen einen entschieden modernen Designstil, welcher zuweilen ein wenig kalt wirkt, wird die Salons und die Gästezimmer sehr geschmackvoll finden. Letztere haben eine Terrasse, die eine Hecke vor neugierigen Blicken schützt. Verlangen Sie vorrangig Zimmer am Swimmingpool mit Blick aufs Meer. Der Strand, der geradezu phantastisch sein könnte, ist nicht immer so, wie man ihn sich wünscht.

Kategorie ★★★★ **Ganzj.** geöffn. **128 Zimmer** und 4 Suiten mit Klimaanl., Tel., Bad oder Dusche, Satelliten-TV, Minibar, Safe **Preise** DZ für 1 Pers.: 100-195 €, DZ: 250-445 €, Suite: 305-550 € - Frühst. inkl., von 7.30 bis 10.00 Uhr **Kreditkarten** akzeptiert **Verschiedenes** Hunde nicht erlaubt - Swimmingpool - Tennispl. - Bogenschießen - Minigolf - Parkpl. **Umgebung** Ostuni, mittelalterliches Dorf - Carovigno - Ceglie Messapico - Martina Franca - Alberobello - Grotte von Castellana **Restaurant** von 13.00 bis 14.00 und 19.30 bis 21.00 Uhr - Menü: 40-80 € - Karte - Spezialitäten: Fisch, regionale Küche **Anreise** (Karte Nr. 22): 25 km von Brindisi; 7 km von Ostuni.

Hotel Patria Palace

73100 Lecce
Piazzetta Riccardi
Tel. 0832-24 51 11 - Fax 0832-24 50 02
Antonio Mauro
E-Mail und Web: guidesdecharme.com/1606

Lecce zählt zu den bedeutenden europäischen Barockstädten. Die Eröffnung dieses Hotels, in dem der Aufenthalt sehr angenehm ist, kann man nur begrüßen. Die aristokratische Universitätsstadt begann im 17. Jahrhundert, ihre mittelalterlichen Bauten mit diesem lokalen, weichen, ockerfarbenen Stein, dem Tuff, zu beschichten und mit jener Tier- und Blumenornamentik zu schmücken, die der damaligen Epoche so am Herzen lag. Das Hotel liegt im Zentrum der Stadt in einem kleinen Palast aus dem 18. Jahrhundert, dessen Innenräume, Gewölbe des Speiseraums (das Restaurant ist sehr gut) sowie die Einfassungen einiger Fenster und Türen erhalten blieben. Das Innere ist von einer Interpretation des Artdéco geprägt, wobei helles Holz und edles Leder in den Empfangsräumen bevorzugt benutzt wurden; in den Gästezimmern schwere Vorhänge, dicker Teppichboden und Reproduktionen von Jugendstilfresken. Viel Komfort auch in den prachtvollen Marmorbädern. Bei der Reservierung sollten Sie eines der 16 Zimmer mit Blick auf Santa Croce wählen: zweifellos das repräsentativste Monument dieses „ausgelassenen" Leccer Barockstils.

Kategorie ★★★★ Ganzj. geöffn. **67 Zimmer** mit Klimaanl., Tel., Bad oder Dusche, Satelliten-TV, Wi-Fi, Minibar, Safe; Aufzug **Preise** EZ: 130-150 €, DZ: 175-240 €, Junior-Suite: 240-280 € - Frühst. inkl., von 7.00 bis 10.30 Uhr - HP: + 27 € pro Pers. **Kreditkarten** akzeptiert **Verschiedenes** Hunde nicht erlaubt - Garage (15 €/Tag) **Umgebung** Lecce: Piazza del Duomo, S. Croce, S. Nicolo, S. Cataldo, die Altstadt - Halbinsel Salentina (der Absatz des italienischen Stiefels) - S. Cataldo Stran - Abbazia di S. Maria di Cerrate **Restaurant** „Atenze" von 12.30 bis 15.00 und 19.30 bis 23.00 Uhr - Menü: 27 € - Karte - Regionale Küche **Anreise** (Karte Nr. 22): im Zentrum.

Centro Storico Prestige B&B

73100 Lecce
Via Santa Maria del Paradiso, 4
Tel. 349-775 1290 - Handy 0832-24 33 53 - Fax 0832-521 060
Renata Merola
E-Mail und Web: guidesdecharme.com/1607

Auch Charme wäre für die Atmosphäre dieses derart angenehmen Hauses angebracht gewesen, doch ist die Lage wirklich herrlich. Das Haus liegt nämlich an der Hauptstraße mit Blick auf den Dom, Porta Rudiae und das Konservatorium Sant'Anna. Renata führt ihr kleines *Centro*, das nicht mehr als drei Zimmer zählt, mit viel Enthusiasmus und Verfügbarkeit. Mit Komfort, der mit dem eines Hotels durchaus vergleichbar ist, hat sie nicht geknausert, auch nicht bei den Bädern, die hier außerdem blühende Balkone und Blick auf die Kirche Santa Teresa bieten. Ein weiterer Pluspunkt für Renata ist ihr Frühstück mit diversem Gebäck, frischen Obstssäften, Kuchen, Honig, Konfitüren usw. Je nach Jahreszeit genießt man all das am Kamin des Lesesalons oder, was ein besonders schöner Moment ist, auf der Terrasse mit der zum Greifen nahen barocken Ornamentik der Basilika San Giovanni Battista. Und da Renata immer aktiv ist, kann sie auch alle interessanten Besuche und Ausflüge für Sie planen. Drei Zimmer: die muss man sich lange im Voraus „verdienen"!

Ganzj. geöffn. **3 Zimmer** mit Klimaanl., Bad, TV, Wi-Fi, Safe, Mini-Kühlschrank **Preise** EZ: 60-70 €, DZ: 70-80 €, Suite: 80-90 €, 3-BZ: 100-110 € - Frühst. inkl., von 8.30 bis 10.00 Uhr **Kreditkarten** akzeptiert **Verschiedenes** Hunde nicht erlaubt - Parkpl. **Umgebung** Lecce: Piazza del Duomo, S. Croce, S. Nicolo, S. Cataldo, die Altstadt - Halbinsel Salentina (der Absatz des italienischen Stiefels) - S. Cataldo Strand - Abbazia di S. Maria di Cerrate **Kein Restaurant** (siehe unsere Restaurantauswahl S. 624) **Anreise** (Karte Nr. 22): im Zentrum.

Corte dei Francesi

73024 Màglie (Lecce)
Via Roma, 172
Tel. 0836-42 42 82 - Handy 328-734 74 65 - Fax 0836-42 42 83
Luigi Orione Amato
E-Mail und Web: guidesdecharme.com/1608

Der Eigentümer Luigi Orione Amato benötigte acht Jahre, um die Umbau- und Restaurierungsarbeiten dieses schönen Hauses aus weißem apulischem Stein abzuschließen. Der lange, schmale Hof (*corte*) teilt zwei Häuser auf; in dem einen befand sich einst eine von Franzosen, den Brüdern Lamarque, betriebene Gerberei, und zwar lange, so dass noch heute dieses Haus *Corte dei Francesi* heißt. Die hier durchgeführten Restaurierungsarbeiten sind beachtlich. Der Teil der Anlage, in dem früher das Leder bearbeitet wurde, wurde mit seinen Zisternen, seinen Waschhäusern und seinen Rinnen auf museografische Art erhalten und ist auch ein Ort für Ausstellungen und Performances. Das B&B befindet sich im noblen Teil. Das Anliegen auch hier: einfache Werkstoffe, Verweise auf Mediterranes, aber auch auf die Geschichte des Ortes: So ist das Mobiliar handwerklich hergestellt oder regional, ist die Wäsche aus hiesigem Textil und sind die Teppiche aus gegerbtem Leder. Im Sommer wird das Frühstück im Hof serviert, und im Winter zieht man sich in einen Raum des Museums zurück. Auf dem Dach wurde eine Panoramaterrasse eingerichtet: für einen Drink inmitten der Dächer von Màglie.

Kategorie ★★★★ **Ganzj.** geöffn. **6 Zimmer** und 1 Dependencia (4 Pers.) mit Klimaanl., Tel., Bad, Satelliten-TV, Wi-Fi, Minibar, Safe **Preise** DZ für 1 Pers.: 60-90 €, DZ: 70-110 €, Superior: + 30 €, Deluxe: + 50 €, Extrabett: 20-35 € - Dependencia (4 Pers., mit Kochnische, Frühst. + 5 €): 140-210 € - Frühst. inkl., von 8.00 bis 10.30 Uhr **Kreditkarten** akzeptiert **Verschiedenes** Hunde auf Anfrage erlaubt - Solarium - Garage (15 €/Tag) **Umgebung** Otranto - Gallipoli - Lecce - Halbinsel Salentina (der Absatz des italienischen Stiefels) **Restaurant** vor Ort **Anreise** (Karte Nr. 23): 20 km südl. von Lecce.

Hotel Residence Palazzo Baldi

73013 Galatina (Lecce)
Corte Baldi, 2
Tel. 0836-56 83 45 - Fax 0836-56 48 35
E-Mail und Web: guidesdecharme.com/1609

Allein wegen der Besichtigung der Kathedrale Santa Caterina d'Alessandria – ein wundervolles Bauwerk des 13. Jahrhunderts, in dem noch immer die Fresken der Schule Giottos zu sehen sind – sollte man nach Galatina reisen, das sich nur etwa zwanzig Kilometer von Lecce befindet. Und auf der Reise im Salento sollten Sie für Ihren Aufenthalt den reizvollen *Palazzo Baldi* wählen: eine gute Adresse zum Haltmachen. Der Eingang befindet sich dort, wo einst die alte Kapelle stand, weshalb man diesen Ort sofort als etwas Besonderes empfindet. Viel Atmosphäre auch in den Zimmern, deren Größe und Architektur sehr verschiedenartig sind. Alle sind mit antikem Mobiliar sehr persönlich eingerichtet, kein Bett gleicht dem anderen, und auch die Dekoration ist ganz individuell. Außerdem überall höchster Komfort. Ein Restaurant zum Kennenlernen der Spezialitäten, vor allem des Primitivo, den man bis vor ein paar Jahren noch als Verschnitt bezeichnete, der jedoch an Qualität gewonnen hat und heute einer der beliebtesten Weine dieser Gegend ist. Das Bistro gleich gegenüber, in dem man die jungen Leute von Galatina trifft, ist sehr sympathisch. Der Empfang ist wohltuend und die Preise sind es auch.

Kategorie ★★★★ **Ganzj.** geöffn. **17 Zimmer** mit Klimaanl., Tel., Bad, Satelliten-TV, Minibar, Safe **Preise** DZ: 95-150 €, Luxe: 120-180 €, Top: 150-250 €; Extrabett: 40 € - Frühst. inkl., von 7.00 bis 11.00 Uhr **Kreditkarten** akzeptiert **Verschiedenes** Hunde erlaubt (50 € pro Aufenthalt) - Solarium - Garage (11 €/Tag) **Umgebung** Lecce - Halbinsel Salentina (der Absatz des italienischen Stiefels) **Restaurant** von 13.00 bis 14.30 und 20.00 bis 22.30 Uhr - Menü: 30 € **Anreise** (Karte Nr. 22): 20 km südl. von Lecce.

Masseria Appidé

73022 Corigliano d'Otranto (Lecce)
Tel. 0836-42 79 69 - Fax 0836-42 79 68
Massimo Rota
E-Mail und Web: guidesdecharme.com/1610

Vom triumphierenden Barock Lecces bis hin zu den Stränden Otrantos, von der Abtei Santa Maria di Leuca in Roca und Galatina in Soleto bis Corigliano d'Otranto ist die Region um Salento reich an Emotionen. Das kleine Dorf Corigliano besitzt seit dem Beginn des 16. Jahrhunderts ein großes, mit Statuen von Heiligen, mythischen Helden und Wappen geschmücktes und als schönstes Militärbauwerk geltendes Schloss. Die einsam in einem äußerst fruchtbaren Landstrich voller wild wachsender Obstbäume (*appida* heißt Birne auf Griechisch) gelegene befestigte Masseria stammt aus dem späten 18. Jahrhundert. Die ältesten Gebäude, in denen einst die Pferde untergebracht waren, wurden zu Wohnungen umgebaut. Ein paar Überreste wie die Futterkrippen, die heute mit Blumen bepflanzt sind, blieben erhalten. Die Zimmer sind einfach, komfortabel und ländlich, die antik möblierten Suiten haben den Vorteil, auf den üppigen italienischen Garten hinauszugehen, und was außerdem zählt ist der wunderbar erfrischende, hinter den von Efeu bewachsenen Arkaden gelegene Pool. Das Ambiente ist eher schick, das Restaurant höchst professionell.

Kategorie ★★★ **Geschlossen** 24. und 25. Dezember **42 Zimmer** mit Klimaanl., Tel., Bad, Satelliten-TV, 24 mit Minibar, 4 mit Mini-Kühlschrank, Safe **Preise** DZ: 68-100 €, Superior: 89-131 €, Suite: 142-189 €, Familienzi. (4 Pers.): 137-194 €; Extrabett: 19-30 € - HP und VP: + 24 € + 36 € (pro Pers.) - Frühst. inkl., von 7.30 bis 10.30 Uhr **Kreditkarten** akzeptiert **Verschiedenes** Hunde nicht erlaubt - Swimmingpool mit Hydromassage (Juni bis September) - Putting Green **Umgebung** Lecce: Piazza del Duomo, S. Croce, S. Nicolo, S. Cataldo, die Altstadt - Halbinsel Salentina (der Absatz des italienischen Stiefels) - S. Cataldo Strand - Abbazia di S. Maria di Cerrate **Restaurant** von 13.00 bis 14.30 und 20.00 bis 22.30 Uhr - Menü **Anreise** (Karte Nr. 23): 30 km von Bari, 18 km von Otranto.

Masseria Montelauro

73028 Otranto (Lecce)
Tel. 0836-80 62 03 - Fax 0836-801 001
E. Massaro und C.M. Turgi Prosperi
E-Mail und Web: guidesdecharme.com/1611

Wer von Lecce nach Otranto fährt, macht eine Reise am Meer. Man fährt an der Adria, den Felsen von Torre dell'Orso und den Lagunen der Alimini-Seen entlang und kommt dann schließlich an den Stränden an, die sich unterhalb des Palascia-Leuchtturms gegenüber von Albanien hinziehen. Hier wohnt man am besten im Hinterland, zwei Kilometer von Otranto, in einer authentischen, vollkommen ruhigen Gegend. Die *Masseria Montelauro* ist sowohl einfach als auch raffiniert eingerichtet. Die Gestaltung, bei der die Farbe Weiß vorherrscht, schafft eine besonders ungetrübte Atmosphäre. Ein paar Möbel aus Marokko unterstreichen die mediterrane Note des Hauses. Und wenn der Sonnenuntergang die Fassaden und Felder in rosa Licht taucht, dann werden die Laternen angezündet und wird im Garten der Aperitif gereicht. Daraufhin wird das Abendessen serviert, das einfache, aber schmackhafte Gerichte umfasst, und danach wird ein Glas *passito* auf der Terrasse unter dem Sternenhimmel getrunken. All diese Aufmerksamkeiten sind nicht ohne Hintergedanken: Sie sollen bewirken, dass Sie Ihren Aufenthalt in Montelauro als viel zu kurz erachten!

Kategorie ★★★★ **Geschlossen** November bis März **29 Zimmer** mit Klimaanl., Tel., Bad oder Dusche, Satelliten-TV, Minibar, Safe **Preise** DZ für 1 Pers.: 135-255 €, DZ: 165-250 €, Superior: 190-285 €; Junior-Suite: 220-330 €, Suite: 250-370 € - Frühst. inkl., von 8.00 bis 10.30 Uhr - HP: + 30 € pro Pers. **Kreditkarten** Visa, Eurocard, MasterCard, Amex **Verschiedenes** Hunde auf Anfrage erlaubt (30 €) - Swimmingpool - Parkpl. **Umgebung** Lecce: Piazza del Duomo, S. Croce, S. Nicolo, S. Cataldo, die Altstadt - Halbinsel Salentina (der Absatz des italienischen Stiefels) - S. Cataldo Stran - Abbazia di S. Maria di Cerrate **Restaurant** von 13.00 bis 14.30 und 20.00 bis 22.30 Uhr - Menü: 35 € **Anreise** (Karte Nr. 23): 30 km von Bari.

Hotel Le Ginestre

07020 Porto Cervo (Olbia Tempio)
Tel. 0789-92 030 - Fax 0789-94 087
G. Costa
E-Mail und Web: guidesdecharme.com/1620

Neben den Schmuckstücken der Luxushotellerie findet man entlang der Costa Smeralda andere gute Hotels zu erschwinglicheren Preisen. Am Rand eines Kiefernhains liegt das *Ginestre* etwas oberhalb des Golfs von Pevero. Die Zimmer verteilen sich auf mehrere kleine Villen, die zusammen mit den verwinkelten Gässchen einem Dorf ähneln. Die Anlage befindet sich in einem Park mit typischer Mittelmeerflora in starken Farben. Wie überall in dieser Region erinnert die „neorealistische" Architektur mit ihren Fassaden in ausgewaschenem Ocker an toskanische Dörfer. Die meisten der hübsch eingerichteten Zimmer verfügen über einen Balkon. Ein abgerundeter Swimmingpool lädt zum Baden ein. Etwas abseits befindet sich in einer großen Pergola das angenehme Restaurant. Wegen der zahlreichen Zimmer ist die Atmosphäre weniger intim als entspannt.

Kategorie ★★★★ **Geöffnet** Mai bis 30. September oder 3. Oktober **78 Zimmer** mit Klimaanl., Tel., Bad oder Dusche, Satelliten-TV, Minibar **Preise** DZ pro Pers.: 100-249 €, Superior: + 110 €, Junior-Suite: + 220 € Suite: + 500 € - Frühst. inkl., von 7.30 bis 11.00 Uhr - HP: 117-255 € (pro Pers.) **Kreditkarten** akzeptiert **Verschiedenes** Hunde nicht erlaubt - Fitness - Swimmingpool - Tennis (18 €) - Privatstrand - Parkpl. **Umgebung** Costa Smeralda - „Grab der Riesen" von Capichera und altert. Totenstadt Li Muri - Golfpl. Pevero (18 L.) in Porto Cervo **Restaurant** von 20.00 bis 22.00 Uhr - Menü - Spezialitäten: Fisch **Anreise** (Karte Nr. 28): 30 km nördl. von Olbia über die S-125, dann Rtg. Porto Cervo.

Villa Yolanda

07020 Porto Cervo (Olbia Tempio) - BP 134
Handy 335-832 95 14 - Christian und Agnès Maule
E-Mail und Web: guidesdecharme.com/1621

Bislang kam man nach Porto Cervo entweder mit einer schönen großen Yacht oder hatte man die Mittel, sich eines der vielen *luxury hotels* zu leisten. Ein französisches Paar, Christian und Agnès Maule, hat Sardinien „zur richtigen Zeit" gewählt, um ein B&B an der Costa Smeralda zu eröffnen. Die Villa besitzt drei Gästezimmer, die – auch in den Komfortbädern – freundlich in den Farben der Insel gestaltet sind, d.h. in Weiß und Türkis. Jedes hat eine Privatterrasse und etwas Besonderes: etwa Meerblick in „Volpe", ein außerordentlich gut ausgestattes Bad in „Cervo", „Pitrizza", mit Doppelzimmer einschließlich Balkon und Meerblick sowie Dreibettkinderzimmer und Bad, ist für Familien gedacht, und „Freschi" ist ein romantisches Gärtchen … Im großen Garten gibt es hübsche Sitzecken zum Genießen der Umgebung, Schatten in der Laube und einen Swimmingpool. Und wenn man in den kleinen Buchten gebadet, einen Ausflug zur kleinen Insel Maddalena unternommen und die archäologischen Stätten aufsucht hat, darf man dann zur Aperitifzeit schon mal die Schiffe im Hafen von Porto Cervo beäugen. Um den Gästen maximale Ruhe zu bieten, ist dieser Ort sehr „reglementiert" und lädt nicht gerade zu einem Aufenthalt mit Kindern ein.

Geöffnet April bis Ende Oktober; Kinder ab 8 J. **6 Zimmer** mit Klimaanl., Bad, Satelliten-TV, Wi-Fi, Minibar, Safe **Preise** DZ: 95-210 €, 3-BZ: 130-250 €, Familien-Suite: 180-330 € (3-4 Pers.), Suite (Meerblick, 3-5 Pers.): 260-390 €; Extrabett: 40 € - Frühst. (Buffet) inkl., von 8.30 bis 10.00 Uhr **Kreditkarten** Visa, Eurocard, MasterCard **Verschiedenes** Hunde nicht erlaubt - Swimmingpool - Kostenloses Parken **Umgebung** Costa Smeralda - Archipel Maddalena - „Grab der Riesen" von Capichera und altert. Totenstadt Li Muri **Restaurant** Abendessen reservieren - Menü: 32 € **Anreise** (Karte Nr. 28): 25 km nördl. von Olbia über die SS-125 Rtg. Porto Cervo. An der Kreuzung des kleines Ortes Abbiadori, 5 km vor Porto Cervo, telefonieren (335- 8329514). Sie werden abgeholt.

Le Querce

Baia Sardinia 07020 Porto Cervo (Olbia Tempio)
Tel. und Fax 0789-99 248
E-Mail und Web: guidesdecharme.com/1622

Lange Zeit war diese wilde Hügellandschaft Gallura die Region mit der geringsten Bewohnerzahl. Nur ein paar Bauern wohnten noch in den einsam gelegenen *stazzi* (Bauernhäuser). Diese Abgeschiedenheit war gewiss einer der Gründe, weshalb ein paar Milliardäre sich am Ende dieser Costa Smeralda genannten Küste luxuriös niederließen. Der Stil der hier erbauten Hotels ist ein mediterraner Architektur-Cocktail: spanisch, maurisch, provenzalisch. Aber die Schönheit der Küste mit kleinen Buchten, kristallklarem Wasser, korallenfarbenem Sand und Landschaften aus mediterraner Macchia, rosa Granit und Korkeichenwäldern ziehen auch andere Urlauber an: solche, die Einfachheit suchen. In Baia Sardinia haben Claudio und Lorenza mehrere alte, oben auf dem bewaldeten Hügel gelegene *stazzi* gruppiert – mit Blick auf den Golf von Arzachena und das Meer um Maddalena – und vier „Suiten" ganz im Stil sardischer Häuser eingerichtet. Alles ist sehr gepflegt, ja raffiniert, weshalb es nicht weiter erstaunt, dass die an der Umwelt höchst interessierten Gastgeber ätherische Öle für die Parfümerie und die vor Ort angebotene Pflege nutzen. Auf reichlich Entspannung und Wellness ihrer Gäste bedacht, bieten sie nur einwöchige Aufenthalte an und nehmen Kinder erst ab 12 Jahren auf. Da die Hausbesitzer ihre aktuellen (auch auf der Webseite nicht aufgeführten) Preise nicht mitgeteilt haben, sollten sie sich danach erkundigen.

Ganzj. geöffn. 4 Suiten (2-4 Pers.) mit Kochnische, Bad **Preise** 880-1300 € pro Woche **Kreditkarten** nicht akzeptiert **Verschiedenes** Hunde nicht erlaubt - Parkpl. **Umgebung** Costa Smeralda - Archipel Maddalena - „Grab der Riesen" von Capichera und altert. Totenstadt Li Muri - Golfpl. Pevero (18 L.) in Porto Cervo **Kein Restaurant** vor Ort **Anreise** (Karte Nr. 28): 25 km nördl. von Olbia über die SS-125, Rtg. Porto Cervo.

Hotel Don Diego

07020 Porto San Paolo (Olbia Tempio)
Costa Dorata
Tel. 0789-40 006 - Fax 0789-40 026
E-Mail und Web: guidesdecharme.com/1619

Das *Don Diego* befindet sich südlich von Olbia. Es besteht aus mehreren kleinen Villen, die verstreut in einem Park inmitten von Bougainvilleen und Pinien liegen. Eine jede verfügt über sechs bis acht angenehm kühle Zimmer mit jeweils separatem Eingang. Die gesamte Anlage befindet sich direkt am Meer. Der Empfang, die Bar, das Restaurant und die Salons sind in jenem Haus untergebracht, das besonders nah am Meer liegt. Außerdem gibt es einen Meerwasser-Swimmingpool und einen Sandstrand. Und direkt gegenüber ragt ein beeindruckender, ja faszinierender Wellenbrecher aus dem klaren Wasser hervor: die Insel Tavolara. Das *Don Diego* ist besonders für Familienurlaube zu empfehlen.

Kategorie ★★★★ **Geschlossen** Oktober bis April **50 Zimmer** und 6 Suiten mit Klimaanl., Tel., Bad oder Dusche, Satelliten-TV **Preise** HP pro Pers.: 95-163 € (DZ), 115-183 € (DZ, Meerblick), 150-240 € (Junior Suite, Meerblick), 180-270 € (Suite, Meerblick) - Frühst. (Buffet) inkl., von 8.00 bis 10.00 Uhr **Kreditkarten** akzeptiert **Verschiedenes** Hunde nicht erlaubt - Tennispl. - Meerwasser-Swimmingpool - Privatstrand - Parkpl. **Umgebung** Kirche San Simplicio d'Olbia - Isola di Tavolara - Golfpl. Punta Aldia **Restaurant** von 12.30 bis 14.00 und 20.00 bis 21.30 Uhr - Menü: 60-70 € - Karte - Regionale Küche - Fisch **Anreise** (Karte Nr. 28): 16 km südöstl. von Olbia über die S-125 bis hinter Porto San Paolo, dann links die Küstenstraße (Costa Dorata).

Li Pireddi

San Biagio 07020 Aglientu (Olbia Tempio)
Tel. und Fax 079-65 41 41
Gabriele Golinelli
E-Mail und Web: guidesdecharme.com/1623

Die Gallura umfasst die nördliche Region Sardiniens. Ihr Tourismus hat sich in erster Linie an der Ostküste entwickelt: an der Costa Smeralda, mit den von Aga Khan erbauten Häfen für Milliardäre und Hotels von höchstem Luxus. Das Hinterland ist viel authentischer und längst nicht so gestylt, auch die Menschen sind hier ganz anders und entsprechen ein wenig den zwei wichtigen regionalen Produkten Granit und Kork, die herb und sanft zugleich sind. Ein Leser machte uns auf dieses „phantastische Agriturismo" aufmerksam, dessen Geselligkeit und wunderbare Abendessen am großen Gästetisch er vor allem lobte. Dass hier gern mit anderen geteilt wird, ist zutreffend; außerdem kann man das Segelschiff der Gastgeber nutzen, Windsurfen, Exkursionen unternehmen – unter Berücksichtigung ihrer Ratschläge oder dank ihrer Organisation. Die ebenerdig am Garten gelegenen Zimmer sind hübsch und komfortabel, Ausnahme: das in einem der zahlreichen, das Anwesen umgebenden Bäume untergebrachten. Die Abendessen, bei denen Sie mit der lokalen Küche Bekanntschaft machen, sind köstlich, das Frühstück ist reichhaltig, und die Picknicke (in der Kühlbox) für Ausflüge sind sehr appetitlich. Eine gute Adresse für bodenständige Ferien am Meer.

Geschlossen November bis März **7 Zimmer** mit Bad **Preise** (pro Pers.): 45-70 € - Frühst. inkl., von 8.00 bis 10.00 Uhr - HP: 45-90 € (pro Pers.) **Kreditkarten** Visa, MasterCard **Verschiedenes** Hunde erlaubt - Mountainbikes - Windsurfing - Bogenschießen - Segeln (100 € pro Pers.) - Parkpl. **Umgebung** Aggius - SS. Trinità di Saccargia - Monte d'Accordi - Saccari - Olbia - S. Teresa di Gallura - 15 Min. zum Meer **Anreise** (Karte Nr. 28): 50 km nordwestl. von Olbia, Rtg. Palau. Ab Arzachna Rtg. Luogosanto, dann rechts nach Aglientu. Rtg. Tempio, S. Biagio, nach 100 m kleine Straße rechts.

Il Muto di Gallura

Fraiga 07020 Aggius (Olbia Tempio)
Tel. und Fax 079620559
Gianfranco und Francesca Serra
E-Mail und Web: guidesdecharme.com/1624

Dank der zweitausend Kilometer Küste mit Granit, Buchten und rosa bzw. korallenrotem Sand ist Sardinien ein ideales „Produkt" für Reiseagenturen. Wenn man sich aber nur ein paar Kilometer weiter ins Landesinnere begibt, findet man das Sardinien von jeher vor: das der Fischer und Mandelbäume, die zu Weihnachten in Blüte stehen, der Korkeichenwälder und der wild wachsenden Olivenbäume, der Macchia mit blühendem Ginster, duftenden Mastixbäumen und Myrte und das des auf traurige Weise berühmten sardischen Banditen Muto, Held eines berühmten historischen Romans. Dieses sympathische Agriturismo-Haus besitzt ein paar sehr gepflegte Gästezimmer, deren Mobiliar antik regional ist und deren Bäder Komfort bieten. Somit gute Voraussetzungen, um sich vertraut zu machen mit dem landwirtschaftlichen Anwesen, das Rinder- und Ziegenzucht sowie biologischen Weinbau betreibt; außerdem kann man hier teilnehmen an den im Sommer zahlreichen Dorffesten, vor allem dem Korkerntefest im Juli. Und da Gastfreundschaft in Sardinien legendär ist, organisieren die Hausbesitzer Francesca und Gianfranco Ausflüge nach Gallura zu Fuß, per Mountainbike oder Land-Rover. Und schließlich werden Sie mit köstlichen Speisen in die gastronomischen Riten der sardischen Küche eingeweiht.

Ganzj. geöffn. **19 Zimmer** mit Klimaanl., Tel., Bad, Satelliten-TV, Minibar **Preise** DZ: 42-48 € (pro Pers.) - HP und VP: 72 €, 84 € (pro Pers.) - Frühst. inkl., von 8.30 bis 10.00 Uhr **Kreditkarten** Visa, MasterCard **Verschiedenes** Hunde nicht erlaubt - Swimmingpool - Touren per Mountainbike, Land-Rover und zu Pferd (16 €/Std.) - Parkpl. **Umgebung** Aggius - SS. Trinità di Saccargia - Monte d'Accordi **Restaurant** von 12.30 bis 14.30 und 20.00 bis 22.30 Uhr Menüs: 20-40 € - Reg. Küche **Anreise** (Karte Nr. 28): 50 km westl. von Olbia, Rtg. Tempio Pausania und Aggius. 1 km vor Aggius ist das Haus ausgeschildert.

L'Agnata di De André

L'Agnata 07029 Tempio Pausania (Olbia Tempio)
Tel. 079-67 13 84 - Fax 079-63 41 25
Familie De André
E-Mail und Web: guidesdecharme.com/1625

Das im Landesinneren gelegene Tempio Pausania ist der größte Ort dieser Gegend der Gallura. Die kleine Stadt, deren Häuser aus grauem Granitstein erbaut und mit schmiedeeisernen Balkonen versehen sind, ist ein Zentrum der Korkverarbeitung. Besonders lebendig geht es hier zu in der Nähe des Doms San Pietro, der Betkapelle Rosario und des Gallura-Platzes. Das gastfreundliche Hotel *L'Agnata* liegt inmitten von Wäldern und Wiesen, an der Straße nach Oschiri. Der Sänger Fabrizio De André und seine Ehefrau Dori erwarben dieses alte *stuzzu gallunese* in den 1970er Jahren und unternahmen zwischen den Tourneen umfangreiche Renovierungsarbeiten, restaurierten die alten Steine, bauten einen Flügel an und waren sehr darum bemüht, den ursprünglichen Charakter der Umgebung und die Architektur zu erhalten. Heute ist das Haus besser als ein Agriturismo und besser als ein Hotel. Die Zimmer mit perfektem Komfort sind auf diese beiden Strukturen verteilt; fünf haben direkten Zugang zum Pool. Fabrizio (der sich gern an jene Zeit erinnert, als er im Krieg auf dem Bauernhof seiner *nonna* in Sicherheit gebracht wurde) ist heute Bio-Bauer und Züchter und versorgt mit eigenen Produkten das Restaurant, das seine Gäste mit regionalen Spezialitäten einschließlich Vermentino di Gallura Docg (nicht zu verwechseln mit Vermentino di Sardegna!) verwöhnt.

Ganzj. geöffn. **10 Zimmer** mit Klimaanl., Tel., Bad, Satelliten-TV, Minibar, Safe **Preise** EZ: 68-80 €, DZ: 110-130 € - HP und VP: 75-85 €, 90-100 € (pro Pers) - Frühst. inkl., von 8.30 bis 10.00 Uhr **Kreditkarten** akzeptiert **Verschiedenes** Hunde nicht erlaubt - Swimmingpool - Tennispl. - Parkpl. **Umgebung** Aggius (Teppiche: Centro pilota ISOLA, Via Criasgi, Alvinu) - SS. Trinità di Saccargia - Monte d'Accordi **Gästetisch** von 12.30 bis 14.30 und 20.00 bis 22.30 Uhr - Menüs: 16-35 € - Sardische Küche **Anreise** (Karte Nr. 28): 50 km westl. von Olbia, Rtg. Tempio Pausania.

Hotel Funtanarena

2010

07040 Codrongianos (Sassari) - Via S'Istradoneddu, 8-10
Tel. 079-43 50 48 - Handy 0407-921 61 79 - Fax 079-21 6179
Marisa Porcu Gaias
E-Mail und Web: guidesdecharme.com/3271

Ihre Reise nach Sardinien beginnt, sobald Sie die Entscheidung treffen, sich in Marseille oder Genua einzuschiffen. Die (nächtliche) Überfahrt und der Abend an Bord sind äußerst angenehm (Restaurant, Kino, Swimmingpool), und nach der Ankunft in Porto Torres werden Sie die Basilika San Gavino aufsuchen, die im 11. Jahrhundert von den Architekten der Meeresrepublik Pisa erbaut wurde: heute die älteste und schönste romanisch-pisanische Basilika Sardinens. Etwa vierzig Kilometer weiter (über Sassari) liegt das Dorf Codrongianos, in dem eine Freundesgruppe vor etwa zehn Jahren ein Anwesen erwarb, aus dem das *Funtanarena* entstand. Charme und ökologische Lebensart garantiert, allerdings nichts Frustierendes, außer für Zimmer-TV-Fans, denn hier erwarten Sie eher eine gut bestückte Bibliothek und Spaziergänge zum Kennenlernen der sardischen Traditionen. Die gepflegten Zimmer mit antiken Möbeln bieten Blick auf den üppigen Garten voller Apfelbäume und Rosensträucher, und dahinter gewinnen Macchia und Feigenbäume die Oberhand. Privathäusliches Ambiente morgens, wenn man sich auf der Terrasse zum Frühstück trifft. Das Abendessen kann im Hotel eingenommen werden, aber Marisa wird Ihnen auch gute einheimische Adressen empfehlen, denn hier sind dem ganzen Dorf gelungene Aufenthalte seiner Besucher wichtig.

Kategorie ★★★ **Geschlossen** Oktober bis März **9 Zimmer** mit Tel. und Dusche **Preise** EZ: 63-70 €, DZ: 94-105 € - Frühst. inkl., von 8.00 bis 9.30 Uhr **Kreditkarten** akzeptiert **Verschiedenes** Hunde auf Anfrage erlaubt (10 €) - Wireless Internet-Zugang **Umgebung** Basilika von Saccargia (2 km) - Rundfahrt der romanisch-pisanischen Basiliken: S. Gavino in Porto Torres, San Michele in Plaiano, San Nicola in Sassari, S. Anastasia und S. Vittoria in Tissi - Stintino - Naturpark Assinara **Restaurant** von 20.00 bis 21.30 Uhr - Menü: 20-30 € **Anreise** (Karte Nr. 28): 35 km von Porto Torres über die SS-131 Rtg. Sassari.

Villa Las Tronas

07041 Alghero (Sassari)
Lungomare Valencia, 1
Tel. 079-98 18 18 - Fax 079-98 10 44
E-Mail und Web: guidesdecharme.com/1617

Dieses ehemalige Lustschloss italienischer Könige mit eigenartiger, maurisch inspirierter Architektur ist heute ein Hotel mit barocker Atmosphäre. Letztere entsteht durch riesige, überladene Räume mit bemalten Decken und funkelnden Lüstern sowie mehreren farblich unterschiedlichen Salons. Das Hotel mit Park liegt auf einer kleinen Halbinsel oberhalb des Golfs von Alghero. Die Zimmer sind geräumig, mit hohen Decken und modernem Komfort, und haben Blick aufs Meer. Nr. 110, 112, 114, 116, 118 und 216 sind wohl die angenehmsten: Sie teilen sich eine sehr große Terrasse mit superbem Panoramablick. Vom Restaurant aus hat man den gleichen Ausblick. Ein schöner Swimmingpool und ein bei den Felsen angelegter Strand vervollständigen das Ganze. Ein geschultes Personal mit sicherem Auftreten trägt ebenfalls zur Eleganz dieses Ortes bei.

Kategorie ★★★★ Ganzj. geöffn. **20 Zimmer** und 5 Suiten mit Klimaanl., Tel., Bad, Satelliten-TV, Minibar, Safe; Aufzug **Preise** EZ: 120-230 €, DZ: 170-398 €, Junior-Suite und Suite: 360-580 €; Extrabett: 25-50 € - HP und VP: + 45 € + 75 € (pro Pers.) - Frühst.: 12-28 €, von 8.00 bis 10.30 Uhr **Kreditkarten** akzeptiert **Verschiedenes** Hunde erlaubt - Meerwasser-Swimmingpool - Fitness-Raum - Angeln - Fahrräder - Parkpl. **Umgebung** Kathedrale von Alghero - Kirche und Kloster San Francesco - Stätten von Palmavera - Porto Conte - Panoramastraße nach Capo Caccia und zur Neptun-Grotte - Altert. Totenstadt Anghelu Ruju - Fertilia - Bosa-Straße - Antiquarium (Porto Torres) - Sanna-Museum (Sassari) - Kirche della Santissima Trinità di Saccargia 15 km von Sassari entf. **Restaurant** von 13.00 bis 14.30 und 20.00 bis 21.30 Uhr - Menüs: 70 € - Karte - Sardische Küche - Fisch **Anreise** (Karte Nr. 28): 35 km südwestl. von Sassari über die S-291 bis Alghero.

Grand Hotel El Faro

Porto Conte 07041 Alghero (Sassari)
Tel. 079-94 20 10 - Fax 079-94 20 30
Patricia Seghi
E-Mail und Web: guidesdecharme.com/1618

El Faro ist traumhaft mit seinem Blick auf Cap Caccia, das die berühmten Neptungrotten auf einer kleinen Halbinsel neben einem alten Leuchtturm beherbergt. Die Aussicht umfasst den gesamten Golf mit seinen nahezu unbebauten Ufern. Das große Hotel vermittelt trotz seiner 88 Zimmer niemals eine anonyme Atmosphäre. Das ist wohl dem besonderen Service und der schlichten, gepflegten Ausstattung im mediterranen Stil zu verdanken. Alle Zimmer verfügen über Balkon und Meerblick. Mit den weißen, mit Motiven aus der Seefahrt verzierten Wänden, den Holzmöbeln und hübschen Bädern sind sie ein Beispiel für guten Geschmack. Weiter unten liegt ein schöner, halbüberdachter Pool; noch etwas tiefer wurde zwischen den Felsen ein Strand angelegt. Ein luxuriöses, noch erschwingliches Hotel, aber einem Leser zufolge soll es ihm an Charme und Gastlichkeit mangeln (die Information erreichte uns zu spät, um dem vor Redaktionsschluss nachzugehen).

Kategorie ★★★★ **Geöffnet** Ende April bis Oktober **88 Zimmer** mit Klimaanl., Tel., Bad oder Dusche, Satelliten-TV, Minibar **Preise** DZ (1 Pers.): 150-280 €, DZ: 212-440 €, Executive: 272-500 €, Junior-Suite: 312-560 €, Suite: 540-920 € - Frühst. inkl., von 7.30 bis 10.30 Uhr - HP (mind. 3 Üb.): + 40 € pro Pers. **Kreditkarten** akzeptiert **Verschiedenes** Hunde auf Anfrage erlaubt - Sauna (20 €) - Swimmingpool - Tennispl. - Reiten - Ausfahrten aufs Meer (60 €), Wanderritte (25 €) - Parkpl. **Umgebung** Altert. Totenstadt Anghelu Ruju - Fertilia - Panoramastraße nach Capo Caccia und Neptun-Grotte - Nuraghe Palmavera - Alghero **Restaurant** von 13.00 bis 14.00 und 20.00 bis 22.00 Uhr - Menüs: 45-75 € - Karte - Spezialitäten: Langusten - Fisch **Anreise** (Karte Nr. 28): 41 km südwestl. von Sassari über die S-291 bis Alghero, dann S-127b nach Porto Conte.

Hotel La Bitta

Porto Frailis 08048 Arbatax (Ogliastra)
Tel. 0782-66 70 80 - Fax 0782-66 72 28
E-Mail und Web: guidesdecharme.com/3269

Erst im Jahr 1995 wurde Ogliastra von der Provinz Nuoro getrennt und zu einem eigenständigen Gebiet. Auf der östlichen Seite Sardinens gelegen, wird es umschlossen von den Massiven Gennargentu, Barbagia und Supramonte und dem Thyrenischen Meer. Die schwierigen Kommunikationswege zwischen Cagliari und Nuoro haben dieses Land der Schäfer und Bauern vor Außeneinflüssen bewahrt, die jahrhundertelang nichts als Isolierung und Selbstversorgung kannten in dichter Natur, wie zum Beispiel der, die man bei einer Tacchi-Exkursion erlebt. Und in Richtung Meer begeistern die kleinen Buchten Das *Hôtel La Bitta*, mit den Füßen im Wasser, wird zum Gelingen Ihres Aufenthaltes bedeutend beitragen. Die Bauten verteilen sich auf einen Garten, der sich zum Swimmingpool, Strand, Meer und dem Horizont hin ausweitet. Die meisten Zimmer haben Meerblick, alle bieten guten Komfort; auch wenn einige größer sind, eine Terrasse besitzen oder zusätzlichen Leistungen (Whirlpool, privater Mini-Pool usw.) bieten, so ist doch das Preis-Leistungsverhältnis stets exzellent. Zwei gute Restaurants, eine Aperitif-Piano-Bar, ein kleines, bemerkenswertes Wellness-Center, aufmerksamer Empfang: eine Einladung zum Farniente, was Sie die Schönheiten des Hinterlandes geradezu vergessen lassen könnte.

Kategorie ★★★★ **Ganzj.** geöffn. **20 Zimmer** mit Klimaanl., Tel., Wi-Fi, Bad, Satelliten-TV, Minibar, Safe; Aufzug **Preise** DZ: 48-89 €/Pers. - HP: 75-149 € (Classic mit Gartenblick), 86-170 € (Classic mit Meerblick), 99-188 € (Executive mit Meerblick), 82-323 € (Prestiges) - Frühst. (Buffet) inkl. **Kreditkarten** akzeptiert **Verschiedenes** Hunde auf Anfrage erlaubt - Wellness-Center - Ausfahrten aufs Meer - Swimmingpool - Parkpl. **Umgebung** Die Strände: Cala Mariolu, Cala Luna, Cala Biriola, Cala Sisine et Cala Goloritzé - Exkursionen: Les Tacchi, Trenino verde (Arbatax-Mandas) **Restaurants** „Le Colonne" und „Mare i Luna": von 12.30 bis 15.30 und 20.00 bis 22.00 Uhr - Mediterrane Küche **Anreise** (Karte Nr. 28): 140 km nordöstl. von Cagliari über die S-125, 1 km von Arbatax.

Anticos Palathos

2010

08028 Orosei (Nuoro)
Via Nazionale, 51
Tel. 0784-98604 - Handy 393-979 68 97 - Fax 0784-997590
E-Mail und Web: guidesdecharme.com/3278

Orosei ist ein Badeort in der Provinz Nuoro, die, wenn auch abseits der zwei die Insel durchquerenden Straßen, leicht erreichbar ist. Das touristische Interesse veränderte sich, seit man sich bewusst wurde, dass Sardinien nicht auf 35 Kilometer Strand zu resümieren ist – gefördert von Aga Khan und somit zu unerschwinglichen Preisen. Der vom Naturpark Gennargentu gesäumte Golf von Orosei ist phantastisch: tief ins Meer greifende Felswände, die man auch oben am Gipfel näher betrachten möchte, und zur Freude der Wanderer und Kletterer Ziegen auf den Wegen. Das Zentrum der Stadt mittelalterlichen Ursprungs ist belebt. Das Hotel wurde in einem alten Palast (18. Jh.) eingerichtet, der restauriert wurde, um den größten Teil der architektonischen Struktur zu retten. Das Interieur musste umstrukturiert werden, um den Gästen hohen Komfort und Qualitätsleistungen bieten zu können. Die sehr gelungene Gestaltung der Suiten ist sowohl modern als auch von lokaler Couleur. Ein großer *cortile* ganz aus Bögen und Naturstein-Loggien ist der lebendige Mittelpunkt des Hotels: Hier kann man sich zurückziehen, sich am Grill betätigen, der sich wie eine Skulptur präsentiert, zu Abend essen oder in der *œnoteca* eine Kleinigkeit trinken. Der Empfang ist bestens.

Kategorie ★★★★ **Ganzj.** geöffn. **9 Zimmer** mit Klimaanl., Tel., Bad, TV, DVD-Player, Minibar **Preise** DZ für 1 Pers.: 80-200 €, DZ: 110-230 €, 3-BZ: 145-250 €, 4-BZ: 180-270 €; Extrabett: 25 € - Frühst. inkl., von 7.30 bis 10.00 Uhr - HP: + 27 € pro Pers. **Kreditkarten** akzeptiert **Verschiedenes** Hunde auf Anfrage erlaubt **Umgebung** Strände: Osala, Su Barone e Su Petrosu, Cala Liberotto, Sa Curcurica, Cala Ginepro - Naturpark Biderrosa - Schifffahrten im Golfe d'Orosei (Marina de Orosei) - Wandertouren und Klettern im Naturpark Gennargentu (www.selvaggioblu.it) **Restaurant** von 12.30 bis 14.00 und 19.30 bis 23.30 Uhr - Menüs: 27 € - Karte - Önothek **Anreise** (Karte Nr. 28): 40 km östl. von Nuoro über die SS-139 (ca. 45 Min.).

Hotel Su Gologone

Sorgente Su Gologone 08025 Oliena (Nuoro)
Tel. 0784-28 75 12 - Fax 0784-28 76 68
Familie Palimodde
E-Mail und Web: guidesdecharme.com/1615

Auch wenn die Hauptattraktion Sardiniens seine Küste ist, so lohnt das Hinterland doch einen Abstecher. Das *Su Gologone* liegt 20 Kilometer von der Küste entfernt zwischen Dorgali und Oliena, am Fuß des Supramonte, eines phantastischen Felsengebirges. Es bietet alles, was man sich wünschen mag: zunächst das 1961 eröffnete Restaurant, das mit seiner exzellenten Küche rasch Berühmtheit erlangte; außerdem kann die von den Dorfbauten Olienas inspirierte Architektur des Hauses als sehr gelungen bezeichnet werden. Auch das Innere zeugt von ausgezeichnetem Geschmack. Edle antike Möbel und Bilder von Biasi, einem talentierten sardischen Maler, harmonieren mit den alten Balken. Die Zimmer sind unterschiedlich gestaltet und sehr angenehm. Die Suiten besitzen zudem ein Bad mit Hydromassage, einen Salon und eine eigene Terrasse. Der phantastische Swimmingpool wird mit Quellwasser gespeist, und auch ein Wellness- mit Beauty-Center steht zur Verfügung. Das Hotel organisiert Touren per Landrover in der Umgebung. Eine reizvolle Adresse.

Kategorie ★★★★ **Geöffnet** März bis Oktober sowie Dezember **65 Zimmer** mit Klimaanl., Tel., Bad, Satelliten-TV, Safe, Minibar **Preise** EZ: 110-145 €, DZ: 140-200 €, Suite: 240-430 € - HP und VP: 105-198 €, 128-181 € (pro Pers.) - Frühst. inkl., von 8.00 bis 9.30 Uhr **Kreditkarten** akzeptiert **Verschiedenes** Hunde erlaubt - Wellness-Center - Swimmingpool - Minigolf - Ausflüge im Landrover - Trekking - Parkpl. **Umgebung** Sorgente su Gologone - Kapelle San Lussurgiu in Oliena - Rosa Flamingos von Sale Porcus - Archäologische Anlage in Tharros - Oristano **Restaurant** von 12.30 bis 15.00 und 20.00 bis 22.00 Uhr - Menüs: 37-50 € - Karte - Sardische Küche - Fisch **Anreise** (Karte Nr. 28): 20 km südöstl. von Nuoro bis Oliena, dann Rtg. Dorgali; ausgeschildert.

Dimore Acqua di Mirto

S'Abba e Sa Murta 08048 Tortoli (Ogliastra)
Handy 345-626 32 42 - Federico Pili
E-Mail und Web: guidesdecharme.com/3275

Zehn Kilometer vom Hafen von Arbatax, von seinen Stränden mit kristallklarem Wasser und weißem Sand bietet das Agriturismo *Dimore Acqua di Mirto* eine Unterbringung, die die ländliche, ja pastorale Facette von Ogliastra illustriert. Die Fattoria ist ein großes Familienanwesen, umgeben von fünf Hektar Olivenhain, Wein und Macchia. Das ganze Jahr über wird hier auf das Ende des Sommers hin gearbeitet, um schließlich belohnt zu werden: durch die Ernte. Die Gäste können hier ohne weiteres der alten Techniken zur Gewinnung des Nektars beiwohnen. In den anderen Jahreszeiten steht das Reitcenter bereit (18 Boxen mit Reitlehrern), das es Ihnen erlaubt, sich hier frei in der Natur zu bewegen, sei es in den nach Myrthe duftenden Wäldern oder auf den Stränden bei Sonnenuntergang. Und dennoch entspricht die Inneneinrichtung keineswegs dem Klischee dieses ländlichen Kontextes: unter Beibehaltung der Architektur und des traditionellen Materials ist sie von großer Eleganz (Raumdecken aus Rohr, Natursteinwände usw.) Die Zimmer sind wunderbar nüchtern und bieten höchsten Komfort; jedes trägt den Namen eines sardischen Künstlers des 19. Jahrhunderts und wird zusätzlich evoziert anhand eines Werkes oder Kunstbuchs. Auf die Freuden des Wassers muss man hier aber auch nicht verzichten: zum Meer sind es nicht mehr als vier Kilometer und selbstverständlich steht ein großer Pool wie auch ein Bassin für die Kinder zur Verfügung. Eine „oasi di pace in mezzo al verde"!

Ganzj. geöffn. 10 Zimmer mit Klimaanl., Dusche, TV, Safe, Minibar **Preise** DZ: ab 50 € - Frühst. (Buffet) inkl., von 8.00 bis 10.00 Uhr **Kreditkarten** Visa, MasterCard **Verschiedenes** Hunde auf Anfrage erlaubt - Swimmingpool - Reiten **Umgebung** Arbatax und die Strände Cala Mariolu, Cala Luna, Cala Biriola, Cala Sisine und Cala Goloritzé - Exkursionen: die Tacchi, Trenino verde (Arbatax-Mandas) **Kein Restaurant** vor Ort **Anreise** (Karte Nr. 28): 130 km nordöstl. von Cagliari über die S-125.

Villa Canu

09072 Cabras (Oristano)
Via Firenze, 9
Tel. 0783-29 01 55 - Fax 0783-39 52 42
Familie Canu
E-Mail und Web: guidesdecharme.com/1616

Zwischen den Bergen von Nuoro und dem fischreichen Golf von Oristano ist Cabras eine Etappe, die es Ihnen erlaubt, auf der kurzen Strecke von Osten nach Westen zu entdecken, was den Charme Sardiniens, dieser eher nach innen gewandten Insel, ausmacht. Der Teich von Cabras illustriert, auf welche Art landwirtschaftliche Techniken mit der Fischzucht in Einklang gebracht werden können. Das zwischen dem Meer und dem Teich gelegene Dorf streift die Felsküste und Fischparks mit Aal, Goldbrasse, vor allem aber den berühmten *muggini*, mit denen die köstliche *bottarga* zubereitet wird. Komfortabel wohnen kann man hier in der *Villa Canu*. Das Haus aus dem Jahr 1886 hat nach wie vor seine ursprüngliche Struktur wie seine traditionellen Rohr-Plafonds. Die Zimmer sind mit ihrem nüchternen Mobiliar und ihren typisch sardisch gemusterten Stoffen anheimelnd. Das Hotel arbeitet partnerschaftlich mit einem auf Fischgerichte spezialisierten Restaurant der Familie. Im „Il Caminetto" sollten Sie *merca* probieren, in Saumure-Sud gekochte Seebarbe, ferner Rochen-Bouillabaise und Seestern-Beignets, wozu der hiesige Rotwein Niedderra wunderbar schmeckt. Zur *bottarga* sollte man sich den Vernaccia d'Oristano servieren lassen: ein exzellenter schwerer Landwein.

Kategorie ★★★ Geschlossen Januar **22 Zimmer** mit Klimaanl., Tel., Bad, TV **Preise** EZ: 50-75 €, DZ: 78-130 €, 3-BZ: 98-165 €; Extrabett: 15-25 € - Frühst. inkl., von 7.30 bis 10.30 Uhr - HP: + 32 € pro Pers. **Kreditkarten** akzeptiert **Verschiedenes** Hunde erlaubt **Umgebung** Fischerei Pontis de Sinis - Oristano - Rosa Flamingos von Sale Porcus - Archäologische Anlage in Tharros - Oliena **Restaurant** „Il Caminetto", 200 m vom Hotel - Von 12.30 bis 15.00 und 20.00 bis 22.00 Uhr - Menüs und Karte **Anreise** (Karte Nr. 28): 50 km westl. von Nuoro.

Hotel Le Dune

2010

Piscinas di Ingurtosu 09031 Arbus (Cagliari) - Via Bau, 1
Tel. 070977130 - Handy 3402415287 - Fax 070977230 - Sergio Caroli
E-Mail und Web: guidesdecharme.com/3279

Ganz urwüchsig … aber wie lange noch? Die Beharrlichkeit Sergio Carolis, die Dinge zu erhalten, hat vielleicht Projekte für eine Marina ähnlich der von Arbus verschoben. In der Tat erstaunlich, diese Küste von Iglesiente, mit vom Wind skulptierten Felsen, die zwischen Capo Pecora und Capo Frasca zu einem schmalen Band jungfräulicher Dunen wird – mit Mastixbäumen, Edelrauten und verbogenen Wacholdersträuchern. Aber noch surrealistischer wird es, wenn man auf die verlassenen Ruinen stößt und verrostete Überreste einstiger Bergwerke, die das Glück und Unglück dieser Region beinahe dreitausend Jahre lang ausgemacht haben. Nachdem man sich ab Ingurtosu auf einer Piste hierher begeben hat, erscheint einem das Haus industriellen Stils dem Meer gegenüber wie ein Relikt … Dennoch ist dieses der letzte Ort, an dem uns ein elegantes, komfortables Hotel erwartet, das einen in einem Dekor aus Mauern, Bögen, Galerien und Natursteinböden, aber auch römischen Amphoren und phönizischen Ankern zur Geschichte der Insel zurückführt. Ein inspirierender Rückzugsort, ein Ort in unverdorbener Natur und großer Stille.

Kategorie ★★★★ **Geschlossen** Dezember bis Februar **15 Zimmer** mit Klimaanl., Tel., Dusche, Minibar **Preise** pro Pers.: 72-200 € (Standard), 77-215 € (Superior), 117-235 € (Junior-Suite), 122-350 € (Suite); Extrabett: 30-105 € - HP und VP: 72-250 €, 150-300 € (pro Pers.). **Kreditkarten** akzeptiert **Verschiedenes** Privater Strandabschnitt - Pflege- und Beauty-Center - Parkpl. **Umgebung** Iglesias (im Sommer zahlreiche Trachtenfeste) - Die Buggerru-Küste in Nebida (Cala Domestica, Caletta de Masua, Isolotto Pan di Zucchero) - Tempel von Antas - Carbonia (Minieri-di-Carbone-Museum) **2 Restaurants** (1 im Hotel und 1 auf dem Strand - Amerikanische Bar - La Cantina-Önothek **Anreise** (Karte Nr. 28): 90 km nordwestl. von Cagliari über SS-131 bis Sanluri, dann SS-197 bis Arbus. Die Straße wird zum Flurweg: Rtg. Casa Atzeni und Piscinas di Ingurtosu.

B&B Domus de Janas

09010 Gonnesa (Cagliari)
Via G. Deledda 59
Tel. 392-384 90 12 - Fax 0781-364 23 - Andrea Piga
E-Mail und Web: guidesdecharme.com/3280

Ein Teil der Küste Sardiniens ist leicht zugänglich; er befindet sich eine Stunde von Cagliari, und man sollte ihn nutzen. Zwanzig Kilometer Küste, eine richtige Kalkwand (Su Muru Biancu), angefangen von der Küste von Buggerru bis zur violinfarbenen Schieferbarriere von Nebida, wo das Meer, je nach Windrichtung, von Kobaltblau zu Türkisgrün wechselt. Hier ist alles voller kleiner Buchten, Felstürme, Meeresgrotten und kleiner Strände. Vor nicht langer Zeit wurde hier noch intensiv Zink und Blei gefördert, doch seit dem Eröffnen des hiesigen Naturparks im Jahr 2001 wurde der von der UNESCO unter Naturschutz gestellt, und die Ruinen, wie die von Laveria Lamarmora an der Küste von Nebida, ähneln einem griechischen Tempel. Die Palme dieser Rundfahrt geht an Cala Domestica, zwei kleine weiße Sandstrände, umgeben von dichtem Korkeichenwald, am Ende einer tiefen, schmalen Felsbucht. Gonessa, wo sich das *B&B Domus de Janas* befindet, liegt etwas weiter südlich. Das Dorfhaus ist sehr einladend mit seinen hübschen farbigen Zimmern mit separatem Zugang und versehen mit Komfortduschbädern. Das Frühstück wird in der sympathischen, den Gästen zur Verfügung stehenden Küche serviert. Eine reizende, gastfreundliche Etappe in einer besonders für Motorradfans interessanten Gegend.

Ganzj. geöffn. **3 Zimmer** mit Klimaanl., Bad, Sky-TV, Hi-Fi **Preise** pro Pers. ab 2 Üb.: 25-35 € (DZ), 30-45 € (Suite) + 10 € (für 1 Üb.) - Frühst. inkl. **Kreditkarten** nicht akzeptiert **Verschiedenes** Hunde auf Anfrage erlaubt - Bootsfahrten - Ausflüge per Motorrad **Umgebung** Strände der Umgebung: Porto Paglia, Fontanamare, Sa Punta, Spiaggia di mezzo - Bergwerksdörfer: Normann, Monte Onixeddu und Sedda's Modizzis - Buggerru-Küste in Nebida (Cala Domestica, Caletta de Masua, Isolotto Pan di Zucchero) - Tempel von Antas **Kein Gästetisch** vor Ort **Anreise** (Karte Nr. 28): 60 km westl. von Cagliari (etwa 1 Std.), 10 km südl. von Iglesias.

Villagio Antichi Ovili

Taccu 08030 Orroli (Nuoro)
Tel. 0782-847 793 - Handy 349-542 20 41
E-Mail und Web: guidesdecharme.com/1613

Reise ins uralte, ländliche Sardinien, eine Region, die Publicity erhielt mit der italienischen Übersetzung des Buches „Sea and Sardinia" von D. H. Laurence; es ist der Bericht einer Bahnreise, die der Autor als Rucksacktourist 1901 mit seiner Ehefrau unternahm. Auf der Strecke von Olbia nach Cagliari machte er in Mandas Halt, einer Region, die ihn an Cornwall erinnerte. Was uns betrifft, so halten wir etwa zwanzig Kilometer weiter in Orroli an, das man über eine Hügellandschaft erreicht, in der sich Olivenhaine mit Weizenfeldern und Weinberge mit Eichenwäldern abwechseln. Das eher ruhige Dorf (wegen seiner großen Anzahl an Hundertjährigen von Genetikern untersucht) wird im Sommer von Touristen aufgesucht, um die künstlichen Fjorde von Flumendosa und Murlagia an Bord eines Dampfschiffs hochzufahren oder die prähistorische Stätte Barumini, ein UNESCO-Weltkulturgut, aufzusuchen. Das *Villagio Antichi Ovili* am Rand von Orroli schuf seine Zimmer nach dem Vorbild alter Schäfer-„Hütten", die hier *ovili* heißen: etwa zwanzig Bauten aus Stein mit rohrgedeckten Dächern, einfach und rustikal, in einem Garten an den Hängen des Vulkans Pizziogu gelegen, mit Blick auf die neolithische Nekropole Su Motti. Von hier begibt man sich zu den *nuraghi* von Barumini mit dem berühmtesten Su Nuraxi gegenüber dem Schloss Giudicato d'Arborea. Fürs Mittagessen empfehlen wir das „Sa Lolla" in einem Haus des Dorfes.

Ganzj. geöffn. **20 Zimmer** mit Tel., Bad, TV **Preise** EZ: 40 €, DZ: 70 €; Extrabett: 30 € - Frühst. inkl. - HP: von 50 € **Kreditkarten** nicht akzeptiert **Verschiedenes** Hunde nicht erlaubt - Parkpl. **Umgebung** Seen von Flumendosa und Murlagia - Archäologische Stätten - Grüne Eisenbahn ab Cagliari **Restaurant** von 12.00 bis 14.00 und 20.00 bis 22.00 Uhr - Menü: 25 € **Anreise** (Karte Nr. 28): 67 km nördl. von Cagliari SS-131 „Carlo Felice". An der Kilometermarke 22 SS-128 Rtg. Sernobi/Isili an der Kreuzung rechts. 2 km hinter Sernobi Rtg. Suelli. Am Ortsausgang von Suelli rechts nach Sisini, dann Siurgus Donigala (8 km). Orroli liegt 15 km

Omuaxiu

08030 Orroli (Nuoro) - Via Roma, 46
Tel. 0782-84 50 23 - Fax 0782-90 842
E-Mail und Web: guidesdecharme.com/3268

In Orroli braucht man nur im *Omuaxiu* zu wohnen, um dieses zeit- und geschichtslose Sardinien zu erleben – wie beschrieben von D.H. Lawrence, als er 1901 in diesem Dorf Halt machte. Agostino, der derzeitige Eigentümer, hat in einem der Räume des *padronale*-Hauses ein Museum eingerichtet, das die Lebensart einer sardischen Familie auf dem Land illustriert: So befindet sich der Besucher dann in einem Schlafzimmer und einer Küche von damals, entdeckt er traditionelle Werkzeuge, Brautausstattungen und Kostüme. Außerdem ein Hotelangebot, das dem Konzept der *albergo diffuso* (auch in einem neuen Gebäude) entspricht, mit ein paar komfortablen, geräumigen Zimmern, die das lokale Kunsthandwerk hervorheben. Und um dieses Eintauchen in die Tradition zu vervollständigen, bietet das zur Loggia und zum Hof hin offene Restaurant die bodenständige Küche der *mamma* Tonia Vargiu an, die als die beste der Gegend gilt: Ein „menu della terra" wird Sie Antipasti, Käse und Aufschnitt genießen lassen, ferner die Spezialitäten von Schwein und Wildschwein, die frische Pasta, das selbstgebackene Brot, die mit Ricotta und Mandeln hergestellten Nachtische, und dazu serviert wird hauseigener Wein. Charmanter Empfang in hiesiger Tracht.

Ganzj. geöffn. **9 Zimmer** und 2 Mini-Suiten mit Bad **Preise** EZ: 55-70 €, DZ: 76-90 €, Suite: 100-120 € - Frühst. inkl., von 8.00 bis 10.00 Uhr **Kreditkarten** nicht akzeptiert **Verschiedenes** Hunde auf Anfrage erlaubt - Museum (Volkskunst und Traditionen) des Hotels (3 €) - Parkpl. **Umgebung** Seen von Flumendosa und Murlagia - Archäologische Stätten: neolitische Nekropole Su Motti, die Nuraghi von Barumini (Su Nuraxi) - Die grüne Eisenbahn ab Cagliari **Restaurant** von 12.00 bis 14.00 und 20.00 bis 22.00 Uhr - Menü: 30 € - Regionale Küche **Anreise** (Karte Nr. 28): 67 km nördl. von Cagliari, SS-131 „Carlo Felice". An der Kilometermarke 22: SS-128 Rtg. Sernobi/Isili, an der Kreuzung rechts, dann Rtg. Suelli (2 km). An der Ausfahrt von Suelli rechts nach Sisini, dann Siurgus Donigala (8 km). 15 km bis Orroli.

Albergo Paola e Primo Maggio

Isola di San Pietro -Taccarossa 09014 Carloforte (Cagliari)
Strada Provinciale "La Punta Tonnare" km 2,3
Tel. 0781-85 00 98 - Fax 0781-85 01 04
Familie Vittoria Ferraro
E-Mail und Web: guidesdecharme.com/1612

Die *Albergo Paola* liegt drei Kilometer von Carloforte entfernt und bietet Zimmer mit Meerblick zu vernünftigen Preisen an. Das Restaurant im Hauptgebäude erfreut sich einer großen, schattigen Terrasse und einer guten, reichhaltigen Küche mit vielen inseltypischen Gerichten. Zu empfehlen sind die modernen und behaglichen Zimmer Nr. 7, 8 und 9. Die im Erdgeschoss gelegenen Schlafräume gehen auf den Garten hinaus und sind genauso angenehm wie die drei, die sich in einem nahen Bungalow befinden. Reizender Empfang.

Kategorie ★★★ **Geschlossen** November bis April **24 Zimmer** mit Dusche **Preise** DZ: 60-110 € - HP und VP: 50-80 €, 75-100 € (pro Pers.) - Frühst. inkl., von 8.00 bis 10.00 Uhr **Kreditkarten** akzeptiert **Verschiedenes** Hunde erlaubt - Strand (500 m) **Umgebung** Torre di S. Vittorio - Basaltformationen an der Punta del Colonne - Strände von La Caletta und La Punta **Restaurant** von 20.00 bis 23.00 Uhr - Karte - Spezialitäten: Fisch **Anreise** (Karte Nr. 28): 77 km westl. von Cagliari über die SS-130 bis Portoscuso; Fährverbindung ab Portovesme (40 Min.) - 3 km nördl. von Carloforte.

San Domenico Palace Hotel

98039 Taormina (Messina)
Piazza San Domenico, 5
Tel. 0942-61 31 11 - Fax 0942-62 55 06
Massimo Pacielli
E-Mail und Web: guidesdecharme.com/1626

Das *San Domenico Palace*, in einem 1430 erbauten Kloster eingerichtet, war einst wohl das schönste Hotel Siziliens. Heute wird es noch immer von einer reichen internationalen Klientel aufgesucht. Um in den herrlichen, sehr gepflegten und das ganze Jahr über blühenden Garten zu gelangen, durchquert man den Kreuzgang und die zahlreichen langen Gänge mit Gemälden des 17. und 18. Jahrhunderts. Die luxuriösen Zimmer erinnern an Mönchszellen. Sie können hier traumhafte Tage (auch) am Swimmingpool verbringen und dabei die Aussicht auf das griechische Theater, das Meer und den Ätna genießen. Das gastronomische Abendessen bei Kerzenschein auf der Panoramaterrasse ist überaus angenehm. Sehr guter Service und exzellenter Empfang.

Kategorie ★★★★ **Ganzj.** geöffn. **105 Zimmer** mit Klimaanl., Tel., Bad, Satelliten-TV, Minibar, Jacuzzi in den Suiten; Aufzug **Preise** ab 290 € - Frühst. inkl., von 7.00 bis 10.30 Uhr **Kreditkarten** akzeptiert **Verschiedenes** Hunde nicht erlaubt - Beauty-Center - Fitness - Beheizter Swimmingpool **Umgebung** Taormina: Zona archeologica - Castello auf dem Monte Tauro - Castelmola (Terrasse, Aussichtsp. des Cafés) - Forza d'Agrò - Alcantara-Schlucht - Capo Schisò - Naxos - Strand von Mazzarò - Ausflüge zum Ätna ab Taormina - Golfpl. Il Picciolo (18 L.) **Restaurant** „Les Bougainvillées", von 12.30 bis 14.30 und 19.30/20.00 bis 21.30/ 22.00 Uhr - Menü: 65 € - Karte - Italienische und sizilianische Küche **Anreise** (Karte Nr. 27): 52 km südl. von Messina über die A-18, Ausfahrt Taormina-Nord; in der Nähe des Aussichtspunktes der Via Roma.

Hotel Villa Belvedere

98039 Taormina (Messina)
Via Bagnoli Croci, 79
Tel. 0942-237 91 - Fax 0942-62 58 30
Sig. Pécaut
E-Mail und Web: guidesdecharme.com/1627

Nur ein paar Schritte vom sehr schönen öffentlichen Park Taorminas erhebt sich die diskrete *Villa Belvedere*. Von einem jungen Mann französischer Herkunft hervorragend geführt, hält das Hotel drei Regeln ein, die seinen Erfolg bei einer Kundschaft ausmachen, welche sich aus Künstlern und Habitués zusammensetzt: Sauberkeit, Komfort und Ruhe. Die preiswertesten Zimmer liegen nach hinten mit Blick auf eine Hecke, hinter der die Straße vorbeiführt, aber der Schallschutz ist gut. Viele andere Zimmer haben den Vorteil, über einen Balkon bzw. eine Terrasse mit Meerblick zu verfügen; von einigen sieht man sogar den Ätna. Zu den Suiten wäre zu sagen, dass eine ein eigenes Gärtchen besitzt. Mehr würde man gar nicht verlangen, aber der Blick auf die Bucht von Taormina und der angenehme Swimmingpool unter riesigen Palmen bieten einen weiteren Reiz, der sich auf der Rechnung glücklicherweise nicht bemerkbar macht. Ein Haus, das nur Komplimente verdient.

Kategorie ★★★ **Geöffnet** 6. März bis 25. November **51 Zimmer** und 3 Suiten mit Klimaanl., Tel., Bad oder Dusche, Satelliten-TV, Internet-Anschluss von 8.00 bis 23.00 Uhr; Pool-Aufzug **Preise** EZ: 70-140 €, DZ (für 1 Pers.): 90-200 €, DZ: 120-228 €, Suite: 180-380 € - Frühst. (Buffet) inkl., von 7.00 bis 11.00 Uhr **Kreditkarten** Visa, Eurocard, MasterCard **Verschiedenes** Hunde erlaubt - Swimmingpool - Parkpl. (9,80 €/Tag) **Umgebung** Taormina: Zona archeologica - Castello auf dem Monte Tauro - Castelmola (Terrasse, Aussichtsp. des Cafés) - Forza d'Agrò - Alcantara-Schlucht - Capo Shisò - Naxos - Strand von Mazzarò - Ausflüge zum Ätna - Il Picciolo Golf Club (18 L.) **Kein Restaurant** aber eine Snackbar (April-Okt.), von 11.30 bis 17.00 Uhr **Anreise** (Karte Nr. 27): 52 km südl. von Messina über die A-18, Ausfahrt Taormina; das Hotel liegt in der Nähe des Belvedere der Giardini pubblici.

Hotel Villa Ducale

98039 Taormina (Messina)
Via Leonardo da Vinci, 60
Tel. 0942-281 53 - Fax 0942-287 10
Sig. und Sig.r Quartucci
E-Mail und Web: guidesdecharme.com/1628

Villa Ducale hat wirklich viel Charme. Erst vor kurzem wurde sie von dem Enkel einer alteingesessenen Familie aus Taormina als Hotel eröffnet, die diese zu Beginn des 20. Jahrhunderts von dem Großvater gebaute Patriziervilla über all die Jahre in Ehren hielt. Das Hotel ist komfortabel und sehr elegant. Die Zimmer sind mit antiken Möbeln geschmackvoll eingerichtet, und alle haben einen unglaublichen Blick aufs Meer, den Ätna und das Tal, zudem eine eigene Terrasse mit Tischen und Stühlen. In der gut bestückten Bibliothek kann man alles über Sizilien und seine Geschichte nachlesen. Um keinen Preis das auf der Panoramaterrasse servierte Frühstück (Brunch) versäumen. Swimmingpool 50 Meter vom Hotel entfernt. Im Sommer kostenloser Pendelverkehr für Hotelgäste zum Strand. Freundlicher Empfang.

Kategorie ★★★★ **Geschlossen** 10. Januar bis 20. Februar **11 Zimmer** und 6 Suiten mit Klimaanl., Tel., Wi-Fi, Bad oder Dusche, Satelliten-TV, Minibar, Safe **Preise** EZ: 80-200 €, DZ: 100-260 €, Junior-Suite und Suite: 180-400 € - Frühst. (Buffet) inkl., von 8.00 bis 11.00 Uhr **Kreditkarten** akzeptiert **Verschiedenes** Hunde auf Anfrage erlaubt - Spa - Jacuzzi - Kostenloser Pendelbus (Strand und Zentrum) - Parkpl. (10 €/Tag) **Umgebung** Taormina: Zona archeologica - Castello auf dem Monte Tauro - Castelmola (Terrasse, Aussichtsp. des Cafés) - Forza d'Agrò - Alcantara-Schlucht - Capo Shisò - Naxos - Strand von Mazzarò - Ausflüge zum Ätna ab Taormina - Golfpl. Il Picciolo (18 L.) **Kein Restaurant** vor Ort **Anreise** (Karte Nr. 27): 52 km südl. von Messina über die A-18, Ausfahrt Taormina.

Hotel Villa Schuler

98039 Taormina (Messina)
Piazzetta Bastione / Via Roma
Tel. 0942-23 481 - Fax 0942-23 522
Gerardo Schuler
E-Mail und Web: guidesdecharme.com/1629

Taormina, das einige hundert Meter hoch wie ein Balkon am Meer liegt, verfügt über natürlichen Dekor von großer Schönheit. Einer der Vorzüge der Villa ist ihre Lage mit Panoramablick: sowohl im historischen Zentrum gelegen als auch ganz im Grünen, von wo aus man unter Palmen sitzend auf das Meer und den Ätna blickt. Im Park, der das Haus umgibt, wächst und blüht alles besonders üppig und bunt. Die allgemeine Innenausstattung verfügt über Komfort, ebenso die Zimmer, die fast alle Blick aufs Meer oder den Garten bieten; die Zimmer des Obergeschosses erfreuen sich einer richtigen Terrasse mit Liegestühlen. Die Preise sind, wie der Empfang, sehr freundlich. Ein gutes Familienhotel.

Geöffnet 6. März bis 21. November **21 Zimmer**, 5 Junior-Suiten und die Garden Villa Suite mit Klimaanl., Tel., Bad oder Dusche, Satelliten-TV, Radio, Safe; Aufzug **Preise** EZ: 99-124 €, DZ: 99-166 €, Junior-Suite: 157-212 €, Garden Villa Suite: 206-258 € - Frühst. inkl., von 7.30 bis 10.00 Uhr **Kreditkarten** akzeptiert **Verschiedenes** Hunde nicht erlaubt - Pendelverkehr zum Strand und Strandplatz (8-13 € pro Pers.) - Garage (15 €/Tag) **Umgebung** Taormina: Zona archeologica - Castello auf dem Monte Tauro - Castelmola (Terrasse, Aussichtsp. des Cafés) - Forza d'Agrò - Alcantara-Schlucht - Capo Schisò - Ätna - Naxos - Strand von Mazzarò - Golfpl. Il Picciolo (18 L.) **Kein Restaurant** im Hotel **Anreise** (Karte Nr. 27): 52 km südl. von Messina über die A-18, Ausfahrt Taormina.

Hotel Villa Sant'Andrea

Mazzaro 98030 Taormina (Messina)
Via Nazionale, 137
Tel. 0942-23 125 - Fax 0942-24 838
E-Mail und Web: guidesdecharme.com/1630

Wo kann man die Vorzüge Taorminas genießen, ohne mit den Nachteilen in Berührung zu kommen? In der *Villa Sant'Andrea*! Am Meeresufer gelegen, abseits der Touristenstraßen des Ortes (in fünf Minuten mit der Seilbahn erreichbar), ist das Hotel im Gegensatz zu seinen Nachbarn in Mazzarò nicht der Versuchung erlegen, ein Ziel für Touristenbusse zu werden. Ihrer Ruhe in dieser Villa des ausgehenden 19. Jahrhunderts können Sie sich sicher sein. Die Zimmer (die meisten mit Meerblick), das Restaurant, der Privatstrand und die Terrassenbar sind ebenso geschmackvoll wie unaufdringlich.

Kategorie ★★★★ **Geöffnet** April bis November **78 Zimmer** mit Klimaanl., Tel., Bad oder Dusche, Satelliten-TV **Preise** EZ: 170-376 €, DZ: 224-476 €, Junior-Suite: 350-604 € - Frühst. inkl., von 7.30 bis 10.30 Uhr **Kreditkarten** akzeptiert **Verschiedenes** Hunde auf Anfrage erlaubt (15 €) - Beauty-Center - Privatstrand - Parkpl. (17 €/Tag) **Umgebung** Taormina: Zona archeologica - Castello auf dem Monte Tauro - Castelmola (Terrasse, Aussichtsp. des Cafés) - Forza d'Agrò - Alcantara-Schlucht - Capo Schisò - Ausflüge zum Ätna - Naxos - Strand von Mazzarò - Golfpl. Il Picciolo (18 L.) **Restaurant** von 13.00 bis 14.30/15.00 und 19.30 bis 22.30/23.00 Uhr - Karte **Anreise** (Karte Nr. 27): 52 km südl. von Messina über die A-18, Ausfahrt Taormina-Nord - das Hotel liegt 2 km nördl. von Taormina (über die Küstenstraße).

Palazzo Biscari

95131 Catania (Catania)
Via Museo Biscari, 16
Tel. 0953-218 18 - Handy 320-211 4802 - Fax 0957-152 508
Ruggero Moncada
E-Mail und Web: guidesdecharme.com/1631

Vielen gilt das aktive Catania als das Mailand des Südens. Lärm, Verkehr, wuchernde moderne Bauten und eine industrielle Umgebung tragen dazu bei, dass man die Stadt oft umgeht. Dennoch bilden Barockkirchen und -paläste aus jener Zeit, als Vaccarini nach dem schrecklichen Erdbeben des Jahres 1693 die Stadt wiederaufbaute, theatralische Perspektiven. *Palazzo Biscari* ist der berühmteste dieser Paläste. In zwei Etappen erbaut, ist er ein Meisterwerk des Barock und des Rokoko zugleich. Besonders sehenswert (Anmeldung erforderlich) der oktogonale Ballsaal voller Fresken (aus dem die Engländer 1943 einen Tennisplatz machten), die lange Kolonnade voller Putti, die Voluten-Treppe, die wie eine Liane zur Terrasse „hochrankt", oder jene, die wie eine Wolke zur Musikerloge „entschwebt". Weiterhin sehenswert, aber auch bewohnbar für privilegierte Gäste die (nicht immer verfügbare) Suite neben dem Ballsaal: die Flucht der Salons, die sinnenfreudigen Stuckdecken, der Salon mit Marketteriearbeiten aus Rosen- und Veilchenholz am „Tempel der Jungfrauen", in dem Goethes Manuskript der „Reise nach Sizilien" aufbewahrt wird. Der Dichter hatte in diesem Palast gewohnt. Schlichter, komfortabel und preiswerter sind die zwei Zimmer. Der Empfang des derzeitigen Herrn des Hauses, Ruggero, er ist charmant, höflich, eine Spur extravagant und polyglott, ist perfekt. Einzigartig!

Ganzj. geöffn. **2 Zimmer** mit Bad (2-4 Pers.) **Preise** 1 Pers.: 60 €, 2 Pers.: 90 €, 3-4 Pers.: 100-110 € **Kreditkarten** akzeptiert **Verschiedenes** Hunde erlaubt - Parkpl. **Umgebung** Catania: Dom, Schloss Ursino, Museum Bellini, Via dei Crociferi, Kirche S. Nicolo via Etna und Piazza dell'Università - Ätna **Kein Restaurant** vor Ort **Anreise** (Karte Nr. 27): in der Nähe des Doms.

SIZILIEN

Hotel Gutkowski

96100 Siracusa
Lungomare Vittorini, 26
Tel. 0931-46 58 61 - Fax 0931-48 05 05
E-Mail und Web: guidesdecharme.com/1633

Das Hotel mit Charme von Syracus liegt in der Altstadt auf der Insel Ortigia, dem Herzen des griechischen Stadtteils, inmitten der Paläste und Barockkirchen, die aus der Zeit der spanischen Okkupation stammen. Die Balkone der Via Vittorio Veneto bieten ein gutes Gesamtbild dieses spanischen Syracus. Hotel *Gutkowski* ist polnischen Ursprungs, obwohl die heutige Eigentümerin Italienerin, ja Sizilianerin ist. Als dieser Stadtteil noch keinen besonders guten Ruf hatte, erwarb sie zunächst ein Pornokino, aus dem ein Autorenfilmkino wurde, und daraufhin ein großes Haus mit dem Vorhaben, es zu einem Hotel umzubauen. Bei der Renovierung wurden die Innenräume vollkommen umgestaltet, wobei folgendes im Vordergrund stand: Einfachheit und Modernität. Groß sind die Zimmer zwar nicht, aber dank viel Licht und Komfort sind sie mit ihren vorbildlichen Bädern sehr angenehm. Manche haben Meerblick, von anderen, mit Terrasse, schaut man auf die Dächer der Stadt. Ideal für die Besichtigung des Doms und des archäologischen Museums, fühlt man sich hier abends startklar für einen Bummel, um sich daraufhin in einem der kleinen Restaurants der zahllosen Gassen niederzulassen.

Ganzj. geöffn. **25 Zimmer** mit Klimaanl., Tel., Bad, Satelliten-TV, Minibar **Preise** EZ: 70-80 €, DZ: 110 €, 3-BZ: 130 € - Frühst. inkl., von 7.30 bis 10.30 Uhr **Kreditkarten** akzeptiert **Verschiedenes** Hunde erlaubt - Parkpl. **Umgebung** Siracusa: Museo archeologicoe, die Promenade Ortigia, Ruinen von Neapolis, die Katakomben - Schloss Euryale - Zyanidhaltige Quelle (Zugang per Boot oder über die Straße) **Kein Restaurant** (siehe unsere Restaurantauswahl S. 631) **Anreise** (Karte Nr. 27): auf der Insel Ortigia.

Grand Hotel di Siracusa

96100 Siracusa
Via Mazzini, 12
Tel. 0931-46 46 00 - Fax 0931-46 46 11
E-Mail und Web: guidesdecharme.com/1634

Dieses Hotel ist *das* Grandhotel der Stadt. Die Architekten entwarfen neue Räume, so ein Panorama-Terrassenrestaurant, nutzten das gesamte Erdgeschoss für die Empfangsräume, bewahrten aber so viel Ursprüngliches wie nur möglich. Dieser Instandsetzung ist es auch zu verdanken, dass die restlichen spanischen Befestigungsanlagen des Hauses aus dem Cinquecento heute in einem kleinen Museum des Hotels gezeigt werden können. Die beiden großen Salons sind mit altem, sizilianischem Mobiliar eingerichtet. Die große Rotunde, die abends am Hafen der Insel Ortigia erleuchtet, ist der Salon „Athena" – ganz aus Stuck und Fresken. Eine große, halbrunde Säulentreppe führt zu den Etagen und luxuriösen, komfortablen Zimmern mit Blick aufs Meer. Wunderschön ist auch der eingefriedigte Garten mit einem Panorama-Aufzug inmitten der Palmen und duftenden Pflanzen.

Ganzj. geöffn. **38 Zimmer** und 20 Suiten mit Klimaanl., Tel., Bad, Satelliten-TV, Minibar; Aufzug, Eingang und Zi. für Behinderte **Preise** EZ: 155 €, DZ und DZ mit Aussicht: 240-250 €, 3-BZ-Maisonnette: 315 €, 4-BZ-Maisonnette: 400 € - HP und VP: + 30 € + 60 € (pro Pers.) - Frühst. inkl., von 7.00 bis 10.00 Uhr **Kreditkarten** akzeptiert **Verschiedenes** Hunde auf Anfrage erlaubt - Privatstrand von Mitte Juni bis Mitte September (Anfahrt per privatem Pendelbus) **Umgebung** Siracusa: Museo archeologicoe, die Promenade Ortigia, Ruinen von Neapolis, die Katakomben - Schloss Euryale - Zyanidhaltige Quelle (Zugang per Boot oder über die Straße) **Restaurant** von 12.30 bis 14.30 und 19.30 bis 22.30 Uhr - Karte - Italienische und regionale Küche **Anreise** (Karte Nr. 27): auf der Insel Ortigia.

Eremo della Giubiliana

Giubiliana 97100 Ragusa
Tel. 0932-669 119 - Fax 0932-669 129
Sig.r Nifosi
E-Mail und Web: guidesdecharme.com/1635

In unzerstörter Natur inmitten von Eichenwäldern umgeben weiße Mauern aus trockenem Stein diese Einsiedelei. Bei der Umgestaltung sollten die alten Steine und die ursprüngliche Raumaufteilung erhalten bleiben. Aber nicht nur das. Die Zurückgezogenheit, die erst geistiger und dann kriegerischer Natur war, setzt sich noch heute fort, wenn auch auf andere Art: Für die hier einkehrenden Gäste ist dies ein besonders stiller Ort zum Entdecken eines anderen Siziliens. Nüchternes, schlichtes Raffinement stellen den Luxus dieses Hauses dar. Die Zimmer sind in den einstigen Mönchszellen eingerichtet, wurden aber mit beispielhaftem, diskretem Luxus versehen. Auch die Küche kann mithalten: biologische Produkte aus dem Garten, Brot und Pasta hausgemacht, traditionelle Rezepte der Insel und ein mit sizilianischen Weinen gut bestückter Keller. Dass das Hotel über einen Privatflugplatz verfügt, mag überraschen. Der Sohn, ein anerkannter Pilot (sein Unternehmen ist in der ganzen Region bekannt), bietet Tagesausflüge zu den Inseln Malta, Lampedusa und Pantelleria an; außerdem einen Flug über den Ätna und die barocken Städte der Umgebung.

Kategorie ★★★★ **Geschlossen** 12. Januar bis 9. Februar **20 Zimmer** mit Klimaanl., Tel., Bad, Satelliten-TV und 5 Cottages mit Tel., Bad, Satelliten-TV **Preise** Pro Pers., DZ: 115,50-137,50 €, Superior: 137,50- 159,50 €, Deluxe: 154-192,50 €, Suiten: 203,50-671 € - Cottages: 132 € pro Pers. mit Frühst. - HP und VP: + 60 € + 90 € - Frühst. inkl., von 7.30 bis 10.30 Uhr **Kreditkarten** akzeptiert **Verschiedenes** Hunde auf Anfrage erlaubt (30 €) - Parkpl. **Umgebung** Ragusa - Marina di Ragusa und Ruinen von Camarina - Noto - Siracusa **Restaurant** von 13.00 bis 15.00 und 19.30 bis 22.30 Uhr - Mo (außer für Hausgäste) geschl. - Menüs: 60-90 € - Karte **Anreise** (Karte Nr. 27): 80 km südwestl. von Siracusa. 7 km von Ragusa Ibla. SS-514 Catania/Ragusa, Ausfahrt Marina di Ragusa, dann SP-25 (7 km).

Casa Talia

97015 Modica (Ragusa)
Via Exaudinos, 1/9
Tel. und Fax 0932-75 20 75 - Handy 335-548 6656 - Marco Giunta
E-Mail und Web: guidesdecharme.com/1636

Wie in einer provenzalischen Krippe drängen sich die Häuser von Modica aneinander, um sich einen Platz zu sichern in den Schluchten des Monte Iblea. Die prachtvolle Kathedrale San Giorgio von Gagliardi stellt auf theatralische Art ihre 250 Stufen zur Schau, und die Kirche San Pietro ist stolz auf ihr von den zwölf Aposteln gesäumtes Treppenstück. Sehr empfänglich für die Schönheit der Architektur und der besonderen Lebensart dieses Ortes, wo Jahreszeiten und Traditionen noch zählen, haben Marco und Viviana, Architekten aus Mailand, beschlossen, sich hier niederzulassen. Ihr Projekt: ein Zuhause zu schaffen, das mit anderen geteilt wird. Derzeit umfasst *Casa Talia* mehrere kleine Häuser, die sich im alten *ghetto* befinden. Der Architektenberuf verpflichtet, weshalb die Restaurierung mit vorwiegend hiesigem Material außerordentlich professionell vorgenommen wurde. Die traditionelle Innenarchitektur blieb ebenfalls erhalten, allerdings modern abgewandelt. Das Ergebnis sind geräumige, sehr komfortable Zimmer mit separatem Eingang, eine Mischung aus „Rustikalität" und modernem Charme. Auf den hängenden Garten verteilt, hat jedes seine *terrazzino*, auf der man in aller Ruhe das besondere Licht genießt, das dem schönen barocken, in der ganzen Stadt verbreiteten Modicana-Stein zu verdanken ist. Italienisches *slow food* ist allseits bekannt, hier wird nun das sizilianische *slow living* eingeweiht.

Ganzj. geöffn. **4 Zimmer** mit Klimaanl., Tel., Wi-Fi, Bad, Satelliten-TV, Minibar, Safe **Preise** DZ für 1 Pers.: 110 €, DZ: 130-150 €, Suite: 160-200 €, 3-BZ: 180-230 €, 4-BZ: 220-250 € - Extrabett: 30 € - Frühst. inkl., von 9.00 bis 11.30 Uhr **Kreditkarten** Visa, Eurocard, MasterCard **Verschiedenes** Hunde nicht erlaubt - Wi-Fi **Umgebung** Marina di Modica - Sampieri - Ragusa - Marina di Ragusa und Ruinen von Camarina - Noto - Siracusa **Essen** mit Vorbestellung **Anreise** (Karte Nr. 27): SS-514 Catania/Ragusa, Abfahrt Modica. Im historischen Zentrum.

B&B L'Orangerie

Modica (Ragusa)
Vico de Naro, 5
Tel. 347-06 74 698
E-Mail und Web: guidesdecharme.com/1637

Unter den acht von der Unesco als Weltkulturerbe ernannten Städten zählen die des Val di Noto: Modica, Noto, Ragusa ibla und Scicli in Val di Noto. Sie wie auch das nahe Meer sind einzigartige Reiseziele. Die genannten Städte, von denen einige durch das Erbeben im Jahr 1693 vollkommen zerstört wurden, erlebten eine Renaissance in Form des „sizilianischen Spätbarock". Eingenistet am Fuß des Monte Iblea, ist Modica aufgeteilt auf Modica Alta, dessen schöne Natursteinhäuser sich an den Berg stützen, und auf Modica Bassa im Tal. Das reizende B&B befindet sich in einem Familienhaus des 19. Jahrhunderts im Herzen der nach dem Erdbeben wiederaufgebauten Stadt. Angeboten werden Zimmer bzw. geräumige, ausgestattete „Studios", die meisten mit Balkon, auf dem Zitrusfrüchte blühen. Die Gestaltung, eine Mischung aus Altem und Modernem, ist von schlichter Eleganz, und das Frühstück wird Ihnen in einer „betagten" Küche serviert. Für die anderen Gerichte steht das Restaurant des Hauses „Fattoria delle Torri" zur Verfügung, das in einem höchst raffinierten Speiseraum aktualisierte Spezialitäten mit einer Weinkarte anbietet, die nicht weniger als 550 ausgewählte Etiketten umfasst. Gepflegt, professionell, durchkalkulierte Preise, alles wesentliche Qualitäten.

Ganzj. geöffn. **4 Zimmer** und 3 Suiten mit Klimaanl., Bad, TV **Preise** Kl. DZ: 96 €, DZ: 126 €, 3-BZ: 154 €, 4-BZ: 176 €; Extrabett: 14 € - Frühst. inkl., von 8.00 bis 10.00 Uhr **Kreditkarten** Visa, Eurocard, MasterCard, Amex **Verschiedenes** Hunde nicht erlaubt - Privatstrand mit eig. Plätzen in Modica Marina **Umgebung** Marina di Modica - Sampieri - Ragusa - Marina di Ragusa und Ruinen von Camarina - Noto - Siracusa **Restaurant** „Fattoria delle Torri" **Anreise** (Karte Nr. 27): 7 km von Ragusa Ibla. SS-514 Catania/Ragusa, Ausfahrt Modica. Zentrum, Corso Umberto (Parken), an der Via De Naro (Nr. 51) 50 m weiter, dann Vico de Naro.

Baglio della Luna

Maddalusa 92100 Agrigento
Tel. 0922-51 10 61 - Fax 0922-59 88 02
E-Mail und Web: guidesdecharme.com/1638

Agrigent würde selbstverständlich mehr als eine Seite in unserem Führer verdienen. Da wir aber *die* Perle noch immer nicht gefunden haben, geben wir dem Luxus des *Baglio della Luna* nach. Allerbeste Lage am Rand des Tals der Tempel. Der Turm aus dem 13. Jahrhundert, von wo Ausschau auf die Türken gehalten wurde, bildet den Mittelpunkt dieses alten *baglio*, wie üblich umgeben von einem üppigen, von hohen Mauern umgebenen *cortile*. Diese dem Bauernhaus besonderen Schutz gewährende Architektur war im östlichen Teil Siziliens stark verbreitet. Die Zimmer sind auf die *foresteria* und den Turm aufgeteilt, in welchem sich die mit absolut allen „Optionen" ausgestatteten Suiten befinden: ausnahmslos elegant, intim und voller Komfort. Das einzige, was sie unterscheidet, ist die Größe und die den Superiors und den Suiten vorbehaltene Aussicht. Im Restaurant wird Kreativ-Modernes angeboten, doch umfasst die Karte auch ganz Insel-Typisches. Eine gute Adresse für Kurzaufenthalte, da die archäologischen Stätten von hier aus zu Fuß erreichbar sind, man nur knapp zwei Kilometer vom Strand entfernt und nahe der Heimat Pirandellos ist.

Kategorie ★★★★ **Ganzj.** geöffn. **23 Zimmer** mit Klimaanl., Tel., Bad oder Dusche, Satelliten-TV, Minibar **Preise** DZ: 180 €; Superior (Aussicht auf Tempel): 200 €, 220 € mit Balkon; Deluxe: 260 €; Junior-Suite (mit Aussicht) und Suite (mit Hydromassage-Bad): 300-400 €; Extrabett: 60 € - Frühst. (Buffet) inkl., von 7.30 bis 10.00 Uhr - HP (mind. 3 Üb.): + 38 € pro Pers. **Kreditkarten** akzeptiert **Verschiedenes** Hunde auf Anfrage erlaubt - Jacuzzi - Parkpl. **Umgebung** Tal der Tempel - Pinie Pirandellos **Restaurant** Snack-Service am Pool von Juni bis Oktober - Veranda in der kühlen Jahreszeit (siehe unsere Restaurantauswahl S. 631) **Anreise** (Karte Nr. 26): 7 km vom Zentrum Agrigento. Valle dei Templi SS-640, km 4,150.

Le Cisterne

Scolara Cisterna 95031 Adrano (Catania)
Tel. und Fax 095-760 22 02
E-Mail und Web: guidesdecharme.com/1639

Fremde beunruhigt der Ätna mit seinen bedrohlichen Eruptionen. Für die Einheimischen ist er die Leben spendende Mutter, die ihre Kinder mit ihrem fruchtbaren Boden ernährt, die aber auch den Geist nährt, denn es ist ja die Schönheit der Lava, die man an den Barockfassaden des Palazzo Biscari von Catania und an Kirchen der Region bewundert. Eine Exkursion zum Ätna improvisiert man nicht, auch wenn der Aufstieg nicht sonderlich schwierig ist (etnaguide.com). Sollten Sie in diesem Gehöft absteigen, wird man Sie gut beraten. Das Agriturismo ist ein altes, umgebautes Bauernhaus mit guter, tausend Meter hoher Lage im Ätna-Park. Hier gehen Charme, ländliche Gastlichkeit und Professionalität Hand in Hand. Die Zimmer und Studios wurden ansprechend eingerichtet und bieten guten Komfort: antikes bzw. handwerklich hergestelltes Mobiliar, hübsche Stoffe, nagelneue Bäder. Im Restaurant werden lokale Spezialitäten (vor allem mit Pistazien) angeboten. Diesbezüglich ist eine Exkursion nach Bronte empfehlenswert, wo die Vulkanerde die Farbe von Pistazien hat und auch danach duftet. Die in aller Welt bekannte Ernte findet nur alle zwei Jahre statt: bei gerader Jahreszahl kann man die grünen Felder mit dem Ätna im Hintergrund bewundern, bei ungerader wohnt man im September dem Erntefest bei.

Ganzj. geöffn. **8 Zimmer** mit Tel., Bad, Minibar und 4 Appart. mit Kitchenette **Preise** DZ: 40-55 € (pro Pers.) - Appart.: 100-150 € (2-4 Pers.) - Frühst. inkl. **Kreditkarten** Visa, Eurocard, MasterCard **Verschiedenes** Hunde auf Anfrage erlaubt - Swimmingpool - Parkpl. **Umgebung** Catania - Ätna (etnaguide.com) **Restaurant** regionale Hausmannskost **Anreise** (Karte Nr. 27): Catania, A-19 Rtg. Paternò/Adrano, Ausfahrt Adrano, Rtg. Ätna. Scolara Cisterna, Zona Vigne.

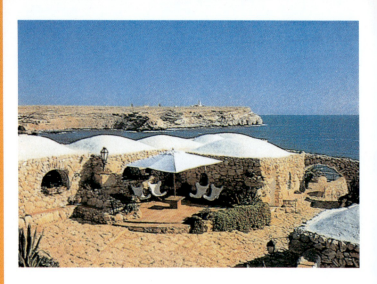

Il Gattopardo

Isola di Lampedusa (Agrigento)
Tel. 0922-97 00 51 - Résa Equinoxe 011 8185270 - Fax 011-818 52 21
E-Mail und Web: guidesdecharme.com/1640

Lampedusa ist die größte der Pelagi-Inseln, die zwischen der sizilianischen und tunesischen Küste verstreut liegen. Seit der Bronzezeit besiedelt, blieb die Insel von der Antike bis 1843 unbewohnt. Eröffnet wurde das Hotel von einem großen Foto- und Tiefseetaucherfan zu einer Zeit, als die urwüchsige Insel kaum aufgesucht wurde. *Il Gattopardo* ist heute mit seinen nur wenigen Zimmern *die* Adresse von Lampedusa. Der Baustil ist traditionell und ganz typisch für die Insel: ockerfarbener Stein und weiße Kuppeldächer. Die behaglichen Zimmer sind in mediterranem Stil eingerichtet. Zwei Boote stehen den Gästen zur Verfügung, und sieben Fahrzeuge erlauben es, die Insel zu erforschen. Abends kommt man dann in den Genuss der vom Küchenchef zubereiteten Gerichte. Eine Besonderheit: Von Mai bis Juni kommen Meeresschildkröten nach Lampedusa, um nachts in warmen Sandgruben am Strand ihre Eier zu legen. Die schönsten Monate sind September und Oktober: Dann ist das Wasser noch warm und dann ist der Himmel voller Vögel auf ihrem Weg nach Afrika. Das Hotel nimmt keine Gäste unter 16 Jahren auf.

Geöffnet Ende Mai bis Mitte Oktober **12 Zimmer** und 2 Suiten mit Bad **Preise** VP: 1250-2200 € (pro Pers., 1 Woche, von So zu So) + 250-550 € (La Sardina) + 350-750 € Scorpana, Arganante; Transfer vom Flughafen, Boot und Auto inkl. **Kreditkarten** nicht akzeptiert **Verschiedenes** Hunde nicht erlaubt **Umgebung** Lampedusa-Inseln, Linosa-Inseln **Gästetisch** um 13.00 und um 20.30 Uhr - Menü - Italienische Küche **Anreise** (Karte Nr. 26): Flughafen Palermo (Flugdauer: 30 Min.).

Pantelleria Dream

Tracino 91017 Isola de la Pantelleria (Trapani)
Tel. 0923-69 11 45 - Fax 0923-69 11 33
E-Mail und Web: guidesdecharme.com/1641

Pantelleria, hundert Kilometer von Sizilien und achtzig von der Küste Tunesiens entfernt, ist eine Vulkaninsel, die die Spuren ihrer schweren Geburt noch immer zeigt: zerklüftete Küsten, Thermalwasser, wohltuende Schlammbäder und Warmwasserseen wie dieser türkisfarbene Venusspiegel Specchie de Venere. Kapern, Tomaten, die getrocknet werden, Origano, Zibbibo-Weinreben, mit denen der exzellente Muskateller Passito produziert wird, stellen das Gros der Produktion dieser Inselbewohner dar, die vorwiegend Bauern sind. In dieser wilden Landschaft, in der zudem reichlich Palmen und Fettpflanzen gedeihen, wurde dieses Hotel eröffnet, das aus mehreren einzelnen, äußerst gut realisierten Dammuso-Konstruktionen besteht. Das Dammuso ist das traditionelle Vulkansteinhaus mit einem Dach aus Wellrohr zum Auffangen des Regenwassers zum Versorgen der Zisterne. In einem der zwei alten Dammusi, die sich auf dem Gelände befanden, wurde das Wellness-Center eingerichtet. Wissenswert ist ferner, dass das Frühstücksbuffet bis 14 Uhr aufgetragen wird und dass, wenn Sie ein Boot mieten, Sie Ihren Fischfang als Abendessen serviert bekommen.

Geöffnet Ende Mai bis Mitte Oktober **46 Zimmer** mit Bad **Preise** Classic: 150-270 € (pro Pers.), Superior: 170-290 € (pro Pers.) - Frühst. inkl., von 8.00 bis 12.00 Uhr **Kreditkarten** akzeptiert **Verschiedenes** Hunde auf Anfrage erlaubt (50 €) - Fitness - Swimmingpool - Boot - Fahrräder - Auto- und Motorradverleih **Umgebung** Archäolgische Stätten (Führer empfehlenswert) - Strände (cf. Karte Pro Loco, Piazza Cavour) - Kirchen (S. Vicenzo in Khattibugale, S. Jacopo in Khaddiuggia, M. del Rosario in Sibà) **Restaurant** Brunch: 12.00 bis 14.00 und 20.30 Uhr - Menü **Anreise** (Karte Nr. 26): Direktflüge ab Rom und Mailand. Fähre ab Trapani (5 Std.).

Azienda Agricola Fontanasalsa

Fontanasalsa 91020 Trapani
Via Cusenza, 78
Tel. 0923-591001 - Fax 0923-591 115
Maria Caterina Burgarella
E-Mail und Web: guidesdecharme.com/1642

Trapani ist der Verschiffungshafen nach Tunis. Das mag der Grund dafür sein, dass diese dekadente Stadt voller Farben und starker Gerüche etwas Afrikanisches hat, deren historisches Zentrum jedoch wunderbare Kirchen und Barockpaläste birgt. Ein Stopp, wenn auch nur kurz, in der nahen ländlichen Umgebung, besser noch in einer Azienda, ist empfehlenswert, um sich mit der Stadt vertraut zu machen. Das Anwesen liegt in einer großen Ebene, in der sich die Olivenhaine zwischen den Hügeln des Erice-Berges und der Stagnone-Lagune hinziehen. Im *baglio* des Hauses wurde einst die Ernte aufbewahrt, und die Presse diente schon immer zur Herstellung von Olivenöl, seit Generation *die* Spezialität der Familie Burgarella. Diese umfassenden Aktivitäten verband Maria Caterina dann mit dem Agriturismo höchster Qualität. Die Zimmer, entweder zum kleinen Hof oder zur Orangerie hin gewandt, sind nüchtern und komfortabel und nehmen das Thema „Olive" auf eine besonders elegante Art auf. Abends werden Sie unter anderem die Produkte aus dem allen zugänglichen Gemüsegarten serviert bekommen, und Ihr Olivenöl wählen Sie ganz nach Ihrem Geschmack aus: mild oder eher fruchtig.

Ganzj. geöffn. **9 Zimmer** mit Bad **Preise** DZ: 110 € - Frühst. inkl., von 8.00 bis 10.00 Uhr **Kreditkarten** akzeptiert **Verschiedenes** Hunde erlaubt - Wireless Internet-Zugang - Swimmingpool - Parkpl. **Umgebung** Trapani: Kirchen S. Agostino, Purgatorio (mit den „Mysterien", Statuen aus Pappmachee), Palazzo Cavarretta, Museum Pepoli - Salinen Ettore e Infersa in Marsala - Erice - Segesta **Gästetisch** um 20.00 Uhr - Menü **Anreise** (Karte Nr. 26): 80 km westl. von Palermo über die A-29.

Pensione Tranchina

91014 Scopello (Trapani)
Via A. Diaz, 7
Tel. 0924-54 10 99 - Fax 0924-54 12 32
Salvatore Tranchina
E-Mail und Web: guidesdecharme.com/1643

Scopello ist eine gute Etappe zur unumgänglichen Nordwestküste (mit Orten wie Segesta). Es wurde um den traditionellen Platz mit Brunnen herum erbaut und ist stolz darauf, inmitten der *gelaterie* mit ihren Terrassen den Jagdpavillon von König Ferdinand von Bourbon zu besitzen. *Pensione Tranchina* hat den Stil des Dorfes, ist somit einfach und ruhig. Die renovierten Zimmer und Bäder sind heute größer und komfortabler, das Mobiliar ist eher schlicht, und dennoch fühlt man sich wohl (von einigen blickt man aufs Meer). Der *padrone* und seine Gattin kümmern sich auf eine besonders reizende Art um ihre Gäste. Dank der obligatorischen Halbpension werden Sie in den Genuss lokaler Pasta, des Gemüses aus dem eigenen Garten, der hausgemachten Konfitüren und des täglich frischen Fischfangs kommen. Zur wunderbaren *tonnara* (Thunfischhalle) von Scopella muss man hinabsteigen, die von den *faraglioni* und Wachtürmen geschützt wird und Blick auf den Golf von Castellamare bietet. Ausgangspunkt für Wanderungen in das Naturschutzgebiet Zingaro oberhalb der zerklüfteten Küste und des kristallenen Meeres.

Kategorie ★ **Ganzj.** geöffn. **10 Zimmer** mit Klimaanl., Tel., Bad, Minibar **Preise** DZ: 76-100 € - HP (vom 15. Juli bis 15. Sept.): 57-73 € (pro Pers.) - Frühst. inkl., von 8.30 bis 10.00 Uhr **Kreditkarten** akzeptiert **Verschiedenes** Hunde nicht erlaubt **Umgebung** Naturschutzgebiet Zingaro über die Pfade oder das Meer mit „Leonardo da Vinci", Abfahrt 8.30 Uhr ab Castellamare in San Vito - Tonnara in disuso - Couscous-Festival von San Vito im September - Segesta - Erice - Trapani - Marsala **Restaurant** um 20.00 Uhr - Menüs: 19-23 € **Anreise** (Karte Nr. 26): 30 km östl. von Trapani über die A-29, Ausfahrt Castellammare del Golfo, dann nach Scopello.

Baglio Santacroce

91019 Valderice (Trapani)
Strada Statale, 187 km 12,300
Tel. 0923-89 11 11 - Fax 0923-89 11 92 - Familie Cusenza
E-Mail und Web: guidesdecharme.com/1644

An der Westspitze Siziliens ragt Erice auf seinem Felsen hervor – als Wächter über Trapani und die Inseln. Sein Nachbar Valderice ist seinerseits dem Golf von Bonagia zugewandt, und diese Aussicht bietet auch das *Baglio Santacroce*, das 1637 auf einem kleinen Vorgebirge erbaut wurde. Diese Lage ist kein Zufall: Vom Baglio aus überwachte einst der Oberaufseher des Gebietes die Bauernhöfe und deren Gesinde. Später dann war es ein Orientierungspunkt von Banditen, und erst bei den Renovierungsarbeiten der seit den achtziger Jahren leer stehenden Gebäude stieß man auf die begrabene Zisterne samt ihrem Zugang, einem Versteck, von dem man im Dorf immer wusste. Giuseppe Cusenza nahm eine wahrhaft vorbildliche Restaurierung vor. Protzig ist hier nichts. So gibt es nach wie vor den Fußboden aus *cotto*, die alten Balken und in einigen Zimmern Natursteinwände. Die Zimmer im alten Teil sind nicht sehr groß und etwas dunkel aufgrund der alten, unveränderten Fensteröffnungen, aber ihre Gestaltung ist wunderbar rustikal. Die im kürzlich entstandenen Trakt haben zwar höheren Komfort, sind jedoch banaler. Der hübsche Garten, der Swimmingpool und die „durchkalkulierten" Preise sind zudem ein Grund dafür, an diesem Ort Halt zu machen, um von hier aus das Naturreservat delle Zingaro und die Salinen von Marsala aufzusuchen.

Kategorie ★★★ **Ganzj.** geöffn. **25 Zimmer** plus 42 in einem neuen Gebäude mit Klimaanl., Tel., Dusche, TV **Preise** DZ: 108-130 € - Frühst. inkl., von 7.30 bis 10.00 Uhr **Kreditkarten** akzeptiert **Verschiedenes** Hunde nicht erlaubt - Swimmingpool - Fahrräder - Parkpl. **Umgebung** Erice - Trapani - Ägadische Inseln (Favignana, Grotte Genovese auf der Insel Levanzano - Formica), Veranstaltungen: Thunfischfang im Mai - Naturschutzgebiet Zingaro - Salinen Ettore e Infersa in Marsala - Segesta **Restaurant** von 12.30 bis 14.00 und 19.30 bis 22.00 Uhr - Menüs: 18-30 € - Karte **Anreise** (Karte Nr. 26): 13 km nördl. von Trapani.

Tonnara di Bonagia

Bonagia 91010 Valderice Mare (Trapani)
Piazza Tonnara
Tel. 0923-43 11 11 - Fax 0923-59 21 77
E-Mail und Web: guidesdecharme.com/1645

Wer die bemerkenswerte Reportage über den traditionellen Thunfischfang in Sizilien gesehen hat und sich an den Film (bestimmt) erinnert, wird mit Interesse zur Kenntnis nehmen, dass die *tonnara* von Bonagia mit der von Favignana die heute weltweit einzigen Orte sind, wo in den Monaten Mai und Juni alljährlich der alte Brauch der *mattanza* gepflegt wird: jener Zeitpunkt, an dem die *tunnaroti* die Netze heben und die traditionellen, *cialome* genannten Gesänge anstimmen. An den sarazenischen Turm angelehnt, in dem sich das Museum befindet, das über diesen traditionellen Fischfang informiert, wurde *La Tonnara* restauriert und umgebaut und somit zu einem Touristenkomplex. Die geräumigen Zimmer sind gut ausgestattet und komfortabel. Die interessantesten Schlafräume sind jene mit Balkon, die auf die Strände der Bucht von Cofano hinausgehen; dort liegen die Schiffe der *tunnaroti*, der Thunfischfänger, aneinandergereiht im kleinen Hafen. Das Hotel kann aber auch als Stopp für den Besuch des Reservats dello Zingaro oder der spektakulären Salinen der Küste von Trapani genutzt werden.

Kategorie ★★★★ **Geschlossen** November bis März **40 Zimmer** und 8 Suiten mit Klimaanl., Tel., Internet, Bad oder Dusche, Satelliten-TV, Minibar, Safe **Preise** DZ für 1 Pers.: 100 €, DZ: 130-189 €, Suite: 209-350 € - Frühst. inkl., von 7.30 bis 10.00 Uhr - HP: + 34 € pro Pers. **Kreditkarten** akzeptiert **Verschiedenes** Hunde auf Anfrage erlaubt - Swimmingpool - Tennispl. - Garage und Parkpl. **Umgebung** Trapani - Naturschutzgebiet Zingaro - Ägadische Inseln: Thunfischfang Mai und Juni - Erice - Marsala und die Salinen **Restaurant** von 13.00 bis 14.30 und 20.00 bis 22.30 Uhr - Menü - Karte **Anreise** (Karte Nr. 26): 9 km von Trapani.

Relais Antiche Saline

Nubia 91027 Paceco (Trapani)
Via Verdi
Tel. 0923-86 80 29 - Handy 349-39 39 130
E-Mail und Web: guidesdecharme.com/1646

Von Palermo nach Marsala bietet die Nordwestküste ein Konzentrat an Geschichte, Traditionen und sizilianischem Wohlgeschmack: das normannische Monreale, das phönizische Erice, Segeste mit seinem griechischen Tempel, Scopelo und seine *tonnare*, die *mattanze* Trapanis, der liebliche Wein von Marsala, der Jodgeruch der Salinen … Das Hotel wurde im Naturschutzgebiet von Trapani eröffnet, wo tausende Aale vor ihrer Migration Kräfte sammeln. Das Unternehmen, das die Restaurierung des ehemaligen Wohnsitzes der Grafen von Platamore durchführte, sanierte zudem den Wachturm von Nubia, die Kirche von Platamore und eine der ältesten Mühlen, in der sich heute ein kleines Salzmuseum befindet. Der *cortile* des *baglio* bildet den Kern, den die Gemeinschaftsräume und einige Zimmer umgeben. Weitere, in den oberen Stockwerken gelegene Zimmer bieten teilweise Blick auf die Salinen und die Ägadischen Inseln. Die Gestaltung entspricht der eines sehr guten, klassischen und professionellen Hotels mit einer Vorliebe für das Blau des nahen Meeres, das sich bei Sonnenuntergang auf eine ganz unvergessliche Art purpurn verfärbt.

Kategorie ★★★★ **Ganzj.** geöffn. **18 Zimmer** mit Klimaanl., Tel., Bad, TV, Minibar, Safe **Preise** EZ: 95-120 €, DZ: 100-180 €, Junior-Suite: 180-240 €, Suite: 190-300 € - HP und VP: + 40 € + 60-70 € (pro Pers.) - Frühst. inkl., von 8.30 bis 11.00 Uhr **Kreditkarten** Visa, Eurocard, MasterCard, Amex **Verschiedenes** Hunde erlaubt - Solarium - Swimmingpool - Parkpl. **Umgebung** Exkursionen per Boot oder Fahrrad - Trapani - Naturschutzgebiet Zingaro - Ägadische Inseln (Flavigna) - Erice - Marsala - Veranstaltungen: Festa Garibaldina 9./11. Mai - Settimana Santa in Marsala Gründonnerstag und Karfreitag in Trapani **Restaurant** „Taverna Paradiso" (5 km) - Spezialität: Fisch **Anreise** (Karte Nr. 26): südl. von Trapani Rtg. Marsala bis Birgi. Danach am Meer entlang nach Ettore und Infersa.

Grand Hotel Villa Igiea

90142 Palermo
Via Belmonte, 43
Tel. 091-631 21 11 - Fax 091-54 76 54
E-Mail und Web: guidesdecharme.com/1647

Die *Villa Igiea* ist ein wunderbares Exemplar des Libertystils (1900) und gilt als das schönste Hotel im westlichen Sizilien. Die Lage erlaubt es, dem geschäftigen Treiben Palermos zu entfliehen. Schwer, an diesem großen Hotel einen Makel zu finden. Sein ursprüngliches Mobiliar und seine Ausstattung sind unangetastet, und dem Gast wird tadelloser Komfort und Service geboten. Die Bar, das Winter-Restaurant, die Veranda und die Salons sind von solcher Behaglichkeit, dass sich jene Palermoer, die Stilvolles mögen, hier allabendlich treffen. Der Swimmingpool und die Gärten liegen oberhalb der Badebucht. Wenn Sie Palermo *richtig* besuchen wollen, führt an der *Villa Igiea* kein Weg vorbei.

Kategorie ★★★★ **Ganzj.** geöffn. **110 Zimmer** und 6 Suiten mit Klimaanl., Tel., Bad, Satelliten-TV, Minibar; Aufzug, Eingang für Behinderte **Preise** Standard: 195-277 €, Gartenblick: 231-340 €, Meerblick: 258-385 € - Frühst.: 15 €, von 7.00 bis 10.30 Uhr **Kreditkarten** akzeptiert **Verschiedenes** Hunde auf Anfrage erlaubt - Swimmingpool - Tennispl. - Pendelverkehr zum Zentrum - Parkpl. **Umgebung** Palermo: Kirche Martorana, Kirche Gesù, Palazzo dei Normanni (Cappella Palatina, Mosaiken), S. Giovanni degli Eremiti, S. Francesco d'Assisi, Oratorio de S. Lorenzo, Museo archeologico, Palazzo Abatellis („Ankündigung" von A. da Messina); Botanischer Garten - Veranstaltungen: Fest der hl. Rosalie (11. bis 15. Juli) Flohmarkt nahe der Kathedrale - Dom und Kloster von Monreale - Mondello und der Monte Pellegrino - Cefalù - Villa Palagoniain in Bagheria - Solunto - Piana degli Albanesi Restaurant von 12.30 bis 15.00 und 19.30 bis 22.30 Uhr - Menü: 45 € - Karte - Spezialitäten: Fisch **Anreise** (Karte Nr. 26): am Meer, nördl. vom Hafen, im Acquasanta-Viertel, über die Via dei Cantieri Navali.

Centrale Palace Hotel

90134 Palermo
Corso Vittorio Emanuele, 327
Tel. 091-33 66 66 - Fax 091-33 48 81
Pietro Cascino
E-Mail und Web: guidesdecharme.com/1648

Dieses kleine Hotel liegt im historischen Zentrum. Das *Centrale Palace* renovierte erst kürzlich seine Zimmer und hat nun wieder seine Pracht von einst. Heute verfügt es über komfortable, traditionell-bürgerlich eingerichtete Zimmer, die immerhin über so moderne Einrichtungen wie eine Klimaanlage verfügen. Das Restaurant, das im Sommer auf die Terrasse des Hotels verlegt wird, bietet einen eindrucksvollen Blick über die Dächer von Palermo. Eine exzellente Adresse zum Kennenlernen der mysteriösen Stadt.

Kategorie ★★★★ **Ganzj.** geöffn. **104 Zimmer** mit Klimaanl., Tel., Bad oder Dusche, Minibar; 4 Zi. für Behinderte **Preise** EZ: 140-189 €, DZ für 1 Pers.: 162-219 €, DZ: 202-273 €, Junior-Suite/3-BZ: 260-335 €, Suiten: 270-350 € - Frühst. (Buffet) inkl., von 7.00 bis 10.30 Uhr - HP: + 37 € pro Pers. **Kreditkarten** akzeptiert **Verschiedenes** Hunde nicht erlaubt - Garage (16 €/Tag) **Umgebung** Palermo: Kirche Martorana, Kirche Gesù, Palazzo dei Normanni (Cappella Palatina, Mosaiken), S. Giovanni degli Eremiti, S. Francesco d'Assisi, Oratorio de S. Lorenzo, Museo archeologico, Palazzo Abatellis („Ankündigung" von A. da Messina); Botanischer Garten - Veranstaltungen: Fest der hl. Rosalie (11. bis 15. Juli) Flohmarkt nahe der Kathedrale - Dom und Kloster von Monreale - Mondello und der Monte Pellegrino - Cefalù - Villa Palagoniain in Bagheria - Solunto - Piana degli Albanesi **Restaurant** So geschl. - Tagesmenü (siehe unsere Restaurantauswahl S. 628-629) **Anreise** (Karte Nr. 26): Corso Vittorio Emanuele zweigt von der Piazza Independenza ab.

Grand Hotel et des Palmes

90139 Palermo
Via Roma, 398
Tel. 091-602 81 11 - Fax 091-33 15 45
E-Mail und Web: guidesdecharme.com/1649

Das inmitten der Stadt gelegene legendenumwobene Hotel verfügt über den Charme der von Müdigkeit gezeichneten Luxushotels des 19. Jahrhunderts. Aus diesem ehemaligen Palais entstand 1874 ein Grandhotel. Die berühmten Leute, die hier zu Gast waren, kann man gar nicht alle aufzählen; dennoch sollen das Ehepaar Wagner (den Parsifal beendete der Komponist hier), Auguste Renoir, Maupassant und Lucky Luciano genannt werden. Die Salons haben den Glanz dieser Vergangenheit bewahrt; Ernesto Basile, ein großer Künstler des italienischen Libertystils, dekorierte das Foyer. Im Kaminsalon kann man noch heute die Marketerie-Decke, die Fresken und die bleigefassten Fenster bewundern. Die Zimmer sind schlichter, einige müssten sogar gründlich renoviert werden. Das „Palmetta" bietet in einem prachtvollen Rahmen lokale Gerichte an, und in der Pianobar vernimmt man nostalgische Klänge. Gönnen Sie sich diese Reise ins legendäre Sizilien.

Kategorie ★★★★ **Ganzj.** geöffn. **177 Zimmer** und 6 Suiten mit Klimaanl., Tel., Bad, TV, Minibar; Aufzug **Preise** EZ: 103-191 €, DZ: 191-232 €, Suiten: 258-305 €; Extrabett: 65-75 € - Frühst. (Buffet) inkl., von 7.00 bis 10.00 Uhr - HP: + 35 € pro Pers. **Kreditkarten** akzeptiert **Verschiedenes** Hunde erlaubt - Garage (15 €/Tag) **Umgebung** Palermo: Kirche Martorana, Kirche Gesù, Palazzo dei Normanni (Cappella Palatina, Mosaiken), S. Giovanni degli Eremiti, S. Francesco d'Assisi, Oratorio de S. Lorenzo, Museo archeologico, Palazzo Abatellis („Ankündigung" von A. da Messina); Botanischer Garten - Veranstaltungen: Fest der hl. Rosalie (11. bis 15. Juli) Flohmarkt nahe der Kathedrale - Dom und Kloster von Monreale - Mondello und der Monte Pellegrino - Villa Palagoniain in Bagheria - Solunto - Piana degli Albanesi **Restaurant** von 12.30 bis 15.00 und 19.30 bis 23.00 Uhr - Menü: 43 € - Karte **Anreise** (Karte Nr. 26): im Zentrum.

Massimo Plaza Hotel

90133 Palermo
Via Maqueda, 437
Tel. 091-32 56 57 - Fax 091-32 57 11
Nicola Farruggio
E-Mail und Web: guidesdecharme.com/1650

Gegenüber eines der berühmtesten Opernhauses, des „Teatro Massimo" von Palermo, befindet sich dieses winzige Hotel. Fotos erinnern an einige große Aufführungen. Die Adresse hat Seltenheitswert in einer Stadt, in der man am besten in einem der Grandhotels im Stil des späten 19. Jahrhunderts wohnt, wenn man Qualität wünscht. Das *Massimo Plaza*, mehr ein Guest House denn ein Hotel, wurde auf der ersten Etage eines Palastes in der reizvollen und sehr belebten Via Maqueda eingerichtet. Die Gesellschaftsräume wurden von einigen talentierten regionalen Künstlern mit Motiven im Libertystil dekoriert. Die geschmackvoll gestalteten Zimmer sind funktionell, aber nicht luxuriös. Fast alle haben Aussicht auf das imposante Theater, das Ende des letzten Jahrhunderts von Ernesto Basile erbaut wurde (das aktuelle Programm unter: massimoplazahotel.com). Das Frühstück wird mit einer Tageszeitung serviert. Aufmerksamer Empfang.

Kategorie ★★★★ **Ganzj.** geöffn. **11 Zimmer** mit Klimaanl., Tel., Dusche, Satelliten-TV, SKY, Radio, Safe, Minibar **Preise** EZ: 130-145 €, DZ: 210-225 € - Frühst. inkl., von 7.003 bis 11.00 Uhr **Kreditkarten** akzeptiert **Verschiedenes** Hunde nicht erlaubt - Beauty-Center - Audioguide - Privatstrand - Garage (1 €/h) **Umgebung** Palermo: Kirche Martorana, Kirche Gesù, Palazzo dei Normanni (Cappella Palatina, Mosaiken), S. Giovanni degli Eremiti, S. Francesco d'Assisi, Oratorio de S. Lorenzo, Museo archeologico, Palazzo Abatellis („Ankündigung" von A. da Messina); Botanischer Garten - Veranstaltungen: Fest der hl. Rosalie (11. bis 15. Juli) Flohmarkt nahe der Kathedrale - Dom und Kloster von Monreale - Mondello und der Monte Pellegrino - Cefalù - Villa Palagonia in Bagheria - Solunto - Piana degli Albanesi **Kein Restaurant** (siehe unsere Restaurantauswahl S. 628-629) **Anreise** (Karte Nr. 26): nahe Teatro Massimo.

Masseria Pernice

Pernice 90043 Camporeale (Palermo)
Sede legale Atrio Principe, 8
Tel. und Fax 0924-36 797
Filiberto Sallier de la Tour
E-Mail und Web: guidesdecharme.com/1651

Wer nach Sizilien reist, entscheidet sich meist für die archäologischen Stätten, die Barockstädte und das Meer, selten aber für das Innere der Insel. Dennoch gelten die Weinberge zwischen Monreale und Menfi als das „Gelobte Land" des italienischen Weinbaus. Ein Umweg über Camporeale ermöglicht es Ihnen, in einer 140 Hektar großen, Olivenhaine und Weinberge umfassenden Masseria zu wohnen und bei Interesse auch einige vielversprechende Weinkeller aufzusuchen. Die angebotenen Wohnungen, einige mit kleiner Küche, wurden mit größter Sorgfalt und gutem Komfort eingerichtet. Die traditionelle Innenarchitektur umfasst auch Möbel aus dem Familienbesitz und alte Radierungen. Der Prinz von Camporeale, Filiberto Sallier de la Tour, empfängt seine Gäste jeden Abend zum Aperitif im großen, sehr einladenden Salon der Masseria; wir können Ihnen nur nahe legen, diesen angenehmen Augenblick zu verlängern und in dem nach Jasmin duftenden Innenhof auch zu Abend zu essen.

Ganzj. geöffn. **4 Zimmer** mit Bad **Preise** DZ (je nach Saison): ca. 170 € - Frühst. inkl., von 8.30 bis 10.00 Uhr **Kreditkarten** akzeptiert **Verschiedenes** Hunde nicht erlaubt - Swimmingpool - Parkpl. **Umgebung** Palermo - Monreale - Segesta - Selinunte - Trapani - Erice - Cefalù - Agrigento **Restaurant** um 20.30 Uhr - Menü: 20 € (mittags), 35 € (abends) (Getränke inkl.) **Anreise** (Karte Nr. 26): 45 km südwestl. von Palermo.

Art Hotel Atelier sul Mare

98070 Castel di Tusa (Messina)
Via Cesare Battisti, 4
Tel. 0921-33 42 95 - Fax 0921-33 42 83
Antonio Presti - Gianfranco Molino
E-Mail und Web: guidesdecharme.com/1652

Die Straße von Messina nach Palermo führt an der Küste des Tyrrhenischen Meeres entlang, wo Badeorte wie Castel di Tusa zahlreich sind. Das *Atelier sul Mare* liegt direkt am Meer und ist ein auf verschiedenen Ebenen errichtetes Gebäude mediterranen Stils. Das Interessanteste am Hotel ist jedoch die Konzeption der Ausstattung des Hauses, insbesondere der Zimmer, nämlich: Kunst im täglichen Leben. Die sogenannten Künstlerzimmer, deren Gestaltung einem zeitgenössischen Künstler anvertraut wurde, sind „Events"; hier wohnt man mit einem Werk, das zudem einzigartig ist. In der Rezeption und im Salon ebenfalls etliche Bilder und Skulpturen. Auch wenn diese Kunst nicht jeden Geschmack trifft, so sind hier doch alle Kriterien eines guten Hotels vereint: Komfort, guter Service und ein Restaurant. Für diejenigen, die sich für die berühmten Zimmer interessieren, ohne in ihnen übernachten zu wollen, ist der Empfang nicht immer sympathisch.

Ganzj. geöffn. **40 Zimmer** mit Klimaanl., Tel., Bad oder Dusche; Aufzug **Preise** pro Pers. im DZ: 60 €, pro Pers. im Künstler-DZ: + 20 €; DZ für 1 Pers.: + 25 € - Frühst. inkl., von 7.30 bis 10.00 Uhr - HP (mind. 3 Üb.): + 25 € pro Pers. **Kreditkarten** Visa, Eurocard, MasterCard **Verschiedenes** Hunde auf Anfrage erlaubt - Privatstrand - Parkpl. **Umgebung** Halaesa - S. Stefano di Camastra (Terrakotta) - Cefalù **Kein Restaurant** im Hotel **Anreise** (Karte Nr. 27): 90 km östl. von Palermo. A-20, Ausfahrt Tusa.

Azienda Green Manors

Borgo Porticato 98053 Castroreale (Messina)
Tel. 090-974 65 15 - Handy 338-434 09 17 - Fax 090-974 65 07
Pierangela Jannelli
E-Mail und Web: guidesdecharme.com/1653

Castroreale ist eine kleine, ursprünglich mittelalterliche Gemeinde in der Provinz Messina: für viele das erste Bild von Sizilien, nur durch drei Kilometer Meer von Reggio Calabria entfernt, weshalb es ein alter Traum der Kalabrier und Sizilianer ist, eines Tages die Meerenge auf einer Brücke zu überschreiten. Castroreale liegt fünfzig Kilometer weiter und könnte diejenigen für einen ersten Stopp interessieren, die es gern authentisch, aber nicht unbedingt altmodisch haben. Die Fattoria liegt in einem großen, tropischen Garten, in dem es aber auch mediterran duftet. Die Zimmer sind in ihrer Gestaltung sehr verschiedenartig. Die bevorzugten: das minimalistische „Stanza Bianca", das traditionelle „Stanza Gialla" mit Sicht auf den Park, die leicht barocke Suite „Salone Fantastici" für vier Personen, und die Suite „Cigni d'Oro" mit Blick auf Pool und Garten. Alle sind komfortabel und klimatisiert und haben gut ausgestattete Bäder. Der Salon ist gesellig mit all seinen Büchern jeglicher Art, und das Restaurant bemüht sich um eine „Diät"-Küche, verwendet Produkte aus eigenem Anbau und aus eigener Zucht. Für diejenigen, die hier länger zu verweilen wünschen: im nahen Milazzo schifft man sich ein für die Liparischen Inseln und die Landspitze von Milazzo.

Ganzj. geöffn. **8 Zimmer** mit Klimaanl., Bad und 2 Bungalows (2-4 Pers.) **Preise** DZ: 100-180 € - Bungalow (2 Pers.): 80-120 € - Frühst. inkl., von 8.00 bis 12.00 Uhr **Kreditkarten** Visa, Eurocard, MasterCard **Verschiedenes** Hunde erlaubt - Ayurveda-Massagen vor Ort mit Vorbest. 30-50 € - Swimmingpool **Sprache** u.a. Deutsch **Umgebung** Isola di Vulcano - Isola di Panarea - Milazzo **Restaurant** Mittagessen, vorbestellen, bis 15.00 Uhr - Abendessen ab 20.30 Uhr - Gastronomisches Menü: 35 € - Regionale sizilianische und kreative Küche; Diätküche **Anreise** (Karte Nr. 27): östl. von Messina über die A-29, Ausfahrt Barcellona P.G.

Hotel Carasco

Isole Eolie o Lipari - Isola Lipari 98055 Porto delle Genti (Messina)
Tel. 090-981 16 05 - Fax 090-981 18 28
E-Mail und Web: guidesdecharme.com/1654

Lipari ist die größte Insel des Archipels und auch die meistbesuchte. Das Hotel *Carasco*, das von einem englisch-italienischen Paar (aus der Familie des ersten Besitzers) geführt wird, bietet den Komfort eines großen, modernen Hotels. Die geräumigen Zimmer verfügen fast alle über eine Terrasse mit Seeblick. Der Swimmingpool (an dem man im Sommer das Mittagessen einnehmen kann) und der direkt am Hotel beginnende Strand bieten alle Freuden von Wasser und Sonne. Die Preise sind günstig, und wenn Sie von April bis Juli oder im Oktober reisen, sind sie noch günstiger. Angesichts all dieser Vorzüge eine der besten Adressen der Äolischen Inseln.

Kategorie ★★★★ **Geöffnet** März bis November **89 Zimmer** mit Klimaanl., Tel., Bad oder Dusche, TV, Minibar, einige mit Jacuzzi **Preise** pro Pers.: 40-175 € - Frühst. inkl., von 7.30 bis 10.00 Uhr - HP: + 30 € pro Pers. **Kreditkarten** akzeptiert **Verschiedenes** Hunde auf Anfrage erlaubt - Jacuzzi - Meerwasser-Bewegungs-Swimmingpool - Parkpl. (10 €/Tag) **Umgebung** Äolisches Museum in Lipari - Canneto - Acquacalda - Puntazze (Ausblick) - Ovattropani - Piano Conte - Aussichtspunkt von Quattrocchi - Liparische Inseln: Überfahrten tägl. ab Milazzo (50 Min. bis 2 Std.) und ab Messina (15 Min. bis 2 Std.) **Restaurants** „Le Terrazze" und „Waterline" (Swimmingpool) - von 12.30 bis 14.30 und 20.00 bis 22.00 Uhr - Karte - Sizilianische und italienische Küche **Anreise** (Karte Nr. 27): Schnellboot ab Messina das ganze Jahr über (2 Std.), ab Napoli, Reggio, Cefalù und Palermo von Juni bis September; aber auch Fähren ab Messina, Napoli und Milazzo (2 Std.).

Hotel Villa Augustus

Isole Eolie o Lipari - Isola Lipari 98055 Lipari (Messina)
Vico Ausonia, 16
Tel. 090-981 12 32 - Fax 090-981 22 33
Augusto D'Albora
E-Mail und Web: guidesdecharme.com/1655

Die in der Nähe des archäologischen Museums verborgen gelegene ehemalige Villa einer Familie wurde in den fünfziger Jahren zu einem Hotel umgestellt und ist heute eines der angenehmen Häuser von Lipari. Das *Augustus*, das wir seiner Einfachheit und seines Gartens wegen mögen, liegt in einer der kleinen Gassen des historischen Zentrums. Die Anzahl der Sterne finden wir für seine Kategorie leicht übertrieben, denn angesichts der Ausstattung mit dem Nötigsten in Zimmern und Bädern entspricht es eher einer Pension denn einem Hotel. Einen Balkon oder eine Terrasse mit Blick aufs Meer oder auf das Schloss von Lipari haben dennoch alle. Dem Empfang und der Verfügbarkeit des Personals mangelt es allerdings an Effizienz. Das Haus besitzt kein Restaurant, doch gibt es für angenehme Mittag- und Abendessen ein paar gute kleine Speiselokale im Ort.

Kategorie ★★★ **Geschlossen** November bis Februar **35 Zimmer** mit Klimaanl., Tel., Vielstrahldusche, Internet-Anschluss, Satelliten-TV, Safe, Minibar **Preise** DZ pro Pers.: 55-95 € + 15-30 € (DZ für 1 Pers.) + 4 € (Terrasse) + 5 € (Meerblick) - Frühst. inkl., von 7.00 bis 11.30 Uhr - HP: 75-120 € (pro Pers.) **Kreditkarten** akzeptiert **Verschiedenes** Hunde auf Anfrage erlaubt (5 €) - Parkpl. **Umgebung** Äolisches Museum in Lipari - Inseltour - Canneto - Acquacalda - Puntazze (Ausblick) - Quattropani - Piano Conte - Aussichtspunkt von Quattrocchi **Kein Restaurant** (siehe unsere Restaurantauswahl S. 632) **Anreise** (Karte Nr. 27): Schnellboot ab Messina das ganze Jahr über, ab Napoli, Reggio, Cefalù und Palermo von Juni bis September; aber auch Fähren ab Messina, Napoli und Milazzo (50 Min. bis 2 Std.). Das Hotel liegt 100 m vom Hafen und dem Anlegeplatz der Schiffe.

Hotel Villa Meligunis

Isole Eolie o Lipari - Isola Lipari 98055 Lipari (Messina)
Via Marte, 7
Tel. 090-98 12 426 - Fax 090-98 80 149
Mme D'Ambra
E-Mail und Web: guidesdecharme.com/1656

Im Mittelmeer zählen die Äolischen Inseln mit verhältnismäßig unberührter Natur zu den letzten Paradiesen. Der Besitzer der *Villa Meligunis* eröffnete dieses Hotel, um an jene Tradition anzuknüpfen, die nordeuropäische Persönlichkeiten in diesem milden Klima den Winter verbringen ließ. Der Name des Hotels hat eine bestimmte Bedeutung, er bezeichnet das antike Lipari (griechischen Ursprungs) und evoziert Milde: jene des Klimas, des Weins und der Farbe des Meeres. Es ist das alte Gebäude, das, um moderne Bauten mediterranen Stils erweitert, die Struktur des Hotels bestimmt. Die mit jeglichem Komfort versehenen Zimmer (inklusive Klimaanlage) sind geräumig (einige mit Salon) und schlicht ausgestattet. Das Restaurant bietet lokale Gerichte und viel Fisch an. Von der großen Terrasse aus hat man einen schönen Blick aufs Meer.

Kategorie ★★★★ **Ganzj.** geöffn. **32 Zimmer** mit Klimaanl., Tel., Wi-Fi, Bad, Satelliten-TV, Minibar, Safe; Zi. für Behinderte, Aufzug **Preise** EZ: 90-200 €, DZ: 130-290 €; Meerblick: + 30 €; Suite: + 80 € - HP und VP: + 30 € + 80 € (pro Pers.) - Frühst. inkl. **Kreditkarten** akzeptiert **Verschiedenes** Hunde nicht erlaubt - Swimmingpool **Umgebung** Äolisches Museum in Lipari - Inseltour (38 km) - Canneto - Acquacalda - Puntazze (Ausblick) - Ovattropani - Piano Conte - Aussichtspunkt von Quattrocchi **Kein Restaurant** im Hotel **Anreise** (Karte Nr. 27): Schnellboot ab Messina das ganze Jahr über, ab Napoli, Reggio, Cefalù und Palermo von Juni bis September; aber auch Fähren ab Messina, Napoli und Milazzo (50 Min. bis 2 Std.).

Hotel Raya

Isole Eolie o Lipari 98050 Isola Panarea (Messina)
Via San Pietro
Tel. 090-98 30 13 - Fax 090-98 31 03
Mme Beltrami und M. Tilche
E-Mail und Web: guidesdecharme.com/1657

Panarea ist ein am Hügel erbauter, blendend weißer Weiler, der mit einem Gewirr aus Treppen, kleinen Trockensteinmauern und Terrassen zwischen Licht und Schatten bis ans Meer hinunterführt. Dieses Ferienhaus eines Globetrotter-Paares hat sich im Lauf der Jahre zu einem besonders „angesagten" Refugium gemausert. Es hat diese Atmosphäre jener Häuser, in denen das Farniente des Tages auf besonders lange Nächte vorbereitet. Die Zimmer sind geräumig, frisch und elegant, setzen die weißen Wände und Kacheln die balinesischen Möbel und anderen Reisesouvenirs doch ins rechte Licht. Alle Schlafräume gehen zum Solarium mit Aussicht hinaus. Selbstverständlich dehnt sich hier das Frühstück auf den ganzen Morgen aus: So beginnt man mit einem Cappuccino an der Bar oben auf dem Hügel und geht gegen Mittag über zum Brunch mit lokalen Spezialitäten im Restaurant mit Blick aufs Meer. Viel später finden sich dann alle zum Abendessen im Schein der Petroleumlampen und der fernen, rötlichen Fumerollen Strombolis ein. Stammgäste und ein „Szene"-Personal. Kleine Kinder sind nicht erwünscht. Wer Traditionelles liebt, wird sich hier nicht wohl fühlen.

Geschlossen 16. Oktober bis 9. April **36 Zimmer** mit Tel., Dusche, Minibar **Preise** DZ: 280-500 €, Dependancen im Dorf: 180-300 €, Junior-Suite: 360-580 €, Suite und Suite Deluxe: 500-780 € - Frühst. (Buffet) inkl., von 8.00 bis 12.00 Uhr **Kreditkarten** akzeptiert **Verschiedenes** Hunde erlaubt - Privatstrand (20 Min.), Bootsverleih - Boutiquen des Hotels Raya **Umgebung** Bronzezeitliches Dorf an der Punta Milazzese - Basiluzzo - Scuba Diving Center **Restaurant** von 20.30 bis 24.00 Uhr - Biologisches und biodynamisches Menü (Demeter-Produkte): 50 € **Anreise** (Karte Nr. 27): Schnellboot ab Milazzo oder Napoli, Autos sind auf der Insel verboten.

Hotel Signum

Isole Eolie o Lipari - Isola Salina 98050 Malfa (Messina) - Via Scalo, 15
Tel. 090-98 44 222 - Handy 090-98 44 375 - Fax 090-98 44 102
Clara Rametta
E-Mail und Web: guidesdecharme.com/1658

Am frühen Morgen mit dem Schiff in Salina auf offener See vor Sizilien anzukommen, ist einzigartig. Um zum *Signum*, der besten Adresse der Insel zu gelangen, die auf einem mit Wein und Kakteen bepflanzten Vorgebirge erbaut wurde, müssen Sie eine Kapernstrauchplantage durchqueren. Das Hotel besteht aus mehreren kleinen, insgesamt 30 Zimmer umfassenden Häusern, die die alte Villa umgeben, in der sich die Rezeption und die Bibliothek befinden. Die weiß gekalkten Wände und die schmiedeeisernen Betten mit weißen Tagesdecken schaffen eine Gestaltung von eleganter Einfachheit, die sich bis in die Laube fortsetzt. Und da man sich hier hauptsächlich draußen aufhält, ist die große Panoramaterrasse mit weitem Blick auf die Bucht von Malfa und Stromboli selbstverständlich besonders wichtig. Abends werden hier (ausschließlich bei Reservierung) köstliche Abendessen mit vorwiegend fangfrischem Fisch aufgetischt. Clara kümmert sich um Ihre Bootstouren in die Bucht von Pollara (wo der Film „Il Postino" – Der Briefträger – gedreht wurde), Ihre Abstecher per Motorroller in die Monemvasia- Weinberge und Ausflüge auf andere Inseln. Auf der Liste der Leistungen des *Signum* steht seit kurzem das neu eröffnete „Signum Spa-Salus per Aquam", das die Geothermalquelle vor Ort nutzt.

Kategorie ★★★★ **Geschlossen** Mitte November bis Mitte März **30 Zimmer** mit Tel., Bad **Preise** DZ: 130-400 € - Frühst. inkl., von 8.00 bis 10.30 Uhr **Kreditkarten** akzeptiert **Verschiedenes** Hunde auf Anfrage erlaubt - Spa - Swimmingpool **Umgebung** Santa Marina (Ökomuseum), Malvoisie-Weinberge, Malfa - Valdichiesa-Tal (Sanktuarium N.-D. del Terzito) - Reservat Monte Fossa delle Felci - Krater von Pollara **Restaurant** Menü-Karte: ca. 25-40 € - Mediterrane und sizilianische Küche - Guter Weinkeller (süditalienische Weine) **Anreise** (Karte Nr. 27): Schnellboot ab Milazzo, aber auch Fähren.

La Locanda del Barbablú

Isole Eolie o Lipari 98050 Isola Stromboli (Messina)
Via Vittorio Emanuele, 17-19
Tel. 090-98 61 18 - Fax 090-98 63 23
Andrea Fabbricino
E-Mail und Web: guidesdecharme.com/1659

Bis vor kurzem war *La Locanda del Barbablú* „das" Restaurant der Eingeweihten von Stromboli. Heute besitzt es auch einige Gästezimmer, um so den treuen Kunden die Möglichkeit zu bieten, diese ganz besondere Relation zur Natur aus Feuer und Wasser (deren Zeremonienmeister, der Vulkan, alles daran setzt, niemals in Vergessenheit zu geraten) noch intensiver zu erleben. Bei der Ankunft wird Sie ein Ape-Taxi zur Locanda begleiten, die die einfache und intime Seite des (einstigen) Fischerhauses noch immer hat. Die Zimmer, meist mit Fußböden alter Kacheln, sind schlicht mit edlen antiken Möbeln eingerichtet; die kleinen Duschräume sind gut durchdacht. Alle Zimmer bieten einen eindrucksvollen Ausblick auf den Vulkan und das Meer. Und außer diesen Annehmlichkeiten Gaumenfreuden: Die talentiert zubereiteten Gerichte der sizilianischen Küche sind hier die großen Klassiker. Abends sollte man zumindest bis zum Observatorium hinaufsteigen, um das großartige Schauspiel des Vulkans zu bewundern, der alle zehn Minuten seine einem Feuerwerk ähnelnde Eruption ausspuckt.

Geschlossen Ende Oktober bis Mitte April **6 Zimmer** mit Tel., Dusche **Preise** DZ: 120-240 € + 30 % (EZ und Extrabett) - Frühst. inkl., von 9.00 bis 11.00 Uhr **Kreditkarten** Visa, Eurocard, MasterCard, Amex **Verschiedenes** Hunde nicht erlaubt **Umgebung** Vulkan - Bootstouren nach Sciara del Fuoco, Strombolicchio - Ginostra **Restaurant** von 20.30 bis 22.30 Uhr - Probiermenü: 60 €, 35-60 € (außerh. der Saison) **Anreise** (Karte Nr. 27): Schnellboot ab Milazzo oder Napoli oder Hubschrauber ab Napoli, Lamezia, Reggio di Calabria. Autos sind auf der Insel verboten.

La Sirenetta Park Hotel

Isole Eolie o Lipari 98050 Isola Stromboli (Messina)
Via Marina, 33
Tel. 090-98 60 25 - Fax 090-98 61 24
Vito Russo
E-Mail und Web: guidesdecharme.com/1660

Stromboli? Für viele ist das der Film von Roberto Rossellini, den er hier mit Ingrid Bergmann drehte. Domenico, der Hotelbesitzer, erinnert sich noch gut an die Begegnung mit dem Regisseur bei den Vorbereitungen des berühmten Streifens. Da es damals auf der ganzen Insel kein einziges Hotel gab, vermietete Domenico sein eigenes Haus an Rossellini und fungierte als Produktionsassistent. Mit dem verdienten Geld ließ er dieses Hotel bauen, das am dunklen Meer liegt. Als Hommage an Odysseus nannte er es *La Sirenetta*. Zudem hat es einen Garten voller Bouganvilleen und Hibisken und ist es das bevorzugte Hotel vieler Fotografen aus aller Welt. Wählen Sie eines der Zimmer mit Terrasse oder Balkon mit Blick auf den Strombolicchio. Auch die Bar des Hotels, der „Tartana Club", ist bekannt und beliebt (Aperitif mit Musik, Abendessen, letzter Drink). Sie sollten wissen, dass wenn Sie den Krater besteigen wollen, einen Führer nehmen müssen (3 Std. Aufstieg, 1 Std. Pause, gut 2 Std. Abstieg). Der beste Zeitpunkt, oben anzukommen, ist der späte Nachmittag, des Sonnenuntergangs wegen.

Kategorie ★★★★ **Geschlossen** November bis März **55 Zimmer** mit Klimaanl., Tel., Wi-Fi, Bad, Satelliten-TV, Minibar **Preise** EZ: 95-150 €, DZ: 160-310 €, Suiten: 200-360 € - HP und VP: 95-190 €, 125-225 € (pro Pers.) - Frühst. inkl., von 7.30 bis 10.30 Uhr **Kreditkarten** akzeptiert **Verschiedenes** Hunde nicht erlaubt - Kleines Beauty-Center - Swimmingpool - Tennispl. - Meerwasser-Swimmingpool mit Hydromassage **Umgebung** Vulkan - Bootstouren nach Sciara del Fuoco, Strombolicchio - Ginostra **Restaurant** von 13.00 bis 15.00 und 19.30 bis 22.00 Uhr - Menüs: 24-36 € - Karte **Anreise** (Karte Nr. 27): Schnellboot ab Milazzo, aber auch Napoli, Autos sind auf der Insel verboten.

Les Sables Noirs

Isole Eolie o Lipari 98050 Isola Vulcano (Messina)
Porto di Ponente
Tel. 090-98 50 - Fax 090-98 52 454
E-Mail und Web: guidesdecharme.com/1661

Auf dieser äolischen, dem römischen Gott Vulkan gewidmeten Insel, der südlichsten des Lipari-Archipels, ist man sowohl der Hölle als auch dem Paradies nahe. Die Hölle: der große Krater mit einem Durchmesser von 500 Metern, der ununterbrochen Asche und Fumarolen aus seinem Innern spuckt. Das Paradies: die Küste mit mysteriösen Grotten, kleinen Buchten und Stränden, wo das Wasser türkisfarben, transparent, und die Umgebung des Vulcano Piana grün ist. Am Fuß des Vulkans breitet Porto di Ponente an den Stränden mit schwarzem Sand seine weißen Häuser aus. Und dort liegt unser renoviertes Hotel, das nun ein Luxushotel ist. Die Zimmer sind geräumig und komfortabel, mediterran mit angenehmem Mobiliar eingerichtet, und die meisten verfügen über eine Gartenterrasse. Eine schöne Umgebung – Macchia, aber auch üppigere Vegetation – und ein beeindruckendes Meer mit den aus ihm herausragenden *faraglioni*, ferner Vulcanello. Das touristische Hauptinteresse der Insel ist dennoch der große Krater; wenn man sich in seiner Nähe befindet, ist der Blick auf die gesamte Inselgruppe, die sizilianische Küste und den Ätna einzigartig.

Kategorie ★★★★ **Geschlossen** 10. Oktober bis 21. April **48 Zimmer** mit Klimaanl., Tel., Bad oder Dusche, Satelliten-TV, Minibar **Preise** DZ (für 1 Pers.): 120-140 €, DZ: 204-282 €, Junior-Suite: 260-310 €; Extrabett: 30-70 € - Frühst. inkl., von 7.30 bis 10.00 Uhr **Kreditkarten** akzeptiert **Verschiedenes** Hunde auf Anfrage erlaubt (10 €) - Swimmingpool - Fahrräder - Privatstrand - Parkpl. **Umgebung** Vulkanaufstieg bis zum großen Krater **Restaurant** von 13.00 bis 14.30 und 20.00 bis 22.30 Uhr - Menüs: 20-40 € - Karte - Mittelmeer-Küche - Fisch **Anreise** (Karte Nr. 27): Schnellboot ab Milazzo oder Napoli. Autos sind auf der Insel verboten.

La Lodola

52045 Foiano della Chiana (Arezzo) - Via Piana, 19
Tel. 0575-64 96 60 - Fax 0575-64 25 21 - Mario Porcu
E-Mail und Web: guidesdecharme.com/1662

Ein Wort zum Beschreiben von *La Lodola*: „zauberhaft" angesichts ihrer Schlichtheit, Zurückhaltung und Subtilität. Und all dem entspricht die warmherzige Familie ganz und gar. Das große Anwesen aus dem 18. Jahrhundert wurde ausschließlich von Beatrice gestaltet, die Antiquitätenhändlerin ist und durch das Mischen der Stile und Epochen diesem Haus den besonderen Reiz des Authentisch-Gelebten verlieh. Dann der große Salon und der Speiseraum mit seinem monumentalen Kamin, der an die Küche grenzt (in der die leckeren Kuchen gebacken werden). Die Zimmer sind reizend und, wie auch die Bäder, von gutem Komfort, auch die (in der hübschen Dependance) von Pozzo. Der Garten ist sehr gepflegt. Und damit man den Sonnenuntergang nicht verpasst, lädt die „Meditationsbank" dazu ein, einen harmonischen Moment mit der Natur zu verbringen. Die Annehmlichkeiten in diesem Haus sind nicht zuletzt auch den Söhnen zu verdanken: Paolo im Hinblick auf die Innengestaltung, und Carlo wie auch seiner reizenden Ehefrau Manuela (Restauratuerin, allerdings spezialisiert auf Kirchen) wegen der guten Abendessen einschließlich ausgewählter Weine, die in der Osteria oder am großen Gästetisch im Garten serviert werden. Ein besonderes Haus, in das man unbedingt zurückkehren möchte.

Ganzj. geöffn. **5 Zimmer** mit Klimaanl., Bad, Wi-Fi **Preise** EZ: 100-115 €, DZ: 100-136 €; Extrabett: 35 €; Suite: 130-170 € - Degressive Preise entspr. Aufenthaltsdauer - Frühst. inkl., von 8.00 bis 11.30 Uhr **Kreditkarten** akzeptiert **Verschiedenes** Hunde erlaubt - Swimmingpool - Parkpl. **Umgebung** Siena über die Kammstraße - Val d'Orcia: Pienza - Cortona - Arezzo (Trödelmarkt 1. So des Monats) - Val di Chiana: Abtei von Farneta, Lucignano, Sinalunga - Trasimeno-See - Perugia **Restaurant** „L'Osteria" - von 19.30 bis 24.00 Uhr - Di geschl. **Anreise** (Karte Nr. 13): 30 km südl. von Arezzo. A-1, Ausfahrt Monte San Savino. Rechts nach Marciano und Pozzo della Chiana. Nach dem Durchqueren von Pozzo nach Foiano; „La Lodola" etwa 3 km weiter.

Relais San Pietro in Polvano

52043 Castiglion Fiorentino (Arezzo)
Loc. Polvano, 3
Tel. 0575-65 01 00 - Fax 0575-65 02 55 - Familie Protti
E-Mail und Web: guidesdecharme.com/1663

Wer Ruhe, Eleganz und Geschmackvolles (im wahrsten Sinne des Wortes) liebt, für den ist diese Adresse genau das Richtige. Gleich hinter dem Dorf Castiglion Fiorentino durchquert man einen Eichenwald und Olivenhaine und kommt dann im kleinen Ort Polvano an, in dem sich dieses große Herrenhaus befindet. Die Lage ist einzigartig und legt Ihnen das Tal und die Ebene von Chio zu Füßen. Das Haus wurde sehr einfühlsam renoviert. Die Aufteilung, die Gewölbe, die Arkaden aus rosa Backstein und die Terrakottafußböden blieben erhalten, und das moderne, komfortable Mobiliar ist geschmackvoll auf die ursprüngliche Architektur abgestimmt. Die Zimmer haben Namen von Blumen, die auch „Ihren" Hut schmücken. Hier ist ebenfalls elegante Gestaltung mit beispielhaftem Komfort verbunden. Die Suiten sind mit einer Salonecke besonders groß. Das reichhaltige, hausgemachte und auf der Terrasse servierte Frühstück lohnt allein schon einen Stopp, aber alles ist derart angenehm, dass man sich hier länger aufhalten sollte. Die Gegend, die exzellenten Abendessen, der Empfang der Familie Protti und die interessanten Preise sind erfreulich.

Geschlossen 1. November bis 30. März **10 Zimmer** mit Klimaanl., Tel., Bad, Internet **Preise** EZ: 100-120 €, DZ und Suite: 130-300 € - Frühst. inkl., von 8.00 bis 10.00 Uhr **Kreditkarten** Visa, Eurocard, MasterCard, Amex **Verschiedenes** Hunde nicht erlaubt - Swimmingpool - Parkpl. **Umgebung** Cortona - Arezzo - Val di Chiana: Abtei von Farneta, Lucignano, Sinalunga - Trasimeno-See - Perugia **Restaurant** Reserv. notwendig, von 19.30 bis 22.00 Uhr **Anreise** (Karte Nr. 13): 25 km südl. von Arezzo über die SS-71 bis Castiglion Fiorentino, dann 3. Ampel links Rtg. Polvano.

Hotel San Michele

52044 Cortona (Arezzo) - Via Guelfa, 15
Tel. 0575-60 43 48 - Fax 0575-63 01 47 - Alunno Alunno
E-Mail und Web: guidesdecharme.com/1664

Cortona liegt etwas abseits jener Straßen, die in der Ebene Arezzo mit Perugia, die Toskana und Umbrien verbinden. Seit ewigen Zeiten schon wacht Cortona über das Tal und strahlt auch heute noch die Atmosphäre eines befestigten Ortes aus. Man betritt die Stadt durch die Stadttore der mittelalterlichen Mauern und setzt seinen Weg über enge Gassen und Treppen fort; die bemerkenswerten etruskischen Funde der Stadt kann man im Museo dell'Accademia bewundern. *San Michele* liegt inmitten der Altstadt in einem Palast aus der Renaissance, einer Epoche, die auch hier ihre Spuren hinterlassen hat (Kirche der Madonna del Calcinaio): ein Labyrinth aus Fluren und äußerst traditionellen Zimmern mit der ursprünglichen Innenarchitektur als besonders interessante Dekorelemente. Die reizvollsten Schlafräume verfügen über eine Terrasse mit Aussicht (Nr. 214) oder ein Zwischengeschoss (Nr. 336). Von der Suite im Turm schaut man auf den alten Platz von Cortona und aufs Tal. Der Empfang ist sympathisch; der Komfort mag nicht gerade das sein, was man bei einem Vier-Sterne-Hotel gewohnt ist – die Preise sind es aber auch nicht. Die gleiche Direktion bietet vier Kilometer weiter im *Relais Borgo S. Pietro* mitten auf dem Land Wohnungen mit zwei oder drei Räumen (bilocale/trilocale) an (600-1000 €/Woche, Tel. 0575-61 24 02; www.borgosanpietro.com).

Kategorie ★★★★ **Geschlossen** Dezember bis Februar **43 Zimmer** mit Klimaanl., Tel., Bad oder Dusche, Satelliten-TV, Minibar; Aufzug **Preise** EZ bis Suite: 79-350 €; Extrabett: + 23 € - Frühst. (Buffet) inkl., von 7.30 bis 10.30 Uhr **Kreditkarten** akzeptiert **Verschiedenes** Hunde auf Anfrage erlaubt - Garage (20 €/Tag) **Umgebung** Cortona: Kirche Madonna del Calcinaio, Museum dell' Accademia etrusca; Veranstaltung: Internationale Messe (antikes Mobiliar) im Sept. - Arezzo - Val di Chiana: Abtei Farneta, Lucignano, Sinalunga - Trasimeno-See - Perugia **Kein Restaurant** (siehe unsere Restaurantauswahl S. 648) **Anreise** (Karte Nr. 13): 28 km südl. von Arezzo über die SS-71.

Relais Il Falconiere

San Martino a Bocena 52044 Cortona (Arezzo)
Tel. 0575-61 26 79 - Fax 0575-61 29 27 - Silvia und Riccardo Baracchi
E-Mail und Web: guidesdecharme.com/1665

Die prachtvolle Villa aus dem 17. Jahrhundert liegt Cortona gegenüber und wurde auf einem mit Olivenbäumen und Wein bepflanzten Hügel errichtet. Dieser Familienbesitz hat es verstanden, seinen Charme und Luxus von einst zu wahren. Die Zimmer befinden sich sowohl in der Villa als auch im Bauernhaus, das, dreihundert Meter weiter, inzwischen eine luxuriöse Dependance ist. Alle Zimmer sind groß, behaglich und geschmackvoll mit klassischem Mobiliar eingerichtet. Überall Komfort und Eleganz. Außer den drei Juniorsuiten (mit Jacuzzi-Swimmingpool), die zu ebener Erde liegen, empfehlen wir das kleine hübsche Zimmer, das im ehemaligen Taubenhaus eingerichtet wurde und von wo man die majestätische Silhouette der etruskischen Stadt erblickt. Erwähnt werden soll aber auch das gute Sternerestaurant. Und wenn auch Sie von Fra Angelicos „Ankündigung" (im Diözese-Museum) angetan sind, sollten Sie wissen, dass die mit Fresken ausgestattete Privatkapelle im Garten des Hotels zugänglich ist.

Kategorie ★★★★ **Geschlossen** Januar **22 Zimmer** mit Klimaanl. Tel., Bad (einige mit Jacuzzi), Satelliten-TV, Minibar, Safe; Aufzug, 1 Zi. für Behinderte **Preise** Classic: 290 €, Deluxe: 380 €, Junior-Suite und Suite: 480-590 €; Extrabett: 60 € - Frühst. (Buffet) inkl., von 7.00 bis 10.30 Uhr - HP (mind. 3 Üb.): + 70 € pro Pers. **Kreditkarten** Visa, Eurocard, MasterCard, Amex **Verschiedenes** Hunde auf Anfrage erlaubt - Swimmingpool - Heliport - Thesan Etruscan Spa - Parkpl. **Umgebung** Cortona: Kirche Madonna del Calcinaio, Museum dell' Accademia etrusca; Veranstaltung: Internationale Messe (antikes Mobiliar) im September - Arezzo - Val di Chiana: Abtei Farneta, Lucignano, Sinalunga - Trasimeno-See - Perugia **Restaurant** 1 Michelin* - von 13.00 bis 14.00 und 20.00 bis 22.00 Uhr - Mo und Di von November bis März geschl. - Karte **Anreise** (Karte Nr. 13): 3 km nördl. von Cortona.

Borgo Il Melone

Il Sodo 52042 Cortona (Arezzo)
Case Sparse, 38
Tel. 0575-60 33 30 - Fax 0575-63 00 01
C.-V. Livraga Mancini
E-Mail und Web: guidesdecharme.com/1666

Cortona überragt Valdichiana. Seine Lage ist derart, dass es schon vor dem Niederlassen der Etrusker der Wächter des Tales war. Die Stadt ist umgeben von Tumuli (etruskische Hügelgräber), die die Bauern *meloni* nennen. Eines der bemerkenswertesten ist das von Il Sodo (7. Jh. vor Chr.) nahe *Borgo Il Melone*, was den Namen des Hotels erklärt. Das Anwesen umfasst ein Herrenhaus, Bauernhöfe und sogar eine reizende Kapelle. In der Locanda befinden sich heute die Gästezimmer, und in der Residence wurden bemerkenswerte Appartements eingerichtet. Die anderen Dependancen teilen sich ein den Hausgästen vorbehaltenes Restaurant mit festem Menü und eine Taverna-Wine-Bar, in der regionale Gerichte und Weine angeboten werden. Bemerkenswerte Proportionen, ansprechende Gestaltung, exzellenter Komfort. Ebenso gepflegt ist der Garten, und es wurde weder bei der Bepflanzung geknausert (300 Zypressen und 2500 Rosenstöcke) noch beim großen Swimmingpool mit Umkleidekabinen. Seit langem im Besitz der Familie.

Geschlossen 9. Januar bis 9. Februar **12 Zimmer** mit Klimaanl., Bad, Satelliten-TV, Minibar, Safe und 8 Appart.: Superior (4+2 Pers.), Cottage: (4+2 Pers.), Casa dell'uva (2-6 Pers.) **Preise** DZ für 1 Pers.: 100-200 €, DZ Confort: 120-180 €, Deluxe: 160-220 € - Appart. pro Woche (gründliche Reinigung + 80 €): 900-2600 € - Frühst. (Buffet), von 7.30 bis 10.00 Uhr **Kreditkarten** Visa, Eurocard, MasterCard, Amex **Verschiedenes** Hunde nicht erlaubt - Swimmingpool - Konzerte im Sommer - Garage und Parkpl. (10 €/Tag) **Umgebung** Cortona - Arezzo - Val di Chiana: Abtei von Farneta, Lucignano, Sinalunga - Trasimeno-See - Perugia **Restaurant** von 12.30 bis 14.30 und 19.30 bis 21.30 Uhr - Di außer im Sommer geschl. **Anreise** (Karte Nr. 13): 5 km westl. von Cortona, Rtg. Foiano.

Castelletto di Montebenichi

Montebenichi 52020 Bucine (Arezzo)
Tel. 055-99 10 110 - Fax 055-99 10 113
Marco Gasparini
E-Mail und Web: guidesdecharme.com/1667

Eines der raffiniertesten Hotels ganz Italiens, das zwischen Arezzo und Siena im winzigen mittelalterlichen Dorf Montebenichi inmitten der Weinberge und Olivenhaine des Chianti liegt. Das *Castelletto*, das sich am kleinen, blumenbepflanzten Platz erhebt, ist ein historisches Monument des 12. Jahrhunderts und besitzt noch heute, als Zeuge seiner reichen Vergangenheit, Fresken aus dem 13. Jahrhundert. Dieses Schlösschen birgt aber noch viele andere wertvolle Überraschungen, so zum Beispiel antikes Mobiliar und wunderbare Sammlungen: Manuskripte der Bibliothek, etruskische und griechische Vasen sowie zahlreiche Gemälde, angefangen von den Primitiven bis hin zu moderner Malerei. Die Gästezimmer sind ebenfalls voller Charme und Geheimnisse: ob das kleinste unter dem Dach mit seiner hübschen Aussicht und den erotischen Zeichnungen an den Wänden (eine wird Bonnard zugeschrieben) oder die sehr große, auf zwei Ebenen eingerichtete Suite. Den Gästen stehen auch die Salons zur Verfügung, in denen man sich entspannen und einen Drink servieren kann. Angesichts all dieser Vorteile wird man es den Gastgebern verzeihen, dass sie in ihrem Haus weder Kinder noch Raucher aufnehmen möchten.

Kategorie ★★★★ **Geschlossen** November bis März **9 Zimmer** (ausschl. Nichtraucher-Zi.) mit Klimaanl., Bad, Satelliten-TV, DVD-Player, Wi-Fi, Minibar, Safe **Preise** DZ: 240-330 € - Frühst. inkl., von 8.00 bis 11.00 Uhr **Kreditkarten** akzeptiert **Verschiedenes** Hunde nicht erlaubt - Sauna - Jacuzzi - Fitness - Swimmingpool - Parkpl. **Umgebung** Siena - Chianti - Florenz - Arezzo - Kloster des hl. Franz von Assisi in La Verna und La Penna - Mode (Discount) des Valdarno, S. 636-637 **Kein Restaurant** im Hotel **Anreise** (Karte Nr. 13): 30 km östl. von Siena (Rtg. Colonna di Grillo, Bucine); vor Ambra links auf die Straße nach Montebenichi.

Borgo Iesolana

Iesolana 52021 Bucine (Arezzo)
Tel. 055-99 29 88 - Fax 055-99 28 79
Giovanni Toscano
E-Mail und Web: guidesdecharme.com/1668

Im Anwesen *Iesolana*, am Rand eines großen Waldes und im Herzen von 96 Hektar Feldern, Weinbergen und Zypressen gelegen, wurden einige Gebäude zum Beherbergen von Gästen restauriert. Im Sommer wird hier wöchentlich vermietet, aber in der Zwischensaison ist es möglich, auch nur zwei Tage zu bleiben. Um Wohnungen mit hohem Komfort zu schaffen, wurde im Innern alles umstrukturiert. Das zu befürchtende „Brandneue" wurde durch die gepflegte Gestaltung mit rustikalem Mobiliar, hübschen Stoffen und interessanten Radierungen vermieden. Die Küchen sind gut eingerichtet, die Wohnräume geräumig, einige haben einen Kamin. Die Appartements sind von ganz unterschiedlicher Größe; in einigen können bis zu acht Personen untergebracht werden, so in „La Tinaia" mit vier Schlafräumen und drei Duschbädern, darunter eines mit Hydromassage. Alle Wohnungen besitzen eine eigene Terrasse. Der Swimmingpool liegt an einer Stelle, von wo der Panoramablick über die Hügel von Ambra einzigartig ist. In der „Wine Bar", wo das Frühstück serviert wird, kann man auch den Wein und das Olivenöl des Hauses probieren. Eine wunderbare Adresse für einen Freundeskreis oder die ganze Familie.

Ganzj. geöffn. **11 Appartements** (2-8 Pers.) mit Tel., Satelliten-TV **Preise** Appart. mind. 2 Üb. im Winter und 1 Woche im Sommer: 130 € (2 Pers., pro Tag), 830-1195 € (2 Pers., pro Woche), 1230-1670 € (4 Pers.), 1470-2090 € (6 Pers.) - 1910-2595 € (8 Pers.) **Kreditkarten** Visa, Eurocard, MasterCard, Amex **Verschiedenes** Hunde nicht erlaubt - Swimmingpool - Mountainbikes - Parkpl. **Umgebung** Arezzo - Kloster des hl. Franz von Assisi in La Verna und La Penna - Siena - Chianti - Florenz - Mode (Discount) Prada-Ausverkauf in Levanella (2 km, S. 637) **Wine Bar** bis 21.30 Uhr - Toskanisches Menü: ca. 25-30 € **Anreise** (Karte Nr. 13): 38 km östl. von Siena über die A-1 (Firenze/ Roma), Ausfahrt Valdarno, dann Rtg. Montevarchi. Nach 5 km an der Kreuzung Rtg. Bucine.

Castello di Gargonza

Gargonza 52048 Monte San Savino (Arezzo)
Tel. 057-584 70 21 - Fax 057-584 70 54
Roberto Guicciardini Corsi Salviati
E-Mail und Web: guidesdecharme.com/1669

Wenn Sie unter Freunden oder mit der Familie reisen, und wenn Sie eine Woche Halt machen möchten, um die Gegend kennen zu lernen, dann ist das *Castello di Gargonza* ideal für Sie. In diesem kleinen, wiederhergestellten Dorf in schöner Umgebung kann man Wohnungen mit praktischer Ausstattung mieten. Die Aussicht ist zwar wunderbar, der Service jedoch inexistent. Bei der Ankunft erhalten Sie die Schlüssel und einen Plan, begleitet werden Sie nicht. Auch dürfen Sie kein schmuckes Inneres erwarten; hier ist alles zweckmäßig, der nötige Komfort ist vorhanden, einige Wohnungen haben sogar einen Kamin. Die Zimmer und Wohnungen werden aber auch mit traditionellem Hotelservice angeboten; ein Restaurant, „La Torre di Gargonza", und ein Swimmingpool vervollständigen das Ensemble. Die Atmosphäre in der Hotelanlage ist familiär.

Kategorie ★★★ **Geschlossen** 9. Januar bis 1. März **30 Zimmer** mit Tel., Wi-Fi, Bad oder Dusche und Appart. (2-10 Betten) **Preise** DZ: 120-180 € - HP: 87-117 € (pro Pers., mind. 3 Üb.) - Appart.: 735-2065 €/Woche - Frühst. inkl., von 8 bis 10 Uhr - HP (mind. 3 Üb.) **Kreditkarten** akzeptiert **Verschiedenes** Hunde nicht erlaubt - Swimmingpool **Umgebung** Monte San Savino: Loggia dei Mercanti, Kirche und Palazzo; Keramik- und Majolikaherstellung (Keramikmesse 2. So im Sept.) - Kloster des hl. Franz von Assisi in La Verna und La Penna (1283 m) - Arezzo **Restaurant** „La Torre di Gargonza": von 12.30 bis 14.30 und 19.30 bis 21.30 Uhr - Menüs: 28-31 € - Karte - Toskanische Küche - Bar La Pergola: Imbisse am Pool - Bar Frantoio, geöffnet im Sommer **Anreise** (Karte Nr. 13): 27 km südwestl. von Arezzo über die SS-73 bis hinter Monte San Savino, dann Gargonza rechts oder A-1, Ausf. Monte San Savino, Rtg. Monte San Savino - Gargonza.

Il Trebbio

Poggio d'Acona 52010 Subbiano (Arezzo)
Tel. und Fax 0575-48 72 52 - Handy 333-478 04 73
Federico Bellucci
E-Mail und Web: guidesdecharme.com/1670

Das *Trebbio* versteht sich als biologisches Bauernhaus. Nicht im „landwirtschaftlichen" Sinn, sondern eher im Hinblick auf seine Naturverbundenheit und Vorliebe für Bodenständiges. Die Milchprodukte, Wurstwaren und das Geflügel, die Ihnen hier serviert werden, stammen aus eigener Produktion. *Il Trebbio* liegt inmitten des Casentino, des oberen Arno-Tals; seine diversen Gebäudeteile aus Naturstein überragen eine schöne Umgebung aus Wäldern, Wiesen, Weinbergen und Olivenhainen. Geführt wird es mit viel Schwung von einem jungen Paar. Sportlich und verliebt in diese Gegend, werden die Bellucis Ihnen gute Ratschläge für Besichtigungen und Wanderungen erteilen. Die Inneneinrichtung ist nicht gerade typisch für einen Bauernhof, sondern eher für ein gemütliches Haus auf dem Land mit Balkendecken, rustikalem Mobiliar und einem von Sofas umgebenen Kamin. Sie können zudem in einem der komfortabel eingerichteten Wohnungen wohnen, die im benachbarten Bauernhaus eingerichtet wurden. Das Ganze ist einfach und der weite Ausblick schön in dieser Gegend, in der einst Vasari, Michelangelo und Piero della Francesca lebten.

Geschlossen 15. Januar bis 1. Februar **3 Zimmer** mit Bad oder Dusche, TV und 6 Wohnungen (2-6 Pers.) mit Kochnische und Bad **Preise** DZ: 75-95 €; Extrabett: 18 € - Frühst. inkl., bis 10.00 Uhr - Wohnung 480-550 € pro Woche **Kreditkarten** nicht akzeptiert **Verschiedenes** Hunde erlaubt - Parkpl. **Umgebung** Bibbiena - La Verna - Kloster von Camaldoli - Cortona - Arezzo - Val di Chiana: Abtei von Farneta, Lucignano, Sinalunga - Sansepolcro - Anghiari - Caprese Michelangelo **Gästetisch** (Reserv. notwendig) um 20.00 Uhr - Menü: 23 € **Anreise** (Karte Nr. 10): 25 km nördl. von Arezzo, SS-71. 4 km hinter Subbiano nach Poggio d'Acona. Am Eingang des Dorfes auf den Weg rechts. „Il Trebbio" (700 m weiter links) ist ausgeschildert.

Relais Il Fienile

52011 Bibbiena (Arezzo)
Strada di Gressa, 13
Tel. 0575-59 33 96 - Fax 0575-56 99 79
Zizi Marini
E-Mail und Web: guidesdecharme.com/1671

Nur wenige Touristen bereisen den Nordwesten der Toskana und das schöne Casentino-Tal mit Wäldern, der Arno-Quelle und der angenehmen Kühle leichter Höhenlagen. Ein Paar aus Rom, das den Entschluss fasste, dem Hauptstadtleben den Rücken zu kehren, entschied sich, *Relais Il Fienile* zu eröffnen. Hierzu bauten sie diesen ehemaligen, heute sechs Zimmer zählenden Speicher aus dem 18. Jahrhundert um, weil sie an diesem Ort „Freunde" beherbergen wollten. Die besondere Gastlichkeit gefällt einem sofort, und sich im Salon inmitten moderner italienischer Malerei oder am Kamin niederzulassen, ist wirklich sehr angenehm. Der Hausherr, Übersetzer großer literarischer französischer Werke (insbesondere Proust), nutzt hier seinen besonderen Sinn für Diskretion, Qualität und Raffinement. Die Wahl des Zimmers ist gleichzeitig die Wahl der Aussicht: auf die Hügellandschaft oder das Dorf, wonach die Schlafräume auch benannt sind. Sorgfältig mit Mobiliar des ausgehenden 19. Jahrhunderts eingerichtet, besitzen sie zudem guten Komfort. Zum Frühstück gibt's lokale Produkte.

Geschlossen 10. November bis 10. März **6 Zimmer** mit Bad, Satelliten-TV, Minibar und 5 Appart. (2-6 Pers.) **Preise** EZ: 63 €, DZ: 90-136 € - Appart.: 280-570 € - Frühst. inkl., von 8.30 bis 10.00 Uhr **Kreditkarten** akzeptiert **Verschiedenes** Hunde nicht erlaubt - Swimmingpool - Parkpl. **Umgebung** Bibbiena: Palazzo Dovizi, Kirchen S. Lorenzo, S. Ippolito und S. Donato, Markt Mi und Do - La Verna - Kloster von Camaldoli - Cortona - Arezzo - Val di Chiana: Abtei von Farneta, Lucignano, Sinalunga - Sansepolcro - Anghiari - Caprese Michelangelo **Kein Restaurant** vor Ort (Restaurants: „Antica Cantina" in Poppi, „Gliaccaniti" in Pratovecchio) **Anreise** (Karte Nr. 10): 33 km nördl. von Arezzo, SS-71. 5 km nordöstl. von Bibbiena, Rtg. La Verna.

Hotel Helvetia & Bristol

50123 Firenze
Via dei Pescioni, 2
Tel. 055-26 651 - Fax 055-28 83 53
Sig. Venturi
E-Mail und Web: guidesdecharme.com/1672

Das *Helvetia & Bristol* ist zweifellos eines der besten Hotels seiner Kategorie in Florenz: Hier ist alles ausgezeichnet und von gutem Geschmack. Das große, schöne Gebäude, einst Treffpunkt der toskanischen Intelligentsia, hat heute zu seiner einstigen Vornehmheit zurückgefunden. Der große Eingangssalon gibt bereits den Ton an: britische Behaglichkeit mit einem Anstrich von italienischem Luxus. „Hostaria Bibendum", das elegante Restaurant des Hotels, bietet in einem Jugendstil-Rahmen, aber auch auf der Terrasse an der Piazza Strozzi eine kreative italienische Küche an. Die Zimmer sind von exquisitem Geschmack: stoffbespannte Wände, Marmorbäder mit Whirlpool. Der Service ist sehr aufmerksam, und zum Frühstück werden ausländische Tageszeitungen gereicht. Das Personal entspricht dem Stil des Hotels: tadellos, geschult, aber stets mit italienischer Lebendigkeit und Freundlichkeit.

Kategorie ★★★★ **Ganzj.** geöffn. **67 Zimmer** mit Klimaanl., Tel., Wi-Fi, Bad, Satelliten-TV, Minibar, Safe; Aufzug **Preise** EZ: 352 €, DZ: 462-638 €, Junior-Suite und Suite: 737- 1155-2530 €; Extrabett: 94 € - Frühst. (Buffet) inkl.: 26 €, von 7.00 bis 10.30 Uhr **Kreditkarten** akzeptiert **Verschiedenes** Hunde nicht erlaubt - Jacuzzi - Parkpl. **Umgebung** Uffizien, Reservierung 060 818 2840 - Veranstaltungen in Florenz: Scoppio del Carro Ostersonntag morgens, Festa del Grillo Himmelfahrt, musikalischer Mai, Biennale der Antiquitäten (in ungeraden Jahren), Trödelmarkt 2. So des Monats auf der Piazza S. Spirito, 3. So Giardini della Fortezza - Fiesole - Kartause von Galluzzo - Florent. Villen und Gärten (Tel. Palazzo Pitti: 055 238 8615) - Abtei Vallombrosa - Golfpl. dell'Ugolino (18 L.) in Grassina **Restaurant** von 12.30 bis 14.30 und 19.30 bis 22.30 Uhr - Menüs: 50-80 € - Karte **Anreise** (Karte Nr. 10): im Zentrum - Piazza della Repubblica.

J and J Historic House Hotel

50121 Firenze
Via di Mezzo, 20
Tel. 055-26 312 - Fax 055-240 282
F. Cavagnari
E-Mail und Web: guidesdecharme.com/1673

Ein Palast aus dem 16. Jahrhundert beherbergt dieses Hotel im alten Viertel Santa Croce in der Nähe des Doms und folglich im Zentrum. Überreste aus dieser Epoche blieben erhalten und wurden restauriert, so der Kreuzgang, die Fresken und die gewölbten Decken. In den komfortablen Zimmern entschied man sich dagegen für moderne Schlichtheit. Manche sind sehr groß, können drei oder gar vier Personen beherbergen und haben jeweils eine kleine Sitzecke. Einige Einrichtungen mögen überraschen: z. B. die Badewanne in Suite 9, die aber so gut integriert ist, dass diese kleine Verrücktheit nicht stört. Das Hotel hat keinen Fahrstuhl (der Palast stammt immerhin aus dem 16. Jahrhundert), und die Treppen sind steil.

Kategorie ★★★★ **Ganzj.** geöffn. **20 Zimmer** mit Klimaanl., Tel., Bad oder Dusche, Satelliten-TV, Minibar **Preise** DZ: 160-180 €, Superior: 220 €, Junior Suiten: 370 €, Suiten: 430 € - Frühst. inkl., von 7.30 bis 10.00 Uhr **Kreditkarten** akzeptiert **Verschiedenes** Hunde nicht erlaubt - Garage (30 €/Tag) **Umgebung** Uffizien, Reservierung 060 818 2840 - Veranstaltungen in Florenz: Scoppio del Carro Ostersonntag morgens, Festa del Grillo Himmelfahrt, musikalischer Mai, Biennale der Antiquitäten, Trödelmarkt 2. So des Monats auf der Piazza S. Spirito, 3. So Giardini della Fortezza - Fiesole - Kartause von Galluzzo - Florent. Villen und Gärten (Tel. Palazzo Pitti: 055 238 8615) - Abtei Vallombrosa - Golfpl. dell'Ugolino (18 L.) in Grassina **Kein Restaurant** im Hotel (siehe unsere Restaurantauswahl S. 633-636) **Anreise** (Karte Nr. 10): im Zentrum, in der Nähe des Doms, ab Santa Croce über Via Borgo Pinti.

Hotel Monna Lisa

50121 Firenze
Via Borgo Pinti, 27
Tel. 055-247 97 51 - Fax 055-247 97 55
Agostino Cona
E-Mail und Web: guidesdecharme.com/1674

Das *Monna Lisa* ist eigentlich mehr eine Luxuspension als ein Vier-Sterne-Hotel, ist die Atmosphäre doch besonders freundlich und intim. Der kleine Garten ist sehr entspannend und lässt vergessen, dass man sich mitten in Florenz befindet. Außerdem hat diese Künstlerfamilie ein besonderes Gespür für Dekoration und edles Mobiliar. Deshalb verfügt jedes Zimmer – aber auch die Rezeption und der Frühstücksraum (der sich weit zum Garten hin öffnet) – über antike Möbel und alte Radierungen. All das macht dieses kleine Hotel zu einem gastfreundlichen und eleganten Haus. Wir empfehlen Ihnen, Zimmer im Stammhaus (möglichst am Garten) zu reservieren, aber auch die an der Straße gelegenen mit Schallschutz. Die im Anbau eingerichteten Schlafräume verfügen zwar über Komfort, sind aber unpersönlicher. Eines ist klar: *Monna Lisa* ist *das* Hotel mit Charme im Zentrum von Florenz.

Kategorie ★★★★ **Ganzj.** geöffn. **45 Zimmer** mit Klimaanl., Tel., Wi-Fi, Bad, Satelliten-TV, Pay-TV, Minibar, Safe **Preise** EZ: 244 €, DZ: 370 €, Superior: 207-350 €, 3-BZ: 463 € - Frühst. (Buffet) inkl., von 7.30 bis 10.00 Uhr **Kreditkarten** akzeptiert **Verschiedenes** Hunde erlaubt - Solarium - Fitness - Parkpl. (20 €/Tag) **Umgebung** Uffizien, Reservierung 060 818 2840 - Veranstaltungen in Florenz: Scoppio del Carro Ostersonntag morgens, Festa del Grillo Himmelfahrt, musikalischer Mai, Biennale der Antiquitäten, Trödelmarkt 2. So des Monats auf der Piazza S. Spirito, 3. So Giardini della Fortezza - Fiesole - Kartause von Galluzzo - Florent. Villen und Gärten (Tel. Palazzo Pitti: 055 238 8615) - Abtei Vallombrosa - Golfpl. dell'Ugolino (18 L.) in Grassina **Kein Restaurant** im Hotel (siehe unsere Restaurantauswahl S. 633-636) **Anreise** (Karte Nr. 10): in der Nähe des Doms und von Santa Croce über Via Borgo Pinti.

JK Place

50123 Firenze - Piazza Santa Maria Novella, 7
Tel. 055-264 51 81 - Fax 055-265 83 87 - Ori Kafri
E-Mail und Web: guidesdecharme.com/1675

Italien bereicherte sich mit „Deco"- und Design-Hotels, die sich besonders zeitgemäß geben. Zu dieser Kategorie gehört *JK Place*, doch mit einer Tendenz, die der Arbeit des großen David Hicks ähnelt, der in den siebziger und achtziger Jahren den angelsächsischen Stil entstaubte. Und genau dem entspricht das *JK Place*. Das Ensemble ähnelt dem Haus eines aufgeklärten Kunstliebhabers, der seine Bücher, seine Sammelstücke und seine Gemälde in moderner Gestaltung besonders elegant und geschmackvoll in Szene setzt. So befindet sich die Rezeption in der Bibliothek, wird das Frühstück am großen Tisch auf der Hof-Veranda serviert. Die Zimmer sind von seltener Eleganz in Farbtönen gestaltet, die von Schwarz bis Weiß reichen, es sei denn ein abstraktes Bild in Rottönen wie auch der Lampenständer erlaubt etwas Farbe. Der Empfang ist zwar ein wenig schüchtern, aber so, dass man sich hier sofort wohl fühlt. Außerdem eine Open Bar für alkoholfreie Getränke. Nur etwas weiter *The J.K. Lounge*, das besonders hoch im Kurs stehende Restaurant einschließlich Cocktailbar des Hotels, wo auch auf der Terrasse mit Blick auf die Stadt serviert wird.

Kategorie ★★★★ **Geschlossen** Mai **20 Zimmer** mit Klimaanl., Tel., Internet, Bad, Satelliten-TV, DVD- und CD-Player, Minibar, Safe; Aufzug **Preise** EZ und DZ Classic: 350 €, DZ Superior: 400-500 €; Extrabett: 90 € - Frühst. (Buffet) inkl., von 7.00 bis 11.30 Uhr **Kreditkarten** akzeptiert **Verschiedenes** Hunde auf Anfrage erlaubt - Garage (35 €/Tag) **Umgebung** Uffizien, Reservierung 060 818 2840 - Veranstaltungen in Florenz: Scoppio del Carro Ostersonntag morgens, Festa del Grillo Himmelfahrt, musikalischer Mai, Biennale der Antiquitäten (alle 2 Jahre), Trödelmarkt 2. So des Monats auf der Piazza S. Spirito, 3. So Giardini della Fortezza - Florent. Villen und Gärten (Tel. Palazzo Pitti: 055 238 8615) - Abtei Vallombrosa - Golfpl. dell'Ugolino (18 L.) in Grassina **JK Lounge** (siehe S. 633-636) **Anreise** (Karte Nr. 10): im Zentrum.

Gallery Hotel Art

50123 Firenze
Vicolo dell'Oro, 5
Tel. 055-27 263 - Fax 055-26 85 57
Alessio Ianna
E-Mail und Web: guidesdecharme.com/1676

Auch wenn die Hotels der Gruppe Ferragamo Modernität stets privilegierten, hat *Gallery Hotel Art* außer seiner Gestaltung die Ambition, ein Ort zu sein, an dem die Hotelgäste auch Florentiner treffen, die kommen, um an der amerikanischen Bar einen Drink zu nehmen oder Ausstellungen zeitgenössischer Kunst zu besuchen. Der Empfang ist von ausgesuchter Höflichkeit. Die superbe Ausstattung gehört jener Tendenz an, deren Minimalismus mit dunklen exotischen Hölzern und gedämpften Farben eine Atmosphäre lässiger Eleganz schafft. Das Foyer mit seinen chinesischen Sesseln, farbigen Vasen aus Laos und großen Tuschezeichnungen ist ganz typisch für dieses neue Genre. Die großzügige Bücherecke im Salon ist sehr einladend. Die Zimmer, für die besonders edle Materialen verwandt wurden, sind voller Raffinement. Eine ganz besondere Adresse mit seinem Pendant, dem *Continentale* (www.lugarnohotels.com, 360-660 €, Tel. 055-27262) gleich gegenüber: eine weitere reizvolle Adresse der Gruppe, wo man etwas trinken oder auf der wunderschönen Terrasse mit Blick auf den Ponte Vecchio zu Abend essen kann.

Kategorie ★★★★ **Ganzj. geöffn. 74 Zimmer** mit Klimaanl., Tel., Bad, Satelliten-TV, Minibar, Safe; Aufzug **Preise** DZ: 340-530 €, Suite: 640-1760 € - Frühst. (Buffet) inkl., von 7.00 bis 11.00 Uhr **Kreditkarten** akzeptiert **Verschiedenes** Hunde erlaubt - Garage (35 €/ Tag) **Umgebung** Uffizien, Reservierung 060 818 2840 - Veranstaltungen in Florenz: Scoppio del Carro Ostersonntag morgens, Festa del Grillo Himmelfahrt, musikalischer Mai, Biennale der Antiquitäten, Trödelmarkt 2. So des Monats auf der Piazza S. Spirito, 3. So Giardini della Fortezza - Fiesole - Kartause von Galluzzo - Florent. Villen und Gärten (Tel. Palazzo Pitti: 055 238 8615) - Abtei Vallombrosa **Bar-Restaurant** „The Fusion Bar & Restaurant" - August geschl. - „Fusion"-Küche **Anreise** (Karte Nr. 10): nahe Ponte Vecchio.

Casa Howard Firenze

50123 Firenze
Via della Scala, 18
Tel. 06-699 245 55 - Fax 06-679 46 44
E-Mail und Web: guidesdecharme.com/1677

Mit der Eröffnung von *Casa Howard*, wozu auch *Casa Madre* in Rom gehört, das einige unter Ihnen möglicherweise kennen, kann Florenz nun mit einer guten Adresse aufwarten, vor allem aber mit einem Haus, dessen Preise „gründlich kalkuliert" sind, was hier Seltenheitswert hat. Mit der Übernahme des Römer Konzeptes kommt *Casa Howard* einem B&B nahe. Keine Gesellschaftsräume, kein Room-Service, aber auf jeder Etage ein gefüllter Kühlschrank – was entnommen wird, muss lediglich notiert werden. Die Zimmer, in denen drei, ja vier Personen nächtigen können, ähneln ihrem jeweiligen Namen. So ist „Pied à terre" ein kleines Maisonnette-Zimmer, besitzt „Library" eine Bibliothek, eignet sich „Play Room" mit seiner Kletterwand und Walt-Disney-Sammlung besonders für Familien, ist „The Game Terrace Room" mit einem Lager für Tiere für Personen gedacht, die mit einem Hund unterwegs sind. Die Gestaltung mit gekonnter Abstimmung der Stoffe hat auch hier den angelsächsischen Touch, der der Inhaberin so am Herzen liegt. Der Komfort ist perfekt und die kleinen Aufmerksamkeiten wie die Seifen von Santa Maria Novella sind erfreulich.

Kategorie ★★★ **Ganzj.** geöffn. **13 Zimmer** mit Klimaanl., Tel., Wi-Fi, Bad, Satelliten-TV, **Preise** EZ und DZ für 1 Pers.: 160-240 €, DZ: 180-280 €, 3-BZ: 260-360 € - Frühst. (Buffet): 15 €, von 7.30 bis 10.30 Uhr **Kreditkarten** Visa, Eurocard, MasterCard **Verschiedenes** Hunde auf Anfrage erlaubt - Spiele, Bibliothek - Hamman **Umgebung** Uffizien, Reservierung 060 818 2840 - Veranstaltungen in Florenz: Scoppio del Carro Ostersonntag morgens, Festa del Grillo Himmelfahrt, musikalischer Mai, Biennale der Antiquitäten, Trödelmarkt 2. So des Monats auf der Piazza S. Spirito, 3. So Giardini della Fortezza - Fiesole - Abtei Vallombrosa **Kein Restaurant** (siehe Restaurantauswahl S. 633-636) **Anreise** (Karte Nr. 10): nahe Santa Maria Novella.

Hotel Lungarno

50125 Firenze
Borgo S. Jacopo, 14
Tel. 055-272 61 - Fax 055-26 84 37
E-Mail und Web: guidesdecharme.com/1678

Die Sicht vom Ponte Vecchio auf den Arno ist einer der schönsten Ausblicke von ganz Florenz, vor allem, wenn sich bei Sonnenuntergang das Wasser des Flusses rot zu färben beginnt. Dieses Panorama und die berühmte Brücke mit ihren diversen Bauten werden Sie vom Salon oder den Zimmern des *Lungarno* aus sehen. Im Sommer wird vor dem Eingang des Hotels eine Terrasse mit Blick auf den Fluss eingerichtet. Das Ambiente im Innern ist elegant und modern: An den Wänden des Hotels hängen interessante Bilder der Gegenwart. Der Komfort und die Ruhe sind weitere Vorzüge. Wenn Sie eines der Zimmer mit Blick auf den Arno wünschen, empfehlen wir Ihnen, frühzeitig zu reservieren. Professioneller Empfang. Abschließend möchten wir noch auf die Eröffnung der *Lungarno Suites* hinweisen (www.lungarnohotel.com, Tel. 055-2726 8000, Studio ab 310 €).

Kategorie ★★★★ **Ganzj.** geöffn. **73 Zimmer** mit Klimaanl., Tel., Bad, Satelliten-TV, Minibar, Safe; Aufzug **Preise** DZ: 350-770 €, Suite: 750-1760 € - Frühst., von 7.00 bis 11.00 Uhr **Kreditkarten** akzeptiert **Verschiedenes** Hunde erlaubt - Garage (35 €/Tag) **Umgebung** Uffizien, Reservierung 060 818 2840 - Veranstaltungen in Florenz: Scoppio del Carro Ostersonntag morgens, Festa del Grillo Himmelfahrt, musikalischer Mai, Biennale der Antiquitäten, Trödelmarkt 2. So des Monats auf der Piazza S. Spirito, 3. So Giardini della Fortezza - Fiesole - Kartause von Galluzzo - Florent. Villen und Gärten (Tel. Palazzo Pitti: 055 238 8615) - Abtei Vallombrosa - Golfpl. dell'Ugolino (18 L.) in Grassina **Restaurant** „Borgo San Jacopo", um 19.30 Uhr - Di geschl. - Menüs: 65 € - Karte **Anreise** (Karte Nr. 10): am Ponte Vecchio, zum Palazzo Pitti hin.

Torre di Bellosguardo

50124 Firenze
Via Roti Michelozzi, 2
Tel. 055-229 81 45 - Fax 055-22 90 08
Giovanni Franchetti
E-Mail und Web: guidesdecharme.com/1679

Das *Torre di Bellosguardo* liegt auf einem Hügel etwas außerhalb des Zentrums, bietet einen hübschen Ausblick über die Stadt und ist angenehm ruhig: Harmonie des Zier- und Gemüsegartens, ein diskreter, unterhalb gelegener Swimmingpool, der majestätische Palast und der Turm aus dem 14. Jahrhundert. Heute ist dies ein Hotel höchsten Komforts mit zahlreichen Salons, wozu ein spektakulärer, romantischer Wintersalon zählt, und ist mit 16 Zimmern von ungewöhnlicher Größe. Jedes Zimmer hat besonderen Charme: edle alte Möbel, ausgefallene Holzarbeiten, Fresken. Der Turm beherbergt eine Suite auf zwei Etagen mit einzigartigem Ausblick. Alle Zimmer sind phantastisch und verfügen über einen Komfort, der der Schönheit des Ortes ganz und gar entspricht. Der Empfang ist sympathisch. Ein reizvolles Haus.

Kategorie ★★★★ **Ganzj.** geöffn. **9 Zimmer** und 7 Suiten mit Tel., Wi-Fi, Bad, Dusche; Aufzug **Preise** EZ: 160 €, DZ: 290 €, Suiten: 340-390 € - Frühst.: 25 €, von 7.30 bis 10.00 Uhr **Kreditkarten** akzeptiert **Verschiedenes** Hunde erlaubt - Swimmingpool - Parkpl. **Umgebung** Uffizien, Reservierung 060 818 2840 - Veranstaltungen in Florenz: Scoppio del Carro Ostersonntag morgens, Festa del Grillo Himmelfahrt, musikalischer Mai, Biennale der Antiquitäten, Trödelmarkt 2. So des Monats auf der Piazza S. Spirito, 3. So Giardini della Fortezza - Fiesole - Kartause von Galluzzo - Florent. Villen und Gärten (Tel. Palazzo Pitti: 055 238 8615) - Abtei Vallombrosa - Golfpl. dell'Ugolino (18 L.) in Grassina **Restaurant** im Sommer mittags am Swimmingpool (siehe unsere Restaurantauswahl S. 633-636) **Anreise** (Karte Nr. 10): ab Porta Romana die Via Foscoloj bis zur Ausschilderung Forte, dann „Torre di Bellosguardo" (10 Autominuten vom Zentrum).

Il Torrino B&B

50153 Firenze - Viale Togliatti, 19
Tel. und Fax 055-40 04 96 - Handy 335-133 92 94
Letizia Castrucci
E-Mail und Web: guidesdecharme.com/1680

Im *Torrino* sind Sie nicht nur Besucher auf der Durchreise, nein, Sie sind erwartete Gäste und werden sehr aufmerksam, feinfühlig und diskret von Letizia und ihrem Ehemann Piero empfangen. Die Villa ist ein angenehmes Haus am Fuß von Fiesole, nur zwei Kilometer vom Stadtzentrum, das mit Bussen (Haltestelle in der Nähe des Hauses), die Sie an der Piazza Duomo absetzen, leicht erreichbar ist. Somit keine Probleme mit dem Auto, das vor dem historischen Fußgängerzentrum unbedingt abgestellt werden muss. „Michelangelo" und „Raffaello", die zwei geräumigen und komfortablen Zimmer, teilen sich ein elegantes, großes Bad (Dusche + Badewanne); aus dem Grunde bevorzugen die Gastgeber eine Familie oder zwei befreunde Paare, doch ist es durchaus möglich, nur eines der beiden Zimmer zu bekommen. Nach einem besichtigungsreichen Tag in Florenz „seinen" Garten mit Blick auf die Felder und auf Fiesole zu haben, ist wirklich ideal. Nicht selten erwartet Sie dort ein Wein-Aperitif mit Crostini. Das Frühstück wird mit der gleichen Sorgfalt zubereitet. Fürs Abendessen mangelt es nicht an Gelegenheiten in nächster Umgebung, und auch da wird Letizia Sie bestens beraten.

Ganzj. geöffn. **1 Zimmer** für 2 Pers. und 1 Familienzi. (4-5 Pers.) mit Klimaanl., Bad, Satelliten-TV, Mini-Kühlschrank **Preise** DZ für 1 Pers.: 60-70 €, DZ: 90-100 €, Familienzi.: 160-180 € - Frühst. inkl., von 7.00 bis 10.00 Uhr **Kreditkarten** nicht akzeptiert **Verschiedenes** Hunde erlaubt - Parkpl. **Umgebung** Kartause Galluzzo - Florent. Villen und Gärten (Tel. Palazzo Pitti: 055 238 8615) - Abtei Vallombrosa - Golfpl. dell'Ugolino (18 L.) in Grassina **Kein Restaurant** (siehe unsere Restaurantauswahl S. 633-636) **Gästetisch** Abendessen reservieren, Menü: 25 € **Anreise** (Karte Nr. 10): im Zentrum, Piazza della Libertà, Via Don Minzoni, Ponte Rosso, Via Bolognese; nach 2 km rechts Rtg. Fiesole. Am Ende der abschüssigen Straße („discesa") eine Ampel, 60 m weiter Nr. 19.

Villa Le Piazzole

50125 Firenze
Via Gherardo Silvani, 149A/Via Suor Maria Celeste, 28
Tel. 055-22 35 20 - Fax 055-22 34 95
Benedetta Listri
E-Mail und Web: guidesdecharme.com/1682

Im 11. Jahrhundert waren die Türme auf den Hügeln um Florenz zahlreich, bewachten sie doch den Warentransport zur Hauptstadt der Toskana. Als die Republik Florenz dann zu einer soliden Militär- und Wirtschaftsmacht heranwuchs, wurden diese Bauten zu Herrensitzen. Das Haus vermochte einige Bauelemente aus dem 16. Jahrhundert zu erhalten, stieß aber vor allem auf originale, seinen Ursprung bestätigende Fundstücke wie Tonscherben und eine Löwenbüste. Die außergewöhnliche Lage veranlasste den Eigentümer dazu, den Ort und die Umgebung erneut aufleben zu lassen, weshalb er hier 1200 Olivenbäume und 700 Rebstöcke anpflanzen ließ. Der Blick auf die Certosa hinter den silbernen Reflexen der Olivenbäume ist wunderbar. Die Zimmer sind groß, die Materialien edel, das Mobiliar ist antik oder wurde von lokalen Handwerkern gefertigt, der Komfort beispielhaft. *Villa Piazzole* liegt in einem Weiler: 13 Appartements, typisch toskanische Gestaltung und Atmosphäre, Swimmingpool, ein reizender Garten, schöner Blick über die Hügellandschaft. In der „Cantina della Torre" Kostproben der Produkte des Anwesens.

Geschlossen Dezember **4 Suiten-Zimmer** in der Dependance mit Klimaanl., Tel., Wi-Fi, Dusche, Satelliten-TV, Minibar, Safe und 10 Appart. **Preise** DZ und Suite: 190-340 € - Frühst. inkl., von 8.00 bis 11.00 Uhr - Appart.: 1600-2600 € pro Woche **Kreditkarten** akzeptiert **Verschiedenes** Sauna - Jacuzzi - Beheizter Swimmingpool - Garage und Parkpl. **Umgebung** Florenz: Vallombrosa - Golfpl. dell'Ugolino (18 L.) in Grassina **Restaurant** reservieren (siehe unsere Restaurantauswahl S. 633-636) **Anreise** (Karte Nr. 10): A-1 (Firenze/Roma), Ausfahrt Certosa. 3 km von Florenz (10 Autominuten).

Hotel Loggiato dei Serviti

50122 Firenze
Piazza S.S. Annunziata, 3
Tel. 055-28 95 92 - Fax 055-28 95 95
Sig. Budini Gattai
E-Mail und Web: guidesdecharme.com/1683

Das *Loggiato dei Serviti*, an der von Brunelleschi entworfenen Piazza S. S. Annunziata gelegen, hat das Ospedale degli Innocenti als Visa-vis, das ebenfalls ein Werk des genialen toskanischen Renaissance-Künstlers ist. Das Hotel ist einfach und elegant gestaltet, wobei die damalige Aufteilung respektiert wurde. Salons und Zimmer sind schlicht und geschmackvoll, und die Wahl fällt schwer. Einige liegen zum Platz mit dem Reiterbild Ferdinand I. von Medici und zur Säulenhalle von Brunelleschi hin, die mit Medaillons von della Robbia geschmückt ist. Die anderen gehen zum Garten der Accademia hinaus, die der oberen Etage haben sogar Ausblick auf den Dom. Die Zimmer im Nebengebäude sagen allerdings nicht jedem zu. Weder Terrassencafés noch Souvenirgeschäfte stören die heitere Ruhe des Platzes. Ausnahme: das Spiel der Schwalben zwischen den Arkaden des Säulengangs bei Sonnenuntergang.

Kategorie ★★★ **Ganzj.** geöffn. **34 Zimmer** und 4 Appart. mit Klimaanl., Tel., Bad oder Dusche, Satelliten-TV, Minibar, Safe; Aufzug **Preise** EZ: 90-140 €, DZ: 140-205 €, 3-BZ: 190-266 €, Suiten: 280-336 € - Frühst. inkl., von 7.15 bis 10.00 Uhr **Kreditkarten** akzeptiert **Verschiedenes** Hunde auf Anfrage erlaubt **Umgebung** Veranstaltungen in Florenz: Scoppio del Carro Ostersonntag morgens, Festa del Grillo Himmelfahrt, musikalischer Mai, Biennale der Antiquitäten (alle 2 Jahre), Trödelmarkt 2. So des Monats auf der Piazza S. Spirito, 3. So Giardini della Fortezza - Fiesole - Kartause von Galluzzo - Florent. Villen und Gärten (Tel. Palazzo Pitti: 055 238 8615) - Abtei Vallombrosa - Golfpl. dell'Ugolino (18 L.) in Grassina **Kein Restaurant** (siehe unsere Restaurantauswahl S. 633-636) **Anreise** (Karte Nr. 10): Viali circonvoluzione bis Fortezza da Basso und Piazza della Libertá; von hier rechts auf die Via Cavour, Piazza S. Marco, Piazza S. S. Annunziata.

Arti & Hotel

50122 Firenze
Via dei Servi, 38A
Tel. 055-267 85 53 - Fax 055-29 01 40 - Mario Villanis
E-Mail und Web: guidesdecharme.com/1684

Via dei Servi liegt genau in der Achse Dom-Piazza S. S. Annunziata. Die Lage ist somit ideal. Die wenigen Zimmer, der beispielhafte Komfort und die gepflegte Ausstattung machen es zu einem veritablen kleinen Hotel mit Charme. Die Zimmer sind auf die verschiedenen Stockwerke dieses kleinen Gebäudes aufgeteilt, das vollkommen umstrukturiert wurde. Angenehm sind alle Schlafräume: von beachtlicher Größe, mit ansprechendem Mobiliar eingerichtet und Bäder mit bestem Komfort. Das Frühstück wird im Salon der 4. Etage gereicht, aber sobald das Wetter schön zu werden beginnt, kann man sich auf den hübschen Balkon setzen, der Aussicht auf die Dächer und einen Teil der berühmten Domkuppel von Brunelleschi bietet. Das Frühstück wird entweder im Speiseraum des Untergeschosses oder in der kleinen Hotelbar „Art & Café" serviert, wo Ihnen auch ein Imbiss gereicht wird, sofern Sie zur Mittagessenszeit da sind. Eine sehr gute Adresse, die ihrem sympathischen, effizienten Manager Mario viel zu verdanken hat.

Kategorie ★★★ **Ganzj.** geöffn. **11 Zimmer** mit Klimaanl., Tel., Wi-Fi, Bad oder Dusche, Minibar, Satelliten-TV, Safe; Aufzug; Eingang für Behinderte **Preise** DZ für 1 Pers.: 115-140 €, DZ: 145-190 €; Extrabett: 40 € - Frühst. inkl., von 7.30 bis 10.00 Uhr **Kreditkarten** akzeptiert **Verschiedenes** Hunde erlaubt **Umgebung** Veranstaltungen in Florenz: Scoppio del Carro Ostersonntag morgens, Festa del Grillo Himmelfahrt, musikalischer Mai, Biennale der Antiquitäten, Trödelmarkt 2. So des Monats auf der Piazza S. Spirito, 3. So Giardini della Fortezza - Fiesole - Kartause Galluzzo - Florent. Villen und Gärten (Tel. Palazzo Pitti: 055 238 8615) - Abtei Vallombrosa - Golfpl. dell'Ugolino (18 L.) in Grassina **Kein Restaurant** (siehe unsere Restaurantauswahl S. 633-636) **Anreise** (Karte Nr. 10): Viali circonvoluzione bis Fortezza da Basso und Piazza della Libertá; von hier rechts auf die Via Cavour, Piazza S. Marco, Piazza S. S. Annunziata, dann Via dei Servi, von wo man auf den Dom blickt.

B&B in Piazza della Signoria

50122 Firenze
Via dei Magazzini, 2
Tel. 055-239 95 46 - Fax 055-267 66 16
Sonia und Alessandro Pini
E-Mail und Web: guidesdecharme.com/1685

Seit dem Film ist man in Florenz auf der Suche nach einem „Zimmer mit Aussicht". Der Ponte Vecchio ist von jeher sehr gefragt, dieses B&B bietet immerhin die berühmte Piazza della Signoria an. Der Eingang ist äußerst diskret, und um ihn zu „durchschreiten", muss man eigentlich erwartet werden. Die Zimmer sind auf zwei Etagen aufgeteilt. Zwei bieten einen direkten Ausblick auf Biancone (die Statue des Gottes der Meere), und von zwei weiteren Zimmern hat man einen schrägen Blick auf die Uffizien. Sehr schön sind „Leonardo" oder „Michelangelo", aber auch alle Fassadenzimmer: hell und mit Aussicht. Das antike Mobiliar aus dem 19. Jahrhundert, die Baldachine und die Größe der Zimmer schaffen die Atmosphäre eines üppigen Palastes. Das zum Hof gelegene „Vespucci" in Tiefblau und Akazie ist allerdings wenig dunkel. Im „Giotto" wurden einige Fresken „gerettet". Im flamboyanten „Brunelleschi" kann man zu dritt nächtigen, „Dante" und „Beatrice" kommunizieren. Die Bäder sind ebenfalls persönlich gestaltet und voller Komfort. Frühstück und Barservice im *salottino* des Foyers. Danach brauchen Sie nur noch ein paar Stufen hinabzusteigen, um sich dem Tag zu stellen.

Ganzj. geöffn. **9 Zimmer** mit Klimaanl., Tel., Dusche oder Bad, Satelliten-TV, Safe und 3 Appart. (2-4 Pers.) mit Kochnische; Aufzug **Preise** DZ für 1 Pers.: 160-220 €, DZ: 220-280 €, 3-BZ: 250-280 € - Appart.: 1200-1400 €/4 Pers. pro Woche - Frühst. inkl., von 8.00 bis 10.00 Uhr **Kreditkarten** akzeptiert **Verschiedenes** Hunde nicht erlaubt - Fitness - Swimmingpool **Umgebung** Chianti - Fiesole - Kartause von Galluzzo - Abtei Vallombrosa - Golfpl. dell'Ugolino (18 L.) in Grassina **Kein Restaurant** (siehe unsere Restaurantauswahl S. 633-636) **Anreise** (Karte Nr. 10): Ecke Piazza della Signoria und Via dei Magazzini. Garage „Centrale" (28 €).

Relais Uffizi

50122 Firenze
Chiasso del Buco, 16
Tel. 055-267 62 39 - Fax 055-265 79 09
Elisabetta Matucci
E-Mail und Web: guidesdecharme.com/1686

Vier Fenster an der Piazza della Signoria erwarten Sie, wenn Sie sich in den Speiseraum-Salon begeben, um dort Ihr Frühstück einzunehmen. Das in einem Gewirr winziger Straßen gelegene Haus lässt die angenehme Überraschung von außen nicht erraten. Einrichtung und Komfort vom Feinsten, Siena-farbene Wände; Radierungen und die Stadt betreffende Dokumente schmücken die Flure. Jedes Zimmer ist von besonderem Reiz: etwa Nr. 8, es ist geradezu monumental, aber gleichzeitig reizend in seinem „azurblauen Schrein", die gleiche Harmonie in Zimmer 7, das mit seinem als Baldachin dienenden Kamin recht ungewöhnlich wirkt. Grüntöne, schmiedeeiserne Betten, riesige Bäder und schließlich zwei Juniorsuiten. Keiner der Schlafräume geht zum Platz hinaus, manche sind ein wenig dunkel, in anderen hört man schon mal Innenhofgeräusche. Dies sei denjenigen gesagt, die es „wagen", sich darüber zu beklagen, im Herzen dieser Stadt zu wohnen. Das *Uffizi House* gleich nebenan bietet fünf weitere Zimmer an.

Kategorie ★★★ **Ganzj.** geöffn. **13 Zimmer** mit Klimaanl., Tel., Wi-Fi, Bad, Minibar, Satelliten-TV, Safe; 2 Zi. für Behinderte; Aufzug **Preise** EZ: 80-120 €, DZ für 1 Pers.: 120-160 €, DZ: 120-200 €, Deluxe: 160-220 €, Junior Suite: 180-250 €; Extrabett: 40 € - Frühst. inkl., von 7.30 bis 10.00 Uhr **Kreditkarten** Visa, Eurocard, MasterCard, Amex **Verschiedenes** Hunde erlaubt **Umgebung** Trödelmarkt 2. So des Monats auf der Piazza S. Spirito, 3. So Giardini della Fortezza - Fiesole - Kartause von Galluzzo - Abtei Vallombrosa - Golfpl. dell'Ugolino (18 L.) in Grassina **Kein Restaurant** (siehe unsere Restaurantauswahl S. 633-636) **Anreise** (Karte Nr. 10): an der Piazza della Signoria, zwischen La Loggia und dem Restaurant „Orcagna", Via del Baroncelli, dann 1. Straße rechts. Der am günstigsten gelegene Parkplatz (28 €).

Hotel Morandi alla Crocetta

50121 Firenze
Via Laura, 50
Tel. 055-234 47 47 - Fax 055-248 09 54
Paolo Antuono
E-Mail und Web: guidesdecharme.com/1687

Die kleine Pension *Morandi alla Crocetta* wurde seinerzeit von der charmanten Katherine Doyle Antuono eröffnet, die vor vielen Jahren als 12-jähriges Mädchen das erste Mal nach Florenz kam. Heute führt ihr Sohn dieses reizende Haus, das sich in einem Teil dieses Renaissance-Klosters in einer der Gassen um die Piazza della SS. Annunziata befindet. Das Innere strahlt angelsächsische Behaglichkeit aus. Die Zimmer sind geschmackvoll mit antikem Mobiliar und schönen Sammelstücken gestaltet. Im linken Flügel gefiel uns besonders Zimmer 23 mit Mezzanin, in dem ein 3. Bett untergebracht ist, aber auch das zum Hof mit einem Balkon voller Blumen im rechten Flügel, außerdem Nr. 30 mit einer ansprechend eingerichteten Terrasse. Eine englische Bar für Tea Time und Drinks gibt es hier natürlich auch. Die Atmosphäre ist von heiterer Gelassenheit.

Kategorie ★★★ **Ganzj.** geöffn. **10 Zimmer** mit Klimaanl., Tel., Wi-Fi, Dusche, Satelliten-TV, Minibar **Preise** EZ: 80-120 €, DZ: 140-190 €, 3-BZ: 160-230 €, 4-BZ: 190-260 € - Frühst.: 12 €, von 7.45 bis 12.00 Uhr **Kreditkarten** akzeptiert **Verschiedenes** Hunde auf Anfrage erlaubt - Garage (16 €/Tag) **Umgebung** Veranstaltungen in Florenz: Scoppio del Carro Ostersonntag morgens, Festa del Grillo Himmelfahrt, musikalischer Mai, Biennale der Antiquitäten, Trödelmarkt 2. So des Monats auf der Piazza S. Spirito, 3. So Giardini della Fortezza - Fiesole - Kartause von Galluzzo - Florent. Villen und Gärten (Tel. Palazzo Pitti: 055 238 8615) - Abtei Vallombrosa - Golfpl. dell'Ugolino (18 L.) in Grassina **Kein Restaurant** (siehe unsere Restaurantauswahl S. 633-636) **Anreise** (Karte Nr. 10): im Zentrum, nahe der Piazza della SS. Annunziata.

Hotel Villa Liana

50121 Firenze
Via V. Alfieri, 18
Tel. 055-24 53 03 /4 - Fax 055-234 45 96
E-Mail und Web: guidesdecharme.com/1688

Diese im 19. Jahrhundert erbaute Villa, die eine Zeit lang als Konsulat Großbritanniens diente, hat heute immer noch einen sehr schönen englischen Garten. In einer ruhigen Straße nur zehn Minuten vom Dom gelegen, hat das Haus dieses gewisse Etwas aus einer anderen Zeit. Die Architektur mit großer Steintreppe samt schmiedeeiserner Balustrade, die zum Obergeschoss führt, tut das Ihrige dazu, aber auch die Freskoelemente, die sich in fast all den komfortablen Zimmern finden und auf die die hübsche, nicht gerade moderne Gestaltung abgestimmt ist, ebenso das große, sich zum Garten hin öffnende bleiverglaste Fenster. Im Nebenhaus ganz im Grünen wird ein angenehmes kleines Appartement mit einem Zwischengeschoss-Zimmer angeboten.

Kategorie ★★★ **Ganzj.** geöffn. **24 Zimmer** mit Klimaanl., Tel., Wi-Fi, Bad **Preise** EZ: 75-170 €, DZ: 95-190 €, 3-BZ: 125-225 €, 4-BZ: 135-290 €, Suite: 160-330 € (2 Pers.) - Frühst. inkl., von 7.30 bis 10.00 Uhr **Kreditkarten** akzeptiert **Verschiedenes** Hunde auf Anfrage erlaubt - Parkplatz privat (15 €) **Umgebung** Veranstaltungen in Florenz: Scoppio del Carro Ostersonntag morgens, Festa del Grillo Himmelfahrt, musikalischer Mai, Biennale der Antiquitäten, Trödelmarkt 2. So des Monats auf der Piazza S. Spirito, 3. So Giardini della Fortezza - Fiesole - Kartause von Galluzzo - Florent. Villen und Gärten (Tel. Palazzo Pitti: 055 238 8615) - Abtei Vallombrosa - Golfpl. dell'Ugolino (18 L.) in Grassina **Kein Restaurant** (siehe unsere Restaurantauswahl S. 633-636) **Anreise** (Karte Nr. 10): Ausfahrt Florenz-Süd, Rtg. Zentrum, „viali di circon-valazioni", dann dem Arno folgen: Lungarno Aldo Moro, Lungarno C. Colombo und Viale Amendola bis Piazza Beccaria. Viale Gramsci und Piazza Donatello. Den Platz bis zur Ampel umkreisen, Via Alfieri rechts.

Hotel Tornabuoni Beacci

50123 Firenze
Via Tornabuoni, 3
Tel. 055-21 26 45 - Fax 055-28 35 94
Familie Bechi
E-Mail und Web: guidesdecharme.com/1689

Das *Tornabuoni Beacci*, das in einer der eleganten Straßen von Florenz liegt, ist in den beiden oberen Stockwerken eines alten Palazzo aus dem 14. Jahrhundert untergebracht. Es zählt zu den ältesten Hotels der Stadt; auch Bismarck hat hier einst gewohnt. Heute nutzen viele Angelsachsen die Zeit ihres Aufenthaltes in Florenz, um von der exzellenten Küche und den großen Zimmern (sowie geräumigen Suiten für mehrere Personen) zu profitieren, die mit hübschen bemalten Möbeln eingerichtet sind. Die Terrasse mit Blick auf die Dächer ist reizend und die Atmosphäre dieser alten Familienpension Florentiner Art höchst angenehm. Der Empfang ist sehr freundlich und die Garage gleich nebenan ausgesprochen praktisch. Im Laufe des Jahres 2009 dürfte das Hotel seinen 4. Stern erhalten.

Kategorie ★★★★ **Ganzj.** geöffn. **29 Zimmer** mit Klimaanl., Tel., Bad, Satelliten-TV, Minibar; Aufzug **Preise** EZ: 100-180 €, DZ: 180-280 €, Suite: 260-360 € - Frühst. (Buffet) inkl., von 7.00 bis 10.00 Uhr **Kreditkarten** akzeptiert **Verschiedenes** Hunde auf Anfrage erlaubt (3 €) - Garage (28 €/Tag) **Umgebung** Veranstaltungen in Florenz: Scoppio del Carro Ostersonntag morgens, Festa del Grillo Himmelfahrt, musikalischer Mai, Biennale der Antiquitäten, Trödelmarkt 2. So des Monats auf der Piazza S. Spirito, 3. So Giardini della Fortezza - Fiesole - Kartause Galluzzo - Florent. Villen und Gärten (Tel. Palazzo Pitti: 055 238 8615) - Abtei Vallombrosa - Golfpl. dell'Ugolino (18 L.) in Grassina **Kein Restaurant** im Hotel (siehe unsere Restaurantauswahl S. 633-636) **Anreise** (Karte Nr. 10): im Zentrum; Lungarno Guicciardini (am Arno entlang), Ponte S. Trinita, dann Via Tornabuoni.

Antica Torre di Via Tornabuoni 1

50122 Firenze
Via Tornabuoni, 1
Tel. 055-265 81 61 - Fax 055-21 88 41
Jacopo Marasco
E-Mail und Web: guidesdecharme.com/1690

Hier befinden wir uns nicht nur im Herzen der Innenstadt, sondern in einer *residenza d'epoca*. Via Tornabuoni, nur ein paar Meter vom Ponte Vecchio am Arno beginnend, ist gesäumt von Palästen und Luxusgeschäften. Die im 13. Jahrhundert erbaute Torre hat berühmte Menschen wie etwa Louis Bonaparte beherbergt, war im 20. Jahrhundert die Residenz englischer Intellektueller und Aristokraten und ist heute eine zeitgenössische Residenz mit einem 360°-Panoramablick. Von der Terrasse aus, auf der Sie Ihr Frühstück einnehmen werden, hat man einen eindrucksvollen Blick auf den Dom, die Uffici und den Palazzo Pitti. Abends werden Sie sich in der „Honesty Bar" wohl fühlen. Die Zimmer im 4. und 5. Stockwerk bieten modernen Komfort mit englischem Touch. Drei besitzen eine eigene Terrasse, und von der einen blickt man auf den Arno. Wer im ideal gelegenen *Antica Torre* wohnt, hat eine der schönsten Städte der Welt zu Füßen.

Kategorie ★★★★ **Ganzj.** geöffn. - Rezeption nur bis 21 Uhr **12 Zimmer** mit Klimaanl., Tel., Bad, Satelliten-TV, Safe, Minibar; Aufzug **Preise** Classic: 160-260 €, Deluxe: 180-280 €, Grand Deluxe: 205-320 €, Suite: 275-405 € - Appart.: 270-390 € - Frühst. (Buffet) inkl., von 8.00 bis 10.00 Uhr **Kreditkarten** akzeptiert **Verschiedenes** Hunde nicht erlaubt - Fahrradverleih - Garage nahbei (26-30 €) **Umgebung** Veranstaltungen in Florenz: Scoppio del Carro Ostersonntag morgens, Festa del Grillo Himmelfahrt, musikalischer Mai, Biennale der Antiquitäten, Trödelmarkt 2. So des Monats auf der Piazza S. Spirito, 3. So Giardini della Fortezza - Fiesole - Kartause Galluzzo - Florent. Villen und Gärten (Tel. Palazzo Pitti: 055 238 8615) - Abtei Vallombrosa **Kein Restaurant** (siehe unsere Restaurantauswahl S. 633-636) **Anreise** (Karte Nr. 10): Lungarno Guicciardini (am Arno entlang), Ponte S. Trinita, dann Via Tornabuoni.

Hotel Botticelli

50123 Firenze
Via Taddea, 8
Tel. 055-29 09 05 - Fax 055-29 43 22
Fabrizio Gheri
E-Mail und Web: guidesdecharme.com/1691

Das *Botticelli* liegt im historischen Zentrum der Stadt, in unmittelbarer Nähe der Hallen des sehr lebendigen Marktes San Lorenzo. Unser Hotel ist ein Palast aus dem 16. Jahrhundert mit Bogenfenstern, dem im 19. Jahrhundert ein Anbau hinzugefügt wurde. Die gewölbten Decken der Rezeption und des Frühstücksraumes im Erdgeschoss haben noch immer ihre Freskomalerei voller Putten und Blumenornamentik. Das Gässchen, das einst die beiden Gebäude untereinander verband, ist heute überdacht und ein angenehmer Salon. Die vielen Gänge in den Stockwerken, die Komplexität der Innenräume derartiger Paläste belegend, haben ebenfalls Charme. Die Gästezimmer sind geräumig, schlichter als der Rest des Hauses, aber durchaus elegant. Wir empfehlen die in den oberen Etagen in Höhe der Dächer von Florenz und der Fiale des Doms; den gleichen Ausblick hat man von der großen Renaissance-Loggia aus mit „göttlichen" Ausmaßen, auf der sich eine kleine Terrasse zum Einnehmen des Aperitifs befindet.

Kategorie ★★★ **Ganzj.** geöffn. **34 Zimmer** mit Klimaanl., Tel., Wi-Fi, Bad oder Dusche, Satelliten-TV, Minibar, Safe; Aufzug **Preise** EZ: 75-150 €, DZ: 110-240 €, 3-BZ: + 30 % - Frühst. inkl., von 7.15 bis 10.00 Uhr **Kreditkarten** akzeptiert **Verschiedenes** Hunde auf Anfrage erlaubt - Parkpl. **Umgebung** Veranstaltungen in Florenz: Scoppio del Carro Ostersonntag morgens, Festa del Grillo Himmelfahrt, musikalischer Mai, Biennale der Antiquitäten, Trödelmarkt 2. So des Monats auf der Piazza S. Spirito, 3. So Giardini della Fortezza - Fiesole - Kartause Galluzzo - Florent. Villen und Gärten (Tel. Palazzo Pitti: 055 238 8615) - Abtei Vallombrosa - Golfpl. dell'Ugolino (18 L.) in Grassina **Kein Restaurant** (siehe unsere Restaurantauswahl S. 633-636) **Anreise** (Karte Nr. 10): nahe der Piazza San Lorenzo.

Hotel David

50125 Firenze
Viale Michelangelo, 1
Tel. 055-681 16 95 - Fax 055-68 06 02
Sig. Cecioni
E-Mail und Web: guidesdecharme.com/1692

Dieses klassische Hotel, das seit mehreren Generationen im Besitz der Familie Cecioni ist, befolgt von jeher die Devise, seine Gäste besonders gut zu empfangen und ihre Erwartungen zu erfüllen. Und sie wird respektiert, sowohl in Bezug auf die Ausstattung der Zimmer – Doppelglasfenster, gute Betten, schmucke Bettwäsche, Mobiliar antik oder aus dem Familienbesitz, Bäder, die einem Vier-Sterne-Hotel entsprechen – als auch angesichts der umfangreichen, den Gästen zur Verfügung stehenden ausländischen Presse. Etwa 15 Minuten vom Ponte Vecchio am Ufer des Arno entlang, nutzt das Hotel bestmöglich seine bescheidene Größe insofern, als es ein besonders gastlicher, informeller Ort ist. Zum kostenlosen, jeden Abend gereichten Aperitif treffen sich die Gäste im Erdgeschoss mit Spieltischen und Lesesalon. Die Gestaltung ist gepflegt. Eine Adresse mit folgenden Hauptvorteilen: exzellentes Preis-Leistungsverhältnis und sympathisches familiäres Ambiente.

Kategorie ★★★ Ganzj. geöffn. 25 Zimmer mit Klimaanl., Tel., Wi-Fi, Bad oder Dusche, Safe, Satelliten-TV, Aperitif (von 18.30 bis 20.00 Uhr) und Minibar kostenlos, Safe **Preise** DZ für 1 Pers.: 95 €, DZ: ab 110 €, 3-BZ und 4-BZ: ab 120 € - Frühst. inkl., von 7.30 bis 10.00 Uhr **Kreditkarten** akzeptiert **Verschiedenes** Hunde erlaubt - Parkpl. **Umgebung** Veranstaltungen in Florenz: Scoppio del Carro Ostersonntag morgens, Festa del Grillo Himmelfahrt, musikalischer Mai, Biennale der Antiquitäten, Trödelmarkt 2. So des Monats auf der Piazza S. Spirito, 3. So Giardini della Fortezza - Fiesole - Kartause Galluzzo - Florent. Villen und Gärten (Tel. Palazzo Pitti: 055 238 8615) - Abtei Vallombrosa - Golfpl. dell'Ugolino (18 L.) in Grassina **Kein Restaurant** (siehe unsere Restaurantauswahl S. 633-636) **Anreise** (Karte Nr. 10): in der Nähe des Arno-Ufers (Lungarno).

Residenza Johanna I et II - Residenza Johlea

50129 Firenze
(J.1) via Bonifacio Lupi, 14 - Tel. 055-481896
(JII) via delle 5 Giornate, 12 - Tel. 055-473377
(R. Johllea) Via S. Gallo, 76 - Tel. 055-4633292
E-Mail und Web: guidesdecharme.com/1693

Vor einigen Jahren entwickelte sich hier ein neues Hotelkonzept, das wir sofort unterstützt haben: endlich Zimmer zu 85 Euro, was bis dato in einer italienischen Metropole undenkbar war. Der Komfort entsprach dem eines Dreisternehotels mit Wasserkocher, Tee, Kaffee und Plätzchen fürs Frühstück, das man sich selbst zubereitete, und Servicepersonal war von 8.30 bis 20 Uhr zugegen, weshalb Ihnen gleich bei der Ankunft die Schlüssel des Hauses übergeben wurden. Ein paar Jahre später ist dieses Konzept quasi unverändert, außer dass die beinahe ununterbrochene Renovierung aus diesen zwei Adressen heute B&B's voller Charme und Komfort gemacht hat. Die Proportionen von *Johanna I* sind phantastisch, weshalb die Zimmer groß, hell und luftig sind. *Johanna II* liegt ebenerdig am Garten (wo man, was man in Florenz nicht nur kostenmäßig schätzt, sein Auto gratis parken kann) und besitzt hübsche Zimmer in ländlichem Stil mit kleinen Bädern. Künftig wird ein Buffet angeboten, was reichhaltigere Frühstücke verspricht. Somit verändert sich hier vieles, aber nicht die Preise! Worüber sich wohl niemand beklagen wird.

Ganzj. geöffn. **Zimmer** mit Klimaanl., Tel., Wi-Fi, Bad oder Dusche, Satelliten-TV, Minibar, Honesty Bar, Safe **Preise** JOHANNA I und JOLHEA: DZ: 95-115 € - JOHANNA II: DZ: 85-100 €; Extrabett: 20-25 € - Frühst. (Buffet) inkl. **Kreditkarten** akzeptiert **Verschiedenes** Hunde nicht erlaubt **Kein Restaurant** (siehe unsere Restaurantauswahl S. 633-636) **Anreise** (Karte Nr. 10): Piazza della Liberta, Rtg. Carregi/Rifredi, die Brücke überqueren, Via del Statuto rechts und Via delle 5 Giornate, 3. Straße rechts.

Antica Dimora Firenze - Antica Dimora Johlea

50129 Firenze
AD Firenze, via San Gallo, 72 - Tel. 055-462 72 96
AD Johlea, via San Gallo, 80 - Tel. 055-463 32 92
E-Mail und Web: guidesdecharme.com/1694

Die meisterhaft von einem „Trupp" junger, dynamischer und sympathischer Frauen geführten *Residenze Johlea I* und *II* und das *Antica Dimora Firenze* sind die Luxusversion des Konzepts der *Residenza Johanna* im gleichen Viertel, fern von Touristen, die den Dom belagern, d. h. knapp 15 Minuten zu Fuß vom Zentrum. Die Zimmer von *Jolhea* und *Antica Dimora* sind wahre Charme-Stationen. Die Gestaltung ist äußerst gepflegt: Auf die sanften Farben der Wände sind die handgearbeiteten Leinenstoffe gekonnt abgestimmt, außerdem ausgesuchtes Mobiliar aus dem Familienbesitz. Auch die Teppiche und alten Radierungen tragen zu diesem freundlichen Ambiente bei. Die Betten sind von bester Qualität, überall perfekter Komfort, auch in den weißen Marmorbädern. Zudem: eine Dachterrasse im einen und Afternoon tea im anderen. An Aufmerksamkeit mangelt es wirklich nicht. Hier ist man darauf bedacht, dem Gast ein *home away from home* anzubieten. Und zwar zu Preisen, die nach wie vor angenehm überraschen.

Ganzj. geöffn. **Zimmer** mit Klimaanl., Tel., Wi-Fi, Bad oder Dusche, Satelliten-TV, DVD-Player, Minibar, Safe **Preise** A. Dimora F.: 130-150 € (DZ); A. Dimora J.: 145-170 €; Extrabett: 30 € - Frühst. (Buffet) inkl. **Kreditkarten** nicht akzeptiert **Verschiedenes** Hunde nicht erlaubt - Parkpl. **Kein Restaurant** (siehe unsere Restaurantauswahl S. 633-636) **Anreise** (Karte Nr. 10): Via Cavour bis Piazza S. Marco, rechts, und sofort noch einmal rechts (Via S. Gallo ist die Parallelstraße der Via Cavour).

Hotel Cellai

50129 Firenze - Via XXVII Aprile 14, 52/R
Tel. 055-48 92 91 - Fax 055-47 03 87 - Fiammetta Cellai
E-Mail und Web: guidesdecharme.com/1695

Dieses Haus, das früher dem benachbarten Sankt-Katharinenkloster angehörte, liegt in einem besonders lebendigen und pittoresken Stadtteil am Markt San Lorenzo, der einen Besuch verdient – das 1874 entstandene Gebäude ist das Werk Guiseppe Mengonis, der auch die Galerie Vittorio Emanuele II in Mailand schuf –, ebenfalls das *spuntini* bei Nerbone (der Markt ist von 7 bis 14 Uhr geöffnet und eine gute Adresse fürs Mittagessen). Die Gestaltung und Atmosphäre des Hotels entsprechen einem Privathaus. Besonders empfindet man das in den vielen kleinen Salons (erst recht in der Saletta Garibaldi), wo das Mobliar verschiedenster Epochen, die vielen Accessoires und Radierungen die Räume derart individuell gestalten, als hätten hier mehrere Generationen ihre Spuren hinterlassen. Dann wird man aber gewahr, dass der Hotelbesitzer in Antiquitäten geradezu vernarrt ist. Der Service ist sehr gepflegt, wovon das Frühstücksbuffet mit Kerzen und klassischer Musik zeugt; aufgetragen wird in einem kleinen Speiseraum, der nachmittags zum Gourmand-Afternoon-Tea einlädt. Auch in den in warmen Farben gestalteten komfortablen Zimmern, die wirklich sehr anheimelnd sind, bemerkt man die gleichen liebevollen Aufmerksamkeiten. Außerdem gibt es eine Terrasse für den Blick über die Dächer von Florenz und auf ein paar Fotos, die auf diskrete Art zeigen, dass auch Prinzessinnen den Service des *Cellai* schätzen.

Kategorie ★★★★ **Ganzj.** geöffn. **55 Zimmer** mit Klimaanl., Tel., Wi-Fi, Bad, Satelliten-TV, Minibar **Preise** EZ: ab 99 €, DZ: 110 €, Suite: 139 €; Extrabett: 20 € - Frühst. (Buffet) inkl., von 7.30 bis 10.30 Uhr **Kreditkarten** akzeptiert **Verschiedenes** Hunde auf Anfrage erlaubt - Fahrräder - Garage Bar „La Terrazza" und „Winebar La Bella Vita" - Kein Restaurant (siehe unsere Restaurantauswahl S. 633-636) **Anreise** (Karte Nr. 10): 10 Fußmin. von Stazione Centrale Rtg. Via Nazionale bis zur Piazza Indipendenza. An der Ampel rechts.

Riva Lofts

2010

50142 Firenze - Via Baccio Baldinelli, 98
Tel. 055-713 02 72 - Fax 055-711 10
Claudio und Alice Nardi
E-Mail und Web: guidesdecharme.com/3297

In Florenz ist es zum offenen Land nie sehr weit. Man braucht nur die Brücke zu überqueren und am Arno entlangzufahren. Die *Riva Lofts* liegen in Höhe des Isolotto-Laufstegs bzw. der Brücke der *cascine* (Gehöfte), das sympathische, populäre Isolotto-Viertel mit dem Cascine-Park verbindend. Claudio Nardi hat die Bauten aus dem 19. Jahrhundert, in denen sein Büro und seine Architektur-Werkstätten untergebracht waren, vollkommen umgestellt. An diesem Projekt wirkte er mit seiner Tochter Alice, und gemeinsam erarbeiteten sie dieses Haus für Gäste, die das Leben in der Toskana ein Zeitlang zu teilen wünschen. So entstanden die acht (30 bis 100 qm großen) Lofts mit privater Terrasse oder direktem Zugang zum Garten. Die Innenarchitektur ist äußerst modern, und man erkennt das Verlangen des Fachmanns nach viel Raum, zum Garten oder Fluss ausgerichteten Öffnungen, edlen, schlichten Materialien, Design-Mobiliar, up-to-date-Komfort. Zwänge, auch hinsichtlich Öffnungszeiten, gibt es hier nicht, der von 8 bis 20 Uhr geöffnete Empfang funktioniert wie ein Privatsekretariat: für Reservierungen, um einen Babysitter zu finden oder eine Pizza zu bestellen, die Sie in der großen Salon-Bibliothek einnehmen können, in der Gewölbe und Backstein aus der Entstehungszeit erhalten sind. Zum Zentrum, sagen wir Ponte Vecchio, ist es eine halbe Stunde zu Fuß, aber an der Straßenbahn wird bereits gebaut.

Ganzj. geöffn. **8 Studios-Lofts** mit Tel., Internet ISDN, TV, CD- und DVD-Player, Kochnische mit Wasserkocher für Tee und Kaffee, Minibar (alkoholfreie Getränke kostenlos), Safe **Preise** 210 €, 240 €, 280 €, 550 € **Kreditkarten** Visa, MasterCard, Amex **Verschiedenes** Hunde nicht erlaubt - Fahrräder - Swimmingpool - Parkpl. **Kein Restaurant** (siehe unsere Restaurantauswahl S. 633-636) **Anreise** (Karte Nr. 10): Zugang über Fußgängerbrücke der Isolotto, Piazzale Kennedy. Isolotto-Viertel, nahe Flugplatz.

Pensione Bencistà

50014 Fiesole (Firenze)
Via Benedetto da Maiano, 4
Tel. und Fax 055-591 63 - Familie Simoni
E-Mail und Web: guidesdecharme.com/1697

Die Geschichte der Villa, die aufs 14. Jahrhundert zurückgeht, kann aus Platzmangel auf dieser Seite leider nicht erzählt werden. Die Pension existiert ihrerseits, seit die Familie Simoni das Haus 1925 akquirierte und es für seine neue Bestimmung vergrößerte. Auf diese Vergangenheit ist die noch immer vorhandene und auf reizende Art veraltete Atmosphäre zurückzuführen. Von der wundervollen Eingangshalle mit Rezeption aus betritt man das große Restaurant und die zu den Zimmern führende Treppe. Der Salon auf der anderen Seite befindet sich hinter dem Boudoir, und reichlich Bücher in italienischer und englischer Sprache in der Bibliothek. Die Pension besitzt zudem einen Musikraum, in dem im Sommer Klavierkonzerte gegeben werden. Die Zimmer sind reizvoll, und die Bäder wurden kürzlich renoviert. Die Pension, Synonym für lange Aufenthalte und treue Gäste in Sommerfrische, repräsentiert eine Art von Beherbergung, die hier weit vom Aussterben entfernt ist.

Kategorie ★★★ **Geschlossen** Dezember bis Februar **40 Zimmer** mit Tel., Wi-Fi, Bad oder Dusche; Aufzug; 1 Zi. für Behinderte **Preise** EZ: 80-90 €, DZ: 143-158 €, 2-3 Pers.: 210-250 €, 3-4 Pers.: 180-210 € - Frühst. inkl., von 7.30 bis 10.00 Uhr - HP und VP: 80 €, 100 € (pro Pers.) **Kreditkarten** Visa, Eurocard, MasterCard **Verschiedenes** Hunde auf Anfrage erlaubt - Parkpl. **Umgebung** Fiesole, Ansicht des Klosters San Francesco - Veranstaltungen in Florenz: Scoppio del Carro Ostersonntag morgens, Festa del Grillo Himmelfahrt, musikalischer Mai, Biennale der Antiquitäten, Trödelmarkt 2. So des Monats auf der Piazza S. Spirito, 3. So Giardini della Fortezza - Kartause Galluzzo - Florent. Villen und Gärten (Tel. Palazzo Pitti 055 238 8615) - Abtei Vallombrosa - Golfpl. dell'Ugolino (18 L.) in Grassina, Golfpl. Poggio dei Medici (18 L.), 20 km **Restaurant** von 13.00 bis 14.00 und von 19.30 bis 20.30 Uhr - Menü - Traditionelle toskanische Küche **Anreise** (Karte Nr. 10): 8 km nördl. von Florenz. Bus Nr. 7, 200 m vom Hotel, nach Florenz alle 20 Min.

Tenuta Le Viste

Mosciano 50018 Scandicci (Firenze)
Via del Leone, 11
Tel. 055-76 85 43 - Fax 055-76 85 31
Alexandra Ern
E-Mail und Web: guidesdecharme.com/1698

Das acht Kilometer von Florenz entfernte *Tenuta Le Viste* wurde vollkommen renoviert und so eingerichtet, dass das Haus ohne weiteres mit den Gästen geteilt werden kann. Wenn man erst einmal hier ist, wird einem klar, warum es so heißt (*tenuta*: Landgut), denn hinter der großen Rasenfläche vor dem Haus liegen einem Florenz und die weitere Umgebung zu Füßen. Angeboten werden nicht mehr als vier Zimmer. Wir bevorzugen die im 1. Stockwerk an der kleinen Bibliothek. Zwei können auf Wunsch verbunden werden. Das größte und schönste Zimmer ist eine Maisonnette mit Marmorbad und Jacuzzi. Das an der Terrasse im Erdgeschoss eignet sich eher für eine Person. Die Gestaltung aus Alt und Modern ist sehr gepflegt. Der Speiseraum, in dem das Frühstück serviert wird (sofern das Wetter es nicht gestattet, auf der Terrasse zu sitzen), ist mit Balken, Kamin und Mobiliar aus dem 17. Jahrhundert besonders reizvoll. Auch ein eleganter Salon steht den Gästen zur Verfügung. Ein Ort weder in der Stadt noch auf dem Land, aber mit viel Ruhe, einem Garten und schöner Aussicht.

Geschlossen 22. bis 26. Dezember **4 Zimmer** und 1 Suite (mit Terrasse und Jacuzzi) mit Klimaanl., Tel., Wi-Fi, Bad, Satelliten-TV, Minibar, Safe **Preise** DZ für 1 Pers.: 135 €, DZ: 169-197 €, Familien-Zi.: 256-300 €, Suite: 238 € (2 Pers.), 278 € (3 Pers.), 318 € (4 Pers.) - Frühst. (Buffet) inkl., von 8.30 bis 10.30 Uhr **Kreditkarten** akzeptiert **Verschiedenes** Hunde nicht erlaubt - Beheizter Swimmingpool - Parkpl. **Umgebung** Florenz - Die Chianti-Gegend **Abendessen** reservieren, von Mo bis Fr - Menü: 40 € **Anreise** (Karte Nr. 10): 8 km von Florenz. A-1, Ausfahrt Firenze-Scandicci. Rtg. Vingone, Colline, Roveta, Mosciano. Bei Ankunft in Vingone Rtg. Roveta, dann links nach Mosciano.

Villa La Palagina

50063 Figline Valdarno (Firenze)
Tel. 055-950 02 029 - Fax 055-952 001
E-Mail und Web: guidesdecharme.com/1699

Ein lang gezogener Weinberg, Zypressen und in der Ferne auf einem Hügel *Villa La Palagina*: „die" Postkarte der Toskana! In diesem imposanten Haus, der einstigen Sommerresidenz einer adeligen Florentiner Familie des 16. Jahrhunderts, herrscht noch immer dieser ganz besondere Sommerfrischegeist. Die außerordentlich aufwändig restaurierte Innenarchitektur ist sehr gelungen, was gleich beim Betreten das wundervolle Foyer belegt. Die Zimmer, für die italienisch-regionale antike Betten gewählt wurden, sind sowohl schlicht als auch elegant und freundlich. Außerdem, das versteht sich von selbst, entsprechender Komfort. Alle Zimmer bieten Blick über die Chianti-Landschaft oder auf den Garten ganz im italienischen Stil. Unterhalb seit kurzem zwei riesige Swimmingpools. Man fragt sich nur wozu? Wir hoffen, dass die Antwort nicht lautet: Übernahme einer auf Top-Tourismus spezialisierten Gruppe zwecks Rentabilisierung dieser Investition. Im Moment ist dies nicht der Fall, weshalb Sie diese Gelegenheit unbedingt nutzen sollten. Ein wunderbares Haus unweit von Florenz.

Ganzj. geöffn. **25 Zimmer** mit Klimaanl., Tel., Bad (einige mit Jacuzzi), Satellliten-TV, Minibar und 1 Appart. **Preise** DZ für 1 Pers.: 75-130 €, DZ: 90-150 €, Superior: 110-180 €, Junior-Suite: 130-290 € - Frühst. (Buffet) inkl. - Appart.: 2180-2700 €/Woche - Frühst.: 8-13 € **Kreditkarten** Visa, Eurocard, MasterCard **Verschiedenes** Hunde erlaubt - Jacuzzi - Swimmingpool - Parkpl. **Umgebung** Florenz - Mugello-Tal - Siena - Golfpl. dell'Ugolino (18 L.) in Grassina **Restaurant** im Hotel **Anreise** (Karte Nr. 10): 30 km südl. von Florenz. A-1, Ausfahrt Incisa, Rtg. Figline, dann Rtg. Greve in Chianti; „La Palagina" erreicht man über einen Weg rechts.

Marchesi Gondi-Tenuta Bossi

50065 Pontassieve (Firenze)
Via dello Stracchino, 32
Tel. 055-831 78 30 - Fax 055-836 40 08
Donatella und Bernardo Gondi
E-Mail und Web: guidesdecharme.com/1700

Seit 1592 betreibt die Familie Gondi dieses große, vor den Toren von Florenz gelegene Weingut des Chianti Rufina, das einen sehr guten Weißwein produziert. Das Patrizierhaus, die Kapelle und mehrere Gehöfte teilen sich die 320 Hektar Wald, Olivenhaine und Weinberge. Die Bauernhäuser sind es, die renoviert wurden und in denen heute Appartements angeboten werden. Das Mobiliar ist ländlich-komfortabel, jede Wohnung hat einen freundlichen Salon (einige mit Kamin) und ein privates Gärtchen. Die Vegetation der Umgebung ist üppig, und die Gärten, obwohl nicht überfeinert, besitzen immerhin Rosensträucher, vor allem aber Charme. Der Empfang durch Donatella ist reizend. Ihr Bruder Bernardo, der sich um die Weinberge kümmert, wird Ihnen bei der Wahl des Tischweines gute Ratschläge erteilen. *Tenuta Bossi* produziert außerdem schmackhaftes Olivenöl und einen *vino santo*, den Sie mit dem knusprigen Gebäck, der Spezialität dieser Gegend, probieren sollten.

Ganzj. geöffn. **7 Appartements** mit 1-6 Zi. (2-12 Pers.), Küche, Salon, Bad (3 mit Kamin); Eingang für Behinderte **Preise** Appart.: 340-1450 € pro Woche **Kreditkarten** Visa, Eurocard, MasterCard **Verschiedenes** Hunde erlaubt - Parkpl. **Umgebung** Florenz - Mugello-Tal - Siena - Golfpl. dell'Ugolino (18 L.) in Grassina **Kein Restaurant** im Hotel (siehe unsere Restaurantauswahl in Florenz S. 633-636) **Anreise** (Karte Nr. 10): 18 km östl. von Florenz.

Agriturismo Casale Le Pergole

50069 Pontassieve (Firenze)
Via di Tornaquinci, 13
Handy 338-488 82 31
Carlo Maccianti
E-Mail und Web: guidesdecharme.com/1701

Ein junges, sehr sympathisches Paar hat dieses kleine Anwesen übernommen, um hier Landwirtschaft zu betreiben (Oliven, Obst, Wein), das Bauernhaus zu restaurieren und ihm ein Agriturismo hinzuzufügen. Nur zwanzig Kilometer von Florenz sind die Florentiner Hügel noch ganz präsent, und die Sicht reicht bis hin zu jenen Arezzos. Die Terrasse mit der alten, wundervollen Pergola ist der bevorzugte Ort für diese wundervolle Aussicht. Das Haus ist traditionell, die Einrichtungen bieten Komfort, die Gestaltung ist rustikal, doch ist hier das Anliegen vor allem ökologisch: Bioanbau, chlorfreier Pool und Energieselbstversorgung dank Solarpanelen. Der Komfort leidet jedoch keineswegs darunter. Wer vorbestellt, dem wird ein Abendessen mit den frischen Produkten des Hauses zubereitet. Serviert wird in der Laube mit Blick aufs toskanische Land. Das Ambiente ist schlicht, der Empfang bestens.

Geschlossen 15. Januar bis 15. März **6 Zimmer** mit Bad **Preise** EZ: 65-75 €, DZ: 100 € - Frühst. inkl., von 8.30 bis 10.00 Uhr **Kreditkarten** nicht akzeptiert **Verschiedenes** Hunde erlaubt - Swimmingpool - Parkpl. **Umgebung** Florenz - Mugello-Tal - Siena - Golfpl. dell'Ugolino (18 L.) in Grassina **Gästetisch** Abendessen ab 20.30 Uhr - Menü: 20-25 € **Anreise** (Karte Nr. 10): 15 km östl. von Florenz A-1, Ausfahrt Firenze-Sud. Hinter der Ausfahrt auf der Verbindungsstraße bis zur Ampel bleiben (etwa 3,6 km); links auf die SS-67 ARETINA Rtg. Pontassieve; 10,7 km bis Le Falle, nach 1 km am Ortsschild Sieci links Bahnunterführung, Rtg. Monteloro; 4,7 km weiter rechts auf den Weg nach „Pergole".

Castello di Cafaggio

50023 Impruneta (Firenze)
Via del Ferrone, 58
Tel. 055-201 20 85 - Fax 055-231 46 33
Enrico Benci
E-Mail und Web: guidesdecharme.com/1702

Impruneta ist ein an der „Via del Chianti" gelegenes Weindorf, das für seine Gartenkeramikprodukte, sein Weinfest und seinen Pferdemarkt bekannt ist; Letzterer findet an Sankt Lukas zwischen dem 15. und 18. Oktober statt (eine Reihe von Radierungen des berühmten französischen Radierers Jacques Callot belegt dies, aber auch der Venezianer Tiepolo arbeitete hier am Modell). Das auf das Trecento zurückgehende Schloss hat von jeher die Traditionen des Landes genutzt; auch noch heute, allerdings in erster Linie für die Herstellung seines prämierten Olivenöls. Die im Bauernhoftrakt um eine große Terrasse herum eingerichteten Appartements und das Zimmer sind in ländlichem Stil gestaltet. Je nach Größe ist eine richtige Küche vorhanden oder eine Kitchenette, ein Schlafzimmer und ein Salon mit Schlafcouch. Nur das „Ulivo" hat zwei Zimmer im Obergeschoss. Da die Hausbesitzer auch hier wohnen, steht der reizende Jugendstil-Speiseraum nur Kochkursteilnehmern zur Verfügung. Der Musiksalon, in dem Puccini einst arbeitete, ist ausschließlich bei den im Schloss aufgeführten Konzerten zugänglich. Der große Swimmingpool mit Aussicht steht jedoch allen zur Verfügung.

Ganzj. geöffn. **1 Zimmer** mit Dusche, TV und 4 Appartements (2-6 Pers.) mit Küche, Dusche, 1 oder 2 Zi., TV **Preise** DZ: 90 € - Frühst.: 10-15 € - Appart.: 600-1100 € pro Woche (2 Pers.) **Kreditkarten** akzeptiert **Verschiedenes** Hunde nicht erlaubt - Kochkurse - Swimmingpool - Fahrräder - Parkpl. **Umgebung** Florenz - Greve in Chianti - Siena - Golfpl. dell'Ugolino (18 L., 6 km) in Grassina **Kein Restaurant** vor Ort **Anreise** (Karte Nr. 10): 14 km von Florenz. A-1, Ausf. Firenze-Certosa. Den Anreiseplan auf der Website des Castello ausdrucken.

Villa Il Poggiale

50026 San Casciano Val di Pesa (Firenze)
Via Empolese, 69
Tel. 055-82 83 11 - Fax 055-82 94 296
Johanan-Nathanel Vitta
E-Mail und Web: guidesdecharme.com/1703

Vollkommene Eleganz inmitten der toskanischen Landschaft. Dieses „historische Haus" aus der Renaissance im Besitz der Familie Corsini ist nun ein Gästehaus. Schon bei der Ankunft wirkt alles sehr romantisch: das schmiedeeiserne Gitter, die kleinen Säulen und die monumentale Zypresse. Dann der üppige Salon im reinsten aristokratischen Stil mit einer sieben Meter hohen Decke, Steinfußboden, Täfelwerk, Mobiliar und Radierungen des 18. Jahrhunderts von Giuseppe Zocchi. Die Steintreppe und Flure führen zu den Zimmern, die alle einzigartig gestaltet sind, und ihre Namen haben mit der Familiengeschichte zu tun. Die verschiedenen Ebenen und Büchereck en schaffen ein wahres Labyrinth. Gegen Mittag öffnet der „Cellier" am Swimmingpool. Im Schutz vor der Hitze kann man hier zu Mittag essen – einfach und raffiniert zugleich. Bei Sonnenuntergang dann zurück zum Salon Richtung „Honesty Bar", bevor man sich auf der Terrasse mit Blick auf die Weinberge und Olivenbäume niederlässt. Dann haben Sie die ganze Farbpalette der Toskana vor sich, und *Il Poggiale* wird zu einer „göttlichen" Oper.

Geschlossen Februar **21 Zimmer** mit Klimaanl. Tel., Wi-Fi, Bad, Satelliten-TV, Minibar, Safe **Preise** Standard: 130-150 €, Superior: 175-195 €, Junior-Suite und Suite: 190-240 €; Extrabett: 40 € - Frühst. (Buffet) inkl., von 8.15 bis 10.00 Uhr - HP: + 28 € pro Pers. **Kreditkarten** Visa, Eurocard, MasterCard, Amex **Verschiedenes** Hunde nicht erlaubt - Swimmingpool **Umgebung** Florenz - Chianti Fiorentino - Siena **Mittagessen** im Sommer: 18 € - Abendessen um 20.00 Uhr - Menükarte des Tages liegt schon morgens aus **Anreise** (Karte Nr. 10): 25 km südl. von Florenz. Rtg. Porta Romana, dann La Certosa bis SS Quattro Corsie Rtg. Siena; 1. Abfahrt, S. Casciano; vor dem Ortseingang Rtg. Empoli-Cerbaia, 3 km weiter.

Salvadonica

50020 Mercatale Val di Pesa (Firenze)
Via Grevigiana, 82
Tel. 055-821 80 39 - Fax 055-821 80 43
Sig. Baccetti
E-Mail und Web: guidesdecharme.com/1704

Ursprünglich bestand das *Salvadonica* aus zwei toskanischen Bauernhöfen des 14. Jahrhunderts. Heute ist das Hotel dank des unfehlbaren Geschmacks seines Besitzers eine der besten Adressen der Region. Das Rustikale der Originalbauten blieb erhalten, die Renovierung erfolgte mit alten Materialien, und für die Ausstattung wurden patinierte Bauernmöbel gewählt. Darüber hinaus bietet das Hotel modernen Komfort. Das *Salvadonica* verfügt über luxuriöse Ferienwohnungen: hauptsächlich kleine Appartements mit Kochnischen, vorgesehen für drei bis vier Personen. Das Frühstück wird an der gemeinsamen Tafel eingenommen, die Zimmerreinigung erfolgt täglich. Auf dem bewirtschafteten Besitz können Sie Wein und Olivenöl kaufen. Zum Abendessen fahren Sie am besten nach San Casciano oder in die nähere Umgebung.

Geschlossen 10. November bis 18. März **7 Zimmer** mit Tel., Wi-Fi, Dusche; Eingang für Behinderte und 10 Appartements **Preise** EZ: 95 €, DZ: 120-135 € - Preise der Appart.: erfragen - Frühst. inkl., von 8.00 bis 10.00 Uhr **Kreditkarten** akzeptiert **Verschiedenes** Hunde auf Anfrage erlaubt - Tennispl. - Swimmingpool mit Jacuzzi - Golf Course Training (3 L.) - Parkpl. **Umgebung** Veranstaltungen: Winzerfest, Pferdemarktfest; Keramikherstellung: wundervolle Vasen - Florenz - Kartause Galluzzo - Chianti Fiorentino - Impruneta (Kirche S. Maria dell'Impruneta) - Siena - Golfpl. dell'Ugolino (18 L.) in Grassina **Imbisse** vor Ort (siehe unsere Restaurantauswahl in San Casciano in Val di Pesa S. 638) **Anreise** (Karte Nr. 10): 20 km von Florenz über die A-1, Ausfahrt Certosa, dann Autobahn Siena, Ausfahrt San Casciano; in San Casciano hinter Mercatale links.

Fattoria La Loggia

50026 Montefiridolfi (Firenze)
Via Collina, 40
Tel. 055-824 42 88 - Fax 055-824 42 83
Sig. Baruffaldi und I. Natali
E-Mail und Web: guidesdecharme.com/1705

Wie fängt man es an, bei einer Reise durch die toskanische Landschaft nicht davon zu träumen, einen dieser schönen Höfe am Hang eines kleinen Hügels mit Blick auf die bestellten Felder im Tal zu besitzen? Nun, in der *Fattoria La Loggia* können Sie weiterträumen, denn dieser landwirtschaftliche Betrieb hat einige seiner kleinen Dependancen mit Kamin besonders respektvoll restauriert und in toskanischem Stil mit modernen Gemälden gestaltet. Jede kann nun bis zu sechs Personen aufnehmen. Hier lebt man entsprechend seinem Rhythmus wie in seinem eigenen Landhaus. Morgens erhalten Sie zudem einen gut bestückten Frühstückskorb. *Fottoria La Loggia* beherbergt seit kurzem ein Museum moderner Kunst und ein Europäisches Kulturzentrum, das zahlreiche Künstler für eine bestimmte Zeit einlädt.

Ganzj. geöffn. **4 Zimmer** und 11 Appartements (2-6 Pers.) mit Bad; Klimaanlage auf Wunsch mit Zuschlag; Eingang für Behinderte **Preise** DZ mit Kochnische: 100-160 €, Deluxe: 205-260 € - Frühst. inkl., von 8.30 bis 10.00 Uhr - Appart.: 140-190 € (2 Pers./Tag), 215-380 € (mit 2 Zi.), 380-570 € (mit 3 Zi.) **Kreditkarten** Visa, Eurocard, MasterCard **Verschiedenes** Hunde erlaubt - Verkostung von Wein und Öl - Fitness - Salzwasser-Pool - Mountainbikes **Umgebung** Florenz - Chianti Fiorentino - Kartause Galluzzo - Impruneta (Kirche S. Maria dell'- Impruneta); Keramikherstellung: wundervolle Vasen - Siena (Palio Juli/Aug.) - Volterra - Pisa - San Gimignano - Golfpl. dell'Ugolino (18 L.) in Grassina **Kein Restaurant** (siehe unsere Restaurantauswahl in S. Casciano Val di Pesa, Mercatale und Cerbaia S. 638) **Anreise** (Karte Nr. 10): 15 km südl. von Florenz; SS-2, Firenze-Siena, Abfahrt Bargino. Bargino, dann Montefiridolfi.

Villa Le Barone

50020 Panzano in Chianti (Firenze) - Via San Leolino, 19
Tel. 055-85 26 21 - Fax 055-85 22 77 - Rina Buonamici
E-Mail und Web: guidesdecharme.com/1706

Villa Le Barone war und ist ein Anwesen berühmter Persönlichkeiten – gestern mit den della Robbias und heute mit Graf Aloisi de Larderel. Die Geschichte der Villa ist Gegenstand eines Werkes, von dem jeder Gast ein Exemplar in der gewünschten Sprache erhält, außerdem einen Fruchtkorb als Willkommensgabe. Der Stammbaum der Familie stellt allein schon ein stolzes Wappen dar, und das Erbe dieser illustren Linie zeigt sich sowohl in der delikaten Aufmerksamkeit des zahlreichen Personals als auch beim beachtlichen Mobiliar aus dem Familienbesitz. Das Äußere der harmonisch proportionierten Villa wird aufgewertet durch die schattige Terrasse und den Gemüsegarten, der von einem Gärtner-Team gepflegt wird. An das Anwesen schließt sich ein mit Bäumen bepflanzter Garten mit Swimmingpool an. Aussicht auf die toskanische Landschaft und die Silhouette von San Leonino. Auch das Restaurant mit seinen glänzenden Lüstern und der Bedienung in Livree ist erfreulich. Vergessen wir aber weder den Tennisplatz – die Spieler müssen lediglich für eventuell verloren gegangene Bälle aufkommen – noch die Weinverkostungen oder Exkursionen mit Führer.

Kategorie ★★★★ **Geöffnet** Ostern bis 1. November; die 3 B&B-Zimmer können hingegen das ganze Jahr über gemietet werden **30 Zimmer** (22 mit Klimaanl.) mit Tel., Wi-Fi, Bad, Minibar, Safe, TV auf Wunsch **Preise** DZ: 90-175 € (pro Pers.) - Frühst. inkl., von 8.00 bis 10.00 Uhr - HP: 110-195 € (pro Pers.) **Kreditkarten** Visa, MasterCard, Amex **Verschiedenes** Hunde nicht erlaubt - Mountainbikes - Swimmingpool - Verkostungen – Exkursionen mit Führer **Umgebung** Antiquitätenmesse Ostermontag, So Markt in Panzano, Sa in Greve - Chianti Fiorentino - Florenz - Siena - Golfpl. dell'Ugolino (18 L.) in Grassina (15 km) **Restaurant** von 13.00 bis 14.30 und 19.30 bis 21.00 Uhr - Menü: 39 € - Toskanische Küche **Anreise** (Karte Nr. 10): 33 km südl. von Florenz über S-222 Rtg. Greve in Chianti und Panzano. Ab dem Dorf ist das Hotel ausgeschildert.

Castello di Lamole

Lamole 50022 Greve in Chianti (Firenze) - Via di Lamole, 82
Tel. 055-63 04 98 - Fax 055-63 06 11 - Riccardo und Familie Marasco
E-Mail und Web: guidesdecharme.com/1707

Auf den Hügeln des berühmten Chianti Classico hatte das *Castello di Lamole* seit dem 13. Jahrhundert eine strategische Rolle inne. Aus den Kastanien- und Eichenwäldern herausragend, präsentiert es sich wie ein kleines mittelalterliches Dorf. Natursteine und Ziegel mit angesetzter Patina verstärken noch das Ländlich-Rustikale. In diesem Stil wurden einige kleine Häuser eingerichtet. Rohstein, Balken, Kamine, regionales Mobiliar und guter Komfort. Die Bezeichnung „Mangiatoia", so heißt eine der Wohnungen, geht auf die hier früher untergebrachte Futterkrippe zurück und ist besonders reizend, „Ovile" verdankt seinen Charme dem kleinen Garten voller Bäume und Vögel, „Affaccio" ist ganz von Wein und Hortensien überwuchert. Der geräumige Salon ist wunderbar, in seinem großen Kamin wird bei Bedarf ein Feuer angezündet, und zum Zubereiten der Gerichte wird er auch benutzt. Die Familie Marasco blieb den Traditionen sehr verbunden. Deshalb werden hier mit dem professionellen Interpreten Riccardo Konzerte toskanischer Volkslieder gegeben. Das Haus verkauft zudem Öl, Wein, und Honig. Alles aus eigener Produktion.

Ganzj. geöffn. **1 Zimmer** mit Bad und 8 Appartements (2-4 Pers.) **Preise** DZ: 105 € - Frühst. inkl., von 9.00 bis 10.00 Uhr - Appart.: 610-880 €/Woche (2 Pers.), 705-980 €/Woche (2 + 1 Pers.), 790-1250 €/Woche (4 Pers.) - Frühst.: 9 €, von 9.00 bis 10.00 Uhr **Kreditkarten** akzeptiert **Verschiedenes** Hunde erlaubt - Verkostung von Wein, Öl, Grappa, Honig - Swimmingpool - Mountainbikes - Wanderungen mit Führer - Parkpl. **Umgebung** Antiquitätenmesse Ostermontag, So Markt in Panzano, Sa in Greve - Chianti Fiorentino - Florenz - Siena - Golfpl. dell'Ugolino (18 L.) in Grassina, 15 km **Restaurant** „Aia dei canti" (Tel. 055-85 47 115) - Menü: 30-35 € - Karte - Küche nach herkömmlicher Art **Anreise** (Karte Nr. 10): 30 km südl. von Florenz; S-222, 7 km südl. von Greve, dann Rtg. Panzano-Siena, Lamole. Eingang rechts, am Heiligenhäuschen.

Fattoria di Petrognano

Pomino 50060 Rufina (Firenze)
Petrognano
Tel. 055-831 88 67 - Handy 335-13 59 633 - Fax 055-831 88 12
Sig.r Galeotti-Ottieri
E-Mail und Web: guidesdecharme.com/1708

Das schöne Anwesen gehörte einst den Bischöfen von Fiesole, die seit der Renaissance diesen berühmten Weinberg besonders pflegten. Die Hauptresidenz, ursprünglich das Kloster, hat nach wie vor seine noblen Proportionen, seine alten Fußböden, seine riesigen Kamine usw. Mehrere Bauernhöfe in einem Umkreis von 300 Metern, die zur *Fattoria* gehörten, wurden restauriert; so auch „Locanda Patricino", in der die einfach eingerichteten Gästezimmer mit Familienfotos untergebracht sind. Von dem Zimmer mit Dachschrägen ist der Panoramablick besonders eindrucksvoll. Die in den Nebengebäuden der *Fattoria* eingerichteten Appartements sind für längere Aufenthalte mehrköpfiger Familien zu empfehlen. Die Mahlzeiten werden in einem rustikalen Raum serviert, in dem man nett am großen Tisch sitzt, um die Spezialitäten des Hauses (u.a. Gegrilltes der hier gezüchteten Rinder) mit anderen zu teilen und dazu den exzellenten Pomino zu trinken, der direkt aus den Weinfässern abgefüllt wird. Eine angenehme Art, in einer alten, toskanischen Familie Gastfreundschaft zu erleben.

Geöffnet Ostern bis 31. Oktober **7 Zimmer** mit Tel., Bad oder Dusche und 5 Appart. (2-8 Pers.) **Preise** DZ: 80-95 €; Extrabett: 20 € - Frühst. inkl., von 8.30 bis 10.00 Uhr - Appart.: 350-800 € pro Woche **Kreditkarten** akzeptiert **Verschiedenes** Hunde erlaubt - Swimmingpool - Tennispl. - Parkpl. **Umgebung** Mugello-Tal: Kloster Santa Maria di Rosano, Vicchio, San Piero a Sieve (Taufbecken von della Robbia), Scarperia, Kloster Bosco ai Frati (Kruzifix von Donatello), Kloster Monte Senario in Bivigliano - Golfpl. ad Scarperia und Poppi (9 L.) **Restaurant** von 13.00 bis 14.00 Uhr (an der Pool-Bar) und von 20.00 bis 21.00 Uhr - Menü: 18 € **Anreise** (Karte Nr. 10): 30 km östl. von Florenz. N-67 Rtg. Forli bis Pontassieve, Rufina, Castiglione und Pomino.

Tenuta I Bonsi

Sant'Agata 50066 Reggello (Firenze)
Tel. 055-28 46 15 / 055-865 21 18 - Fax 055-28 95 95
Rodolfo Budini Gattai
E-Mail und Web: guidesdecharme.com/1709

Die *Tenuta I Bonsi* ist eine jener noblen befestigten Residenzen, die im 15. Jahrhundert von Florentiner Familien erbaut wurden, um sich zu schützen. Im 17. Jahrhundert dann Karmeliterkloster, ist sie seit dem 19. Jahrhundert im Besitz der Familie Budini Gattai. Außer der Villa zählt das Anwesen mehrere Gehöfte, die entsprechend ihres ursprünglichen Zustandes restauriert und für Agriturismo-Zwecke bemerkenswert gestaltet wurden. „Cencio" in der Nähe der Villa ist ein Gebäude aus dem 18. Jahrhundert, in dem sich drei Wohnungen befinden; zwei von ihnen, „Loggia" und „Torre", bieten einen wunderbaren Panoramablick über Gärten und Terrassen. Der ehemalige Jagdpavillon neogotischen Stils umfasst seinerseits zwei weitere Wohnungen. Außer großem Respekt vor der Architektur sind hier bester Komfort anzumerken sowie eine bemerkenswerte, dem Ort und der Umgebung entsprechende Gestaltung. Aber zur Villa und dem Agriturismo gesellt sich noch die *fattoria* hinzu, in der der Appellations-Rotwein IGT Toscano, Jungfernolivenöl (I Bonsi und noch besser Laudemio) wie auch Honig produziert werden. Keller und Presse sollten unbedingt besichtigt werden – möglicherweise die schönsten Exemplare dieses prächtigen, beispielhaft er- und unterhaltenen Anwesens.

Ganzj. geöffn. **6 Appartements** 2-8 Pers. **Preise** 105-260 € pro Tag (mind. 3 Üb.) **Kreditkarten** akzeptiert **Verschiedenes** Hunde erlaubt - Swimmingpool - Parkpl. **Umgebung** Abtei Vallombrosa - Kirche von Montemignaio - Castello Petrorio in Poppi - Florenz - Siena **Kein Restaurant** im Agriturismo **Anreise** (Karte Nr. 10): 33 km südöstl. von Florenz. A-1 (Firenze/Roma), Ausfahrt Incisa Valdarno, Straße nach Florenz (direkt) bis Leccio. Dann rechts nach Cancelli und S. Agata.

La Callaiola

50021 Barberino Val d'Elsa (Firenze)
Strada di Magliano, 3
Tel. und Fax 055-80 76 598
Jocelyne Münchenbach
E-Mail und Web: guidesdecharme.com/1710

La Callaiola ist ein Bauernhof, der von einer sympathischen Französin betrieben wird, die hier biologische Produkte anbaut. Mit ihrem Gatten, der Italiener ist, restaurierte sie dieses solide Bauwerk aus dem 18. Jahrhundert, ließ ihm aber das Rustikale. Das Haus, dessen Fassaden mit Blumen verschönt sind, ist von einem Rasen umgeben, an den sich Olivenhaine und Sonnenblumenfelder anschließen. *La Callaiola* ist ein richtiges Landgasthaus, was bedeutet, dass man mit den Gastgebern unter einem Dach wohnt und ein wenig deren Leben teilt. Man kann hier aber auch recht unabhängig sein, die Küche und den Kühlschrank benutzen, das Essen teilen oder auch nicht. Das Haus selbst ist sehr angenehm und duftet nach all den Blumensträußen, die Jocelyne zusammenstellt. Die Gästezimmer, in die man über den Salon der Familie gelangt, sind schlicht aber charmant mit einer Art „Inszenierung", was alles noch hübscher macht. Die Atmosphäre ist informell und das „Zusammenleben" keineswegs lästig.

Ganzj. geöffn. (Reserv. notwendig) **2 Zimmer** (4 Pers.) mit Bad **Preise** pro Pers.: 41 €, 37 € pro Tag für 1 Woche - Frühst. inkl. **Kreditkarten** nicht akzeptiert **Verschiedenes** Hunde nicht erlaubt - Parkpl. **Umgebung** Siena - Monteriggioni - Colle di Val d'Elsa - Florenz - San Gimignano - Certaldo - Castellina in Chianti - Volterra **Kein Restaurant** (siehe unsere Restaurantauswahl in Colle Val d'Elsa S. 640) **Anreise** (Karte Nr. 13): 33 km südl. von Florenz über die A-1, Ausfahrt Firenze-Certosa; Rtg. Siena, Ausfahrt Tavarnelle.

Il Paretaio

San Filippo 50021 Barberino Val d'Elsa (Firenze)
Strada delle Ginestre, 12
Tel. 055-80 59 218 - Handy 0338-737 96 26 - Fax 055-80 59 231
Sig.r de Marchi
E-Mail und Web: guidesdecharme.com/1711

Il Paretaio steht ganz im Zeichen des Pferdes, sind doch die Besitzer dieses Reitcenters erstens exzellente Dressurreiter und zweitens vernarrt in alle möglichen Gegenstände, die mit ihrer Leidenschaft zu tun haben. Im Hinblick auf die Unterbringung wäre zu sagen, dass die acht Zimmer ausnahmslos geräumig, schlicht, aber hübsch gestaltet sind; das namens „Stalina" mit Mezzanin bietet den weiteren Vorteil, isoliert in einem kleinen Haus zu liegen. Die Gerichte werden gemeinsam im Obergeschoss eingenommen, im großen, an kühlen Tagen vom Kaminfeuer erwärmten Speiseraum. Die traditionelle Familienküche, wozu Chianti-Wein gereicht wird, trägt weiter zur lockeren Atmosphäre bei. Angeboten werden hier eine Reihe von Pauschalen, vom Wochenende bis zu einer Woche: Perfektionierung für Kinder und Erwachsene in der Reithalle, Dressurkurse, Wanderritte und Tagesausflüge. Der Swimmingpool im Garten rundet das Angebot ab. Wer sich für Pferde nicht begeistert, wird trotz der Einfachheit des Hauses dessen besondere „Philosophie" und Qualität schätzen.

Ganzj. geöffn. **8 Zimmer** mit Dusche **Preise** EZ: 50-80 €, DZ: 80-122 € - Frühst. inkl. - HP: 80-92 € (pro Pers.) **Kreditkarten** nicht akzeptiert **Verschiedenes** Hunde erlaubt - Italienischkurse - Swimmingpool - Reiten (32 € pro Kurs) - Parkpl. **Umgebung** Siena - Monteriggioni - Colle di Val d'Elsa - Florenz - San Gimignano - Certaldo - Castellina in Chianti - Volterra **Gästetisch** um 20.00 Uhr - Menü - Traditionelle toskanische Küche **Anreise** (Karte Nr. 13): 33 km südl. von Florenz über die A-1, Ausf. Firenze-Certosa; Rtg. Siena, Ausf. Tavarnelle; Barberino Val d'Elsa hinter sich lassen, nach 2 km die Straße rechts Rtg. San Filippo.

Fattoria Casa Sola

50021 Barberino Val d'Elsa (Firenze)
Via di Cortine, 5
Tel. 055-807 50 28 - Fax 055-805 91 94
Sig. Gambaro
E-Mail und Web: guidesdecharme.com/1712

Das auf einem Hügel errichtete Haus ist imposant, der Garten „verwildert", der Swimmingpool im Olivenhain (1 km von den Wohnhäusern entfernt) angenehm. Die Wohnungen liegen am Zypressenhain 500 Meter von der großen Villa in den alten, einst von den Bauern des Anwesens bewohnten Häusern, die heute von Kletterrosen bedeckt sind. Sie sind einfach und raffiniert zugleich, gut geschnitten, auch gibt es Maisonetten: Komfort-Bäder, funktionelle Küchen zum Probieren der lokalen Produkte (Olivenöl, Chianti Classico und Vino santo werden hier hergestellt: Besichtigung und Verkostung dienstags, Reservierung erforderlich), antikes Mobiliar, bequeme Sofas. Die Wohnung „Rosso" mit eigenem Garten ist ein wahres Nest für Verliebte. Zwischen Siena und Florenz, nahe der Superstrada, ein abseits gelegenes, bemerkenswertes Haus zum Genießen des mit Weinbergen (26 ha) und Olivenbäumen (40 ha) domestizierten sonnigen Landes.

Ganzj. geöffn., mind. 2 Üb. **10 Wohnungen** mit 2-4 Zi. (für 2-8 Pers.) mit Küche, Salon, Bad **Preise** Wohnung pro Woche: 700-1620 € (2-4 Pers.), 745-2200 € (4-6 Pers.), 1330-2430 € (8 Pers.) + 15 € (Reinigung am Ende des Aufenth., pro Pers.) + 15 € (Heizung pro Tag) + 12 € (Waschmaschine) **Kreditkarten** Visa, Eurocard, MasterCard **Verschiedenes** Hunde auf Anfrage erlaubt (50 €/Woche) - Swimmingpool - Rundwanderwege - Trekking - Parkpl. **Umgebung** Siena - Monteriggioni - Colle di Val d'Elsa - Florenz - San Gimignano - Certaldo - Castellina in Chianti - Volterra **Restauration** reservieren; Abendessen dienstags (siehe unsere Restaurantauswahl in Colle Val d'Elsa S. 640) **Anreise** (Karte Nr. 13): 30 km südl. von Florenz über die SS-2 (Firenze-Siena), Ausf. San Donato in Poggio. San Donato in Poggio durchqueren, rechts einbiegen (Rtg. Castellina in Chianti), dann 1 km Rtg. Cortine, danach „Casa Sola" ausgeschildert.

Villa Campestri

50039 Vicchio di Mugello (Firenze)
Via di Campestri, 19
Tel. 055-849 01 07 - Fax 055-849 01 08
Sig. Pasquali
E-Mail und Web: guidesdecharme.com/1713

Medici-Villen wurden besonders gern im Norden von Florenz erbaut. *Villa Campestri* samt 160 Hektar Land ist heute im Besitz von Poalo Pasquali, der das Anwesen auch bewirtschaftet. Dieses stattliche, mit Respekt vor der Vergangenheit renovierte Haus überragt das Tal von Mugello. Die Eigentümer richteten in der Villa Gästezimmer ein, und in der für Familien vorgesehene Dependance einige Suiten. Altes Florentiner Mobiliar, gepflegte Ausstattung, perfekte Bäder. Ferner gibt man sich hier Mühe, Ihnen die Würze der Toskana nahe zu bringen: vor allem in der Küche, in der die natürlichen Produkte der *fattoria* verarbeitet werden. Wanderritte in der weiten Landschaft und das wunderbare Florentiner Licht sind weitere Annehmlichkeiten, die Sie hier erwarten.

Kategorie ★★★★ **Geschlossen** 9. November bis 31. März **25 Zimmer** mit Tel., Wi-Fi, Bad, Satelliten-TV, Minibar und 1 Appartement (4 Pers.) **Preise** EZ: 90-150 €, DZ: 120-270 €, 3-BZ und Junior-Suiten: 180-320-330 €, Suite: 200-400 € - Appart.: 220-390 € - Frühst. inkl., von 7.30 bis 10.00 Uhr **Kreditkarten** Visa, Eurocard, MasterCard, Amex **Verschiedenes** Hunde auf Anfrage erlaubt (5 €) - Swimmingpool - Parkpl. **Umgebung** Florenz - Mugello-Tal: Vespignano, Borgo S. Lorenzo, S. Piero a Sieve, Scarperia, Convento Bosco ai Frati, Castello del Trebbio, Pratolino, Convento de Monte Senario in Bivigliano, Sesto Fiorentino: Strada panoramica dei Colli Alti, 13 km, führt zur N 15 nach Florenz - Golfpl. Poggio di Medici **Restaurant** von 19.30 bis 21.30 Uhr - Menü: 52 € **Anreise** (Karte Nr. 10): 35 km nordöstl. von Florenz. A-1, Bologna/Firenze, Ausfahrt Barberino di Mugello, Rtg. Piero a Sieve. Faentina/Borgo S. Lorenzo. Borgo S. Lorenzo/Vicchio. Sagginale/Vicchio. 3 km hinter Sagginale Rtg. Cistio, Lastricata und „Campestri".

Locanda Senio

50035 Palazzuolo sul Senio (Firenze)
Borgo dell'Ore, 1
Tel. 055-804 60 19 - Fax 055-804 39 49 - Ercole Lega
E-Mail und Web: guidesdecharme.com/1714

Das Senio-Tal liegt inmitten der bewaldeten Hügel des Mugello, zwischen der Toskana und der Emilia-Romagna. Wenn Sie von Norden anreisen, ist die S 610, von Imola nach Florenz, einfach wunderbar und die zwischen den beiden Regionen sich verändernde Landschaft bemerkenswert. In Coniale verlässt man die „große" Straße und fährt in die Berge und Wälder, um nach etwa 20 Kilometern nach Palazzuolo zu gelangen. Das für seine Gastronomie und Wanderwege berühmte mittelalterliche Dorf ist ruhig und im Sommer kühl. *Locanda Senio* besteht aus zwei schönen Natursteinhäusern und liegt hinter der Kirche. Im größten Haus der Winter-Speiseraum mit seinem Kamin und seinen vielen Flaschen: Olivenöl und Liköre, köstliche hauseigene Produkte. Die großen, im alten Stil gestalteten Zimmer befinden sich im Obergeschoss. Die beiden Suiten wurden im Nebengebäude eingerichtet. Sie heißen „Menta" und „Melissa", sind noch größer als die Zimmer und ebenfalls recht hübsch. Das Restaurant mit bestem Ruf, in dessen Küche Roberta Lega wirkt, bietet ein im Sommer auf der Terrasse serviertes Probiermenü mit fünf Gängen an. Machen Sie vor der Abfahrt einen kleinen Abstecher zur reizenden *dispensa*, in der die ausgezeichneten Produkte des Hauses verkauft werden.

Kategorie ★★★ **Geschlossen** 6. Januar und 13. Februar **6 Zimmer** und 2 Suiten mit Tel., Bad oder Dusche, Satelliten-TV **Preise** DZ: 150-190 €, Suite: 165-225 € - Frühst. inkl., von 8.00 bis 10.30 Uhr - HP (mind. 3 Üb.): 95-150 € (pro Pers.) **Kreditkarten** akzeptiert **Verschiedenes** Hunde erlaubt - Hydromassage - Türkisches Bad - Sauna - Beheizter Swimmingpool - Parkpl. **Umgebung** Palazzo dei Capitani - Florenz - Mugello-Tal - Golfpl. Poggio di Medici **Restaurant** von 12.30 bis 14.00 und 19.30 bis 21.30 Uhr - Außer Juli/Aug. nur abends geöffn., in den Wintermonaten von Mo bis Mi geschl. - Menüs: 40-60 € **Anreise** (Karte Nr. 10): 65 km nordöstl. von Florenz.

Villa Rucellai - Fattoria di Canneto

59100 Prato
Via di Canneto, 16
Tel. 0574-46 03 92 - Fax 0574-46 77 48
Paolo Piqué
E-Mail und Web: guidesdecharme.com/1715

Lassen Sie sich von der etwas schwierigen Anreise nicht entmutigen. Gleich hinter dem Tor entschädigt Sie *Villa Rucellai* durch ein reizendes Bassin, in dem Schwäne Sie von oben herab betrachten, eine schöne Steintreppe, einen monumentalen Eingang mit sechs Meter hoher Gewölbedecke und alten Fußbodenfliesen. Diese reizende toskanische Renaissance-Villa ging im 18. Jahrhundert in den Besitz der Familie Rucellai aus Florenz über. Das Ambiente ist informell, die Lage lädt zum Insichgehen oder Lesen ein: im großen Salon mit den alten Porträts, im italienisch gestylten Garten, in dem Orangen- und Zitrone nbäume gedeihen, am Swimmingpool, der in jenem Bassin entstand, in dem einst die Fische gesäubert wurden. Alle Zimmer befinden sich in einem Flügel des Hauses; einige, mit schwierigerem Zugang, liegen im Turm. Der quasi nicht vorhandene Service wird durch die Freundlichkeit der Gastgeber ersetzt. Charmanter Frühstücks-Gästetisch. Ein Vorbehalt: Der Eisenbahnverkehr kann im Sommer nachts schon mal stören.

Ganzj. geöffn. **8 Zimmer** mit Bad oder Dusche (7 mit Klimaanl.) **Preise** EZ: 90 €, DZ: 100 € - Frühst. inkl., von 7.30 bis 10.30 Uhr **Kreditkarten** Visa, Eurocard, MasterCard **Verschiedenes** Hunde nicht erlaubt - Swimmingpool (von Mitte Mai bis Mitte September) - Parkpl. **Umgebung** Prato: Dom (Fresken von Filippo Lippi), Palazzo Pretorio, Castello dell'Imperatore - Medici-Villa in Poggio a Caiano (Prato) - Florenz **Kein Restaurant** (siehe unsere Restaurantauswahl S. 643) **Anreise** (Karte Nr. 10): 15 km westl. von Florenz. A-11: Ausfahrt Prato-Est. A-1: Ausfahrt Calenzano/Sesto Fiorentino. Danach Rtg. Prato bis zum Kreisverkehr nahe der Eisenbahn. Nun im Westen bis zur Kreuzung (1,5 km, 3 Ampeln) mit Zeitungsverkauf und Gelateria. Rechts Via del Parco bis Villa S. Leonardo und Trattoria La Fontana. 1,5 km weiter (rechts der Eisenbahn bleiben).

Hotel Paggeria Medicea

Artimino 59015 Carmignano (Prato)
Viale Papa Giovanni XXIII, 3
Tel. 055-87 51 41 - Fax 055-875 14 70
Sig. Gualtieri
E-Mail und Web: guidesdecharme.com/1716

Im *Paggeria Medicea* wohnt man gleich neben der wunderschönen Villa Ferdinanda, deren Name daran erinnert, dass es Herzog Ferdinand I. war, der dieses Jagdschloss errichten ließ. Das erklärt auch die wundervolle Schlichtheit dieser Festungs-Villa mit vier Eckschanzen, deren einzige Verspieltheit die wundervolle doppelläufige, zur Loggia führende Treppe ist. Sie brauchen erst gar nicht weiter zu träumen, denn hier werden Sie in den einstigen Pferdeställen und Dependancen wohnen – seit langem jedoch ein Luxushotel. Die Zimmer liegen auf zwei Stockwerken am überwölbten Kolonnadengang. Obschon mit gutem Komfortniveau, haben sie dennoch diese typisch toskanische „Rustikalität" der Steine und Balken. Im Garten am Swimmingpool genießt man einen weiten Blick über die Umgebung und die fürstliche Ferdinanda. Im Restaurant werden Sie die Produkte des Anwesens schätzen. Gestylter, sehr aufmerksamer und sympathischer Service.

Kategorie ★★★★ **Ganzj.** geöffn. **37 Zimmer** mit Klimaanl., Tel., Bad, Satelliten-TV, Minibar; Eingang für Behinderte **Preise** EZ: 90-135 €, DZ: 120-155 € - Frühst. inkl., von 7.30 bis 10.30 Uhr - HP (mind. 3 Üb.): + 27 € pro Pers. **Kreditkarten** akzeptiert **Verschiedenes** Hunde erlaubt - Mountainbikes - Fitness - Swimmingpool - Tennispl. - Parkpl. **Umgebung** Artimino: etruskische Kirche und Totenstadt Pian di Rosello, Villa dell'Artimino - Etruskergrab Montefortini in Comeana - Gärten der Medici-Villa in Poggio a Caiano - Prato - Pistoia - Florenz - Golfpl. Il Pavoniere (18 L.) in Prato **Restaurant** von 12.30 bis 14.00 und 19.30 bis 22.00 Uhr - Mi und Do geschl. - Menü - Karte **Anreise** (Karte Nr. 10): 24 km nördl. von Florenz über die A-1, Ausfahrt Firenze-Signa.

Hotel Certosa di Maggiano

53100 Siena - Strada di Certosa, 82
Tel. 0577-28 81 80 - Fax 0577-28 81 89 - Anna Claudia Grossi
E-Mail und Web: guidesdecharme.com/1717

Was wäre schöner als ein Kartäuserkloster mit seinem Gewölbe, seinen Spitzbögen, seinen Säulen mit Kapitellen und der friedlichen Stimmung, die seinen Kreuzgang noch immer kennzeichnet! *Certosa di Maggiano* oberhalb Sienas stammt aus dem Jahr 1316 und ist die älteste Kartause der Region. Das heutige Hotel bietet in einem grandiosen Rahmen komfortable Gästezimmer mit marmornen Bädern und luxuriöse Suiten an. Ein besonderes Lob verdient das Grüne Zimmer, dessen Wände mit grüner bestickter Seide bespannt sind. Das Restaurant ziert ein großer, in Marmorimitation bemalter Geschirrschrank, und zwar in den Tönen der dort ausgestellten Fayencen. Die Fußböden sind aus *pietra serena*, ferner Rohrstühle und farblich darauf abgestimmte Tischdecken. Die Atmosphäre ist zwar ländlich, aber elegant, der Salon, mit eindrucksvoller Kaiserporträt-Galerie, imposant. Das Restaurant mit dem Küchenchef Paolo Lopriore ist dementsprechend: Probiermenüs und guter Weinkeller. Für die Sommermonate steht ein Pool zur Verfügung, der von einer Reihe Terrakottagefäßen voller Blumen umgeben ist. Der Ausblick geht auf die sechs Hektar Weinberge und darüber hinaus auf die Hügel von Siena.

Kategorie ★★★★ **Geschlossen** 29. Oktober bis 23. März **9 Zimmer** und 8 Suiten (darunter 1 Executive-Suite einschl. Jacuzzi) mit Klimaanl., Tel., Bad, Satelliten-TV, Minibar, Safe, (Kinder ab 12 J.) und 1 Villa mit 5 Zi. (hierzu sich informieren) **Preise** DZ: 300-590 €, Suiten: 650-1030 € - Frühst.: 31 €, von 7.15 bis 11.00 Uhr **Kreditkarten** Visa, Eurocard, MasterCard, Amex **Verschiedenes** Hunde auf Anfrage erlaubt - Wireless Internet-Zugang - Fitness - Beheizter Swimmingpool - Tennispl. - Garage und Parkpl. (31 €/Tag) **Umgebung** Siena: Palio (2. Juli und 16. August) - Abtei Monte Oliveto Maggiore und Rückkehr über die Kammstraße: Asciano-Siena (S-438) - Convento dell'Osservanza - Rosia: Abtei Torri - Abtei San Galgano **Restaurant** „Il Canto" (1 Michelin*), von 20.00 bis 22.00 Uhr - Di geschl. - Menüs: 90-120 € - Karte **Anreise** (Karte Nr. 13): Ausfahrt Siena-Sud, Zentrum, Porta Romana, dann rechts Strada di Certosa.

Hotel Villa Scacciapensieri

53100 Siena
Via di Scacciapensieri, 10
Tel. 0577-41 441 - Fax 0577-27 08 54
Familie Nardi
E-Mail und Web: guidesdecharme.com/1718

Nur ein paar Kilometer von Siena ein Gasthof, der seit langem von ein und derselben Familie mit der gleichen Liebe zum Metier geführt wird. Ein italienischer Garten mit Buchsbaum und Blumenbeeten vor der sich lang hinziehenden noblen, ockerfarbenen Fassade der Villa. Charme früherer Zeiten und komfortable Zimmer, liebenswürdiger Empfang und Tradition kennzeichnen dieses gute, alte Haus. „Altri tempi", andere Zeiten, heißt das Restaurant des Hotels und resümiert so die ganze Atmosphäre der *Villa Scacciapensieri*. Eine große Terrasse mit Aussicht auf die Hügel des Chianti und ein Swimmingpool für die warme Jahreszeit sowie ein einladender Kamin im Salon für kühle Tage erlauben es hier in jeder Saison, die Landschaft und Gastfreundschaft Sienas zu genießen.

Kategorie ★★★★ **Geschlossen** 4. Januar bis 14. März **31 Zimmer** mit Klimaanl., Tel., Bad, Satelliten-TV, Minibar; Aufzug **Preise** EZ: 125-140 €, DZ: 195-265 €; 3-BZ: 320 €; Suiten: 330 € - Frühst. inkl., von 7.30 bis 10.00 Uhr - HP (mind. 3 Üb.): 172-424 € (pro Pers.) **Kreditkarten** akzeptiert **Verschiedenes** Hunde erlaubt - Swimmingpool - Tennispl. - Hotelbus für Hin- und Rückfahrt Siena - Parkpl. **Umgebung** Siena: Palio (2. Juli und 16. August) - Abtei Sant'Antimo - Abtei Monte Oliveto Maggiore und Rückkehr über die Kammstraße: Asciano-Siena (S-438) - Convento dell'Osservanza - Rosia: Abtei Torri - Abtei San Galgano **Restaurant** von 12.30 bis 14.00 und 19.30 bis 21.00 Uhr - Mi geschl. - Menüs: 35-52 € - Karte - Toskanische Küche **Anreise** (Karte Nr. 13): Autobahn Firenze/Siena, Ausfahrt Siena-Nord; Stazione ferroviaria (Bahnhof) 3 km nördl. vom Zentrum.

Palazzo Ravizza

53100 Siena
Pian dei Mantellini, 34
Tel. 0577-28 04 62 - Fax 0577-22 15 97
Sig. Grottanelli
E-Mail und Web: guidesdecharme.com/1719

Palazzo Ravizza hat nach einer beispielhaften Renovierung heute wieder die Atmosphäre einer italienischen „pensione". Alles ist wirklich wunderbar und wirkt unangetastet. So das Foyer mit schönem, schwarzweißem Fußboden und die Reihe gewölbter Räume mit elegant verziertem Fries (stilisierte Kiefern- und Olivenzweige). Außerdem wurden mehrere Salonecken mit bequemen Sofas eingerichtet. Heute sind alle Zimmer renoviert. Die *lofts* und *standards* sind zwar klein, aber preiswerter, die *superiors* geräumig und von eleganter Zurückhaltung: alter Stein- oder Parkettfußboden, geblümter oder Damaststoff, Möbel des 19. Jahrhunderts aus dunklem Holz. Die Suiten, meist mit Freskodecken und Blick aufs Land und den Garten, sind die größten Räume des Palazzo. Am Garten, ob beim Frühstück, abendlichen Aperitif mit Sonnenuntergang oder im Sommer beim Abendessen kann man sich nicht satt sehen. Hier wird etwas Besseres als Luxus geboten, nämlich: Charme!

Ganzj. geöffn. **30 Zimmer** und 5 Suiten mit Klimaanl., Tel., Bad, Satelliten-TV, Safe, Minibar; Aufzug **Preise** Loft: 120 €, Standard: 180 €, Superior: 200 €; Junior-Suite: 230 €; Suite: 270 € - Frühst. inkl., von 7.30 bis 10.30 Uhr **Kreditkarten** akzeptiert **Verschiedenes** Hunde erlaubt - Parkpl. **Umgebung** Siena: Palio (2. Juli und 16. August) - Abtei Sant'Antimo - Abtei Monte Oliveto Maggiore und Rückkehr über die Kammstraße: Asciano-Siena (S-438) - Convento dell'Osservanza - Rosia: Abtei Torri - Abtei San Galgano **Restaurant** von 19.30 bis 21.30 Uhr - Menüs: 35-40 € - Karte **Anreise** (Karte Nr. 13): Ausfahrt Porta San Marco oder Porta Tufi.

Palazzo Bruchi B&B

2010

53100 Siena
Via Pantaneto, 105
Tel. und Fax 0577-28 73 42
Maria Cristina Masignani
E-Mail und Web: guidesdecharme.com/3299

Der im historischen Zentrum Sienas gelegene Palast beginnt ein zweites Leben mit dem Angebot einiger Gästezimmer. *Palazzo Bruchi* (17. Jh.) befindet sich in der Via Pantaneto, dieser lebhaften Straße mit vielen Geschäften, Osterien u.ä. In Angriff genommen wurde diese Umstellung von Maria Christina und ihrer Tochter Camilla, den letzten Nachkommen der aristokratischen Familie Landi-Bruchi. Die mit Fresken ausgemalten Raumdecken, das Mobiliar der Familie, die Sammelstücke und die große Höflichkeit der Eigentümerin, all das schafft diese Gediegenheit aus einer anderen Zeit voller Charme. Die neu eingerichteten Zimmer verfügen über jeglichen Komfort. Alle sind zwar ruhig und hell und haben Aussicht entweder auf den Garten oder das Tal, doch die Superiors wurden besonders individuell gestaltet und bieten einen besonders weiten Blick über das grüne Val Follonica. Das auf Ihrem Zimmer servierte Frühstück ist ein wahres Fest. Zu den besonderen Aufmerksamkeiten zählt folgendes: ein Elektrokocher für Tee, Kaffee oder Kräutertee, eine kleine Kochnische und ein ganz neuer Fitness-Raum.

Ganzj. geöffn. **8 Zimmer** mit Bad, Wi-Fi, TV, Minibar **Preise** EZ: 80-90 €, DZ: 90-100 €, Superior: 120-150 €, 3-BZ: 120-200 € - Frühst. inkl. **Kreditkarten** Visa, Eurocard, MasterCard **Verschiedenes** Hunde nicht erlaubt - Wireless Internet-Zugang - Fitness - Parkpl. **Umgebung** Siena: Palio (2. Juli und 16. August) - Abtei Sant'Antimo - Abtei Monte Oliveto Maggiore und Rückkehr über die Kammstraße: Asciano-Siena (S-438) - Convento dell'Osservanza - Rosia: Abtei Torri - Abtei San Galgano **Kein Restaurant** (siehe unsere Restaurantauswahl S. 639-640) **Anreise** (Karte Nr. 13): Bereich Porta Romana und Porta Pispini, nahe Piazza del Campo.

Residenza d'Epoca Borgognini B&B

53100 Siena - Via Pantaneto, 160
Tel. und Fax 0577-440 55 - Handy 338-764 09 33
Maria Antonietta Giglio
E-Mail und Web: guidesdecharme.com/3298

Die *Residenza d'Epoca Borgognini* (1100), eine der ältesten in Siena eröffneten *dimora storica*, liegt knapp 300 Meter von der Piazza del Campo. Aber sagen wir es gleich: Es erfordert Energie, um ins 3. Stockwerk zu den als B&B angebotenen Appartements dieses Palastes hochzusteigen. Der liebenswürdige Empfang durch Maria Antonietta Giglio, die Gastgeberin, ist dann aber die Entschädigung. Das Bauwerk, Teil der ersten Befestigungswerke der Stadt, hat trotz der Umgestaltung Überreste aus seiner weit zurückliegenden Vergangenheit erhalten. Das belegt die *Stanza de la Guarnigione* (der Garnisonsraum), ein Posten zwecks Bewachung des Stadttores San Maurizio, heute ein kleiner Salon für die Gäste mit schöner Aussicht auf die Torre del Mangia. Die „historische" Atmosphäre nimmt man auch im Empfangssalon wahr, in dem alte Gemälde hängen und auch die Flagge der *contrada del Leocorno* (die *contrade* sind die verschiedenen Stadtviertelvereine Sienas, die sich beim Pallio untereinander messen). Die in toskanischem Stil angenehm gestalteten Zimmer (antikes Mobiliar, mit Keramikplatten ausgelegter Fußboden) sind geräumig, ruhig und komfortabel. Ein Frühstück wird hier nicht serviert, aber auf Wunsch können Sie es im Café *Compagnia* delle Muse gleich neben der Residenza einnehmen.

Ganzj. geöffn. **6 Zimmer** mit Bad, TV, Minibar **Preise** EZ: 55-90 €, DZ: 85-120 €, 3-BZ: 130-150 € - Frühst. (nicht inkl.) auf Wunsch **Kreditkarten** akzeptiert **Verschiedenes** Hunde nicht erlaubt - Parkpl. **Umgebung** Siena: Palio (2. Juli und 16. August) - Abtei Sant'Antimo - Abtei Monte Oliveto Maggiore und Rückkehr über die Kammstraße: Asciano-Siena (S-438) - Convento dell'Osservanza - Rosia: Abtei Torri - Abtei San Galgano **Kein Restaurant** (siehe unsere Restaurantauswahl S. 639-640) **Anreise** (Karte Nr. 13): Bereich Porta Romana und Porta Pispini, nahe Piazza del Campo.

Hotel Antica Torre

53100 Siena
Via di Fieravecchia, 7
Tel. und Fax 0577-22 22 55
Patrizia Landolfo
E-Mail und Web: guidesdecharme.com/1720

Einige der besten Hotels der Toskana befinden sich außerhalb der Stadtmauer Sienas – selbstverständlich zu entsprechend hohen Preisen. Das *Antica Torre* ist dermaßen klein und dermaßen diskret, dass es wirklich nicht leicht war, es ausfindig zu machen. Es ist eine echte „casa torre" aus dem 16. Jahrhundert und liegt in einer der ruhigsten Straßen Sienas. Uns hat es begeistert! Eine kleine zentrale Treppe (an der schöne Porträts des 19. Jh. hängen) führt zu jeweils zwei Zimmern pro Etage. Die Ausstattung ist sehr ansprechend: Sinter-Bodenbelag, schmiedeeiserne Betten, einige Radierungen, alte Möbel sowie kleine Duschräume, in denen es wirklich an nichts fehlt. Im Untergeschoss wird in einem ehemaligen kleinen Laden das Frühstück eingenommen. Ein wahres Puppenhaus, dessen Preise interessant sind.

Kategorie ★★★ **Ganzj.** geöffn. **8 Zimmer** mit Klimaanl., Tel., Dusche, TV **Preise** EZ: 95 €, DZ: 115 €; Extrabett: 8 € - Frühst.: 7 €, von 8.00 bis 10.30 Uhr **Kreditkarten** akzeptiert **Verschiedenes** Hunde nicht erlaubt **Umgebung** Siena: Palio (2. Juli und 16. August) - Abtei Sant'Antimo - Abtei Monte Oliveto Maggiore und Rückkehr über die Kammstraße: Asciano-Siena (S-438) - Convento dell'Osservanza - Rosia: Abtei Torri - Abtei San Galgano **Kein Restaurant** (siehe unsere Restaurantauswahl S. 639-640) **Anreise** (Karte Nr. 13): SS-Firenze-Siena, Abfahrt Siena-Sud, dann Rtg. Stadtzentrum (Porta Romana).

Antica Residenza Cicogna

53100 Siena
Via dei Termini, 67
Tel. und Fax 0577-28 56 13 - Handy 347-007 28 88
Elisa Trefoloni
E-Mail und Web: guidesdecharme.com/1721

Elisa wird Sie im mittelalterlichen Palast ihrer Vorfahren empfangen, in dem sie, zwecks Eröffnung eines B&B mit ein paar Zimmern, einige Räume umbauen ließ. Eine besonders gute Lage und annehmbare Preise werden es rasch zu einer beliebten Adresse machen in dieser Stadt, die zum Must einer Toskanareise gehört und in der es immer etwas zu betrachten oder zu entdecken gibt. Hier beginnt der Tag mit einem üppigen Frühstücksbuffet mit reichlich Süßem, lokalem Aufschnitt und auf Wunsch auch kleinen warmen Gerichten. Probieren Sie aber zunächst die *cavallucci* mit Anis und Zimt, das *panforte*, eine Spezialität Sienas, und die *copate* mit Honig und Mandeln, die außer den klassischen Müslis, Joghurts usw. gereicht werden. Und abends machen Sie es sich dann bequem in den komfortablen Zimmern, die die Namen der (bei der Restaurierung entdeckten) Deckenfreskos tragen. Sie heißen „Dei Leoni", im Pompeji-Stil, „Liberty", mit Himmelbett und Floraldekor, „Angelo", in dem der Engel im Himmel Sienas ein Kind davonträgt, oder „Delle Rose" mit seinem Blumenstrauß, und schließlich „Stanza delle Corte", das einzige mit traditioneller toskanischer Querbalkendecke. Sympathischer, aufmerksamer Empfang.

Ganzj. geöffn. **5 Zimmer** mit Klimaanl., Bad, Satelliten-TV, Wi-Fi und 2 Suiten (2-4 Pers.) **Preise** DZ: 90 €, Suite: 120 € - Frühst. inkl., von 8.00 bis 10.00 Uhr **Kreditkarten** Visa, Eurocard, MasterCard **Verschiedenes** Hunde nicht erlaubt **Umgebung** Siena: Palio (2. Juli und 16. August) - Abtei Sant'Antimo - Abtei Monte Oliveto Maggiore und Rückkehr über die Kammstraße: Asciano-Siena (S-438) - Convento dell'Osservanza - Rosia: Abtei Torri - Abtei San Galgano **Kein Restaurant** (siehe unsere Restaurantauswahl S. 639-640) **Anreise** (Karte Nr. 13): Piazza del Campo, Loggia Mercanzia, Palazzo Tolomei, Via dei Termini.

Hotel Santa Caterina

53100 Siena
Via Enea Silvio Piccolomini, 7
Tel. 0577-22 11 05 - Fax 0577-27 10 87
E-Mail und Web: guidesdecharme.com/1722

Das *Santa Caterina* wurde in einem Patrizierhaus des 18. Jahrhunderts eingerichtet und liegt nur ein paar Meter von der Porta Romana. Alle Zimmer sind in toskanischem Stil gestaltet und mit modernen Bädern ausgestattet. Wenn Sie die Wahl haben, sollten Sie ein Zimmer zum Garten hin nehmen, doch sind die mit Straßenlage gut schallgeschützt. Im kleinen Salon kann man in interessanten Kunstbüchern zum Thema Toskana blättern. Der eigentliche Charme dieses Hauses liegt jedoch in seinem wundervollen, blühenden Garten, von dem der Blick aufs Tal und die rosa Dächer von Siena besonders schön ist. Auf der Frühstücksveranda profitiert man hiervon gleich morgens. Der Empfang ist charmant, das gesamte Personal, ob die Serviererinnen beim Frühstück oder der Nachtportier, überbieten sich an Liebenswürdigkeit und Aufmerksamkeit. Eine gute Adresse knapp 15 Fußminuten von der Piazza del Campo. Die Lage ist sehr praktisch bei der Anreise mit dem Auto.

Kategorie ★★★ **Ganzj.** geöffn. **22 Zimmer** mit Klimaanl., Tel., Wi-Fi, Bad, Satelliten-TV, Minibar; Aufzug **Preise** EZ: 65-125 €, DZ: 98-185 €, 3-BZ: 125-235 € - Frühst. (Buffet) inkl., von 8.00 bis 10.00 Uhr **Kreditkarten** akzeptiert **Verschiedenes** Hunde erlaubt - Parkpl. (15 €/Tag) **Umgebung** Siena: Palio (2. Juli und 16. August) - Abtei Sant'Antimo - Abtei Monte Oliveto Maggiore und Rückkehr über die Kammstraße: Asciano-Siena (S-438) - Convento dell'Osservanza - Rosia: Abtei Torri - Abtei San Galgano **Kein Restaurant** im Hotel (siehe unsere Restaurantauswahl S. 639-640) **Anreise** (Karte Nr. 13): SS-Firenze-Siena, Abfahrt Siena-Sud, dann Rtg. Zentrum bis zur Porta Romana.

Castello delle Quattro Torra

53100 Siena
Strada di Pieve al Bozzone, 36
Tel. 0577-221 122 - Handy 339-497 79 99 - Fax 0577-352 063
Laura Ponticelli
E-Mail und Web: guidesdecharme.com/1723

Dieses Schloss mit vier schartigen Türmen und umgeben von stromlinienförmigen Zypressen, von Olivenbäumen und Wein ist eine wahre Postkartenansicht. Kürzlich unternommenen Studien zufolge soll es auf dem Gemälde „Buon Governo" (1339) von Ambrogio Lorenzetti abgebildet sein, das ein Exponat des Palazzo Pubblico von Siena ist. Nach dem Siena-Krieg des Jahres 1555 wird das Castello zu einer ruhigen Residenz auf dem Land und 1885 von der Familie Ponticelli erworben, die hier noch heute lebt. Ein Appartement und zwei Zimmer stehen zur Verfügung. Die Zimmer liegen im privaten Teil des Hauses und haben direkten Zugang vom Salon aus, der zwar sehr angenehm antik möbliert ist, aber im Großen und Ganzen modern wirkt. So ist auch das reizvolle Zimmer „Chambre Bleue" einschließlich seines Bades mit Aussicht wie auch „Chambre de la Torre" mit luftiger Innenarchitektur auf zwei Ebenen und Panoramablick. Das Frühstück wird im blauen Salon serviert, und auch in der Bibliothek können sich die Gäste aufhalten. Im Schlosshof wurde ein stattliches Appartement eingerichtet, in dem man ganz unabhängig wohnt. Angesichts der gebotenen Qualität sind die (entsprechend Aufenthaltsdauer degressiven) Preise zurückhaltend.

Ganzj. geöffn. **2 Zimmer** mit Bad und 1 Appartement (4 Pers.) **Preise** DZ: 160 € - Extrabett: 50 € - Frühst. im Zi. inkl., von 8.00 bis 10.00 Uhr - Appart.: 320 € (mind. 2 Üb.) **Kreditkarten** akzeptiert **Verschiedenes** Hunde nicht erlaubt **Umgebung** Siena: Palio - Abtei Sant'Antimo - Abtei Monte Oliveto Maggiore und Rückkehr über die Kammstraße: Asciano-Siena (S-438) - Convento dell'Osservanza - Rosia: Abtei Torri - Abtei San Galgano **Kein Restaurant** (siehe unsere Restaurantauswahl S. 639-640) **Anreise** (Karte Nr. 13): 3 km von Siena, Straße nach Asciano.

Villa dei Lecci

53100 Siena
Strada di Larniano, 21/1
Tel. und Fax 0577-22 11 26 - Handy 338-800 87 11
Marica Albuzza
E-Mail und Web: guidesdecharme.com/1724

Villa dei Lecci trägt den Namen jener Eichen, die zu diesem einzigartigen, nur ein paar Kilometer von Siena gelegenen, aber nicht leicht auffindbaren Anwesen führen. Der Umweg lohnt sich allemal, allein schon wegen Signora Albuzza, die vor nunmehr acht Jahren vier Zimmer des Hauses für Gäste einrichtete. Bei der Ankunft entdeckt man ein schönes, imposantes Bauwerk aus Naturstein, an das sich eine kleine Kapelle anlehnt. Die Möblierung umfasst so manches aus dem Familienbesitz, vermischt Profanes mit Sakralem. Die Gestaltung der Zimmer und Salons mit vielerlei Gegenständen stellt alles, was man sich in Richtung Bonbonniere oder Puppenhaus nur vorzustellen vermag, in den Schatten. Viel Komfort und Intimität, moderne Bäder. Die Terrasse zieht sich an einer angenehmen Laube entlang, der Whirlpool verbirgt sich zwischen den Bäumen des Gemüsegartens. Eine Veranda im 1. Stockwerk mit allegorischen Fresken des 18. Jahrhunderts erlaubt den Zugang zum Blumengarten mit dem Duft von Zuchtrosen, Rosmarin und … Gemüse. Das Abendessen an fünf Tagen pro Woche umfasst traditionelle Familiengerichte.

Geschlossen 15. Januar bis 1. März **4 Zimmer** (2 mit Klimaanl. auf Wunsch) mit Tel., Bad, Satelliten-TV **Preise** DZ mind. 3 Üb.: 150-230 € - Frühst. inkl., von 8.30 bis 11.00 Uhr **Kreditkarten** nicht akzeptiert **Verschiedenes** Hunde erlaubt - Fitness - Garage **Umgebung** Siena: Palio (2. Juli und 16. August) - Abtei Sant'Antimo - Abtei Monte Oliveto Maggiore und Rückkehr über die Kammstraße: Asciano-Siena (S-438) - Convento dell'Osservanza - Rosia: Abtei Torri - Abtei San Galgano **Essen** Menü: 40 € **Anreise** (Karte Nr. 13): Ausfahrt Siena-Est, Rtg. Arezzo-Grosseto, Due Ponti, dann bis Larniano ausgeschildert. Lassen Sie sich einen Plan zuschicken.

Hotel Relais Borgo San Felice

San Felice 53019 Castelnuovo Berardenga (Siena)
Tel. 0577-39 64 - Fax 0577-35 90 89
Cinzia Faaciulli
E-Mail und Web: guidesdecharme.com/1725

Eine Postkartenidylle: der kleine Platz vor der Kapelle, die Gässchen mit dem Kopfsteinpflaster, gesäumt von blumengeschmückten kleinen Häusern, Gärten, Steintreppen und Fassaden, an denen wilder Wein hochrankt. Das ist *Borgo San Felice*, ein toskanisches Dorf aus dem Mittelalter, das vollständig restauriert wurde und heute ein charmantes Luxushotel ist. Man hat wahrhaftig den Eindruck, sich in einem Dorf zu befinden, denn die landwirtschaftlichen Aktivitäten (Herstellung von Wein und Olivenöl) sind hier noch immer rege. Die Inneneinrichtung entspricht ganz stattlichen Landhäusern voller Komfort in den Ockertönen der Toskana. Hinzu kommen exzellente Hotelleistungen mit höflich-reserviertem Empfang, effizientem Service und einem sehr gutem Restaurant. In der *Villa Casanova* 500 Meter weiter werden Appartements angeboten.

Kategorie ★★★★ **Geschlossen** November bis April **43 Zimmer** und 15 Suiten mit Klimaanl., Tel., Bad, Satelliten-TV, Minibar **Preise** EZ: 185-230 €, DZ: 265-330 €, Deluxe: 310-385 €, Junior-Suite und Suite: 460-575 € - Frühst. inkl., von 7.30 bis 10.30 Uhr - HP: + 75 € pro Pers. **Kreditkarten** akzeptiert **Verschiedenes** Hunde nicht erlaubt - Beauty-Center - Verkostung und Verkauf von Wein und Olivenöl - Beheizter Swimmingpool - Tennispl. - Fahrräder - Putting und Pitching Greens - Parkpl. **Umgebung** Villa Chigi-Saracini (Park), Kirche Santi Salvatore e Alessandro in Castelnuovo - Abtei Pontignano, Badia a Ruoti, Abtei Monteoliveto, Abtei Sant'Antimo in Montalcino - Castello di Brolio - Montepulciano - Siena **Restaurant** von 12.30 bis 17.00 und 19.30 bis 22.00 Uhr - Menüs: 75-120 € - Karte - Toskanische und italienische Küche **Anreise** (Karte Nr. 13): 17 km östl. von Siena. Ab Siena SS-Siena-Perugia (E-78), Rtg. Arezzo, nach 7 km links, Rtg. Montaperti.

Canonica A Cerreto

Canonica A Cerreto 53010 Castelnuovo Berardenga (Siena)
Tel. und Fax 0577-36 32 61
Marco Lorenzi
E-Mail und Web: guidesdecharme.com/1726

Die Geschichte dieser kleinen Ortschaft mitten auf dem Land, aber nur zwölf Kilometer von Siena entfernt, beginnt im Mittelalter, als der Erzbischof von Siena beschließt, hier eine neue Abtei erbauen zu lassen. Nachdem der Ort ein Schauplatz der Kriege zwischen den beiden Republiken der Toskana war, wurde sie in der Renaissance zu einem Lehen, kehrte im 17. Jahrhundert zur Kirche zurück und ist seit etwa 40 Jahren in Privatbesitz. Heute ist das Anwesen ein florierender landwirtschaftlicher Betrieb, der einen guten Chianti Classico und Olivenöl produziert. Besonders gut restauriert und sehr gepflegt, werden hier drei elegante Appartements angeboten, die zur ländlichen Gegend passen. Alle sind bestens ausgestattet, haben ein oder zwei Zimmer und eine Wohnküche mit dem traditionellen Kamin der toskanischen Bauernhäuser. Das größte Appartement („Priore") bietet zudem eine wunderschöne Aussicht auf die sich nach Pianella hinziehenden Felder. Die Anfahrt ist leicht, aber es geht über einen Feldweg – was nicht ohne Charme ist.

Geschlossen November bis März **3 Appartements** (2-4 Pers.) mit Kürche, Salon, Bad, Satelliten-TV - Appart./1 Woche: 730 € (Sacrestia, 2 Pers.); 950 € (Scale, 2-4 Pers.); 1250 € (Priore, 4 Pers.) **Kreditkarten** akzeptiert **Verschiedenes** Hunde nicht erlaubt - Swimmingpool - Parkpl. **Umgebung** Villa Chigi-Saracini (Park), Kirche Santi Salvatore e Alessandro in Castelnuovo - Abtei Pontignano, Badia a Ruoti, Abtei Monteoliveto, Abtei Sant'Antimo in Montalcino - Castello di Brolio - Montepulciano - Siena **Kein Restaurant** (siehe unsere Restaurantauswahl S. 639) **Anreise** (Karte Nr. 13): 12 km nordöstl. von Siena. In Siena auf die SS-Siena-Perugia (E-78) Rtg. Arezzo, nach 7 km links Rtg. Montaperti, Pianella und Canonica.

Residence San Sano

San Sano 53013 Gaiole in Chianti (Siena)
Tel. 0577-74 61 30 - Fax 0577-74 68 91
Marco und Maurizio Amabili
E-Mail und Web: guidesdecharme.com/1731

In diesem alten, befestigten Haus wird der gastliche Charme eines Landgasthauses mit der Unabhängigkeit und dem Service eines guten Hotels verbunden. Die Zimmer sind ausnahmslos sehr gepflegt und haben hohen Komfort. Die von uns bevorzugten Schlafräume sind die des großen Hauses, Nr. 1, 12, 13 und 14, parterre am Garten gelegen mit eigener Terrasse. Nr. 2 und die nach hinten herausgehenden Zimmer sind zwar ein wenig dunkel, aber ebenso komfortabel. Sobald es warm zu werden beginnt, wird das Frühstücksbuffet in der Gartenlaube serviert. Und wenn Sie es wünschen, können Sie beim Frühstück auch die – täglich eintreffenden – internationalen Zeitungen lesen. Der mit schattigen Plätzen und schönem Blick über die Hügel gut angelegte Pool bietet zusätzlichen Komfort bei großer toskanischer Hitze. Im *San Sano* kann man zu Abend essen, aber serviert wird um Punkt 20 Uhr; an kleinen Restaurants in der Umgebung mangelt es zudem nicht.

Kategorie ★★★ **Geschlossen** 1. Februar bis 15. März **15 Zimmer** mit Klimaanl., Tel., Dusche, Minibar, Satelliten-TV **Preise** EZ: 100-130 €, DZ (pro Pers.): 80-100 € - Frühst. inkl., von 8.00 bis 10.00 Uhr **Kreditkarten** akzeptiert **Verschiedenes** Hunde auf Anfrage erlaubt - Swimmingpool - Parkpl. **Umgebung** Villa Chigi-Saracini (Park), Kirche Santi Salvatore e Alessandro in Castelnuovo - Abtei Pontignano, Badia a Ruoti, Abtei Monteoliveto, Abtei Sant'Antimo in Montalcino - Castello di Brolio - Montepulciano - Siena **Restaurant** um 20.00 Uhr - So geschl. - Menü: 30 € **Anreise** (Karte Nr. 13): 20 km nördl. von Siena über die S-408 (Auffahrt in Siena, nahe der Stazione, Rtg. Arezzo-Perugia) bis Lecchi in Chianti (nicht mit Lecchi verwechseln) und San Sano.

La Piccola Pieve

Pieve a Elsa 53034 Colle di Val d'Elsa (Siena)
Tel. 0577929745 - Handy 3404084190 - Fax 0577908641
Cristina Grassi
E-Mail und Web: guidesdecharme.com/1728

Dieses charmante B&B-Haus unweit von San Gimignano und Siena ist für einen angenehmen Rückzug aufs Land in der Toskana empfehlenswert. Colle di Val d'Elsa besitzt in seinem oberen Stadtteil ein historisches Zentrum mit Umwallung, ferner Renaissance-Paläste, einen barocken Dom und die *casa torre* des berühmten Bildhauers und Architekten Arnolfo di Cambio. Gute Restaurants, darunter das „Arnolfo" mit Sternen, sowohl in der Unter- als auch in der Oberstadt. *La Piccola Pieve* liegt in der Ebene und ist ein schönes Haus aus Naturstein, das von der reizenden Hausbesitzerin auf eine bewundernswerte Art restauriert und eingerichtet wurde. Im Salon mit antikem Mobiliar, Büchern, persönlichen Gegenständen, bequemen Sofas und einem offenen Kamin für kühlere Tage fühlt man sich besonders wohl. Die Zimmer mit modernen, funktionellen Bädern sind gepflegt; zwei können zu einer echten Familiensuite miteinander verbunden werden. Die beiden anderen sind sehr groß und teilen sich ein Lese- und Musikzimmer. Reichhaltiges Frühstück und warmherziger Empfang.

Ganzj. geöffn. **4 Zimmer** mit Klimaanl., Bad oder Dusche, TV, Internet **Preise** DZ: 90-130 € - Frühst. inkl., von 8.00 bis 10.30 Uhr **Kreditkarten** nicht akzeptiert **Verschiedenes** Hunde nicht erlaubt - Wireless Internet-Zugang - Parkpl. **Umgebung** Florenz - Siena - San Gimignano - Volterra - Monteriggioni - Pienza - Crete und die Abteien (Monte Oliveto, S. Antimo, S. Galgano) **Kein Restaurant** (siehe unsere Restaurantauswahl S. 640) **Anreise** (Karte Nr. 13): 20 km nordwestl. von Siena über Superstrada („4 corsie") Firenze-Siena, Ausfahrt Colle di Val d'Elsa-Sud, Rtg. Grosseto-Follonica, dann Rtg. Gracciano. Hinter 3 Kreisverkehren (4 km) und der Kreuzung dann Rtg. Gracciano, 1. weißer Weg rechts.

Hotel l'Antico Pozzo

53037 San Gimignano (Siena)
Via San Matteo, 87
Tel. 0577-94 20 14 - Fax 0577-94 21 17
Familie Marro
E-Mail und Web: guidesdecharme.com/1729

Mitten in San Gimignano wurde ein wunderschönes Haus aus dem 15. Jahrhundert zu neuem Leben erweckt, wobei die alte Bausubstanz erhalten blieb wie auch die Freskomalerei und der alte Brunnen im Innern, der dem Hotel seinen Namen gab. Die gleiche Qualität bei der wahrlich perfekten Gestaltung mit hübschen antiken Möbeln und bemerkenswerten Stoffen, was ein elegantes, ja raffiniertes Ambiente schafft. Manche Zimmer gehen zum kleinen Innenhof hinaus, andere zur Straße. Auch können Sie das Zimmer mit den Fresken reservieren, das allerdings zum Notausgang hinausgeht – Sicherheit muss sein. Regelmäßig durchgeführte Renovierungsarbeiten verbessern das Komfortniveau dieses reizvollen Hauses. Angesichts seiner bescheidenen Größe verfügt das Hotel außer dem Raum mit der Rezeption über keinen Salon, doch kann es mit einem kleinen Hof hinter dem Haus aufwarten, der demnächst ebenfalls angenehmer gestaltet werden soll. *Das* Hotel mit Charme von San Gimignano.

Kategorie ★★★ **Ganzj.** geöffn. **18 Zimmer** mit Klimaanl., Tel., Bad oder Dusche, Wi-Fi, Satelliten-TV, Minibar, Safe; Aufzug **Preise** EZ: 100 €, DZ: 120-140 €, Superior: 180 € - Frühst. inkl. **Kreditkarten** Visa, Eurocard, MasterCard, Diners **Verschiedenes** Hunde nicht erlaubt **Umgebung** San Gimignano: Collegiata (Stiftskirche), Piazza del Duomo, Piazza della Cisterna; Veranstaltungen: Sommer in San Gimignano - Etruskische Grabstätte von Pieve di Cellole - Kloster S. Vivaldo - Certaldo über die Ringstraße ab San Gimignano - Pinakothek, Capella della Visitazione (Fresken von B. Gozzoli) in Castelfiorentino - Florenz - Siena - Volterra - Golfpl. Castelfalfi (18 L.) **Kein Restaurant** (siehe unsere Restaurantauswahl S. 642) **Anreise** (Karte Nr. 13): 38 km nordöstl. von Siena, im Zentrum; zum Parkplatz an der Porta San Matteo: 500 Meter.

Hotel Bel Soggiorno

53037 San Gimignano (Siena)
Via San Giovanni, 91
Tel. 0577-94 03 75 - Handy 0577-94 31 49 - Fax 0577-90 75 21
Sig. Gigli
E-Mail und Web: guidesdecharme.com/1730

Dieses wunderbare Haus aus dem 13. Jahrhundert liegt mitten in San Gimignano und wird seit fünf Generationen von der Familie geführt, die sich auch um *Le Pescille* kümmert. Der Empfang ist sehr freundlich. Die Zimmer variieren stark, einige gehen zur Straße hinaus, aber in San Gimignano geht man früh zu Bett, die Geschäfte schließen um 20 Uhr, und die Straßen sind gegen 23 Uhr quasi menschenleer. Lärm wird Sie somit nicht stören. Andere haben einen wundervollen Balkon mit Blick über das offene Land (Nr. 1, 2 und 6). Die zwei Suiten (Nr. 11 und 21) sind mit kleiner Terrasse und wunderschönem Blick aufs Tal am reizvollsten. Auch vom Restaurant aus hat man diesen außergewöhnlichen Ausblick, und nebenbei speist man dort auch sehr gut: Die exzellente Küche des *Bel Soggiorno* ist seit vielen Generationen beliebt und anerkannt.

Kategorie ★★★ **Geschlossen** 20. November bis 27. Dezember und 10. Februar bis 10. März **22 Zimmer** mit Klimaanl., Tel., Bad, Satelliten-TV, 12 mit Minibar; Aufzug **Preise** DZ: 90-120 €, Suiten: 130-150 € **Kreditkarten** akzeptiert **Verschiedenes** Hunde nicht erlaubt - Aufzug - Bewachter Parkpl. und Öffentl. Parkpl. (20 €/Tag) **Umgebung** San Gimignano: Stiftskirche, Piazza del Duomo, Piazza de la Cisterna; Veranstaltungen: Sommer in San Gimignano - Etruskische Grabstätte von Pieve di Cellole - Kloster S. Vivaldo - Certaldo über die Ringstraße ab San Gimignano - Pinakothek, Capella della Visitazione (Fresken von B. Gozzoli) in Castelfiorentino - Florenz - Siena - Volterra - Golfpl. Castelfalfi (18 L.) **Restaurant** mit Klimaanl., von 19.30 bis 22.00 Uhr - Menüs: 35-50 € - Karte - Kreative toskanische Küche **Anreise** (Karte Nr. 13): 38 km nordöstl. von Siena, im Zentrum.

Fattorie Santo Pietro

Pancole 53037 San Gimignano (Siena)
Tel. 0577-95 50 81 - Fax 0577-95 50 16 - Chiara Cigna
E-Mail und Web: guidesdecharme.com/1732

Die Aktivitäten dieses landwirtschaftlichen Betriebs umfassen 35 Hektar Chianti-Reben und etwa 5 000 Olivenbäume. In der hier herrschenden absoluten Ruhe nahe der antiken Via Francigena wurden mehrere Bauwerke des 18. Jahrhunderts saniert. Ergebnis: ein besonders familiärer Erholungsort. Zur Verfügung stehen hier ein paar B&B-Zimmer im *Country House* und nach den Kirchen der Umgebung benannte phantastische Wohnungen mit Küche und eigener Gartenecke, die wochenweise oder auch für ein Wochenende gebucht werden können. Außerdem Balkon, alte Gemälde, „Säulen" aus Toskanamarmor, regionale Möbel – kurz alles, was die Tradition verlangt. Das große Restaurant in einem separaten Gebäude ist mit seinem großen Kamin, seinen Trophäen und alten Pferdesätteln phantastisch wie der Rest. Vom großen, V-förmigen Swimmingpool oder auch von der hübschen Rasenfläche aus ist das Panorama mit den verstreut am Hang gelegenen Dörfern grandios. Ideal zum Ausruhen und für Tagestouren in der historisch reichen Umgebung.

Geschlossen 10. Januar bis 15. März **5 Zimmer** mit Klimaanl., Bad, TV, Safe **Preise** Superior: 130-140 €, Suite mit Salon und Liegesofa: 155-170 €, Family Room mit 2 Zi.: 180-200 € - Frühst. (Buffet) inkl., von 8.30 bis 9.30 Uhr **16 Appartements** (2-7 Pers.) mit 2-3 Zi., Klimaanl. (Zuschlag), Bad, Satelliten-TV - Appart. pro Woche: 550-920 € (2 Pers.), 750-1290 € (4 Pers.), 970-1710 € (6 Pers.), 1060-1870 € (7 Pers.); Extrabett: 50 € - Frühst. (Buffet): 10 €, reservieren, von 8.00 bis 9.30 Uhr **Kreditkarten** Visa, Eurocard, MasterCard **Verschiedenes** Hunde nicht erlaubt - Swimmingpool - Parkpl. **Umgebung** San Gimignano - Etruskische Nekropole Pieve di Cellole - Kloster San Vivaldo - Certaldo - Pinakothek, Capella della Visitazione (Fresken von B. Gozzoli) in Castelfiorentino - Florenz - Siena - Volterra **Restaurant** reservieren, um 20.00 Uhr - Menüs: 20-25 € - Regionale Küche **Anreise** (Karte Nr. 13): 6 km nördl. von San Gimignano bis Pieve di Cellole, dann Pancole. In Pancole durch den kleinen Tunnel hinter der Kirche, nach 500 m links auf die weiße Straße zur Fattoria.

Il Casale del Cotone

Il Cotone 53037 San Gimignano (Siena)
Tel. und Fax 0577-94 32 36 - Handy 0348-302 90 91
Alessandro Martelli
E-Mail und Web: guidesdecharme.com/1733

San Gimignano, zwischen Siena, Florenz und Pisa, ist ein guter Ausgangspunkt zum Kennenlernen der berühmten Region. *Il Casale del Cotone* ist ein von 30 Hektar Weinbergen und Olivenhainen umgebenes Bauernhaus mit Pferdeställen aus dem 18. Jahrhundert. Zur Verfügung stehen einige Gästezimmer und zwei Mini-Appartements mit separatem Eingang für Familien, außerdem ein Nebengebäude: „Rocca degli Ulivi", mit Komfort, aber nicht so reizvoll. Die Einrichtung mit ein paar antiken Möbelstücken ist ländlich, die ganz neuen Duschbäder sind voller Komfort. Je nach Jahreszeit können Sie das Frühstück entweder im Jagdzimmer oder im Garten einnehmen. Die Gastgeber bieten einen Bar-Service praktisch rund um die Uhr an und servieren Ihnen auf Wunsch auch kleine Gerichte. San Gimignano liegt aber nur zwei Kilometer weiter, und der Abend ist wirklich die beste Zeit zum Entdecken dieses „Wallfahrtsortes". Anmerken möchten wir, dass die Wohnungen keinen Frühstücksservice bieten und für sie keine Kreditkartenzahlung möglich ist.

Ganzj. geöffn. **17 Zimmer** mit Dusche, Satelliten-TV, Minibar - 5 Zi. im Nebengebäude: Rocca degli Olivi und 2 Appartements mit Dusche, Satelliten-TV, Minibar **Preise** DZ: 100-120 €, 3-BZ: 120-160 €, Superior: 130-150 € - Frühst. inkl. - Appart. (2 Pers.): 100-120 € - Frühst., von 8.00 bis 9.30 Uhr **Kreditkarten** nicht akzeptiert **Verschiedenes** Hunde auf Anfrage erlaubt - Wi-Fi - Swimmingpool - Mountainbikes - Parkpl. **Umgebung** San Gimignano: Stiftskirche, Piazza del Duomo, Piazza de la Cisterna; Veranstaltungen: Sommer in San Gimignano - Etruskische Grabstätte von Pieve di Cellole - Kloster S. Vivaldo - Certaldo über die Ringstraße ab San Gimignano - Pinakothek, Capella della Visitazione (Fresken von B. Gozzoli) in Castelfiorentino - Florenz - Siena - Volterra - Golfpl. Castelfalfi (18 L.) **Abendessen** vorbestellen - Menü: 35 € mit Getränken **Anreise** (Karte Nr. 13): 2 km von San Gimignano, Rtg. Certaldo.

Il Casolare di Libbiano

Libbiano 53037 San Gimignano (Siena)
Tel. 0577-94 60 02 - Handy 0349-870 69 33 - Fax 0577-90 71 22
Sig. Bucciarelli und Sig.r Mateos
E-Mail und Web: guidesdecharme.com/1734

Man verlässt San Gimignano auf der Straße nach Certaldo und fährt solange durchs Tal Val d'Elsa, bis man den kleinen Hügel mit der Kirche von Cellole sieht. Nach ein paar Kilometern erreicht man schließlich in Libbiano das *Casolare*. Lärm irgendwelcher Art ist hier nicht zu vernehmen, die von den Gästen gesuchte Ruhe ist perfekt. Wie der Hauseingang ist hier alles schmuck und sehr gepflegt. Im *Casolare* hat man den Eindruck, auf Besuch bei Freunden zu sein, mit denen man den Tisch wie auch den Salon teilt, etwa den im 1. Stockwerk, zu dem eine Wendeltreppe führt und in dem man sich sehr wohl fühlt. Der Empfang ist höchst aufmerksam und liebenswürdig. Weiter schätzt man hier den von Obstbäumen (die als Sonnenschirm dienen) umgebenen Swimmingpool. Nach San Gimignano sind es von hier nur acht Kilometer, und Sant'Antimo wie auch San Galgano, zwei touristisch noch nicht „erschlossene" schöne Abteien, befinden sich in unmittelbarer Nähe.

Geschlossen November bis April **5 Zimmer** mit Dusche und 2 Suiten mit Bad, Internet, Salon, Terrasse **Preise** DZ: 120-130 €, Junior-Suite: 140-150 €, Suiten: 160-170 € - Frühst. inkl., von 8.30 bis 10.00 Uhr - HP: 160-214 € **Kreditkarten** Visa, Eurocard, MasterCard **Verschiedenes** Hunde erlaubt - Mountainbikes - Swimmingpool - Parkpl. **Umgebung** San Gimignano: Stiftskirche, Piazza del Duomo, Piazza de la Cisterna; Veranstaltungen: Sommer in San Gimignano - Etruskische Grabstätte von Pieve di Cellole - Kloster S. Vivaldo - Certaldo über die Ringstraße ab San Gimignano - Pinakothek, Capella della Visitazione (Fresken von B. Gozzoli) in Castelfiorentino - Florenz - Siena - Volterra - Golfpl. Castelfalfi (18 L.) **Restaurant** um 20.00 Uhr - Menü: 22 € - Toskanische Küche **Anreise** (Karte Nr. 13): 8 km von San Gimignano, Rtg. Gambassi, Weg nach Libbiano links.

TOSKANA

Hotel Pescille

Pescille 53037 San Gimignano (Siena)
Tel. 0577-94 01 86 - Fax 0577-94 31 65
Familie Gigli
E-Mail und Web: guidesdecharme.com/1735

Die Türme von San Gimignano gehören zu den größten Sehenswürdigkeiten der Toskana. Das etwas abseits der kleinen Stadt gelegene *Pescille* ist ein altes, rustikales Bauernhaus; sein Name geht auf die hier zuvor ausgeübte Fischzucht zurück. Von seiner landwirtschaftlichen Vergangenheit hat das Hotel Geräte aufbewahrt, die einen ganzen Raum schmücken. In der einstigen Scheune befindet sich heute die Bar, und im eigentlichen kleinen Bauernhaus wurden die Suiten eingerichtet, die alle ganz ungewöhnlich sind, insbesondere Nr. 50 im Turm (sechs Fenster, 360°-Blick) und Nr. 84 (Luxus-Maisonnette). Im Hauptgebäude befinden sich die geräumigen Zimmer; mit bäuerlichem Mobiliar individuell gestaltet, sind sie gut auf die rustikalen Materialien und toskanischen Mezzane-Decken einiger Schlafräume abgestimmt. Viele, wie Nr. 78 und 79, bieten Blick auf San Gimignano, von anderen schaut man auf die freundliche Landschaft. Fische gibt es im *Pescille* heute nicht mehr, es sei denn in Form von Reprographien an den Wänden, aber der Swimmingpool würde sowohl Delphine wie auch Karpfen beglücken.

Kategorie ★★★ **Geschlossen** 1. November bis 2. April **45 Zimmer** mit Klimaanl., Tel., Bad, Satelliten-TV, Minibar **Preise** DZ: 95-135 €, Suite: 150-170 € - Frühst. inkl., von 7.30 bis 9.30 Uhr **Kreditkarten** akzeptiert **Verschiedenes** Hunde nicht erlaubt - Wireless Internet-Zugang - Swimmingpool - Tennis (5 €) - Parkpl. **Umgebung** San Gimignano: Stiftskirche, Piazza del Duomo, Piazza de la Cisterna; Veranstaltungen: Sommer in San Gimignano - Etruskische Grabstätte von Pieve di Cellole - Kloster S. Vivaldo - Pinakothek, Capella della Visitazione - Florenz - Siena - Volterra - Golfpl. Castelfalfi (18 L.) **Kein Restaurant** (siehe unsere Restaurantauswahl S. 642) **Anreise** (Karte Nr. 13): 38 km nordöstl. von Siena; 6 km von San Gimignano Rtg. Castel San Gimignano-Volterra (3,5 km), Straße N-47.

Palazzo Squarcialupi

53011 Castellina in Chianti (Siena)
Via Ferruccio, 26
Tel. 0577-74 11 86 - Fax 0577-74 03 86
Monica Targioni
E-Mail und Web: guidesdecharme.com/1736

An der Hauptstraße des mittelalterlichen Dorfes Castellina liegt das imposante Renaissance-Palais *Squarcialupi*; die Restaurierung seiner noblen Etagen und die Einrichtung des reizenden Hotels wurden erst vor kurzem abgeschlossen. In einem Teil des Erdgeschosses befindet sich die *cantina enoteca*, denn Castellina widmet sich nach wie vor der Weinzubereitung des Chianti, den man in der freundlichen Bar probieren kann. Die Gestaltung der Zimmer und Appartements ist schlicht und elegant. Balken, Holzverkleidung, Panoramabilder und altes Mobiliar passen gut zu den modernen Gemälden und hübschen Blumensträußen. Alle Zimmer bieten guten Komfort. Von der Terrasse des Hotels und einigen Zimmern aus kann man die Schönheit des Horizonts, die Farben und das Licht dieser vielgepriesenen toskanischen Landschaft bewundern. Ein reizvolles, erdverbundenes Haus.

Kategorie ★★★ **Geschlossen** November bis 20. März **17 Zimmer** mit Klimaanl., Tel., Wi-Fi, Bad oder Dusche, Satelliten-TV, Minibar; Aufzug **Preise** DZ: 107-112 €, Superior: 132-140 €, Superior: 155-160 € - Frühst. (Buffet) inkl., von 8.00 bis 10.00 Uhr **Kreditkarten** Visa, Eurocard, MasterCard **Verschiedenes** Hunde auf Anfrage erlaubt - Swimmingpool - Relax Center - Parkpl. **Umgebung** Castellina: Weinfest im Mai, etruskische Stätten von Monte Calvario - Florenz - Weinberge des Chianti Classico (S-222) von Impruneta bis Siena (Winzerfest, Pferdemarktfest, Keramikherstellung: wundervolle Vasen) - Castello di Meleto - Castello di Brolio (Cappella S. Jacopo und Palazzo padronale) - Siena - San Gimignano - Volterra **Kein Restaurant** im Hotel (siehe unsere Restaurantauswahl S. 640) **Anreise** (Karte Nr. 13): 21 km nördl. von Siena über die S-222.

Hotel Salivolpi

53011 Castellina in Chianti (Siena)
Via Fiorentina, 89
Tel. 0577-74 04 84 - Fax 0577-74 09 98
E-Mail und Web: guidesdecharme.com/1737

Das *Salivolpi* besteht aus zwei alten Häusern und einem neueren Gebäude. Ein Hotel ist es seit einiger Zeit. An einer kleinen Straße gelegen, die Castellina mit San Donato verbindet, ist es hier dennoch sehr ruhig. Und vom kleinen Garten oder der Terrasse aus hat man einen Panoramablick über jene Landschaft, die den berühmten Gallo-Nero-Wein hervorbringt. Das Stammgebäude, ein robustes, typisch toskanisches Landhaus, umfasst die Rezeption, einen freundlichen, im Sommer angenehm kühlen Salon und die besten Zimmer. Die Schlafräume im anderen, moderneren Teil mit Blick auf den Parkplatz empfehlen wir nicht. In der Scheune, in der das Frühstück serviert wird, werden im Obergeschoss drei weitere Zimmer angeboten. Der Komfort ist einfach und rustikal, der Empfang angenehm, der Swimmingpool wie von der Vorsehung bestimmt, und für die Gegend sind die Preise eher günstig. Das *Salivolpi* ist somit eine gute Adresse zum Kennenlernen und Genießen des Chianti.

Kategorie ★★★ **Ganzj.** geöffn. **19 Zimmer** mit Tel., Bad oder Dusche, Satelliten-TV, einige mit Minibar **Preise** DZ: 78-98 €; Extrabett: + 34 € - Frühst. (Buffet): 5 €, von 8.00 bis 10.00 Uhr **Kreditkarten** Visa, Eurocard, MasterCard, Amex **Verschiedenes** Hunde nicht erlaubt - Swimmingpool - Parkpl. **Umgebung** Florenz - Weinberge des Chianti Classico (S-222) von Impruneta bis Siena (Winzerfest, Pferdemarktfest, Keramikherstellung: wundervolle Vasen) - Castello di Meleto - Castello di Brolio (Cappella S. Jacopo und Palazzo padronale) - Siena - San Gimignano - Volterra **Kein Restaurant** im Hotel (siehe unsere Restaurantauswahl S. 640) **Anreise** (Karte Nr. 13): 21 km nördl. von Siena über die SS-222, die nordwestl. Abfahrt zur Stadt nehmen.

Tenuta di Ricavo

Ricavo 53011 Castellina in Chianti (Siena)
Tel. 0577-74 02 21 - Fax 0577-74 10 14 - Christina Lobrano-Scotoni
E-Mail und Web: guidesdecharme.com/1738

Eine der bewundernswertesten Restaurierungen des Chianti stellt das *Tenuta di Ricavo* dar. Auf diesem Anwesen wurde ein Dorf wiederaufgebaut, in dem das Bauernhaus und die einstigen Stallungen heute die Salons, das Restaurant und die behaglichen Gästezimmer beherbergen – manche mit Salon oder Terrasse oder sowohl als auch. Mit Geranien bepflanzte Blumentöpfe stehen am Eingang der Bungalows. Hier ist man wirklich darauf bedacht, alles so zu gestalten, dass Sie sich in Ihrem Ferienquartier hundertprozentig wohl fühlen. Die Küche ist ausgezeichnet, das Wasser im Swimmingpool je nach Saison kühl oder warm. Ab der 5. Übernachtung reduziert das Hotel im übrigen seine Preise. Die Kiefern, die nach Harz duften und in denen die Zikaden zirpen, lassen erraten, warum seit langem soviel Inspiration von dieser Gegend ausgeht. Dies ist die wahre Toskana.

Kategorie ★★★★ **Geschlossen** Ende Oktober/November bis April **23 Zimmer** mit Klimaanl., Tel., Bad, Satelliten-TV, Minibar, Safe **Preise** Standard: 160-194 €, Standard Plus und Superior: 198-250 €, Suite mit Terrasse: 260-320 €, Suite mit Terrasse, Jacuzzi, Wi-Fi: 350-400 € - Sonderangebot „Ricavo spezial" für Familien und Senioren pro Woche - Frühst. inkl., von 8.00 bis 10.00 Uhr **Kreditkarten** Visa, Eurocard, MasterCard **Verschiedenes** Hunde nicht erlaubt - Wireless Internet-Zugang - Swimmingpools (Mai bis September) - Parkpl. **Umgebung** Florenz - Weinberge des Chianti Classico (S-222) von Impruneta bis Siena (Winzerfest, Pferdemarktfest, Keramikherstellung: wundervolle Vasen) - Castello di Meleto - Castello di Brolio - Volterra **Restaurant** „La Pecora Nera" (reservieren): von 13.00 bis 14.30 (ausschl. im Sommer, Menü: 37 €) und 19.00/19.30 bis 21.30/22.00 Uhr - So geschl. - Karte: 42-88 € - Toskanische Küche - Guter Weinkeller (toskanische Weine) **Anreise** (Karte Nr. 13): 25 km nördl. von Siena. Auf der Schnellstraße Ausfahrt Monteriggioni, Rtg. Castellina in Chianti; ab Florenz Ausfahrt San Donato in Poggio, dann Rtg. Castellina; nach 8 km die kleine Straße links, „Tenuta di Rivaco" 1 km weiter.

Hotel Villa Casalecchi

53011 Castellina in Chianti (Siena)
Tel. 0577-74 02 40 - Fax 0577-74 11 11
Sig.r Lecchini-Giovannoni
E-Mail und Web: guidesdecharme.com/1739

Hier befinden Sie sich im Herzen des Chianti Classico, der edlen toskanischen Weingegend. *Villa Casalecchi* zählt zu jenen Häusern mit ländlichem Ambiente, die dem Reisenden die Türen öffnen und die berühmte Gastfreundschaft der Toskana anbieten. Die verhältnismäßig wenigen Zimmer erklären die hier herrschende ruhige, heitere Atmosphäre: Wohlbefinden, eine gute, regionale Gerichte interpretierende Küche einschließlich der Tradition hausgemachter Pasta, ein großer Garten voller Düfte für die milden Abende. Ein empfehlenswertes Haus, das seit bereits langer Zeit seine Vorzüge unter Beweis gestellt hat.

Kategorie ★★★★ **Geöffnet** März bis November **19 Zimmer** und Appart. mit Klimaanl., Tel., Bad, Satelliten-TV, Minibar, Safe **Preise** DZ: 150-250 € - Appart.: 170 € (2 Pers.), 220 € (3 Pers.), 260 € (4 Pers.) - Frühst. inkl., von 8.00 bis 10.30 Uhr **Kreditkarten** akzeptiert **Verschiedenes** Hunde erlaubt - Wireless Internet-Zugang - Swimmingpool - Tennispl. - Parkpl. **Umgebung** Florenz - Weinberge des Chianti Classico (S-222) von Impruneta bis Siena (Winzerfest, Pferdemarktfest, Keramikherstellung: wundervolle Vasen) - Castello di Meleto - Castello di Brolio (Cappella S. Jacopo und Palazzo Padronale) - Siena - San Gimignano - Volterra **Restaurant** von 12.30 bis 14.30 und 19.30 bis 21.30 Uhr - Menüs: 38-55 € **Anreise** (Karte Nr. 13): 21 km nördl. von Siena über die S-222, Ausfahrt im Nordosten der Stadt.

Hotel Belvedere di San Leonino

San Leonino 53011 Castellina in Chianti (Siena)
Tel. 0577-74 08 87 - Fax 0577-74 09 24
Sig.r Orlandi
E-Mail und Web: guidesdecharme.com/1740

Die Gegend zwischen Florenz und Siena ist ideal zum Reisen und Wohnen, denn zum einen ist die Region des Chianti wunderschön, zum anderen ist sie auch gut erschlossen, und eine Autobahn und eine Schnellstraße verbinden die beiden Städte. Außerdem sind die Preise niedriger als in der Stadt. Das *San Leonino* ist eines dieser preisgünstigen Hotels. Der freundliche Gasthof liegt isoliert in einer sehr schönen Landschaft. Die Zimmer verteilen sich auf mehrere Gebäude. Sie sind geräumig, einfach möbliert und sehr sauber. Salon und Speiseraum liegen zu ebener Erde und sind moderner ausgestattet. Im Sommer wird das Abendessen im Garten serviert, mittags werden kleine Gerichte auf der Terrasse angeboten. Gegenüber erstreckt sich der Garten mit Swimmingpool und weitem Panoramablick über das Tal. Eine angenehme Art, die Toskana abseits hektischer touristischer Betriebsamkeit kennenzulernen.

Kategorie ★★★ **Geschlossen** November bis Februar **29 Zimmer** mit Tel., Dusche, Minibar, Klimaanl. auf Wunsch (+ 8 € pro Tag) **Preise** DZ: 108-156 €; Extrabett: 45 € - Frühst. (Buffet) inkl., von 8.00 bis 10.00 Uhr - HP: + 26 € pro Pers. **Kreditkarten** Visa, Eurocard, MasterCard, Amex **Verschiedenes** Hunde nicht erlaubt - Swimmingpool - Parkpl. **Umgebung** Florenz - Weinberge des Chianti Classico (S-222) von Impruneta bis Siena - Castello di Meleto - Castello di Brolio - Siena - San Gimignano - Volterra **Restaurant** von 19.30 bis 21.00 Uhr - Menüs: 26-45 € - Karte **Anreise** (Karte Nr. 13): 10 km nördl. von Siena über die SS-Autopalio, Ausfahrt Badesse; A-1 (Milano/Bologna), Ausfahrt Firenze Certosa.

Castello di Spaltenna

53013 Gaiole in Chianti (Siena)
Tel. 0577-74 94 83 - Fax 0577-74 92 69
E-Mail und Web: guidesdecharme.com/1741

Das Castello di Spaltenna hat eine neue Direktion. Bei der Renovierung und dem Umbau dieses ehemaligen Klosters, das zwischen dem 10. und 13. Jahrhundert entstand, wurde großes Können bewiesen. Deshalb hat es noch immer seine majestätische Würde. Aufgrund seiner bewundernswerten Lage wurde alles daran gesetzt, dass man von den meisten Zimmern und den Gesellschaftsräumen diesen Panoramablick auf Wälder und Weinberge des Chianti hat. Auch die beeindruckende Innenarchitektur, stets großzügig nach außen geöffnet, blieb erhalten. Die Küche wurde Sabina Busch anvertraut, die lange Zeit eines der besten Restaurants von Florenz führte. Die Ruhe, der Komfort und die Gastronomie tragen nicht unbedeutend zum Gelingen eines Aufenthaltes im *Castello di Spaltenna* bei.

Kategorie ★★★★ **Geschlossen** 7. Januar bis 1. April **37 Zimmer** mit Klimaanl., Tel., Bad, Satelliten-TV, Minibar **Preise** DZ: 230-330 €, Suite: 380-540 € - Frühst. inkl. **Kreditkarten** akzeptiert **Verschiedenes** Hunde nicht erlaubt - Spa - Beheizt. Indoor- und Outdoor-pool - Tennispl. - Parkpl. **Umgebung** Siena - Weinberge des Chianti Classico (S-222) von Galole bis Siena - Impruneta (Winzerfest, Pferdemarktfest, Keramikherstellung: wundervolle Vasen) - Florenz **Restaurant** von 13.00 bis 14.30 und 20.00 bis 21.30 Uhr - Karte **Anreise** (Karte Nr. 13): 28 km nordöstl. von Siena über die S-408.

Borgo Argenina

Argenina 53013 Gaiole in Chianti (Siena)
Tel. 0577-74 71 17 - Fax 0577-74 72 28
Elena Nappa
E-Mail und Web: guidesdecharme.com/1742

Mitten im Chianti Classico zwischen den Weinbergen des Barone Ricasoli restaurierte die charmante Elena den verlassenen Weiler Argenina. Der Ort wie die alten Steine sind einfach wunderbar. Hier ist die Toskana genau so, wie man sie sich vorstellt: von Wein bedeckte Hügel, Reihen hoher, in den Himmel ragender Zypressen und in der Ferne das einsame Schloss Brolio. Einheimische Handwerker erweckten mit alten Baumaterialien dieses kleine Dorf zu neuem Leben; die Besitzer leben hier das ganze Jahr über und bieten jenen einige Unterkünfte an, die die Feinheit und die Einfachheit der Tradition dieser Gegend genießen möchten. Die Zimmer sind komfortabel und mit Stickarbeiten von Elena dekoriert. Die Arkaden des Salons schaffen einen eleganten, aber auch geselligen Rahmen. In der Küche eine sympathische Unordnung aus Gefäßen, Knoblauch und den an der Decke zum Trocknen aufgehängten *pomodori*. Von dieser herrlichen, seit Jahrhunderten ungetrübten Natur sind es nur 15 Kilometer nach Siena. „Osteria del Castelo" und „La Grotta" sind die beiden von Elena empfohlenen Restaurants (10 Minuten entfernt).

Geöffnet 1. März bis 10. November **6 Zimmer** mit Klimaanl., Bad, Minibar und 3 Villen mit Klimaanl., Tel., 1 oder 2 Zi., Bad, Tagesraum, Küche, kleiner Garten **Preise** DZ: 170 €, Suite: 200 € - Villa: 240 € (2 Pers.), 300 € (3 Pers.), 480 € (4 Pers.) - Frühst. inkl. (für die Villen), von 8.30 bis 10.30 Uhr **Kreditkarten** akzeptiert **Verschiedenes** Hunde nicht erlaubt - Parkpl. **Umgebung** Florenz - Chianti-Classico-Weinberge (S-222) von Impruneta nach Siena - Siena **Abendessen** reservieren **Anreise** (Karte Nr. 13): 15 km nordöstl. von Siena über die SS-408 Rtg. Gaiole. Rechts Rtg. Marcellino Monti. Rechts nach „Borgo Argenina".

L'Ultimo Mulino

La Ripresa di Vistarenni 53013 Gaiole in Chianti (Siena)
Tel. 0577-73 85 20 - Fax 0577-73 86 59
Martina Rustichini
E-Mail und Web: guidesdecharme.com/1743

In dieser flussarmen Region wurden ab dem 12. Jahrhundert Mühlen gebaut, um auf diese Art und Weise den geringsten Wasserlauf zu nutzen. *L'Ultimo Mulino*, im 15. Jahrhundert errichtet und eine der größten Mühlen, hatte in der Region eine bedeutende wirtschaftliche Rolle inne. Sie wurde restauriert; ihre schönen, edlen Strukturen bieten einen Rahmen voller Charme für dieses elegante Hotel auf dem Land. Der Salon zählt nicht weniger als 13 Arkaden, und in 20 Meter Tiefe kann man noch immer das Mühlrad sehen. Innen wurde alles schlicht-elegant eingerichtet, der Komfort in den Bädern (einige mit Jacuzzi) ist beachtlich. Ein Steg führt zu den Zimmern: äußerst gut geschnitten und eingerichtet, einige mit eigener Patio-Terrasse. Die waldige Umgebung bietet absolute Ruhe. Und oberhalb des Hotels steht ein amüsanter, langgezogener Swimmingpool zur Verfügung. Das Hotelgästen vorbehaltene Restaurant bietet mittags kalte Speisen und abends ein Menü an. Der Empfang ist sympathisch und „authentisch".

Kategorie ★★★★ Geschlossen 1. November bis 1. April **12 Zimmer** und 1 Suite mit Klimaanl., Tel., Bad oder Dusche, Satelliten-TV, Minibar, Safe; Zi. für Behinderte **Preise** EZ: 112 €, DZ: 143-204 €, Suite: 244-265 € - Frühst.: 9,90 €, von 8.00 bis 10.30 Uhr **Kreditkarten** akzeptiert **Verschiedenes** Hunde erlaubt - Swimmingpool - Parkpl. **Umgebung** Siena - Weinberge des Chianti Classico (S-222) von Gaiole bis Siena - Impruneta (Winzerfest, Pferdemarktfest, Keramikherstellung: wundervolle Vasen) - Florenz **Restaurant** nur für Hausgäste **Anreise** (Karte Nr. 13): 35 km nordöstl. von Siena, 6 km von Gaiole in Chianti.

Relais Fattoria Vignale

53017 Radda in Chianti (Siena)
Via Pianigiani, 9
Tel. 0577-73 83 00 - Fax 0577-73 85 92
Sig.r Kummer
E-Mail und Web: guidesdecharme.com/1744

Das *Relais Fattoria Vignale* liegt zwar an einer Straße, doch ist es in den Räumen ruhig und sind die Gärten heiter und still. Wie durch ein Wunder filtert das klimatisierte und schallisolierte Hotel mit Ausnahme des Vogelgezwitschers absolut alle Geräusche. Dem aus Back- und Naturstein erbauten Haus mangelt es nicht an Charme mit seinem Gewölbekeller, seinem Brunnen und seinen Salons. Die Zimmer mit sehr gutem Komfortniveau empfangen den Gast mit einem kleinen Willkommensgeschenk. Draußen haben Gärtner die Sträucher domestiziert und die Rasenflächen schnurgerade angelegt, aber der Blick wird rasch gefangen von dem sich unterhalb hinziehenden Tal und dem Pointillismus der Weinberge. Zum Swimmingpool gehört ein Solarium, und im Laubengang ist die Outdoor-Bar untergebracht. Das Nebengebäude hat uns nicht begeistert, auch wenn die dortigen Zimmer mit dem gleichen Komfort ausgestattet sind. Außer der hervorragenden Küche besitzt die *Fattoria* Vignale auch „La Taverna" mit regionalen Spezialitäten, zudem eine Weinbar mit Verkostungen, insbesondere der eigenen Produktion.

Kategorie ★★★★ **Geschlossen** 3. November bis 1. April **37 Zimmer** und 5 Suiten mit Klimaanl., Tel., Bad, Satelliten-TV, Minibar; Aufzug **Preise** EZ: 150 €, DZ: 170-300 €, Suiten: 385 € - Frühst. (Buffet) inkl., von 7.30 bis 10.30 Uhr **Kreditkarten** akzeptiert **Verschiedenes** Hunde nicht erlaubt - Beheizter Swimmingpool - Parkpl. **Umgebung** Siena - Weinberge des Chianti Classico (S-222) - Impruneta (Winzerfest, Pferdemarktfest, Keramikherstellung: wundervolle Vasen) - Florenz - Golfpl. dell' Ugolino (18 L.) in Grassina **Restaurant** von 13.00 bis 14.30 und 19.30 bis 21.00 Uhr - Menüs: 45-65 € - Karte - Toskanische und Jahreszeitenküche **Anreise** (Karte Nr. 13): 30 km nördl. von Siena über die SS-222 bis Castellina in Chianti, dann S-429.

La Locanda

Montanino 53017 Radda in Chianti (Siena)
Tel. 0577-73 88 32 /3 - Fax 0577-73 92 63
G. und M. Bevilacqua
E-Mail und Web: guidesdecharme.com/1745

Nach Montanino? Durch den Buschwald! In einem Dörfchen mitten im Wald, zu dem ein Flurweg führt, in unversehrter Umgebung mit alten Häusern, beschlossen Guido und Martina eines Tages, ihre *Locanda* zu bauen. Die gewagte Wette haben sie gewonnen; leer wird das Haus nie, d. h. das ausgesprochen coole Ambiente wirkt ansteckend und macht die Gäste zu „Rückfalltätern". Die Federung Ihres Fahrzeugs wird Ihnen diesen Umweg vergeben, ist doch der Blick aufs Land, das Tal und das hoch gelegene Dorf Volpaia einzigartig. Die Atmosphäre an den Tischen der Terrasse, wo abends erst der Aperitif und danach das Abendessen serviert werden, oder am zurückgelegenen Pool mit Blick aufs Tal ist ganz und gar informell. Die Gebäude des einstigen Bauernhauses sind sehr angenehm, ebenso die Zimmer, die teils eine Loggia mit Blick auf Volpaia verlängert. Wundervolle Blumenbeete und Lavendel umgeben das Haus und vertragen sich bestens mit den Obstbäumen im Garten. Wer die Natur sehr liebt, dem bieten sich hier viele kleine Wanderwege an. Frühzeitig reservieren.

Geschlossen November bis März **7 Zimmer** mit Tel., Wi-Fi, Bad, Satelliten-TV, Safe (4 mit Terrasse) **Preise** DZ: 200-280 €, Suite: 300 € - Frühst. inkl., von 8.30 bis 10.30 Uhr **Kreditkarten** Visa, Eurocard, MasterCard **Verschiedenes** Hunde nicht erlaubt - Swimmingpool - Parkpl. **Umgebung** Siena - Chianti-Classico-Weine (S-222) - Impruneta (Winzerfest, Pferdemarktfest, Keramikherstellung: wundervolle Vasen) - San Gimignano - Florenz - Golfpl. dell' Ugolino (18 L.) in Grassina **Restaurant** um 20.15 Uhr - Mo, Mi und Fr geöffn. - Abendessen: 35 € **Anreise** (Karte Nr. 13): 30 km nördl. von Siena über die SS-222 Rtg. Florenz. Castellina, Radda in Chianti. Hinter Radda Rtg. Florenz. Nach 4 km rechts nach Volpaia. Auf dem kleinen Platz von Volpia rechts (Rtg. Panzano), nach 3 km dann links den Weg nach Montanino bis „La Locanda".

TOSKANA

Podere Terreno

Volpaia 53017 Radda in Chianti (Siena)
Tel. 0577-73 83 12 - Fax 0577-73 84 00
Marie-Sylvie Haniez
E-Mail und Web: guidesdecharme.com/1746

Volpaia gehört zu jenen hübschen Dörfern in der Region des Chianti Classico, die sich durch Eichen- und Kastanienwälder, Weinberge und Olivenhaine auszeichnen. Der Bauernhof ist von einem 50 Hektar großen Besitz umgeben, der einen guten „AOC"-Wein und exzellentes Olivenöl produziert. Das schöne Natursteinhaus ist einladend, und man teilt es mit den Gastgebern. Die traditionelle toskanische Küche ist heute ein geräumiger Salon. Das große Sofa vor dem Kamin, die rustikalen alten Möbel, die Sammelobjekte von Marie-Sylvie, einer Französin, und ihrem Mann Roberto schaffen eine gemütlich-gesellige Atmosphäre. Die Zimmer sind rustikal. Die mit hauseigenen Produkten zubereiteten Mahlzeiten werden am großen Gästetisch in der Laube eingenommen. Zurückziehen kann man sich in den Billardraum und in die Bibliothek, die im Keller des Bauernhauses eingerichtet wurden, aber auch in den Schatten der Gartenlaube. Informeller Empfang, kein Hotelservice.

Geschlossen 20. bis 27. Dezember **6 Zimmer** mit Dusche **Preise** HP: 90-95 € (pro Pers., mind. 2 Üb. in der Hochsaison) - Frühst. inkl., von 8.30 bis 10.30 Uhr **Kreditkarten** Visa, Eurocard, MasterCard, Amex **Verschiedenes** Hunde erlaubt - Mountainbikes (reservieren) - Parkpl. **Umgebung** Siena - Chianti-Classico-Weine (S-222) - Schlösser von Brolio und Meleto - Impruneta - San Gimignano - Florenz - Golfpl. dell'Ugolino (18 L.) in Grassina **Gästetisch** um 20.00 Uhr - Menü - Toskanische und mediterrane Küche **Anreise** (Karte Nr. 13): 30 km nördl. von Siena über die SS-222 Rtg. Florenz. Castellina, Radda in Chianti. Hinter Radda Rtg. Florenz. Nach 4 km rechts nach Volpaia und Podere Terreno. Bei der Buchung die Wegbeschreibung ab Florenz verlangen.

Il Borgo di Vescine Relais

Vescine 53017 Radda in Chianti (Siena)
Tel. 0577-74 11 44 - Fax 0577-74 02 63
Suzanna Biagini
E-Mail und Web: guidesdecharme.com/1747

Wenn Sie Ruhe suchen, ist Vescine der ideale Ort für Sie. Im Herzen des Chianti bietet dieser kleine, von 75 Hektar Olivenbäumen und Zypressen umgebene Weiler, der zu einem Relais auf dem Land umgestellt wurde, einen einzigartigen Rahmen und ist sehr angenehm für einen Zwischenstopp in der Toskana. Die vollkommen restaurierten und renovierten Gebäudeteile sind durch hübsche, kleine, gepflasterte Straßen voller Blumen (Lavendel, Rosmarin, Salbei) miteinander verbunden. In drei großen Häusern liegen die Zimmer, die schlicht, elegant, funktionell und komfortabel sind. In den anderen Gebäuden befinden sich der Frühstücksraum und eine Bibliothek, die sich auf eine Terrasse ausweitet. Zusätzliche Annehmlichkeiten dank der Zurückgezogenheit dieses Ortes durch einen angenehmen Swimmingpool und Radtouren. Ein Restaurant steht nicht zur Verfügung, aber das toskanische Frühstück mit Süßem und Gesalzenem ist großartig. Nichts als gute lokale Produkte und Selbstgemachtes, was Sie im Restaurant probieren oder zum Mitnehmen auch kaufen können.

Geschlossen 1. November bis 3. April **21 Zimmer** und 7 Suiten mit Klimaanl., Tel., Bad oder Dusche, TV, Minibar **Preise** EZ: 110 €, DZ: 190 €, Suite: 250 € - Frühst. (Buffet) inkl., von 8.00 bis 10.30 Uhr **Kreditkarten** nicht akzeptiert **Verschiedenes** Hunde erlaubt - Swimmingpool - Tennispl. - Fahrräder - Kochkurse, Verkostungen - Reiten (reservieren) - Parkpl. **Umgebung** Siena - Chianti-Classico-Weine (S-222) - Impruneta (Winzerfest, Pferdemarktfest, Keramikherstellung: wundervolle Vasen) - San Gimignano - Florenz - Golfpl. dell'Ugolino (18 L.) in Grassina **Restaurant** im Hotel - Regionale Küche **Anreise** (Karte Nr. 13): 54 km südl. von Florenz. Superstrada Rtg. Siena, Ausfahrt San Donato in Poggio. Bis Castellina in Chianti fahren. Das Hotel liegt an der Straße zwischen Castellina und Radda in Chianti (SS-429).

Hotel Borgo Pretale

Pretale-Tonni 53018 Sovicille (Siena)
Tel. 0577-34 54 01 - Fax 0577-34 56 25
Daniele Rizzardini
E-Mail und Web: guidesdecharme.com/1748

Das *Borgo Pretale* liegt 18 Kilometer von Siena entfernt in einem ursprünglichen Dorf in den typisch toskanischen Farben. Seine 900-jährige Geschichte steht ihm gut zu Gesicht, und kürzlich wurde es zu einem Hotel umgestellt. Insgesamt stehen 34 prachtvolle Zimmer zur Verfügung. Die Gestaltung umfasst großen Komfort und beweist exquisiten Geschmack, und der Service ist aufmerksam. Im Sommer sind Club-House, Swimmingpool und Tennisplatz besonders für jene angenehm, die gerade die Quattrocento-Wallfahrt hinter sich gebracht haben. *Borgo Pretale* liegt im Herzen der historischen Toskana. Der Empfang ist charmant und höchst aufmerksam.

Kategorie ★★★★ **Geschlossen** 20. Oktober bis 10. April **34 Zimmer** mit Klimaanl., Tel., Bad, Satelliten-TV, Minibar, Safe **Preise** DZ: ab 120 € (2 Pers.), Junior-Suite: ab 130 € (2 Pers.), Suite: ab 150 € (2 Pers.); Extrabett: 50 € - Frühst. (Buffet) inkl., von 7.30 bis 10.00 Uhr - HP (mind. 2 Üb.): 97-112 € (pro Pers.) **Kreditkarten** akzeptiert **Verschiedenes** Hunde auf Anfrage erlaubt - Sauna - Fitness - Swimmingpool - Tennispl. - Bogenschießen - Mountainbikes - Parkpl. **Sprache** u.a. Deutsch **Umgebung** Villa Cetinale in Sovicille - Rosia: Abtei Torri - Abtei San Galgano - Siena - Abtei Monte Oliveto Maggiore und Rückkehr über die Kammstraße: Asciano-Siena (S-438) **Restaurant** von 19.30 bis 21.30 Uhr - Buffet am Swimmingpool: 22 € - Menü: 46 € - Karte - Toskanische und italienische Küche **Anreise** (Karte Nr. 13): 18 km südwestl. von Siena über die SS-73, Rtg. Rosia, dann ausgeschildert.

Azienda Agricola Montestigliano

Montestigliano-Rosia 53010 Sovicille (Siena)
Tel. 0577-34 21 89 - Fax 0577-34 21 00
Sig. Donati und Sig.r Pennington
E-Mail und Web: guidesdecharme.com/1749

Nur 16 Kilometer vor bzw. hinter Siena entdeckt man das Anwesen *Montestigliano*, das seit über 50 Jahren von der Familie Donati verwaltet wird. Die verschiedenen landwirtschaftlichen Gebäudeteile bilden ein richtiges kleines Dorf oberhalb der weiten Merse-Ebene voller Olivenhaine. Die noblen und die Bauernhäuser wurden traditionsgemäß restauriert und in ländlichem Stil möbliert. Sie alle bieten echten Komfort: gut ausgestattete Küchen (alle mit Waschmaschine, die der Villa außerdem mit Spülmaschine), und jedes hat eine Terrasse oder einen kleinen Garten. Auf Wunsch können Sie Frühstück und Abendessen in einem Flügel des großen Hauses einnehmen (wo sich auch die Büros dieses auf Getreideanbau spezialisierten Betriebes befinden), oder noch besser auf der schattigen Terrasse. Zwei Swimmingpools sorgen dafür, dass das Zusammenwohnen nicht etwa „eng" wird. Der italienisch-englische Empfang ist sympathisch, und Susan Pennington erteilt gern gute Tipps für Wanderungen in der Montagnola. Um mehr Luxus bieten zu können, wurden „Casa dei Pepi" (9 Pers.) und „La Grange" (4 Pers.) restauriert und auf bewundernswerte Art modern gestaltet.

Ganzj. geöffn. **9 Wohnungen** (3-10 Pers.) und 1 Villa (12 Pers.) mit Küche, Dusche, Tel. **Preise** 1 Woche: 610-1150 € (3 Pers.), 705-1410 € (4 Pers.), 850-1692 € (6 Pers.), 1725-3695 € (Villa Donati für 12 Pers.); Heizung: 0,92 €/qm - Frühst.: 10 €, von 8.30 bis 10.00 Uhr **Kreditkarten** Visa, Eurocard, MasterCard **Verschiedenes** Hunde auf Anfrage erlaubt - 2 Swimmingpools - Kochkurse (Erwachsene und Kinder) - Fahrräder - Parkpl. **Umgebung** Montagnala: Kirche S. Giovanni in Rosia - Abtei Torri - Abtei San Galgano - Monteriggioni - Abbadia Isola - Siena **Gästetisch** (in der Hochsaison nur für Hausgäste, reservieren) - um 19.30 Uhr - Menü: 30 € - Toskanische Küche **Anreise** (Karte Nr. 13): 15 km südl. von Siena über die SS-225 bis Rosia. Die Azienda liegt 5 km hinter Torri, Stigliano und Montestigliano.

Il Mulino delle Pile

Mulino delle Pile 53012 Chiusdino (Siena)
Tel. 0577-75 06 88 - Handy 339-530 04 60 - Fax 0577-75 06 86
Augusto Costa
E-Mail und Web: guidesdecharme.com/1750

Die Umgebung der Abtei San Galgano strotzt nur so von uralten Traditionen, mysteriösen Legenden und Hexereien aller Art. In dieser grünen Hügellandschaft entdeckt man an einer Flurwegbiegung hinter einer winzigen Brücke *Il Mulino delle Pile*. Die abgeschieden am Flussufer gelegene Mühle aus dem 13. Jahrhundert hat noch immer ihr großes Schaufelrad, einen hohen Turm und dicke Steinwände. Die in der Tradition der *architettura povera* gestalteten Zimmer verfügen dennoch über jeglichen Komfort: antikes rustikales Mobiliar, schmiedeeiserne Betten, aber auch Satelliten-TV. Einige Zimmer haben ein Mezzanin und bieten somit leicht Platz für vier Personen. Die auf der überdachten Terrasse oder im Untergeschoss der Mühle servierten Mahlzeiten sind eine gute Einführung in die toskanische Küche. Farniente-Fans, aber auch sportliche Menschen kommen hier nicht zu kurz: etwa um per Mountainbike oder zu Fuß auf den vielen Wegen die Gegend zu erkunden und sich bezaubern zu lassen von den majestätischen, einsamen Ruinen der wundervollen Abtei.

Geschlossen 4. Januar bis 31. März **8 Zimmer** mit Tel., Bad, Satelliten-TV; kleine gemeinsame Küche **Preise** EZ: 70-110 €, DZ: 100-140 €, 3-BZ: 135-195 €, 4-BZ: 160-220 €, 5-BZ: 180-250 € - Frühst. (Buffet) inkl., von 8.00 bis 10.00 Uhr **Kreditkarten** akzeptiert **Verschiedenes** Hunde auf Anfrage erlaubt (20 €) - Swimmingpool - Mountainbikes - Bogenschießen - Volleyball - Parkpl. **Umgebung** Abtei San Galgano - Monteriggioni - Mittelalterliches Dorf Abbadia Isola - Siena **Restaurant** von 12.30 bis 14.30 und 19.30 bis 22.00 Uhr - Di geschl. - Menü: 25 € - Regionale Küche **Anreise** (Karte 13): 35 km südl. von Siena über die N-73, Rtg. Massa Maritima bis S. Galgano.

Casa Bolsinina

Casale 53014 Monteroni d'Arbia (Siena)
Tel. und Fax 0577-71 84 77 - Handy 338-270 51 53
Marcello Mazzotta
E-Mail und Web: guidesdecharme.com/1751

Casa Bolsinina liegt nahe der ungewöhnlichsten Gegend der ganzen Toskana, der Region Crete südwestlich von Siena. Diese Andersartigkeit ist auf eine geologische Besonderheit zurückzuführen, die man auf der S-438 zwischen Siena und Asciano überrascht zur Kenntnis nimmt: eine Mondlandschaft aus nackten Hügeln, die sich entsprechend der Jahreszeit von Grau auf Rot verfärbt. Zwei Kilometer folgt man einem sich schlängelnden Weg, bevor man dieses alte, elegante Haus aus sienafarbenem Backstein erreicht. Letzterer wurde auch im Innern zum Hervorheben eines Gewölbes, eines Bogens oder einer Stütze verwandt. Im vollkommen restaurierten Interieur blieben die originalen Proportionen unangetastet. Die Gemeinschaftsräume im Erdgeschoss sind bequem, geschmackvoll und gänzlich ungekünstelt gestaltet. Das gleiche gilt für die nach Hunden (die man hier zwar sehr mag, zum Glück aber nicht auf eine lästige Art) benannten Zimmer. Die Loggia und Terrassen bieten eine weite Aussicht; auch am Teich kann man sich aufhalten und ausruhen. In der Umgebung können interessante Wanderungen unternommen werden, und einige der schönsten Abteien der ganzen Gegend befinden sich hier.

Geschlossen 15. November bis 15. März **5 Zimmer**, 1 Suite (2-4 Pers.) mit Klimaanl., Bad, Satelliten-TV, Minibar und 4 Appartements (2/3-4 Pers.) **Preise** DZ: 115-130 €, Suiten: 145-160 € - Frühst. inkl., von 8.00 bis 10.00 Uhr - Appart. (pro Woche): 600-700 € (2 Pers.), 860-1000 € (3-4 Pers.) **Kreditkarten** akzeptiert **Verschiedenes** Hunde auf Anfrage erlaubt - Swimmingpool - Parkpl. **Umgebung** Abtei S. Antimo in Montalcino - Abtei Monte Oliveto Maggiore - Rückkehr über die Kammstraße: Asciano-Siena - Siena - Pienza - Montepulciano **Restaurant** reservieren - Menü: 30 € **Anreise** (Karte Nr. 13): 20 km südöstl. von Siena über die SR-2 (Cassia) Rtg. Buonconvento/Montalcino. Am Kilometerstein 209 Kreuzung nach Casale Caggiolo.

Hotel Vecchia Oliviera

53024 Montalcino (Siena)
Porta Cerbaia/Angolo Via Landi, 1
Tel. 0577-84 60 28 - Fax 0577-84 60 29
Sandro Averame
E-Mail und Web: guidesdecharme.com/1752

Die Geschichte von Montalcino ist eng mit der Tradition des Weinbaus der Region verbunden: Hier wird der Brunello hergestellt, einer der besten Weine Italiens. Das Hotel liegt nahe der Porta Cerbaia, die zu diesem befestigten, das Ombrone- und Asso-Tal überragenden Dorf führt. Das *Vecchia Oliviera* befindet sich in einer alten, von Olivenhainen umgebenen Ölmühle. Im Innern zeugt hiervon allerdings nichts mehr, ist die heutige Gestaltung doch eher komfortabel und üppig; die Empfangsräume wurden mit Mobiliar aus dem 17. und 18. Jahrhundert eingerichtet. Die Zimmer, alle mit Blumennamen, liegen im Erdgeschoss und haben direkten Zugang zur großen Terrasse oder bieten Aussicht aufs Land (die von uns bevorzugten sind „Viola" und „Veronica"). In der Suite „Ortensia" können vier Personen übernachten, aber sie geht zur Straße hinaus. Alle Zimmer sind reizend, haben Komfort und gut konzipierte Bäder. Die Salons sind angenehm; der Leseraum geht auf den Rasen, der Speiseraum zum Swimmingpool hinaus. Ein Restaurant ist nicht vorhanden, aber gute Speiselokale, so das „Poggio Antico" mit Michelin-Stern, gibt es in großer Anzahl.

Geschlossen 10. bis 30. Dezember und 10. Januar bis 20. Februar **11 Zimmer** mit Klimaanl., Tel., Bad, Satelliten-TV, Minibar; Zi. für Behinderte **Preise** EZ: 70-85 €, DZ: 120-190 €, 3-BZ: 150-220 €, Suite: 200-240 € (4 Pers.) - Frühst. inkl., von 8.00 bis 10.00 Uhr **Kreditkarten** Visa, Eurocard, MasterCard, Amex **Verschiedenes** Hunde auf Anfrage erlaubt - Swimmingpool - Parkpl. **Umgebung** Montalcino - Abtei Sant'Antimo in Montalcino - Abtei Monte Oliveto Maggiore - Spoerri-Stiftung in Seggiano (von Ostern bis 15. Sept.), Öffnungszeiten: Tel. 0564-950457 - Rückkehr über die Kammstraße (S-438): Asciano-Siena - Siena - Pienza - Montepulciano **Kein Restaurant** (siehe Restaurantauswahl S. 641) **Anreise** (Karte Nr. 13): 40 km südöstl. von Siena.

Castello di Modanella

Modanella 53040 Serre di Rapolano (Siena)
Tel. 0577-70 46 04 - Fax 0577-70 47 40
Sig.r Cerretti
E-Mail und Web: guidesdecharme.com/1753

Die Sinter- und Marmorbrüche der Gegend um Serre di Rapolano muss man hinter sich lassen und zuversichtlich weiterfahren, denn unmittelbar hinter der Eisenbahnstrecke werden Sie das Schloss *Modanella*, ein großes Weingut, mit seinen verstreut gelegenen Gehöften entdecken. Um all diese Appartements anbieten zu können, wurden sämtliche Ställe, Schuppen, Silos und sogar die ehemalige Schule umgebaut: Etwa ein Kilometer voneinander entfernt und sich vier Swimmingpools teilend, fällt somit kein Gast dem anderen zur Last. Die Gestaltung der Wohnungen ist geschmackvoll, sehr schlicht und verbindet auf angenehme Art Rustikales mit Komfort: weiße Wände, Möbel aus hellem Holz und komfortable Betten, gut ausgestattete Küchen und schöne Bäder – selbstverständlich aus Sinter. Im Schloss selbst, mit Salons für Versammlungszwecke, stehen noch keine Gästezimmer zur Verfügung. Außerdem kann eine Villa mit acht Schlafzimmern, Swimmingpool und wunderbarer Aussicht gemietet werden (sich danach näher erkundigen). *Castello di Modanella* ist eine gute Adresse und bemüht sich, kein Feriendorf zu werden.

Ganzj. geöffn. **47 Appartements** (eingerichtet) **Preise** Appart. pro Woche: 485-794 € (2 Zi.), 828-1366 € (3 Zi.), 1100-1701 € (4 Zi.), 1158-1737 € (5 Zi.) **Kreditkarten** akzeptiert **Verschiedenes** Hunde erlaubt - Tennispl. - 4 Swimmingpools - Parkpl. **Umgebung** Thermen-Rundfahrt: Rapolano, Bagno Vignoni, Petriolo - Abtei Monte Oliveto Maggiore und Rückkehr über die Kammstraße: Asciano-Siena - Abtei Sant'Antimo - Montalcino - Pienza - Lucignano - Arezzo **Restaurant** im Schloss (siehe unsere Restaurantauswahl in Asciano und Montalcino S. 640-641) **Anreise** (Karte Nr. 13): 35 km von Siena; 30 km von Arezzo; ab Siena Straße E-78 326 bis zum Kilometerstein 28, dann links; nach 3,5 km ist „Modanella" ausgeschildert.

La Locanda del Castello

53020 San Giovanni d'Asso (Siena)
Tel. 0577-80 29 39 - Fax 0577-80 29 42
Silvana Ratti Ravanelli
E-Mail und Web: guidesdecharme.com/1754

Die *Locanda del Castello* liegt in der für weiße Trüffel und auf wundervolle Art „öde" Landschaften bekannten Region der Bergkämme. Angeklammert an die Festung des Dorfes, das seit dem 12. Jahrhundert besteht, besitzt das Hotel Zimmer, die noch älter sind und unglaublich dicke Wände haben, weshalb der Hahn Sie morgens nur schwerlich wecken wird! Den berühmten *pecorino* können Sie vor Ort kaufen, außerdem Olivenöl und den bekannten Wein von Orcia, oder aber all diese Spezialitäten im Restaurant (mit Gästetisch) probieren und sich nicht die köstlichen *fettucine al ragu* entgehen lassen. Das Frühstück, ganz hausgemacht, ist üppig. Silvana, die Hausherrin, kümmert sich um Sie wie auch ihr Sohn Massimo und ihre Schwiegertochter Francesca, die ihr in der Ferienzeit zur Hand gehen. Die reizenden Zimmer sind gepflegt. Hier befindet man sich zwar im Kreis der Familie, aber auch in einem von Raffinement und Poesie geprägten typischen toskanischen Dorf.

Kategorie ★★★ **Geschlossen** 15. Januar bis 28. Februar **10 Zimmer** mit Klimaanl., Tel., Wi-Fi, Dusche, TV, Minibar **Preise** DZ: 120-160 € - Frühst. inkl., von 8.00 bis 10.30 Uhr **Kreditkarten** akzeptiert **Verschiedenes** Hunde auf Anfrage erlaubt **Umgebung** Val d'Orcia: Pienza, Montepulciano, Monticchiello, Montalcino (Brunello-Weinkeller), Abtei Sant'Antimo, Vino Nobile-Weinkeller, Collegiata San Quirico d'Orcia, Castiglione d'Orcia, Rocca d'Orcia, Campiglia d'Orcia - Abtei Sant'Anna Camprena - Abtei Monte Oliveto Maggiore und Kammstraße Asciano-Siena **Restaurant** von 12.30 bis 14.00 und 19.30 bis 23.00 Uhr - Di geschl. - Menü: ab 25 € - Karte **Anreise** (Karte Nr. 13): 45 km südl. von Siena, Rtg. Montalcino-San Quirico d'Orcia. Ab Torrenieri Rtg. S. Giovanni d'Asso.

Lucignanello Bandini

Lucignano d'Asso 53020 San Giovanni d'Asso (Siena)
Tel. 0577-80 30 68 - Fax 0577-80 30 82
Angelica Piccolomini Naldi Bandini
E-Mail und Web: guidesdecharme.com/1755

Wenn Sie von toskanischen Häusern, Licht und typischen Siena-Landschaften träumen, dann sollten Sie sich einen Aufenthalt im Weiler Lucignano d'Asso gönnen, wo sechs Häuser sehr geschmackvoll eingerichtet wurden. Sie haben luxuriöse, sehr komfortable Haushalts- und sanitäre Einrichtungen und viel Charme. „Casa Sarageto", das größte, ist beeindruckend mit seinem großen Balkon und seinem ausgefallenen Mobiliar, seinen superben Zimmern, seinem Garten und seinem eigenen Pool. Den anderen steht ein herrlicher Panorama-Swimmingpool zur Verfügung. Wer derart angenehm wohnt, kann sich zudem ganz dem Hochgefühl hingeben, das die Natur und die Kunst der Toskana verleihen.

Ganzj. geöffn. **6 Häuser** mit Küche, Salon, Kamin, 2-4 Zi., Bad, Satelliten-TV, Wi-Fi **Preise** pro Woche (mind. 2 Üb.): „Casa Maria" (3 Pers.): 1400-1600 €; „Casa Severino" (4 Pers.): 1500-1700 €; „Casa Amedeo", „Casa Clementina", „Casa Remo" (4 Pers.): 1600-1900 €; „Villa Sarageto" (7 Pers. mit Swimmingpool): 4100-4600 € **Kreditkarten** akzeptiert **Verschiedenes** Hunde erlaubt - Panorama-Pool **Sprache** u.a. Deutsch **Umgebung** Val d'Orcia: Pienza, Montepulciano, Monticchiello, Montalcino (Brunello-Weinkeller), Vino Nobile-Weinkeller, Abtei Sant'Antimo, Collegiata San Quirico d'Orcia, Castiglione d'Orcia, Rocca d'Orcia, Campiglia d'Orcia - Abtei Sant'Anna Camprena - Abtei Monte Oliveto Maggiore und Kammstraße Asciano-Siena (S-438) **Anreise** (Karte Nr. 13): 35 km südl. von Siena, Rtg. Montalcino-S. Quirico d'Orcia. Ab Torrenieri Rtg. S. Giovanni d'Asso. Auf halbem Weg rechts nach Lucignano d'Asso, dann Lucignanello Bandini.

La Locanda di Montisi

Montisi 53020 San Giovanni d'Asso (Siena)
Tel. 0577-84 59 06 - Fax 0577-84 58 21
Roberta Mancini
E-Mail und Web: guidesdecharme.com/1756

Montisi ist eines dieser wunderbaren, kleinen, befestigten Dörfer der Toskana voller enger Gassen, die auf einem Hügel erbaut und von Olivenbäumen umgeben sind. Die Fassade der inmitten des historischen Zentrums gelegenen Locanda macht nicht viel her; das Haus ist jedoch edel und wurde gerade erst renoviert. Die unterschiedlich großen, im Sommer angenehm kühlen Zimmer sind reizvoll und freundlich-hell. Ihre Gestaltung ist geschmackvoll; die Gemälde mit Jagdsujets, die schmiedeeisernen Betten und französischen Radierungen schaffen eine schlicht-ländliche Atmosphäre. Der Speiseraum hat den toskanischen Stil mit Balken und seinem ursprünglichen, patinierten, unebenmäßigen Fußboden, was den Charme noch erhöht. Empfang von großer Liebenswürdigkeit und aufrichtiger Freundlichkeit. Eine originelle Stoppadresse für diejenigen, die im Schutz der Hitze des toskanischen Sommers den Rhythmus eines mittelalterlichen Dorfes erleben möchten. Das vom Hotel empfohlene Restaurant: „Da Roberto" (montags und Januar geschlossen).

Kategorie ★★★ **Geschlossen** 10. Januar bis 1. März **7 Zimmer** mit Tel., Wi-Fi, Dusche, Satelliten-TV, Minibar, Safe **Preise** DZ: 100 €, 3 Pers.: 120 €, 4 Pers.: 130 € - Frühst. inkl., von 8.00 bis 10.00 Uhr **Kreditkarten** akzeptiert **Verschiedenes** Hunde erlaubt - Organisation von Reitlehrgängen, Besichtigungen und Exkursionen **Umgebung** Pienza - Montepulciano - Monticchiello - Montalcino (Brunello-Weinkeller) und Abtei Sant'Antimo - Vino Nobile-Weinkeller - Bagno Vignoni - Collegiata San Quirico d'Orcia, Castiglione d'Orcia, Rocca d'Orcia, Campiglia d'Orcia - Abtei Sant'Anna Camprena - Abtei Monte Oliveto Maggiore und Kammstraße Asciano-Siena (S-438) - Weinkeller von Montalcino **Kein Restaurant** in der Locanda, aber Kostproben von Brunello und Rosso de Montalcino mit lokalen Spezialitäten **Anreise** (Karte Nr. 13): 40 km südl. von Siena, Rtg. Montalcino-S. Quirico d'Orcia. In Torrenieri Rtg. S. Giovanni d'Asso. 7 km östl. von S. Giovanni d'Asso nach Vernice, Fornace, Montisi.

Locanda dell'Amorosa

L'Amorosa 53048 Sinalunga (Siena)
Tel. 0577-67 72 11 - Fax 0577-63 20 01
Sig. Citterio
E-Mail und Web: guidesdecharme.com/1757

Nach der Fahrt durch die Ebene, in der Piero della Francesca geboren wurde, führt eine Zypressenallee zum Eingang der *Locanda dell'Amorosa*. Passieren Sie das Tor und erfreuen Sie sich am Anblick der alten Gebäude aus Ziegel und rosa Terrakotta aus Siena. Hier, an der Grenze zwischen Umbrien und der Toskana, befindet man sich in einem der schönsten Gasthäuser Italiens. Dieses Haus, dem es selbstverständlich auch an Komfort nicht mangelt, kann vor allem Stil und Ruhe vorweisen. Die Küche (mit dem Chef Francesco Sabbadini) ist ausgezeichnet, und der Wein aus der Region wird (von der Sommelière Aziza Zraik) mit Bedacht ausgewählt. Viele Produkte stammen aus der eigenen *fattoria* – all das kann man sich in der Wine Bar und in der Osteria des Hauses gönnen.

Kategorie ★★★★ **Geschlossen** Anfang Januar bis Anfang März **19 Zimmer** und 8 Suiten mit Klimaanl., Tel., Wi-Fi, Bad, Satelliten-TV, Minibar - 2 Zi. für Behinderte **Preise** Standard: 198-255 €, Superior: 244-321 €, Deluxe: 280-375 €, Suite: 315-412 €; Extrabett: 75-100 € - Frühst. inkl., von 7.30 bis 10.30 Uhr **Kreditkarten** akzeptiert **Verschiedenes** Hunde nicht erlaubt - Swimmingpool - Parkpl. **Umgebung** Stiftskirche di San Martino und Kirche S. Croce von Sinalunga - Museo Civico, Palazzo Comunale, Kirche Madonna della Quercie in Lucignano - Monte San Savino (Loggia) - Pienza - Montepulciano - Perugia - Arezzo - Siena **Restaurant** „Le Coccole dell' Amorosa": von 12.30 bis 14.30 und 19.30 bis 21.30 Uhr - Mo und Di mittags außer für Hausgäste geschl. - Karte - Regionale „Nouvelle Cuisine" - Sehr gute Auswahl italienischer Weine **Anreise** (Karte Nr. 13): 40 km südöstl. von Siena über die SS-326; A-1, Ausfahrt Val di Chiana; 2 km südl. von Sinalunga im Ort L'Amorosa.

Hotelito Lupaia

Lupaia 53049 Torrita di Siena (Siena)
Tel. 0577-66 80 28 - Handy 327-046 65 02 - Fax 0577-66 87 00
Matteo Murzilli
E-Mail und Web: guidesdecharme.com/1758

Um die Landschaften der Renaissance Sienas zu erhalten, wurde das Val d'Orcia von der UNESCO zum Weltkulturerbe ernannt. Torrita di Siena, am Rand des Val di Chiana, hat seine Stadtmauern erhalten können, drei mittelalterliche Tore, und *Lupaia* wird in den Archiven ab dem Jahr 1237 erwähnt. In einer außergewöhnlichen, dreißig Hektar umfassenden Umgebung am Ende einer staubigen, drei Kilometer langen Straße werden hier nicht mehr als sieben Gästezimmer angeboten, die allerdings außergewöhnlich sind. Die Restaurierung der äußeren Gebäudeteile privilegierte traditionelles Material für eine besonders sorgfältige Wiederherstellung. Zur Gestaltung der Innenräume haben die Hausbesitzer regelrechte Gemälde geschaffen, deren gediegener Luxus Authentizität nicht ausschließt, auch wenn getrocknete Blumensträuße reich an der Zahl sind. In jedem Zimmer wird eine bestimmte Farbe abgewandelt, finden sich viele rustikale Möbel, außerdem bedruckte Stoffe und allerlei Accessoires, während sich die Generationen im Lesesalon abzuwechseln scheinen, und die reichhaltigen Frühstücke werden in einer Küche serviert, von der man glaubt, sie habe es hier schon immer gegeben. Der Empfang ist sehr aufmerksam und persönlich – damit nicht etwa eine Postkarte oder ein Magazin für Ausstattung in Ihrer Erinnerung haften bleibt.

Geschlossen 2. November bis 15. März **7 Zimmer** mit Klimaanl., Tel., Bad, Satelliten-TV, Minibar, Safe **Preise** DZ: 270-360 € - Frühst. inkl., von 8.30 bis 11.00 Uhr **Kreditkarten** Visa, Eurocard, MasterCard, Amex **Verschiedenes** Hunde erlaubt - Swimmingpool - Parkpl. **Umgebung** Stiftskirche di San Martino und Kirche S. Croce von Sinalunga - Museo Civico, Palazzo Comunale, Kirche Madonna della Querce in Lucignano - Monte San Savino (Loggia) - Pienza - Montepulciano - Arezzo - Siena **Kein Restaurant** vor Ort **Anreise** (Karte Nr. 13): 15 km südl. von Torrita di Siena Rtg. Montefollonico.

La Chiusa

53040 Montefollonico (Siena)
Via della Madonnina, 88
Tel. 0577-66 96 68 - Fax 0577-66 95 93
Sig.r Masotti und Sig. Lucherini
E-Mail und Web: guidesdecharme.com/1759

La Chiusa ist nicht nur ein Restaurant mit bestem Ruf, sondern auch ein sehr schönes und freundliches Hotel, das von Dania talentiert geführt wird. Es ist ihr ein echtes Anliegen, Sie in ihrem Haus wie gute Freunde willkommen zu heißen und zu betreuen. Ihre inzwischen mit einem Michelin-Stern belohnten delikaten Gerichte werden mit Produkten vom Bauernhof und aus dem Gemüsegarten zubereitet. Die Zimmer und heute sechs Appartements sind komfortabel und sehr gepflegt. Das Frühstück ist reichhaltig: Konfitüre und Gebäck hausgemacht, frische Säfte. Wenn man dann noch einen Sonnenuntergang über dem Val di Chiana und dem Val d'Orcia miterlebt, ist es fast sicher, dass man an diesen Ort zurückkehren wird.

Geöffnet 15. März bis 15. Dezember und 26. Dezember bis 9. Januar **6 Zimmer** und 6 Appartements mit Tel., Bad, Satelliten-TV, Minibar **Preise** DZ: 230 €, Superior: 350 €, Junior-Suite: 400 €, Deluxe: 500 €; Extrabett: 30 € - Frühst. inkl., von 8.30 bis 10.30 Uhr **Kreditkarten** akzeptiert **Verschiedenes** Hunde erlaubt **Umgebung** Montepulciano - Monticchiello - Montalcino - Thermen in Bagno Vignoni - Val d'Orcia-Dörfer (Castiglione d'Orcia, Rocca d'Orcia, Ripa d'Orcia, Campiglia d'Orcia) - Pienza - Stiftskirche San Quirico d'Orcia - Museo Nazionale Etrusco in Siusi - Chianciano Terme - Siena **Restaurant** 1 Michelin*, von 12.30 bis 15.00 und 20.00 bis 22.00 Uhr - Di geschl. - Menü: 110 € - Karte **Anreise** (Karte Nr. 13): 60 km südl. von Siena über die A-1, Ausf. Valdichiana - Bettole, Torrita di Siena Montefollonico.

Villa Cicolina

53045 Montepulciano (Siena)
Strada provinciale, 11
Tel. 0578-75 86 20 - Fax 0578-75 60 02 - Andrea Brettoni
E-Mail und Web: guidesdecharme.com/1760

Die zur Gemeinde Montepulciano gehörende *Villa Cicolina* wurde vor kurzem renoviert und ist heute ein Vier-Sterne-Hotel. Das Vier-Sterne-Ambiente ist perfekt, auch beim professionellen Empfang in einem Salon (18. Jh.), dessen Wände mit Sternen bemalt sind. Die Restaurierung ist beispielhaft. Die Zimmer sind sehr groß, und die antiken Möbel nicht überpräsent. Auch für die Bäder wurde vorwiegend Antikes gewählt, was dem Ensemble diese Atmosphäre einer authentischen, raffinierten *residenza di campagna* verleiht. Von allen Zimmern ist der Blick auf die Dörfer oder den Garten hübsch, eine besondere Schwäche aber haben wir für das namens „Cortona". In den hübschen, die Villa umgebenden Bauten befinden sich einige Gemeinschaftsräume, und für den Frühstücksraum wurde die einstige Orangerie gewählt. Im Park dann der Pool mit Hydromassage zwischen den Olivenbäumen, dort, von wo der Blick auf die Toskana am eindrucksvollsten ist. Und schließlich muss die kleine Kapelle von reizender Schlichtheit besucht werden wie auch die Cantina im ältesten Teil der Villa (18. Jh.) mit riesigen Fässern, in denen der Rebsaft vom hauseigenen Weinberg zum Nobile wird.

Kategorie ★★★★ **Geschlossen** 11. November bis 5. Dezember, 9. Dezember bis 27. Dezember und 7. Januar bis 1. April **12 Zimmer** mit Klimaanl., Tel., Wi-Fi, Bad, Satelliten-TV, Minibar, Safe **Preise** DZ: 160 €, Suite: 212-266 € - Frühst. inkl.: 12 €, von 8.30 bis 10.30 Uhr **Kreditkarten** Visa, Eurocard, MasterCard, Amex **Verschiedenes** Hunde erlaubt - Jacuzzi - Swimmingpool - Massagen - Weinverkostung - Parkpl. **Umgebung** Pienza - Monticchiello - Thermen in Bagno Vignoni und San Filippo - Montalcino - Val d'Orcia-Dörfer - Abtei Sant'Anna Camprena - Spedaletto - Chiusi - Cetona - Chianciano **Restaurant** von 20.00 bis 21.00 Uhr - Menü: ca. 32 € **Anreise** (Karte Nr. 13): 66 km südöstl. von Siena, A-1, Ausfahrt Chiusi-Chianciano (aus Rtg. Süden), oder Valdichiana (aus Rtg. Norden), dann nach Montepulciano.

TOSKANA

La Dionora

53040 Montepulciano (Siena)
Tel. 0578-71 74 96 - Fax 0578-71 74 98
Maria Teresa Cesarini
E-Mail und Web: guidesdecharme.com/1768

Ein altes Bauernhaus mit Nebengebäuden, *La Dionora*, liegt einsam auf einem Hügel und ist umgeben von 45 Hektar Wald, Sonnenblumenfeldern, Weinbergen und Olivenhainen. Das Postkartenpanorama, das man sowohl vom Swimmingpool als auch vom Frühstücksraum in der alten Orangerie aus hat, ist derart, dass man nicht die geringste Lust verspürt, diesen Ort zu verlassen. Im Stammhaus befindet sich der Salon, in dem mit edlem Ferragamo-Stoff bezogene Sofas zum Verweilen einladen. Eine Treppe aus Naturstein führt zu den Zimmern. Mit ihrer Gestaltung in natürlichen Farben sind sie ausgesprochen ansprechend und luxuriös. Die Bäder haben besten Komfort. Die Zimmer des zweiten Gebäudes sind in den Farben ihrer Namen wie Sonnenblume, Olive usw. gestaltet. Sie sind sehr elegant und liegen parterre am Garten oder am kleinen Hof; an kühlen Tagen kann man den vorhandenen Kamin anzünden. Das Frühstück wird in der Orangerie neben dem Swimmingpool serviert. Ihnen zu Füßen liegt das Tal, in dem sich das Kleinod der Renaissance, Pienza, abzeichnet. Ein wunderbarer Aufenthaltsort.

Geschlossen 8. Dezember bis 1. März **6 Zimmer** mit Klimaanl., Tel., Bad mit Jacuzzi, Satelliten-TV, Minibar **Preise** DZ: 265-360 € - Frühst. inkl., von 8.00 bis 10.30 Uhr **Kreditkarten** akzeptiert **Verschiedenes** Hunde nicht erlaubt - Sauna - Swimmingpool - Mountainbikes - Parkpl. **Umgebung** Montepulciano - Pienza - Monticchiello - Montalcino - Thermen in Bagno Vignoni - Val d'Orcia-Dörfer (Stiftskirche San Quirico d'Orcia, Castiglione d'Orcia, Rocca d'Orcia, Ripa d'Orcia, Campiglia d'Orcia) - Abtei Sant'Anna Camprena - Spedaletto - Chiusi - Cetona - Chianciano **Kein Restaurant** (siehe unsere Restaurantauswahl in Pienza und Montefollonica S. 641-642) **Anreise** (Karte Nr. 13): A-1, Ausfahrt Chiusi-Chianciano, Rtg. Montepulciano. Nicht ins Dorf hineinfahren. Links Rtg. Pienza, dann Rtg. Poggiano. 1,5 km weiter links.

La Sovana

53047 Sarteano (Siena)
Via di Chiusi, 27
Tel. 075-600 197 - Handy 0578-27 40 86 - Fax 075-515 8098
Giuseppe Olivi
E-Mail und Web: guidesdecharme.com/1769

Eine angenehme, bestens organisierte Urlaubsadresse: in den beiden alten, sich gegenüber liegenden Gebäudeteilen mehrere gut ausgestattete Zimmer, die vollkommene Autonomie gewährleisten. Ein vom Anwesen weiter entferntes Haus verfügt über Parterre-Suiten mit eigenen Terrassen. Diese sind noch ruhiger. Die Einrichtung ist bemerkenswert. Hübsche, rustikale Möbel in aktueller Gestaltung mit schönen, farblich abgestimmten Stoffen und Kacheln; die bemerkenswerte Inneneinrichtung brachte dem Haus vier „Ähren" ein. Auch der Komfort ist perfekt. An das Restaurant schließt sich eine sehr große, überdachte Terrasse am Garten an. Außerdem kann *La Sovana* einen großen Swimmingpool und einen Teich mit Barschen, Schleien und Wildenten vorweisen. Eine besonders interessante Adresse, nicht zuletzt aufgrund der Lage in der Toskana, aber unweit Umbriens.

Geschlossen 1. Januar bis Ende März und 4. November bis 31. Dezember - Frühst. (Buffet): 19 €, von 8.00 bis 9.30 Uhr **20 Appartement-Suiten** (2-5 Pers.) mit Tel., Wi-Fi, Bad, ausgestattete Kochnische auf Wunsch (20 € pro Tag), Satelliten-TV, Video, tägl. Reinigung **Preise** (mind. 3 Üb., 12. Juli bis 22. August mind. 1 Woche) Suiten: 116-198 € (2 Pers.), 189-312 € (3 Pers.) **Kreditkarten** Visa, Eurocard, MasterCard, Amex **Verschiedenes** Hunde nicht erlaubt - Jacuzzi - Swimmingpool - Tennispl. - See für Sportangler **Umgebung** Pienza - Monticchiello - Weinberge des Montalcino (Brunello), Montepulciano (Nobile) und Chianti - Thermen in Bagno Vignoni - Val d'Orcia-Dörfer (Stiftskirche San Quirico d'Orcia, Castiglione d'Orcia, Rocca d'Orcia, Ripa d'Orcia, Campiglia d'Orcia) - Abtei Sant'Anna Camprena - Spedaletto - Chiusi - Cetona - Chianciano **Restaurant** um 20.00 Uhr - Menü: 39 € **Anreise** (Karte Nr. 13): A-1, Ausfahrt Chiusi-Chianciano, Rtg. Sarteano. 1 km hinter der Autobahn rechts.

La Saracina

53026 Pienza (Siena)
Strada Statale, 146 (km 29,7)
Tel. 0578-74 80 22 - Fax 0578-74 80 18
Simonetta Vessichelli
E-Mail und Web: guidesdecharme.com/1770

Pienza ist das Werk von Papst Pius II. Piccolimini, der zusammen mit dem Architekten B. Rossellino die ideale Stadt schaffen wollte. Mehrere Paläste und der Dom waren bereits errichtet, als durch den plötzlichen Tod der beiden Protagonisten der Bau unterbrochen wurde. Zum Glück hat später niemand versucht, die Idylle dieser kleinen Stadt zu zerstören, die Zeffirelli dann als Kulisse für „Romeo und Julia" diente. Das Hotel, auf das wir schon lange gewartet haben, ist endlich da. Das *Saracina* ist ein ehemaliger landwirtschaftlicher Betrieb, verfügt über sehr behagliche Salons und über nur wenige, mit antiken Möbeln und großen Bädern ausgestattete Zimmer. Alle sind mit exquisitem Geschmack eingerichtet. Das köstliche Frühstück und der abendliche Aperitif, zu dem das Haus vor dem Abendessen einlädt, werden entweder im hübschen schattigen Garten oder auf der Veranda serviert.

Ganzj. geöffn. 5 Zimmer und 1 Appartement mit Tel., Bad mit Jacuzzi, TV, Minibar **Preise** Matrimonial: 230-270 €, Suiten (Malvasia, Trebbiano, Sangioveto): 300 € - Appart.: 300 € - Frühst. inkl. **Kreditkarten** akzeptiert **Verschiedenes** Hunde nicht erlaubt - Swimmingpool - Tennispl. - Fahrradverleih - Parkpl. **Umgebung** Pienza: Dom, Palazzo Piccolomini, S. Catarina-Promenade entlang der Stadtmauer von Pienza, Pieve di Pio II (1 km), ein Meisterwerk des toskanischen Frühmittelalters - Abtei Sant'Anna Camprena (Fresken von Sodoma) im gleichnamigen Agriturismo, Besichtigung nachmittags - Montepulciano - Monticchiello - Montalcino - Thermen in Bagno Vignoni - Val d'Orcia-Dörfer (Stiftskirche San Quirico d'Orcia, Castiglione d'Orcia, Rocca d'Orcia, Ripa d'Orcia, Campiglia d'Orcia) - Spedaletto - Chiusi - Cetona - Chianciano **Imbisse** am Swimmingpool (siehe unsere Restaurantauswahl S. 641) **Anreise** (Karte Nr. 13): 52 km südöstl. von Siena. Autobahn A-1, Ausfahrt Valdichiana oder Chiusi-Chianciano.

Relais Il Chiostro di Pienza

53026 Pienza (Siena)
Corso Rossellino, 26
Tel. 0578-74 84 00 - Fax 0578-74 84 40
Massimo Cicala
E-Mail und Web: guidesdecharme.com/1772

Das *Relais Il Chiostro di Pienza* befindet sich in einem ehemaligen Kloster aus dem 15. Jahrhundert im historischen Zentrum. Die Restaurierung der Bögen, Balken, Fresken und des Kreuzgangs des Klosters ist mit einem einzigen Adjektiv zu beschreiben: wundervoll. Die Zimmer sind geräumig, die Möbel und allgemeine Ausstattung schlicht. An diesem Ort ist alles ruhig und friedlich. Das Frühstück auf der Terrasse und der Swimmingpool mit Aussicht sind sehr angenehm. Dieses Hotel ist besonders geeignet, die wunderbare kleine Renaissance-Stadt Pienza wie auch die zahlreichen mittelalterlichen und etruskisch-römischen Orte der Umgebung aufzusuchen. Außer dem künstlerischen Interesse der Stadt werden Sie die hiesige Spezialität *pecorino* kennenlernen und (nicht im Koffer!) mit nach Hause nehmen.

Kategorie ★★★★ **Geschlossen** 8. Januar bis 21. März **37 Zimmer** mit Klimaanl., Tel., Bad oder Dusche, Satelliten-TV, Minibar; 2 Zi. für Behinderte **Preise** EZ: 90-160 €, DZ: 89-340 €, Suiten: 170-490 € - Frühst. inkl. **Kreditkarten** akzeptiert **Verschiedenes** Hunde erlaubt - Swimmingpool **Umgebung** Pienza: Dom, Palazzo Piccolomini, S. Catarina-Promenade entlang der Stadtmauer von Pienza, Pieve di Pio II (1 km), ein Meisterwerk des toskanischen Frühmittelalters - Abtei Sant'Anna Camprena (Fresken von Sodoma) im gleichnamigen Agriturismo, Besichtigung nachmittags - Montepulciano - Monticchiello - Montalcino - Thermen in Bagno Vignoni - Val d'Orcia-Dörfer (Stiftskirche San Quirico d'Orcia, Castiglione d'Orcia, Rocca d'Orcia, Ripa d'Orcia, Campiglia d'Orcia) - Spedaletto - Chiusi - Cetona - Chianciano **Restaurant** von 11.30 bis 14.30 und 19.30 bis 21.30 Uhr - Mo und vom 8. November bis 26. Dezember geschl. - Karte - Toskanische Küche (Fisch) **Anreise** (Karte Nr. 13): 52 km südöstl. von Siena. A-1, Ausfahrt Valdichiana (Nord-Ausfahrt) oder Chiusi-Chianciano Terme (Süd-Ausfahrt).

L'Olmo

53026 Monticchiello di Pienza (Siena)
Tel. 0578-755 133 - Fax 0578-755 124
Sig.r Lindo
E-Mail und Web: guidesdecharme.com/1776

L'Olmo ist ein besonders raffiniertes Landgasthaus, das ausschließlich Suiten mit diskretem, aber effizientem Service anbietet. Das Haus selbst fand nach einer traditionsbewussten Restaurierung die ganze Noblesse seiner Natursteine wieder. Wenn die Decken im Innern auch Balken zeigen, so ist die Größe der Räume doch entschieden modern. Die Gestaltung mit antikem Mobiliar, edlen Stoffen und traditionellen Fußböden ist sehr elegant. Alle Suiten sind unterschiedlich angesichts Größe und Ausstattung. Zwei mit eigener Terrasse liegen ebenerdig am Garten. Von denen des Obergeschosses besitzt die größte Suite zwei Räume für drei Personen, andere haben für die kühlere Jahreszeit einen Kamin, und die letzte bietet mit ihrem Glasdach einen Panoramablick über Val d'Orcia. Wenn Sie bei Kerzenlicht dinieren möchten, müssen Sie reservieren. Der kleine Swimmingpool und der Garten, beides sehr gepflegt, scheinen Teil der umgebenden Landschaft zu sein.

Geschlossen November bis April **6 Suiten** mit Tel., Bad, Satelliten-TV, Minibar, Safe **Preise** Suite: 270 €, Garden Suite: 290 € - Frühst. inkl., von 8.30 bis 10.30 Uhr **Kreditkarten** Visa, Eurocard, MasterCard, Amex **Verschiedenes** Hunde erlaubt - Wireless Internet-Zugang - Swimmingpool - Parkpl. **Umgebung** Pienza: Dom, Palazzo Piccolomini, S. Catarina-Promenade entlang der Stadtmauer von Pienza, Pieve di Pio II (1 km), ein Meisterwerk des toskanischen Frühmittelalters - Abtei Sant'- Anna Camprena (Fresken von Sodoma) im gleichnamigen Agriturismo, Besichtigung nachmittags - Montepulciano - Monticchiello - Montalcino - Bagno Vignoni - Val d'Orcia-Dörfer (Stiftskirche San Quirico d'Orcia, Castiglione d'Orcia, Rocca d'Orcia, Ripa d'Orcia, Campiglia d'Orcia) - Spedaletto - Chiusi - Cetona - Chianciano **Restaurant** nur für Hausgäste (reservieren) - Menü: 45 € (siehe unsere Restaurantauswahl in Pienza S. 641-642) **Anreise** (Karte Nr. 13): 52 km südöstl. von Siena. A-1, Ausfahrt Valdichiana, Rtg. Torrita di Siena, Pienza, dann Monticchiello.

Locanda Vesuna

Sant'Ambrogio 53020 Trequanda (Siena)
Podere Pecorile Vecchio, 19
Tel. 0577-66 53 18 - Fax 0577-66 53 19
Monica Falzoni
E-Mail und Web: guidesdecharme.com/1777

Marco Columbro hatte den leidenschaftlichen Wunsch, in der Toskana, seiner Heimat, ein Haus inmitten der Natur zu finden, und eine weitere Passion waren weite Reisen: Südamerika, Ägypten, Indien, Tibet usw., was ihn zu einer Lebensart und zur „Philosophie" der Schönheit und Gelassenheit führte, die er mit seinen Gästen zu teilen hofft. An Schönheit mangelt es der Region nun wirklich nicht. Wahre Meisterwerke wurden hier in der Renaissance geschaffen, zuvor aber auch von den Etruskern, was der Name der Locanda mit Vesuna evoziert, der Göttin der Landbestellung und Ernte. Auch Wohlbefinden und Harmonie zählen zu Marco Columbros Anliegen. Und hierzu wurden die Gebäudeteile des Anwesens umstrukturiert. Die Mahlzeiten werden hier ausschließlich mit Bioprodukten des eigenen Gartens und mit „weißem" Fleisch zubereitet … Das Wasser des Swimmingpools im Garten ist aufbereitet, und um der Natur möglichst nahe zu sein, gibt es das ganze Jahr über ein Außen-Jacuzzi mit Panoramablick. *Die* Antistress-Adresse und ein „Rezept", um zu sich selbst zu finden …

Geschlossen 31. Oktober bis 1. März **9 Zimmer** mit Klimaanl., Tel., Bad, Satelliten-TV **Preise** DZ: 150-165-175 €, Suite: 240-265-280 € - Frühst.: 10 €, von 8.00 bis 10.00 Uhr **Kreditkarten** Visa, Eurocard, MasterCard **Verschiedenes** Hunde auf Anfrage erlaubt - Jacuzzi - Swimmingpool **Umgebung** Pienza - Abtei Sant'Anna Camprena (Fresken von Sodoma), Besichtigung ausschl. nachmittags - Montepulciano - Monticchiello - Montalcino - Bagno Vignoni - Dörfer des Val d'Orcia - Spedaletto - Chiusi - Cetona - Chianciano **Restaurant** nur für Hausgäste, reservieren - Mittagessen: 15 € - Abendessen 20.30 Uhr - Menü: 25 € **Anreise** (Karte Nr. 13): ab Pienza SS-146 (Rtg. S. Quirico d'Orcia), nach 1,4 km rechts nach Trequanda (2,5 km). Die Brücke überqueren und auf den weißen Weg (2 km).

TOSKANA

Locanda del Loggiato

53027 Bagno Vignoni (Siena)
Piazza del Moretto, 30
Tel. 0577-88 89 25 - Handy 335-43 04 27 - Fax 055-88 83 70
Sabrina und Barbara Marini
E-Mail und Web: guidesdecharme.com/1780

Das natürliche Schwimmbad Bagno Vignoni, besonders bei Toskana-Liebhabern bekannt, zieht noch keine Reisebusse an. Ganz stimmt das zwar nicht, denn es kommen im Sommer Italiener im Seniorenalter hierher, um in den Heißwassergräben Fußbäder zu nehmen. Die sich hier abspielenden Szenen sind ausgesprochen pittoresk, zumal unmittelbar nach der Wohltat für die Füße die des Gaumens mit dem rituellen Kosten des *gelato* folgen … Vier junge Akademiker haben auf dieses 30 Seelen große Dorf gesetzt, indem sie zunächst eine Weinbar eröffneten und danach ein Restaurant. Das Ergebnis ist absolut charmant. Der zentrale Salon ist das Herz der *Locanda del Loggiato*: ein Kamin für den Winter, ein Pianoforte, das musizierenden Gästen zur Verfügung steht und auf dem ein Cousin des Hauses in den Ferien spielt, ein Zwischengeschoss zum Lesen oder Musik hören. Nun zu den Zimmern: in Pastellfarben gekalkte Wände mit Friesen und Fresken, rustikale Möbel und tadelloser, zurückhaltender Komfort. Das gelungen renovierte Haus hat „Seele".

Ganzj. geöffn. **8 Zimmer** mit Klimaanl., Dusche **Preise** DZ: 130 € - Junior-Suite Fuoco: 160 € - Frühst. inkl., von 9.00 bis 10.30 Uhr **Kreditkarten** Visa, Eurocard, MasterCard **Verschiedenes** Hunde nicht erlaubt - Shiatsu- und Ayurveda-Massagen - Thalasso Thermae **Umgebung** Siena - Montepulciano - Pienza - Monticchiello - Montalcino - Terme in S. Filippo - Val d'Orcia-Dörfer - Abtei Sant'Anna Camprena (Fresken von Sodoma) - Spedaletto - Chiusi - Cetona - Chianciano **Weinbar** dem Haus gegenüber - von 12.00 bis 16.00 und 19.00 bis 24.00 Uhr - Do geschl. - Menüs: 19-21 € - Karte - Regionale Produkte **Anreise** (Karte Nr. 13): 55 km südl. von Siena. A-1, Ausf. Val di Chiana oder Chiusi- Chianciano, Rtg. Pienza und Bagno Vignoni.

Castello di Ripa d'Orcia

Ripa d'Orcia 53023 San Quirico d'Orcia (Siena)
Tel. 0577-89 73 76 - Fax 0577-89 80 38
Familie Aluffi Rossi
E-Mail und Web: guidesdecharme.com/1782

Ripa d'Orcia ist ein schöner, alter Weiler und seit dem Mittelalter praktisch unverändert. Um ihn zu erreichen, muss man in San Quirico fünf Kilometer über Land fahren. Der Weg ist in schlechtem Zustand, dafür aber besonders hübsch! Das *Castello* ragt dann hinter Zypressen hervor. Eine intelligente Restaurierung belebte das Schloss und die von den einstigen Bewohnern verlassenen Häuser, in denen man Zimmer und Appartements mieten kann. Ferner gibt es ein Restaurant, einen Leseraum und einen herrlichen Versammlungsraum. Die Zimmer sind nett und komfortabel, die Wohnungen rustikaler. In Ripa d'Orcia, inmitten intakter und geschützter Natur gelegen, sollte man in jedem Fall ausgedehnte Spaziergänge unternehmen. Und Olivenöl, Wein oder Grappa kaufen.

Geschlossen November bis März **6 Zimmer** mit Bad oder Dusche und 8 Appartements (2-4 Pers.) **Preise** DZ (mind. 2 Üb.): 125-169 € - Frühst. inkl. - Appart.: 110-160 € (2 Pers., mind. 3 Üb.), 550-949 € (2-4. Pers., pro Woche) **Kreditkarten** akzeptiert **Verschiedenes** Hunde nicht erlaubt - Swimmingpool - Parkpl. **Umgebung** Val d'Orcia: Pienza - Montepulciano - Monticchiello - Montalcino und Abtei Sant'Antimo - Thermen in Bagno Vignoni - Val d'Orcia-Dörfer (Stiftskirche San Quirico d'Orcia, Castiglione d'Orcia, Rocca d'Orcia, Campiglia d'Orcia) - Abtei Sant'Anna Camprena (Fresken von Sodoma) - Spedaletto - Chiusi - Cetona - Chianciano **Restaurant** von 19.00 bis 20.00 Uhr - Mo geschl. - Menü und Karte: ca. 29 € - Toskanische Küche **Anreise** (Karte Nr. 13): 45 km südl. von Siena (Rtg. Lago di Bolsena und Viterbo) über die S-2 nach San Quirico d'Orcia. Ripa d'Orcia liegt 5 km von San Quirico d'Orcia. A-1: Ausfahrt Val di Chiana oder Chiusi-Chianciano, dann Rtg. Pienza.

La Frateria di Padre Eligio

Convento San Francesco 53040 Cetona (Siena)
Tel. 0578-23 80 15 /0578-23 82 61 - Fax 0578-239 220
E-Mail und Web: guidesdecharme.com/1785

La Frateria ist einzigartig und ähnelt keinem anderen Ort. Der Franziskanerpater Eligio beschloss eines Tages, dieses alte, von Franz von Assisi 1212 gegründete Kloster umzubauen. Die Instandsetzung wurde durchgeführt, und zwar mit jungen Menschen in Schwierigkeiten, in Verbindung mit „Mondo X". Die Renovierungsarbeiten zeigen nun die Meisterwerke in neuem Licht, etwa den Kreuzgang aus Natur- und Backstein wie auch seinen Plattenbelag des 13. Jahrhunderts, das überwölbte Refektorium und die kleine Kapelle im Garten. Beim Umhergehen fallen eine Christusdarstellung (13. Jh.) ins Auge, eine Statue des heiligen Franz (14. Jh.), ein Graduale (Ende 15. Jh.), Gemälde (16. Jh.) usw. In den wunderschönen Zimmern Türen, Fassungen und Schösser aus der Entstehungszeit, regionales Mobiliar, moderne Betten, brandneue Bäder, feine Bade- und Handtücher. Zum Restaurant wäre zu sagen, dass das gastronomische Menü außerordentlich reichhaltig ist und dass im unglaublichen Keller große italienische und französische Crus lagern.

Kategorie ★★★★ **Geschlossen** 7. Januar bis 28. Februar **7 Zimmer** mit Klimaanl., Bad **Preise** EZ: 150 €, DZ: 240 €, Suiten: 300 € - Frühst. inkl., von 7.30 bis 10.00 Uhr **Kreditkarten** Visa, Eurocard, MasterCard **Verschiedenes** Hunde nicht erlaubt - Parkpl. **Umgebung** Montepulciano - Monticchiello - Montalcino - Thermen von Bagno Vignoni - Dörfer des Val d'Orcia (Castiglione d'Orcia, Rocca d'Orcia, Ripa d'Orcia, Campiglia d'Orcia) - Pienza - Stiftskirche San Quirico d'Orcia - Museo Nazionale Etrusco in Chiusi - Chianciano Terme - Siena **Restaurant** um 13.00 und 20.00 Uhr - Di (außer bei Reserv.) geschl. - Menü: 110 € - Traditionelle kreative Küche **Anreise** (Karte Nr. 13): 89 km südl. von Siena über die A-1, Ausf. Chiusi; Chianciano Terme, S-428 nach Sarteano, Rtg. Cetona.

Albergo Sette Querce

53040 San Casciano dei Bagni (Siena)
Via Manciati, 2-5
Tel. 0578-58 174 - Fax 0578-58 172
Daniela Boni
E-Mail und Web: guidesdecharme.com/1787

In der Toskana ist man eigentlich überall gut aufgehoben, ist das kulturelle und ökologische Erbe doch enorm; auch dieser Landstrich, d.h. die etruskische Toskana, birgt zahllose Schätze. Wenn Sie in der *Albergo Sette Querce*, es ist ein Haus mitten im Dorf, Halt machen, werden Sie all das entdecken. Die Innenausstattung wurde der Londoner Designer Guild anvertraut – unter der Leitung von Tricia Guild. Wer deren Arbeit kennt, erkennt auch hier ihre Farbpalette wieder. Die insgesamt neun Suiten sind auf der ersten Etage in Gelb gehalten, auf der zweiten in Blau mit Tupftechnik-Anstrich und Stoffen, deren Streifen, Karos und Rauten die Farben noch unterstreichen. Sie sind ausnahmslos reizend und groß, haben eine Sitzecke und Jacuzzi-Bäder. Aufgrund der großen Panoramaterrasse bevorzugen wir Nr. 309 im Obergeschoss. Im Sommer wird das Frühstück im Garten unter den hundertjährigen Eichen serviert, die dem Hotel seinen Namen gaben. Das in kräftigen Farben gestaltete Restaurant am Dorfplatz kocht besonders traditionell. Eine empfehlenswerte Adresse.

Kategorie ★★★ **Geschlossen** Januar **9 Zimmer** mit Klimaanl., Tel., Wi-Fi, Bad, Satelliten-TV, Minibar; Eingang für Behinderte **Preise** DZ.: 150-190 € - Frühst. inkl., von 8.00 bis 10.00 Uhr - HP: ab 105 € (pro Pers.) **Kreditkarten** Visa, Eurocard, MasterCard, Amex **Verschiedenes** Hunde auf Anfrage erlaubt - Vereinbarungen mit dem Thermalort Fonteverde **Umgebung** Chiusi - Chianciano Terme - Montpulciano - Siena - Montalcino - Bagno Vignoni - Orvieto **Restaurant** „Daniela": von 12.30 bis 14.30 und 20.00 bis 22.00 Uhr - Menüs: ab 25 € - Karte - Italienische Küche - Pizzeria-Weinbar „La Fornarina": von 18.00 bis 24.00 Uhr - Menüs: ab 10 € **Anreise** (Karte Nr. 13): 80 km südl. von Siena, A-1, Ausfahrt Chiusi, dann S-321, Rtg. Cetona, Piazze und S. Casciano dei Bagni.

Country Hotel Costa d'Orsola

Orsola 54027 Pontremoli (Massa Carrara)
Tel. und Fax 0187-83 33 32
Daniela Bezzi
E-Mail und Web: guidesdecharme.com/1788

Auf der Straße, die die Toskana und die Emilia Romagna mit dem Meer verbindet, also zwischen Parma und La Spezia, sollten Sie von der Gastfreundschaft profitieren, die dieses Dörfchen bietet. *Costa d'Orsola*, in einzigartiger Umgebung, war früher ein großes Bauernhaus und ist heute ein Gasthaus. Der Ort ist ein echter kleiner Weiler, in dem man sich über ein regelrechtes Treppenlabyrinth bewegt. Fast jedes Haus hat zwei Schlafräume. Sie sind individuell gestaltet, komfortabel, recht groß, mit rustikalem Mobiliar schlicht eingerichtet und mit herrlicher Aussicht aufs Apenningebirge um Parma und das Lunigiana-Tal. Dank der Familienküche werden Sie in den Genuss der Bioprodukte des Bauernhofs und der hiesigen Spezialitäten wie *pasta testaroli* kommen, die Sie auch auf dem Markt (mittwochs und samstags) kaufen können. Den um keinen Preis verpassen, wenn Sie einen Eindruck der an der Grenze von drei Regionen gelegenen Stadt gewinnen wollen. Die Umgebung eignet sich für ausgedehnte Wanderungen, und über die Autobahn kommt man schnell ans Meer.

Geschlossen 4. November bis 1. März **14 Zimmer** mit Tel., Bad, TV auf Wunsch und 4 Familien-Suiten (4 Pers.) **Preise** DZ: 90-100-120 € - Frühst. inkl., von 8.30 bis 10.30 Uhr - HP: 60-75 € (pro Pers.) **Kreditkarten** Visa, Eurocard, MasterCard **Verschiedenes** Hunde auf Anfrage erlaubt - Kochkurse von Februar bis März (6-Tage-Pauschale) - Swimmingpool - Tennispl. - Golfpl. - Mountainbikes - Golfpl. (4 L.) - Parkpl. **Umgebung** Pontremoli: Markt Mi und Sa - Val Lunigiana: Aulla, Bagnogne, Filetto, Villafranca in Lunigiana - Apennin Parmesan: Berceto, Cassio, Bardone, Fornovi di Taro Collechio - La Spezia - Cinque Terre - Parma **Restaurant** von 20.00 bis 21.30 Uhr - Menüs: 20-25 € - Karte **Anreise** (Karte Nr. 9): 35 km von La Spezia; A-15 (Spezia/Parma), Ausfahrt Pontremoli. Hinter der Mautstelle rechts, dann sofort links nach „Costa d'Orsola".

Alla Corte degli Angeli

55100 Lucca (Lucca)
Via degli Angeli, 23
Tel. 0583-46 92 04 - Fax 0583-99 19 89
Pietro Bonino
E-Mail und Web: guidesdecharme.com/1791

Eindeutig ein „Haus mit Charme" wie es in der Broschüre dieses kleinen Bed-&-Breakfast steht. Außerordentlich gut im Herzen des historischen Zentrums gelegen, hat Pietro Bonino das Erdgeschoss und die 1. Etage eines kleinen Gebäudes übernommen und sechs hübsche Gästezimmer eingerichtet. Bereits die Rezeption ist sehr einladend, und der kleine Salon gleich nebenan wirklich reizend: einige fürs Frühstück hübsch gedeckte Tische und eine Salonecke mit zentralem Kamin. Die Zimmer haben Blumennamen mit entsprechender Dekoration, angenehmen Farbabstufungen und hübschem Mobiliar. Das Ambiente ist freundlich. Alle Schlafräume sind von ordentlicher Größe, einige haben Verbindungstüren und dienen als Suite: entweder mit zusätzlichem Salon oder Zimmer für vier Personen. Der Empfang ist nicht etwa unangenehm, sondern nicht immer „greifbar".

Ganzj. geöffn. **12 Zimmer** mit Klimaanl., Tel., Bad mit Hydromassage, Satelliten-TV, Minibar, Safe; Aufzug **Preise** EZ: 95-135 €, DZ: 130-160 €, 3-BZ: 160-190, Junior-Suite: 180-200 €, Suite: 250-320 € - Frühst. (Buffet): 10 €, von 7.30 bis 10.30 Uhr **Kreditkarten** akzeptiert **Verschiedenes** Hunde erlaubt - Parkpl. (15 €/Tag) **Umgebung** Lucca: Dom S. Martino (Tomba di Ilaria von Jacopo della Quercia), S. Michele in Foro, S. Frediano, Via Fillungo und Via Guinigi, Museum Villa Guinigi, Haus von Puccini (Corte S. Lorenzo) - Veranstaltungen: Sagra Musicale lucchese, Estate musicale lucchese, Trödelmarkt 3. So des Monats - Forte dei Marmi - Ponte del Diavolo - Villa Mansi nahe Segromigno Monte - Villa Torrigiani nahe Camigliano - Königliche Villa in Marlia **Kein Restaurant** (siehe unsere Restaurantauswahl S. 644-645) **Anreise** (Karte Nr. 9): Ortseinfahrt über Porta S. Maria (öffentlicher Parkplatz). Die Hauptstraße, Via Fillungo, kreuzt Via degli Angeli.

Albergo San Martino

55100 Lucca
Via della Dogana, 9
Tel. 0583-46 91 81 - Fax 0583-99 19 40
A. Morotti und P. Bonino
E-Mail und Web: guidesdecharme.com/1792

Via della Dogana, im Herzen von Lucca, beginnt am Platz vor dem Dom San Martino und drängt ins historische Zentrum. Die Straße ist sehr ruhig, und das Haus zeigt seine gelb verputzte Fassade. Die kleine, auf dem Trottoir eingerichtete Terrasse lässt das Hotel leicht erkennen. Der pfirsichfarbene Anstrich der Rezeption und des kleinen Salons, in dem das Frühstück serviert wird, ist freundlich. Die Zimmer sind identisch eingerichtet, nur die Farben wechseln. Hier sollten Sie ausnahmsweise eines der helleren Zimmer zur Straße nehmen, denn Lärm ist nicht zu befürchten. Die beiden Erdgeschoss-Zimmer (ein EZ und ein DZ), die ein kleiner Eingang und ein Bad trennen, sind ideal für drei Personen. Ein zentral gelegenes, einfaches und komfortables Hotel mit renovierten Bädern, doch wäre ein neuer Teppichboden ebenfalls angebracht. Verhältnismäßig günstige Preise. Sympathischer, aufmerksamer Empfang.

Kategorie ★★★ **Ganzj.** geöffn. **6 Zimmer** und 2 Suiten mit Klimaanl., Tel., Bad, Satelliten-TV, Minibar; 1 Zi. für Behinderte **Preise** DZ: 130 €, Suite: 160 € - Frühst. (Buffet) inkl., von 8.00 bis 10.30 Uhr **Kreditkarten** akzeptiert **Verschiedenes** Hunde nicht erlaubt - Parkpl. (10 €/Tag) **Sprache** u.a. Deutsch **Umgebung** Lucca: Dom S. Martino (Tomba di Ilaria von Jacopo della Quercia), S. Michele in Foro, S. Frediano, Via Fillungo und Via Guinigi, Museum Villa Guinigi, Haus von Puccini (Corte S. Lorenzo) - Veranstaltungen: Sagra Musicale lucchese, Estate musicale lucchese, Trödelmarkt 3. So des Monats - Forte dei Marmi - Ponte del Diavolo - Villa Mansi nahe Segromigno Monte - Villa Torrigiani nahe Camigliano - Königliche Villa in Marlia - Versilia Golf Club (18 L.) **Kein Restaurant** (siehe unsere Restaurantauswahl S. 644-645) **Anreise** (Karte Nr. 9): Einfahrt über Porta San Pietro.

Hotel Ilaria & Residenza dell'Alba

55100 Lucca
Via del Fosso, 26
Tel. 0583-476 15 - Fax 0583-99 19 61 - Franco Barbieri
E-Mail und Web: guidesdecharme.com/1793

Das *Ilaria* liegt in einem historischen Teil der Stadt Lucca. Der Graben (*fosso*), der der Straße ihren Namen gab, ist heute ein angenehmer Kanal, den Häuser mit schönen Fassaden in Ocker säumen. Eine riesige, hundertjährige Platane schützt den Eingang des Hotels. Das Haus ist sehr gepflegt, und der Eigentümer ist seinen Gästen gegenüber derartig aufmerksam, dass dies hervorgehoben werden soll: den ganzen Tag über eine Open Bar, Zurverfügungstellung von Audio-Führern zwecks Stadtbesichtigung, jede Menge Infos, liebenswürdiger Empfang mit stets offenem Ohr. Die Zimmer des Stammhauses sind gleichwertig, könnten allerdings etwas individueller gestaltet sein. In der Dependance hingegen, die akquiriert wurde und sich im Turm des Stadttores namens Oratorio dell' Alba befindet und eine phantastische Kapelle (12. Jh.) beherbergt, wurden fünf Suiten eingerichtet, die wunderschön sind, insbesondere die am Fels. Mobiliar und Material, verbunden mit Design, sind hier absolut nüchtern. Kein Restaurant, aber der Inhaber des Hotels besitzt mehrere Speiselokale im Ort, darunter auch das berühmte „Buca di San Francesco".

Ganzj. geöffn. **41 Zimmer** mit Tel., Bad, Satelliten-TV, Minibar, Safe **Preise** EZ: 100-170 €, DZ; 140-240 €, Superior: 160-260 €, 3-BZ: 170-290 €, Suite: 230-450 € - Frühst. (Buffet) inkl., von 7.30 bis 10.30 Uhr **Kreditkarten** akzeptiert **Verschiedenes** Hunde erlaubt - Jacuzzi - Fahrräder - Audioguide - Garage **Umgebung** Lucca: Dom S. Martino (Tomba di Ilaria von Jacopo della Quercia), S. Michele in Foro, S. Frediano, Via Fillungo und Via Guinigi, Museum Villa Guinigi, Haus von Puccini (Corte S. Lorenzo) - Veranstaltungen: Sagra Musicale lucchese, Estate musicale lucchese, Trödelmarkt 3. So des Monats - Forte dei Marmi - Ponte del Diavolo - Villa Mansi nahe Segromigno Monte - Villa Torrigiani nahe Camigliano - Königliche Villa in Marlia - Versilia Golf Club (18 L.) **Kein Restaurant** (siehe S. 644-645) **Anreise** (Karte Nr. 9): Einfahrt Porta Elisa, an der Ecke Via Elisa und Via del Fosso.

Albergo Villa Marta

San Lorenzo a Vaccoli 55100 Lucca
Via del Ponte Guasperini, 873
Tel. 0583-370 101 - Fax 0583-379 999
A. Martinelli und A. Dal Porto
E-Mail und Web: guidesdecharme.com/1795

Nur fünf Kilometer vom Zentrum der Stadt Lucca bietet *Villa Marta* den Vorteil, auf dem Land zu sein, dessen Ruhe und Natur zu genießen und keinerlei Parkprobleme zu haben. Zu diesen Annehmlichkeiten kommt noch hinzu, dass man in dieser von einem schönen Garten umgebenen Villa besonders angenehm wohnt. Der Empfang in einem kleinen, von Kerzen erhellten Salon ist höchst aufmerksam. Die Zimmer haben Stil und eine Gestaltung „wie früher", die der Architektur des Hauses entspricht. Überall optimaler Komfort und höchste Pflege. Auch sollten Sie im Hotel zu Abend essen, die Gerichte sind sehr gut, und serviert wird in einem intimen Raum zwischen modernen Gemälden und altem Spielzeug. Im Sommer hält man sich, in einem Ambiente gedämpften Lichts, im Salon und Speiseraum des Gartens auf. Die dynamische Hotelleitung weist regelmäßig auf gute Gründe hin, dem Haus einen Besuch abzustatten: Ausstellungen, außerdem Kostproben von Wein, Olivenöl oder Pilzen.

Kategorie ★★★★ **Geschlossen** Januar **15 Zimmer** mit Klimaanl., Tel., Bad, Satelliten-TV, Minibar, Safe; 2 Zi. für Behinderte **Preise** EZ: 90-235 €, DZ: 110-235 €, Superior: 120-235 €, Deluxe: 130-195 € - Frühst. (Buffet) inkl., von 8.00 bis 10.00 Uhr **Kreditkarten** akzeptiert **Verschiedenes** Hunde nicht erlaubt - Swimmingpool - Parkpl. **Umgebung** Lucca: Dom S. Martino (Tomba di Ilaria von Jacopo della Quercia), S. Michele in Foro, S. Frediano, Via Fillungo und Via Guinigi, Villa Guinigi-Museum, Haus von Puccini (Corte S. Lorenzo); Veranstaltungen: Sagra Musicale lucchese, Estate musicale lucchese, Trödelmarkt 3. So des Monats - Forte dei Marmi - Ponte del Diavolo - Villa Mansi nahe Segromigno Monte - Villa Torrigiani nahe Camigliano - Königliche Villa in Marlia **Lounge Bar** von 12.00 bis 14.30 Uhr **Restaurant** „Botton D'Oro" - Von 20.00 bis 22.00 Uhr - Sa geschl. - Menüs à la carte: 30-45 € **Anreise** (Karte Nr. 9): A-12 Ausf. Lucca-Est, dann N-12 Rtg. Pisa (5 km).

Antica Casa Naldi

55015 Montecarlo (Lucca)
Via Cerruglio, 5
Tel. 0583-22 041 - Handy 334-670 05 86 - Fax 0583-22 498
Antonella und Miriam
E-Mail und Web: guidesdecharme.com/1812

Montecarlo erreicht man nach dem Durchqueren einer Hügellandschaft voller Weinberge und Olivenhaine. Es ist ein kleines, ruhiges, mittelalterliches Dorf mit Blick aufs Tal. Zwei hier im Dorf lebende Freundinnen (seit dem Kindergarten) haben eines Tages beschlossen, einen Verein zu gründen, und so ist heute die Piccola Cooperativa Pepe Rosa die Verwalterin der *Antica Casa*. Das kleine, in einem alten Haus des Dorfes eingerichtete Gasthaus liegt in einer ruhigen Straße. Auch im Innern ist die Atmosphäre schlicht und dörflich. Das ansprechende regionale Mobiliar, vorwiegend aus dem späten 19. Jahrhundert, schafft dieses besonders harmonische Ambiente im Einklang mit der rustikalen Innenarchitektur. Die hübschen, ländlichen Komfort-Zimmer liegen im Obergeschoss. In der Küche werden Sie jederzeit alles vorfinden, was Sie fürs (selbst zubereitete) Frühstück benötigen. Die jungen Frauen sind dennoch präsent und aktiv und werden Sie für Radtouren oder Ausflüge jeder Art bestens beraten. Bei der Rückkehr erwarten Sie dann die Annehmlichkeiten des Aperitifs mit Wein und Bruschette. Polyglotter Empfang.

Geschlossen 8. Januar bis Ende Februar **3 Zimmer** mit Tel., Wi-Fi, Bad oder Dusche, TV, Ventilator **Preise** EZ: 45-60 €, DZ: 65-80 €, Superior: 70-95 € - Extrabett: 15 € - Frühstück (wird nicht serviert) **Kreditkarten** nicht akzeptiert **Verschiedenes** Hunde erlaubt **Umgebung** Lucca: Dom S. Martino (Tomba di Ilaria von Jacopo della Quercia), S. Michele in Foro, S. Frediano, Via Fillungo und Via Guinigi, Villa Guinigi-Museum, Haus von Puccini (Corte S. Lorenzo); Veranstaltungen: Sagra Musicale lucchese, Estate musicale lucchese, Trödelmarkt 3. So des Monats - Villa Mansi nahe Segromigno Monte - Villa Torrigiani nahe Camigliano - Königliche Villa in Marlia - Pistoia - Pisa - Viareggio - Versilia Golf Club (18 L.) **Anreise** (Karte Nr. 9): 15 km östl. von Lucca. A-11 (Firenze/Pisa), Ausfahrt Altopascio.

California Park Hotel

55042 Forte dei Marmi (Lucca)
Via C. Colombo, 32
Tel. 0584-78 71 21 - Fax 0584-78 72 68
Daniela Viacava
E-Mail und Web: guidesdecharme.com/1813

Wenn man sich die Juweliergeschäfte, die Mode- und Luxusboutiquen und die Basquiat, Barceló, Armand usw. ausstellenden Galerien anschaut, scheint Forte dei Marmi ein von eher vornehmer Kundschaft frequentierter Badeort zu sein. Im Residenzviertel nur 300 Meter von den Stränden liegen im Schutz eines bewaldeten Parks die drei Villen, die das *California Park Hotel* umfasst. Es handelt sich um große moderne, den Swimmingpool umgebende Häuser mediterranen Stils. Die Einrichtung der hellen Gästezimmer ist sehr zweckmäßig und angenehm. Die meisten haben einen Balkon, eine Terrasse oder liegen zu ebener Erde am Garten. Die Küche ist traditionell und gepflegt. Gespeist wird in einem Restaurant, das sich weit nach außen auf die Bäume und die Blumenbeete öffnet. Im wunderschönen Park stehen Tische und Liegestühle, damit man sich zurückziehen kann, wenn es am Swimmingpool zu lebhaft wird. Professioneller Empfang und Service.

Kategorie ★★★★ **Geschlossen** Oktober **44 Zimmer** mit Klimaanl., Tel., Wi-Fi, Bad oder Dusche, Satelliten-TV, Sky TV, Safe, Minibar; Aufzug **Preise** DZ für 1 Pers.: 140-450 €, DZ: 220-600 €, Suiten: 380-900 €; Extrabett: 20-120 € - Frühst. inkl., von 8.00 bis 10.00 Uhr - HP und VP: + 20 € + 30 € (pro Pers.) **Kreditkarten** akzeptiert **Verschiedenes** Hunde nicht erlaubt - Swimmingpool - Parkpl. **Umgebung** Markttag: Mi - Dom von Carrara - Marmorbrüche: Cave di marmo di Colonnata, Cava dei Fantiscritti - Lucca - Pisa - Viareggio - Golf-Club Versiglialia (18 L.) **Restaurant** nur für Hausgäste - von 12.30 bis 14.00 und 20.00 bis 21.30 Uhr - Menü und Karte **Anreise** (Karte Nr. 9): 35 km von Pisa über die A-12 (Genova/Livorno), Ausfahrt Versilia.

Albergo Pietrasanta

55045 Pietrasanta (Lucca)
Via Garibaldi, 35
Tel. 0584-79 37 26 - Fax 0584-79 37 28
Robert Esposito
E-Mail und Web: guidesdecharme.com/1815

Der Ort *Pietrasanta*, unweit von Carrara, ist nach wie vor aktiv in der Marmorindustrie. Viele zeitgenössische Künstler, so auch Botero, sind in dieses Dorf gekommen, in dem sich zahlreiche, die Tradition fortsetzende Bildhauerschulen und -ateliers finden. Und wenn Sie von einer gewissen Größe träumen, können Sie sich Ihre Büste nach dem Vorbild römischer Kaiser anfertigen lassen. Die an die Apuanischen Alpen angelehnte Stadt liegt nahe der Riviera della Versilia und des In-Badeortes Forte dei Marmi. Das Hotel, ganz bescheiden nennt es sich Albergo, befindet sich im Palazzo Barsanti-Bonetti, der aus dem 17. Jahrhundert stammt. Die Empfangsräume sind geräumig und haben einen schönen Mosaik- und Marmorfußboden. Bilder zeitgenössischer Künstler und eine wunderschöne Karaffensammlung dekorieren den Salon, der auf eine Veranda und die wiederum auf einen Garten hinausgeht. Die Gästezimmer, einige mit Fresken und Himmelbetten, sind groß, luxuriös und haben Marmorbäder. Eine Flasche Likör und etwas zum Knuspern werden Sie auf Ihrem Zimmer vorfinden – eine kleine Aufmerksamkeit der Direktorin Marisa Giuliano.

Kategorie ★★★★ **Geschlossen** 20. November bis April **10 Zimmer** und 9 Suiten mit Klimaanl., Tel., Bad, Satelliten-TV, Minibar, Safe **Preise** EZ: 190-270 €, DZ: 280-330 €, Superior: 300-400 €, Junior-Suite: 380-750 €, Suite: 550-900 € - Frühst.: 20 €, von 7.30 bis 11.00 Uhr **Kreditkarten** akzeptiert **Verschiedenes** Hunde auf Anfrage erlaubt - Fitness - Garage (20 €/Tag) **Umgebung** Marina di Pietrasanta - Dom von Carrara - Marmorbrüche: Cave di marmo di Colonnata, Cava dei Fantiscritti - Lucca - Pisa - Viareggio (Strände) - Forte dei Marmi (Strände) - Golf-Club Versiglia (18 L.) **Kein Restaurant**, aber Imbisse (siehe unsere Restaurantauswahl S. 645) **Anreise** (Karte Nr. 9): 30 km von Pisa über die A-12, Ausfahrt Versilia/Forte dei Marmi.

Hotel Villa Rinascimento

55038 Santa Maria Del Guidice (Lucca)
Tel. 0583-37 82 92 - Fax 0583-37 02 38
Carla Tersteeg - Emilio und Fabio Zaffora
E-Mail und Web: guidesdecharme.com/1817

Das reizende Dorf Santa Maria del Giudice liegt genau zwischen Lucca und Pisa im fruchtbaren Serchio-Tal, das von der Garfagnana begrenzt wird und welches das Apenningebirge von den Apuanischen Alpen trennt. *Villa Rinascimento* (Renaissance) ist, wie ihr Name andeutet, ein wunderbares Beispiel der Architektur jener Sommerhäuser reicher Familien der damaligen Zeit. Diesem edlen Haus fehlen weder die rosa Steine, noch die gewölbten Decken, noch die wunderbare Loggia mit harmonischen Arkaden, noch die Terrasse, von wo man eine wunderbare Aussicht auf die Weinberge und die Olivenbäume hat, die das Anwesen umgeben. Das Innere der Villa ist vom rustikalen Ambiente eines Hauses auf dem Land geprägt: traditionelle eiserne Betten, große regionale Schränke in den Zimmern mit Balkendecke und gekacheltem Fußboden. Der modernere Anbau hat entschieden weniger Charme und Komfort, auch wenn die Lage – mit Swimmingpool- und Tennisplatzbenutzung – die gleiche ist. Da nur zehn Kilometer von zwei historischen toskanischen Städten entfernt, ist dieses Hotel von besonderem Interesse.

Kategorie ★★★ **Geschlossen** 10. November bis 28. Februar **17 Zimmer** in der Villa und 14 Zimmer im Nebengebäude mit Klimaanl., Tel., Dusche, Satelliten-TV **Preise** DZ in der Villa: 130-155 €; DZ im Nebengebäude: 95-105 €; Extrabett: 16,50-33 € - Frühst. inkl., von 7.30 bis 10.30 Uhr **Kreditkarten** Visa, Eurocard, MasterCard **Verschiedenes** Hunde erlaubt - Swimmingpool - Tennispl. - Garage und Parkpl. **Umgebung** roman. Kirchen von Santa Maria del Giudice - Lucca - Pisa - Golf-Club Versiglia (18 L.) **Restaurant** von 12.30 bis 13.30 und 19.30 bis 21.30 Uhr - Menü: 30 € - Karte **Anreise** (Karte Nr. 9): 9 km südl. von Lucca über die SS-12; 11 km nördl. von Pisa.

Hotel Plaza e de Russie

55049 Viareggio (Lucca)
Piazza d'Azeglio, 1
Tel. 0584-44 449 - Fax 0584-44 031
Antonio de Castrone
E-Mail und Web: guidesdecharme.com/1818

Das 1871 erbaute *Plaza e de Russie* war das erste Hotel Viareggios, eines kleinen Ferienortes, dem es trotz des florierenden Tourismus gelungen ist, einiges von dem Charme zu bewahren, über den es zu Beginn des 20. Jahrhunderts reichlich verfügt haben muss. Das Hotel, nur ein paar Schritte vom Meer und den Stränden, wurde vollkommen renoviert und mit zusätzlichem Marmor und weiteren Lüstern geschmückt. Die Zimmer sind jedoch schlicht und elegant und haben noch immer den Parkettboden von einst. Die im 1. Stock möglichst nicht nehmen, denn das Hotel geht zur bis spät abends lauten Promenade hinaus. Das Restaurant, in dem Sie alle möglichen Fischgerichte bestellen können, besitzt eine Terrasse mit bemerkenswertem Ausblick. Ein strategisch interessantes Quartier zum Besichtigen von Pisa, Lucca und der Region, ohne dabei auf die Annehmlichkeiten des Meeres zu verzichten. Hinweisen möchten wir außerdem auf den berühmten Karneval von Viareggio im März.

Kategorie ★★★★ **Ganzj.** geöffn. **51 Zimmer** mit Klimaanl., Tel., Bad oder Dusche, Satelliten-TV, Wi-Fi, Minibar, Safe; Aufzug **Preise** DZ: 158-211 €, Superior: 185-232 €, Deluxe: 218-286 €, Junior-Suite: 256-346 €; Extrabett: 43 € - Frühst. (Buffet) inkl., von 7.00 bis 10.45 Uhr **Kreditkarten** akzeptiert **Verschiedenes** Hunde auf Anfrage erlaubt **Umgebung** Lucca - Pisa - Dom von Carrara - Marmorbrüche: Cave di marmo di Colonnata, Cava dei Fantiscritti - Golf-Club Versiglia (18 L.) **Restaurant** von 12.30 bis 14.00 und 19.30 bis 22.00 Uhr - Menüs: 50-70 € - Karte **Anreise** (Karte Nr. 9): 25 km von Pisa über die A-12 (Genova/Livorno), Ausfahrt Viareggio.

Il Frassinello

Puntoncino 56040 Montecatini Val Di Cecina (Pisa)
Tel. und Fax 0588-300 80 - Handy 329-633 77 48
Elga Schlubach Giudici und Giovanni Greppi
E-Mail und Web: guidesdecharme.com/1819

Il Frassinello ist ein besonders reizvolles Landgasthaus in dieser von verhältnismäßig wenigen Touristen aufgesuchten Region. Hier, knapp 50 Kilometer von den berühmtesten Orten, werden Sie eine besonders authentische Toskana vorfinden. Dieses isoliert gelegene Bauernhaus erreicht man nach einer vier Kilometer langen Anfahrt auf einem Flurweg – das muss in Kauf genommen werden, wenn man mit einer grandiosen, unverdorbenen Natur Bekanntschaft machen möchte. Dieses Haus eignet sich somit eher für einen Aufenthalt denn für einen Stopp. Das Ambiente der komfortablen Zimmer und kleinen Wohnungen ist ländlich auf eine sehr sympathische Art. Dennoch ist die Zivilisation nicht weit; auf den Rat der Gastgeberin hin werden Sie in den Trattorien der benachbarten Dörfer oder am Meer, das ja nicht weit ist, gut essen.

Geschlossen 5. November bis Ostern **3 Zimmer** mit Bad oder Dusche und 4 Appartements (3-5 Pers.) **Preise** DZ: 100 € (mind. 2 Üb.) - Appart.: 95 € (2-3 Pers.), 500 € (pro Woche); 1200 € (4-5 Pers. pro Woche) - Frühst. inkl., von 8.00 bis 10.00 Uhr **Kreditkarten** nicht akzeptiert **Verschiedenes** Hunde erlaubt - Swimmingpool - Parkpl. **Umgebung** Volterra - San Gimignano - Siena - Bibbona - Lucca - Marina di Cecina (am Meer, 30 km) - Pisa - Vada **Kein Restaurant** im Hotel, aber Imbisse auf Wunsch **Anreise** (Karte Nr. 12): 60 km nordwestlich von Siena (Rtg. Firenze), Ausfahrt Colle Val d'Elsa-Sud, Rtg. Volterra, dann Montecatini Val di Cecina. A-12 (Genova/Roma), Ausfahrt S. P. Palazzi (Nr. 68), Rtg. Volterra. Ab Florenz Touristenroute Fi-Pi-Li, Abfahrt Pontedera, Rtg. Volterra. Ab dem Dorf ist „Frassinello" in Höhe des Sportplatzes ausgeschildert (danach 4,5 km Flurweg).

Casetta delle Selve

Pugnano 56010 San Giuliano Terme (Pisa)
Tel. und Fax 050-85 03 59
Nicla Menchi
E-Mail und Web: guidesdecharme.com/1821

Sobald man die Straße verlässt, ist man begeistert. Nur darf einem ein duftender Weg wie dieser, der zur *Casetta* hochführt, keine Angst machen oder in schlechte Laune versetzten, er ist nämlich recht gewunden und nicht leicht befahrbar. Wenn man aber dieses von Oliven- und Kastanienbäumen umgebene, lichtdurchflutete Haus erreicht und sich danach der einzigartigen Aussicht über die Hügellandschaft der Toskana mit dem Meer, der Insel Gorgona und Korsika im Hintergrund hingibt, dann … Eine einfache Adresse, ein sympathisches Gästehaus, in dem Nicla, warmherzig und überschwänglich, Sie wie Freunde empfangen wird. Jedes Zimmer wurde von ihr, der Künstlerin, mit Pinsel (auch gibt es Bilder von ihr) und Nadel gestaltet. Zum Frühstück gibt's u.a. selbstgemachte Konfitüren; auf der herrlichen, das Haus verlängernden Terrasse mit Panoramablick können Sie es sich dann schmecken lassen. Eine gute Adresse nahe Pisa, Lucca und anderer historischer Orte der Toskana. Hinweis: Nicla, die keine Garantien verlangt, bittet allerdings um eine Bestätigung Ihrer Reservierung am Tag vor der Ankunft.

Geschlossen November bis März **6 Zimmer** mit Bad oder Dusche **Preise** (mind. 3 Üb.): DZ: 76 € - Frühst.: 7 €, ab 9.00 Uhr **Kreditkarten** nicht akzeptiert **Verschiedenes** Hunde erlaubt - Parkpl. **Umgebung** Certosa di Calci - Torre del Lago Puccini - Pisa - Lucca - Volterra - S. Gimignano **Kein Restaurant** (siehe unsere Restaurantauswahl S. 645) **Anreise** (Karte Nr. 9): 10 km von Lucca über A-11, Ausfahrt Lucca. Auf der SS-12 oder 12bis Rtg. S. Giuliano Terme nach Pugnano, das zwischen Ripafrutta und Molina di Quosa liegt. Ab Pugnano 2 km auf die kleine, auf dem Hügel ausgeschilderte Serpentinenstraße (nur zur Hälfte geteert, den 1. Gang einlegen).

Antica Dimora di Leones

56036 Palaia (Pisa)
Via della Rocca, 2
Tel. 0587-62 20 24 - Fax 02-481 47 36
Andrea Soldani
E-Mail und Web: guidesdecharme.com/1822

Der berühmte Campo dei Miracoli in Pisa, ein großer Platz mit Rasenfläche, an dem sich vier weiße Marmorbauwerke erheben, darunter der Campanile, der berühmte schiefe Turm, ist ein majestätisches Ensemble. Das zieht die Touristen, die wir ja alle sind, sehr an. Doch nach dieser Besichtigung enttäuscht die Stadt. Um Ihren Besuch zu retten, sollten Sie einen Abstecher nach Palaia zur *Antica Dimora di Leones* machen, das mitten im Dorf liegt. Das nacht und nach entstandene Haus ist heute ein echtes Labyrinth, und zwar auf allen Ebenen. Es macht Spaß, eine Treppe hochzusteigen, unmittelbar auf eine andere zu stoßen, die hinunter führt, auf dem Flur dann eine kleine Bibliothek zu entdecken, sich danach auf einer Terrasse zu befinden ... und all die Gegenstände und Kuriositäten zu entdecken. Wie finden Sie in Ihr reizendes Zimmer zurück? Folgen Sie der fuchsroten Katze des Hauses oder Alices Häschen! Beim Frühstück am Garten dann englischer Charme: sehr üppig, auf schönem Porzellan. Hier ist das Märchen aber noch nicht zu Ende, denn das Dorf Palaia scheint reich an Legenden zu sein: Um darüber mehr zu erfahren, sollten Sie das „Peggio Palaia" am Dorfplatz aufsuchen, sich die köstlichen Panini gönnen und auf der Speisekarte zwischen den Zeilen lesen und sich über „die" Geschichte aufklären lassen.

Ganzj. geöffn. **10 Zimmer** (6 mit Klimaanl.) mit Bad, Satelliten-TV; Aufzug **Preise** EZ: 105 €, DZ: 120 € - Frühst. inkl., von 8.30 bis 11.00 Uhr **Kreditkarten** Visa, Eurocard, MasterCard, Amex **Verschiedenes** Hunde nicht erlaubt - Jacuzzi **Umgebung** Pisa - Volterra - Lucca - Florenz (40 km) **Kein Restaurant** vor Ort **Anreise** (Karte Nr. 9): 30 km von Pisa über A-12, Ausfahrt Pisa Centro/Aeroporto. Superstrada FI-LI-PI Rtg. Firenze, Ausfahrt Montopoli Val d'Arno, Rtg. Palaia.

Grotta Giusti Natural Spa Resort

51015 Monsummano Terme (Pistoia)
Via Grotta Giusti, 1411
Tel. 0572-907 71 - Fax 0572-90 77 200
Antonio Niccoli
E-Mail und Web: guidesdecharme.com/1823

Der ehemalige Wohnsitz des reichen Dichters Giusti wurde um eine überwältigende Grotte herum gebaut, in der ein Bach fließt, dessen Wasser warm und blau ist. Verdi war oft zu Gast in diesem Haus, das heute ein Hotel mit angeschlossenem Fitness-Center ist. Die Zimmer wurden vollkommen umgestaltet, und es wurde ein direkter Zugang zu den Thermal-Schwimmbädern geschaffen. Die Empfangsräume, sie erhielten ihre ursprüngliche Gestaltung wie die wunderbare Deckenmalerei, haben den größten Reiz, ebenso die Schlafräume im alten Gebäude mit Blick auf den Park. In diesem großen Park mit Swimmingpool, Tennisplatz und Fitness-Parcours wurden unlängst die Thermalbäder ausgebaut. Der Küchenchef Guiseppe Argentino lässt es sich nicht nehmen, seinen Gästen toskanische Gerichte anzubieten; die sind zwar kalorienarm wie die Diät-Cocktails des Barkeepers Andrea Balleri, tragen aber dazu bei, dass die Kur zur Freude wird. Den weißen Landwein Doc Valdinievole sollte man sich gönnen.

Kategorie ★★★★ **Ganzj.** geöffn. **58 Zimmer** und 6 Junior-Suiten mit Klimaanl., Tel., Bad, Satelliten-TV, Minibar, Safe; Aufzug **Preise** HP und VP: 180-345 €, 215-380 € (pro Pers.) - Frühst. inkl., von 7.30 bis 10.00 Uhr **Kreditkarten** akzeptiert **Verschiedenes** Hunde auf Anfrage erlaubt - Grotte und 2 Thermal-Pools, Physiotherapie, Gymnastik-Center - Swimmingpool - Tennispl. - Parkpl. **Umgebung** Montecatini - Serravalle Pistoiese - Pistoia - Villa Mansi bei Segromigno Monte - Lucca - Golfpl. von Pievaccia (18 L., 60 % Preisnachlass für Hotelgäste) **Restaurant** von 12.30 bis 14.00 und 19.30 bis 21.00 Uhr - Menü: 60 € - Karte **Anreise** (Karte Nr. 9): 37 km von Florenz über die A-11, Ausfahrt Montecatini, S-435 nach Monsummano Terme.

Grand Hotel e La Pace

51016 Montecatini Terme (Pistoia)
Viale della Toretta, 1
Tel. 0572-92 40 - Fax 0572-784 51
Rolando Disperati
E-Mail und Web: guidesdecharme.com/1824

Die Restaurierung des *La Pace* hat der seit 1870 gebotenen Pracht dieses Palastes zum Glück keinen Abbruch getan. Geblieben sind die prächtigen Salons mit den dicken Teppichen, das große, stilvolle Restaurant mit den halbkreisförmigen Doppelfenstern, die mehr als behaglichen Zimmer in harmonischen Pastelltönen – und die warme, gemütliche Atmosphäre des Ganzen. In dem wundervollen, zwei Hektar großen Park liegen der beheizte Swimmingpool und der Tennisplatz, die das Programm des hoteleigenen Health-Centers (Schlamm- und Ozonbäder, Sauna, Massagen und Algenkosmetik) abrunden.

Kategorie ★★★★ **Geöffnet** 1. April bis 31. Oktober **122 Zimmer** mit Klimaanl., Tel., Bad, Satelliten-TV, Minibar; Aufzug **Preise** EZ: 146-156 €, DZ: 226-248 €: Extrabett: 50-70 € - HP und VP: + 65 € + 90 € (pro Pers.) - Frühst. (Buffet): 30 €, von 7.30 bis 10.30 Uhr **Kreditkarten** akzeptiert **Verschiedenes** Hunde auf Anfrage erlaubt - Health-Center - Sauna - Beheizter Swimmingpool - Tennispl. - Parkpl. **Umgebung** Pescia - Kirche von Castelvecchio - Collodi - Lucca - Pistoia - Florenz - Pisa - Golfpl. von Pievaccia und Monsummano Terme (18 L.) **Restaurant** von 12.30 bis 14.00 und 20.00 bis 21.30 Uhr - Karte - Toskanische Küche - Buffet am Pool: 28-54 € **Anreise** (Karte Nr. 9): 49 km von Florenz; 15 km westl. von Pistoia über die A-11, Ausfahrt Montecatini.

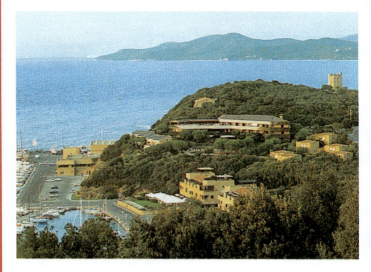

Hotel Cala del Porto

58040 Punta Ala (Grosseto)
Via del Pozzo
Tel. 0564-92 24 55 - Fax 0564-92 07 16
Nanda und Roberto Polito
E-Mail und Web: guidesdecharme.com/1825

Punta Ala ist *der* schicke Badeort der Maremmen an der Spitze des Golfs von Follonica. *Cala del Porto*, ein modernes, sehr komfortables Hotel direkt am Meer, besitzt einen schönen blühenden Garten und einen Swimmingpool mit Blick auf den Yachthafen und das Meer. Die Zimmer sind geschmackvoll eingerichtet und besitzen alle einen Balkon, von wo man die Insel Elba erblickt. Auf der hübschen Terrasse wird Kulinarisches mit toskanischer Inspiration serviert.

Kategorie ★★★★ **Geschlossen** Oktober bis April **36 Zimmer** und 5 Junior-Suiten mit Klimaanl., Tel., Bad, Satelliten-TV, Minibar **Preise** DZ: 270-510 €, Deluxe (Meerblick): 320-690 €, Junior-Suite (3 Pers.): 420-570 € - Frühst. inkl., von 7.30 bis 10.30 Uhr **Kreditkarten** akzeptiert **Verschiedenes** Hunde auf Anfrage erlaubt - Swimmingpool - Tennispl. - Privatstrand - Parkpl. **Umgebung** Alta Maremma (nördl. von Grosetto): Massa Marittima, Roccastrada, Roccatederighi, Scarlino, Montemassi - Kiefernwald von Tombolo entlang der Küste von Principina bis Punta Ala - Etruskerstätten Vetulonia und Roselle - Golfpl. von Punta Ala (18 L.) **Restaurant** von 13.00 bis 15.00 und 19.30 bis 21.30 Uhr - Menüs: 50-80 € - Karte - Mittelmeerküche (Fisch) **Anreise** (Karte Nr. 12): 41 km von Grosseto über die S-327, am Meer entlang bis Punta Ala.

L'Andana-Tenuta La Badiola

Badiola 58043 Castiglione della Pescaia (Grosseto)
Tel. 0564-94 48 00 - Fax 056-494 45 77 - Alain Ducasse
E-Mail und Web: guidesdecharme.com/1826

Maremma? Wenn es den archäologischen Stätten der Etrusker, der „Silber"- Küste, den Thermen von Saturnia, dem Dorf Pitigliano oder dem Park von Uccelina und überhaupt der ganzen Region nicht gelungen ist, mit der Toskana des Chianti und des Quattrocento zu rivalisieren, stellen sich möglicherweise die Wein-„Renaissance" und der Weintourismus als fördernder heraus. In den siebziger Jahren pflanzte Mario Incisa della Rochetta hier die ersten Setzlinge für den Cabernet Sauvignon und Cabernet Franc an, die dank dem Talent des Önologen Giacomo Tachis wider Erwarten den Sassicaia hervorbrachten. Wenn man nach Bolgheri auf der Via Aurelia fährt, die von einer Prozession hoher Zypressen gesäumt ist, diesen *gigante giovinetti*, wie der Dichter des Risorgimento Carducci sie nannte, kommt man an seiner Tenuta San Guido vorbei. Bedeutende Winzer wie Antinori, Mondavi, Frescobaldi und Gaja folgten. Seit kurzem macht der nicht minder berühmte Brescianer Vittorio Moretti (aus Bellavista in Franciacorta) von sich reden, der das Anwesen „Petra" erwarb und gerade einen monumentalen, von Mario Botta gestalteten Weinkeller eröffnete. Und das führt uns zur *Andana*, der wundervollen Residenz des Herzogs der Toskana: heute eine Luxus-„Herberge" in wundervoller Umgebung (500 ha Weinberge und Olivenhaine), in der Alain Ducasse, Vittorio Moretti und Martino de Rosa wirken, die mit ihrem großen Können und ihrer Entschlossenheit für diese Region möglicherweise mehr erreichen als die Etrusker und Römer zusammen?

Ganzj. geöffn. **33 Zimmer** mit Klimaanl., Tel., Bad, Satelliten-TV, Minibar, Safe **Preise** Superior: 350-500 €, Deluxe: 450-680 €; Extrabett: 25-53-71 € - Frühst. (Buffet) inkl., von 7.30 bis 10.30 Uhr - HP: ab 62 € (pro Pers.) **Kreditkarten** akzeptiert **Verschiedenes** Hunde auf Anfrage erlaubt (20 €) - Hamman - Beheizter Swimmingpool **Restaurant** „Trattoria Toscane" - Mittags und Mo geschl. - Karte: 50 € - Regionale Küche **Anreise** (Karte Nr. 13): 12 km östl. von Castiglione, Rtg. Macchiascandona.

Fattoria di Peruzzo

Peruzzo 58028 Roccatederighi (Grosseto)
Tel. 0564-56 98 73 - Handy 0564-56 98 08 - Fax 0564-56 87 70
C. und G. Marrucchi
E-Mail und Web: guidesdecharme.com/1827

Die *Fattoria di Peruzzo* war Teil der riesigen landwirtschaftlichen, 1873 von der Familie Marruchi gegründeten Besitzung. Die ursprünglichen 1500 Hektar Land wurden zwar auf mehrere Familienmitglieder aufgeteilt, werden aber noch immer landwirtschaftlich genutzt. Die Fattoria gehört Guiseppe Marruchi, der – nach wie vor – berühmtes Olivenöl herstellt. Mit seiner Tochter schuf Guiseppe auf seiner Besitzung aber auch ein wunderbares Haus für Touristen. So wurden in der Casa padronale aus dem 18. Jahrhundert, 300 Meter hoch auf einem Hügel gelegen, von wo die Aussicht auf das Tal, die Schlösser und die mittelalterlichen Dörfer einzigartig ist, die drei ansprechendsten Appartements eingerichtet. Wir bevorzugen „Torre" im ältesten Teil des Hauses: gepflegte Ausstattung eines Landhauses mit modernem Komfort. „Il Giardino" liegt ebenerdig am Garten, während „Logetta" von der Terrasse aus eine schöne, weite Aussicht bietet. Auf den Anhöhen des Anwesens zwei weitere *podere*: „Serratina" und „Belvedere" in wunderbarer Umgebung mit Weinbergen, Obstgärten, drei kleinen Seen, einer Hirsch- und Mufflonschafzucht usw.

Ganzj. geöffn. **10 Appartements** (2-8 Pers.) mit Küche, Salon, Bad, 1-4 Zi., kl. Garten **Preise** ab 60 €/Tag, 350-1900 €/Woche **Kreditkarten** akzeptiert **Verschiedenes** Hunde nicht erlaubt - Kostproben lokaler Produkte - Swimmingpool - Rundwanderwege - Kleiner Zoo **Umgebung** Alta Maremma (nördl. von Grosetto): Massa Marittima, Roccastrada, Roccatederighi, Scarlino, Montemassi - Kiefernwald von Tombolo entlang der Küste von Principina bis Punta Ala - Etruskerstätten Vetulonia und Roselle - Golfpl. von Punta Ala (18 L.) **Kein Restaurant** im Agriturismo **Anreise** (Karte Nr. 13): 30 km nördl. von Grosseto. A-1, Ausfahrt Braccagni, Rtg. Montemassi, Roccatederighi-Sassofortino, dann Peruzzo.

Auberge Azienda Pereti

Pereti 58028 Roccatederighi (Grosseto)
Pereti
Tel. und Fax 0564-56 96 71
Frances R. Napier
E-Mail und Web: guidesdecharme.com/1829

Obwohl der Süden der Toskana mit üppiger Vegetation sehr schön ist und die Sehenswürdigkeiten vielfältig sind, ist dieser Landstrich weniger touristisch. Der kleine Gasthof mit nur wenigen Zimmern wurde von einem schottisch-schweizerischen Paar eröffnet, dem viel daran liegt, seinen Gästen einen ruhigen Aufenthalt mit viel Wohlbefinden zu offerieren. Die *Azienda* ist hoch gelegen und bietet einen Panoramablick bis zum etwa 30 Kilometer entfernten blauen Meer. Und der Garten des Hauses ist wunderbar grün: Wein- bzw. Glyzinienlauben, ein Teich mit Wasserpflanzen, ein botanischer Garten, in dem es fast in jeder Jahreszeit blüht. Das Innere ist sehr gepflegt, und die komfortablen Zimmer gehen auf eine eigene Pergola hinaus. Da Halbpension empfohlen wird, gibt man sich alle Mühe, nicht zu enttäuschen. Die Küche, in der die toskanische Tradition einen Sonderplatz einnimmt, ist raffiniert, und auch die Konfitüren und die zum Frühstück servierten Brote sind köstlich. Eine gewisse Strenge und besondere Gastlichkeit vertragen sich somit recht gut. Polyglotter Empfang.

Geschlossen Ende November bis Ende Januar **4 Zimmer** mit Dusche **Preise** DZ: 120-136 € - Frühst. inkl., von 8.30 bis 10.00 Uhr - HP: 90-98 € (pro Pers.) **Kreditkarten** Visa, Eurocard, MasterCard, Amex **Verschiedenes** Hunde nicht erlaubt - Swimmingpool - Parkpl. **Umgebung** Alta Maremma (nördl. von Grosetto): Massa Marittima, Roccastrada, Roccatederighi, Scarlino, Montemassi - Kiefernwald von Tombolo entlang der Küste von Principina bis Punta Ala - Etruskerstätten Vetulonia und Roselle - Golfpl. von Punta Ala (18 L.) **Abendessen** ab 20.00 Uhr - Menü - Spezialitäten der Toskana und der Maremmen **Anreise** (Karte Nr. 13): 30 km nördl. von Grosseto. A-1, Ausfahrt Braccagni, Rtg. Montemassi. Vor Montemassi rechts nach Pereti (ausgeschildert).

Pieve di Caminino Historic Resort

58028 Roccatederighi (Grosseto)
Strada Prov. 89,snc
Tel. 0564-56 97 36 - Fax 0564-56 87 56 - D. Marucchi Locatelli
E-Mail und Web: guidesdecharme.com/1832

1873 wurde die Familie Marrucchi Eigentümerin dieser sakralen Gebäude, deren Ursprung auf das Jahr 1075 zurückgeht. Die Appartements sind nach jenen Personen benannt, die für die Geschichte des Klosters besondere Bedeutung hatten. Das Ensemble wurde vom heutigen Besitzer, eines Architekten, bemerkenswert restauriert. Die Wohnungen, die sich in den Gebäuden neben der Kirche befinden, zeigen wie „La Sagrestia" Überreste der ursprünglichen romanischen Architektur: Arkaden in „S. Feriolo", Balkenwerk und Bogenfenster in „La Bifora". Von allen hat man einen wunderschönen Ausblick auf die durch das berühmte Fresko Guidoriccio da Fogliano von Simone Martini unsterblich gewordene Landschaft. Die rustikale, aber komfortable Innengestaltung entspricht der noblen Strenge des Ortes. Alle Zimmer haben entweder eine Terrasse oder ein eigenes Stückchen Garten (mit schönen alten Rosen) sowie einen Kamin, in dem gegrillt werden kann. Auch vom Swimmingpool hat man einen schönen Blick auf das Schloss von Montemassi. Wenn Sie nicht das Glück haben, eines der in der Kirche gegebenen Konzerte zu besuchen, sollten Sie sie zumindest besichtigen: Heute ist sie ein privater Salon mit einer Gemäldesammlung. Abitare la storia ist hier kein leeres Wort.

Ganzj. geöffn. **8 Studios** (2-4 Pers.), Bifora und Maestra mit Klimaanl. **Preise** 110-160 € pro Tag, 650-1250 € pro Woche - Frühst.: 10 € **Kreditkarten** Visa, Eurocard, MasterCard **Verschiedenes** Hunde nicht erlaubt - Swimmingpool - Kostenlose Verkostung von Wein und Öl - Parkpl. **Umgebung** Alta Maremma (nördl. von Grosetto): Massa Marittima, Roccastrada, Roccatederighi, Scarlino - Kiefernwald von Tombolo entlang der Küste von Principina bis Punta Ala - Etruskerstätten Vetulonia und Roselle - Golfpl. von Punta Ala (18 L.) **Kein Restaurant** vor Ort **Anreise** (Karte Nr. 13): 30 km nördl. von Grosseto. A-1, Ausfahrt Braccagni, Rtg. Sassofortino, 2 km weiter rechts Caminino.

Villa Il Tesoro

Valpiana 58024 Massa Marittima (Grosseto)
Tel. 0566-92 971 - Fax 0566-92 97 60 - Roberto Guldener und Pia Hellqvist
E-Mail und Web: guidesdecharme.com/1835

„If you can dream it, you can do it." Diese Worte veränderten das Leben von Roberto Guldener, der beschloss, sein Modegeschäft in Zürich zu verkaufen, um ein Weingut im Chianti seiner Großmutter zu erwerben. Nur musste auch das Ende des Satzes, „you only have to work on it", noch bewerkstelligt werden. Das Anwesen von Terrabianca stellte sich dann aber als zu klein heraus. Daher also der Kauf neuer Ländereien und der *Villa Il Tesoro*, deren Weinherstellung in Terrabianca vorgenommen wird und deren 4000 Olivenbäume ein außergewöhnliches Öl hervorbringen. Außerdem Hotelaktivitäten hoher Qualität. Wunderbar ist die Ankunft über die Meerkiefernallee, die zudem von hundertjährigen Olivenbäumen gesäumt ist. Das Herrenhaus und die Dependancen wurden äußerst gut restauriert: Gewölbe, Balken, Natursteinwände und Arkaden bilden die Innenarchitektur der Suiten und des Restaurants. Die Zimmer sind geschmackvoll, voller Komfort und luxuriöser Einfachheit. In der Küche wirkt der Chef Alessandro mit seinem Team und bietet Spezialitäten auf drei Karten an (Kleine Karte, Tageskarte, und Probierkarte). Der Wein kommt selbstverständlich aus Terrabianca, außerdem gibt es für Liebhaber einen *cigar room* am Pool mit Aussicht. Polyglotter Empfang.

Geschlossen 3. November bis 9. März **20 Suiten** mit Klimaanl., Tel., Bad, Satelliten-TV, Hi-Fi, Minibar, Safe **Preise** Suite: 210-380 € **Kreditkarten** akzeptiert **Verschiedenes** Hunde auf Anfrage erlaubt (25 €) - Swimmingpool - Parkpl. **Umgebung** Alta Maremma (nördl. von Grosseto): Massa Marittima, Roccastrada, Roccatederighi, Scarlino, Montemassi - Kiefernwald von Tombolo entlang der Küste von Principina bis Punta Ala - Etruskerstätten Vetulonia und Roselle - Elba (1 Std. mit der Fähre ab Porto Piombino) - Volterra über die metallträchtigen Hügel - Golfpl. von Punta Ala (18 L.) **Restaurant** von 12.30 bis 14.30 und 19.30 bis 22.00 Uhr - Menü: ca. 65 € - Karte **Anreise** (Karte Nr. 13): 8 km südl. von Massa Marittima, Straße nach Follonica.

Castello di Vicarello

Vicarello 58044 Poggi del Sasso (Grosseto)
Tel. und Fax 0564-990 718
E-Mail und Web: guidesdecharme.com/1836

In Vicarello ist man gleich bei der Ankunft derart verblüfft, dass man nicht mehr abreisen möchte. Was wäre zu sagen, wenn alles schön, reizend und edel ist? Dies hier ist wahrer Luxus. Doch wenden wir uns dem Haus chronologisch zu, denn es ist eine Herzensangelegenheit und viel Arbeit, was *Vicarello* zu einer *dimora di charme* gemacht hat. In den siebziger Jahren musste diese in noch wilder Natur verborgene Ruine zunächst entdeckt und danach mit Überzeugungskraft, Vorstellungskraft und auch Mitteln einem Bauern aus der Gegend abgekauft werden. Das gelang Aurora, doch das Leben ging weiter: ein Aufenthalt in Indonesien für ein Mailänder Modehaus hält sie bis 1993 dort zurück, doch nach der Rückkehr wird gleich mit den Bauarbeiten begonnen. 2003 dann die Fertigstellung und Aufnahme von Gästen. Zuvor aber musste hier wirklich alles in Angriff genommen werden: eine Zufahrt anlegen, den Boden entwässern, Stromleitungen legen. Die sechs auf mehrere Bauten verteilten Suiten sind alle himmlisch und mit viel Sensibilität, Subtilität und Intelligenz eingerichtet. Die Eleganz von Stein und Holz wurde bei der Gestaltung gekonnt genutzt, und hier und da erkennt man diskrete indonesische Einflüsse. *Vicarello* ist geprägt von Harmonie, das heißt von etwas, das auch in Asien erlernt werden kann.

Ganzj. geöffn. **6 Suiten** mit Bad und Minibar **Preise** DZ: 450 €, Appart.-Suite: 580-1100 €; Extrabett: 85-105 € - Frühst. inkl., von 8.30 bis 11.00 Uhr **Kreditkarten** akzeptiert **Verschiedenes** Hunde auf Anfrage erlaubt - Türkisches Bad - Sauna - Swimmingpool - Mountainbikes - Parkpl. **Umgebung** Alta Maremma (nördl. von Grosseto) - Kiefernwald von Tombolo - Etruskerstätten Vetulonia, Roselle - Volterra über die metallträchtigen Hügel-Golfpl. von Punta Ala (18 L.) **Restaurant** von 13.00 bis 14.00 und 20.00 bis 20.30 Uhr - Karte **Anreise** (Karte Nr. 13): 35 km von Grosseto über SS-223 bis Paganico, Sasso d'Ombrone, Poggi del Sasso, dann Vicarello.

Le Pisanelle

58014 Manciano (Grosseto)
Strada Provinciale no 32, km 3,9
Tel. 0564-62 82 86 - Fax 0564-62 58 40
Roberto und Milly Maurelli
E-Mail und Web: guidesdecharme.com/1838

Zwischen Orbetello und Pitigliano sind die etruskischen Stätten zahlreich; sie liegen nahe der mittelalterlichen, oft befestigten Dörfer, die auf felsigen, die Ebene überragenden Gebirgsvorsprüngen erbaut wurden. Manciano ist eine ehemalige Festung von Siena, Le Pisanelle liegt jedoch inmitten der Maremmen. In diesem umgebauten Bauernhäuschen (casolare) schufen Roberto und Milly Maurelli mit viel Liebe und Geschick ein reizendes Gasthaus. Die Gästezimmer sind anheimelnd und bieten den Komfort eines guten Hotels. Die Küche ist sehr gepflegt und bedient sich vorwiegend regionaler Produkte, der Service zeugt von Eleganz. Dieses an der Grenze des Latium gelegene Haus lohnt einen Umweg, sofern Sie auf der Durchreise nach Rom sind, aber erst recht einen Aufenthalt, bei dem Sie eine ganz andere (oft auf die Quattrocento-Sehenswürdigkeiten begrenzte) Seite der Toskana entdecken werden.

Geschlossen 7. bis 31. Januar und 15. bis 30. November **8 Zimmer** mit Klimaanl., Tel., Bad (Dusche mit Hydromassage in der Suite), TV, Minibar **Preise** DZ für 1 Pers.: 105 €, DZ: 115 €, Suite: + 30 €; Extrabett: 25-30 € - Frühst. inkl., von 8.00 bis 9.45 Uhr - HP: ab 150 € (pro Pers.) ab 200 € (2 Pers.) **Kreditkarten** akzeptiert **Verschiedenes** Hunde nicht erlaubt - Sauna (10 €, 2 Pers.) - Swimmingpool - Reiten - Mountainbikes - Außenbecken mit Hydromassage - Parkpl. **Umgebung** Die Nieder-Maremmen: Strada del Vino (Weißwein von Pitigliano, Morellino von Scansano) - Città del Tufo (Pitigliano, Sovana, Sorano) - Argentario-Küste (Porto San Stefano, Porto Ercole, Orbetello) - Naturpark der Maremmen - Skulpturengarten von Niki de Saint-Phalle in Capalbio **Restaurant** von 20.00 bis 20.30 Uhr - So und Mo geschl. - Menüs: 30-35 € **Anreise** (Karte Nr. 13): 60 km südl. von Grosseto. In Manciano auf die Strada provinciale N-32, Rtg. Farnèse bis zum Kilometerstein 3,9.

Hotel Il Pellicano

Lo Sbarcatello 58018 Porto Ercole (Grosseto)
Tel. 0564-85 81 11 - Fax 0564-83 34 18
Francesca Tozzi
E-Mail und Web: guidesdecharme.com/1840

Das Goldene Buch des *Pellicano* kann sich sehen lassen. Seit es 1965 in Anwesenheit von Charlie Chaplin eröffnet wurde, haben viele berühmte Leute hier gewohnt. Das Hotel liegt in einer von Zypressen bewachsenen Talmulde oberhalb der Bucht von Argentario und besteht aus mehreren nebeneinander gelegenen, aber separaten Villen. Das *Pellicano* ist zwar ein Luxushotel, hat aber das Ambiente eines Privathauses: Salons mit Kamin und Bibliothek. Im Sommer wird das Restaurant auf die Terrasse verlegt, von wo aus man hinter Kiefernzweigen das Meer erblickt. Den großen, im ausgehöhlten Felsen direkt an den Klippen gelegenen Swimmingpool und den Privatstrand erreicht man über einen Aufzug. Exzellenter Service für eine schicke, anspruchsvolle Kundschaft, deren Kinder unter zehn hier jedoch nicht aufgenommen werden.

Kategorie ★★★★ **Geschlossen** 19. Oktober bis 14. April **50 Zimmer** mit Klimaanl, Tel., Wi-Fi, Bad, Satelliten-TV, Minibar, Safe **Preise** Room Garden: 420-590 €, DZ mit Meerblick: 610-865 € - Frühst. inkl., von 7.30 bis 10.30 Uhr - HP: + 88 € pro Pers. **Kreditkarten** akzeptiert **Verschiedenes** Hunde nicht erlaubt - Beheizt. Meerwasser-Swimmingpool - Privatstrand - Tennispl. - Beauty- und Fitness-Center - Valet Parking - Garage **Umgebung** Inseln Giannuti und Giglio - Die Nieder-Maremmen: Strada del Vino (Weißwein von Pitigliano, Morellino von Scansano) - Città del Tufo (Pitigliano, Sovana, Sorano) - Argentario-Küste (Porto San Stefano, Porto Ercole, Orbetello) - Naturpark der Maremmen - Skulpturengarten von Niki de Saint-Phalle in Capalbio **Restaurant** „Il Pelicano" (1 Michelin*) - von 13.00 bis 14.30 und 20.00 bis 22.00 Uhr - Menü: ab 110 € - „All' Aperto": im Sommer - Menü: ab 85 € - „Cellier Il Puttino Baccante", Verkostungen (Wein und Olivenöl) **Anreise** (Karte Nr. 13): 55 km südl. von Grosseto über die SS-51, die Küstenstraße (über den Pinienhain Tombolo de Giannella) bis Porto Ercole, dann Strada Panoramica bis Lo Sbarcatello.

Terme di Saturnia Spa Resort

58050 Saturnia (Grosseto)
Tel. 0564-60 01 11 - Fax 0564-60 12 66
E-Mail und Web: guidesdecharme.com/1843

In den Wäldern von Saturnia soll man Geräusche der mysteriösen Etrusker vernehmen, deren Ursprung und Sprache noch immer Fragen aufwerfen. Die Toskana, deren Name auf die Tusci, ihre ersten Bewohner zurückgeht, wird allerdings vorwiegend wegen ihrer Kulturgüter aus der Renaissance aufgesucht. Saturnia liegt inmitten interessanter Überreste wie Pitigliano, Sovana und Sorano. Das Hotel ist eng verbunden mit diesem historischen Kontext und den hier seit Jahrtausenden sprudelnden Schwefelquellen (37,5°), die für Körper und Geist äußerst wohltuend sind. Deshalb gibt es einen riesigen Swimmingpool, der den Mittelpunkt des auf dem letzten Stand befindlichen Beauty- und Wellness-Komplexes bildet. Der Komfort, der Garten und die gute Küche des Hauses stehen aber auch denen zur Verfügung, die diesen Service nicht in Anspruch nehmen möchten. Erwähnenswert sind der sympathische Empfang und das besonders aufmerksame Personal.

Kategorie ★★★★ **Ganzj.** geöffn. **140 Zimmer** mit Klimaanl., Tel., Bad oder Dusche, Satelliten-TV, Minibar, Safe; Aufzug **Preise** DZ (Class oder Prestige): 200-240 € pro Pers., DZ Class: 917-1099 € pro Pers./Woche, DZ Prestige: 1197-1379 € pro Pers./Woche - Frühst. inkl., von 7.15 bis 10.30 Uhr **Kreditkarten** akzeptiert **Verschiedenes** Hunde erlaubt - Thermen - Swimmingpool - Tennispl. - Parkpl. **Umgebung** Die Nieder-Maremmen: Strada del Vino (Weißwein von Pitigliano, Morellino von Scansano) - Città del Tufo (Pitigliano, Sovana, Sorano) - Argentario-Küste (Porto San Stefano, Porto Ercole, Orbetello) - Naturpark der Maremmen - Skulpturengarten von Niki de Saint-Phalle in Capalbio - Golfpl. Punta Ala (18 L.) **Restaurant** von 12.45 bis 14.00 und 20.00 bis 21.15 Uhr - Mittagessen: 37 €, Abendessen: 40 € - Karte - Regionale und italienische Küche **Anreise** (Karte Nr. 13): 57 km südöstl. von Grossetto über die SS-1 (Rtg. Roma), Ausfahrt Manciano, Montemerano, Rtg. Saturnia.

Hotel Villa Clodia

58050 Saturnia (Grosseto)
Via Italia, 43
Tel. 0564-60 12 12 - Fax 0564-60 13 05
Stefano und Debora Bonanni
E-Mail und Web: guidesdecharme.com/1845

Saturnia ist ein Thermalbad mit vielen Kurgästen. Für einen Stopp auf dem Weg nach Rom oder zu den Städten des Südens bzw. den Stätten der Etrusker in der Toskana und im Latium kann es aber auch interessant sein. Das kleine Hotel *Villa Clodia*, von seinen Besitzern gehegt und gepflegt, ist ein Gedicht. In dem am Hang gelegenen Gebäude verteilen sich die Räume auf mehrere Ebenen bis zum Garten. Die Gestaltung ist elegant und zeugt von bestem Geschmack. Hier ist alles hellblau und weiß, um so in Harmonie mit jenem Wohlbefinden zu sein, das die Bäder seit Jahrhunderten bereiten. Nur ein Zimmer bietet keinen Panoramablick über das Tal. Die beiden Suiten sind sehr geräumig und haben zudem eine Terrasse. Im kleinen Garten mit Rasen, der in der Natur zu schweben scheint, setzt das blaue Wasser des sternförmigen Swimmingpools das Tüpfelchen auf das „i" in diesem reizenden Haus.

Kategorie ★★★ **Geschlossen** 10. Januar bis 5. Februar **8 Zimmer** und 2 Suiten mit Klimaanl., Tel., Dusche, Satelliten-TV, Minibar **Preise** EZ: 65 €, DZ: 110 €, Suite: 130 € - Frühst. inkl., von 8.00 bis 10.00 Uhr **Kreditkarten** Visa, Eurocard, MasterCard **Verschiedenes** Hunde nicht erlaubt - Türkisches Bad - Sauna - Fitness - Swimmingpool **Umgebung** Die Nieder-Maremmen: Strada del Vino (Weißwein von Pitigliano, Morellino von Scansano) - Città del Tufo (Pitigliano, Sovana, Sorano) - Argentario-Küste (Porto San Stefano, Porto Ercole, Orbetello) - Naturpark der Maremmen - Skulpturengarten von Niki de Saint-Phalle in Capalbio - Golfpl. von Punta Ala (18 L.) **Kein Restaurant** (siehe unsere Restaurantauswahl S. 647) **Anreise** (Karte Nr. 13): 57 km südöstl. von Grosseto über die A-1 (Rtg. Roma), Ausfahrt Manciano, dann Rtg. Montemerano, Saturnia.

Locanda Ilune

Conatelle 58017 Pitigliano (Grosseto)
Tel. 0564-61 71 73 - Handy 333-420 40 00 - 333-485 26 30
Susanna Formiconi und Giovanni Perasso
E-Mail und Web: guidesdecharme.com/1848

Die Maremmen, diesen vom Tourismus und somit auch von Reiseführern lange vernachlässigten Teil der Toskana geografisch und kulturell zu definieren, ist nicht leicht. Mit der *Locanda Ilune* bietet sich endlich die Gelegenheit, die „Maremma grossetana" zu präsentieren, genauer den Landstrich zwischen den Metallifere-Hügeln und „Citta del tufo". Sollten Sie über die Strada Statale 74 anreisen, werden Ihnen die letzten Kurven auf szenografische Art den Satz aus dem Evangelium verdeutlichen, der besagt, man solle sein Haus nicht auf Sand bauen: Pitigliano erhebt sich nämlich auf einer Art erstarrter Lava (Tuffstein). Etruskischen wie auch mittelalterlichen Ursprungs und im 16. und 17. Jahrhundert ausgebaut, wurde es auch „Klein-Jerusalem" genannt – Bezug nehmend auf eine bis zum ausgehenden 17. Jahrhundert aktive hebräische Gemeinde. Unsere „Azienda agricola" bietet drei Zimmer an in einem alten Haus mit Balken, antiken, von Susanna restaurierten Möbeln und hübschen Lampen, die mit den Flammen des Kaminfeuers warmes Licht verbreiten. Die Blumensträuße transportieren die Düfte aus dem Garten ins Haus. Die Abendessen werden mit selbst angebautem Biogemüse und Giovannis Olivenöl zubereitet.

Ganzj. geöffn. **3 Zimmer** mit Bad, Wi-Fi **Preise** DZ: 120 € - Frühst. inkl., von 8.30 bis 10.30 Uhr - HP: ab 100 € (pro Pers.) **Kreditkarten** akzeptiert **Verschiedenes** Hunde auf Anfrage erlaubt - Pflege mit ätherischem und Olivenöl - Vereinbarung mit den Thermen von San Casciano und den Bädern von Sorano - Herstellung und Verkauf von Olivenöl für kosmetische Zwecke - Fahrräder **Umgebung** Die Nieder-Maremmen: Strada del Vino - Città del Tufo (Pitigliano, Sovana, Sorano) - Argentario-Küste - Naturpark der Maremmen - Skulpturengarten von Niki de Saint-Phalle in Capalbio - Gärten von D. Spoeri, Seggiano **Restauration** Reservierung (vor 11 Uhr) erbeten - Menü: 40 € **Anreise** (Karte Nr. 13): Pitigliano, 3 km Rtg. Sorano. An der großen Zypresse rechts.

Relais di Campagna "Le Mezzelune"

Mezzelune 57020 Bibbona (Livorno)
Via Vicinale delle Mezzelune, 126
Tel. 0586-67 02 66 - Fax 0586-67 18 14 - Sergio und Luisa Chiesa
E-Mail und Web: guidesdecharme.com/1850

Der Geist von *Mezzelune* wird von den Hausbesitzern folgendermaßen definiert: „ein den Menschen und dem Licht geöffnetes Haus". Weit von der bekannten Toskana entfernt, ganz nahe am Meer, wurde diese ehemalige Scheune aus dem späten 18. Jahrhundert hübsch umgebaut, was immerhin 14 Jahre dauerte. Umgeben von Weinbergen, herrscht hier absolute Ruhe. Und da die Gastgeber alles daransetzen, dass diese Ruhe nicht gestört wird, gibt es hier weder Swimmingpool noch TV. Im ursprünglichen, mittleren Teil wurden die vier Zimmer untergebracht. Alle haben eine Terrasse mit Liegestühlen, um die wundervolle Aussicht auf die unendlich weiten Felder auch richtig genießen zu können. Parkett, ein Weinstock über dem breiten Bett, Blumen auf dem Nachttisch, schöne Bäder – hier ist alles vorhanden, um den Gast zwar einfach, aber mit allem Komfort zu empfangen. Bei dem auf dem Rasen oder im lichtdurchfluteten Speiseraum servierten Frühstück kann man sich Luisas Fruchtsalate und die hausgemachten Produkte schmecken lassen. Und wenn es Ihnen schwerfällt, diesen heiteren Ort zu verlassen, können Sie immerhin Honig, Olivenöl oder andere natürliche Produkte mit nach Hause nehmen, die im Nebengebäude verkauft werden.

Geschlossen Dezember und Januar **4 Zimmer** mit Bad, Minibar und 2 separate kleine Häuser *(casette)* mit 1 Zi. und Kochnische **Preise** DZ: 160-180 € - Frühst. inkl., von 8.30 bis 10.30 Uhr - Casette: 180-195 € (mind. 3 Üb.). **Kreditkarten** Visa, Eurocard, MasterCard **Verschiedenes** Hunde nicht erlaubt - Parkpl. **Umgebung** Suvereto (Palazzo comunale und Kirche S. Giusto) - Etruskische Nekropolen in Populania - Volterra - Massa Marittima - Naturpark der Maremmen **Kein Gästetisch** (Restaurant „La Pineta" in Marina di Bibbona, „Gambero Rosso" in San Vicenzo) **Anreise** (Karte Nr. 12): südl. von Livorno, SS-Livorno/Grosseto, Cecina, La California, Bibbona.

Villa Ottone

Isola d'Elba - Ottone 57037 Portoferraio (Livorno)
Tel. 0565-93 30 42 - Fax 0565-93 32 57
Mario und Roberto Di Mario
E-Mail und Web: guidesdecharme.com/1852

Die Luftansicht zeigt, dass Elba die Form eines Fisches hat. Für eine Insel ein besonders schöner Vergleich. Die Düfte und *sapore* sind somit vorwiegend maritim, aber nicht ausschließlich. Bei Radtouren auf der Insel werden Sie neben den Freuden und Annehmlichkeiten des Meeres die mediterrane Macchia und die Kastanienwälder schätzen, Überreste der Etrusker und Römer sehen, ferner romanische Kapellen wie auch Festungen der Medici aufsuchen. *Villa Ottone* wurde im 19. Jahrhundert in wundervoller Umgebung erbaut: in einem großen Park am Strand. Nach ein kürzlich vorgenommenen Lifting hat sie mit dem Salon einschließlich Freskomalerei und einzigartigen Zimmern von raffinierter Eleganz zu ihrer einstigen Pracht zurückgefunden. Die preisgünstigeren Schlafräume des „Hotels", in einem dreistöckigen Haus des Parks, sind auch nicht zu verachten. Das Angebot ist jedenfalls für alle gleich: Lunch am Swimmingpool, Abendessen bei Kerzenschein auf der Terrasse mit Blick aufs Meer, effizienter Service und liebenswürdiger Empfang.

Kategorie ★★★★ **Geöffnet** 8. Mai bis 10. Oktober **70 Zimmer** und 10 Suiten mit Klimaanl., Tel., Bad, Satelliten-TV, Wi-Fi, Minibar, Safe **Preise** pro Pers. mit HP: in der Villa: 131-340 € (DZ), 195-600 € (Suite) - im Hotel: 125-205 € (DZ), 152-230 € (Superior), 185-450 € (Suite) - Cottage: 125-220 € - HP: 125-630 € (pro Pers.) **Kreditkarten** akzeptiert **Verschiedenes** Hunde auf Anfrage erlaubt (30 €) - Privatstrand - Thalassotherapie-Center - Swimmingpool - Tennispl. - Mountainbikes - Parkpl. **Umgebung** Casa di Napoleone in Portoferraio - Villa Napoleone in San Martino - Madonna del Monte in Marciana - Golfpl. dell'Acquabona (9 L.) **Restaurants** von 12.30 bis 14.00 (Swimmingpool 15.00 Uhr) und 19.30 bis 21.00 Uhr - Menüs: 45 € - Karte **Anreise** (Karte Nr. 12): Fähren ab Livorno (knapp 3 Std.) oder Piombino (1 Std.).

Hotel da Giacomino

Isola d'Elba 57130 Marciana (Livorno)
Capo Sant'Andrea
Tel. 0565-90 80 10 - Fax 0565-90 82 94
Giacomino Costa
E-Mail und Web: guidesdecharme.com/1853

Das *Giacomino* liegt auf einem kleinen Vorgebirge, das die hochtouristische Bucht von Sant'Andrea isoliert. Diesen Ort werden besonders diejenigen schätzen, die Meer und Ruhe über alles lieben. Die schattigen Gärten reichen bis ans Meer. Ein Strand ist nicht vorhanden, aber unzählige Felsen, auf denen man sich niederlassen kann, um von hier aus zu baden – es sei denn, man bevorzugt den Swimmingpool mit Panoramablick. Der besonders familiäre Service, für den Signore Giacomino zuständig ist, lässt die nicht überall geschmackvolle Einrichtung vergessen. Die Gästezimmer verfügen über ausreichenden Komfort; die Gestaltung in Pastelltönen, ein wenig aggressiv wirkend, ist minimalistisch. In den Bungalows mit Küche kann man sich von der Betriebsamkeit des Sommers noch etwas mehr isolieren. Ein unprätentiöses Hotel mit unschlagbarem Preis-Leistungsverhältnis auf dieser sonst sehr teuren Insel.

Kategorie ★★★ **Geschlossen** November bis März **33 Zimmer** mit Tel., Dusche **Preise** mit HP: 60-120 € (pro Pers.) - Frühst. (Buffet): 13 €, von 8.00 bis 9.30 Uhr **Kreditkarten** akzeptiert **Verschiedenes** Hunde erlaubt - Swimmingpool - Tennispl. - Zugang zum Meer - Taucher- und Meeresbiologiekurse (durch Vertragspartner des Hotels) - Parkpl. **Sprache** u.a. Deutsch **Umgebung** Casa di Napoleone in Portoferraio - Villa Napoleone in San Martino - Madonna del Monte in Marciana - Golfpl. dell'Acquabona (9 L.) **Restaurant** von 13.00 bis 14.00 und 20.00 bis 21.00 Uhr - Menü: 23,50 € - Regionale Küche **Anreise** (Karte Nr. 12): Fähren ab Livorno (knapp 3 Std.) oder Piombino (1 Std.); das Hotel liegt 33 km von Portoferraio.

Hotel Greif

39100 Bolzano
Piazza Walther
Tel. 0471-31 80 00 - Fax 0471-31 81 48
Doris Gotter
E-Mail und Web: guidesdecharme.com/1868

Dieses schöne, am Waltherplatz gelegene Gebäude ist seit dem 19. Jahrhundert im Besitz der Familie Staffler, und in ihm befindet sich das von jeher unter dem Namen „Schwarzer Greif" bekannte Gasthaus. Erst locanda, dann *albergo*, ist es heute ein Hotel. Umfangreiche Renovierungsarbeiten haben das Haus in eine höhere Kategorie gehoben. Bei der Innengestaltung wurde das gleiche Konzept angewandt. Mit Unterstützung des Museums für moderne Kunst und der Kunstkritiker der Region gaben die Hotelbesitzer bei jungen Künstlern Südtirols originale Werke in Auftrag, die dann das Thema zur Gestaltung der meisten Zimmer vorgaben (in den anderen antikes Mobiliar des 18. und 19. Jh.). Alle sind von großer Eleganz geprägt. Auch die Bäder haben hohen Komfort und sind individuell gestaltet. Die Fotos, Gemälde, Skulpturen oder Installationen beschäftigen sich ohne jegliche Aggressivität mit dem Sujet Freuden der Nacht … Eine gute, auch von der großen Hotellerie mit dem *Parkhotel Laurin* (www.laurin.it) ergriffene Initiative der Inhaber, die so ihr Interesse an zeitgenössischer Kunst mit anderen teilen.

Kategorie ★★★★ Ganzj. geöffn. **33 Zimmer** mit Klimaanl., Tel., Wi-Fi, Bad, Satelliten-TV, Minibar, Safe; Aufzug **Preise** DZ für 1 Pers.: 140-199 €, DZ: 180-255 €, Junior-Suite: 310 €, Junior-Suite Deluxe: 360 €; Extrabett: 50 € - Frühst. inkl., von 7.00 bis 10.30 Uhr **Kreditkarten** Visa, Eurocard, MasterCard, Amex **Verschiedenes** Hunde auf Anfrage erlaubt (15 €) - Beheizter Swimmingpool - Parkpl. (18 €/Tag) **Umgebung** Weinstraße (N-42) von Appiano, Caldaro/Kaltern, Kalterer See bis Cortina sulla Strada del Vino - Castel Roncolo und Val Isarco: Velturno, Bressanone, Abtei Novacella, Vitipeno - Schlösser im Val Venosta **Restaurant** im Park Hotel Laurin (siehe unsere Restaurantauswahl S. 650) **Anreise** (Karte Nr. 4): 140 km von Verona über die A-22, Ausfahrt Bolzano-Sud oder Nord, Rtg. stazione (Bahnhof).

Hotel Bad Schörgau

39058 Sarentino/Sarnthein (Bolzano)
Tel. 0471-62 30 48 - Fax 0471-62 24 42
Familie Wenter
E-Mail und Web: guidesdecharme.com/1870

Nördlich von Bozen ist Val Sarentino ein kleines Paradies mit Kiefernwäldern (zwei seltene Sorten: *pini mugo und pini cembri*), blühenden Wiesen, romantischen Kirchtürmen und zeitlosen *masos*; außerdem hat es sein Schloss, das Castello Regino, und es endet an der Valleta di Valdurna mit einem reizenden kleinen See, in dem sich der gotische Turm der kleinen Kirche San Nicolo spiegelt und der im Winter einem mysteriösen Fjord ähnelt. Es wird hier zwar italienisch gesprochen, „della buona volontà", doch sind österreichische Traditionen, besonders die kulinarischen, in dieser Gegend nach wie vor stark verankert. Was uns alles andere als missfällt, geht doch die junge Generation sehr kreativ mit den bodenständigen Produkten um. Das Hotel *Bad Schörgau* zählt inzwischen zu den besten Adressen Südtirols. In den Zimmern und Bädern in schickem Bergstil ist der Komfort optimal. Staunen aber werden Sie im Restaurant, wo der talentierte und phantasievolle Gregor Wenter seine Spezialitäten mit Kiefernzapfenpesto und seine Gnocchi mit Klatschmohnhonig und Trockenfrüchten aromatisiert … Im Wellness-Center, das außerordentlich professionelle Milch- und Honigbäder anbietet, wird die gleiche Aromatherapie angewandt. Ideal zum Entspannen für Paare das ganze Jahr über.

Kategorie ★★★★ **Ganzj.** geöffn. **25 Zimmer** mit Tel., Bad, Satelliten-TV; Aufzug **Preise** degressiv, pro Pers. pro Tag und pro Woche: Sarner: 94 €/581 € - Scharten: 97 €/595 € - Badl: 111 €/665 € - Suite: 115 €/700 €; Room-Service: 9,50 € - Frühst. inkl., von 7.30 bis 10.30 Uhr **Kreditkarten** Visa, Eurocard, MasterCard **Verschiedenes** Hunde auf Anfrage erlaubt (10 €) - Wellness-Center - Beheizter Swimmingpool **Restaurant** Menü: 27,50 € - Karte **Anreise** (Karte Nr. 4): A-22 (Brenner-Autobahn), Ausfahrt Bolzano-Sud, Rtg. Val Sarentino (etwa 20 km weiter).

Hotel Castello Schloss Labers

39012 Merano (Bolzano)
Via Labers, 25
Tel. 0473-23 44 84 - Fax 0473-23 41 46
G. Stapf-Neubert
E-Mail und Web: guidesdecharme.com/1872

Das *Castello Labers* ist eines dieser hübschen Dolomiten-Schlösser die, von Wein umgeben, absolute Ruhe bieten. Eine vertrauliche Atmosphäre und ein Empfang von seltener Qualität erwarten den Reisenden. Salon und Eingangshalle sind mit antiken Möbeln eingerichtet. Per Fahrstuhl oder über eine hübsche Treppe erreicht man die Zimmer. Die sind behaglich, von nostalgischem Charme und bieten Blick auf ein einzigartiges Panorama. Der Service ist aufmerksam und effizient. Die Hotelbesitzer sind große Kunst- und Musikliebhaber und organisieren bisweilen Konzerte für die Hotelgäste. In der Schlosskapelle findet samstags um 18 Uhr ein Gottesdienst statt.

Kategorie ★★★★ **Geschlossen** 2. November bis 24. April **36 Zimmer** mit Tel., Bad, (TV und Minibar auf Wunsch); Aufzug **Preise** DZ mit HP: 98-158 € (pro Pers.) - Frühst. inkl., von 8.00 bis 10.30 Uhr **Kreditkarten** Visa, Eurocard, MasterCard **Verschiedenes** Hunde auf Anfrage erlaubt (12 €) - Finnische Sauna - Beheizter Swimmingpool - Tennis (13 €) - Garage und Parkpl. **Umgebung** Botanischer Garten 500 m weiter - Weinstraße (N-42) von Appiano, Caldaro/ Kaltern, Kalterer See bis Cortina sulla Strada del Vino - Schlösser im Val Venosta: Ciardes, Naturno, Silandro, Malles und Benediktinerabtei Monte Maria, Laces, Lasa, Sluderno, Coldrano, Tschengles - Golfpl. Petersberg in Karersee - Golfpl. in Lana (- 20 % für Hausgäste) **Restaurant** von 12.00 bis 14.30 und 19.30 bis 21.00 Uhr - Menüs: 45-50 € - Karte - Tiroler und italienische Küche **Anreise** (Karte Nr. 3): 28 km nordwestl. von Bolzano-Sud über die A-22, Ausfahrt Merano-Sud - Sinigo, Rtg. Schenna, dann Via Labers (1 km auf einer kleinen „gelben" Straße).

Hotel Castel Fragsburg

39012 Merano (Bolzano)
Via Fragsburg, 3
Tel. 0473-24 40 71 - Handy 347-358 74 08 - Fax 0473-24 44 93
Familie Alexander und Renate Ortner
E-Mail und Web: guidesdecharme.com/1874

Die zum Hotel führende Straße ist reizend. Unmittelbar hinter Meran fährt man erst entlang grüner Weiden und dann durch Alpenlärchenwälder voller Bäche und Wasserfälle. Sieben Kilometer weiter ist die Landschaft dann grandios. Das große Haus hat mit seinen breiten Holzbalkonen und Holzschnitzereien, seiner weißen Fassade und seinen roten Fensterläden ganz und gar den Baustil der Region. Die Salons sind geräumig und raffiniert gestaltet, die Beleuchtung schafft viel Intimität und trägt zum Wohlbefinden bei. Das Restaurant mit großer Panoramaterrasse und schattiger Laube kommuniziert wunderbar mit der Natur. Die Aussicht auf den Bergkessel mit Meran ist einzigartig. Die Gästezimmer sind groß und individuell gestaltet. Bergatmosphäre und anheimelnder Komfort mit bestickten Stoffen, auf denen Vögel und Tiere des Waldes dargestellt sind. Hier, in den Bergen, sind Natur und Tradition von jeher eng miteinander verbunden. Die Küche ist gut. Eine Adresse mit Seltenheitswert.

Kategorie ★★★★ S **Geschlossen** 11. November bis 30. März **17 Zimmer** (3 im Turn) mit Tel., Wi-Fi, Bad, Satelliten-TV, Safe; Aufzug **Preise** pro Pers. mit HP: 140-180 € (DZ); 160-200 € (Deluxe), 184-206 € (Suite), 196-350 € (im Turn) - Frühst. (Buffet) inkl., von 7.30 bis 10.30 Uhr **Kreditkarten** Visa, Eurocard, MasterCard, Amex **Verschiedenes** Hunde nicht erlaubt - Beauty- und Fitness-Center - Beheizter Swimmingpool - Parkpl. **Umgebung** Weinstraße (N-42) von Appiano, Caldaro/Kaltern, Kalterer See bis Cortina sulla Strada del Vino - Schlösser im Val Venosta: Ciardes, Naturno, Silandro, Malles und Benediktinerabtei Monte Maria, Laces, Lasa, Sluderno, Coldrano, Tschengles - Golfpl. Lana - Golfpl. Petersberg in Karersee **Restaurant** von 12.30 bis 14.30 und 19.30 bis 21.30 Uhr - Menüs: 50-100 € - Karte - Kreative Küche **Anreise** Karte Nr. 3): A-22, Ausfahrt Merano-Sud - Sinigo, Rtg. Schenna, dann Via Labers und „Fragsburg".

Hotel Pergola Residence

Lagundo 39022 Merano (Bolzano)
Via San Cassiano, 40
Tel. 0473-20 14 35 - Fax 0473-20 14 19 - Familie Innerhofer
E-Mail und Web: guidesdecharme.com/1876

Die aus Merano stammende Familie Thun ist in der Region stark vertreten. Der Designer Matteo Thun war auf internationaler Ebene der bekannteste des Memphis-Kreises um Ettore Sottsass. Die *Pergola-Residence* (2004) ist Thuns zweite Architektur-Realisierung in der Region. Auch hier wieder die gleiche nüchterne Bauweise aus Holz und Glas, die sich stark zurücknimmt, um eine Übereinstimmung zwischen innen und außen zu erzielen. Um zu dieser Harmonie zu gelangen, ist das Hotel terrassenartig wie der umgebende Weinberg angelegt, dessen Steine und Mauern für den Bau der Wände des Gebäudes verwendet wurden; zum Begrenzen der Terrassen wurde der Stahldraht genommen, der auch die Reben stützt. Die gleiche elegante Zurückhaltung beim Mobiliar aus massivem Holz, mit dem die sehr geräumigen, sich auf eine Terrasse ausweitende Zimmer (40 bis 110 qm) mit Blick auf die Berge eingerichtet sind. Wellness-Center und ein Sportprogramm ganz nach Wunsch des Gastes. Luxus, den man sich häufiger gönnen möchte.

Kategorie ★★★★ S **Geschlossen** 10. November bis 27. März **14 Suiten** (60-110 m² plus Terrasse) mit Tel., Bad, Kochnische, Satelliten-TV, Minibar, Safe; Aufzug **Preise** Deluxe (60 m²): ab 235-250 €, Villa Panorama (90 m²): 360 €, Villa mit 2 Zi.: 380 € - Frühst. (Buffet): 19 €, von 8.00 bis 11.00 Uhr **Kreditkarten** Visa, Eurocard, MasterCard **Verschiedenes** Hunde nicht erlaubt - Wellness-Center - Beheizter Swimmingpool - Garage **Umgebung** Weinstraße (N-42) von Appiano, Caldaro/Kaltern, Kalterer See bis Cortina sulla Strada del Vino - Schlösser im Val Venosta: Ciardes, Naturno, Silandro, Malles und Benediktinerabtei Monte Maria, Laces, Lasa, Sluderno, Coldrano, Tschengles - Golfpl. Petersberg in Karersee - Golfpl. Lana **Restaurant** von 12.00 bis 14.00 und 19.00 bis 21.30 Uhr - Menüs: 55-100 € - Karte - Kreative und Diätküche **Anreise** (Karte Nr. 3): A-22, Ausfahrt Bolzano-Sud, Merano, dann Rtg. Passo Resia/Val Venosta.

TRENTINO - SÜDTIROL

Hotel Oberwirt

Marlengo 39020 Merano (Bolzano)
Via San Felice, 2
Tel. 0473-44 71 11 - Fax 0473-44 71 30
Josef Waldner
E-Mail und Web: guidesdecharme.com/1878

Marling ist ein Dorf auf den Hügeln in der näheren Umgebung Merans unweit der Rennbahn. Das *Hotel Oberwirt* hat eine lange Familientradition: Seit Jahrhunderten wird es von ein und derselben Familie geführt. An Professionalität mangelt es hier bestimmt nicht. Das Hotel ist nicht besonders groß und zählt gut 40 komfortable traditionell, aber auch modern eingerichtete Zimmer. Die Suite im Turm mögen wir besonders. Die herkömmliche „Stube" und die Salons haben die für Tirol typische gemütliche Atmosphäre. Einer von ihnen (der Salon Franz Liszt) diente dem berühmten Klaviervirtuosen und Komponisten im Sommer 1874 als Arbeitszimmer. Für angenehme Aufenthalte ist hier in vieler Hinscht gesorgt: Das Hotel bietet außer zwei beheizten Pools auch Tenniswochen auf eigenen Plätzen an. Zahlreiche Wanderwege.

Kategorie ★★★★ **Geschlossen** 12. November bis 15. März **45 Zimmer** mit Tel., Bad und Dusche, Satelliten-TV, Minibar **Preise** EZ: 99-135 €, DZ: 180-280 €, Suite 240-420 € - Frühst. inkl., von 7.30 bis 10.30 Uhr - HP: + 30 € pro Pers. **Kreditkarten** akzeptiert **Verschiedenes** Hunde auf Anfrage erlaubt (15 €) - Beauty- und Wellness-Center, Technogym und Acquagym - Swimmingpool - Garage (9 €) - Parkpl. **Umgebung** Weinstraße (N-42) von Appiano, Caldaro/Kaltern, Kalterer See bis Cortina sulla Strada del Vino - Schlösser im Val Venosta: Ciardes, Naturno, Silandro, Malles und Benediktinerabtei Monte Maria, Laces, Lasa, Sluderno, Coldrano, Tschengles - Golfpl. Lana (8 km) **Restaurant** Menüs: 52-72 € - Karte **Anreise** (Karte Nr. 3): 28 km nordwestl. von Bolzano über die A-22, Balzano-Sud, Ausfahrt Superstrada 38 bis Merano-Sud. Dann Rtg. Lana/Marlengo.

TRENTINO - SÜDTIROL

Vigilius Mountain Resort

Monte San Vigilio 39011 Lana (Bolzano)
Tel. 0473-55 66 00 - Fax 0473-55 66 99
E-Mail und Web: guidesdecharme.com/1881

Für ein echtes Tête-à-Tête mit den Bergen sollten Sie sich das *Vigilius Mountain* gönnen. Um dorthin zu gelangen, muss man sein Auto unterhalb der Drahtseilbahn parken (Passage und Garage, nahe der Drahtseilstation, werden vom Hotel bezahlt); nur so ist es möglich, hier anzukommen, es sei denn, Sie möchten mit Ihrer Fitness-Kur sofort beginnen und zu Fuß hochsteigen. Die luxuriöse, minimalistische Innenarchitektur, die einen weiten Blick über die schweigsamen Gipfel bietet, wirkt äußerst beruhigend. Die Zimmer mit hohem Komfort, Balkonen und Blick auf die Dolomiten oder das Val d'Ultimo sind gut ausgestattet zum Arbeiten oder Entspannen. Die traditionellen Gesellschaftsräume wurden durch eine Bibliothek und die „Piazza" ersetzt, die ein geselliger Treffpunkt am zentralen Kamin ist. Im Winter befindet man sich in diesem Hotel nur ein paar Meter von den Abfahrts- und Langlaufpisten, ansonsten genießt man den Panorama-Swimmingpool oder nutzt das Beauty- oder Wellness-Angebot.

Kategorie ★★★★ **Geschlossen** 10 Tage in November und 10 Tage in März **41 Zimmer** mit Tel., Bad, Satelliten-TV und DVD-Player auf Wunsch, CD-Player, Minibar, Safe **Preise** EZ: 225-260 €, DZ: 310-355 €, Deluxe: 330-375 €, Suite: 565-620 € - Frühst. inkl., von 8.00 bis 11.00 Uhr **Kreditkarten** akzeptiert **Verschiedenes** Hunde erlaubt - Mountain-Spa, Pflegeangebot, Massagen, Yoga - Sauna - Jacuzzi - Swimmingpool - Bogenschießen - Garage im unteren Teil der Station **Umgebung** Weinstraße (N-42) von Appiano, Caldaro/Kaltern, Kalterer See bis Cortaccia sulla Strada del Vino - Schlösser im Val Venosta: Ciardes, Malles und Benediktinerabtei Monte Maria, Laces, Lasa, Sluderno, Coldrano, Tschengles - Golfpl. Lana (8 km) **Restaurant** von 12.00 bis 21.30 Uhr - Menüs und Karte **Anreise** (Karte Nr. 4): südl. von Merano, Rtg. Lana/Centro, dann Val d'Ultimo bis zur Seilbahn.

Schloss Hotel Korb

39050 Missiano (Bolzano)
Hocheppanerweg, 5
Tel. 0471-63 60 00 - Handy 333-150 37 60 - Fax 0471-63 60 33
Familie Dellago
E-Mail und Web: guidesdecharme.com/1884

Das auf einem Hügel gelegene *Schloss Korb* wurde von seinen jetzigen Besitzern zu einem Hotel-Restaurant umstrukturiert. Es ist absolut ruhig, von Weinbergen umgeben und bietet einen wundervollen Ausblick auf Bozen und den Monte Catinaccio. Das Hotel ist in einem barocken Tiroler Stil eingerichtet. Farben, Volkskunst-Gegenstände, viel glänzendes Holz und Blumensträuße verleihen dem Ganzen eine sehr behagliche Atmosphäre. Es besteht die Möglichkeit eines angenehmen kleinen Ausflugs zu den Ruinen eines benachbarten Schlosses, in dem den Hotelgästen kalte Speisen und Wein aus eigenem Anbau serviert werden. Ein Grandhotel in einzigartiger Umgebung.

Kategorie ★★★★ **Geöffnet** Ostern bis 1. November **56 Zimmer** mit Tel., Bad, Satelliten-TV; Aufzug **Preise** (pro Pers.) DZ: 60-130 €, im Schloss: 85-140 €, Suite: 140-150 € - Frühst. inkl., von 7.30 bis 10.00 Uhr - HP: 80-150 € (pro Pers.) **Kreditkarten** akzeptiert **Verschiedenes** Hunde erlaubt - Beauty-Center mit Indoor-Pool - Sauna - Swimmingpool - Tennispl. - Garage (10 €/Tag) **Umgebung** Weinstraße (N-42) von Appiano, Caldaro/Kaltern, Kalterer See bis Cortina sulla Strada del Vino - Castel Roncolo und Val Isarco: Velturno, Bressanone, Abtei von Novacella, Vitipeno - Schlösser im Val Venosta **Restaurant** von 12.00 bis 14.30 und 19.00 bis 21.30 Uhr - Menü: 36 € - Karte - Regionale und italienische Küche **Anreise** (Karte Nr. 4): 13 km östl. von Bolzano/Bozen über die S-42 bis San Paolo, dann Rtg. Missiano; das Hotel liegt 3 km weiter nördl. im kleinen Ort Missiano.

Pensione Leuchtenburg

39052 Caldaro sulla Strada del Vino (Bolzano)
Klughammer, 100
Tel. 0471-96 00 93 - Fax 0471-96 01 55
Sig. Sparer
E-Mail und Web: guidesdecharme.com/1887

Diese Region verdient es, entdeckt zu werden. Man verlässt die Autobahn in Bozen, begibt sich auf eine der vielen kleinen Straßen, die von duftenden Apfelbäumen gesäumt sind, und befindet sich dann oberhalb des Kalterer-Sees. Die Berge mit ihren Wiesen und Weinstöcken wirken sehr freundlich. Die Pension befindet sich in den Nebengebäuden des Schlosses Leuchtenburg. Ein sehr angenehmes Haus mit hübschen, laubenbedeckten Höfen und einer großen, blühenden Terrasse mit Blick zum See. Die Inneneinrichtung hat trotz ihrer Einfachheit viel Charme: Die Taverne ist typisch, und die Zimmer sind mit bemalten Möbeln hübsch eingerichtet. Den Hotelgästen steht ein Privatstrand zur Verfügung. Angenehme Ferien zu interessanten Preisen.

Kategorie ★★★ **Geöffnet** März bis November **11 Suiten** mit Klimaanl., Tel., Dusche, Satelliten-TV, Radio **Preise** DZ: 110-142 €, Suite pro Pers.: 45-60 € (3 Pers.), 43-58 € (4 Pers.) - Frühst. inkl. **Kreditkarten** Visa, Eurocard, MasterCard **Verschiedenes** Hunde erlaubt - Sauna - Jacuzzi - Fahrräder - Privatstrand - Fahrradverleih - Parkpl. **Umgebung** Weinstraße (N-42) von Appiano, Caldaro/Kaltern, Kalterer See bis Cortina sulla Strada del Vino - Castel Roncolo und Val Isarco: Velturno, Bressanone, Abtei von Novacella, Vitipeno - Schlösser des Val Venosta - Golfpl. Petersberg in Karersee **Restaurant** von 12.00 bis 13.30 und 19.00 bis 20.30 Uhr - Mi geschl. - Menü - Karte **Anreise** (Karte Nr. 4): 25 km südl. von Merano über die A-22, Ausf. Bolzano-Sud, Rtg. Appiano, Caldaro/Kaltern links auf die Uferstraße Rtg. Campi al Lago.

TRENTINO - SÜDTIROL

Zirmerhof Berghotel

39040 Redagno (Bolzano)
Oberradein, 59
Tel. 0471-88 72 15 - Fax 0471-88 72 25
Sepp Perwanger
E-Mail und Web: guidesdecharme.com/1889

Fern vom Massentourismus hat die Region um Radein und des Naturparks Monte Corno die ganze Schönheit ihrer Ursprünglichkeit bewahrt. Das Gasthaus besteht seit 1890 und war die Sommerfrische der Aristokratie und Bourgeoisie Mitteleuropas, aber auch der Zufluchtsort zahlreicher Intellektueller. Das Haus besitzt wirklich viel Charme: Die Zimmer sind gemütlich und komfortabel, die „Stube" und Bibliothek haben noch immer etwas von dieser „Zauberberg"-Atmosphäre, und der große „Grimm"-Raum hat seine Fresken, ein Werk von Ignaz Stolz, erhalten können. Die Rezepte der deutschen *nonna*, Hanna Perwanger, die Südtirol sehr liebte, inspirieren noch heute die gute Küche des Hauses, in dem man sehr freundlich empfangen wird und in dem sich der Gast ausgesprochen wohl fühlt. Der Weinkeller bietet Verkostungen an.

Kategorie ★★★ **Geschlossen** 4. November bis 25. Dezember und 1. März bis 8. Mai **35 Zimmer** mit Bad oder Dusche und 3 Berghütten **Preise** HP (pro Pers./Tag): 77 € (Economy), 98 € (Standard), 120 € (Superior), 112-160 € (Suiten und Hütten) - Frühst. inkl., von 7.30 bis 10.00 Uhr **Kreditkarten** akzeptiert **Verschiedenes** Hunde auf Anfrage erlaubt (30 €) - Türkisches Bad - Sauna - Swimmingpool - Driving - Garage **Umgebung** Naturpark in Monte Corno - Bletterbach (Canyon von Südtirol) - Bozen **Restaurant** um 12.00 und 19.30 Uhr - Menüs: 35-65 € **Anreise** (Karte Nr. 4): 40 km südl. von Bolzano, A-22, Ausfahrt Egna Ora, Rtg. Cavalese bis Kaltenbrunn, dann links nach Redagno.

Romantik Hotel Turm

39050 Fié Allo Sciliar (Bolzano)
Piazza della Chiesa, 9
Tel. 0471-72 50 14 - Fax 0471-72 54 74
S. Pramstrahler
E-Mail und Web: guidesdecharme.com/1892

Fié (Völs) ist ein kleines Dorf im wunderbaren Grödner-Tal, das vom eindrucksvollen Monte Sciliar (Schlern) beherrscht wird. Das Hotel befindet sich im ehemaligen Gerichtsgebäude im Ortskern und wird seit drei Generationen von derselben Familie geführt. Das im Lauf der Jahre immer wieder veränderte Innere ist sehr behaglich, mit antiken Möbeln ansprechend eingerichtet und kann auch eine eindrucksvolle Gemäldesammlung vorweisen. Die meisten der gemütlichen, geschmackvoll gestalteten Zimmer bieten einen wundervollen Ausblick auf die Berge. Stefan Pramstrahler, ein begnadeter Koch, leitet das Restaurant. Seine feine Küche ist sehr einfallsreich und verbindet gekonnt regionale Eigenheiten mit den Finessen einiger großer französischer Küchenchefs. Im Sommer ein idealer Ausgangspunkt für Wanderungen am See; im Winter: Skilanglauf, Schlittschuhlaufen oder Abfahrtsski im 20 Minuten entfernten Alpe di Siusi.

Kategorie ★★★★ **Geschlossen** 16. November bis 20. Dezember **35 Zimmer** mit Tel., Bad, Satelliten-TV **Preise** DZ pro Pers.: 80-155 €, Suiten pro Pers.: 118-179 € - Frühst. inkl., von 7.00 bis 10.30 Uhr - HP: + 30 € pro Pers. **Kreditkarten** Visa, Eurocard, MasterCard **Verschiedenes** Hunde auf Anfrage erlaubt (18 €) - Beauty- und Fitness-Center - Sauna - Fitness - Swimmingpool - Garage **Umgebung** Ski in Alpe di Siusi (16 km entf.) - Bozen **Restaurant** von 12.00 bis 14.00 und 19.00 bis 21.00 Uhr - Do geschl. - Menüs: 39-50 € - Karte **Anreise** (Karte Nr. 4): 16 km östl. von Bolzano (A-22, Ausfahrt Bolzano-Nord) über die S-49 bis Prato all'Isarco, dann Fié.

Hotel Cavallino d'Oro

39040 Castelrotto (Bologna) - Piazza Kraus
Tel. 0471-706 337 - Fax 0471-707 172
Susanna und Stefan Urthaler
E-Mail und Web: guidesdecharme.com/1893

Castelrotto ist eines dieser Dörfer des Grödner-Tals inmitten der Dolomiten mit einem der größten Skigebiete Europas, in dem noch immer Ladinisch gesprochen wird, die Bewohner noch immer traditionelle Trachten tragen und die Häuser nach wie vor hübsch bemalte Fassaden haben. Das *Cavallino d'Oro* gleich neben der Kirche (mit einem der höchsten Kirchtürme Südtirols) ist ein traditioneller Gasthof: Die Zimmer mit heller Holzverkleidung, bemalten Möbeln und dicken Dauendecken sind hübsch traditionell, und in der gemütlichen „Stube" werden vorwiegend lokale Spezialitäten serviert. Auch können Sie folgendes in Anspruch nehmen: Sauna, Dampfbad und Massagen im früheren, sehr alten Weinkeller, gibt es doch Spuren der Aktivitäten des Gasthauses, die auf das Jahr 1326 zurückgehen, somit auf knapp sieben Jahrhunderte! Das Hotel bemüht sich ununterbrochen, seine Leistungen zu erweitern und zu verfeinern: ein bemerkenswertes, von dem außerordentlich reizenden Paar Urthaler voller Enthusiasmus und Energie geführtes Haus. Ein öffentliches kombiniertes Transportsystem verbindet das Dorf mit den bedeutendsten Wintersportgebieten, den wichtigsten Orten Val Gardenas und darüber hinaus.

Kategorie ★★★★ **Geschlossen** November **20 Zimmer** mit Tel., Bad, Satelliten-TV, Safe; Aufzug **Preise** EZ: 45-70 €, DZ: 78-110 € - Frühst. (Buffet) inkl., von 7.30 bis 11.00 Uhr - HP: 50-90 € (pro Pers.) **Kreditkarten** akzeptiert **Verschiedenes** Dampfbad - Solarium - Waschmaschine steht kostenlos zur Verfügung - Sauna **Umgebung** Kräutermarkt auf dem kleinen Platz vor dem Hotel jeden Fr von Juni bis Oktober - Tagesausflüge zum Gardasee und nach Verona; ab Siusi Wanderwege Nr. 7 und 8 - Val Gardena - Ortisei - Alpe di Siusi - Bozen (Ötzi im archäologischen Museum) **Restaurant** von 11.30 bis 14.00 (ausschl. für Hausgäste) und 18.00 bis 21.00 Uhr - Menüs: 22-37 € - Karte **Anreise** (Karte Nr. 4): 26 km nordöstl. von Bolzano über die A-22, Ausf. Bolzano-Nord, S-12.

Albergo Tschötscherhof

San Osvaldo 39040 Siusi allo Sciliar (Bolzano)
Tel. 0471-70 60 13 - Fax 0471-70 48 01
Familie Jaider
E-Mail und Web: guidesdecharme.com/1895

Sie träumen von Bergen ohne Mountainbikes, von einem Dorf, das mehr Bauernhäuser als Hotels zählt? Genau das werden Sie in San Osvaldo und an der kleinen Straße vorfinden, die sich durch Weiden voller fetter, grasender Kühe schlängelt. Das unterhalb gelegene Dörfchen wird vom traditionellen Zwiebelturm seiner Kirche überragt. Das Haus ist ein richtiger Postkartenanblick: ein Berghaus (*maso*) mit grünen Fensterläden und Balkonen, die von wildem Wein und Geranien überwuchert sind. Zur Rezeption im 1. Stock gelangt man über die große Terrasse. Im Innern ist alles einfach und rustikal: niedrige Decken, holzverkleidete oder weiße Wände, regionale Möbel und Kunstgegenstände. Die schlichteren Gästezimmer sind sehr gepflegt und haben durchaus Komfort. Wanderfreunde und alle, die jene frische Luft und jenes Licht suchen, die es nur in den Bergen gibt, sind hier anzutreffen. Gesellige Atmosphäre; die in der „Stube" angebotenen regionalen Spezialitäten sind äußerst gut, besonders zum Törggelen-Fest, bei dem die „Stuben" und Weinkeller für den Wein der frischen Ernte aufgesucht und wozu Esskastanien, Speck, Räucherwurst mit Kümmel und Malga-Käse serviert werden.

Geschlossen Dezember bis Februar **8 Zimmer** mit Bad oder Dusche **Preise** DZ: 30-32 € (pro Pers.) - Frühst. inkl., von 7.30 bis 10.00 Uhr - HP: 33-40 € (pro Pers.) **Kreditkarten** Visa, MasterCard **Verschiedenes** Hunde erlaubt **Umgebung** Museum Arte Contadina - ab Siusi Wanderwege Nr. 7 und 8 - Val Gardena - Ortisei - Alpe di Siusi - Bozen **Restaurant** von 11.30 bis 14.00 und 18.00 bis 21.00 Uhr - Menüs: 13-20 € - Karte **Anreise** (Karte Nr. 4): 26 km nordöstl. von Bolzano über die A-22, Ausf. Bolzano-Nord, S-12 (Rtg. Brennero) bis Prato Isarco, dann Rtg. Castelrotto, Seis, San Osvaldo.

TRENTINO - SÜDTIROL

Hotel Uhrerhof Deur

Bulla 39046 Ortisei (Bolzano)
Tel. 0471-79 73 35 - Fax 0471-79 74 57
Familie Zemmer
E-Mail und Web: guidesdecharme.com/1898

Ortisei (Sankt Ulrich) ist ein bedeutender Gebirgsort des Val Gardena; Liebhaber der Berge finden hier ihr Glück beim Skilaufen oder bei Bergtouren in den Wäldern von Rasciesca oder an den Hängen von Alpe di Suisi. Der Charme des Ortes ist auch darauf zurückzuführen, dass seine Bewohner mit den Traditionen noch eng verbunden sind, was dem Dorfleben viel Pittoreskes verleiht. Hiervon ist auch die Atmosphäre des *Uhrerhof Deur* geprägt, der nur ein paar Kilometer weiter liegt: ein Gästehaus im wahrsten Sinn des Wortes, in dem Sie wie Freunde aufgenommen werden. Das gesamte Haus ist voller Komfort und sehr freundlich, die Umgebung großartig, die Küche (mit einem ungewöhnlichen Buffet, das rohes und gedämpftes Gemüse sowie köstliche Gerichte und Desserts umfasst) höchst gepflegt. Außer dem „normalen" gibt es nun auf der früheren Alm einen Hochgebirgsgarten, in dem viertausend Rosensträucher (etwa hundert verschiedene Arten) gepflanzt wurden. In tausendfünfhundert Meter Höhe gilt dieser Rosengarten als der höchstgelegene ganz Europas. Letztlich sollte man wissen, dass das Hotel ein Nichtraucher-Haus ist.

Kategorie ★★★★ **Geschlossen** 10. bis 30. April und 2. November bis 20. Dezember **10 Suiten** (Nichtraucher) mit Tel., Bad oder Dusche, TV; Aufzug **Preise** Zi. mit HP: 83-125 € (pro Pers., mind. 3 Üb.) + 10 % bei 1 oder 2 Üb. - Frühst. (Buffet) inkl. **Kreditkarten** Visa, MasterCard **Verschiedenes** Hunde nicht erlaubt - Bio-Sauna - UV - Sauna - Jacuzzi - Fitness - Hamman - Fahrräder - Schlitten - Swimmingpool in Ortisei kostenlos - Garage **Umgebung** Alpe di Siusi und Secada (2500 m) per Seilbahn - Castelrotto - Gardena-Tal - Bozen **Restaurant** nur für Hausgäste, reservieren **Anreise** (Karte Nr. 4): 35 km östl. von Bolzano über die A-22, Ausfahrt Chiusa oder Bolzano-Nord (oder S-12 bis Ponte Gardena), dann S-242 bis Ortisei. Bulla liegt 5 km von Ortisei.

Hotel Elephant

39042 Bressanone (Bolzano)
Via Rio Bianco, 4
Tel. 0472-83 27 50 - Fax 0472-83 65 79
Familie Heiss-Falk
E-Mail und Web: guidesdecharme.com/1900

Die zahlreichen Klöster und bischöflichen Schlösser um Brixen/Bressanone zeugen noch von der geistigen, kulturellen und künstlerischen Ausstrahlung, die das Dorf im 18. Jahrhundert besaß. Um diese Region richtig zu erleben, ist das *Elephant* ein idealer Ausgangspunkt. Alte Möbel, Holztäfelungen, Teppiche und Gobelins schmücken die Empfangsräume. Die meisten Zimmer liegen zum Park und Swimmingpool hin oder gehen auf die Berge hinaus, nur einige wenige haben Nordlage. Die Küche ist bemerkenswert und wird von einem sehr aufmerksamen Personal serviert. Ein Hotel, das seit dem Jahr 1550 (als es das Geleit des Elefanten und auch den Elefanten selbst beherbergte, den der König von Portugal, Kaiser Maximilian von Habsburg, als Geschenk übersandte) seinem guten Ruf stets gerecht geworden ist.

Kategorie ★★★★ **Geschlossen** 27. Januar bis 20. März **44 Zimmer** mit Tel., Bad, Satelliten-TV, Minibar **Preise** EZ: 96-158 €, DZ: 166-212 €, Junior-Suite: 244-268 € - Frühst. inkl. - HP (mind. 3 Üb.): + 35 € pro Pers. **Kreditkarten** Visa, Eurocard, MasterCard **Verschiedenes** Hunde auf Anfrage erlaubt (12 €) - Solarium - Sauna - Fitness - Beheizter Swimmingpool - Tennispl. - Parkplatz (8-12 €) **Umgebung** La Plose (2 504 m) - Kloster Novacella - Gardena-Tal: Schloss Velturno, Chiusa, Ortisei **Restaurant** von 12.00 bis 14.00 und 19.00 bis 21.30 Uhr - Menüs: 34-55 € - Karte **Anreise** (Karte Nr. 4): 40 km nordöstl. von Bolzano über die A-22, Ausfahrt Bressanone; das Hotel liegt nordwestl. vom Zentrum; Via Fienili, dann Via Rio Bianco (von der Via Roma kommend).

Hotel Goldener Adler

39042 Bressanone (Bolzano)
Via Ponte Aquila, 9
Tel. 0472-20 06 21 - Fax 0472-20 89 73
Familie Mayr
E-Mail und Web: guidesdecharme.com/1903

Ein kleines Hotel mit langer Tradition. Es wurde kürzlich renoviert und im Innern ist nun alles „geläutert". Was geblieben ist, sind großzügige Räume in Weiß, helle Hölzer, Stoffe in warmen Farben. Die Zimmer sind unterschiedlich groß. Die „Medici" sind Einzelzimmer, die mit jenen namens „Ferdinand" (Doppelzimmer mit kleiner Salonecke) verbunden werden können. Die Suiten sind mit ihren separaten Salons größer. Zum Entspannen steht die Bar zur Verfügung, die mit einigen alten Accessoires und einem wunderschönen Kamin besonders gemütlich und heute ein Treffpunkt voller Coolness ist. Am reizvollsten aber ist das Restaurant „Finsterwirt" drei Minuten vom Hotel entfernt. Die lokalen Gerichte werden in der „Künstlerraum" genannten Stube serviert, und die gastronomischeren Spezialitäten sommertags im Garten des Restaurants.

Kategorie ★★★★ **Ganzj.** geöffn. **28 Zimmer** mit Tel., Bad oder Dusche, Satelliten-TV, Minibar, Safe; Aufzug **Preise** EZ: 66-72 €, DZ: 110-122 €, DZ mit Aussicht: 120-132 € - Junior-Suite: 144-196 €; Extrabett: 12,50-31 € - Frühst. (Buffet) inkl., von 7.30 bis 10.30 Uhr - HP: + 30-40 € (pro Pers.) **Kreditkarten** Visa, Eurocard, MasterCard, Diners **Verschiedenes** Hunde auf Anfrage erlaubt (10 €) - Sauna - Parkplatz - Garage (6,50 €/Tag) **Umgebung** La Plose (2 504 m) - Kloster Novacella - Gardena-Tal: Schloss Velturno, Chiusa, Ortisei **Restaurant** von 12.00 bis 14.00 und 19.00 bis 21.00 Uhr - So abends und Mo geschl. - Karte **Anreise** (Karte Nr. 4): 40 km nordöstl. von Bolzano über die A-22, Ausf. Bressanone.

La Perla

39033 Corvara in Badia (Bolzano)
Strada Col Alt 105
Tel. 0471-83 10 00 - Fax 0471-83 65 68
Familie Costa
E-Mail und Web: guidesdecharme.com/1904

Dieses Hotel verdient seinen Namen. Das wunderbare Chalet *La Perla*, recht ruhig im Corvarer Zentrum gelegen, ist einfach perfekt. Ausstattung und Atmosphäre sind weniger rustikal als raffiniert. Die Inneneinrichtung schafft eine ungezwungene Atmosphäre – trotz all der Leistungen, die einem Grandhotel Ehre machen (Sauna, beheizte Pools, Weinproben, ein Bade-Etablissement mit modernsten Vorrichtungen). Der Küchenchef Arturo Spicocchi bereitet im gastronomischen Restaurant „La Stüa de Michil" unter anderem Südtiroler Spezialitäten zu. 45 Kilometer von Cortina d'Ampezzo entfernt, ist dieses Hotel für den Sommer wie den Winter zu empfehlen.

Kategorie ★★★★ **Geschlossen** 5. April bis 18. Juni und 19. September bis 26. November **52 Zimmer** mit Tel., Internet, Bad, Satelliten-TV **Preise** HP pro Pers. Winter/Sommer: 240-370/185-250 € (EZ), 380-640/280-410 € (Standard), 480-740/370-500 € (Confort), 580-840/420-550 € (Romantik) - Frühst. inkl., von 7.30 bis 10.30 Uhr **Kreditkarten** Visa, Eurocard, MasterCard, Amex **Verschiedenes** Hunde auf Anfrage erlaubt (25 €) - Beheizter Indoor- und (im Sommer) Outdoor-Pool - Spa: Hydromassagen, Türkisches Bad, UV - Fitness - Parkplatz - Garage (20 €/Tag) **Umgebung** Badia-Tal (siehe S. 652-653) - Große Dolomitenstraße (N-48) von Cortina d'Ampezzo nach Bozen - Ortisei **Restaurant** „La Stüa de Michil" - von 19.00 bis 21.00 Uhr - Mo außer in der Weihnachtszeit geschl. - Menüs: 99-120 € - Karte **Anreise** (Karte Nr. 4): Brenner-Autobahn A-22 bis Bressanone. Dann S-49 Rtg. Brunico bis in Höhe von Castelbadia, S-244 nach Corvara.

Hotel Armentarola

39030 San Cassiano (Bolzano)
Via Prè de Vì, 12
Tel. 0471-84 95 22 - Fax 0471-84 93 89
Familie Wieser
E-Mail und Web: guidesdecharme.com/1905

Die Historie des *Armentarola* begann 1938 mit der Geschichte der Familie, als Paolo und Emma Wieser beschlossen, ihr Chalet zu einem Gasthof umzugestalten. Das einsam 1630 Meter hoch gelegene und von Almen und Wäldern umgebene Hotel hat seither nichts von seinem Charme eingebüßt. Holz bestimmt die Inneneinrichtung: nachgedunkelt in den älteren Teilen, farbig in den neueren Bereichen. Ein Freizeitangebot gibt es das ganze Jahr über: im Sommer Tennis und Reiten, im Winter stehen Inside-Pool und ein Skilift des Hotels zur Verfügung, der das *Armentarola* mit dem Skigebiet des hohen Badia-Tals verbindet. In der Tat endet hier die Straße des kleinen Tales San Cassiano, aber ein Pendelbus verbindet es mit dem Passo Falzarego, wo Sie per Seilbahn (Cima del Lagazuoi, 2778 m) zur außergewöhnlichen, zum *Armentarola* zurückführenden Piste gelangen. Machen Sie am „Rifugio Scotoni" Halt, in dem man exzellent isst: *antipasti de speck, polenta al funghi* und den besten Strudel der Dolomiten! Erwähnenswert ist auch die gut angelegte Skilanglaufpiste.

Kategorie ★★★★ **Geöffnet** 1. Dezember bis Mitte April und Mitte Juni bis Mitte Oktober **50 Zimmer** mit Tel., Bad, Satelliten-TV, Minibar, Safe **Preise** HP (pro Pers.): 120-220 € (EZ), 90-220 € (DZ); 120-270 € (Suite) **Kreditkarten** Visa, Eurocard, MasterCard **Verschiedenes** Hunde auf Anfrage erlaubt (20 €) - Wellness-Center mit Indoor-Pool - Fitness - Tennispl. - Reiten - Garage (5-10 €) **Umgebung** Badia-Tal (siehe S. 652-653) - Große Dolomitenstraße (N-48) von Cortina d'Ampezzo nach Bozen - Cortina d'Ampezzo (45 km) **Restaurant** von 11.00 bis 18.00 und 19.00 bis 21.00 Uhr - Menüs: 38-95 € - Karte - Regionale Küche **Anreise** (Karte Nr. 4): Brenner-Autobahn (A-22) bis Bressanone. Dann S-49 Rtg. Brunico bis in Höhe von Castelbadia, S-244 nach San Cassiano.

Hotel La Majun

39030 La Villa (Bolzano)
Via Colz, 59
Tel. 0471-84 70 30 - Fax 0436-84 70 74
Roberta Rinna
E-Mail und Web: guidesdecharme.com/1908

Auch wenn Cortina *der* Skiort vergangener Zeiten ist, so mangelt es seinen benachbarten Tälern weder an sportlichem Interesse noch an grandiosen Landschaften. Wenn man über einen der letzten Abschnitte der Großen Dolomitenstraße (SS 48) fährt (im 19. Jahrhundert vom der k und k Monarchie erbaut, um Bozen mit den ladinischen Tälern zu verbinden), erreicht man den Ort La Villa, von dessen berühmter olympischer Skipiste Gran Risa noch heute gute Skifahrer träumen. Und wenn man dem dann noch das Panorama hinzufügt, versteht man leicht, weshalb dieser kleine Ort derart viele Hotels zählt. Alle sind von gleicher Güte und praktizieren in etwa die gleichen Preise. Somit keinerlei Unterschied? Die Ausnahme ist *La Majun*. Roberta Rinna stellte das Gasthaus der Familie insofern um, als sie es modernisierte, es aber mit klassischer Eleganz (wie die modernisierte Bergtracht des äußerst sympathischen Personals) „fusionierte". Weiter schätzt man hier die Aussicht auf Varella und Sasso della Croce, das gute, sehr freundliche Restaurant mit Weinkeller, in dem Sie sich den Freuden der Weinverkostung hingeben können. Außerdem gibt es einen Natursteinpool, ein exzellentes kostenloses Wellness-Center und die traditionelle „Stube", in der Tee aller Art serviert wird.

Kategorie ★★★★ **Ganzj.** geöffn. **30 Zimmer** mit Tel., Bad oder Dusche, Satelliten-TV, Safe; Aufzug **Preise** mit HP pro Pers.: 77-159 € (Standard), 91-163 € (Junior-Suite), 101-185 € (Suite) - Frühst. inkl., von 7.30 bis 10.30 Uhr **Kreditkarten** Visa, Eurocard, MasterCard **Verschiedenes** Hunde auf Anfrage erlaubt (15 €) - Relax- und Wellness-Center - Sauna **Umgebung** Val Badia - Cortina d'Ampezzo **Restaurant** von 12.00 bis 14.00 und 19.00 bis 21.00 Uhr - Menüs: 45-50 € - Karte **Anreise** (Karte Nr. 4): Brenner-Autobahn A-22, Ausfahrt Bressanone, SS-49 bis S. Lorenzo und SS-244 nach Corvara, La Villa.

Hotel Lavaredo

32040 Misurina (Bolzano)
Via Monte Piana, 11
Tel. 0435-39 227 - Fax 0435-39 127
Familie Da Rin
E-Mail und Web: guidesdecharme.com/1909

Cortina d'Ampezzo wurde keineswegs von uns vergessen, nur finden Sie den Skiort angesichts der regionalen Grenzen im Veneto. Misurina, an der SS 48 gelegen, befindet sich nur etwa zehn Kilometer westlich in Richtung San Candido von der besonders schicken Station entfernt. Die Straße führt durch die letzten Landschaften der Dolomiten: Passo de Tre Croci (1805 m), die traumhafte Gruppe aus Cadini, Piz Popena und den zerschnittenen Ausläufern der Südseite des Cristallo und Misurina mit seinem wunderschönen vereisten See im Winter jenseits der Postkartenlandschaft der Tre Cime di Lavaredo, die dem Hotel seinen Namen gaben. Der See ist umgeben von alten, zu Beginn des 20. Jahrhunderts erbauten Grandhotels, doch hier gibt es weder Luxus noch Shopping; das Hotel mit allerbestem Empfang setzt vielmehr auf Familienatmosphäre. Die Zimmer ohne bestechende Gestaltung sind sehr gepflegt, und im Restaurant gibt's eine echte Bergküche, u. a. eine gute Polenta mit Pilzen. Für den Fall, dass Sie die Wahl haben: Die Zimmer 130 und 131 haben beidseitigen Lichteinfall, was erlaubt, im Sommer sowohl die Kühe als auch die sich im Wasser des Sees spiegelnden Berge zu betrachten. Ski und Après-Ski finden etwas weiter statt.

Kategorie ★★ **Geschlossen** 20. April bis 25. Juni und 1. Oktober bis 15. Dezember **31 Zimmer** mit Tel., Bad oder Dusche, TV **Preise** pro Pers./HP: 47-85 € (+ 3-7 €/Tag bei Aufenthalt von weniger als 6 Tagen), VP: + 15 €/Tag - Frühst. inkl., von 8.00 bis 10.00 Uhr **Kreditkarten** akzeptiert **Verschiedenes** Hunde nicht erlaubt - Wellness-Center **Umgebung** Ski (Drahtseilbahn zu den Pisten von Piz Ila) - Val Badia - Cortina **Restaurant** von 12.00 bis 14.30 und 19.30 bis 21.30 Uhr - Mo außerh. der Saison geschlossen - Menü und Karte **Anreise** (Karte Nr. 4): Brenner-Autobahn A-22, Ausfahrt Uno, Rtg. Cortina, dann nach San Candido.

Maso Angerer Hof

39035 Monguelfo (Bolzano)
Via Bersaglio, 12
Tel. und Fax 0474-944 323 - Handy 339 768 82 45
Paolo Giuliano
E-Mail und Web: guidesdecharme.com/1911

Monguelfo mit seinem Schloss des 12. Jahrhunderts und seiner Kirche mit Zwiebelturm ist eines jener typischen Tiroler Dörfer, die das Pusteria-Tal im nordöstlichen Teil der Dolomiten „bevölkern". Vier Kilometer weiter gibt es in dem von seinen Wäldern umgebenen *Maso* keinerlei lästige Nähe. Die Tradition, auf ein Dekret Maria-Theresias zurückgehend, verlangt noch immer für diese Bezeichnung, dass das Anwesen von einer großen, unteilbaren Anzahl Hektar Land umgeben sein muss. Die Familie Giuliano, die das Haus in den siebziger Jahren erwarb, nahm getreu den architektonischen und handwerklichen Traditionen der Region eine vollkommene Restaurierung vor. Mit viel Sorgfalt und Qualität möbliert, ist das Ambiente des Hauses voller Wärme. Die Zimmer sind geräumig, haben komfortable Bäder mit Badewannen oder Duschen. Unser Lieblingszimmer hat zwei Himmelbetten nach polnischer Art: mit den dicken Bettdecken, der vertäfelten Decke und dem Parkettfußboden ein regelrechter Kokon. Vor dem Haus erstreckt sich eine große Wiese, dahinter dann die Berge. Die nahen Skiorte Valdaora und Rasun bieten im Winter alpinen und Langlaufski für jedes Niveau.

Ganzj. geöffn. **4 Zimmer** mit Bad (mind. 3 Üb.) **Preise** 40 € (pro Pers.) - Frühst. (Buffet) inkl. **Kreditkarten** nicht akzeptiert **Verschiedenes** Hunde erlaubt - Fahrräder - Parkpl. **Umgebung** Val d'Anterselva - Dobbiaco - Touren nach Österreich über das Drave-Tal (Sillian, Lienz) - Cortina d'Ampezzo **Gästetisch** auf Vorbest., um 20.00 Uhr - Menü: ca. 25 € - Tiroler Küche **Anreise** (Karte Nr. 4): 100 km nordöstl. von Bolzano über die A-22, Ausfahrt Bressanone, dann S-49 bis Dobbiaco und Monguelfo. 35 km von Cortina.

Parkhotel Sole Paradiso

Innichen 39038 San Candido (Bolzano)
Via Sesto, 13
Tel. 0474913120 - Fax 0474913193
Ortner
E-Mail und Web: guidesdecharme.com/1915

Die Architektur und die rotgelben Farben dieses großen Chalets erinnern daran, dass die österreichische Grenze nur ein paar Kilometer weiter verläuft. Im ganzen Haus herrscht eine gemütliche Atmosphäre, wie sie in den Bergen üblich ist: Die Wände sind mit hellem Holz getäfelt, Lampen und Leuchter sind eindrucksvoll holzgeschnitzt, in den Zimmern beeindrucken schwere Stoffe und Baldachinbetten. Alle Schlafräume bieten außerdem hübsche bepflanzte Balkone und einen schönen Blick über das Pusteria-Tal. Das Hotel ist bestens ausgerüstet: ein Tennisplatz, ein im Sommer wie im Winter beheizter Swimmingpool, Langlaufbahnen und ein Skibus mit Haltestelle direkt am Haus.

Kategorie ★★★★ **Geschlossen** Mitte Oktober bis Anfang Dezember und April bis Mai **20 Zimmer** und 24 Suiten mit Tel., Bad oder Dusche, Satelliten-TV **Preise** HP (pro Pers.): 69-156 €; VP: + 22 € - Frühst. (Buffet) inkl.: 7,30-10,30 € **Kreditkarten** Visa, Eurocard, MasterCard, Amex **Verschiedenes** Hunde auf Anfrage erlaubt (10 €) - Wellness-Center mit Bio-Sauna, Türkischem Bad und Indoor-Pool - Heimkino - Swimmingpool - Tennispl. - Langlaufski - Garage (10 €/Tag) **Sprache** u.a. Deutsch **Umgebung** Lago di Braies - Lago di Misurina - Croda Rossa - Tre Cime di Lavaredo - Cortina d'Ampezzo **Restaurant** von 12.30 bis 13.30 und 19.30 bis 20.30 Uhr - Menüs: 25-38 € - Karte **Anreise** (Karte Nr. 4): 100 km nordöstl. von Bolzano über die A-22, Ausfahrt Bressanone, dann SS-49 nach San Candido. 200 km nördl. von Venedig über die A-27.

Hotel Uridl

39047 Santa Cristina di Val Gardena (Bolzano)
Tel. 0471-79 32 15 - Fax 0471-79 35 54
Helmar Demetz
E-Mail und Web: guidesdecharme.com/1916

Wintersportorten wie Santa Cristina, einem echten Schnittpunkt zahlreicher Ausflüge in jeder Saison, bietet Valgardena ein wunderbares natürliches Dekor. Das kleine Dorf in 1500 Meter Höhe im Herzen der Dolomiten hat es verstanden, seine Authentizität zu wahren; zu verdanken ist das Initiativen wie der von *Albergo Uridl*, die dieses Chalet sinn- und geschmackvoll sanierte. Im 1. Stock liegen die Rezeption und die Salons – holzgetäfelt, wie es sich hier gehört. Das Restaurant umfasst drei kleine Räume; der von uns bevorzugte ist selbstverständlich der mit alter Täfelung und mit Innenfensterläden. Der große Kachelofen, die Kuckucksuhren und die Tiroler Stube spiegeln die Tradition dieser Gegend wider. Die Schlafzimmer haben zwar weniger Charme, besitzen dafür aber modernen Komfort. Die außergewöhnliche Aussicht einiger Zimmer lässt die Einrichtung, für die man sich nicht wirklich begeistern kann, leicht vergessen. Im Keller wurde ein großer Spielraum mit Tischtennis, Tischfußball, Billard etc. eingerichtet.

Kategorie ★★★ **Geschlossen** Oktober bis Weihnachten und April, Mai **15 Zimmer** mit Tel., Wi-Fi, Bad, Satelliten-TV; Aufzug **Preise** HP und VP: 53-98 €, + 12 € (pro Pers.) - Frühst. inkl., von 7.45 bis 10.00 Uhr **Kreditkarten** Visa, Eurocard, MasterCard **Verschiedenes** Hunde nicht erlaubt - Skibus - Parkplatz - Garage (6 €/Tag) **Umgebung** Alpe di Siusi und Secada (2500 m) per Seilbahn - Castelrotto - Val Gardena - Bozen **Restaurant** von 12.00 bis 13.30 und 18.30 bis 20.30 Uhr - Menü: 25 € - Karte - Regionale und Italienische Küche **Anreise** (Karte Nr. 4): 40 km östl. von Bolzano über die A-22, Ausfahrt Chiusa (oder S-12 bis Ponte Gardena), dann S-242 bis Santa Cristina.

Relais & Gourmet Maso Doss

Sant'Antonio di Mavignola 38086 Pinzolo (Trento)
Tel. 0465-50 27 58 - Fax 0465-50 23 11
Familie Caola
E-Mail und Web: guidesdecharme.com/1919

Madonna di Campiglio, umgeben von einem großen Skigebiet, ist der größte Wintersportort des westlichen Trentino. Die nahe Umgebung ist zudem reich an Wanderwegen (je nach Saison mit Schnee- oder Wanderschuhen) in traumhaften Tälern voller Tannen- und Kastanienwälder mit Wasserfällen und unvergesslichen Aussichtspunkten. *Maso Doss* liegt im kleinen Brenta-Tal und ist die „Dependance" mit Charme des Hotels *Centro Pineta* in Pinzolo, wo die Reservierung vorgenommen werden muss. Dieser einstige Heuschober aus dem 17. Jahrhundert und heutige Gasthof besitzt nicht mehr als sechs wirklich reizende Zimmer unter dem Dach. Unten dann der Wohnbereich mit Speiseraum und zwei Sofas am großen Kamin, wo Valerio, der junge Küchenchef, exzellente Berggerichte kocht, die mit Gemüse aus dem eigenen Garten, Früchten und Pilzen aus den benachbarten Wäldern gereicht werden. Im *Maso Doss* wohnt man „richtig" in den Bergen, nur muss früh genug gebucht werden, um ein Zimmer und Ugo Caola „zu bekommen", der nicht nur Hotelier, sondern auch ein erfahrener Führer und in dieser Gegend aufgewachsen ist.

Geschlossen Mai, Oktober, November **6 Zimmer** mit Bad **Preise** pro Pers. mit HP: 86-155 €/Tag (Weihnachten) - 545-990 €/Woche (So/So) - Frühst. (Buffet) inkl., von 8.00 bis 10.00 Uhr **Kreditkarten** akzeptiert **Verschiedenes** Hunde nicht erlaubt - Wellness-Center im Hotel Centro Pineta - Sauna - Parkpl. **Umgebung** Val Rendena: Pinzolo (Kirche S. Vigilio de la Sarca, Fresko von Simone Baschenis); Val di Brenta: Vallesinella- Kaskaden, Hütte Vallesinella; Panorama-Weg und Hütte Malga Ritort (Aussicht auf die Brenta-Gruppe) - Val di Genova: S. Stefano in Val di Genova (Kirche und Fresko von Simone Baschenis; Nardis-Kaskaden (Hütte Cascata di Nardis); Pian di Bedole (1578 m) **Restaurant** nur für Hausgäste - Picknick: 10 € - Spuntino: 18 € - Menü: 24 € **Anreise** (Karte Nr. 3): 60 km westl. von Trento über die S-45bis nach Toblino/Ponte di Arca, dann SS-237 Rtg. Madonna di Campiglio bis Pinzolo und S. Antonio.

Hotel Garni Laurino

38033 Cavalese (Trento) - Via Antoniazzi, 14
Tel. 0462-34 01 51 - Fax 0462-23 99 12
E-Mail und Web: guidesdecharme.com/3308

Wenn man in Ora die Autobahn verlässt, befindet man sich erst im Trentino, nachdem man den Passo San Lugano hinter sich gelassen hat, und dann liegt Ihnen Val di Fiemme zu Füßen: offen, sonnig, grün, mit den Felsspitzen in der Ferne der Pale di San Martino. Unter den Dörfern, die sich hier und da im Tal befinden, gilt Cavalese als Kapitale und beherbergt im ehemaligen Bischofspalast den Sitz des tausendjährigen Landgebiets der *Magnifica Comunità di Fiemme*, die die 20 000 Hektar Wald verwaltet. Cavalese ist jedoch international bekannt für sein Langlaufski-Rennen *Marcialonga*, das am letzten Sonntag des Monats Januar stattfindet. Das *Laurino* befindet sich in einem imposanten Anwesen des 17. Jahrhunderts. Das angenehme, gemütliche Bergambiente, belohnt mit einem Öko-Label, und der dementsprechende Service macht es zu einem komfortablen Familienhotel: In den Suiten sind die zwei Räume derart eingerichtet, dass Eltern und Kinder hier ohne Promiskuität wohnen, im Sommer steht im Garten ein Grill zur Verfügung, im Winter ein kostenloser Skibus, und die Preise sind gastfreundlich kalkuliert. Nebenbei bemerkt: der Name des Hotel geht auf die Legende des Laurino zurück, den König der Zwerge, der auf den Gipfeln lebte, inmitten wunderschöner Rosengärten. Zahlreiche Liebensgeschichten mit unglücklichem Ausgang veranlassten ihn, den Garten in unerreichbare Felsspitzen (die heutigen Dolomiten) zu verwandeln und die Rosen zu verbergen – tagsüber und nachts. Die Dämmerung vergaß er … Das Ergebnis ist das berühmte „Erröten" der Dolomiten: der magische Moment des Rosengartens.

Ganzj. geöffn. **5 Zimmer** mit Sitzecke, Bad, Tel., Satelliten-TV und 2 Suiten mit 2 Zi., Minibar und Safe **Preise** EZ: 40-60 €, DZ: 38-50 € pro Pers., Suite: 45-60 € pro Pers. - Frühst. (Buffet) **Kreditkarten** Visa, MasterCard **Verschiedenes** Hunde auf Anfrage erlaubt (5 €) - Wellness-Center **Umgebung** Val di Fiemme - Val di Fassa **Kein Restaurant** im Hotel **Anreise** (Karte Nr. 4): Brenner-Autobahn A-22, Ausfahrt Ora, Egna, dann SS-48 nach Cavalese.

Maso Franceschella

Agai 38033 Carano (Trento)
Tel. 335-655 48 67
E-Mail und Web: guidesdecharme.com/3309

Ein Teil des Waldes von Val di Fiemme gehört zum 190 Quadratkilometer großen Nationalpark Paneveggio, diesem legendären, unbeschädigten Wald reich an seltenen Arten, in dem man nicht selten Elfen, Heinzelmännchen und auch Feen begegnen soll. Somit ist hier das Holzhandwerk stark entwickelt und hat im Tal überlebt, was die zahlreichen in Tesero niedergelassenen Bildhauer belegt. Das *Maso Franceschella* befindet sich in einem großen Steinhaus in der kleinen, zum Dorf Carano gehörenden Ortschaft und liegt in einer großen Lichtung mit Weiden bis hin zu den sie umgeben Baumgruppen. Die Eigentümer haben Weiträumigkeit privilegiert und sie mit modernen Materialien gut genutzt, die zudem das Thema eines jeden Zimmers sind: selbstverständlich Holz, aber auch Glas, Eisen, Naturstein und sogar Heu, was mit Eleganz auf die beim Antiquitätenhändler erworbenen Möbel abgestimmt ist. Der Komfort ist optimal, die Atmosphäre entspannend und raffiniert, also ideal, um hier neue Kräfte zu sammeln, und zwar das ganze Jahr über, denn in dieser Gegend sind Skigebiete niemals weit entfernt.

Ganzj. geöffn. **6 Zimmer** mit Bad und Dusche, Internet, TV **Preise** DZ: 50-82 € pro Pers., DZ für 1 Pers.: + 15 € - Frühst. inkl., von 8.00 bis 10.00 Uhr **Kreditkarten** Visa, Eurocard, MasterCard **Verschiedenes** Hunde nicht erlaubt - Kleiner See mit Wasserspielen im Sommer - Parkhaus **Umgebung** Val di Fiemme - Val di Fassa **Kein Restaurant** im Hotel **Anreise** (Karte Nr. 4): Brenner-Autobahn A-22, Ausfahrt Ora, Egna, dann SS-48 Rtg. Cavalese, Carano.

Vivere

2010

38062 Arco (Trento)
Via Epifanio Gobbi
Tel. 0464-51 47 86 - Handy 335-634 54 28 - Fax 0464-51 07 98
E-Mail und Web: guidesdecharme.com/3310

Südlich von Trento (das allein wegen seiner wunderschönen Piazza del Duomo, barocken Neptune-Fontäne und Palais' mit Freskomalerei besichtigt werden muss) liegt das Trentino-Südtirol der Seen und der heilsamen, bereits bei den Römern sehr beliebten Gewässer – auch von den Österreichern sehr geschätzt, als die Region den südlichsten Teil des Kaisertums Österreich darstellte und der Gardasee die Riviera der Nomenklatura der Habsburger war. In diesem Streifen zum Brennerpass, dessen Klima Einflüsse des Gebirges und die Milde des Südens vereint, bieten Pergola-ähnlichen Weinberge sehr schöne, schnurgerade Abschnitte. Auf einem Weinberg der Familie haben die Kinder eines Restaurantbesitzers der Umgebung diese moderne Villa erbaut. Die Architektur von bemerkenswerter Zurückhaltung und die luxuriöse Ausstattung lassen jedoch der Natur viel Raum. Reichlich Raffinement in den sehr geräumigen Suiten, was die Intimsphäre eines jeden Gastes wahrt; sie werden durch ein privates Gärtchen ausgeweitet, und einige besitzen eine sogar eine Kochnische. Agriturismo bedeutet hier die Freude, die Jahreszeiten zu beobachten und das Olivenöl und den Merlot zu kosten – beides vom Haus selbst produziert.

Geschlossen November und Februar **6 Zimmer** mit Bad, Tel., Wi-Fi, Satelliten-TV, Minibar, Safe **Preise** DZ: 190-210 €, Suite: 230-250 € - Frühst. (Buffet), von 8.00 bis 10.00 Uhr **Kreditkarten** Visa, Eurocard, MasterCard, Amex **Verschiedenes** Hunde erlaubt (10 €) - Fitness - Swimmingpool - Garage und Parkpl. **Umgebung** Trento (40 km) **Kein Restaurant** im Hotel **Anreise** (Karte Nr. 3): A-22, Ausfahrt Rovereto Sud/Lago di Garda-Nord, SS-240, Rtg. Lago di Garda bis Nago und Arco. Weiter Rtg. Ospedale Coivile, Via Capitelli bis zum Dorf Chiarano, Via Negrelli bis zur Apotheke, links Via Fornaci, links Via Gobbi, dann links auf den Feldweg.

Hotel Londra Palace

30122 Venezia
Riva degli Schiavoni, 4171
Tel. 041-520 05 33 - Fax 041-522 50 32
Mauro Zanotti
E-Mail und Web: guidesdecharme.com/1767

Die beiden Paläste des *Londra Palace* liegen am Becken von San Marco. Die von dem Dekorateur Rocco Magnoli gewollte Mischung aus venezianischem Stil und Modernität ist ganz und gar gelungen. Die neu verputzten Fassaden öffnen sich nun weit zur Lagune hin, die Salons sind intimer, die Zimmer heller. Die Farbpalette ist subtil: Blassgrüne Seide, schimmernde Weißtöne und Aubusson-Teppiche in zarten Farben heben sich schön vom granatfarbenen Samt der Sessel ab. Spiegel und Glasobjekte lassen an die Fragilität der Stadt denken, und als Erinnerung an Tschaikowski, der hier seine vierte Symphonie komponierte, wurde ein Auszug aus einem Brief des Komponisten reproduziert und an die Wand im Foyer gehängt. Zum Restaurant wäre zu sagen, dass der erfahrere Geschäftsführer gastronomischen Ergeiz hat.

Kategorie ★★★★ S **Ganzj.** geöffn. **53 Zimmer** mit Klimaanl., Tel., Bad, Satelliten-TV mit Internet, Safe, Minibar; Aufzug **Preise** DZ: ab 265 €, Deluxe: ab 365 €; Extrabett: 100 € - Frühst. inkl., von 7.00 bis 10.30 Uhr **Kreditkarten** akzeptiert **Verschiedenes** Hunde nicht erlaubt **Umgebung** Karneval von Venedig, Il Redentore (3. Juli-WE), Regata Storica (1. So im Sept.), Mostra von Venedig (Sept.), Biennale von Venedig - Murano (Glasmuseum) - Torcello (Dom S. M. Assunta, S. Fosca) - Burano - Friedhof San Michele - Villa Foscari in Fusina - Villen des Veneto - Kreuzfahrt auf der Brenta an Bord der „Burchiello" - Golfpl. al Lido Alberoni (18 L.) **Restaurant** von 12.30 bis 24.00 Uhr - Menüs: 65-92 € - Karte - Italienische und venezianische Küche **Anreise** (Karte Nr. 4): in der Nähe der Piazza San Marco.

Hotel Metropole

30122 Venezia
Castello-Riva degli Schiavoni, 4149
Tel. 041-520 50 44 - Fax 041-522 36 79
Sig. Beggiato
E-Mail und Web: guidesdecharme.com/1771

Die Lage des *Metropole* an der Riva degli Schiavoni ist besonders gut. Hinter dunkler Fassade verbirgt sich ein altes Hotel, das angenehm nostalgisch und von einem besonderen Stil geprägt ist. Der Salon ist groß und hübsch, das reizende Frühstückszimmer geht auf einen kleinen Kanal hinaus. Die Flure zieren Sammelobjekte: alte Musikinstrumente, die an Vivaldi erinnern, der hier einst die erste Geige spielte, ferner venezianische Spiegel und Gemälde. Die Gästezimmer im Stil des gesamten Hauses sind verhältnismäßig geräumig, die im Obergeschoss haben kleine Terrassen und einen ungewöhnlichen Ausblick auf die Dächer Venedigs. Im „Met", dem Restaurant des Hauses, ist die Küche von den Jahreszeiten geprägt; sobald das Wetter es erlaubt, wird im Garten voller Jasmindüfte serviert. Donnerstags hochgeschätzte Musikabende (*musica lounge*), die oft im „Zodiaco" mit einem exzellenten Couscous abgeschlossen werden. Ein Hotel, das nach wie vor viel Charme besitzt.

Kategorie ★★★★ **Ganzj.** geöffn. **67 Zimmer** mit Klimaanl., Tel., Bad oder Dusche, Satelliten-TV, Safe, Minibar **Preise** DZ für 1 Pers.: 200-470 €, DZ: 200-750 € - Frühst. inkl., von 7.00 bis 10.30 Uhr **Kreditkarten** akzeptiert **Verschiedenes** Hunde auf Anfrage erlaubt **Umgebung** Karneval von Venedig, Il Redentore (3. Juli-WE), Regata Storica (1. So im Sept.), Mostra von Venedig (Sept.), Biennale von Venedig - Murano (Glasmuseum) - Torcello (Dom S. M. Assunta, S. Fosca) - Burano - Friedhof San Michele - Villa Foscari in Fusina - Villen des Veneto - Kreuzfahrt auf der Brenta an Bord der „Burchiello" - Golfpl. al Lido Alberoni (18 L.) **Restaurant** „Met" (1 Michelin*) - Von 12.30 bis 14.00 (Sa und So) und 19.30 bis 22.00 Uhr - Menü-Karte: 80- 100 € **Anreise** (Karte Nr. 4): an der Lagune, 100 m von der Piazza San Marco, zwischen Riva degli Schiavoni und Canale di San Marco.

Hotel La Residenza

30122 Venezia
Castello 3608 Campo Bandiera e Moro
Tel. 041-52 85 315 - Fax 041-52 38 859
Giovanni Ballestra
E-Mail und Web: guidesdecharme.com/1773

La *Residenza* liegt am Campo Bandiera e Moro, einem ruhigen Platz in der Nähe der Kais des Arsenale und der Kirche San Giovanni in Bragora (wo ein bemerkenswertes Bild von Cima da Conegliano hängt). Das Gebäude, das einst der Familie Gritti gehörte, hat mit seiner gotischen Fassade, seinen Fresken aus dem 18. Jahrhundert, seinem Stuck und seinen Lüstern aus glitzerndem Muranoglas noch immer den Charme der alten Paläste. Ein Ort, von dem man träumt, wenn man an die Stadt der Dogen denkt. Der Salon ist besonders majestätisch, aber man muss wissen, dass dies für die Zimmer nicht zutrifft; die sind viel schlichter und viel kleiner, im venezianischen Laccato-Stil und mit Bädern aus den fünfziger Jahren. Diese Adresse werden Sie nicht zuletzt wegen der ruhigen Lage und der besonderen Palazzo-Atmosphäre schätzen.

Kategorie ★★ **Ganzj.** geöffn. **15 Zimmer** mit Klimaanl., Tel., Bad oder Dusche, TV, Minibar **Preise** EZ: 60-100 €, DZ: 90-180 €; Extrabett: 35 € - Frühst. inkl., von 7.45 bis 9.30 Uhr **Kreditkarten** Visa, Eurocard, MasterCard **Verschiedenes** Hunde nicht erlaubt **Umgebung** Karneval von Venedig, Il Redentore (3. Juli-WE), Regata Storica, Mostra von Venedig (Sept.), Biennale von Venedig - Murano - Torcello (Dom S. M. Assunta, S. Fosca) - Burano - Friedhof San Michele - Villa Foscari in Fusina - Villen des Veneto - Kreuzfahrt auf der Brenta an Bord der „Burchiello" - Golfpl. al Lido Alberoni (18 L.) **Kein Restaurant** (siehe unsere Restaurantauswahl S. 654-660) **Anreise** (Karte Nr. 4): Vaporetto, Haltestelle Arsenale. Am Kai links, hinter der Brücke 1. Straße rechts; der Platz liegt am Ende links.

Hotel La Fenice et des Artistes

30124 Venezia
San Marco - Campiello de la Fenice, 1936
Tel. 041-523 23 33 - Fax 041-520 37 21
Sig. Facchini
E-Mail und Web: guidesdecharme.com/1775

Das Hotel liegt hinter dem berühmten, heute restaurierten Theater La Fenice – dov'era e com'era. Das Hotel besteht aus zwei durch zwei Innenhöfe miteinander verbundenen Häusern, in denen man auf besonders angenehme Art am Leben des Viertels teilnimmt. Wir empfehlen zum Wohnen den alten Teil, der an das Theater grenzt. Die Flure zieren bemerkenswerte Marmorsockel, auf dem Fußboden kann man fast überall venezianische Mosaiken bewundern, und das Mobiliar des 19. Jahrhunderts ist angenehm veraltet. Am größten sind die Eckzimmer (101, 201, 301), während die ans Theater grenzenden Schlafräume den Reiz der besonderen Nachbarschaft ausüben (104, 205, 305). Im neuen, durchaus komfortablen Teil, in dem viele moderne Gemälde hängen (das Hotel ist Partner eines regelmäßig stattfindenden Kunstwettbewerbs), empfehlen wir die Zimmer mit Terrasse (354, 355 und 364). Professioneller, sympathischer Empfang.

Kategorie ★★★★ **Ganzj. geöffn. 68 Zimmer** mit Klimaanl., Tel., Bad oder Dusche, Satelliten-TV; Aufzug **Preise** EZ: 98-160 €, DZ: 150-280 €, DZ Superior: 190-320 €, 3-BZ: 180-320 €, Family-Suite: 220-350 €, Suite: 250-380 € - Frühst. (Buffet) inkl., von 7.30 bis 10.30 Uhr - HP: ab 45 € (pro Pers.) **Kreditkarten** akzeptiert **Verschiedenes** Hunde nicht erlaubt - Wireless Internet-Zugang **Umgebung** Karneval von Venedig, Il Redentore (3. Juli-WE), Regata Storica (1. So im Sept.), Mostra von Venedig (Sept.), Biennale von Venedig - Murano (Glasmuseum) - Torcello (Dom S. M. Assunta, S. Fosca) - Burano - Friedhof San Michele - Villa Foscari in Fusina - Villen des Veneto - Kreuzfahrt auf der Brenta an Bord der „Burchiello" - Golfpl. al Lido Alberoni (18 L.) **Restaurant** „Taverna La Fenice" (siehe unsere Restaurantauswahl S. 654-660) **Anreise** (Karte Nr. 4): am Theater La Fenice.

Hotel Flora

30124 Venezia
San Marco - Via XXII Marzo, 2283/a
Tel. 041-520 58 44 - Fax 041-522 82 17
Sig. Romanelli
E-Mail und Web: guidesdecharme.com/1778

Am Ende einer kleinen, versteckten Gasse in der Nähe von San Marco liegt das *Hotel Flora*, eine wahre Oase im Hinblick auf Kühle (im Sommer) und Ruhe. Die alte Bauweise des Hauses bestimmte seine Einrichtung und den Komfort der Zimmer; aufgrunddessen sind die Bäder verhältnismäßig klein. Die Ausstattung ist im englischen Stil gehalten. Dieses Zugeständnis stammt aus einer Zeit, da die meisten Gäste aus Großbritannien kamen. Wenn Sie frühzeitig reservieren, können Sie vielleicht das Zimmer mit Blick auf die Kirche San Moise bekommen, die wegen ihrer zahlreichen Gemälde aus dem 17. und 18. Jahrhundert (darunter ein Tintoretto und ein *Abendmahl* von Palma d. J.) einen Besuch lohnt. Salon und Restaurant sind reizend, aber unvergesslich ist das im Garten am Brunnen servierte Frühstück.

Kategorie ★★★ **Ganzj.** geöffn. **43 Zimmer** mit Klimaanl., Tel., Wi-Fi, Bad oder Dusche, Satelliten-TV, Safe; Aufzug **Preise** EZ: 100-190 €, DZ und Superior: 130-290 €, 3-BZ: 180-320 €; Extrabett: 30-60 € - Frühst. inkl. **Kreditkarten** akzeptiert **Verschiedenes** Hunde erlaubt **Umgebung** Karneval von Venedig, Il Redentore (3. Juli-WE), Regata Storica (1. So im Sept.), Mostra von Venedig (Sept.), Biennale von Venedig - Murano (Glasmuseum) - Torcello (Dom S. M. Assunta, S. Fosca) - Burano - Friedhof San Michele - Villa Foscari in Fusina - Villen des Veneto - Kreuzfahrt auf der Brenta an Bord der „Burchiello" - Golfpl. al Lido Alberoni (18 L.). **Kein Restaurant** im Hotel (siehe unsere Restaurantauswahl S. 654-660) **Anreise** (Karte Nr. 4): Vaporetto Haltestelle Vallaresso/San Marco, hinter dem Museo Correr.

Hotel Locanda San Barnaba

30123 Venezia
Dorsoduro - Calle del Traghetto, 2785/2786
Tel. 041-241 12 33 - Fax 041-241 38 12
Silvia Okolicsanyi
E-Mail und Web: guidesdecharme.com/1781

Angenehm im Dorsoduro-Viertel nur ein paar Schritte vom Campo San Barnaba mit viel Charme voller Ruhe und dem Squero San Trovaso gelegen: die einzige Werkstatt, in der noch heute Gondeln hergestellt und repariert werden. Das Hotel, in einem schönen Haus des 16. Jahrhunderts gelegen, entspricht ganz dem Stadtviertel, ist somit ruhig und reizend. Die Zimmer befinden sich in der 1. Etage um den alten Ballsaal herum, den Fresken mit Venedig-Ansichten zieren. Alle Schlafräume sind groß, mit zurückhaltendem Raffinement gestaltet und ausgestattet mit perfekten Bädern. Für ein paar Euro mehr wohnt man in den Superior-DZ wie auch in den Junior-Suiten (die mit dem Mezzanin-Zimmer noch mehr Raum bieten) in Schlafräumen mit Deckenbemalung. Jedes hat und erzählt eine Geschichte: *nido d'amore, rifugio del pensatore, laboratorio dell' artista …* Frühstück und Sonnenbad auf der Terrasse am Ufer eines kleinen Kanals. Eine vorzügliche Adresse.

Kategorie ★★★ **Ganzj.** geöffn. **13 Zimmer** mit Klimaanl., Tel., Bad oder Dusche, Satelliten-TV, Safe **Preise** EZ: 70-110 €, DZ: 120-170 €, Superior DZ: 130-180 €, Junior-Suite: 160-210 €; Extrabett: + 30 % - Frühst. (Buffet) inkl., von 7.30 bis 10.00 Uhr **Kreditkarten** akzeptiert **Verschiedenes** Hunde nicht erlaubt - Solarium **Umgebung** Karneval von Venedig, Il Redentore (3. Juli-WE), Regata Storica (1. So im Sept.), Mostra von Venedig (Sept.), Biennale von Venedig - Murano (Glasmuseum) - Torcello (Dom S. M. Assunta, S. Fosca) - Burano - Friedhof San Michele - Villa Foscari in Fusina - Villen des Veneto - Kreuzfahrt auf der Brenta an Bord der „Burchiello" - Golfpl. al Lido Alberoni (18 L.) **Kein Restaurant** im Hotel (siehe unsere Restaurantauswahl S. 654-660) **Anreise** Karte Nr. 4): Vaporetto Nr. 1, Haltestelle Ca' Rezzonico, Calle del Traghetto, kurz vor Campo S. Barnaba links.

Locanda Martini

30121 Venezia - Cannaregio, 1314
Tel. 041-71 75 12 - Fax 041-275 83 29 - L. Martini und O. Scarabellin
E-Mail und Web: guidesdecharme.com/1784

Die kleine Straße, in der die Locanda liegt, geht zur Außenachse hinaus, die die Touristen von San Marco über Rialto zum Bahnhof führt, zum *sestiere* Cannaregio. Wer möchte, kann hier beim Bummeln ein besonders „volksnahes" Venedig entdecken, das außergewöhnliche *ghetto*. Der Eingang des Hauses ist sehr diskret, und man muss zwei Etagen hochsteigen. Aber hier ist auch schon Schluss mit den „Vorwürfen". Dieses große Appartement für Gäste hat nach wie vor sein Privathausambiente. Der Salon ist mit reizendem Mobiliar des 19. Jahrhunderts eingerichtet, und die meist großen Zimmer sind sehr ansprechend in einem zurückhaltend venezianischen Stil gestaltet. Wir empfehlen, Zimmer zum Garten oder zum Hof zu nehmen, aber auch bei denen zur Straße werden die Geräusche dank der Klimaanlage erstickt. Natürlich kann man die ohne Übertreibung „superior" genannten Zimmer bevorzugen. Das Frühstück wird auf eine besonders informelle Art in der Küche oder, sobald es warm zu werden beginnt, auf einer der Terrassen mit Blick auf die hübschen Gärten nebenan serviert.

Kategorie ★★★ Ganzj. geöffn. **14 Zimmer** mit Klimaanl., Tel., Bad, TV **Preise** DZ: 90-200 € - Frühst. inkl., von 8.15 bis 10.30 Uhr **Kreditkarten** Visa, Eurocard, MasterCard **Verschiedenes** Hunde nicht erlaubt **Umgebung** Karneval von Venedig, Il Redentore (3. Juli-WE), Regata Storica (1. So im Sept.), Mostra von Venedig (Sept.), Biennale von Venedig - Murano (Glasmuseum) - Torcello (Dom S. M. Assunta, S. Fosca) - Burano - Friedhof San Michele - Villa Foscari in Fusina - Villen des Veneto - Kreuzfahrt auf der Brenta an Bord der „Burchiello" - Golfpl. al Lido Alberoni (18 L.) **Kein Restaurant** (siehe unsere Restaurantauswahl S. 654-660) **Anreise** (Karte Nr. 4): Parkpl. Tronchetto, Vaporetto Nr. 82, Haltestelle Stazione-Ferrovia. Die große Straße rechts Rio Terra Lista di Spagna, Campo S. Geremia überqueren, Guglie-Brücke. Die Locanda befindet sich am Anfang der großen Straße links, in der Calle del Magazen, an der Ecke der Bar Gelateria Da Nini.

Domus Orsoni

30121 Venezia
Cannaregio 1045
Tel. 041-27 59 538 - Fax 041-52 40 736
Familie Orsini
E-Mail und Web: guidesdecharme.com/1790

Das *sestiere* Canareggio ist ein Beweis dafür, dass in Venedig auch Venezianer wohnen und arbeiten, dass es hier Kinder gibt, die zur Schule gehen und auf dem Nachhauseweg auf den Plätzen spielen … In diesem Venedig, das ruhiger und bescheidener ist, liegt die Werkstatt mit dem einzigen noch funktionierenden Keramikofen im historischen Zentrum der Stadt der Dogen; es ist das Haus *Orsoni*, das seit über einem Jahrhundert Glas- und Blattgold-Mosaiksteinchen herstellt. Nach der Renovierung wurde die einstige Residenz der Familie gleich nebenan zu einem B&B-Haus umgestellt. In den großen Zimmern bewundert man somit die Mosaikkunst der Handwerker und einiger Künstler: auf den originalen Fußböden aus Emaille und Blattgold antik, entsprechend den Methoden *marmorino* und *spatolato* bearbeitete Wände und Decken, in Emaille und Blattgold gekachelte Badezimmer. All das schafft in den äußerst gepflegten Komfortzimmern einen ganz besonderen Stil. Auf der Terrasse genießt man gleich morgens beim Frühstück den Garten. Diskreter, höflicher Empfang.

Kategorie ★★ **Ganzj.** geöffn. **5 Zimmer** mit Klimaanl., Tel., Bad, TV, Minibar, Internet-Anschluss **Preise** EZ: 80-150 €, DZ: 100-250 €, 3-BZ: 120-280 € - Frühst. inkl., von 8.30 bis 10.30 Uhr **Kreditkarten** akzeptiert **Verschiedenes** Hunde nicht erlaubt **Kein Restaurant** (siehe unsere Restaurantauswahl S. 654-660) **Anreise** (Karte Nr. 4): Vaporetto Nr. 82, Haltestelle Stazione-Ferrovia. Die große Straße rechts, Rio Terra Lista di Spagna, dann Campo S. Geremia und die Brücke Guglie überqueren. Hinter der Brücke auf den Kai Fondamenta di Cannaregio links nach Sottoportico dei Vedei (überdachtes Tor), die kleine Straße bis „Domus Orsoni".

Ca' Pozzo

2010

30121 Venezia - Cannaregio - Sotoportego, 1279
Tel. 041-524 05 04 - Fax 041-524 40 99 - Nicolas und Michele Pornaro
E-Mail und Web: guidesdecharme.com/3305

Das Wort „Ghetto" soll auf Venedig und das Jahr 1516 zurückgehen, nachdem ein Erlass der Serenissima Repubblica, der „Durchlauchtigsten", verlangte, als Jude habe man sich auf der kleinen Insel des Stadtviertels San Girolamo niederzulassen, wo sich eine Schmelzhütte (getto = Gussteil) befand. Trotz der fünf Synagogen, die hier zu besichtigen sind, und des Museums, in dem Fotos das Leben des ältesten europäischen Ghetto zurückverfolgen, wird dieser Stadtteil nur wenig aufgesucht; kleine Restaurants sind hier reich an der Zahl, Hotels sind hingegen eine Rarität in diesem ruhigen, aber dennoch lebendigen Canareggio-Viertel. Nicolas und sein Bruder erhielten die Erlaubnis, hier ihr Hotel zu bauen, das man am Ende einer dieser kleinen, für Venedig typischen Straßen entdeckt. Die zwei jungen Leute haben sich für eine moderne Ausstattung und Gestaltung entschieden und verbinden mit ihren Hotelier-Aktivitäten das Präsentieren von Kunst, d.h. in den Gesellschaftsräumen und auch in den Zimmern werden regelmäßig Bilder aufgehängt (auch die des Künstler-Bruders). Die Zimmer sind geräumig, einige mit Balkon oder privatem „cortiletti". Der Komfort ist tadellos, die Pflege perfekt und der Empfang liebenswürdig – eben typisch venezianisch.

Ganzj. geöffn. **15 Nichtraucher-Zi.** mit Klimaanl., Tel., Wi-Fi, Bad, Satelliten-TV, Minibar, Safe; 2 Zi. für Behinderte **Preise** DZ für 1 Pers.: 90-180 €, DZ: 100-280 €, Confort: 115-300 €, Extra Confort: 135-320 €, 3-BZ: 155-350 € **Kreditkarten** akzeptiert **Verschiedenes** Hunde nicht erlaubt **Umgebung** Karneval von Venedig, Il Redentore (3. Juli-WE), Regata Storica (1. So im Sept.), Mostra von Venedig (Sept.), Biennale von Venedig - Murano (Glasmuseum) - Torcello (Dom S. M. Assunta, S. Fosca) - Burano - Friedhof San Michele - Villa Foscari in Fusina - Villen des Veneto - Kreuzfahrt auf der Brenta an Bord der „Burchiello" - Golfpl. al Lido Alberoni (18 L.) **Kein Restaurant** (siehe unsere Restaurantauswahl S. 654-660) **Anreise** (Karte Nr. 4): 10 Fußminuten von der Piazzale Roma (Parkhäuser) und dem Bahnhof über die neue Calatrava-Brücke.

Ca' Nigra Lagoon Resort

30135 Venezia
Santa Croce, 927 - Piazza San Simeon Grando
Tel. 041-275 00 47 - Fax 041-244 87 21
E-Mail und Web: guidesdecharme.com/3301

Im Stadtteil Santa Croce liegt *Ca' Nigra Lagoon Resort* am Canal Grande, hundert Meter von den Parkhäusern der Piazzale Roma und vom Bahnhof. Es ist ein hübsches kleines Palais, dessen Garten zur Lagune hinausgeht und das von dem italienischen Dichter und Botschafter Costantino Nigra erbaut wurde, um dort nach seinen Missionen am Hof von Sankt Petersburg, London und Wien zu leben. Diese Neigung zu Reisen wie auch die dem Orient zugewandte Geschichte Venedigs haben sich eindeutig auf die Innenarchitektur und die Atmosphäre des Hauses ausgewirkt. Das große, schmiedeeiserne Gitter und die dreibögigen Fenster lassen jenes gefilterte Licht einfallen, das die Rezeption und die Zimmer überflutet. Im Inneren wurden der Marmor, die bleigefassten Fenster, die Mosaiken und der venezianische *terrazzo*-Fußboden restauriert. Das Ergebnis kann sich sehen lassen. Das *Ai Due Fanali* (Tel. 041-718490, 100-230 € DZ) nebenan, befindet sich in der ehemaligen Schule der Kirche San Simeon Grando: weniger Luxus, aber ein echtes Hotel mit Charme. Außerdem vier Wohnungen an der Riva degli Schiavoni, mit Blick auf das Becken von San Marco (gleiche Geschäftsführung).

Kategorie ★★★★ **Ganzj.** geöffn. **21 Junior-Suiten** mit Schallschutz, Klimaanl., Tel., Wi-Fi, Bad mit Hydromassage, Minibar, Safe **Preise** Classic Junior-Suite: 140-420 €, Superior: ;180-520 €, De Luxe: 350-750 € **Kreditkarten** akzeptiert **Verschiedenes** Hunde nicht erlaubt - Wireless Internet-Zugang - zur Verf. stehende Garage **Umgebung** Karneval von Venedig, Il Redentore (3. Juli-WE), Regata Storica (1. So im Sept.), Mostra von Venedig (Sept.), Biennale von Venedig - Murano (Glasmuseum) - Torcello (Dom S. M. Assunta, S. Fosca) - Burano - Friedhof San Michele - Villa Foscari in Fusina - Villen des Veneto - Kreuzfahrt auf der Brenta an Bord der „Burchiello" - Golfpl. al Lido Alberoni (18 L.) **Kein Restaurant** (siehe unsere Restaurantauswahl S. 654-660) **Anreise** (Karte Nr. 4): Vaporetto, Linie 1 Rtg. Rialto, Haltestelle Riva di Biasio.

Palazzo Odoni

30135 Venezia
Santa Croce, Fondamenta Minotto, 151
Tel. und Fax 041-275 94 54
E-Mail und Web: guidesdecharme.com/1796

Bis vor kurzem galt eine Lage in Venedig im Viertel San Marco als das Nonplusultra. *Palazzo Odoni*, im Viertel Santa Croce, ist allerdings ebenfalls eine Adresse, die sich sehen lassen kann. Den Palazzo umgibt ein kleiner, reizender Kanal gleich hinter dem Busbahnhof der Piazza Roma. Der Eingang ist diskret und führt zu einem Innenhof, in dem nichts fehlt, um einem das Herz höher schlagen zu lassen. Die Gestaltung dieses Hotels ist üppig und schick: geräumige Zimmer, Vorhänge und Tagesdecken aus Damast, antikes Mobiliar und zweifarbiger, schön erhaltener Mosaikfußboden. Hier ist alles sehr gepflegt, die meisten Zimmer bieten wie der direkt an der Kirche gelegene Frühstücksraum reizvolle Ausblicke. Derzeit ist die Anzahl der Zimmer gering, aber schon für bald ist eine Erweiterung geplant. In der Nähe: ein gutes Restaurant, „Ribó", und eine authentische Weinbar, „Da Lele".

Ganzj. geöffn. **9 Zimmer** mit Klimaanl., Tel., Bad oder Dusche (3 mit Jacuzzi), Satelliten-TV, Internet, Minibar **Preise** DZ für 1 Pers.: 70-155 €, DZ: 80-210 €, Superior: 90-230 €, 3-BZ: 110-280 €, Junior-Suite: 110-280 €, 4-BZ: 135-320 € - Frühst. inkl., von 7.45 bis 10.00 Uhr **Kreditkarten** akzeptiert **Verschiedenes** Hunde erlaubt **Umgebung** Karneval von Venedig, Il Redentore (3. Juli-WE), Regata Storica (1. So im Sept.), Mostra von Venedig (Sept.), Biennale von Venedig - Murano (Glasmuseum) - Torcello (Dom S. M. Assunta, S. Fosca) - Burano - Friedhof San Michele - Villa Foscari in Fusina - Villen des Veneto - Kreuzfahrt auf der Brenta an Bord der „Burchiello" - Golfpl. al Lido Alberoni (18 L.) **Kein Restaurant** im Hotel (siehe unsere Restaurantauswahl S. 654-660) **Anreise** (Karte Nr. 4): Vaporetto Nr. 1 oder Nr. 82, Piazza Roma.

Locanda Ai Santi Apostoli

30121 Venezia
Cannaregio - Strada Nuova 4391/A
Tel. 041-521 26 12 - Fax 041-521 26 11
Stefano Bianchi Michiel
E-Mail und Web: guidesdecharme.com/1814

Die Locanda *Ai Santi Apostoli* liegt am Canal Grande in unmittelbarer Nähe der Rialto-Brücke im 3. Stock eines alten Palastes und bietet die Atmosphäre und Gastfreundschaft eines Patrizierhauses früherer Zeiten. Die Hausbesitzer verstehen es, auf liebenswürdige Art mit großer Aufmerksamkeit und Diskretion zu empfangen. Die Zimmer sind mit Möbeln aus dem Familienbesitz elegant eingerichtet; zwei gehen zum Canal Grande hinaus. Der Ausblick ist unvergesslich. Von hier aus sieht man die berühmte Brücke, den Fischmarkt und hört man die Serenaden der *gondolieri*. Sollten diese beiden sehr gefragten Zimmer nicht frei sein, ist es trotzdem ratsam, hier einzukehren, denn von dem angenehmen Salon aus hat man das gleiche Schauspiel. Auch das glamouröse, dennoch familiäre Ambiente trägt dazu bei, dass dieses Haus sehr geschätzt wird.

Kategorie ★★★ Geschlossen 10. bis 29. Januar **11 Zimmer** mit Klimaanl., Tel., Wi-Fi, Bad oder Dusche, Satelliten-TV, Minibar; Aufzug **Preise** DZ für 1 Pers.: 80-180 €, DZ: 80-220 €, DZ mit Kanalblick: 150-350 €, 4-BZ: 170-400 € (4 Pers., 2 DZ mit 1 Bad) - Frühst. inkl., von 7.30 bis 10.30 Uhr **Kreditkarten** akzeptiert **Verschiedenes** Hunde erlaubt **Umgebung** Karneval von Venedig, Il Redentore (3. Juli-WE), Regata Storica (1. So im Sept.), Mostra von Venedig (Sept.), Biennale von Venedig - Murano (Glasmuseum) - Torcello (Dom S. M. Assunta, S. Fosca) - Burano - Friedhof San Michele - Villa Foscari in Fusina - Villen des Veneto - Kreuzfahrt auf der Brenta an Bord der „Burchiello" - Golfpl. al Lido Alberoni (18 L.) **Kein Restaurant** im Hotel (siehe unsere Restaurantauswahl S. 654-660) **Anreise** (Karte Nr. 4): Vaporetto Nr. 1, Haltstellte Ca'd'Oro.

Palazzo Barbarigo

2010

30125 Venezia
San Polo 2765
Tel. 041-74 01 72 - Fax 041-74 09 20
E-Mail und Web: guidesdecharme.com/3307

Wenn Sie Glamour und Sophistication lieben und Sie über die erforderlichen Mittel verfügen, dann sollten Sie sich diese derzeit besondere Adresse gönnen: den *Palazzo Barbarigo*. Er liegt am Canal Grande, in Höhe der Rialtobrücke, eher einer Wohngegend. Das Hotel evoziert ein luxuriöses Schmuckkästchen aus schwarzem Samt, mit einer wie ein Edelstein behandelten Dekoration des Interieur, d.h. mit gezielten Beleuchtungen, die die gewählten Details „dramatisieren". Die Zimmer sind sinnenfreudig, die meisten mit Aussicht auf den Canal San Polo, und die Juniorsuiten bieten den Vorteil des Canal-Grande-Blicks. In einem Helldunkel-Ambiente eines Art-déco-Boudoirs: glänzende Materialien, Fransen, Federn … In der Lounge werden Sie sich gekonnt zubereitete Cocktails servieren lassen, die ebenso schön wie gut sind, oder einen leichten Lunch bestellen. Das Personal ist sehr entgegenkommend, selbstverständlich gestylt, aber nicht etwa hochnäsig.

Ganzj. geöffn. **8 Junior-Suiten** mit Klimaanl., Bad, Tel., Wi-Fi, Satelliten-TV, Minibar, Safe **Preise** ab 200 € - Frühstücks-Service (nicht inklusive) im „Visionnaire Caffè" des Hotels **Kreditkarten** akzeptiert **Verschiedenes** Hunde nicht erlaubt **Umgebung** Karneval von Venedig, Il Redentore (3. Juli-WE), Regata Storica (1. So im Sept.), Mostra von Venedig (Sept.), Biennale von Venedig - Murano (Glasmuseum) - Torcello (Dom S. M. Assunta, S. Fosca) - Burano - Friedhof San Michele - Villa Foscari in Fusina - Villen des Veneto - Kreuzfahrt auf der Brenta an Bord der „Burchiello" - Golfpl. al Lido Alberoni (18 L.). **Kein Restaurant** aber Lounge-Bar des „Visionnaire Caffè" (siehe unsere Restaurantauswahl S. 654-660) **Anreise** (Karte Nr. 4): Vaporetto Nr. 1 oder 2, Haltstelle San Toma.

Novecento Boutique Hotel

30124 Venezia
San Marco, 2683/84 - Calle del Dose/Campo san Maurizio
Tel. 041-241 37 65 - Fax 041-521 21 45 - Gioele Romanetti
E-Mail und Web: guidesdecharme.com/1816

Dieses kleine Hotel ist mehr ein „Hotel mit Charme" denn ein „Boutique-Hotel", wie in der Broschüre für eine amerikanische Kundschaft beschrieben. Auch wenn sich das *Novecento* nach wie vor recht venezianisch gibt, dann doch nicht so, wie man es erwartet: Es ist eher das orientalische Ambiente eines Mario Fortuny, der in seinem nahe gelegenen Palazzo alle möglichen Sammlungen zusammengetragen hatte. Auch bemerkt man den Einfluss Wiener Cafés, etwa im kleinen Salon mit Thonet-Stühlen, dem großen, zweiteiligen Buffet aus dunklem Holz und den ausliegenden Zeitungen mit Holzgriffen. Dann gibt es einen kleinen, begrünten Hof aus rosa Backstein fürs Frühstück oder einen Drink, den man sich in der „Honesty-Bar" selbst serviert. Die Zimmer im Obergeschoss, die an einem marokkanischen Salon mit Kamin liegen, sind alle verschiedenartig. Ihr Mobiliar aus dem späten 19. Jahrhundert ist schön auf Möbel aus Indonesien abgestimmt, die jüngeren Datums sind. In jedem Schlafraum ein ungewöhnliches Bett, was ihnen, außer in einem mit Baba-Cool-Ambiente, eine individuelle Gestaltung verleiht. Ein hübsches, informelles Haus, das das venezianische Genre aktualisiert.

Kategorie ★★★ Ganzj. geöffn. **9 Zimmer** mit Klimaanl., Wi-Fi, Tel., Bad, Satelliten-TV, Safe, Minibar **Preise** DZ: 150-280 €, 3-BZ: 200-310 € - Frühst. inkl., von 8.00 bis 10.30 Uhr **Kreditkarten** akzeptiert **Verschiedenes** Hunde auf Anfrage erlaubt **Umgebung** Karneval von Venedig, Il Redentore (3. Juli-WE), Regata Storica (1. So im Sept.), Mostra von Venedig (Sept.), Biennale von Venedig - Murano (Glasmuseum) - Torcello - Burano San Michele - Villen des Veneto - Kreuzfahrt auf der Brenta an Bord der „Burchiello" **Kein Restaurant** (siehe unsere Restaurantauswahl S. 654-660) **Anreise** (Karte Nr. 4): Vap. Nr. 1, Haltestelle Accademia. Die Brücke in Rtg. Campo San Stefano überqueren. Am Ende des Platzes rechts Campo S. Maurizio, rechts Calle del Dose.

Locanda Art Déco

30124 Venezia
San Marco - Calle delle Botteghe, 2966
Tel. 041-277 05 58 - Fax 041-270 28 91 - Judith Boulbain
E-Mail und Web: guidesdecharme.com/1880

In diesem kleinen, von einer jungen Französin, im Herzen aber Venezianerin eröffneten Hotel ist ein gewisser Pariser Touch unverkennbar. Ideal gelegen, da quasi am Campo San Stefano, befindet es sich an der Grenze des touristischen *sestiere* San Marco und der Wohngegend Dorsoduro. Die *Locanda* besitzt nur wenige, Zimmer, eingerichtet mit elegantem Mobiliar der dreißiger Jahre oder mit Stilmöbeln und vermeidet so den oft stark hervorgehobenen „venezianischen Stil". Die Zimmer sind schmuck und komfortabel: kein Teppichboden, sondern Parkett oder venezianisches *granito*, praktische, gut ausgestattete Bäder. Der größte Schlafraum liegt im Obergeschoss (ohne Aufzug), hat Dachschrägen, bietet Blick über die Dächer und besitzt eine Klimaanlage, die im Sommer vor zu großer Hitze schützt. Auch profitiert man hier von guten Initiativen: in jedem Zimmer ein Computer mit Wi-Fi-Anschluss, eine Videothek und eine Bibliothek zum Thema Venedig. Die Geschäftsführung in den Händen der professionellen, freundschaftlichen Judith dürfte eine Kundschaft auf der Suche nach einem guten Drei-Sterne-Hotel in Venedig anziehen.

Kategorie ★★★ **Ganzj.** geöffn. **6 Zimmer** mit Klimaanl., Tel., Bad, TV **Preise** DZ: 75-190 €, Suite: 100-220 €; Extrabett: 10-35 € - Frühst. inkl., von 8.00 bis 9.30 Uhr **Kreditkarten** akzeptiert **Verschiedenes** Hunde auf Anfrage erlaubt **Umgebung** Karneval von Venedig, Il Redentore (3. Juli-WE), Regata Storica (1. So im Sept.), Mostra von Venedig (Sept.), Biennale von Venedig - Murano (Glasmuseum) - Torcello (Dom S. M. Assunta, S. Fosca) - Burano - Friedhof San Michele - Villa Foscari in Fusina - Villen des Veneto - Kreuzfahrt auf der Brenta an Bord der „Burchiello" **Kein Restaurant** (siehe unsere Restaurantauswahl S. 654-660) **Anreise** (Karte Nr. 4): Vaporetto Nr. 1, Haltestelle Accademia. Die Brücke in Rtg. San Stefano überqueren. Am Ende des Platzes links (gegenüber der Kirche) Calle delle Botteghe. Das Hotel liegt sofort links, dem Restaurant „Fiore" gegenüber.

Pensione Accademia - Villa Maravegie

30123 Venezia
Dorsoduro - Fondamenta Bollani, 1058
Tel. 041-521 01 88 - Fax 041-523 91 52
Sig. Dinato
E-Mail und Web: guidesdecharme.com/1922

Diese charmante Pension, deren Beliebtheit anhält, befindet sich in der Nähe der Accademia und der Guggenheim-Stiftung am Ende eines kleinen Kanals, zwischen Rio de San Trovaso und Canal Grande. Man kommt in einem hochromantischen Garten an, in dem Glyzinien, Rosen, Pistoforum, Mimosen und Geranien sich farbenmäßig übertrumpfen. Im Sommer wird das Frühstück hier und nicht im Speiseraum serviert, der mit seinen zwei Säulen beeindruckt; Letzere stammen aus der *logetta* des einstigen Glockenturms und wurden nach dessen Einsturz im Jahr 1902 auf einer Versteigerung erworben. Vom Innern sind wir ebenso angetan, denn die Salons sind mit antikem Mobiliar eingerichtet und haben eine poetische Note, und von den Gästezimmern ähnelt keines dem anderen. Einige liegen in der Villa, andere im angrenzenden Gebäude, das geschickt mit dem Stammhaus verbunden wurde. Möbel aus dem Familienbesitz und allerlei Erinnerungsstücke sammeln sich hier seit langem an und schaffen die Atmosphäre eines Privathauses. Ganz gleich, ob der Blick auf den Kanal oder den Garten geht – beide Aussichten sind hübsch. Früh buchen!

Ganzj. geöffn. **27 Zimmer** mit Tel., Bad oder Dusche, Satelliten-TV **Preise** EZ: 80-140 €, DZ: 140-350 € - Frühst. inkl., von 7.15 bis 10.30 Uhr **Kreditkarten** akzeptiert **Verschiedenes** Hunde nicht erlaubt **Umgebung** Karneval von Venedig, Il Redentore (3. Juli-WE), Regata Storica (1. So im Sept.), Mostra von Venedig (Sept.), Biennale von Venedig - Murano (Glasmuseum) - Torcello (Dom S. M. Assunta, S. Fosca) - Burano - Friedhof San Michele - Villa Foscari in Fusina - Villen des Veneto - Kreuzfahrt auf der Brenta an Bord der „Burchiello" - Golfpl. al Lido Alberoni (18 L.) **Kein Restaurant** (siehe unsere Restaurantauswahl S. 654-660) **Anreise** (Karte Nr. 4): Vaporetto Nr. 1, Haltestelle Accademia.

Ca' Pisani Hotel

30123 Venezia (Venezia)
Dorsoduro 979/a - Rio Terrà Foscarini
Tel. 041-240 14 11 - Fax 041-277 10 61
Marianna und Gianni Serandrei
E-Mail und Web: guidesdecharme.com/1923

Das ruhige Viertel zwischen Accademia und Zattere hat sich ein Vier-Sterne-Hotel zugelegt, wie sie es bis dato nur in der nächsten Umgebung von San Marco gab. Die Lage, die gleiche wie die des Guggenheim und der Fondation Pinault an der Punta della Dogana, ist bereits ein Vorteil, das Konzept des Hotels ein weiterer. Keine Bezugnahme auf den venezianischen Stil, sondern eine klare Entscheidung für Modernität. Die Zimmer wurden auf drei Stockwerke verteilt, entlang einer breiten Passage mit Gemälden, Accessoires und edlen Teppichen. Drei Kategorien mit exzellentem Komfort, insbesondere in den superben Bädern. Unsere Lieblingszimmer sind die Superior: größerer als die Standardzimmer und funktioneller als die Maisonnette-Suiten. Im Snack eine Hommage an den Maler Fortunato Depero: Einige seiner futuristischen Gemälde schmücken die Wände. Imbisse (Wurstwaren, Käse, Salate), die im Sommer auf der Terrasse serviert werden.

Kategorie ★★★★ Ganzj. geöffn. **29 Zimmer** mit Klimaanl., Tel., Wi-Fi, Bad, Satelliten-TV, Minibar, Safe; Aufzug **Preise** Standard: 219-368 €, Superior: 257-415 €, Junior-Suite und Suite: 300-465 € - Frühst. inkl., von 7.00 bis 10.30 Uhr **Kreditkarten** akzeptiert **Verschiedenes** Hunde auf Anfrage erlaubt - Türkisches Bad - Solarium **Umgebung** Murano (Glasmuseum) - Torcello - Burano - Friedhof San Michele - Villa Foscari in Fusina - Kreuzfahrt auf der Brenta an Bord der „Burchiello" **Bar** „La Rivista", von 13.00 bis 20.00 Uhr - Mo geschl. - Imbisse **Anreise** (Karte Nr. 4): Vaporetto Nr. 82 oder 1: Haltestelle Zattere oder Accademia.

Hotel Agli Alboretti

30123 Venezia
Dorsoduro, 884 - Rio Terrà Foscarini
Tel. 041-523 00 58 - Fax 041-521 01 58
Sig.r Linguerri
E-Mail und Web: guidesdecharme.com/1924

Die Via Alboretti, zwischen Accademia und Zattere, war ursprünglich ein Kanal, der Ende des 15. Jahrhunderts zugeschüttet wurde, wodurch eine der wenigen Alleen Venedigs entstand. Die Eingangshalle des Hotels mit ihrem hellen Parkettboden ist ebenso angenehm wie der liebenswürdige Empfang durch Cinzia und Monica. Die Zimmer sind ansprechend und von unterschiedlicher Größe. Am schönsten sind jene mit Blick auf die Gärten wie das 307, besonders aber das 305 mit einem Balkon, der groß genug ist, um darauf zu frühstücken. Anna, die Tochter des Hauses, eine diplomierte Kellermeisterin, kümmert sich um das Restaurant. Die Speiseräume sind freundlich gestaltet, aber noch schöner sind die Terrasse und die Pergola. Eines der guten kleinen Hotels in Venedig.

Kategorie ★★★ **Geschlossen** Januar **23 Zimmer** mit Klimaanl., Tel., Bad oder Dusche, Satelliten-TV, Internet; Aufzug **Preise** EZ: 110-125 €, DZ: 160-210 €, 3-BZ: 235 €, Familienzi. (4-5 Pers.): 270-290 € - Frühst. inkl., von 7.30 bis 9.30 Uhr **Kreditkarten** Visa, Eurocard, MasterCard, Amex **Verschiedenes** Hunde erlaubt **Umgebung** Karneval von Venedig, Il Redentore (3. Juli-WE), Regata Storica (1. So im Sept.), Mostra von Venedig (Sept.), Biennale von Venedig - Murano (Glasmuseum) - Torcello (Dom S. M. Assunta, S. Fosca) - Burano - Friedhof San Michele - Villa Foscari in Fusina - Villen des Veneto - Kreuzfahrt auf der Brenta an Bord der „Burchiello" **Restaurant** Mi, 3 Wochen Juli/August und Januar geschl. - Menüs: 50-65 € - Karte - Venezianische Küche; guter Weinkeller **Anreise** (Karte Nr. 4): Vaporetto Nr. 82 oder 1, Haltestelle Zattere oder Accademia. Das Hotel liegt in einer kleinen Straße zwischen Accademia und Zattere.

Hotel La Galleria

30123 Venezia (Venezia)
Dorsoduro, 878 A - Rio Terrà Antonio Foscarini
Tel. 041-523 24 89 - Fax 041-520 41 72
Luciano und Stefano
E-Mail und Web: guidesdecharme.com/1925

Wer einen ganz besonderen Charme einem gewissen Komfort vorzieht, der ist mit *La Galleria* bestens bedient. Das Hotel liegt am Fuß der Brücke der Accademia am kleinen Platz des Kanals. Verzichten muss man hier auf einen Salon, Frühstück gibt's auf dem Zimmer, und zur Verfügung stehen nicht mehr als zehn hübsch eingerichtete Schlafräume. Wir empfehlen die mit Bad und mit Blick auf den Kanal – der größte Vorzug dieses Hauses. Auch muss man wissen, dass die Zimmer winzig sind (etwa Nr. 7, das wir trotzdem sehr mögen, und Nr. 9), allein Nr. 8 und 10 sind von korrekter Größe. Aber nach all diesen Vorbehalten ist nur noch zu sagen, dass wenn Sie empfänglich sind für das bewegte Leben auf dem Kanal, Sie hier einen echten Logenplatz haben. Seinen Kaffee am Fenster zu trinken und bei offenem Fenster direkt am Wasser zu schlafen ist – wenn Sie das Kopfkissen ans Fußende legen und der Verkehr der Lagune Sie nicht stört – unvergesslich. Sie haben richtig verstanden: Hier gönnt sich der Charme keine Ruhe.

Kategorie ★★ **Ganzj.** geöffn. **10 Zimmer** für Nichtraucher, mit Tel., 8 mit Dusche **Preise** EZ ohne Dusche: 85 €, DZ ohne Dusche: 120-135 €, DZ mit Dusche: 150 €, großes DZ mit Dusche: 180-195 € - Frühst. inkl., von 7.30 bis 10.00 Uhr **Kreditkarten** akzeptiert **Verschiedenes** Hunde nicht erlaubt - Honesty Bar (kostenlos) **Umgebung** Karneval von Venedig, Il Redentore (3. Juli-WE), Regata Storica (1. So im Sept.), Mostra von Venedig (Sept.), Biennale von Venedig - Murano (Glasmuseum) - Torcello (Kathedrale S. M. Assunta, S. Fosca) - Burano - Friedhof San Michele - Villa Foscari in Fusina - Villen des Veneto - Kreuzfahrt auf der Brenta an Bord der „Burchiello" - Golfpl. al Lido Alberoni (18 L.) **Kein Restaurant** im Hotel (siehe unsere Restaurantauswahl S. 654-660) **Anreise** (Karte Nr. 4): Vaporetto Nr. 1 oder 82: Haltestelle Accademia oder Zattere.

Pensione La Calcina

30123 Venezia
Dorsoduro-Zattere, 780-782
Tel. 041-520 64 66/ 041-241 38 89 - Fax 041-522 70 45
Sig. und Sig.r Szemere
E-Mail und Web: guidesdecharme.com/1926

Die Pension liegt an den Flößen (*zattere*): eine bevorzugte Gegend der Venezianer, denn sie schätzen die Ruhe, die lange Promenade den Kais entlang und die Pontons, auf denen man Sonnenbäder nehmen kann. Von hier aus ist der Blick auf den Kanal jederzeit reizvoll. *La Calcina* ist insofern eine interessante Adresse, als Lage, Service und Komfort gut und die Preise günstig sind. Die Empfangsräume mit Blick auf den Kai sind sehr freundlich, ebenso die Blumenterrasse am Wasser. Die Zimmer wurden mit Möbeln bourgeoisen Stils des frühen 20. Jahrhunderts eingerichtet; alle sind angenehm, aber die mit Blick auf den Kanal La Guidecca sind selbstverständlich besonders empfehlenswert. Die von uns bevorzugten Schlafräume sind Nr. 2, 4, 22 und 32. Wissen sollte man, dass nur die beiden wunderbaren Suiten und insgesamt elf Zimmer Aussicht bieten. Die Preise variieren nach Art der Aussicht. Nr. 37, 38 und 39 haben einen Balkon. In „La Piscina" wird bis 23 Uhr serviert. Vom Hotel etwas abgelegen ein kleines Studio: eine regelrechte Kajüte.

Kategorie ★★★ Ganzj. geöffn. **29 Zimmer**, 3 Suiten mit Klimaanl., Tel., Bad oder Dusche und 2 Appartements mit Klimaanl. **Preise** EZ: 80-135 €, DZ: 110-280 €, Suite: 140-240 € - Appart.: 180-260 € (2 Pers.) - Frühst. inkl., von 7.00 bis 10.00 Uhr **Kreditkarten** akzeptiert **Verschiedenes** Hunde nicht erlaubt **Umgebung** Karneval von Venedig, Il Redentore (3. Juli-WE), Regata Storica (1. So im Sept.), Mostra von Venedig (Sept.), Biennale von Venedig - Murano (Glasmuseum) - Torcello (Dom S. M. Assunta, S. Fosca) - Burano - Friedhof San Michele - Villa Foscari in Fusina - Villen des Veneto - Kreuzfahrt auf der Brenta an Bord der „Burchiello" **Restaurant-Bar** „La Piscina" bis 23.00 Uhr **Anreise** (Karte Nr. 4): Vaporetto Nr. 82, Haltestelle Zattere.

Pensione Seguso

30123 Venezia (Venezia)
Dorsoduro-Zattere, 779
Tel. 041-528 68 58/ 041-528 60 96 - Fax 041-52 22 340
Mme Seguso
E-Mail und Web: guidesdecharme.com/1927

Der Stadtteil Zattere ist auch ein Wohnviertel von Venedig. Es ist ruhig und liegt am Kanal della Guidecca, von wo man die großen Schiffe beobachten kann, die zum Lido hinausfahren, die *vaporetti*, die von einem Ufer zum anderen fahren, und den Sonnenuntergang hinter der Guidecca und der Kirche San Giorgio. Die Abende, die man auf der Terrasse der *Pensione Seguso* verbringt, sind unvergesslich. Dieses kleine, vom Kai etwas abgelegene Haus wird seit vielen Jahren von der gleichen Familie geführt, die die Atmosphäre einer italienischen Pension wahrt. Die Leitung des Hotels, die vor kurzem verjüngt wurde, mag Renovierungsvorstellungen haben. Heute ist *Seguso* aber noch immer eine etwas altmodische, reizende *pensione*.

Kategorie ★★ **Geöffnet** 1. März bis 12. Dezember **36 Zimmer** mit Tel., 22 mit Bad, 14 mit WC; Aufzug, Eingang für Behinderte **Preise** mit/ohne eig. Bad: EZ: 40-160 €, DZ: 65-190 €, 3-BZ: 150-245 €, 4-BZ: 190-255 € - Frühst. inkl., von 8.00 bis 10.00 Uhr - HP: 142-180 € (1 Pers.), 220-230 € (2 Pers.) **Kreditkarten** Visa, Eurocard, MasterCard, Amex **Verschiedenes** Hunde auf Anfrage erlaubt (3 €) **Umgebung** Karneval von Venedig, Il Redentore (3. Juli-WE), Regata Storica (1. So im Sept.), Mostra von Venedig (Sept.), Biennale von Venedig - Murano (Glasmuseum) - Torcello (Dom S. M. Assunta, S. Fosca) - Burano - Friedhof San Michele - Villa Foscari in Fusina - Villen des Veneto - Kreuzfahrt auf der Brenta an Bord der „Burchiello" **Restaurant** von 13.00 bis 14.00 und 19.30 bis 20.30 Uhr - Mi geschl. - Menü: 15-38 € - Familienküche **Anreise** (Karte Nr. 4): ab Parkpl. Tronchetto Vaporetto Nr. 82, 61 und 51, Haltestelle Zattere. Ab Piazza Roma Nr. 1, 82, Haltestelle Accademia, dann nach Zattere über Rio Terrà Antonio Foscarini.

Avogaria Locanda & Restaurant

2010

30123 Venezia - Dorsoduro - Calle Dell'Avogaria 1629
Tel. 041-296 04 91 - Handy 0324-757 0272 - Fax 041-520 57 41
Francesco und Antonella Pugliese,
E-Mail und Web: guidesdecharme.com/3306

Das *sestiere* Dorsoduro ist das auserwählte Viertel der Intellektuellen, der Künstler und der Kultur-Aristokratie. Es begann mit der Muse der Modernität Peggy Guggenheim, dann hat sich die Fondation Pinault im Palazzo Grassi niedergelassen und danach an der Spitze der Dogana, nahe der Salute … Am anderen Ende der Zattere haben Francesco und Antonella Pugliese, sie sind Geschwister, ihre Talente vereint (er ist Architekt, sie Küchenchefin) und im Erdgeschoss eines Palastes aus dem 17. Jahrhundert ein Restaurant wie auch eine Locanda mit drei Zimmern eröffnet. Große Ingeniosität bei der Umstrukturierung des Raumes, um den venezianischen Geist des Bauwerks zu wahren und ihn seiner neuen Bestimmung anzupassen. Die Entscheidung für Modernität, die Qualität der Baustoffe und Materialien brachten diese glückliche Verbindung hervor. Im Restaurant folgt ein Raum dem anderen bis hin zum *cortile*, wo man sich im Sommer das gute, mediterran-inspirierte Essen unter den Lichtern des Feigenbaums schmecken lässt. In den Zimmern von eleganter Schlichtheit werden schimmernde venezianische Stoffe gut zur Wirkung gebracht. Tadelloser Komfort und Zugang zu einem privaten Hof, wo man sich das Abendessen auftragen lassen und Freunde einladen kann, um sich, wenn auch nur für kurze Dauer, als Bewohner der Serenissima zu fühlen.

Ganzj. geöffn. **3 Zimmer** mit Tel., ISDN, Bad, Satelliten-TV, Minibar, Safe; Eingang für Behinderte **Preise** DZ: 200-250 € - Frühst. inkl., von 7.30 bis 11.00 Uhr **Kreditkarten** akzeptiert **Verschiedenes** Hunde nicht erlaubt **Umgebung** Karneval von Venedig, Il Redentore (3. Juli-WE), Regata Storica (1. So im Sept.), Mostra von Venedig (Sept.), Biennale von Venedig - Murano - Torcello - Burano - Friedhof San Michele - Villa Foscari in Fusina - Kreuzfahrt auf der Brenta an Bord der „Burchiello" **Restaurant** bis 23.00 Uhr - Mediterrane Küche **Anreise** (Karte Nr. 4): Vaporetto Nr. 1, 2, N, Haltestelle San Basilio, gegenüber Calle del Vento, Fondamenta S. Basegio, 2. Straße rechts Calle de l'Avogaria.

Charming Houses DD.724 DD694 & IQs House

30123 Venezia (Venezia) - Dorsoduro 724
Tel. 041-277 02 62 - Fax 041-296 06 33 - Dott.ssa Chiara Bocchini
E-Mail und Web: guidesdecharme.com/1928

Ein Geheimcode, Science-fiction? Über die Bedeutung dieses mysteriösen Namens stellt man sich zu Recht Fragen. Es ist aber alles ganz rational: DD gleich Dorsoduro (der Name des Viertels) und 724 ist die Straßennummer. Somit können Sie vertrauensvoll das durch nichts signalisierte *House DD.724* betreten und sich ins 2. Stockwerk über die Treppe begeben, weil Sie den Aufzug auf Anhieb nicht gefunden haben. Das Konzept des Designerhotels hat somit auch hier Einzug gehalten. Die Innenräume dieses kleinen Gebäudes wurden umgestaltet und sind nun absolut modern. Schnurgerade (eher kleine) Räume, keinerlei Zierde außer einer umfangreichen Gemäldesammlung, nüchternes, hochwertiges Mobiliar, neuester Technologie entsprechender Komfort, dunkle, aber auch farbig bedruckte Stoffe, bei dem weißen Hintergrund die Kontraste hervorhebend. Auch die Bäder mit Badetüchern bester Qualität und erstklassigen Pflegeprodukten sind absolut geläutert. Die gut durchdachte indirekte Beleuchtung schafft im Salon eine aquatische Atmosphäre, was durchaus dem Bild Venedigs entspricht: der Stadt des Guggenheim-Museums, der Biennale und der Fondation Pinault! Im gleichen Stil und im gleichen Viertel: das *I Qs House* und *DD 694* (www.thecharminghouse.com/110-195 € pro Pers.).

Ganzj. geöffn. **6 Zimmer** mit Klimaanl., Tel., Wi-Fi, DVD-Player, Bad, Satelliten-TV, Minibar, Safe **Preise** DZ und Suite: 150-520 € - Frühst. inkl., von 8.30 bis 10.30 Uhr **Kreditkarten** akzeptiert **Verschiedenes** Hunde auf Anfrage erlaubt **Umgebung** Il Redentore (3. Juli-WE), Regata Storica (1. So im Sept.), Mostra von Venedig (Sept.), Biennale von Venedig - Murano - Torcello - Burano - Friedhof San Michele - Villa Foscari in Fusina - Villen des Veneto - Kreuzfahrt auf der Brenta an Bord der „Burchiello" **Kein Restaurant** aber Vereinbarung mit „La Piscina", dem Restaurant von „La Calcina" **Anreise** (Karte Nr. 4): Vaporetto Nr. 82 und 1, Haltestelle Accademia; Nr. 51 und 61, Haltestelle Zattere.

Ca' Maria Adele

30123 Venezia
Dorsoduro 111
Tel. 041-520 30 78 - Fax 041-528 90 13
E-Mail und Web: guidesdecharme.com/1929

Der gegenüber der Vaporetto-Haltestelle Salute gelegene Palast aus dem 16. Jahrhundert ist heute ein Hotel. Gegenüber von San Marco hat diese ruhige Spitze des *sestiere* Dorsoduro eine bevorzugte Lage. Der Palast: eine wunderbare Charme- und Luxus-Adresse voller Intimität. Sämtliche Zimmer bieten ausgesprochen eleganten Luxus, zudem verschiedenartiges Ambiente. Die Suite ist ganz modern, und die Deluxe-Zimmern präsentieren sich in einer großzügigen Mischung aus reichen venezianischen Damaststoffen, Murano-Kristall und barocken Objekten mit komfortablem Mobiliar von heute. Fünf ganz ungewöhnliche Gästezimmer sind das Spiegelbild der Geschichte der „Allerdurchlauchtigsten": die Farben Pfeffer, Kakao und Gewürznelke, auf die der Reichtum Venedigs zurückgeht, im Zimmer „Sala Nera"; unschuldiges Weiß des Marmors und Istrien-Steins in der romantischen „Sala del Camino"; Brokatrot und Blattgold im Zimmer „Camera del Doge", in dem man sich eine Nacht lang als Fürst der Stadt fühlt; Venedig als Eroberer ferner Länder und der Kreuzzüge in der „Sala dei Mori"; und schließlich das Gold und das Blau des Venedigs der Meere und Marco Polos für alle, die davon träumen, mit dem Charme der alten Seidenstraße einzuschlafen. Der Salon, sowohl Boudoir als auch Fumoir, ist eine luxuriöse Ali-Baba-Höhle: fellverkleidete Wände, Kamin aus schwarzem Marmor, ethnische, mit Maraboufedern dekorierte Lampen, Swarovski-Kristall usw. Den Rest werden Sie selbst entdecken.

Ganzj. geöffn. **14 Zimmer** mit Klimaanl., Tel., Wi-Fi, Bad, Satelliten-TV, Minibar (kostenlos), Safe **Preise** DZ Deluxe: 310-480 €, Themen-Zi.: 410-650 €, Suite: 460-700 € - Frühst. inkl., von 8.00 bis 11.00 Uhr **Kreditkarten** akzeptiert **Verschiedenes** Hunde nicht erlaubt **Restaurant** „La Terrasse" **Anreise** (Karte Nr. 4): Vaporetto Nr. 1, Haltestelle Salute. Der Eingang ist diskret.

Hotel Pausania

30123 Venezia
Dorsoduro, 2824
Tel. 041-522 20 83 - Fax 041-52 22 989
Martina Gasparini
E-Mail und Web: guidesdecharme.com/1930

Das *Pausania* liegt im Stadtteil San Polo, einem sehr populären Viertel, wo man endlich einmal Venezianer sieht, die arbeiten, Kinder, die zur Schule gehen, und sogar venezianische Hunde: kleine Kläffer, die oft auf alten Gemälden abgebildet sind. Außerdem ist man hier in unmittelbarer Nähe des Palazzo Ca'Rezzonico und zwei weiterer wundervoller Bauwerke, nämlich der Scuola Grande del Carmine mit ihren bewundernswerten, von Tintoretto bemalten Decken, und der gotischen Kirche Santa Maria del Carmelo. Gewiss sind diese Denkmäler entschieden interessanter als das Hotel, das immerhin ein ruhiges, komfortables und gastfreundliches Haus ist.

Kategorie ★★★ **Ganzj.** geöffn. **26 Zimmer** mit Klimaanl., Tel., Bad, Satelliten-TV, Minibar **Preise** EZ: 60-200 €, DZ: 80-320 € - Frühst. inkl., von 8.00 bis 10.30 Uhr **Kreditkarten** Visa, Eurocard, MasterCard, Amex **Verschiedenes** Hunde auf Anfrage erlaubt **Umgebung** Karneval von Venedig, Il Redentore (3. Juli-WE), Regata Storica (1. So im Sept.), Mostra von Venedig (Sept.), Biennale von Venedig - Murano (Glasmuseum) - Torcello (Dom S. M. Assunta, S. Fosca) - Burano - Friedhof San Michele - Villa Foscari in Fusina - Villen des Veneto - Kreuzfahrt auf der Brenta an Bord der „Burchiello" - Golfpl. al Lido Alberoni (18 L.) **Kein Restaurant** (siehe unsere Restaurantauswahl S. 654-660) **Anreise** (Karte Nr. 4): Vaporetto Nr. 1, Haltestelle Ca'Rezzonico (in der Nähe des Palazzo Rezzonico).

Oltre il Giardino

30125 Venezia - San Polo, 2542 Fondamenta Cortarini
Tel. 041-275 00 15 - Fax 041-795 452
Alessandra Zambelli Arduini - Lorenzo Muner
E-Mail und Web: guidesdecharme.com/1931

Wenn man die touristische Unruhe um Rialto erst einmal hinter sich gelassen hat, findet man schließlich den normalen, lebhaften Stadtteil San Polo vor, bevor er am großen Campo S. Polo mündet, wo sich das monumentale Backsteinbauwerk der Basilika dei Frari erhebt, mit La Scuola und der Kirche S. Rocco in unmittelbarer Nachbarschaft, deren Besuch bei einem Venedig-Aufenthalt unumgänglich ist. Gehen wir zu Bescheiderenem über: Der Stadtteil hat sich um ein Bed and Breakfast bereichert, zu dem man *oltre il giardino* gelangt. In der Tat muss man das Tor öffnen, um dieses reizende Haus zu entdecken, das einst im Besitz von Alma Mahler war, die hier in den 1920er Jahren lebte. Es ist ein „bewohntes", sensibel restauriertes Haus, das man sofort mag. Hier „passt" alles. Die Schlichtheit des *Giardino* ist elegant, raffiniert, distinguiert. Möbel, alte Grafiken und Familienporträts gestalten die hellen, komfortablen Zimmer, in denen Liebe zum Detail ins Auge fällt. Sein Frühstück im Garten mit Olivenbäumen und einer schönen Magnolie einzunehmen, ist ein zusätzlicher Genuss. Der Charme, von dem Venedig ja reichlich besitzt, hat in diesem Haus etwas Angelsächsisches.

Ganzj. geöffn. **6 Zimmer** mit Klimaanl., Tel., Bad, Satelliten-TV, LCD, Internet, Minibar **Preise** DZ: 150-250 €, Junior-Suite: 200-350 €, Suite: 250-450 € - Frühst. inkl., von 8.00 bis 10.30 Uhr **Kreditkarten** Visa, Eurocard, MasterCard, Amex **Verschiedenes** Hunde nicht erlaubt **Umgebung** Karneval von Venedig, Il Redentore (3. Juli-WE), Regata Storica (1. So im Sept.), Mostra von Venedig (Sept.), Biennale von Venedig - Murano (Glasmuseum) - Torcello (Dom S. M. Assunta, S. Fosca) - Friedhof San Michele - Villa Foscari in Fusina - Villen des Veneto **Kein Restaurant** (siehe unsere Restaurantauswahl S. 654-660) **Anreise** (Karte Nr. 4): Vaporetto Nr. 1, Haltestelle San Tomá, gegenüber der Kirche dei Frari die Brücke überqueren und links am kleinen Kanal entlang.

VENETO - GIULIA

La Villeggiatura

30125 Venezia - San Polo 1569, Calle dei Botteri
Tel. 041-524 4673 - Fax 041-862 0982 - Francesca Adilardi
E-Mail und Web: guidesdecharme.com/1932

Sagen wir gleich, was manchen davon abhalten mag, hier einzukehren: das B&B befindet sich im 3. Stockwerk ohne Aufzug. Vorzüge hat dieses Gasthauses jedoch einige. Dank der Renovierung dieses schönen Appartements entstanden sechs Zimmer: vier im bereits genannten Geschoss, darunter eine große Suite, und zwei unter dem Dach. Was sofort ins Auge springt, sind die Großräumigkeit und die Helligkeit, die das Ganze besonders freundlich und leicht wirken lassen. Nun zur Gestaltung: Selbstverständlich geht *La Villegiatura* (Sommerfrische) auf Carlo Goldoni zurück; jedes Zimmer nimmt Bezug auf den Titel eines Werkes, dessen Thema bei der Gestaltung ausschlaggebend war. So ist sie chinesisch in „Turandot", gibt es die Pastellfarben venezianischer Masken in „Commedia dell'Arte" und Fresko-Elemente nach dem Meisterwerk Tiepolos in „Il Mondo nuovo" ... Der Komfort mit Kinzsize-Betten und gut ausgestatteten Bädern ist optimal. Das gute Frühstück kann auf Wunsch auch auf dem Zimmer eingenommen werden. Raffinement, Eleganz, liebenswürdiger Empfang und ein Personal mit stets offenem Ohr. All das hat einen Preis. Dafür aber: reisen, ohne sich den Kopf zu zerbrechen.

Geschlossen 2-3 Wochen im August **6 Zimmer** mit Klimaanl., Tel., Wi-Fi, Bad, Satelliten-TV, Minibar **Preise** DZ: 120-280 € - Frühst. inkl., von 8.00 bis 10.30 Uhr **Kreditkarten** Visa, Eurocard, MasterCard **Verschiedenes** Hunde nicht erlaubt **Umgebung** Karneval von Venedig, Il Redentore (3. Juli-WE), Regata Storica (1. So im Sept.), Mostra von Venedig (Sept.), Biennale von Venedig - Murano (Glasmuseum) - Torcello (Dom S. M. Assunta, S. Fosca) - Friedhof San Michele **Kein Restaurant** (siehe unsere Restaurantauswahl S. 654-660) **Anreise** (Karte Nr. 4): Vaporetto Nr. 1 (Rtg. Rialto) Haltstellte Rialto Mercato, rechts, dann am Canal Grande entlang. Hinter einer kleinen Brücke 1. Straße links: Calle dei Botteri. Nach 50 Metern Francesca Adilardi 1569, 3. Etage ohne Aufzug. Kurzerklärung der Lage: Calle dei Botteri liegt jenseits des Kanals, Ca d'Oro gegenüber.

Palazzetto da Schio

30123 Venezia
Dorsoduro 316/B - Fondamenta Soranzo
Tel. und Fax 041-523 79 37
Comtesse da Schio
E-Mail und Web: guidesdecharme.com/1933

Wenn Sie mit der Familie reisen und länger als zwei Nächte in Venedig verbringen möchten, dann ist ein angenehmes Appartement im Herzen der Stadt gewiss die preiswerteste Lösung. *Palazzetto da Schio* befindet sich in einem kleinen Palast voller Charme in unmittelbarer Nähe der Accademia. Eine helle, große Wohnung liegt unter der Dach, zwei weitere, in denen man unabhängiger ist, befinden sich nebenan, und von der kürzlich renovierten hat man einen schönen Blick auf den kleinen Garten. Die liebenswürdigen Besitzer wohnen im Stockwerk darunter, d. h. in der „noblen" Etage des Hauses. Dank dieser Formel kann man sich eine Zeit lang als Venezianer fühlen und von der Intimität einer eigenen Wohnung und dem Komfort eines Hotels profitieren (auf Wunsch werden alle Hausarbeiten verrichtet).

Ganzj. geöffn. **4 Appartements** mit Klimaanl., 1 oder 2 Zi., Salon, Küche, Bad, Tel., Satelliten-TV, DVD-Player **Preise** Appart. Nr. 2 und 5: 865 € (pro Woche), 1540 € (2 Wochen), 1995 € (3 Wochen), 2550 € (1 Monat); Appart. Nr. 3 und 4: 1090 € (pro Woche), 1960 € (2 Wochen), 2560 € (3 Wochen), 3090 € (1 Monat) + Wasser, Strom, Gas und Tel. **Kreditkarten** nicht akzeptiert **Verschiedenes** Hunde nicht erlaubt - Venedig kann mit dem hauseigenen Boot „Topetta" besichtigt werden **Umgebung** Karneval von Venedig, Il Redentore (3. Juli-WE), Regata Storica (1. So im Sept.), Mostra von Venedig (Sept.), Biennale von Venedig - Murano (Glasmuseum) - Torcello (Dom S. M. Assunta, S. Fosca) - Burano - Friedhof San Michele - Villa Foscari in Fusina - Villen des Veneto - Kreuzfahrt auf der Brenta an Bord der „Burchiello" **Kein Restaurant** (siehe unsere Restaurantauswahl S. 654-660) **Anreise** (Karte Nr. 4): Vaporetto Nr. 1, Haltestelle Salute; hier die Holzbrücke überqueren, dann geradeaus bis zur 1. Kanalbrücke; hinter dieser Brücke 1. Straße links Fondamenta (Ufer) Soranzo.

Albergo Quattro Fontane

30126 Venezia
Lido - Via delle Quattro Fontane, 16
Tel. 041-526 02 27 - Fax 041-526 07 26
Familie Friborg-Bevilacqua
E-Mail und Web: guidesdecharme.com/1934

Für diejenigen, die Lust auf ein „anderes" Venedig haben, bietet sich diese zauberhafte, als Kulturerbe ernannte Villa am Lido an, die auf den Fundamenten der alten palladianischen Villa Pisani erbaut wurde. Geführt wird sie von zwei sehr freundlichen Schwestern, die würdige Nachfahren der großen venezianischen Reisenden sind. Eine der beiden interessiert sich vorwiegend für Afrika, die andere zog es nach Südamerika. Aus dieser Reiselust resultiert die phantastische Sammlung, die in den Salons zu bewundern ist. Stil und Komfort sind hier vollkommen: der erstklassig gepflegte Garten, die gefliesten, schattigen Terrassen mit den Korbmöbeln, die individuell gestalteten Zimmer mit Blick auf den Garten, die ausgesprochen venezianische Küche und der tadellose Service. Das im typischen Stil der Laguneninseln erbaute Nebengebäude bietet Zimmer an, die noch komfortabler sind.

Kategorie ★★★★ **Geöffnet** 23. April bis 10. November **61 Zimmer** mit Klimaanl., Tel., Bad, Satelliten-TV **Preise** (außerh. des Filmfestivals) EZ: 110-200 €, DZ: 160-300 € - Frühst. inkl., von 7.00 bis 10.30 Uhr - HP (mind. 3 Üb.): + 90 € pro Pers. **Kreditkarten** akzeptiert **Verschiedenes** Hunde erlaubt **Umgebung** Karneval von Venedig, Il Redentore (3. Juli-WE), Regata Storica (1. So im Sept.), Mostra von Venedig (Sept.), Biennale von Venedig - Murano (Glasmuseum) - Torcello (Dom S. M. Assunta, S. Fosca) - Burano - Friedhof San Michele - Villa Foscari in Fusina - Villen des Veneto - Kreuzfahrt auf der Brenta an Bord der „Burchiello" - Golfpl. al Lido Alberoni (18 L.). **Restaurant** von 12.45 bis 14.30 und von 19.45 bis 22.30 Uhr - Menüs: 35-70 € - Karte - Spezialität: Fisch **Anreise** (Karte Nr. 4): Vaporetto zum Lido ab Piazza San Marco.

Hotel Villa Mabapa

30126 Venezia
Lido - Riviera San Nicolo, 16
Tel. 041-526 05 90 - Fax 041-526 94 41
G. Vianello
E-Mail und Web: guidesdecharme.com/1935

Sich im August mitten in Venedig wie auf dem Land zu fühlen – das ist möglich. Wo? In diesem 1930 errichteten Besitz, der anschließend zu einem Hotel umgebaut wurde und seitdem von der Familie geführt wird. Wie der Name schon sagt: *Mabapa* - mamma, bambini e papa. Im Hotel selbst fühlt man sich noch immer an ein Privathaus erinnert. Die charmantesten Zimmer liegen im 1. Stock des Stammhauses. Im Sommer werden die Mahlzeiten im Garten zur Lagune hin serviert. Das Haus befindet sich zwar etwas vom Zentrum entfernt, es gibt aber gute Vaporetto-Verbindungen. Das *Mabapa* ist eine besonders angenehme Zuflucht für jene, die der sommerlichen Betriebsamkeit Venedigs eher distanziert gegenüberstehen.

Kategorie ★★★★ **Ganzj.** geöffn. **70 Zimmer** mit Klimaanl., Tel., Bad, Satelliten-TV, Minibar, Safe; Aufzug; 2 Zi. für Behinderte **Preise** EZ: 88-279 €, DZ: 99-366 € - Frühst. (Buffet) inkl., von 7.00 bis 10.00 Uhr - HP (mind. 3 Üb.): + 48 € pro Pers. **Kreditkarten** akzeptiert **Verschiedenes** Hunde auf Anfrage erlaubt - Priv. Bootssteg - Parkpl. **Umgebung** Karneval von Venedig, Il Redentore (3. Juli-WE), Regata Storica (1. So im Sept.), Mostra von Venedig (Sept.), Biennale von Venedig - Torcello (Dom S. M. Assunta, S. Fosca) - Burano - Friedhof San Michele - Villa Foscari in Fusina - Villen des Veneto - Kreuzfahrt auf der Brenta an Bord der „Burchiello" - Golfpl. al Lido Alberoni (18 L.) **Restaurant** von 12.30 bis 14.30 (im Sommer) und 19.30 bis 22.30 Uhr - Menüs: 35-45 € - Karte **Anreise** (Karte Nr. 4): ab Bahnhof S. Lucia Vaporetto Nr. 1, 52, 82 (im Sommer); mit dem Auto: ab Parkplatz Tronchetto die Fähre Linie 17 (30 Min.) - ab Flugplatz „Ali Laguna" (40 Min).

VENETO - GIULIA

Agriturismo Le Garzette

30126 Venezia
Lido - Lungomare Alberoni, 32
Tel. 041-73 10 78 - Fax 041-242 87 98
E-Mail und Web: guidesdecharme.com/1936

Für viele Touristen ist der Lido der Strand von Venedig – jener vom „Tod in Venedig" und der Paläste im Libertystil. Bei der Ankunft sind sie dann, auch wenn es noch immer die aneinander gereihten Kabinen gibt, oft enttäuscht. Für den *lidense* ist die Insel ein unberührtes Dorf mit einem Lebensrhythmus, in dem die alltäglichen „Riten" ihren Platz haben, etwa mit dem *spritz*, den man sich am Tisch von Garbiza an der Gran Viale gönnt, dem *ciceto*, mit einer *ombra* in der Bar „Trento", aber auch mit dem Abendessen in einer alten Familien-Trattoria, in der man Fisch der Lagune und Gemüse aus den zahlreichen Gärten der Insel isst, der die Gezeiten dank der gigantischen Barriere aus weißen, sechs Kilometer langen Felsen namens *murazzi* nichts anhaben können. Der Bauernhof *Le Garzette* ist ein Agriturismo, auf dem Lungomare-Land schön verborgen, zwischen Malamocco und Alberoni. Fünf komfortable Zimmer, denen die Möbel der Familie und Erinnerungsstücke vergangener, authentischen Charme Zeiten verleihen. Wir bevorzugen das Zimmer mit Laubenterrasse und das mit dem Eckbalkon. Ferner gibt es ein exzellentes Restaurant, in dem vorwiegend mit Hausgemachtem gekocht wird. Hinten im Garten erwartet Sie dann eine Überraschung: die zu den *murazzi* und zum Meer führende verborgene Tür zu Ihren Füßen.

Geschlossen November **5 Zimmer** mit Bad **Preise** DZ: 90-100 € - Frühst. inkl., von 8.30 bis 10.00 Uhr **Kreditkarten** Visa, Eurocard, MasterCard **Verschiedenes** Hunde auf Anfrage erlaubt - Parkpl. **Umgebung** Venedig - Lido - Malamocco **Restaurant** von 12.30 bis 14.00 und 19.30 bis 21.30 Uhr - Menü: 35-55 € **Anreise** (Karte Nr. 4): Vaporetto Nr. 1, 52, 82 (im Sommer). Auto: Tronchetto die Fähre Nr. 17 (30 Min.). Ab Lido: beim ersten Mal am besten ein Taxi nehmen.

Locanda Cipriani

Isola Torcello 30142 Venezia (Venezia)
Piazza Santa Fosca, 29
Tel. 041-73 01 50 - Fax 041-73 54 33
Carla Cipriani und Bonifacio Brass
E-Mail und Web: guidesdecharme.com/1937

Als Guiseppe Cipriani einmal eine Touristengruppe durch die Lagune führte, entdeckte er auf der Insel Torcello dieses alte Gasthaus. Und da es Liebe auf den ersten Blick war, wurde er dessen Eigentümer. Die *Locanda Cipriani* ist hauptsächlich für ihre raffinierte Küche und Fischspezialitäten bekannt – aber auch wegen seines Chefs Cristian Angiolin, doch gibt es zudem ein paar Zimmer. Wenn das Äußere des Hauses auch seinen rustikalen Charakter erhalten hat, so sind die Salons und die Zimmer doch elegant eingerichtet. Die Mahlzeiten werden im Garten oder in der offenen Galerie mit Arkaden serviert. Ein längerer Aufenthalt auf Torcello lohnt kaum, da es außer der Kirche Santa Fosca und dem Dom Santa Maria Assunta im venezianisch-byzantinischen Stil eigentlich nichts zu besichtigen gibt. Aber die isolierte Lage und der Charme des Gasthofs sind es wert, dass man hier zumindest einen Abend verbringt.

Kategorie ★★★ **Geschlossen** 7. Januar bis 12. Februar **6 Zimmer** mit Klimaanl. (3 mit Salon), Tel., Bad, Safe **Preise** DZ: 130 € (pro Pers.) - Frühst. inkl., von 7.00 bis 12.00 Uhr - HP: von 180 € **Kreditkarten** Visa, MasterCard, Amex **Verschiedenes** Hunde nicht erlaubt **Umgebung** Karneval von Venedig, Il Redentore (3. Juli-WE), Regata Storica (1. So im Sept.), Mostra von Venedig (Sept.), Biennale von Venedig - Murano (Glasmuseum) - Torcello (Dom S. M. Assunta, S. Fosca) - Burano - Friedhof San Michele - Villa Foscari in Fusina - Villen des Veneto - Kreuzfahrt auf der Brenta an Bord der „Burchiello" - Golfpl. al Lido Alberoni (18 L.) **Restaurant** von 12.00 bis 15.00 und 19.00 bis 22.00 Uhr - Di geschl. - Menüs: 55-65 € - Karte **Anreise** (Karte Nr. 4): Nr. L/N ab Fondamenta Nuove (30/45 Min.).

Casa Pace

30021 Marango di Caorle (Venezia) - Strada Lemene, 8
Tel. 329-030 79 40 - Handy 0032-475 677 767 - Fax 0032-436 778 30
José Texeira
E-Mail und Web: guidesdecharme.com/1938

In der Antike war die Alto-Adriatico-Küste durch eine Lagune gekennzeichnet, die sich, unterbrochen durch die Delten von Po, Etsch, Brenta, Piave und Tagliamento, von Ravenna nach Aquila hinzog. Diese Lagune, der Vereinigung von Land und Wasser und vor allem dafür bekannt, am Ursprung die Erbauung und der Prosperität von Venedig gestanden zu haben, brachte aber weitere Orte der Geschichte und der Natur hervor, was die historischen Zentren und archäologischen Museen dieser Region belegen. Die Lagune von Caorle bietet eine Landschaft aus kleinen Inseln mit verstreuten Fischerhütten und das Dorf San Gaetano umgebenden Fischwällen. Entsprechend eines hiesigen Sprichwortes („Der Herr schuf den Erdboden und das Wasser, aber der Mensch schuf den Wein") hat sich auf diesem fruchtbaren Boden seit 1985 der DOC Lison-Pramaggiore fortentwickelt. Das große Bauernhaus mit roten Fensterläden und Nebengebäuden zeigt sich schon von Ferne inmitten der weiten Livenza-Ebene. Die vier Zimmer sind pickobello mit ihrem Retro-Mobiliar aus jener Zeit, als man noch ein „Schlafzimmer" kaufte: Bett, Nachttisch, Schrank und Kommode, alles aufeinander abgestimmt. Die Aussicht ist weit, es gibt schattige Plätze um das Haus herum wie auch einen kleinen (freistehenden) Pool. Ein ländlicher, behaglicher und sehr gastfreundlicher Ort.

Geschlossen Oktober bis April **4 Zimmer** mit Bad **Preise** DZ: 60-70 € - Frühst. inkl., von 8.00 bis 10.00 Uhr **Kreditkarten** nicht akzeptiert **Verschiedenes** Hunde nicht erlaubt **Umgebung** Venedig (40 km) - Triest (50 km) - Strände von Caorle - Weinberg-Rundfahrten **Kein Gästetisch** vor Ort **Anreise** (Karte Nr. 4): A-4 Venedig-Triest, Ausfahrt Santo Stino di Livenza, 10 km Rtg. Caorle. Hinter dem Wasserturm am Kreisverkehr geradeaus; nach 2 km links Rtg. Marango. Nach 1 km hinter der kleinen Brücke links am Kanal entlang. Den Balken heben, das Haus liegt 1 km weiter rechts.

Villa Rizzi-Albarea

30030 Pianiga (Venezia)
Via Albarea, 53
Tel. 0415100933 - Fax 0415132562
Pier Liugi und Aida Rizzi
E-Mail und Web: guidesdecharme.com/1939

Villa Rizzi-Albarea liegt nur zwei Kilometer von der Autobahn an der Kreuzung jener Straßen, die zu den wichtigsten Städten Venetiens führen. Padua befindet sich knapp zwanzig Kilometer weiter, und nach Vicenza, Verona und Treviso ist es nicht weit. Außer der günstigen Lage werden Sie hier in einer der ältesten Villen der Brenta-Riviera wohnen. Das ursprüngliche Kloster der Nonnen der Giudecca von Venedig wurde zu einer Sommerresidenz umgestaltet, bevor es die Rizzis als ihr Familienhaus übernahmen. Parallel zu anderen Aktivitäten restaurierte dieses Paar die Villa viele Jahre lang. Und erfüllten sie erneut mit Leben. Die Fresken der Schlafräume und Salons wurden aufgefrischt, Sessel und Betten mit Seidenstoffen bezogen, Möbel des 19. Jahrhunderts erworben und das Haus mit gutem Komfort ausgestattet, weshalb es nun Gäste zu beherbergen vermag. Ab dem Frühjahr wird das englische Frühstück weiß behandschuht in der *barchessa* serviert, in der kühlen Jahreszeit am Kamin. Mit dem Wunsch, Sie bestens aufzunehmen und Sie über die Region aufzuklären, ist der Empfang höchst entgegenkommend.

Kategorie ★★★★ **Ganzj.** geöffn. **7 Zimmer** und 1 Appartement mit Klimaanl. (auf Wunsch), Tel., Bad, TV, Safe, Minibar **Preise** DZ für 1 Pers.: 90-140 €, DZ: 160-200 €, Suite: 180-280 € - Appart.: 220-280 € (2-4 Pers.) - Frühst. inkl., von 8.00 bis 10.00 Uhr **Kreditkarten** akzeptiert **Verschiedenes** Hunde nicht erlaubt - Solarium - Sauna - Fitness - Swimmingpool - Parkpl. **Umgebung** Palladio-Villen: per Auto von Padua nach Venedig der Brenta entl. (N-11) (Villa Ferretti- Angeli in Dolo - Villa Venier-Contarini-Zen in Mira Vecchia - Palazzo Foscarini in Fusina - Villa Widmann - Villa Pisani in Stra - Villa Malcontenta in Malcontenta) - Golfpl. Ca' della Nave (18 L.) in Martellago **Kein Restaurant** im Hotel **Anreise** (Karte Nr. 4): 20 km westl. von Venedig über die A-4, Ausfahrt Dolo-Mirano, dann Rtg. Mirano und Pianiga.

Hotel Villa Margherita

30030 Mira Porte (Venezia)
Via Nazionale, 416
Tel. 041-426 58 00 - Fax 041-426 5838
Familie Dal Corso
E-Mail und Web: guidesdecharme.com/1940

Diese alte Patriziervilla aus dem 17. Jahrhundert liegt ideal am touristischen Rundreiseweg zur Besichtigung jener Villen, die reiche Venezianer einst an den Ufern der Brenta erbauen ließen. *Villa Margherita* ist bis ins kleinste Detail luxuriös eingerichtet und besticht durch die Auswahl der Materialien und die Mischung alter und moderner Möbel, die Dekoration mit Fresken, Gemälden und Stoffen. Die Zimmer wurden von Grund auf renoviert und schallisoliert; ihr Stil von einst entspricht heute wieder ganz dem der Architektur des Hauses. Die ruhigsten Schlafräume sind die mit Blick auf die Felder, aber diejenigen, die zur Straße hin liegen, sind nun schallgeschützt. Das Restaurant befindet sich in einem Gebäude fünfzig Meter weiter. Charmanter Empfang, sehr zurückhaltendes Personal und gerechtfertigte Preise. Kürzlich eröffnete die Familie Dal Corso die überaus elegante *Villa Franceschi*, in der Sie auf Wunsch ebenfalls wohnen können.

Kategorie ★★★★ **Ganzj.** geöffn. **19 Zimmer** mit Klimaanl., Tel., Bad oder Dusche, Satelliten-TV, Wi-Fi, Minibar, Safe **Preise** EZ: 110-135 €, DZ: 160-240 €, 3-BZ: 250 €, Junior-Suite: 280 €, Royal Suite: 350 € - Frühst. inkl., von 7.30 bis 10.30 Uhr - HP: + 45 € pro Pers. **Kreditkarten** akzeptiert **Verschiedenes** Hunde auf Anfrage erlaubt - Parkpl. **Umgebung** Palladio-Villen: per Auto von Padua nach Venedig der Brenta entl. - Asolo - Treviso - Conegliano - Kreuzfahrt auf der Brenta an Bord der „Burchiello" - Venedig - Padua - Golfpl. al Cà della Nave und Lido Alberoni **Restaurant** von 12.00 bis 14.30 und 19.00 bis 22.00 Uhr - Karte - Venezianische Küche - Fisch **Anreise** (Karte Nr. 4): 15 km westl. von Venedig über die A-4, Ausf. Dolo-Mirano, dann S-11 Rtg. Dolo/Venezia.

Villa Soranzo Conestabile

30037 Scorzé (Venezia)
Via Roma, 1
Tel. 041-44 50 27 - Fax 041-584 00 88
Sig.r Martinelli
E-Mail und Web: guidesdecharme.com/1941

Diese im Zweiten Weltkrieg stark beschädigte und 1960 restaurierte Villa war seit dem 16. Jahrhundert die Sommerresidenz einer adeligen venezianischen Familie. Die Fassade ist ein schönes Beispiel des neoklassischen Stils. Auch die Innenräume sind mit zweiarmigen Treppen, Säulen und Geländerstützen ein Spiegelbild der Architektur venezianischer Villen. Die renovierten Gästezimmer sind groß und ruhig; die Suite „Contessa Soranzo", das einstige Zimmer der Hausherrin, möchten wir Ihnen besonders ans Herz legen. 20 Kilometer von Venedig und 30 Kilometer von Padua entfernt, kann man sich hier an einem romantischen Park erfreuen, der von Giuseppe Japelli entworfen wurde; eines seiner bekannteren Werke ist das „Café Pedrocchi" in Padua. Angesichts der nahen Städte ist hier die Landschaft nicht mehr ganz jungfräulich.

Kategorie ★★★ **Ganzj.** geöffn. **20 Zimmer** mit Klimaanl., Tel., Bad oder Dusche, Satelliten-TV **Preise** EZ: 90-140 €, DZ: 140-200 €, Suite: 290 € - Frühst. inkl., von 7.30 bis 10.30 Uhr - HP: + 26 € pro Pers. **Kreditkarten** Visa, Eurocard, MasterCard, Amex **Verschiedenes** Hunde erlaubt (13 €) - Parkpl. **Umgebung** Palladio-Villen entlang der Brenta (N-11) zwischen Padua und Venedig - Golfpl. Ca' della Nave (18 L.) in Martellago **Restaurant** von 19.30 bis 22.00 Uhr - von März bis Oktober Mo bis Fr geöffn. - Menü: 26 € - Karte - Regionale Küche **Anreise** (Karte Nr. 4): 28 km nordöstl. von Padua über die A-4, Ausfahrt Padova-Est, Rtg. Treviso.

Hotel Villa Regina Margherita

45100 Rovigo (Venezia)
Viale Regina Margherita, 6
Tel. 0425-36 15 40 - Fax 0425-313 01
E-Mail und Web: guidesdecharme.com/1942

Diese besonders edle Artdéco-Villa beherbergt ein charmantes Hotel. Das *Regina Margherita* wurde in einer hübschen, alten Wohnstraße im Zentrum der Kleinstadt Rovigo eröffnet, und wir wünschen ihm viel Erfolg, denn den verdient es. Die Renovierung der Villa beweist Geschmack; die Fenster, die in den dreißiger Jahren sehr in Mode waren, blieben ebenso erhalten wie einige antike Möbel, die den in warmen Tönen gestalteten Salons und der Rezeption ganz besonderen Charme verleihen. Die Zimmer, von denen einige am Garten liegen, sind gefällig, voller Komfort und ausgesprochen gepflegt. Das Restaurant muss besonders erwähnt werden: Sowohl der Rahmen als auch der Service und nicht zuletzt die Gerichte sind bemerkenswert und höchst zufriedenstellend. Verwendet werden reichlich regionale Produkte für die Jahreszeitenküche.

Kategorie ★★★★ **Ganzj.** geöffn. **22 Zimmer** mit Klimaanl., Tel., Bad oder Dusche, Satelliten-TV, Minibar; Aufzug **Preise** EZ: 75 €, DZ: 100 €, 3-BZ: 110 €, Suite: 130 € - Frühst. (Buffet) inkl., von 7.30 bis 9.30 Uhr **Kreditkarten** akzeptiert **Verschiedenes** Hunde nicht erlaubt - Parkpl. **Umgebung** Villa Badoer (Palladio), Villa Bragadin, Villa Molin in Fratta Polesine - Abtei Vangadizza in Badia Polesino - Padua - Ferrara **Restaurant** „Le Bettule": von 12.30 bis 14.00 und 19.30 bis 22.00 Uhr - Menüs: 18-26 € - Karte - Jahreszeitenküche **Anreise** (Karte Nr. 10): 45 km südl. von Padova über die A-13, Ausfahrt Boara-Rovigo.

Tenuta Ca'Zen B&B

Ca'Zen 45019 Taglio del Po (Rovigo) - Via Po, 36
Tel. und Fax 0426-34 64 69 - Handy 339-868 8715
Maria Adelaide Avanzo
E-Mail und Web: guidesdecharme.com/1943

Das Po-Delta, also die Gegend, in der der Fluss in die Adria mündet, bildet ein großes Dreieck um Romagna und Venetien (Rovigo im Norden, Ferrara im Westen und Ravenna im Süden) und ist durchzogen von brackigen Lagunen, Dämmen, Dünen, Sandbänken und einem engen Netz von Kanälen. Das Kino, das das Leben und die Wechselbeziehung des Flusses und seiner Bewohner auf wunderbare Art erzählt (cf. *Don Camillo, Bitterer Reis, 1900* …), hat dennoch kein besonderes touristisches Interesse nach sich gezogen. Ob per Fahrrad, Schleppkahn, zu Pferd oder traditioneller hier im Landgasthaus – dieses riesige wässrige Gebiet sollten Sie unbedingt aufsuchen, denn es ist das größte der Mittelmeerländer nach dem des Nils. *Ca'Zen* ist hierfür eine exzellente Adresse. Die wundervolle Villa des 18. Jahrhunderts war einst Teil eines alten Landgutes, das für den Anbau von Zuckerrüben etwa hundert Familien aus Taglio beschäftigte. Zu jener Zeit sah man noch den Fluss vom 1. Stockwerk aus, und Lord Byron meditierte hier über seine Liebe zu Teresa Guiccioli. Das Haus ist noch immer voller Erinnerungen, die Elaine gern mit Ihnen teilt. Bei ihr finden Sie zudem alle Vorzüge ihrer irländischen Abstammung, weshalb der Empfang besonders liebenswürdig, die Gastfreundschaft echt und die Schönheit des Parks ganz natürlich ist.

Geschlossen Dezember bis Januar **9 Zimmer** mit Bad (7 in der Villa, 2 im Nebengebäude) **Preise** 45-60 € (pro Pers.) - Frühst. inkl., von 8.00 bis 9.30 Uhr **Kreditkarten** Visa, Eurocard, MasterCard, Amex **Verschiedenes** Hunde im Zwinger erlaubt (7 € pro Tag) - Fahrradverleih (8 € pro Tag, 5 € 1/2 Tag) - Parkpl. **Umgebung** Po-Delta: Commachio - Bosco della Mesola (Wild) - Taglio della Falce (Vogelwarte) - Idrovora de Ca'Vendramin (bemerkenswerte Industrie-„Archäologie") **Restaurant** reservieren - Abendessen - Menüs: 35-45 € **Anreise** (Karte Nr. 10): 30 km östl. Rovigo bis Adria, dann Taglio del Po.

Villa Pisani

35040 Vescovana (Padova)
Via Roma, 19/25/31
Tel. 0425-92 00 16 - Fax 0425-45 08 11
Mariella Bolognesi Scalabrin
E-Mail und Web: guidesdecharme.com/1944

Die zwischen Ferrara und Padua gelegene *Villa Pisani* ist ein wahres Reiseziel. Mehr als ein Hotel, ist dies eine Charme-Residenz bzw. ein B&B, ein einzigartiges historisches Bauwerk, das nur die glücklichen Hausgäste besichtigen können. Die inmitten eines etwa zehn Hektar großen Parks erbauten Gebäudeteile sind majestätisch. Lange in Familienbesitz der Pisani, wurde die Villa im Laufe der Jahrhunderte von der einflussreichen venezianischen Bankbesitzer- und Botschafterfamilie stetig vergrößert und umgebaut. Heute gehört sie den Bolognesi Scalabrin, die sich bemühen, dieses unschätzbare Eigentum mit all seiner traditionellen Eleganz zu erhalten. Die Zimmer präsentieren ihren Reichtum: spektakuläre Wandfresken, Teppiche, Radierungen, Kronleuchter und Putti. Bevor Sie es bedauern, nicht in diesem oder jenem Zimmer zu übernachten, sollten Sie sich Ihr Bad ansehen. Doch den Charme von *Villa Pisani* machen auch ihre Pergola, ihre zahllosen Salons und selbstverständlich ihr riesiger Garten aus. Statuen, Steinbänke, hundertjährige Bäume und Waldstücke … der Spaziergang ist wundervoll und endet am phantastischen Swimmingpool, dem einzigen Anachronismus der Villa.

Ganzj. geöffn. (mind. 3 Üb. in den Wintermonaten) **7 Zimmer** und 1 Suite (2 Zi.) mit Klimaanl., Bad und Dusche, TV **Preise** EZ: 120-130 €, DZ: 160-180 €, 3-BZ: 190 €, Suite: 230-280 € - Frühst. inkl., von 7.30 bis 10.00 Uhr **Kreditkarten** akzeptiert **Verschiedenes** Hunde erlaubt - Swimmingpool - Parkpl. **Umgebung** Villa Badoer (Palladio), Villa Bragadin, Villa Molin in Fratta Polesine - Abtei Vangadizza in Badia Polesino - Padua - Ferrara **Kein Restaurant** im Hotel **Anreise** (Karte Nr. 10): 35 km südl. von Padova, A-13, Ausfahrt Boara-Padova.

Agriturismo Fulcio Miari Fulcis

Modolo Castion 32043 Belluno (Belluno)
Tel. und Fax 0437-927198
E-Mail und Web: guidesdecharme.com/1945

Nahe der Flüsse Piave und Ardo im Schutz der Bergmassive erbaut, ist das nur 380 Meter hoch gelegene Belluno zwar eine kleine Stadt der Dolci Dolomiti, aber mit der Eleganz Venedigs, unter dessen Herrschaft es 400 Jahre lang stand. Die friedliche Atmosphäre der kleinen Straßen und Plätze erinnert an den aus dieser Gegend stammenden Schriftsteller Dino Buzzati, der mit seiner Heimat immer eng verbunden blieb. Nur fünf Kilometer weiter ist das *Agriturismo Fulcio* ein idealer Aufenthaltsort. Fulcio, ein Nachfahre der lokalen, heute in aller Welt, aber auch weiterhin hier lebenden Dynastie der Miari-Fulcis, ist Bergführer. Das bedeutet, dass er im Winter wie im Sommer für Skitouren oder Wanderungen ein besonders guter Ratgeber und erfahrener Begleiter ist. Das Haus wurde mit viel Liebe und Poesie eingerichtet. So werden Sie im Zimmer „Farfalle" alles über Schmetterlinge erfahren, im kleinen Zimmer „Rose" wird die Blume zelebriert, während „Estanca du Cavali" ein Schlafsaal für eine Freundesgruppe ist. In den kleinen, typischen Gaststätten des Ortes werden Sie mit der guten Bauernküche des Val Belluna Bekanntschaft machen: Polenta mit Schitz-Frischkäse, gegrilltes Kalbs- und Rindfleisch, Fagioli-di-Lamon-Suppe und Eis, das, so will es die Überlieferung, ausschließlich nach dem Rezept eines Sizilianers auf der Durchreise hergestellt wird.

Geschlossen Mai und Oktober **8 Zimmer** mit Bad, TV, Wi-Fi **Preise** DZ: 60 € - Frühst. inkl. **Kreditkarten** akzeptiert **Verschiedenes** Hunde nicht erlaubt - Sauna - Reiten - Ski - Mountainbikes - Parkpl. **Umgebung** Belluno - Nationalpark Dolomiti Bellunesi - Villa Buzzati und die kleine Kirche mit den sterblichen Überresten des Schriftstellers - Feltre - Venedig (1 Std.) - Asolo (1 Std.) **Kein Restaurant** im Agriturismo **Anreise** (Karte Nr. 4): nördl. von Venedig, A-27, Ausfahrt Belluno-Centro. Rtg. Nevegal/Feltre, Nevegal/Castion, hinter der Tankstelle Total links nach Modolo.

Hôtel de la Poste

32043 Cortina d'Ampezzo (Belluno)
Piazza Roma, 14
Tel. 0436-42 71 - Fax 0436-86 84 35
Gottardo Manaigo
E-Mail und Web: guidesdecharme.com/1947

Die Perle der Dolomiten hat bereits seit langem ihr historisches Hotel. Es ist das bei der Schickeria Cortinas beliebte *Hotel de la Poste*. Selbstverständlich bietet es die allergrößten Annehmlichkeiten eines Berghotels. Es liegt im Zentrum, zur Sonnenseite hin, ruhig. Seine Bar ist begehrt (der Hauscocktail heißt *dolomite*), seine Küche stets vom Feinsten, sein Service gepflegt. Trotz der mit seiner Berühmtheit zusammenhängenden Nachteile ist das *Hôtel de la Poste* nach wie vor eine der bemerkenswertesten Adressen dieser Gegend. Die Zimmer sind komfortabel und behaglich. Von den Fassadenzimmern am Platz schaut man auf die Berge, und wer sich in den oberen Etagen befindet, dem wird ein Panoramablick über die Stadt und das Tal geboten. Dieses Haus empfehlen wir all denen, die das Gebirge lieben, aber auf die Annehmlichkeiten von Shopping und Begegnungen nicht verzichten möchten.

Kategorie ★★★★ **Geschlossen** Oktober, November, April und Mai **74 Zimmer** mit Tel., Bad, Hydromassage, Fön, Satelliten-TV, Minibar; Aufzug **Preise** EZ: 119-213 €, DZ: 206-394 €, 3-BZ: 279-532 € - Frühst. inkl. - HP pro Pers.: 139-246 € (EZ), 123-230 € (DZ), 111-207 € (3-BZ) - VP pro Pers: 155-262 € (EZ), 139-246 € (DZ), 127-223 € (3-BZ) **Kreditkarten** akzeptiert **Verschiedenes** Hunde nicht erlaubt - Garage (17 €/Tag) **Umgebung** Drahtseilbahn (Tofane, Cristallo) - Ghedina-See - Misurina-See - Haus von Tizian in Pieve di Cadore - Cadore-Tal (siehe S. 666-667) **Restaurant** und Grill Room-Service von 12.30 bis 14.30 und 19.30 bis 21.30 Uhr - Menü: 56 € - Karte - Italienische Küche **Anreise** (Karte Nr. 4): 168 km nördl. von Venedig über die A-27 bis Alemagna, dann S-51 nach Cortina d'Ampezzo; 132 km südl. vom Brenner über die A-22 bis Bressanone, dann SS-49 Pusteria.

Hotel Menardi

32043 Cortina d'Ampezzo (Belluno)
Via Majon, 110
Tel. 0436-24 00 - Fax 0436-86 21 83
Familie Menardi
E-Mail und Web: guidesdecharme.com/1949

Das *Menardi* ist eine ehemalige Postkutschenstation. Man sieht das hübsche Haus mit den Holzbalkonen und der üppigen Blumenpracht schon vom Dorfeingang aus. Innen der gleiche Charme, die gleiche Gemütlichkeit, betont durch eine Einrichtung, bei der Holz und regionaler Stil dominieren. Uns sind die „Tiroler" Zimmer am liebsten, doch mag mancher Gast die anderen Gästezimmer schlichteren Stils vorziehen. Lassen Sie sich von der Lage am Straßenrand nicht irritieren: Das Hotel besitzt einen großen, hinter dem Haus gelegenen Park. Von den ruhigsten Zimmern blickt man auf ebendiesen Park und auf die Dolomiten. Dank der besonders liebenswürdigen Betreuung der Familie Menardi hat das Haus viele Stammgäste. Unter Berücksichtigung der guten Servicequalität muss man zugeben, dass die Preise ganz besonders interessant sind.

Kategorie ★★★ **Geöffnet** 5. Dezember bis 13. April und 27. Mai bis 20. September **49 Zimmer** mit Tel., Bad oder Dusche, Satelliten-TV **Preise** EZ: 50-110 €, DZ: 90-220 € - Frühst. inkl., von 7.30 bis 10.00 Uhr - HP und VP: 78-140 € (pro Pers.), 90-150 € (pro Pers.) **Kreditkarten** akzeptiert **Verschiedenes** Hunde nicht erlaubt - Dampfbad - Sauna - Jacuzzi - Garage **Umgebung** Drahtseilbahn (Tofane, Cristallo) - Ghedina-See - Misurina-See - Haus von Tizian in Pieve di Cadore - Cadore-Tal (siehe S. 666-667) **Restaurant** von 12.30 bis 14.00 und 19.30 bis 21.00 Uhr - Menü: 30 € - Italienische Küche **Anreise** (Karte Nr. 4): 168 km nördl. von Venedig über die A-27 bis Alemagna, dann S-51 nach Cortina d'Ampezzo.

Baita Fraina

Fraina 32043 Cortina d'Ampezzo (Belluno)
Tel. 0436-36 34 - Fax 0436-87 62 35
Familie Menardi
E-Mail und Web: guidesdecharme.com/1950

Etwas abseits der schicken, belebten Szene Cortinas werden Sie hier die Schönheit der Lage ohne touristischen Wirbel genießen. Im Winter wie im Sommer ist dies nur knapp ein Kilometer vom Zentrum entfernt ein regelrechtes Eintauchen in die Natur. Geführt wird *Baita Fraina* von der Familie Menardi, was weiter zu dieser wohltuenden Intimität und Schlichtheit beiträgt. Insgesamt gibt es hier nur sechs Zimmer, die schlicht sind, aber Komfort bieten, ferner ein exzellentes Restaurant. Alessandro Menardi, hier aufgewachsen, kümmert sich um die Küche und kreiert Köstliches wie *papardelle* mit Pilzen und Speck, Pilzsuppen, Waldsalate und weitere, mit lokalen Produkten zubereitete schmackhafte Gerichte. Im Keller lagern heute Qualitätsweine, die probiert werden können, es sei denn Sie ziehen es vor, sich nach dem Abendessen mit dem einheimischen Digestif-Angebot vertraut zu machen. Eine wertvolle Adresse zu günstigen Preisen im schicksten Wintersportort Italiens.

Kategorie ★★ **Geschlossen** 15. April bis 22. Juni und 1. Oktober bis 4. Dezember **6 Zimmer** mit Tel., Bad oder Dusche, Satelliten-TV **Preise** DZ: 80-140 € - Frühst. inkl., von 7.30 bis 10.00 Uhr - HP: 78-110 € (pro Pers.) **Kreditkarten** akzeptiert **Verschiedenes** Hunde nicht erlaubt - Sauna **Umgebung** Drahtseilbahn (Tofane, Cristallo) - Ghedina-See - Misurina-See - Häuser des Cadore-Tals - Haus von Tizian in Pieve di Cadore - Cadore-Tal (siehe S. 666-667) **Restaurant** von 12.00 bis 14.30 und 19.30 bis 21.30 Uhr - Mo außerh. der Saison geschl. - Menüs: 38-45 € **Anreise** (Karte Nr. 4): 168 km nördl. von Venedig über die A-27 bis Alemagna, dann S-51 nach Cortina d'Ampezzo.

Villa Marinotti

32040 Tai di Cadore (Belluno)
Via Manzago, 21
Tel. und Fax 0435-322 31
Familie Marinotti
E-Mail und Web: guidesdecharme.com/1951

Villa Marinotti ist ein Familien-Chalet aus den dreißiger Jahren, das zu einem kleinen Hotel umgestellt wurde, aber immer noch intim ist und deshalb sehr geschätzt wird. Das von einem großen Park umgebene Haus umfasst zwei Bungalows und fünf Suiten, jede mit Salon. Die Gestaltung ist schlicht und geschmackvoll (die reizvollste Suite heißt „Rosa"). Warmherziger Empfang und hervorragendes Frühstück. Von Juni bis September sind die Cadore-Täler das Reich der Pilze, die man dann in allen nur erdenklichen Zubereitungen vorgesetzt bekommt. Das vom Hotel unabhängige Restaurant bietet exzellente Spezialitäten an, mit einer regelrechten „Inszenierung" der Pilze, es organisiert im Sommer sogar Abende zu dem Thema, und dazu gereicht wird dann so mancher gute Tropfen. Die nahe des berühmtesten italienischen Wintersportortes Cortina d'Ampezzo gelegenen Dörfer des Cadore-Tals profitieren in den Wintermonaten von dieser illustren Nachbarschaft. An schönen Tagen kann man aber auch hier wunderbare Touren unternehmen, und die zahlreichen Restaurants bieten viel Authentisches.

Ganzj. geöffn. **5 Suiten** und 2 Bungalows mit Tel., Bad **Preise** Suiten EZ: 42-60 €, DZ: 75-115 € - Bungalows EZ: 42-55 €, DZ: 75-92 € - Frühst. inkl., bis 10.00 Uhr **Kreditkarten** Visa, Eurocard, MasterCard, Amex **Verschiedenes** Hunde auf Anfrage erlaubt - Tennis (10 €) - Parkpl. **Umgebung** Ski in Pieve di Cadore (2 km) und in Cortina d'Ampezzo (30 km) - Haus von Tizian in Pieve di Cadore - Cadore-Tal (siehe S. 666-667) - Cibiana (Wandmalereien des Dorfes) und Museum Reinhold Messner am Monte Rite (2160 m, im Sommer geöffn., eineinhalb Std. zu Fuß oder Pendelbus) **Kein Restaurant** in der Villa (siehe unsere Restaurantauswahl S. 666-667) **Anreise** (Karte N. 4): 34 km nördl. von Belluno über die S-51.

Haus Michaela

Borgata Fontana 32047 Sappada (Belluno)
Tel. 0435-46 93 77 - Fax 0435-66 131
Piller Roner
E-Mail und Web: guidesdecharme.com/1952

Am Rande Venetiens, wo der Charme Österreichs (fünf Kilometer weiter) sich bereits eindeutig zeigt, breitet sich Sappada in einem Tal aus, das von den majestätischen, abrupt abfallenden und schroffen Gipfeln der Dolomiten beherrscht wird. Ein Skiort im Winter und eine liebenswürdige Sommerfrische in der warmen Jahreszeit. In den schlichten Zimmern ist der Komfort recht gut. Das Hotel verfügt darüber hinaus über drei große Studios, die für Familien ideal sind. Außer dem beheizten Swimmingpool steht den Gästen ein vollständiges Fitness-Center, darunter z.B. auch ein türkisches Bad, zur Verfügung. Um danach erneut zu Kräften zu kommen, können Sie im Restaurant die regionalen und Tiroler Spezialitäten probieren; Reh wird in vielen Varianten angeboten. Von den zahlreichen Wanderwegen aus sollten Sie es nicht versäumen, zur Quelle der Piave hochzusteigen, dem legendären Fluss, der ganz Venetien, vor allem aber die Lagune von Venedig mit Wasser versorgt.

Kategorie ★★★★ **Geschlossen** 1. Oktober bis 1. Dezember und 30. März bis 15. Mai **14 Zimmer** und 4 Suiten mit Tel., Dusche (1 mit Bad), Satelliten-TV, Internet, Minibar, Safe **Preise** DZ: 58-105 €, Suiten: 110-140 € - Frühst.: 13 €, von 8.00 bis 10.00 Uhr - HP (mind. 3 Üb.): 55-90 € (pro Pers.) **Kreditkarten** Visa, MasterCard **Verschiedenes** Hunde auf Anfrage erlaubt - Wireless Internet-Zugang, Mountainbikes - Sauna - Swimmingpool - Garage und Parkpl. **Umgebung** Cortina d'Ampezzo - Haus von Tizian in Pieve di Cadore - Cadore-Tal (siehe S. 666-667) **Restaurant** von 19.00 bis 20.30 Uhr - Menüs: 25-35 € - Regionale Küche **Anreise** (Karte Nr. 5): 169 km nördl. von Venedig. A-27, Ausfahrt Vittorio Veneto, dann Rtg. Cortina. In Calalzo Rtg. Sappada.

Hotel Villa Cipriani

31011 Asolo (Treviso)
Via Canova, 298
Tel. 0423-52 34 11 - Fax 0423-95 20 95
Sigfrido Magagna
E-Mail und Web: guidesdecharme.com/1953

Wenn man das Veneto bereist, ist Asolo ein Muss. Eleonora Duse verbrachte hier nach einem Aufenthalt mit d'Annunzio ihre zehn letzten Lebensjahre. Im „Museo civico" sind diesbezügliche Erinnerungen ausgestellt. Seien Sie unbesorgt wegen der kleinen Industrieorte, die man bei der Anfahrt durchquert. Asolo wird Ihnen besonders schön erscheinen, wenn Sie auf dem Hügel inmitten der Landschaft das Schloss erblicken, das das kleine mittelalterliche Dorf überragt. Ein weiteres Muss ist selbstverständlich unsere superbe *Villa Cipriani*, die über Gästezimmer mit Raffinement verfügt, einen nach den Rosen der Laube duftenden Garten und eine wunderschöne Aussicht über die Umgebung bietet. Das weit zum italienischen Garten hin geöffnete Restaurant mit zwei Speiseräumen ist ein wahres Kleinod. Secondo Ceccato interpretiert hier mit viel Talent die regionalen Produkte wie Treviso-Rettich, weißen Bassano-Spargel, Fleisch von Montelllo, Fisch aus Chioggia und den berühmten Tiramisù des Veneto … Unvergesslich.

Kategorie ★★★★ **Ganzj.** geöffn. **31 Zimmer** mit Klimaanl., Tel., Bad, Satelliten-TV, Minibar; Aufzug **Preise** EZ: 109-255 €, DZ: 185-635 €; Extrabett: 80 € - Frühst. (Buffet): 35 €, von 7.00 bis 10.30 Uhr **Kreditkarten** akzeptiert **Verschiedenes** Aufzug - Hunde (außer im Restaurant) erlaubt - Garage und Parkpl. (18 €/Tag) **Umgebung** Bassano del Grappa - Marostica - Possagno (Haus und Tempel von Antonio Canova) - Villa Barbaro in Maser - Villa Rinaldi-Barbini - Villa Emo in Panzolo **Restaurant** von 12.30 bis 14.30 und 20.00 bis 22.30 Uhr - Menü: 60 € - Karte **Anreise** (Karte Nr. 4): 65 km von Venedig. 35 km nordwestl. von Treviso über die S-348 bis Montebelluna, dann S-248 nach Asolo; Rtg. Bassano del Grappa.

Albergo Al Sole

31011 Asolo (Treviso)
Via Collegio, 33
Tel. 0423-95 13 32 - Fax 0423-95 10 07
Silvia De Checchi
E-Mail und Web: guidesdecharme.com/1954

Zwischen Treviso und Bassano liegen die schönsten venezianischen Villen, die man heute besichtigen kann. Asolo ist eine ideale Etappe, nicht nur weil es eine herrliche Lage hat, sondern weil man im Dorf, das von jeher unverändert scheint, sehr angenehm wohnt. Die edle orangefarbene Fassade des Hotels beherrscht den großen Platz. Bevor Eleonora Duse ihr Haus erwarb, wohnte sie hier. Die Rezeption und die Salon-Bar mit mehreren Sofas und Sesseln haben die üppige Ausstattung von Grandhotels. Die Zimmer sind persönlicher gestaltet. Sie sind groß und haben viel Komfort. Die der linken Seite mit Blick aufs Dorf sind vorzuziehen. Besonders reizvoll und am größten sind die Suiten mit ihrem antiken Mobiliar. „La Terrazza" ist ideal zum Frühstücken, für den Aperitif bei Sonnenuntergang oder ein leichtes Gericht. „La Grotta di Bacco", in einem Raum eingerichtet, in dem Fresken aus dem 16. Jahrhundert aufgefunden wurden, bietet ein Menü an, das die kulinarische Geschichte Italiens „erzählt".

Kategorie ★★★★ **Geschlossen** Weihnachten und Neujahrstag **23 Zimmer** mit Klimaanl., Tel., Wi-Fi, Bad, LCD-TV, Minibar, Safe; Eingang für Behinderte **Preise** EZ: 110-150 €, DZ: 178-215 €, Junior-Suite und Suite: 220-285 € - Frühst. inkl., von 7.30 bis 10.30 Uhr **Kreditkarten** akzeptiert **Verschiedenes** Hunde erlaubt (15 €) - Technogymnastik - Fitness - Parkpl. **Umgebung** Bassano del Grappa - Marostica - Possagno (Haus und Tempel von Antonio Canova) - Villa Barbaro in Maser - Villa Rinaldi-Barbini - Villa Emo in Panzola - Golfpl. (7 km) **Restaurants** „La Terrazza" und „Grotta di Bacco" **Anreise** (Karte Nr. 4): 65 km von Venedig; 35 km nordwestl. von Treviso.

Locanda Sandi

Zecchei 31011 Valdobbiadene (Treviso) - Via Tessere, 1
Tel. 0423-976 239 - Fax 0423-905 588 - Familie Moretti Polegato
E-Mail und Web: guidesdecharme.com/1955

Auf dem linken Ufer der Piave, am Fuß der Bellunesischen Voralpen, befinden wir uns hier in der Marca Trevigiana, einer Weinberg-Region mit kleinen Winzerorten und Weinkellern, in denen exzellente Weißweine probiert werden können: außer dem berühmten Prosecco DOC ist der Cartizze eine Valdobbiadene-Qualität und der Torchiato di Fregona ein in nur kleinen Menger hergestellter Passito. *Locanda Sandi* gehört zum Weingut Villa Sandi, das sich in Crocetto del Montello befindet und zu den ersten gehörte, die ihre Weinkeller (und ihre Palladio-Villa) der Öffentlichkeit zugängig machten. Mit diesem Wunsch, Bodenständiges mit anderen zu teilen, hat die Familie Moretti Polegato, die seit bereits drei Generationen Wein herstellt, eine besonders hübsche *Locanda* in Zecchei-Valdobbiadene, sieben Kilometer von ihrem Generalquartier, eröffnet. Es war ihr ein Anliegen, das Schlichte eines Landhauses mit der Tradition eines Gasthauses zu verbinden. Hier schläft man unter schweren großmütterlichen Laken in großen, nach herkömmlicher Art möblierten Zimmern mit Balken, Parkett und Naturstein. Der Speiseraum mit zentralem Kamin bietet ein reichhaltiges Frühstück am Gästetisch an, und das Restaurant serviert köstliche bodenständige Spezialitäten. Von donnerstags bis samstags können Sie den Tag in der „Bottega del Vino" beenden, mit Blues & Jazz und möglicherweise ein paar Gläsern Wein. Aber danach brauchen Sie ja nur die Straße zu überqueren … Alle Wohltaten, mit denen die Natur dieses Fleckchen Erde bedacht hat, werden hier gern geteilt.

Ganzj. geöffn. **6 Zimmer** mit Tel., Bad **Preise** DZ: 178-215 € - Frühst. inkl., von 8.00 bis 10.00 Uhr **Kreditkarten** Visa, Eurocard, MasterCard **Verschiedenes** Hunde nicht erlaubt - Parkpl. **Umgebung** Bassano del Grappa - Marostica - Possagno (Haus und Tempel von Antonio Canova) - Villa Barbaro in Maser - Villa Rinaldi- Barbini - Villa Emo in Panzola **Restaurant** Di und Mi mittags geschl. - Menü und Karte: 30-50 € **Anreise** (Karte Nr. 4): 39 km nördl. von Treviso, zwischen Crocetta del Montello und Valdobbiadene.

Maso di Villa-Relais di Campagna

Collalto 31058 Susegana (Treviso)
Via Col di Guarda, 15 / Via Morgante II
Tel. 0438-84 14 14 - Fax 0438-98 17 42
Loretta Barel und Chiara Lucchetta
E-Mail und Web: guidesdecharme.com/1956

Maso di Villa ist ein opulentes Haus auf dem Land um Treviso voller Wälder und Weinberge. Die Trauben von Conegliano, einem großen benachbarten Weindorf, sind in der Tat berühmt, bringen sie doch exzellente Weißweine hervor (wozu der „göttliche" Prosecco zählt) wie auch Rotweine in der Ebene. Die wunderschönen, mit viel Sorgfalt ganz authentisch restaurierten Natursteingebäude des Maso sind heute ein besonders reizvolles Gasthaus mit bestem Komfort. Im Innern wurde viel Wert auf dekorative Effekte gelegt: Zimmer in kräftigen Farben, gestaltet mit geblümten Stoffen und rustikalem Mobiliar, was das gemütliche Ambiente dank Holzfußböden und Deckenbalken weiter unterstreicht. Vom gleichen Stil ist der Salon geprägt, der sich zur Terrasse hin öffnet; dort kann man frühstücken und gleichzeitig das Panorama genießen. Hinter den beiden wunderbar duftenden Gärten, der eine voller Blumen, im anderen gedeiht das Gemüse, beginnen gleich die Weinberge und vervollständigen das überaus erfreuliche Bild.

Ganzj. geöffn. **6 Zimmer** mit Bad **Preise** DZ: 140 € , Superior: 165 € - Frühst. inkl., von 8.00 bis 11.00 Uhr **Kreditkarten** Visa, Eurocard, MasterCard, Diners **Verschiedenes** Hunde nicht erlaubt - Swimmingpool - Parkpl. **Umgebung** Conegliano: Strada del Vino Bianco (Nordwest), Strada del Vino Rosso (Südost) - Treviso (von Okt. bis März alljährliche Impressionisten-Ausstellung) - Bassano del Grappa - Marostica - Possagno (Haus und Tempel von Antonio Canova) - Villa Barbaro in Maser - Villa Rinaldi-Barbini - Villa Emo in Fanzolo **Kein Restaurant** im Agriturismo **Anreise** (Karte Nr. 4): 20 km nordwestl. von Treviso über die A-27 (Venezia-Belluno), Ausfahrt Conegliano, Rtg. Susegana. An der Ampel rechts nach Collato (5 km).

Hotel Villa Abbazia

31051 Follina (Treviso)
Via Martiri della Libertà, 3
Tel. 0438-97 12 77 - Fax 0438-97 00 01
Mme Zanon de Marchi
E-Mail und Web: guidesdecharme.com/1957

Das *Abbazia*, ein hübsches Haus aus dem 17. Jahrhundert, heute ein kleines Luxushotel, liegt gegenüber einer herrlichen Zisterzienserabtei in den venezianischen Voralpen. An Komfort, Service und stilvoller Gestaltung bietet es alles, was man sich wünschen mag. Die Zimmer sind groß und individuell gestaltet in sanften, beruhigenden Farben, mit Radierungen und edlen Möbeln. Eine Villa im Libertystil bietet ihrerseits drei Zimmer und eine Suite an. Die Küche des Hotels, gegessen wird entweder im Innenhof oder im angenehmen Speiseraum, ist hervorragend. Außerdem hat sich *Villa Abbazia* mit der Eröffnung des direkt gegenüber gelegenen *Hotel dei Chiostri* (T.) vergrößert: mit dem Design von Philippe Starck und ebenfalls höchstem Qualitätsanspruch. Außerdem sei darauf hingewiesen, dass Follina in einer reizvollen Gegend mit vielen Palladio-Villen und -Bauernhöfen liegt. Empfang vom Angenehmsten.

Kategorie ★★★★ **Geschlossen** 7. Januar bis 12. Februar **12 Zimmer** und 6 Suiten (auf Wunsch mit Klimaanl.), Tel., Bad, Jacuzzi in Suiten, Satelliten-TV, Minibar **Preise** DZ für 1 Pers.: 170-335 €, DZ: 225-335 €, Suiten: 400-550 € - Frühst. (Buffet) inkl., von 7.30 bis 10.30 Uhr **Kreditkarten** akzeptiert **Verschiedenes** Hunde auf Anfrage erlaubt - Jacuzzi - Parkpl. **Umgebung** Abtei Follina (Juni und Juli tägl. abends Konzerte klassischer Musik) - Conegliano: Weißweinstraße bis Valdobbiadene (Spumante-Fest im Sept.) - Tour der Palladio-Villen - Treviso - Venedig - Asolo - Asolo Golf Club (27 L.) in Cavaso del Tomba (20 km), preiswerter bzw. kostenlos für Hotelgäste, Fahrradtouren **Restaurant** im Hotel **Anreise** (Karte Nr. 4): 40 km nördl. von Treviso. A-4, danach A-27, Ausfahrt Conegliano (rechts). An der Ampel links Rtg. Pieve di Soligo, dann Follina.

Agriturismo Foresteria Duca di Dolle

31051 Rolle di Cison di Valmarino (Treviso)
Via Piai Orientali, 5
Tel. 0438-97 58 09 - Fax 0438-97 00 01
Desiderio Bisol
E-Mail und Web: guidesdecharme.com/1958

Die Geschichte dieses Weingutes, im Herzen des historischen Prosecco-Weinbergs gelegen, beginnt zur Zeit der Republik Venetien im Jahr 1542, als der Familienname Bisol noch „treue Arbeiter" auf dem großen, inmitten des berühmten Weinbergs von Cartizze gelegenen Gut der Adelsfamilie da Pola bedeutete. Ab 1875 sind die Bisols dann selbst Winzer. Diese Berufung der Familie wird später auch durch internationale Anerkennung bestätigt. Die Weinberge liegen auf dem einzigartigen, kleinen Gebiet von Alta Marca Trevigiana ganz zerstreut, weshalb jede einzelne Fläche gehegt und gepflegt wird und die Qualität deshalb auch außerordentlich ist. Der um die Erhaltung von Natur und Traditionen des Weinanbaus sehr bemühten Familie liegt auch Gastfreundschaft sehr am Herzen. Sie bietet ein paar Gästezimmer und zwei phantastische, sehr gepflegte Wohnungen an: mit dem Luxus der Arte povera und dem Komfort mit Hydromassage und Hydrotherapie. Ein noch ganz authentische Haus, das den Kult von gutem Essen und Trinken pflegt. Hier tankt man wahrlich Energie.

Geschlossen Mitte November bis Ende Dezember und 8. Januar bis 20. März **9 Zimmer** mit Klimaanl., Tel., Bad oder Dusche mit Hydromassage, Satelliten-TV, Minibar und 4 Appart. mit Klimaanl. **Preise** EZ: 74-104 €, DZ: 125-155 € - Appart.: 160-270 € - Frühst. (Buffet) inkl., von 7.30 bis 10.00 Uhr **Kreditkarten** akzeptiert **Verschiedenes** Hunde erlaubt - Swimmingpool - Parkpl. **Umgebung** Abtei Follina - Tour der Palladio-Villen - Treviso - Asolo **Restaurant** im Hotel **Anreise** (Karte Nr. 4): nördl. von Treviso, A-4, dann A-27, Ausfahrt Vittorio Veneto-Nord nach Follina. Auf der Straße Rtg. Pieve di Soligo links nach Rolle. Am Glockenturm von Rolle etwa 500 m Rtg. Arfanta, „Foresteria" rechts.

Villa Giustinian

31019 Portobuffolè (Treviso)
Via Giustiniani, 11
Tel. 0422-85 02 44 - Fax 0422-85 02 60
Nathalie Berto-Christ
E-Mail und Web: guidesdecharme.com/1959

Portobuffolè ist ein reizendes, mittelalterliches Dorf zwischen dem östlichen Venetien und Friaul. Diese herrliche Villa sehr klassischer Bauweise ließ eine adelige Familie aus Venedig in einem großen Park errichten (heute in Straßennähe). Das Interieur ist auf prächtige Art barock: Stuckarbeit, Fresken der Veroneser Schule, Trompe-l'œil … Dennoch gelang es, in diesem grandiosen Dekor eine intime Atmosphäre zu schaffen. Eine superbe Treppe führt zu den Zimmern: alle unterschiedlich groß, geschmackvoll und komfortabel ausgestattet. Die Suiten mit venezianischem Mobiliar haben die Ausmaße von Ballsälen, und die Präsidenten-Suite mit ihrem geschnitzten Bett beeindruckt. Ein gutes Restaurant und eine exzellente Weinkarte werden Sie, falls erforderlich, endgültig überzeugen. Dieses Hotel sollte möglichst bald aufgesucht werden, denn die günstigen Preise sind möglicherweise darauf zurückzuführen, dass es vor nicht langer Zeit eröffnet wurde.

Kategorie ★★★★ **Geschlossen** 3 Wochen im Januar **35 Zimmer** und 8 Suiten mit Klimaanl., Tel., Bad oder Dusche, Satelliten-TV, Minibar, Safe **Preise** EZ: 90-120 €, DZ: 140-180 €, Suiten: 300-380 € - Frühst. (Buffet) inkl., von 7.00 bis 10.00 Uhr - HP (mind. 3 Üb.): + 45 € pro Pers. **Kreditkarten** akzeptiert **Verschiedenes** Hunde auf Anfrage erlaubt (18-25 €) - Jacuzzi - Swimmingpool - Parkpl. **Umgebung** Venedig - Conegliano: Weißweinstraße bis Valdobbiadene (Spumante-Fest im Sept.), Rotweinstraße in der Piave-Ebene (linkes Ufer) bis Roncade - Treviso **Restaurant** von 12.30 bis 14.00 und 20.00 bis 22.00 Uhr - So abends und Mo abends im Winter geschl. - Karte **Anreise** (Karte Nr. 5): 35 km nordöstl. von Treviso, Rtg. Oderzo, Portobuffolè-Pordenone.

Locanda Da Lino

31050 Solighetto (Treviso)
via Brandolini, 31
Tel. 0438-84 23 77 /0438-82 150 - Fax 0438-98 05 77
Marco Toffolin
E-Mail und Web: guidesdecharme.com/1960

Da Lino war zunächst ein Restaurant der neuen venezianischen Küche, das rasch berühmt wurde. Die Karte ist einfach, aber subtil, und *funghi* und *trevisana* werden auf wunderbare Art zubereitet. Linos Künstlerfreunde – Maler, Romanciers und Dichter – sind Stammgäste, und die große Sängerin Toti del Monte verbrachte hier ihre letzten Tage. Ihr zu Ehren verleiht Lino den „Premio Simpatìa": ein wahres kulturelles Ereignis. Heute kümmert sich sein Sohn Marco um alles – der Geist von einst ist jedoch unverändert. Die Zimmer tragen die Namen von Stammgästen und Freuden wie „Marcello" (Mastroianni) und (der Designerin) „Marta Marzotto" und sind komfortabel und phantasiereich gestaltet. Das Restaurant mit spektakulärem Kupfergeschirr umfasst zwei alte Räume, in denen die Stammgäste sitzen, sowie einen Speiseraum jüngeren Datums, der größer und touristischer ist.

Kategorie ★★★ **Geschlossen** Juli und Mo **17 Zimmer** mit Klimaanl., Tel., Bad, Satelliten-TV, Minibar, Safe **Preise** EZ: 70 €, DZ: 95 €, Suiten (2-4 Pers.): 120-130 € - Frühst. inkl., von 7.30 bis 10.30 Uhr - HP (mind 3 Üb.) und VP: 95 €, 120 € (pro Pers.) **Kreditkarten** akzeptiert **Verschiedenes** Hunde erlaubt - Parkpl. **Umgebung** Venedig - Villa Lattes in Istrana - Villa Barbaro Maser - Villa Emo Fanzolo di Vedelago - Conegliano: Weißweinstraße bis Valdobbiadene (Spumante-Fest im Sept.), Rotweinstraße in der Piave-Ebene (linkes Ufer) bis Roncade - Treviso - Golf-Club von Asolo (18 L.) **Restaurant** von 12.00 bis 15.00 und 19.00 bis 22.30 Uhr - Juli und Mo geschl. - Menü: 39 € - Karte **Anreise** (Karte Nr. 4): 33 km nordwestl. von Treviso.

Hotel Gabbia d'Oro

37121 Verona
Corso Porta Borsari, 4a
Tel. 045-800 30 60 - Fax 045-59 02 93
Sig.r Balzarro
E-Mail und Web: guidesdecharme.com/1961

Das *Gabbia d'Oro*, ein diskreter Palast des 14. Jahrhunderts, ist heute ein nicht minder diskretes „Hotel mit Charme". Der Eingang ist von der Straße aus kaum auszumachen. Die kleinen Salons mit den herrlichen Balken und den schönen Stilmöbeln und Sesseln sowie dem alten Kamin sind reizend. Um den blühenden Innenhof herum liegen die nicht besonders großen, aber absolut luxuriösen Zimmer. Luxus wirklich überall. Leider muss man für alles zahlen, und darum sind die Preise hoch, aber gerechtfertigt. Das Hotel liegt in der Fußgängerzone der Altstadt; trotzdem können Sie mit dem Auto vorfahren, um Ihr Gepäck im Hotel abzustellen. Danach wird Ihr Wagen zum Parkplatz gebracht.

Kategorie ★★★★ Ganzj. geöffn. **5 Zimmer** und 22 Suiten mit Klimaanl., Tel., Bad, Satelliten-TV, Minibar; Aufzug **Preise** EZ: 160-290 €, DZ: 220-380 €, Junior-Suite: 285-530 €, Suite: 300-560 €; Deluxe: 415-850 € - Frühst.: 23 €, von 7.00 bis 11.00 Uhr **Kreditkarten** akzeptiert **Verschiedenes** Kleine Hunde erlaubt - Parkservice (28 €) **Umgebung** Verona: Piazza delle Erbe, Piazza dei Signori, das Amphitheater, Haus von Romeo und Julia, Arche Scaligere, Basilika San Zeno, Castelvecchio; Giardino Giusti - Opernfestival im Amphitheater von Ende Juni bis Anfang Sept. - Villa Boccoli-Serego in Pedemonte - Villa della Torre in Fumane - Soave - Schloss Villafranca di Verona - Golfpl. (18 L.) in Sommacampagna **Kein Restaurant** (siehe unsere Restaurantauswahl S. 661-663) **Anreise** (Karten Nr. 3 und 4): A-4, Ausfahrt Verona-Sud, A-22, Ausfahrt Verona-Ovest. Nahe der Piazza delle Erbe.

Hotel Aurora

37121 Verona
P.tta XIV Novembre, 2/Piazza delle Erbe
Tel. 045-59 47 17 - Fax 045-801 08 60
Sig. Olivieri
E-Mail und Web: guidesdecharme.com/1962

In Verona gibt es zwar einige Luxushotels, aber kaum Hotels mit Charme. Was wäre zum *Aurora* zu sagen? Dass die Lage an der Piazza dell'Erbe im Zentrum (zudem eine Fußgängerzone, also sehr ruhig) nicht besser sein könnte, dass das Haus sehr gepflegt und komfortabel ist (Klimaanlagen und gut ausgestattete Bäder), dass der diskrete Empfang charmant ist und die Preise noch zivil sind. Die Zimmer sind einfach, ihre Gestaltung ist standardisiert. Wir raten Ihnen, die größeren Fassadenzimmer mit Blick auf den Platz zu nehmen. Ein weiterer Vorzug des Hotels ist die große Terrasse, von wo man auf die wunderschöne Piazza dell'Erbe schaut. Letztere wird zum Glück abends von den sich auf die Gesamtansicht unschön auswirkenden Souvenirläden „befreit".

Kategorie ★★ Ganzj. geöffn. **19 Zimmer** mit Klimaanl., Tel., Wi-Fi, Bad oder Dusche, Satelliten-TV; Aufzug ab 1. Stockwerk **Preise** EZ: 90-130 €, DZ: 100-150 €; kl. Appart. mit 2 DZ und 1 Bad: 160-230 € - Frühst. (Buffet) inkl., von 7.30 bis 10.00 Uhr **Kreditkarten** akzeptiert **Verschiedenes** Hunde erlaubt **Umgebung** Verona: Piazza delle Erbe, Piazza dei Signori, das Amphitheater, Haus von Romeo und Julia, Arche Scaligere, Basilika San Zeno, Castelvecchio; Giardino Giusti - Opernfestival im Amphitheater von Ende Juni bis Anfang Sept. - Villa Boccoli-Serego in Pedemonte - Villa della Torre in Fumane - Soave - Schloss Villafranca di Verona - Golfpl. (18 L.) in Sommacampagna **Kein Restaurant** (siehe unsere Restaurantauswahl S. 661-663) **Anreise** (Karten Nr. 3 und 4): A-4: Ausf. Verona-Sud - A-22: Ausf. Verona-Nord (Parkplatz Cittadella, Piazza Arsenale und Taxis zum nahen Zentrum ohne Autoverkehr).

Byblos-Art Hotel Amistà

Corrubbio 37029 Verona
Via Cedrate, 18
Tel. 045-685 55 55 - Fax 045-685 55 00
Francesco Cirillo
E-Mail und Web: guidesdecharme.com/1963

Auf der Liste der Architektenhotels in Verona steht das *Byblos-Art*. In der eleganten Villa Amistà des 16. Jahrhunderts hat sich der Sammler zeitgenössischer Kunst Dino Facchini mit dem Designer Alessandro Mendini zusammengetan, der in den siebziger Jahren die Bewegung Global Tools schuf, die sich anti-architektonisch und Anti-Design gab. Das Ensemble erhielt zwar seine ursprüngliche Struktur und seine originale Ausstattung (Fußböden aus venezianischem Granit, Stuck, Fresken und Trompe-l'oeil), doch finden sich heute auf der doppelläufigen Treppe Leuchter von Jean-Michel Othoniel, an den Mauerpfeilern Fotos einer Performance von Vanessa Beecroft und über der superben Marmorkonsole des 17. Jahrhunderts eine „Zauberin" von Anish Kapoor … nichts als Stars. Auch beim Mobiliar stellt man nur große Namen fest, doch entwarf selbstverständlich Mendini das Original-Mobiliar fürs Hotel: leicht kitschige Stilmöbel, die er abwandelt. Alles ist sehr farbig, sehr theatralisch. Die Leistungen des Hotels sind exzellent. Im Restaurant wirkt ein zwar junger, doch erfahrener Chef, Luca Mazzola, der vorwiegend mit frischen Produkten kleiner Produzenten und mit dem Fisch der Lagune kocht und eine Karte bester Valpolicella-Weine anbietet.

Kategorie ★★★★ **Ganzj.** geöffn. **Zimmer** mit Klimaanl., Tel., Internet, Bad, Satelliten-TV, Minibar, Safe **Preise** EZ.: 205-310 €, DZ: 270-390 €; Extrabett: 50-80 € - Frühst. (Buffet) inkl., von 7.00 bis 10.30 Uhr **Kreditkarten** akzeptiert **Verschiedenes** Hunde nicht erlaubt - Spa - Swimmingpool - Garage (15 €/Tag) **Umgebung** Verona, Opernfestival im Amphitheater von Ende Juni bis Anfang Sept. - Villa Boccoli-Serego in Pedemonte - Villa della Torre in Fumane - Soave - Schloss Villafranca di Verona **Restaurant** im Hotel **Anreise** (Karte Nr. 3): 7 km nördl. von Verona, Rtg. Fumane, Valpolicella.

La Magioca

37024 Negrar (Verona) - Via Moron, 3
Tel. 045-60 00 167 - Fax 045-60 00 840 - Matteo Merighi
E-Mail und Web: guidesdecharme.com/1964

Zwischen Verona und dem Gardasee zieht sich der große, von Wasserläufen (von den Lessini-Bergen in die Etsch-Ebene) durchzogene Valpolicella-Weinberg hin. Diese Herkunftsbezeichnung ist zwar weltweit stark verbreiteter, doch Kenner sagen, der Amarone (gleiche Rebenart und gleiches Anbaugebiet), allerdings mit unterschiedlicher Vinifizierung, sei ein komplexerer Wein. In einem großen schattigen Park mit englischem Rasen bietet das Landhaus der Familie Merighi, heute ein elegantes Gästehaus, derzeit sechs Zimmer an. Sie sind ländlich, anheimelnd, intim und raffiniert. Auf besonders delikate Art sind es die Palette und die Motive des Weinbergs, die die Atmosphäre von „Camere del Mosaico" schaffen, auch wenn der Name auf die außergewöhnliche Badewanne zurückgeht. Viel Sanftheit in „Amarone", in dem Sie eine Flasche zum Probieren erwartet. Eine rosige Atmosphäre in der Suite „Greta" (G. Scacchi, die das Haus einweihte), in „Ortensia", ganz der Oper gewidmet, ist es eher floral, und ein Werk von Gaetano Pesce tauft das Zimmer „Due Visi". Der Salon, der sich zur überdachten Terrasse ausweitet, hat das gleiche Ambiente absoluten Komforts und großer Ruhe, es sei denn, Sie bevorzugen die Frische des von Olivenbäumen verborgenen Pools. Und zum Frühstück nichts als Gourmandisen. Wenn Sie nach Verona fahren und Schokolade mögen, dann müssen Sie das darauf spezialisierte Geschäft „La Magioca" aufsuchen.

Ganzj. geöffn. **6 Zimmer** mit Klimaanl., Tel., Wi-Fi, Bad, Satelliten-TV, Minibar **Preise** DZ: 200-300 € - Extrabett: 75 € - Frühst. (Buffet) inkl. **Kreditkarten** akzeptiert **Verschiedenes** Hunde erlaubt - Swimmingpool **Kein Restaurant** (siehe unsere Restaurantauswahl S. 661-663) **Anreise** (Karte Nr. 3): 17 km von Verona. A-4 Mailand-Venedig, Ausfahrt Verona-Sud, Rtg. Centro (3.5 km). Hinter dem Tunnel, an der Ampel links Rtg. Negrar-Valpolicella. In S. Maria: an der Ampel rechts. Nach 1,3 km links nach Moron.

Hotel Villa del Quar

37020 Pedemonte (Verona)
Via Quar, 12
Tel. 045-680 06 81 - Fax 045-680 06 04
Sig.r Acampora Montresor
E-Mail und Web: guidesdecharme.com/1966

Die neue Generation der Inhaber der *Villa del Quar* hat aus dem Familienbesitz ein luxuriöses Hotel gemacht, ohne jedoch auf den Anbau von Wein zu verzichten, weshalb das Haus nach wie vor von einigen Hektar Weinbergen umgeben ist (und deshalb können Sie hier an Weinverkostungen teilnehmen). Die Architektur des Hauses mit drei den Garten umschließenden Gebäudeteilen ist typisch für diese Region. Die Salons sind wunderschön, die individuell gestalteten Gästezimmer bieten raffinierten Komfort. Hier, wenn auch mitten auf dem Land, ist Eleganz überall präsent. Morgens einen Spaziergang durch die Weinberge nur einige Kilometer von Verona zu unternehmen, stimmt einen für den Rest des Tages glücklich.

Kategorie ★★★★ **Geschlossen** 8. Januar bis 15. März **25 Zimmer** mit Klimaanl., Tel., Bad oder Dusche, Satelliten-TV, Minibar, Safe; Aufzug **Preise** EZ: 240-260 €, DZ: 300-400 €, Suiten: 435-890 € - Frühst. inkl., von 7.30 bis 10.30 Uhr **Kreditkarten** akzeptiert **Verschiedenes** Hunde erlaubt - Fitnessraum - Sauna - Swimmingpool - Hubschrauberlandeplatz - Parkpl. **Umgebung** Villa Boccoli-Serego in Pedemonte (Palladio) - Verona - Villa della Torre in Fumane - Soave - Schloss Villafranca di Verona - Gardasee - Mantova - Venedig - Golfpl. (18 L.) in Sommacampagna, Golfpl. (18 L.) in Garde **Restaurants** „Lunch Quar 12" - von 12.00 bis 14.00 Uhr - „Arquade" (2 Michelin*): von 12.30 bis 14.30 und 20.00 bis 22.00 Uhr - Mo und Di mittags (außerh. der Saison) geschl. - Menü: 95-130 € **Anreise** (Karte Nr. 3): 12 km nordöstl. von Verona, Rtg. Trento; vor Parona auf die Straße von Valpolicella, dann Rtg. Pedemonte. A-22, Ausfahrt Verona-Nord, Superstrada (Rtg. San Pietro in Cariano), rechts Rtg. Verona bis Pedemonte.

Foresteria Serego Alighieri

37015 Gargagnago di Valpolicella (Verona)
Via Giare
Tel. 045-770 36 22 - Fax 045-770 35 23
Sig. Pieralvise Serego Alighieri
E-Mail und Web: guidesdecharme.com/1969

Hier residierte Dante, wenn er nach Verona kam. Casal dei Ronchi erwarb sein ältester Sohn Pietro 1353 und ist noch immer der Wohnsitz der Nachkommen des Dichters. Heute ist dieses Haus ein prosperierender landwirtschaftlicher Betrieb, dessen Öl und Wein Sie probieren sollten. Nach einer langen, von majestätischen Zypressen gesäumten Allee erblickt man inmitten der Valpolicella-Weinberge das massive Gebäude, das einen großen gepflasterten Hof umschließt. Hier stehen acht komfortabel und geschmackvoll eingerichtete Appartements zur Verfügung. Knapp 100 Kilometer von Venedig zwischen dem Gardasee und Verona ist diese Villa ein märchenhafter Aufenthaltsort, der seinesgleichen sucht.

Geschlossen Januar **8 Appartements** mit Klimaanl., Tel., Wi-Fi, Bad, Satelliten-TV, Minibar, Safe **Preise** für 2 Pers.: 150-210 €, für 3 Pers.: 185-260 €, für 4 Pers.: 210-310 € - Frühst. inkl., von 8.30 bis 10.30 Uhr **Kreditkarten** akzeptiert **Verschiedenes** Hunde nicht erlaubt - Parkpl. **Umgebung** Verona: Opernfestival im Amphitheater von Ende Juni bis Anfang Sept. - Valpolicella- Weinberge (Villa Boccoli-Serego, S. Floriano, Fumane, Villa della Torre, San Giorgio, Volargne und Villa del Bene) - Soave - Gardasee - Golfpl. (18 L.) in Sommacampagna **Kein Restaurant** im Hotel **Anreise** (Karte Nr. 3): 20 km von Verona über die A-22, Ausfahrt Verona-Nord, dann Rtg. S. Ambrogio di Valpolicella.

Hotel Gardesana

Lagi di Garda 37010 Torri del Benaco (Verona)
Piazza Calderini, 20
Tel. 045-722 54 11 - Fax 045-722 57 71 - Dr. M. Lorenzini
E-Mail und Web: guidesdecharme.com/1970

Diese alte Statthalterschaft aus dem 15. Jahrhundert liegt den Ruinen des Schlosses Scaliger auf der anderen Seite des Hafens gegenüber und wurde mit viel Geschick zu einem charmanten Hotel umgestellt. Die Terrasse, auf der das Frühstück und das Abendessen serviert werden, liegt oberhalb des kleinen Yachthafens am Gardasee. Die Zimmer, deren Gestaltung zwar identisch, aber voller Raffinement ist, wurden mit komfortablen Bädern ausgestattet; die der 3. Etage mit Seeblick verfügen über einen Balkon. Das berühmte Restaurant (Mitglied eines Verbandes, der einen dekorativen Teller herausgibt) ist ein großer Anziehungspunkt – selbstverständlich auch für zahlreiche Gäste von außerhalb. So werden hin und wieder Themenabende (Trüffel, Olivenöl, Reis usw.) mit illustren Gästen aus Kunst, Literatur, Showbusiness und Sport veranstaltet. Der Empfang des Besitzers und seiner Familie ist sehr angenehm, die Preise sind unter Berücksichtigung der Lage und der Qualität der Leistungen unschlagbar. André Gide verlebte hier glückliche Tage, und deshalb trägt Zimmer 123 seinen Namen.

Kategorie ★★★ **Geschlossen** November bis Ende Januar **34 Zimmer** mit Klimaanl. (Juli/Aug.), Tel., Wi-Fi, Bad oder Dusche, Satelliten-TV, Safe; Aufzug **Preise** DZ: 106-140 €, mit Seeblick: 126-166 €, mit Seeblick und Balkon: 136-176 € - Frühst. (Buffet) inkl., von 7.00 bis 10.30 Uhr **Kreditkarten** nicht akzeptiert **Verschiedenes** Hunde auf Anfrage erlaubt (12 €) - Bewachter Privatparkpl. 150 m vom Hotel **Umgebung** Zitronentreibhaus im Castello - Cap San Vigilio (Aussicht) - Monte Baldo per Drahtseilbahn ab Malcesine (Aussicht) - Dörfer Pai di Sopra und Albisano (ländliche Architektur) - Strada dei Castelli über die alte Route Torri/Garda (10 km) - Verona - Golfpl. Marciaga (18 L.) **Restaurant** ab 19.00 Uhr - Di außerh. der Saison geschl. - Karte **Anreise** (Karte Nr. 3): 39 km nordwestl. von Verona über die A-4, Ausf. Peschiera - A-22: Ausf. Affi-Lagi di Garda.

Locanda San Vigilio

Lago di Garda 37016 Punta San Vigilio (Verona)
Tel. 045-725 66 88 - Fax 045-627 81 82
Sig. Girardi
E-Mail und Web: guidesdecharme.com/1971

Das Ostufer des Gardasees zieht sich bis Navese hin. In dem noch zu Verona gehörenden Teil des Sees ragt an jener Stelle eine Felsspitze ins Meer, wo Agostino Brenzoni im 16. Jahrhundert die Villa und den Aussichtsturm errichten ließ. Und hier werden noch immer vom Abkömmling des Grafen Guarienti regelmäßig die Aristokratie und internationale Politiker empfangen. Hinter der Villa führt ein schattiger Weg zu jenem Gebäudeteil, in dem einst das Personal wohnte, zum kleinen Hafen und zur Kapelle. Gabriele d'Annunzio war es, der dem Grafen nahe legte, ihn als *locanda* zu nutzen. Der Blick auf den See, die kleine, von einem Kai mit Weinlaube gesäumte Bucht, die Zypressen und Olivenbäume lassen diesen Ort außerordentlich romantisch erscheinen. Die zwei touristisch intensiven Sommermonate sollte man besser meiden, denn obschon Privatbesitz, ist der Zugang (zu Fuß) frei, weshalb man dann hier nicht allein auf weiter Flur ist. Die Zimmer sind groß, üppig, komfortabel. Im Speiseraum und Salon mit antiken Möbeln und anderen Gegenstände im Überfluss ist das Ambiente nostalgisch, eben das eines alten Hotels. In der kleinen Loggia und auf der Terrasse am See, als Restaurant dienend, ist die Atmosphäre am Abend, wenn sich alles beruhigt und man nur das Plätschern des Wassers vernimmt – zauberhaft.

Geschlossen Dezember bis Februar **7 Zimmer** und 3 Suiten mit Bad, Minibar, Safe **Preise** DZ: 270-890 € - Frühst. (Buffet) inkl. **Kreditkarten** Visa, Eurocard, MasterCard **Verschiedenes** Hunde erlaubt - Parkpl. **Umgebung** Lazise: Schloss Scaliger, Kirche S. Nicolò, großer Markt Mi - Cap San Vigilio (Aussicht) - Gardaland, Drahtseilbahn zum Monte Baldo - Verona - Venedig (1 Std. Bahnfahrt) **Restaurant** Menü und Karte **Anreise** (Karte Nr. 3): 35 km nordwestl. von Verona über A-4, Ausf. Peschiera del Garda, am See entlang Rtg. Lazize, Garda und Punta San Vigilio.

La Tinassara

Lago di Garda 37017 Lazise (Verona)
Via Vallesana, 18
Tel. 045-647 00 88 - Fax 045-647 00 98
Giuseppe Boninsegni
E-Mail und Web: guidesdecharme.com/1972

Lazise war einst der größte Hafen dieser Küste Venetiens. Das bezeugen seine Stadtmauern, das venezianische Zollamt des 15. Jahrhunderts und der große Markt mit Markenprodukten. Nahe des Dorfes gibt es heute in der einstigen Sommerresidenz der Bischöfe von Verona eine äußerst sympathische Familienpension. Die Lage an der Straße stört keineswegs, so sehr gefallen einem Angebot und Stil des Gastgebers. Wie seine Ehefrau, sie ist Psychologin, sagt, ist Guiseppe das einzige glückliche Kind, das sie kennt. Ein in der Tat wundervoller Ort zum Wohnen. Außer Garten und Swimmingpool, beide nicht sonderlich groß, stehen hier Kindern mehrere kleine Räume zur Verfügung: in einem wird ausgeschnitten, gemalt oder auf einer Tafel gezeichnet, im anderen werden Internet, ein Klavier und Gesellschaftsspiele angeboten, außerdem stehen Skates, Tischfußball und sogar Pushing-ball denjenigen zur Verfügung, die sich verausgaben möchten. Allerdings unter einer Bedingung: Freundlichkeit und eine gewisse Lebensart. Informelle Geselligkeit beim Frühstück in der Laube. Serviert wird ab 8.00 Uhr, und zwar solange, bis niemand mehr hungrig ist. Die Zimmer sind angenehm und komfortabel. Ein kleines Paradies, auch für Eltern.

Ganzj. geöffn. **11 Zimmer** mit Dusche, Minibar, Safe **Preise** pro Pers.: DZ: 34-59 € + 14-28 € (DZ für 1 Pers.) + 12 € (mit Kamin oder Terrasse) - Frühst. (Buffet) inkl. **Kreditkarten** nicht akzeptiert **Verschiedenes** Hunde erlaubt - Wireless Internet-Zugang - Fahrräder - Garage und Parkpl. **Umgebung** Lazise: Schloss Scaliger, Kirche S. Nicolò, großer Markt Mi - Cap San Vigilio (Aussicht) - Gardaland, Drahtseilbahn zum Monte Baldo - Verona - Venedig (1 Std. Bahnfahrt) **Gästetisch** Karte **Anreise** (Karte Nr. 3): 25 km von Verona über die A-4, Ausfahrt Peschiera - A-22, Ausfahrt Affi.

Il Borghetto nei Mulini

37067 Borghetto di Valeggio sul Mincio (Verona)
Via Raffaello Sanzio, 14/a
Tel. 045-795 20 40 - Handy 339-802 39 33 - Fax 045-637 96 25
Loredana Peretti
E-Mail und Web: guidesdecharme.com/1973

Die Gegend um Valeggio ist voller Weinberge, aber im 15. Jahrhundert wurde hier Weizen und Reis angebaut. Aus dem Grunde entstanden in Borghetto ganz nah am Fluss Mühlen, in denen kürzlich besonders reizvolle Wohnungen eingerichtet wurden. Die Lage ist einzigartig: ein Schloss der Scaliger, majestätische Überreste des Ponte Visconteo am Mincio, an dessen Ufer kleine Häuser stehen. Die Eigentümer (Ingenieur und Architektin) haben eine bemerkenswerte Sanierungsarbeit geleistet. Die Suiten liegen verteilt in den ehemaligen Mühlen, wurden geschickt und geschmackvoll gestaltet, bieten ein Maximum an Komfort, haben aber noch den Charme des Ursprünglichen. Die von uns bevorzugte Suite ist eindeutig „Cascata": wegen ihrer kleinen Terrasse am Wasser und des Ausblicks auf die Visconteo-Brücke. Hier hört man noch das Plätschern des Wassers, was wir als einen zusätzlichen Reiz empfanden. Von „Rocche" ist der Ausblick ebenfalls schön. Das kleine Dorf ist sehr lebendig mit seinen netten Kneipen und dem einmal pro Jahr entlang der Brücke (600 m) stattfindenden „Bankett". Entdecken Sie aber auch den ruhigen, schon von Vergil hochgeschätzten Fluss.

Ganzj. geöffn. **12 Suiten** und Appart. (2-4 Pers.) mit Klimaanl., Bad, TV, Minibar, Kochnische **Preise** pro Tag: 160 € (2 Pers.) - Ohne Frühst. **Kreditkarten** Visa, MasterCard **Verschiedenes** Hunde erlaubt **Umgebung** Ufer des Mincio: Borghetto (Schloss und Brücke), Park der Villa Sigurtà (schönster Privatpark Europas, Besichtigung Do, Fr und Sa von März bis November, von 9.30 bis 12.30 und 15.00 bis 19.00 Uhr) Paddelbootsfahrten von Rivalta nach Grazie (Informationen: 0376-65 33 52), See von Mantua **Kein Restaurant** vor Ort **Anreise** (Karte Nr. 3): 25 km südwestl. von Verona, Ausfahrt Peschiera (12 km).

Hotel Villa Michelangelo

36057 Arcugnano (Vicenza)
Via Sacco, 35
Tel. 0444-550 300 - Fax 0444-550 490
E-Mail und Web: guidesdecharme.com/1974

Knapp sieben Kilometer von der Villa des berühmten Palladio zeigt *Villa Michelangelo* ihre Fassaden an einer großen Rasenfläche. Von hier hat man eine Aussicht auf die Umgebung von Venedig und einen Panoramablick über die Berici-Berge. Das direkt am Garten gelegene Restaurant wird durch eine Loggia verlängert, wo im Sommer gespeist wird. Das Restaurant mit seinen perfekt gedeckten Tischen und seiner hübschen Blumendekoration ist elegant. In der intimeren Bar sitzt man sehr angenehm. Die Gästezimmer haben luxuriösen Komfort. Zwei Suiten (106 und 113) sind bemerkenswert angesichts ihrer gigantischen, 15 Meter langen Glasfront, die sich zur Landschaft hin öffnen lässt. Auch 301 ist empfehlenswert. Der große Inside-Pool im Untergeschoss kann ebenfalls seine Glasfassade mit Blick auf die Hügel öffnen. Da im Hotel auch Seminare stattfinden, sollte man sich beim Reservieren danach erkundigen.

Kategorie ★★★★ **Ganzj.** geöffn. **46 Zimmer** und 6 Suiten mit Klimaanl., Tel., Bad, Satelliten-TV, Minibar; Aufzug, Eingang für Behinderte **Preise** EZ: 170 €, DZ: 260-320 €, Suite: 470-495 € - Frühst. inkl., von 7.00 bis 10.30 Uhr **Kreditkarten** akzeptiert **Verschiedenes** Hunde auf Anfrage erlaubt - Swimmingpool - Parkpl. **Umgebung** Possagno (Haus und Tempel von Antonio Canova) - Villa Barbaro in Masser - Villa Rinaldi-Barbini - Villa Emo in Fanzolo - Villa La Rotonda - Villa Valmarana - Golfpl. (7 km) **Restaurant** von 12.30 bis 14.00 und 20.00 bis 22.00 Uhr - Karte: 55-70 € **Anreise** (Karte Nr. 4): 7 km von Vicenza. A-4, Ausfahrt Vicenza-Ovest, dann im Süden nach Arcugnano über die Dorsale dei Berici.

Il Castello

36021 Barbarano Vicentino (Vicenza)
Via Castello, 6
Tel. 0444-88 60 55 - Fax 0444-77 71 40
Elda Marinoni
E-Mail und Web: guidesdecharme.com/1976

Wenn von venezianischen Villen die Rede ist, denkt man unmittelbar an jene, die am Brenta-Kanal liegen. Dennoch wurden innerhalb von drei Jahrhunderten, d.h. bis zum Ende des 18. Jahrhunderts, ungefähr zweitausend Villen auf den Hügeln der kleinen Städte unweit Venedigs errichtet. *Il Castello* ist ein wunderschönes Weingut, das auch Olivenöl herstellt. Durch das Portal gelangen Sie in einen Garten, der zum *Castello* führt, in dem Elda Marinoni wohnt; ferner gibt es ein landwirtschaftliches Gebäude und die Dependance, in der die Appartements liegen. In der freundlichen Rezeption hängen einige alte Fotos, die Aufschluss geben über das Leben in Barbarano zu Beginn des 20. Jahrhunderts. Die Wohnungen sind funktionell und komfortabel. Der romantische, unterhalb gelegene und mit Orangenbäumen bepflanzte Garten ist sehr angenehm. Diskreter, freundlicher Empfang.

Ganzj. geöffn.; mind. 7 Üb. (mind. 3 Üb. entspr. Verfügbarkeit 10 Tage vor Anreise) **4 Appartements** mit Küche, Bad **Preise** Appart.: 30 € (pro Pers. und Üb.) - Kinder bis 12 J.: 26 € **Kreditkarten** nicht akzeptiert **Verschiedenes** Hunde nicht erlaubt - Parkpl. **Umgebung** Venezianische Villen der Berici-Berge: Villa Guiccioli, Villa Valmarana, Villa La Rotonda - Arcugnano: Villa Franceschini, Villa Canera di Salasco (Besuch auf Anfrage) - Costozza di Longare: Villa Trento-Carli und Villa Garzadori-Da Schio - Montegalda: La Deliziosa - Barbano di Grisignano: Villa Ferramosca-Beggiato - Vancimuglio: Villa Trissino-Muttoni - Bretisina da Vicenza: Villa Ghislanzoni-Curti und Villa Marcello-Curti **Kein Restaurant** (siehe unsere Restaurantauswahl in Vicenza S. 664) **Anreise** (Karte Nr. 4): 25 km südöstl. von Vicenza. A-4, Ausf. Vicenza-Est, Rtg. Riviera Berica bis Ponte di Barbarano und Barbarano. Am Platz von Barbarano links Rtg. Villaga.

Azienda A & G da Schio

36023 Costozza di Longare (Vicenza)
Piazza da Schio, 4
Tel. und Fax 0444-55 50 99 - Handy 340-48 545 68
Conte Giulio da Schio
E-Mail und Web: guidesdecharme.com/1977

Sie träumen von Vicenza-Villen? Allein das Dorf Costozza beherbergt die Villa Trento-Carli mit Fresken, die zum Teil Nicolas Poussin zugeschrieben werden, ferner die *Villa da Schio*, bekannt wegen ihrer Grotte, die von jeher als Weinkeller diente aufgrund ihres wunderbaren Spalier-Gartens und des in ihr befindlichen Ateliers des Bildhauers Marinale (1643-1720), dessen Statuen die schönsten Villen schmücken. Graf Schio baute die früheren Pferdeställe um und richtete dort zwei Appartements ein, die bequem bis zu zehn Personen aufnehmen können. Die funktionelle Ausstattung ist sehr gepflegt, die Möbel aus dem Familienbesitz und die Radierungen verleihen den nötigen Charme. Die Zier- und Obstgärten sind allen zugänglich, und keiner wird sich aufregen, wenn Sie Lust auf Gegrilltes verspüren sollten. Die Umgebung ist reich an historischen Stätten; ganz in der Nähe die Dorftaverne „Eolia", deren Gewölbe Fresken des 17. Jahrhunderts zieren und die dank der Nachbargrotten über konstante Temperaturen verfügt. Eine Urlaubsadresse. Ideal für ein paar Freunde.

Ganzj. geöffn. **2 Appartements** (2-10 Pers.) mit TV, Küche, 3 Zi., 3 Bädern, 1 Salon **Preise** DZ: 80 €, ab 450 €/Woche **Kreditkarten** nicht akzeptiert **Verschiedenes** Hunde erlaubt - Garage **Umgebung** Vicenza - Marostica - Asolo - Bassano del Grappa - Venezianische Villen der Berici-Berge - Arcugnano: Villa Franceschini, Villa Canera di Salasco (Besuch auf Anfrage) - Costozza di Longare: Villa Trento-Carli und Villa Garzadori-Da Schio - Montegalda - Barbano di Grisignano: Villa Ferramosca-Beggiato - Villa Trissino-Muttoni - Bretisina da Vicenza - Curti und Villa Marcello-Curti **Kein Restaurant** (siehe unsere Restaurantauswahl in Vicenza und Marostica S. 664-665) **Anreise** (Karte Nr. 4): 11 km südöstl. von Vicenza. A-4, Costozza befindet sich 5 km von der Ausfahrt Vicenza-Est, Rtg. SS-247: Riviera Berica.

Le Vescovane

36023 Longare (Vicenza) - Via san Rocco, 19
Tel. 0444-27 35 70
Rita Maria Savoia und Luigi Rende
E-Mail und Web: guidesdecharme.com/1979

300 Meter hoch mit Blick auf Felder und Wiesen geschützt in einem dieser dichten Pinienhaine der Colli Berici gelegen, wurde in diesem im 16. Jahrhundert erbauten *Vescovane* ununterbrochen Landwirtschaft betrieben und vermochte sogar ein sizilianisches Richterpaar für die Freuden der „Scholle" zu gewinnen. Auf einer 13 Hektar großen Fläche wird hier nach wie vor Cabernet, Sauvignon und ein lokaler Tokayer angebaut, außerdem Oliven, Mais, Gemüse und Früchte. Ferner gibt es einen Hühnerhof und werden Schweine und sanfte Schafe im *Vescovane* gezüchtet. All diese trefflichen „Produkte" machen den besonders guten Ruf des Restaurants aus, in dem auch ein paar neapolitanische Gerichte angeboten werden. Die kürzlich restaurierten Zimmer liegen im historischen Teil der *casa colonica*. Das rustikale Mobiliar aus dem Familienbesitz und vom Trödler schafft diese freundliche Gestaltung traditionellen Komforts. Auch kann man hier in einer im einstigen Pferdestall eingerichteten Wohnung vollkommen autonom wohnen. Freundlicher, höflicher und aufmerksamer Empfang.

Ganzj. geöffn. **8 Zimmer** mit Klimaanl., Tel., Bad, TV, Minibar und 1 Appart. **Preise** pro Pers. im DZ: 35-51 € **Kreditkarten** akzeptiert **Verschiedenes** Hunde nicht erlaubt - Parkpl. **Umgebung** Vicenza - Venezianische Villen der Berici-Berge: Villen Guiccioli, Valmarana, La Rotonda; Arcugnano: Villa Franceschini, Villa Canera di Salasco (Besuch auf Anfrage) - Costozza di Longare: Villa Trento-Carli und Villa Garzadori-Da Schio - Montegalda - Barbano di Grisignano: Villa Ferramosca-Beggiato - Villa Trissino-Muttoni - Bretisina da Vicenza - Curti und Villa Marcello-Curti **Restaurant** im Agriturismo **Anreise** (Karte Nr. 4): A-4, Ausfahrt Vicenza-Est, Rtg. SS-247 (Riviera Berica). An der Ampel rechts Rtg. Vicenza bis zu einer scharfen Kurve, links (Strada S. Rocco, 3 km), an der Kreuzung große Linkskurve.

Grand Hotel Duchi d'Aosta

34121 Trieste
Piazza Unità d'Italia, 2
Tel. 040-76 000 11 - Fax 040-36 60 92
Hedy Benvenuti
E-Mail und Web: guidesdecharme.com/1967

Triest hat den nostalgischen Charme von Orten mit großer Vergangenheit. Das *Duchi d'Aosta*, ein Palast aus einer anderen Zeit und Spiegelbild seiner Stadt, hat genau diese Ausstrahlung. Man erwartet jeden Moment, dass hier zwischen zwei Baumfarnen in den behaglichen Salons eine österreichisch-ungarische Familie auf der Durchreise nach Venedig erscheint und von Pagen zu ihrer Suite geleitet wird. Aber zurück zur Realität: Das Hotel mit großen, schönen Zimmern hohen Komforts ist ausgezeichnet. Das Besondere liegt jedoch im Service mit einem (wie es früher in großen internationalen Hotels üblich war) zwei- oder sogar dreisprachigen Personal: stets aufmerksam, liebenswürdig, diskret und effizient. Das Hotel, das zudem ein exzellentes Restaurant besitzt, liegt im Zentrum von Triest; zu Fuß sind es nur ein paar Minuten zum Fort.

Kategorie ★★★★ **Ganzj.** geöffn. **43 Zimmer** und 12 Suiten mit Klimaanl., Tel., Bad oder Dusche mit Hydromassage und Sauna, Satelliten-TV, Minibar, Safe; Aufzug **Preise** EZ: 236 €, DZ für 1 Pers.: 254 €, DZ: 314 €, Junior-Suiten: 396-438 €, Suiten: 613-634 €; Extrabett: 60 € - Frühst. inkl., von 7.00 bis 10.30 Uhr **Kreditkarten** akzeptiert **Verschiedenes** Hunde erlaubt - Garage (25 €) und Parkplatz in der Nähe **Umgebung** Triest: Piazza dell'Unita, röm. Theater, S. Giusto, der Hafen - Castello di Miramare (Licht- und Tonaufführungen) - Grotta Gigante - Befestigte Kirche von Monrupino - Im nahen Rest-Jugoslawien: Gestüt von Lipizza, Basilika von Porec, Grotte von Postojna **Restaurant** von 12.30 bis 14.30 und 19.30 bis 22.30 Uhr - Menü - Karte - Spezialitäten: Fischgerichte **Anreise** (Karte Nr. 5): A-4, Ausfahrt Trieste-Sistiana/Costeria.

L'Albero Nascosto

34124 Trieste
Via Felice Venezian, 18
Tel. 040-300 188 - Fax 040-303 733
Aldo Stock
E-Mail und Web: guidesdecharme.com/1965

Triest, ein Hafen mit österreichisch-ungarischen, slawischen und italienischen Einflüssen, ist von jeher für seine besondere Gastfreundschaft bekannt. Auch gilt Triest als die Stadt, in der es sich in Italien am besten leben lässt. Diese Popularität können wir, auch den Aufenthalt im Hotel betreffend, nur bestätigen. Im historischen Zentrum, nur ein paar Meter von der Stazione Marittima und der Piazza Unità Italia, ist das Hotel ein *palazzetto* um einen *cortile* herum erbaut, wo der berühmte *albero nascosto* gedeiht. Im Innern Naturstein, Balken, Parkett: alte, bemerkenswerte Materialien. Die Zimmer, ursprünglich als kleine Appartements konzipiert, sind sehr groß und werden heute auch für nur eine Übernachtung angeboten. Der Geschäftsführer war früher Antiquitätenhändler, was sich in der Gestaltung ganz deutlich zeigt. Accessoires, Möbel aus den 1950er Jahren, Antiquitäten, nichts blieb dem Zufall überlassen, alles wurde vielmehr im Hinblick auf hohe Ästhetik und optimalen Komfort sorgfältigst ausgesucht. Endgültig ist die Gestaltung nicht, denn die in den Zimmern ausgestellten Werke können erworben werden.

Kategorie ★★★ **Ganzj.** geöffn. **10 Zimmer** mit Klimaanl., Tel., Bad, Satelliten-TV, Wi-Fi, Minibar **Preise** EZ: 75-85 €, DZ: 115-125 €, Junior-Suite: 125-155 € - Frühst. inkl., von 7.30 bis 10.30 Uhr **Kreditkarten** Visa, Eurocard, MasterCard **Verschiedenes** Hunde erlaubt (5 €) - Garage (10 €/Tag) **Umgebung** Triest: Piazza dell'Unita, röm. Theater, S. Giusto, der Hafen - Castello di Miramare (Licht- und Tonaufführungen) - Grotta Gigante - Befestigte Kirche von Monrupino - Im nahen Rest-Jugoslawien: Gestüt von Lipizza, Basilika von Porec, Grotte von Postojna **Kein Restaurant** im Hotel (siehe unsere Restaurantauswahl S. 669) **Anreise** (Karte Nr. 5): A-4, Ausfahrt Trieste Sistiana-Costiera.

Azienda Agricola Casa del Grivò

36040 Faedis (Udine)
Borgo Canal del Ferro, 19
Tel. 0432-72 86 38
Toni und Paola Costalunga
E-Mail und Web: guidesdecharme.com/1981

Faedis liegt in den Colli Orientali, die etwa zweitausend Hektar Weinberge umfassen und einen Wein hoher Qualität hervorbringen; er zählt zu den Friaul-Weinen mit Herkunftsbezeichnung. *Casa del Grivò* ist somit für jene ein idealer Aufenthaltsort, die den Urlaub in der Natur verbringen, sich an den Bioprodukten aus dem Gemüse- und Obstgarten und dem Wein des Anwesens wie auch am Brot des im eigenen Ofen gebackenen Brotes laben, sich am traditionellen *fogolàr* treffen und erwärmen und ein wenig die Welt vergessen möchten – Fernsehgeräte gibt es hier nämlich nicht. Aber unternehmen kann man einiges. Die Piazza de la Libertà von Udine gilt (auch diese!) als eine der schönsten ganz Italiens, Sauris und San Daniele mit ihren berühmten Schinkenkellern liegen nur ein paar Kilometer weiter, die Abteien des Natisone-Tals sind zahlreich, und man kann sich bis Triest vorwagen: um einiges ungewöhnlicher als die Badeorte am Golf von Triest! Tony und Paola empfangen Sie in großen, individuell gestalteten Zimmern und werden Sie teilhaben lassen an ihrem täglichen Leben – in sympathischer, angenehm „unordentlicher" Atmosphäre.

Ganzj. außer vom 15. Dezember bis 1. März geöffn. (reservieren) **4 Zimmer** (2 mit eig. Bad) **Preise** pro Pers., mind. 2 Üb.: 30 € - Frühst. inkl. - HP: ab 50 € (pro Pers.) **Kreditkarten** nicht akzeptiert **Verschiedenes** Hunde erlaubt - Parkpl. **Umgebung** Cividale del Friuli - Valle de Natisone: Höhlen-Kirche S. Giovanni d'Antro - Abteien und Weinberge der Colli Orientali: Abtei Rosazzo, Cormòns (Kirchen und Weinkeller), Gorizia, Aquileia (siehe S. 668) **Gästetisch** (reservieren) um 20.30 Uhr **Anreise** (Karte Nr. 5): 10 km nördl. von Cividale, Rtg. Faedis und Canal del Grivò.

Villa di Tissano-La Foresteria

33050 Tissano (Udine)
Tel. 0432-99 03 99 - Fax 0432-99 04 35
Christoph Ulmer
E-Mail und Web: guidesdecharme.com/1978

Die Triester Riviera, eine unumgängliche Passage für viele, die sich per Auto nach Kroatien begeben, ist angenehm, ja schick für die Yachten, die in der Lagune von Grado vor Anker gehen. Für alle anderen gibt es lediglich Campingplätze und Hotels ohne jeglichen Charme. Deshalb lohnt es sich, ein paar Kilometer weiter ins Innere zu fahren und ein hübsches Anwesen vorzufinden, in dem Sie von Christoph, dessen Ehefrau, aber auch den Kindern und Hunden begrüßt werden. Die alten Gebäude entsprechen der Beschaffenheit des Geländes und liegen bugförmig zur Straße hin. So gibt es außerdem einen großen Park, in dem man die anderen Familienmitglieder wie auch Pferde und Ponys antrifft. Die Innengestaltung ist sehr gelungen, die weißen Wände machen sich gut zum hellen Parkett, den Balken und den Treppen. Die gleiche zurückhaltende Eleganz in den Zimmern, die geräumig und komfortabel sind. Das Restaurant ist dienstags geschlossen, aber wenn die Gäste darauf drängen, kümmert sich Dottore Ulmer selbst um die am großen Tisch servierten Gerichte. Dennoch sollten Sie diesen Ruhetag nutzen und am Meer zu Abend essen.

Geschlossen 15. November bis 15. Dezember und 10. Januar bis 15. März **22 Zimmer** (Nichtraucher) mit Bad **Preise** EZ: 70-105 €, DZ: 105-150 €, Suite: 140-170 €; Extrabett: 18-25 € - Frühst. inkl., von 8.00 bis 10.00 Uhr **Kreditkarten** Visa, Eurocard, MasterCard **Verschiedenes** Hunde erlaubt - Swimmingpool - Reiten - Parkpl. **Umgebung** Cividale del Friuli - Udine - Festung von Palmanova - Spilimbergo - Abteien und Weinberge der Colli Orientali: Abtei Rosazzo, Cormòns (Kirchen und Weinkeller), Gorizia, Aquileia - Grado und Costa triestina bis Triest **Restaurant** von 19.00 bis 22.00 Uhr - Di geschl. - Menü: ca. 22 € (mit Getränken) - Probiermenü: 24-32 € - Karte **Anreise** (Karte Nr. 5): 11 km südl. von Udine über A-23, Ausfahrt Udine-Sud, SS-352 Rtg. Palmanova und Grado.

Hotel Edelhof

33018 Tarvisio (Udine)
Via Armando Diaz, 13
Tel. 0428-644 025 - Fax 0428-644 735
E-Mail und Web: guidesdecharme.com/1975

Val Canale ist eine europäische Kuriosität. Gerade hundert Kilometer vom Meer, zeigt hier das Thermometer im Winter Rekord-Minustemperaturen, und die Region bewahrt in einer Höhe von 2000 Metern Gletscher in niedrigster Höhe der gesamten Alpen. An der Grenze zwischen Friaul in Italien, Kärnten in Österreich und Slowenien, vermehrt das herabfließende Wasser seiner Wildbäche das des Mittelmeerbeckens, der Donau und des Schwarzen Meeres. In diesem von Italien erst 1918 erworbenen kontrastreichen Gebiet bestehen drei verschiedene Kulturen mit drei verschiedenen Sprachen, was in Europa einzigartig ist, und zwar mit den drei wichtigsten ethnisch-linguistischen Ursprüngen unseres alten Kontinents: lateinisch, slawisch und germanisch. Der Schnee von Tarvisiano hat an Popularität gewonnen, seit dort drei Damenski-Weltcups ausgetragen wurden, und Langläufer lieben es, sich von Valbruna in die bewaldeten engen Pässe von Val Saisera aufzumachen. Im Sommer wie im Winter muss man die einzigartige Exkursion zum Sanktuarium des Monte Lussari unternehmen. Für Aufenthalte empfehlen wir Ihnen, wärmstens den *Edelhof*, der einen für die Berge typischen Rahmen und Komfort mit österreichischem Touch bietet: in den Zimmern hübsch naiv und mehrfarbig bemaltes Mobiliar, ein großer Kachelofen im Speiseraum und eine traditionelle Stube. Restaurant und Weinbar: „polygastronomisch".

Ganzj. geöffn. **12 Zimmer** und 1 Suite mit Tel., Bad; Aufzug **Preise** DZ: 90 € - Frühst. inkl. - HP: 65-80 € (pro Pers.) **Kreditkarten** Visa, Eurocard, MasterCard **Verschiedenes** Hunde nicht erlaubt **Umgebung** Sanktuarium des Monte Lussari **Restaurant** von 12.00 bis 14.00 und 19.00 bis 22.00 Uhr - Di geschl. - Menü und Karte **Anreise** (Karte Nr. 5): 60 km nördl. von Udine über die A-23.

Golf Hotel

34070 San Floriano del Collio (Gorizia)
Via Oslavia, 2
Tel. 0481-88 40 51 - Fax 0481-88 40 52
Comtesse Formentini
E-Mail und Web: guidesdecharme.com/1968

Contessa Formentini richtete ihre Zimmer in einer Dependance und in der Torre dell Bora des Schlosses San Floriano ein. Empfangen werden Sie hier wie ein Familienmitglied von Dorinka, stets freundlich, aber immer pressiert, ist sie doch bemüht, sich um das Wohlbefinden eines jeden zu kümmern. Die Zimmer mit Namen der Rebsorten des Collio (einer der besten Weißweine Italiens) sind sehr elegant, eingerichtet mit Stilmöbeln, die vom 17. Jahrhundert bis hin zu Biedermeier reichen, und ähneln solchen in alten aristokratischen Häusern, in denen jede Generation ihre Spuren hinterlassen hat. Das drei Etagen umfassende Appartement, gut ausgestattet und separat gelegen, bietet ebenfalls besten Komfort. Um das nicht vorhandene Restaurant vergessen zu lassen, steht jederzeit ein Buffet mit Speisen hiesiger Produkte und köstlichen Weinen zur Verfügung. Das Personal ist besonders liebenswürdig und setzt alles daran, in der Hochsaison nicht überlastet zu wirken.

Kategorie ★★★★ **Geschlossen** 15. Dezember bis 31. Januar **12 Zimmer** und 1 Appartement mit Bad, Satelliten-TV, Minibar, Safe **Preise** EZ: 95-130 €, DZ: 185-220 €; Appart.: 285-330 € - Frühst. (Buffet) inkl., von 8.00 bis 11.00 Uhr **Kreditkarten** akzeptiert **Verschiedenes** Hunde nicht erlaubt - Swimmingpool - Golfpl. (10 km) - Parkpl. **Umgebung** Festung von Gradisca d'Isonzo - Kloster Kostanjevica, 2 km von Nova Gorica (Slowenien) - Gorizia - Cormòns - Palmanova - Collio-Weinberg (siehe S. 668) **Kein Restaurant** (siehe unsere Restaurantauswahl in Cormons S. 668) **Anreise** (Karte Nr. 5): 7 km von Gorizia.

La Subida

Loc. Monte 34071 Cormòns (Gorizia)
Tel. 0481-605 31 - Fax 0481-616 16 - Josko und Loredana Sirk
E-Mail und Web: guidesdecharme.com/3294

An der slowenischen Grenze zeigen sich uns die Landschaften des Veneto Friaul schachbrettartig: grüne Hügel, in denen sich die Wälder und Weinberge abwechseln, mit den Karnischen Alpen im Hintergrund. Die Landstraßen, durchqueren eine Reihe winziger Dörfer. Dieser Landstrich, einst römisch und lombardisch, ist das Collio-Gebiet von Gorizia, eines der renommiertesten Weingegenden Italiens, und Cormòns ist das Wirtschaftszentrum. *La Subida* liegt in der Nähe. Halb Luxus-Agriturismo und halb Design-Hotel, präsentiert sich das Anwesen als *albergo diffuso*, d.h. es sind kleine, im Wald verstreut gelegene Häuser, die allerdings auch für nur eine Nacht gebucht werden können. Folgendem zu widerstehen, wird Ihnen allerdings nicht leichtfallen: dem Ruf des Waldes, den Vorschlägen, die Motorroller des Hauses für eine Spazierfahrt oder das Aufsuchen von Weinkellern zu nehmen und sich ein Abendessen in der Trattoria *Al Cacciatore* (ein Michelin-Stern) zu gönnen, die eine perfekte Synthese der drei Kulturen ist (friaulisch, österreichisch, slowenisch). Und wenn Sie mit der Familie reisen: Kinder fühlen sich hier sehr wohl und wollen bleiben.

Ganzj. geöffn. **12 eingerichtete Häuser** (2 Pers.) **Preise** 90-140 € (2 Pers.); Extrabett: 25 €; Reinigung: 15-25 €/Tag auf Wunsch **Kreditkarten** akzeptiert **Verschiedenes** Hunde erlaubt (5 €) - Swimmingpool - Reiten - Fahrräder (8 €/Tag-30 €/Woche) - Vespas - Weinberg-Touren - Golfpl. (2 km) - Parkpl. **Umgebung** Cividale del Friuli - Natisone-Tal: Sanktuarium Castelmonte, troglodytische Kirche San Giovanni d'Antro - Spilimbergo - Abteien und Weinberge der Colli Orientali: Abtei Rosazzo, Cormòns (Kirchen und Weinkeller), Gorizia, Aquileia (s. S. 668) - Restaurant Sale e Pepe in Stregna - Festung Gradisca d'Isonzo -Monasterium Kostanjevica in Slowenien **Restaurants** Trattoria Al Cacciatore Tel. 0481 60531 - Di und Mi abends, Do und Fr mittags - Osteria: Do geschl. **Anreise** (Karte Nr. 5): 160 km nordösstl. von Venedig Rtg. Gorizia, Cormons, 4 km von Cormons. In Richtung Nordwesten zur SS-356/Viale Venezia Giulia.

RESTAURANTS

BASILICATA
KALABRIEN

Matera

• **Lucanerie**, via S. Stefano 61 - Tel. 0835-332 133 - So abends und Mo geschl. - 30 €. Die Stadt mit ihren erstaunlichen Überresten der Höhlenbewohner Sassi lohnt einen Besuch. Luccaner Küche: *fritelle de melanzane* und *pasta*, die hier *rascatielli, cavatielli* usw. heißt. • **Baccanti**, via S. Angelo 58/61 - Tel. 0835-333 704 - So und Mo geschl. - 35 €. In der Grotte Sasso Barisano. Kreative lokale Küche wie *gnochetti di pane di Matera con pomodoro e pecorone di forensa*. Das Brot von Matera soll das beste ganz Italiens sein.

LOKALE SPEZIALITÄTEN

• **Il Buongustaio**, piazza Vittorio Veneto 1 - Geräucherter Schinken aus Lauria, Picerno und Palazzo San Gervasio; der Wein *Aglianico*.

Potenza

• **Taverna Oraziana**, via Orazio Flacco 2 - Tel. 0971-21 851 - So und Aug. geschl. - 21-26 € - Dieses klassische Restaurant wird von den Notabeln der Stadt frequentiert - Großzügige und reichhaltige Küche. Der *Aglianico* ist ein guter regionaler Wein.

Maratea

• **1999**, via Racia 11 Maratea Porto - Tel. 0973-87 78 15 - Familiär, möglichst reservieren - 40 €.
• **Bar Sambocco**, piazza del Gesù - Angenehmes Ambiente für den Aperitif oder für selbstgemachtes Eis, wobei man sich gleichzeitig nebenan im **Art&Café** eine Ausstellung ansehen oder dem Signieren von Büchern beiwohnen kann.

• **Taverna Rovita**, via Rovita 13 - Tel. 0973-876 588 - 1. Nov. bis 15. März geschl. - 18-26 € - Ein hübsches Restaurant in einer der Gassen des historischen Zentrums von Maratea. Regionale Küche, guter Weinkeller.

Fiumicello
5 km von Maratea

• **La Quercia** - Tel. 0973-876 907 - 1. Okt. bis Ostern geschl. - 16-21 € - Traditionelle lokale italienische Küche, Fischgerichte. Man sitzt entweder in einem rustikalen, aber eleganten Raum oder im Garten unter großen Eichen. Romantische Atmosphäre. • **Za' Mariuccia**, im Hafen - Tel. 0973-876 163 - Do (außer im Sommer) und Dez. bis Febr. geschl. - 26-47 € - Zahlreiche Fischgerichte. Reserv. empfohlen.

Castrovillari

• **La Locanda di Alia**, via Jetticelle 69 - Tel. 0981-46 370 - So geschl. - 31-52 € - Nur einige Kilometer von der antiken griechischen Siedlung Sibari entfernt. Ein „Tempel" der traditionellen kalabrischen Küche in sehr angenehmem Ambiente.

Cosenza

• **Da Giocondo**, via Piave 53 - Tel.

0984-29 810 - So und August geschl. - 16-26 € - Wenige Tische, unbedingt reservieren. • **Gran Caffè Renzelli**, corso Telesio 46 - Di geschl. Im Sommer nur Sa morgens geschl. - An dieser Stelle wurde 1803 eine *bottega di sorbetto, caffè e dolci* ... eröffnet. Das hier servierte Gebäck ist nach wie vor köstlich.

Gizzeria Lido
• **Marechiaro**, via Nazionale (strada statale 18) - Tel 0968-51251 - Mo geschl. - 40-60 €. Exzellente Meeresgerichte.

Vibo Valentia Marina
• **L'Approdo**, via Roma 22 - Tel. 0963-572640 - 40-60 €. Die Referenzadresse der kalabrischen Küche.

Pizzo
• **Isolabella**, via Marinella 3, Riviera Prangi - Tel. 0963-264 128 - Mo geschl. - 35 €. Meeresprodukte nehmen hier einen Sonderplatz ein.

Bagnara Calabra
• **Taverna Kerkyra**, corso Vittorio Emanuele II 217 - Tel. 0966-372 260 - Mo und Di geschl. - 30-40 €. Kalabrisch und griechisch inspirierte Küche, eine wunderbare Entdeckung.

Reggio di Calabria
• **Bonaccorso**, via Nino Bixio 5 - Tel. 0965-896 048 - Mo und August geschl. - 23-31 € - Italienische Küche mit einigen kalabrischen *(fettucine, cinzia, semifreddi)* und französischen Spezialitäten. • **Conti**, via Giulia 2 - Tel. 0965-29 043 - Mo geschl. - 23-31 € - 2 Speiseräume; der eine elegant, der andere mit Piano-Bar. • **Caffe' Arti e Mestieri**, via Emilia S. Pietro 16 - Tel. 0522-432 202 - So, Mo, Weihnachten, Neujahr, 11. Juni bis 3. Juli geschl. - 21-31 € - Sowohl Bar als auch Restaurant, im Sommer wird auf der Terrasse serviert. • **La Cupola**, via Santi 13 - Tel. 0522-337 010 - Mo, Januar und August geschl. - 31-52 € - Fisch- und Meeresfrüchte-Restaurant. Reservieren.

Scillia
• **Glauco**, via Annunziata 95 - Tel. 0965-75 40 26 - Okt. bis März und Di außer im Sommer geschl. - 35 €. Scilla liegt am Beginn der Meerenge von Messina. Einer der letzten Stopps auf dem Weg nach Sizilien. Auf der Terrasse mit Aussicht oder in den eleganten Innenräumen werden vortreffliche Gerichte serviert, alle mit fangfrischem Fisch zubereitet.

Soverato
• **Il Palazzo**, corso Umberto I 40 - Tel. 0967-25 336 - Mo und Nov. geschl. - 21 € - Ein ehemaliger, sehr gut restaurierter und geschmackvoll eingerichteter Palast; im Sommer sitzt man im Garten. Vorwiegend regionale Küche.

Catanzaro Lido
• **La Brace**, via Melito di Porto Salvo 102 - Tel. 0961-31 340 - Mo und Juli geschl. - 21-31 € - Hübscher Panorama-Speiseraum mit Blick auf den Golf von Squillace. Gute, raffinierte Küche: Spaghetti mit „fiori di zucchine", Ravioli mit Tintenfisch, hausgemachte Obsttorten, gute Auswahl kalabrischer Weine.

KAMPANIEN

Neapel

Mergellina

• **Ciro a Mergellina**, via Mergellina 21 - Tel. 081-68 17 80 - Mo und Fr vom 15.

Juli bis 25. Aug. geschl. - An der Strandpromenade, Spezialitäten Meeresfrüchte und *Ostrecaro Ficico*. • **Don Salvatore**, via Mergellina 4a - Tel. 081-681 817 - Mi geschl. - 28-41 € - Ein Muss ist die Pizza, was die anderen neapolitani-

schen Spezialitäten und Fischgerichte nicht ausschließt. • **I Primi**, via Margellina 1 - Tel. 081-761 6108 - So und Mai geschl. - 23 € - Mediterrane Küche.

Historisches Zentrum

• **La Sacrestia**, via Orazio 116 - Tel. 081-761 10 51 - Mo und Aug. geschl. - 36-62 € - In diesem Restaurant schlichter Eleganz genießt man voller Ehrfurcht die hervorragenden Speisen und die großen Kampania-Weine. • **La Campagnola**, via Tribunali 47 - Tel. 081-45 90 34 - Natürlich-familiäres Ambiente fern jeglicher Touristenströme. • **Amici Miei**, via Monte di Dio 78 - Tel. 081-764 60 63 - So und Aug. geschl. - 21 € - Gute Küche, vorwie-

gend Fleischgerichte, ungezwungene Atmosphäre. • **Ciro a Santa Brigida**, via Santa Brigida 71 - Tel. 081-5524 072 - So, Weihn. und 15. bis 31. Aug. geschl. - 40 € - Hierher kommt man wegen der einfachen und authentischen neapolitanischen Küche. • **Bellini**, via Santa Maria di Costantinopoli 80 - Tel. 081-459 774 - Mi und Aug. geschl. - 23 € - Gute neapolitanische Spezialitäten. • **Giuseppone a Mare**, via F. Russo 13 - Tel. 081-575 60 02 - So abends, Mo, Weihnachten und 16. bis 31. August geschl. - 28-44 € - Hervorragende, typisch neapolitanische Adresse in einer Bucht des Posilippe, Spezialität: Fischgerichte. • **Dante e Beatrice**, piazza Dante 44 - Tel. 081-549 94 38 - Authentische neapolitanische Trattoria. • **53**, piazza Dante 53 - Tel. 081-549 93 72 - So abends stark besucht wegen seines Spaghetti-Omelettes - 10 €. • **Al Poeta**, piazza Salvatore di Giacomo 134 - Tel. 081-575

6936 - 10. bis 25. Aug. und Mo geschl. - 23-41 € - Moderestaurant, junge Leute.

Via Chiaia, Teatro San Carlo

- **La Chiacchierata**, piazzetta Matilde Serao 37 (nahe der Galleria Umberto) - Tel. 081-41 14 65 - Abends, Fr und So geschl. - 30 € - Die Neapolitaner finden hier die rustikale, authentische Küche der Bauern aus der Umgebung vor. Guter, in einer Karaffe servierter Hauswein.
- **Osteria della Matonella**, via G. Nicotera 13 - Tel. 081-41 65 41 - So abends geschl. - 20 € - Keine Kreditkarten. Nahe der eleganten Einkaufsstraße Via Chiaia; in dieser ganz von Vietri-Keramiken bedeckten Trattoria Halt zu machen ist angenehm. Spezialitäten: *ragù alla pasta e ceci, al baccalà, alcalamari al popetti* ...
- **Stanza del Gusto**, vicoletto Sant Arpino - Tel. 081-40 15 78 - So, Mo und mittags geschl. - 40 € - Gute abgewandelte italienische Küche.
- **La Locanda del Teatro**, al civico 30 - Tel. 085-552 37 61 - Einfach und typisch.
- **Pizzeria Brandi**, Salita S. Anna di Palazzo 1-2 - Tel. 081-41 69 28 - Die echte Pizza Margherita bekommt man nur hier, aber es muss reserviert werden.
- **Rossini**, gegenüber dem Theater San Carlo, Freskomalerei an den Wänden (Sujets aus der Musik), jederzeit stark besucht.

Università

- **Europeo**, via Marchese Compo-disola 4 - Tel. 081-552 13 23 - So geschl. - 30 € - Spezialitäten der neapolitanischen Küche, die entsprechend den Jahreszeitenprodukten variieren: Ventotene-Linsensuppe, *pasta e fagioli*, Esskastanien, Pilze und Pizza mit Rezepten des Großvaters, der bereits 1840 eine Pizzeria besaß.
- **Taverna dell'Arte**, rampe S. Giovanni Maggiore 1/A - Tel. 081-552 75 58 - mittags und So geschl. - 25 € - *Baccalà con capperi e olive, agnello genovese, zuppa di fagioli in pignata* ... und eine gute Kampanienweinkarte. Nur ein paar Tische, möglichst reservieren.

Stazione F.S. centrale

- **Mimi alla Ferrovia**, via Alfonso d'Aragona 21 - Tel. 081-553 85 25 - So geschl. - Besteht seit über 50 Jahren, wird nach wie vor von der Familie Giugliano geführt. Vesuv-Strauchtomaten, Piennoli mit Mozarella oder *ricotta di bufala, linguine con scampi, gamberi* und *taratuffoli*. Der Hauswein Lettere rosso ist kein schlechter Tropfen. 35 €.
- **La Fila**, via Nazionale 6c - Tel. 081-20 67 17 - So und Mo geschl. - 35 € - Keine Kreditkarten. Ein bemerkenswertes Buffet neapolitanischer hausgemachter Spezialitäten.

Santa Lucia und Borgo Marinaro

- **Bersagliera**, Borgo Marino - Tel. 081-764 60 16 - gegenüber vom Castel dell'Ovo, am kleinen Hafen Santa Lucia, berühmt, Reservierung erwünscht.
- **Zi' Teresa**, Tel. 081-764 25 65 - So und Mo geschl. - Eine weitere historische Adresse von Santa Lucia. Klassische Küche, vorwiegend Fischgerichte. 40 €.
- **La Cantinella**, via Cuma 42 - Tel. 081-764 86 84 - 9. bis 24. August, Weihn. und So außer November bis Mai geschl. - 39-65 € - Blick auf den Vesuv, neapolitanische Küche (1 Michelin*) bester Tradition, elegant.
- **Il re di Napoli**, al civico 29 - Tel. 081-764 77 75 - Wegen der Pizza und dem „Spektakel" ihrer Zubereitung.
- **Trattoria dell'Ovo**, via Lucculliana 38 - Tel. 081-764 63 52 - Gut, einfach und authentisch inmitten der schicken Restaurants von Santa Lucia. - 10 €.

Marechiaro

- **A'Fenestrella**, via Calata del Ponticello a Marechiaro - Tel. 081-769 00 20 - So, Aug. mittags und 2. Augusthälfte geschl. - 26-41 € - Balkon mit Blick aufs Meer. • **Trattoria Da Cicciotto**, Calata del Ponticello a Marechiaro 32 - Tel. 081-575 11 65 - Gute Lage am Hafen Marechiaro gegenüber der Bucht, angeboten wird ein Menü mit Gemüse, Pasta und gegrilltem Fisch. - 30 €.

CAFÉS UND BARS

• **Scaturchio**, piazza San Domenico Maggiore - Do geschl. - Hier gibt es den besten traditionellen Rumkuchen und den *brevettata* (Schokoladenkuchen). • **Caffè Luise**, piazza San Domenico Maggiore 5/8. Ideal zum Frühstücken auf einer Terrasse in der Sonne. • **Bar Marino**, via dei Mille 57. • **Caffe' Latino**, Gradini di Chiesa 57 - Hier gibt es den besten *espresso*. • **Bilancione**, via Posillipo 238 - Hier gibt es das beste Eis von Neapel - Mi geschl. • **Gambrinus**, via Chiaia 1 - Ehemaliges, von den Faschisten

geschlossenes Café, in dem eine Bank eingerichtet wurde. Fachmännisch restauriert. • **Enoteca Belle Donne**, vico delle belledone a Chiaia 18 - Eine Weinbar, die sich ab 19 Uhr mit neapolitanischen Bobos füllt, um ein Glas *taurasi di meo* zu trinken. • **Caffè Letterario Intra Moenia**, piazza Bellini 66. Literarisch-warmes Ambiente in den Salons oder auf der Veranda. Terrasse im Sommer. • **Caffè L'Arabo**, piazza Bellini, eines der In-Cafés des Platzes.

Archäologische Stätte Pompeji

• **Il Principe**, piazza B. Longo 8 - Tel. 081-850 55 66 - Weihn., So abends und Mo außer April bis Juni und Sept. bis Okt., 3. bis 17. Aug. geschl. - 47-62 € - Das beste, aber auch das teuerste Restaurant am Platz. • **Zi Caterina**, via Roma - Di und 28. Juni bis 8. Juli geschl. - 16-26 € - Typischer und preiswerter.

Isola di Capri
Capri

• **La Capannina**, via Le Botteghe 12b - Tel. 081-8370 732 - 10. Nov. bis 10. März außer 27. Dez. bis 5. Jan. geschl. - 36-47 € - Klassisch, elegant, sehr guter Fisch. • **La Pigna**, via Roma 30 - Tel. 081-837 0280 - Di außerh. der Saison und 15. Okt. bis Ostern geschl. - 26-31 € - Seit 1876 eine Weinbar, heute eines der beliebtesten Restaurants der Insel. Eleganter Speiseraum, hübscher Garten voller Zitronenbäume mit Blick auf die Bucht von Neapel. • **Pizzeria Aurora**, via Fuorlovado 18 - Tel. 081-837 0181 - Jan. bis März geschl. - 29-57 € - Peppinos Küche kann sich sehen lassen. • **Da Tonino**, via Dentecala 12 - Tel. 081-83 76 718 - Mai geschl. - Auf der schattigen Terrasse genießt man die *spaghetti alla vongole, calamarate con pescatrice, quaglie alla caprese* - 30 €.

Die Faraglioni

• **Luigi**, Tel. 081-837 0591 - Okt. bis Ostern geschl. - 34-52 € - Ein hübscher Ausflug zu den berühmten, Capri gegenüber gelegenen Faraglioni-Felsen. Zu Fuß: eine halbe Stunde, mit dem Boot: ab Marina Piccola. Schöne blumenbewachsene Terrasse, wunderbarer Ausblick.

Marina Grande

• **Da Paolino**, via Palazzo a Mare 11 - Tel. 081-83 76 102 - abends geöffn., Mai geschl. - 50 € - Fisch- aber auch

Pastaspezialitäten, und zum Abschluss die *delizie al limone*. Diese wundervollen, von Zitronenbäumen umgebene Terrasse ist die Wiege jener Tradition, nach dem Mahl ein Glas *limoncello* mit Eis zu reichen. • **Capri Natura**, via Veruotto 5, in Marina Grande, zum Kaufen des echten *limoncello* und der kleinen Alkohol-*babas*.

Arco Naturale
• **Le Grottelle**, nahe Arco Naturale, Terrasse unter Schilfrohr mit Blick aufs Meer. Der Backofen ist in einer alten Grotte untergebracht. Heimische Küche: *ravioli capresi, pesce alla brace* ... 35 €.

Anacapri
• **Da Gelsomina**, in Migliara 72 (30 Gehminuten) - Tel. 081-837 14 99 - Di in der Nachsaison und 1. bis 15. Febr. geschl. - Auf der Terrasse erblickt man hinter Weinbergen und Olivenbäumen das Meer und den Golf.

Isola d'Ischia
Ischia Ponte
• **Giardini Eden**, via Nuova Porta-Romana - Tel. 081-99 39 091 - Okt. bis April abends geschl. - 21-26 € - Keine Touristenadresse, gönnen Sie sich ein Mittagessen in diesem Garten voller exotischer Blumen, gute süditalienische Küche. • **Gennaro**, Via Porto - Tel. 081-99 29 17 - Lebendig, informell, typisch. • **Oh! X Bacco**, via Luigi Mazzella 20 - Tel. 081-99 13 54 - Di außerh. der Saison und Nov. geschl. - Nahe Castello Aragonese eine gute Weinbar: gute kleine Weine der Insel (z.B. der rote oder weiße Eubeo) zu einer Spezialitätenplatte: *cappricio di Bacco*. 15 €.

Ischia Porto
• **Don Michele**, Corso V. Colonna 146/L - Tel. 081-98 16 11 - Di außerh. der Saison geschl. - 35 €. Einfache, aber kreative Meeresküche wie z.B. *scampi alla Don Michele*. • **Alberto** - Tel. 081-981 259 - Mo abends und Nov. bis März geschl. - 21 € - Freundliche Trattoria mit Veranda am Strand - Regionale Küche, guter offener Hauswein.

Casamicciola Terme
• **Il Focolare**, via Cretaio 68 - Tel. 081-98 06 04 - Ausschließlich abends (reservieren) geöffnet. - 30 €. Andrea, Loretta d'Ambra und ihre acht Kinder gelten als Gedächtnis der ländlichen Tradition Ischias mit Spezialitäten wie dem authentischen *coniglio di fossa*: ein auf der Insel gezüchtetes Kaninchen, Schnecken *(lumache)* und *mezzanelli selvatici*, Teigwaren mit alten aromatischen Kräutern.

Ischia-Forio
• **Umberto a Mare**, via Soccorso 2 - Tel. 081-99 71 71 - Nov. bis 15. März geschl. - 36-62 € - Fisch und Meeresfrüchte, große Terrasse am Meer, sympathisches Ambiente. • **La Bussola**, via Marina 40 - Tel. 081-99 76 45 - Frische gegrillte Fische in großer Auswahl, guter Empfang, exzellentes Preis-Leistungsverhältnis.

LOKALE PRODUKTE
• **Pasticerria Fratelli Calise**, via F. Regine 25. Köstlicher Rumrosinenkuchen. • **Miele Vincenzo Calise**, via Baiola 87. Honig ist eine weitere Spezialität Ischias.

Barano d'Ischia
• **Il Ghiottoni**, via A. Migliaccio 104 - Tel. 081-90 44 01 - Di und Nov. geschl. - 25 €. Typische Küche Ischias und Neapels, allerdings abgewandelt von dem jungen Rosario Sgambati, der ein täglich wechselndes Jahreszeitenmenü anbietet: *caponata ischitana, crostata di funghi* oder *flan di zucca* je nach Saison ...

Fiaiano
• **La Vigna di Alberto**, via G. Garibaldi 57 - Tel. 081-90 11 93 - Mai geschl. - 30 €. Dieses im Innern gelegene Restaurant befindet sich in einer einstigen *cantina*, einem Weinkeller, in dem der

abgefüllte Wein vor der Verschiffung nach Neapel gelagert wurde. Traditionelle Küche in einem besonders typischen Rahmen, Reservierung unumgänglich.

Amalfitanische Küste
Vico Equense

• **Piazza A Metro Da Gigino**, via Nicotera 10 - Tel. 081-879 8426 - 18 € - Großes Angebot köstlicher Pizzas, aber auch lokale Spezialitäten. • **Torre del Saracino**, Via Torretta, 9 - Loc. Marina d'Equa - Tel. 081-802 85 55 - So abends und Mo geschl., elegante Speiseräume (einer im Turm mit Meerblick), mediterrane Küche, mit 1 Michelin* ausgezeichnet - 80 €.

Sorrent

• **O Parrucchiano**, Corso Italia 71 - Tel. 081-878 13 21 - im Winter Mi geschl. - 18-26 € - Seit einem Jahrhundert eine unumgängliche Adresse in Sorrent; das Essen mit einem *limoncello*, dem hauseigenen Likör, abzuschließen, ist ein Muss. • **Il Glicine**, via Sant'Antonio 2 - Tel. 081-877 2519 - Mi außerh. der Saison und 15. Jan. bis 1. März geschl. - 16-26 € - Elegant, freundlich, Reservierung empfehlenswert. • **La Pentolaccia**, via Fuorimura 25 - Tel. 081-878 5077 - Do geschl. - 18 € - Klassisches Rest. der Innenstadt, traditionelle Küche. • **Il Buco**, 2° rampa Marina Piccola, 5 (Piazza S.Antonino) - Tel. 081-878 23 54 - Mi geschl. - 45-85 €. Tradition und Modernität in der Küche • **L'Antica Trattoria**, via P.R. Giuliani 33 - Tel. 081-807 1082 - im Winter Mo geschl. - 40-60 €. Typische, gepflegte Gestaltung der kleinen Speiseräume, mit reichlich Wein bzw. Bougainvilleen bedeckte Lauben, aufgepeppte lokale Küche.

Nerano-Marina del Cantone

Zwei besonders gute Adressen, beide mit 1 Michelin*. • **Taverna del Capitano**, piazza delle Sirene 10/11 - Tel. 081-808 1028 • Mo außer Juni bis Sept. geschl. - 42-80 €. • **Quattro Passi**, via Vespucci 10/11 - Tel. 081-808 1271 - Mi und 4. Nov. bis 26. Dez. geschl. - 39-60 €.

Sant'Agata Sui Due Golfi

• **Don Alfonso 1890**, Piazza Sant'Agata - Tel. 081-878 0026 - Mo und Di mittags von Juni bis Sept. sowie Mo und Di in den anderen Monaten geschl. - 57-88 € - Das beste Restaurant ganz Kampaniens (3 Michelin*) und eines der besten Italiens, traditionelle Jahreszeitenküche. Wundervolle Umgebung, auf einem Hügel zwischen Sorrent und Amalfi gelegen.

Praiano

• **La Brace**, via G. Capriglione 146 - Tel. 089-874226 - Mi außer vom 15. März bis 15. Okt. geschl. - 23-34 € - Von der Terrasse aus herrlicher Blick auf Positano und die *faraglioni* (Capri). Einfach köstlich, Restaurant und Pizzeria abends.

Positano

• **Chez Black**, via Brigantino 19 - Tel. 089-875 036 - 7. Jan. bis 7. Febr. geschl. - 29-47 € - Charmant, in der Nähe des Strandes. Pizzas, gegrillter Fisch, Spaghetti. • **Constantino**, via Corvo 95 - Tel. 089-875 738 - 1. Nov. bis 31. Dez. geschl. - 11 € - 5 km, herrlicher Blick aufs Meer. Minibus zum Restaurant - Im Sommer unbedingt reservieren. • **La Sponda**, Hotel Sirenuse via Cristoforo Colombo 31 - Tel. 089-875 066.

Amalfi

• **Da Gemma**, via Frá Gerardo Sasso 9 - Tel. 089-871 345 - Mi und im Aug. mittags geschl. - 39-57 € - Ein Restaurant, in dem neapolitanische Spezialitäten wie *genovese* mit gutem Landwein serviert werden. • **Il Tari'**, via Capuano - Tel. 089-871 832 - Di und Nov. geschl. - 21-36 € - Guter Fisch und gute Meeresfrüchte.

• **La Caravella**, via Matteo Camera - Tel. 089-871 029 - Di und 10. Nov. bis 25. Dez. geschl. - 36-62 € - Auch hier ist die Küche klassisch, Reservierung empfehlenswert (1 Michelin*).

LOKALES PRODUKT: DIE ZITRONE

• Liquori *(Limoncello)* La Valle dei Mulini, Salita Chiarito 9 - Tel. 089-87 32 11 -Das Landgut von Luigi Aceto, es ist das bekannteste, produziert seit 1992 den berühmten *limoncello*. Verkauf vor Ort. • **Pasticceria Andrea Pansa 1830**, Piazza Duomo. Die hier seit fünf Generationen hergestellten *scorzette candite* werden mit den Zitronen des Familienanwesens zubereitet; die *delizie al limone* sollten ebenfalls probiert werden.

Ravello

• **Palazzo della Marra**, via della Marra 7 - Tel. 089-85 83 02 - Di (außer April bis Okt.) und 15. Jan. bis 15. Febr. geschl. - 29-49 € - Abends stark besucht. • **Garden**, via Boccaccio 4 - Tel. 089-857 226 - im Winter Di geschl. - 16-23 € - Im Sommer malerische Terrasse mit Blick auf den Golf. • **Compa Cosimo**, via Roma 48 - Tel. 089-85 71 56 - Netta Buttone empfängt Sie in rustikalem Umfeld besonders natürlich in seinem Kochdress. Einfache Karte, aber reichhaltige Gerichte: frisches Bodenständiges wie die köstlichen *antipasti*. Zügiger, sympathischer Service.

Vietri

• **Sapori di mare**, via Pellegrino 104 - Tel. 089-21 00 41 - Do und So abends geschl. - 35 € - Nach Vietri kommt man wegen seiner Keramikmanufakturen. Eine Gelegenheit, dieses gute Restaurant aufzusuchen, das fangfrischen Fisch mit Jahreszeitengemüse anbietet: *seppioline in fiori di zucca, cannelloni di calamaro al radicchio, gamberetti su mousse di zucchine.*

Salerno

• **Il Cenacolo**, piazza Alfano I 4 - Tel. 089-23 88 18 - So abends und Mo geschl. - 40 € - Eine ausgezeichnete bodenständige Jahreszeiten- und Meeresküche, etwa *fiori di zucca alla ricotta di bufala, parmigiana di alici, zuppa di gnocchi, ceci e vongole, fagottino di arista con mousse di castagne e ripolla di Tropea, pasticcio di sfoglia in salsa caramello ...* • **Vicolo della Neve**, vicolo della Neve 24 - Tel. 089-225 705 - Mi und Weihnachten geschl. - 16 € - Gute lokale, traditionelle Küche (Prod. aus eig. Betrieb). • **Al Fusto d'Oro**, via Fieravecchia 29 - Pizzas und einfache Fischgerichte. • **La Brace**, lungomare Trieste 11 - Tel. 089-225 159 - So und 20. bis 31. Dez. geschl. - 21-31 €. • **Il Caminetto**, via Roma 232 - Tel. 089-22 96 14 - Mi geschl. - 21 €. Echte Pizzas und ein exzellentes Menü, gut zubereitete regionale Qualitätsprodukte.

San Cipriano di Pecentino,
20 km nordöstl. von Salerno

• **Cantina Montevetrano**, via Montevetrano, stellt den Montrevano Doc her, der zu den besten Rotweinen Italiens zählt. • **Il Nido**, via Montevetrano, die Azienda stellt ihrerseits Jungfernölivenöl mit Herkunftsbezeichnung her.

Paestum und Costa del Cilento

Archäologische Stätte Paestum

• **Nettuno**, an der archäologischen Ausgrabungsstätte - Tel. 0828-81 10 28 - 12. bis 18. Nov., Weihn., Nov. bis Febr. abends außer Fr, Sa, Juli-Aug. geschl. - 13-36 € - Von innen und der Terrasse Blick auf die Tempel.

Cappácio,
15 km östl. von Paestum

• **Nonna Sceppa**, via Laura 53 - Tel. 0828-85 10 64 - Ein sehr gutes Restaurant des Hinterlandes, bekannt für seine Meeresgerichte, vor allem aber für seine authentische Cilentana-Küche: *carciofo ripieno, minestra marinata, fusilli con ragù di castrata e ricotta*. 30 €.

LOKALES PRODUKT:
BÜFFEL-MOZZARELLA

• **Caseificio Tenuta Vannulo**, via Galilei 10, Cappácio Scalo. Ein landwirtschaftlicher Betrieb mit 90 Hektar Land und gut 500 Büffeln. Herstellung und Direktverkauf von Mozarella aus Büffelmilch.

Querce-Prignano Cilento
LOKALES PRODUKT: WEIN

• **Viticoltori De Conciliis**, sein Aglianico Zero, einer der besten Weine Kampaniens, wird sehr geschätzt.

Santa Maria di Castellabate

• **La Taverna del Pescatore**, via Asti 1 - Tel. 0974-968 293 - Außer im Sommer Mo geschl., Di bis Fr aussch. abends geöffn. - 30 €. Das kleine mittelalterliche Dorf, das bis unten ans Meer reicht, ist reizend. Sehr beliebt wegen dem frischen Fisch der Küste von Cilento, unbedingt reservieren.

EMILIA ROMAGNA

Bologna

- **Il Battibecco**, via Battibecco 4 - Tel. 051-223 298 - So geschl. - 65-88 € - Köstliches Rissotto, Spaghetti mit Venusmuscheln, Rinderfilet in Blätterteig (1 Michelin*). • **Il Bitone**, via Emilia Levante 111 - Tel. 051-546 110 - Mo, Di und Aug. geschl. - 39-57 € - Das Lieblingsrestaurant der Bologneser; im Sommer sitzt man im großen Garten (1 Michelin*). • **Torre de' Galluzzi'**, corte de' Galluzzi 5/a - Tel. 051-267

638 - Im alten Turm, Spezialitäten: Fleisch und Fisch. Schick. • **Diana**, via Indipendenza 24 - Tel. 051-231 302 - Mo, Aug. und 1. bis 15. Jan. geschl. - 36-44 € - Küche und Rest. traditionell. • **Rodrigo**, via della Zecca 2h - Tel. 051-220-445 - So und 4. bis 24. Aug. geschl. - Exzellent. • **Rosteria Da Luciano**, via Nazario Sauro 19 - Tel. 051-231 249 - Mi, Aug., Weihnachten und Neujahr geschl. - 18-31 € - Eine der besten Küchen Bolognas, reservieren. • **Anna Maria**, via delle Belle Arti 17 - Tel. 051-266 894 - Mo und 1. bis 20. Aug. geschl. - 23 € - Hier wird die *cucina povera* zelebriert, also: Qualität und keine Kalorien. Ein einziges Menü, aber dieser „Zwang" enttäuscht nicht.
- **Rostaria Antico Brunetti**, via Caduti di Cefalonia 5 - Tel. 051-234 441 - 21 € - Ein sehr altes Restaurant, hervorragende Teigwaren, guter Lambrusco.

Casteldebole, 7 km

- **Antica Trattoria del Cacciatore**, Tel. 051-564 203 - So abends, Mo, 4. bis 20. Aug. und 1. bis 8. Jan. geschl. - 31-39 € - Westl. von Bologna, eine schlichte, aber sehr schicke Trattoria, gute Küche.

BISTRO
- **Rosa Rosae Bistrot**, via Clavature 18/2. Zur Aperitifzeit stark besucht. Imbisse.

LOKALE SPEZIALITÄTEN
- **Bottega del vino Olindo Faccioli**, via Altabella 15/b - Großes Weinangebot: Lambrusco, jung und perlend, und der Sangiovese. • **Salsamenteria Tamburini**, via Caprarie 1 - Parmaschinken, *mortadella* und *culatello*, beste italienische Salami. • **Casa delle Sfoglia**, via Rialto 4 - Hier werden die traditionellen Bologneser Teigwaren hergestellt sowie die *tagliatelle*, die der Legende nach zur Hochzeit der Lucrezia Borgia und des Herzogs von Ferrara (1487) erfunden wurden. • **Sfogliatella**, via delle Lame 28, eine kleine „Fabrik", die ausschließlich Tortellini (trocken) oder gefüllt mit Schinken oder Parmesan herstellt

- **Atti**, via Caprarie 7. Seit 1880 kaufen die Bologneser hier Teigwaren und Gebäck.

Piacenza

- **Antica Osteria del Teatro**, via Verdi 16 - Tel. 0523-323 777 - So, Mo, 1. bis 7. Jan. und 1. bis 25. Aug. geschl. - 49-62 € - Wenige Gedecke, 1 Michelin*, Reservierung unumgänglich. • **Vecchia Piacenza**, via San Bernardo 1 - Tel. 0523-305 462 - So und 1. bis 15. Juli geschl. - Einfacher, aber eine gute Küche und viel Atmosphäre. Reservierung empfohlen. • **Trattoria Pireina**, via Borghetto 137 - Tel. 0523-338 578 - So, Mo abends und Aug. geschl. - 20 € - Täglich frische *tortellini*, zubereitet von der *nonna* Maria Salvadieri Giacobbi, die sich mit ihrem Sohn Gnasso um dieses seit einem Jahrhundert von der gleichen Familie geführte Haus kümmert. Die Wände bezeugen dies, die Rezepte ebenfalls, etwa *piccula ad cavall*, aber auch *merluzzo in umido* und für die Festtage im Januar und Februar die Süßspeisen wie *turtlitt*.
- **Piccolo Roma**, via Cittadella 14 - Tel. 0523-323 201 - So abends, Mo und Aug. geschl. - 40 € - Spezialität dieses guten Hauses mit regionaler, authentischer und raffinierter Küche: *anolino ettortello*. Aber auch *pasta de la casa* und gut zubereitete Fleischgerichte.

CAFÉ UND PASTICCERIA

- **Bar Pasticceria Balzer**, piazza dei cavalli 1. Die große Bar von Piacenza, in der man auch (rasch) zu Mittag essen kann. • **Pasticceria Galetti**, Corso Vittorio Emanuele II. Zuccotti, *torte di panna* und *fragole*.

Carrata Rollera, Gossolengo,

12 km von Piacenza

- **Hostaria Carrata**, Tel. 0523-778 100 - Di abends und Mi geschl. - 25 € - Ein ehemaliges, restauriertes Gehöft *(casale)* mit echter Landhaus-Atmosphäre. Gute traditionelle Piacenza-Küche, aber auch Rezepte des benachbarten Apennin. Das Brot wird im Holzbackofen des Hauses gebacken; die Weine stammen aus der Umgebung oder aus der Toskana.

Castello di Rivalta,

20 km von Piacenza

- **Antica Locanda del Falco**, Tel. 0523-97 81 01 - Di abends und Aug. geschl. - 35 € - Keine Kreditkarten. Hier werden den Produkten, insbesondere dem Fleisch mit der Spezialität *stinco di vitello al forno* viel Bedeutung beigemessen. Ein kurzer Besuch in der *bottega* nebenan wird Sie von der Güte des Hauses endgültig überzeugen. Ein angenehmer Stopp in diesem hübschen mittelalterlichen Dorf.

Parma

- **La Greppia**, via Garibaldi 39/a - Tel. 0521-233 686 - Mo, Di, Juli und 23. Dez. bis 14. Jan. geschl. - 39-57 € - In der Nähe der Oper, äußerst gute italie-

nische Küche, freundliche Ausstattung, reservieren (1 Michelin*).

- **L'Angiol d'Or**, vicolo Scutellari 1 - Tel. 0521-282 632 - So, Weihnachten und 12. bis 16. Aug. geschl. - 36-57 € - An der Ecke der piazza del Duomo genießt man außer den hervorragenden Gerichten auch das beleuchtete Bap-

tisterium. Elegant.
• **Croce di Malta**, Borgo Palmia - Tel. 0521-235 643 - Ein kleines Restaurant

mit Terrasse; authentische Küche, reservieren. • **Gallo d'Oro**, Borgo della Salina 3 - Tel. 0521-208 846 - So und 12. bis 15. Aug. geschl. - 21-34 € - In dieser Taverne wird der berühmte *culatello* aus Parma aufgetischt, aber auch *maltaglioti* und *tortellini*. • **La Filoma**, via XX Marzo 15 - Tel. 0521-206 181 - Di geschl. - 26-36 € - Viel Atmosphäre, eigenwillige regionale Küche, eine unserer Lieblingsadressen. • **Il Cortile**, borgo Paglia 3 - Tel. 0521-285 779 - Mo

mittags und 1. bis 22. Aug. geschl. - 24-34 € - Reservieren. • **Vecchio Molinetto**, viale Milazzo 39 - Tel. 0521-526 72 - Traditionelle Trattoria. • **Leon d'Oro**, via Fratti 4/A - Tel. 0521-77 31 82 - Seit 1917 *die* Referenzadresse der Parmesaner. Hier wird mit größter Einfachheit und Gastlichkeit Traditionelles bestens serviert; außerdem Lambrusco. Unsere Lieblingsadresse. • **Cocchi**, Hotel Daniel, via Gramsci 16/a - Tel. 0521-981 990 - Sa (sowie So im Sommer) geschl. Seit 80 Jahren *bollito misto*. Eine Institution.

LOKALE SPEZIALITÄTEN

• **Specialitá di Parma**, via Farini 9/c. Culatello Dop, Spalla di San Secondo: *strolghjno, salami e felino* ....

Umgebung von Parma
Roncole Verdi

• **Campanini**, Madonna dei Prati - Tel. 0524-925 69 - Di, Mi und mittags außer So geschl. Die Pasta ist hausgemacht, und der *Parmigiano regiano* mit Balsamessig-Zabaion ist höchster Genuss wie auch die anderen Fleisch- und Wustwaren, die montags als Menü gereicht werden: *culatello di Zibello, prosciutodi langhirano, Salami* usw.

Sacca di Colorno,
15 km von Parma

• **Le Stendhal**, Tel. 0521-815 493 - Di, 1. bis 15. Jan. und 22. Juli bis 8. Aug. geschl. - 26-41 € - Auf den Spuren von Fabrice del Dongo.

Noceto,
14 km von Parma

• **Aquila Romana**, via Gramsci 6 - Tel. 0521-625 398 - Mo, Di sowie mittags im Juli und Aug. und Weihn. geschl. - 31-44 € - Ehemalige Posthalterei, berühmt für regionale Spezialitäten nach alten Rezepten.

Busseto,
35 km von Parma

• **Campanini**, via Roncole Verdi 136 - Tel. 0524-925 69 - Di und Mi geschl. Abends und an Feiert. auch mittags geöffnet - 30 €. Unter den Porträts von Verdi und Guareschi kommt man hier in den Genuss der Tradition der Emilia Romagna wie: *bollito* (am besten vorbestellen) und *torta fritta*.

Polesine Parmese, Santa Franca,
6 km von Busseto

• **Da Colombo**, Tel. 0524-98 114 - Mo abends, Di, 10. bis 30. Januar und 20. Juli bis 10. August geschl. - 26-41 € - Die Pergola ist im Sommer gefragt und sogar berühmt, reservieren.

Zibello,
10 km von Busseto

• **Trattoria La Buca**, via Ghizzi 6 - Tel. 0524-99 214 - Di und 1. bis 15. Juli geschl. - 44-55 € - Berühmt, reservieren.

Berceto,
50 km von Parma

• **Da Rino**, piazza Micheli 11 - Tel. 0525-64 306 - Mo außer von Juni bis September geschl. - 26-47 € - Berühmt für seine Pilze in der Saison, Ravioli aller Art.

Salsomaggiore Terme

• **Predosa**, Contignaco 83 - Tel. 0524-578 246 - Mo geschl. Seit nunmehr 50 Jahren geben die Tanzis innerhalb der Familie die guten Rezepte der Emilia-Romagna weiter; wenn man der jüngeren Generation am Herd und in der Mühle zuschaut, scheint der Erfolg gesichert.

Reggio nell'Emilia

• **5 Pini-da-Pelati**, viale Martiri di Cerarolo 46 - Tel. 0522-5536 63 - Di abends, Mi und 1. bis 20. August geschl. - 36-54 €. • **La Zucca**, piazza Fontanesi 1/L - Tel. 0522-437 222 - So, 5. bis 12. Januar und August geschl. • **Enoteca Il Pozzo**, viale Allegri 6/a - Tel. 0522-451 300 - 11. Juni bis 3. Juli, So abends, Mo, Sa mittags im Juli und August geschl. - 23-26 € - Weinprobe und -verkauf (gute Qualität). Restaurant mit Garten.

Modena

• **Osteria La Francescana**, via Stella 22 - Tel. 059-21 01 18 - Sa mittags und So geschl. - 50 € - Traditionelle Küche, in der Balsamico-Öl und Parmesan die besten Zutaten der kulinarischen Kreationen Massimo Botturas sind. Eine kleine, edle Osteria. • **Fini**, rua Frati Minori 54 - Tel. 059-223 314 - Mo, Di, 22. Juli bis 26. August und 22. Dezember bis 3. Januar geschl. - 49-70 € - Finis *tortellini* und *zamponi* sind beinahe ebenso bekannt wie die Ferraris aus Modena (1 Michelin*). • **Bianca**, via Spaccini 24 - Tel. 059-311 524 - Sa mittags, So, August, Weihn., Neujahrstag, Ostern und 1. bis 20. August

geschl. - 31-49 € - Eine Trattoria mit authentischer Küche wie man sie liebt. • **Compagnia del Taglio**, via Taglio 12, eine Weinbar, in der man mittags einen Imbiss *(spuntino)* mit Aufschnitt, Käse und einem Glas Wein der Region zu sich nehmen kann. • **Hostaria Giusti**, vivolo Squallore 46 - Tel. 059-222 533 - mittags geöffn.; So, Mo, Dezember und August geschl. - 31-60 € - In einem Hinterraum der berühmten *Salumeria Giusti* einige Tische für die Glücklichen,

die hier mit der regionalen Küche des Hauses Bekanntschaft machen.

CAFÉ

• **Caffè Concerto**, piazza Grande 26 - Mo geschl. - Jede Woche zum Mittagessen ein kulturelles Ereignis. Restaurantservice abends.

Ferrara

• **Grotta Azzurra**, piazza Sacrati 43 - Tel. 0532-209 152 - Mi, So abends, 2. bis 10. Jan. und 1. bis 15. Aug. geschl. - 23 € - Mediterranes Dekor, traditionelle Küche Norditaliens, aber auch einige Spezialitäten der Emilia Romagna. • **La Provvidenza**, corso Ercole I d'Este 92 - Tel. 0532-205 187 - Mo, 21. Juli bis 10. Aug. geschl. - 29-39 € - Die Innenausstattung ähnelt einem Bauernhaus, der kleine Garten wird von den Stammkunden in Beschlag genommen - Reservieren.
• **Quel Fantastico Giovedì**, via Castelnuovo 9 - Tel. 0532-76 05 70 - Mi, 20. Juli bis 20. Aug. und die letzten 10 Tage im Jan. geschl. - Menü: 18-36 € - Da ihm kein Name für sein Restaurant einfiel, benannte Marco Jannotta es nach dem Titel von John Steinbecks Roman, den er gerade las. Mara Farinelli, seine Ehefrau, die sich um die Küche kümmert, bietet kreative Gerichte an und kocht mit

bodenständigen Produkten, die derart behandelt werden, dass ihr typischer Geschmack unverfälscht bleibt. Nach wie vor viel Anerkennung, reservieren.
• **L'Oca Giuliva**, via Boccanale Santo

Stefano 38 - Tel. 0532-207628 - 26 € - Ein kleines Restaurant mit zehn Tischen; deshalb muss hier reserviert werden. Spezialitäten: *polpettine di zucca, macheroni al tartufo, salama di sugo*.
• **Enoteca Al Brindisi**, via degli Adelardi 11 - Im *Guinness Book* steht, dies sei die älteste Taverne der Welt. Benvenuto Cellini, also Tizian, soll diese „Osteria del Chinchiolino" aufgesucht haben. Weinprobe und -verkauf. • **Trattoria Volano**, viale Volano - Tel. 0532-76 14 21 - Fr geschl. - Am Ufer des Po di Volano. Für den *pasticcio di maccheroni ferrarese* muss reserviert werden; es gibt aber auch andere Gerichte: 25 €.

CAFÉS

• **Caffè Europa**, corso Giovecca 51/53 - Mi geschl. - Hier wird Gebäck aus Ferrara serviert: *tenerina*, ein Schokoladenkuchen, *torta millefoglie, crostate di fragole, cannoncima alla crema*. In diesem schönen Libertydekor kann man auch zu Mittag essen. • **Zuni**, via Ragno 15. Ideal für den Aperitif oder ein leichtes Abendessen: Wein und *antipasti* zwischen Werken junger Künstler.

RAD FAHREN

Rad fahren gehört zum Leben in Ferrara, ja ist eine Lebensart, und auch Sie

werden es sich nicht nehmen lassen, ein Fahrrad zu mieten, um so die Stadt zu besichtigen. Die Hotels bieten zuweilen Fahrräder an, aber mieten kann man sie wirklich überall.
• **Estense Bici**, via Voltapaletto 11/a - Tel. 0340-23 66 934 - So geöffn.

Faenza

• **Osteria fel Mercato**, piazza Martiri della Libertá - Tel. 0546-68 07 97 - 15 €. Familiengerichte der lokalen Küche, Pizzas. • **Trattoria Marianaza**, via Torricelli 21 - Tel. 0546-68 14 61 - Mi geschl. - Die typische Küche der Romagna, aber auch hausgemachte Pasta *(passatelli, tortelloni)* und auf dem Holzofengrill gegartes Fleisch. • **Enoteca Astorre**, piazza della Libertá 16a - Tagesgerichte und glasweise ausgeschenkter Wein. • **Corona Wine Cafè**, Corso Saffi 5. Mittwochs wegen der Verkostung von französischem Wein und Käse stark besucht.

Brisighella

• **La Grotta**, via Metelli 1 - Tel. 0546-81 829 - Di geschl. - 30 €. Jahreszeiten- und regionale Küche mit nur einem Gericht, das wöchentlich wechselt.

Ravenna

• **Tre Spade**, via Faentina 136 - Tel. 0544-500 522 - So abends, Mo und Aug. geschl. - 31-47 € - Küche verschiedener Regionen, hübsche Ausstattung. • **Enoteca Ca' de Ven**, via Ricci 24 - Tel. 0544-301 63 - Mo geschl. - Weinbar in einem alten Palais, Weinprobe und -verkauf, kleine Speisekarte. - 22 €. • **Ustarì di du' canton**, via Piangipane 6 - Tel. 0544-521490 - Mo sowie Mi abends geschl. - Ist dafür bekannt, dass der berühmte Räuber des 19. Jahrhunderts, Passator Cortese, hier einkehrte. Hausgemachte Pasta: *tagliatelle al ragù, gnocchi di patate, tortelli alle melanzane* ... - 22 €.

- **Al Gallo**, via Maggiore 87 - Tel. 0544-213 775 - So abends, Mo, Di, Weihn. und Ostern geschl. - 26 € - Die Trattoria mit Cortiletto und Pergola befindet sich seit fast hundert Jahren in diesem reizvollen Gebäude. Was einiges über seinen Ruf aussagt. Reservieren.

Santarcangelo di Romagna

- **Osteria la Sangiovese**, via Saffi 27 - Tel. 0541-620 710 - So mittags und Mo abends geschl. Im Speiseraum die Maske einer lächelnden Frau: die Sangiovesa, eine Hommage an Fellinis „Stadt der Frauen". Beim Warten wird einem die traditionelle *piadina* (das berühmte hiesige Fladenbrot) mit einem Glas Sangiovese serviert. So beginnt ein typisches Romagna-Essen. Von 15-25 €, je nachdem wo sie zu Abend essen: in der Osteria oder im Restaurant. • **Osteria della Violina**, vicolo Denzi 3/5 - Tel. 0541-620 416 - Mi und 6. bis 22. Aug. geschl. - 18 € - Wir bevorzugen den rustikaleren Raum im Erdgeschoss, in dem regionale Gerichte serviert werden.

LATIUM
ABRUZZEN

Rom

in der Nähe der Villa Borghese

• **Il Caminetto**, viale Parioli 89 - Tel. 06-808 3946 - 26 € - Der Erfolg hat dieses Restaurant Gott sei Dank nicht verdorben. • **Duke's**, via Parioli 200 - Tel. 06 80 66 24 55 - Ausschl. abends geöffn. - Reservierung notwendig. Argentinische Steaks, Taglioni mit Ente, Spaghetti mit Hummer.

in der Nähe der piazza del Popolo

• **Gusto**, piazza Agusto Imperatore 10 - Tel. 06-322 62 73 - Ein Loft wie in New York, aber mit dem Raffinement des italienischen Design: ein Pizza-Restaurant, eine Önothek, eine Buchhandlung und eine Weinbar. Gut gelegen, nahe des Augustus-Mausoleum: ab piazza di Spagna über via del Condotti, ab via del Corso über piazza del Popolo.

• **Dal Bolognese**, piazza del Popolo 1/2 - Tel. 06-361 14 26 - Eine besonders schicke Adresse mit viel Stil; sobald das Wetter es gestattet, sitzt man auf der Terrasse.
CAFÉ
• **Caffe' Rosati**, piazza del Popolo - Die große Terrasse ist im Sommer sehr bevölkert; Sandwiche, Patisserien. Kein empfehlenswertes Restaurant.

in der Nähe der piazza di Spagna

• **Nino**, via Borgognona 11 - Tel. 06-679 5676 - So geschl. - 26 € - Unter den Kunden gibt es viele Maler und Schriftsteller, die die hier servierten Spezialiäten der Toskana und den Nachtisch des Hauses, den „Mont Blanc", sehr schätzen. • **Da Mario**, via delle vite - Tel. 06-678 38 18 - So und Aug. geschl. - 26 € - Toskanische Küche. • **Buccone**, via di Ripetta 19/20 - Eine große Önothek mit ein paar Tischen, an denen man essen

und vor allem die vielen Weine, die einen hier umgeben, kosten kann.

CAFÉS UND BARS

• **Caffe' Greco**, via Conditi 86 - von Casanova in seinen Memoiren erwähnt – auch Stendhal, Goethe, d'Annuncio, Keats, de Chirico und viele andere kamen hierher. Napoléon-trois-Dekor. Spezialität des Hauses: *paradiso* - kleine Sandwiche. • **Babington's English Tea Room**, an der piazza di Spagna - Eine weitere Institution des Platzes, und zwar seit zwei englische Schwestern ihn 1893 eröffneten. Um richtigen, englischen Tee richtig zu trinken. • **Dolci e Doni**, via delle carrozze 85 - Wegen seiner täglich frischen *cioccolatini*. • **Gran Caffè le Caffettiera**, via Margutta 61/a - Ausstattung großen Stils, raffinierter Service für ein leichtes Mittagessen. • **Le Cornacchie**, piazza Rondanini - Sympathisch, hip, Hausmannskost.

in der Nähe der piazza Navona

• **La Campana**, vicolo della Campana 18 - Tel. 06-686 7820 - Mo und Aug. geschl. - 30 € - Eine der ältesten, wenn nicht gar die älteste Trattoria der Hauptstadt. Gute, römische Küche, Hauswein guter Qualität; Spezialitäten: echte *coda alla vaccinara, carcciofo alla giudia*, dazu einen Montepulciano d'Abbruzzo. • **Matricianella**, via del Leone 3 - Tel. 06-683 21 00 - So geschl., außerdem vom 10. August bis 2. September. Jeder Tag hat sein Menü; Mi *coratella*, Do

gnocchi, Sa Kutteln, aber stets *amatriciana* zubereitet wie es sich gehört: weder mit Knoblauch noch mit Zwiebeln. 30 €. • **Tre Scalini**, piazza Navona, dem Bernini-Brunnen gegen-

über. - Hier gibt es den besten *granita di caffè* und den besten *tartufo*, ohne den *triumfo* zu vergessen. • **Santa Lucia**, Largo Febo 12 - Tel. 06 68 80 24 27 - Am kleinen Platz des *Hotel Raphaël*: eine einfache, aber angesagte Adresse. Schattige Terrasse im Sommer. • **Trattoria delle Pace**, via delle Pace 1 - Tel. 06-686 48 02 - Eine typische Trattoria. • **Cul de Sac**, piazza di Pasquino 73, hinter der piazza Navona - Eine reizende Weinbar, gute römische und französische Küche, beste hausgemachte Teigwaren.

große Auswahl an Weinen. • **Antico Caffe' della Pace**, via della Pace 6 - Künstleratmosphäre der Jahrhundertwende, abends sehr trendy und viel Intelligenz. • **Enoteca Navona**, piazza Navona, Weinproben und *crostini*.

tavola calder „Mare e Vino": raffinierte Imbisse zu jeder Tageszeit. • **Settimo**, via delle colonnelle 14 - Tel. 06 678 96 51 - Eine *trattoria-vineria* mit Tradition in unmittelbarer Nähe des Pantheon.

in der Nähe des Pantheon

• **Il Bacaro**, via degli Spagnoli 27 - Tel. 06-686 4110 - So geschl. - 31 € - Ausstattung eines schicken, raffinierten Bistros. • **L'Eau Vive**, via Monterone 85 - Tel. 06-688 01 095 - So, Aug. geschl. - 26-36 € - Missionarsschwestern aus aller Welt servieren hier täglich ihre Spezialitäten. • **La Rosetta**, via della Rosetta 9 - Tel. 06-686 1002 - Sa mittags, So und 8. bis 22. Aug. geschl. - 70-108 € - Fischgerichte (1 Michelin*). • **Papà Giovanni ai Sediari**, via dei Sediari 4/5 - Tel. 06-68 80 48 07 - So und Aug. geschl. - 41 € - Zwischen Palazzo Madama und Pantheon eine besonders alte Hosteria. Tradition und römische Nouvelle Cuisine in einem schönen Raum, in dem zahlreiche ausgesuchte Weine aneinander gereiht sind. Im gleichen Lokal eine

Campo Dè Fiori und Ghetto

• **Al Pompiere**, via S. Maria del Calderari 38 - Tel. 06-68 68 377 - So und Aug. geschl. - Nahe der Synagoge und des Hebräischen Museums, wie eine Bibliothek gestaltet, Aussicht auf den Palazzo B. Cenci, gepflegte Atmosphäre; Tobia steht am Herd: *paiate, coratelle, coda alla vaccinara*, das ganze Register alter römischer Rezepte und jüdische Spezialitäten wie *fritti alla pecoraria* oder *vegetariano*. • **Piperno**, Monte de' Cenci 9 - Tel. 06 68 80 66 29 - So abends und Mo geschl. - Von jeher inmitten des römischen Ghetto mit Spezialitäten wie der berühmten *carciofi alla giudia* und einer Speisekarte mit den wichtigsten Gerichten der römischen Küche. 50 €. • **Da Giggetto**, via del Portico d'Ottavia 21/a, nahe des Teatro Marcello - Mo geschl. - Tel. 06-68 61 105. Typisch jüdisch-römische Küche, darunter die *carciofi alla giudia* (frittierte Artischockenherzen, ein Muss), *filetti di baccalà fritti* und *aliciotti con l'indivia*. • **Vineria Reggio**, Campo Dè Fiori 15 - Tel. 06-688 03 268 - Eine sympathische Weinbar, serviert wird drinnen und draußen. Gute Tagesgerichte, eine kleine, teure Karte, außerdem der lebendige Kräuter- und Blumenmarkt. • **Sergio**,

vicolo delle Grotte 27 - So geschl. - Eine authentische, informelle Trattoria mit starkem Zulauf, insbesondere wegen seiner *bucatini alla carbonara*.

in der Nähe Palazzo Barberini

• **Il Giardino**, via Zucchelli 29 - Mo geschl. - Kleine Preise in einer der besten Trattorien der Stadt.
• **El Tartufo**, vicolo Sciarra - Tel. 06-678 02 26 - So geschl. - Eine authentische

Adresse, das Menü *Navone* wird Sie begeistern.

in der Nähe des Vatikan

• **Osteria dell'Angelo**, via G. Bettolo 24 (in der Höhe von Via Ottaviano, Viale delle Milizie) - Tel. 06-372 94 70 - außer Di und Fr mittags geschl., ferner So und August - Angelo Croce serviert Ihnen in seiner winzigen Osteria seine Spezialität: *spaghetti cacio e pepe*. - 13-21 €.

in der Nähe des Janikulus

• **Antica Pesa**, via Garibaldi 18 - Tel. 06-58 09 236 - So geschl. - Man kann in dem von den Künstlergästen dekorierten Raum oder im Patio bei Kerzenlicht dinieren; Spezialität des Hauses: *trittico di pastasciutta*.

Abendessen in Travestere

• **Paris**, piazza San Callisto 7/a - Tel. 06-581 53 78 - So abends geschl., ferner Mo und Aug. - Jüdisch-römische Küche. Probieren Sie die *fritti*, die *pasta* und *ceci*, und im Frühjahr *vignarola*, Artischocken und Salate, den roten Hauswein und den weißen Orvieto. - 45 €.
• **Romolo**, via di Porta Settimania - Tel. 06-581 8284 - Mo und Aug. geschl. - Abendessen bei Kerzenlicht in jenem Garten, in dem Raffael sich einst aufhielt. Auch die Innenräume sind angenehm. Charme und Atmosphäre.
• **Sabatini I**, piazza Santa Maria in Tras-

tevere 10 - Tel. 06-581 20 26 - 2 Wochen im Aug. geschl. - 31 € - Das bekannteste und beliebteste Restaurant von Trastevere. Sollte kein Tisch frei sein, empfehlen wir das Sabatini II, vicolo di Santa Maria in Trastevere 18 - Tel. 06-58 18 307. • **Checco er Carettiere**, via Benedetta 10 - Tel. 06-581 70 18 - So abends geschl. - 26-39 € - Eine typische Trastevere-Osteria mit einem Dekor, das an die Zeiten der *carettieri* erinnert. Hervorragende römische Küche, alte Rezepte und Fischgerichte. • **La Tana de Noiantri**, via della Paglia 13 - Di geschl. - Einfache Küche, im Sommer stehen die Tische auf dem Trottoir, sympatisch und preiswert. • **Alberto Ciarla**, piazza San Cosimato - Tel. 581 86 68 - mittags und So geschl. - 39-77 € - Meeresspezialitäten. Intim, Terrasse im Sommer - Reservieren. • **Café Riparte**, via Orti di Trastevere - Tel. 06 58 61 816 - Eine besonders lebendige, moderne Adresse: sowohl Café-Galerie als auch Musik- und (am Wochenende) Tanzcafé. Sushi und lokale Küche. • **Ivo a Trastevere**, via di San Francesco a Ripa 150 - In einem winzigen Raum werden köstliche Pizzas serviert. - *pasta* - sehr gefragt. • **Pizzeria Da Fieramosca ar Fosso**, piazza de Mercanti 3 - Tel. 06-589 0289 - So geschl. - nur abends geöffn. - 10-16 € - Beste Pizzeria in Trastevere.

PIZZERIAS

• **Pizzeria Berninetta**, via Pietro Cavallini 14 - Tel. 06-360 3895 - Mo und Aug. geschl. - nur abends geöffnet. - 13 € - Pizza, *crostini*, Pasta. Ebenfalls stark besucht. • **Pizzeria San Marco**, via Taano 29 - Tel. 06-687 8494 - Mi und Aug. geschl. - 11 € - Hier isst man die feine, knusprige römische Pizza. Die Yuppie-Kundschaft trinkt lässig Champagner zur Pizza, dennoch: gute Weine.

in der Nähe der piazza del Campidoglio, piazza Venezia, Colosseo und Forum

• **Vecchia Roma**, via della tribuna di Campitelli - Tel. 06-686 46 04 - Mi und 10. bis 25. Aug. geschl. - 39-60 € - Römische Spezialitäten und Fisch in elegantem Rahmen. • **Cavour 313**, via Cavour 313 - Eine Weinbar, die zu ihren Weinen ein Tagesgericht anbietet, aber auch Kalte Platten (Aufschnitt und Käse). Freundliche Bistro-Atmosphäre.

in der Nähe der Caracalla

• **Checcino dal 1887**, Via Monte Testaccio 30 - Tel. 06-574 38 16 - So, Mo, Aug. und Weihnachten geschl. - 34-62 € - Hier

speist man unter altem Gewölbe, die Küche ist typisch römisch, Spezialität: *coda alla vaccinara*; sehr guter Weinkeller. • **Da Oio a Casa mia**, via Galvani 43 - Tel. 06-578 26 80 - So geschl. - Im Testaccio-Viertel, in dem sich einst die Schlachthöfe befanden, wurden viele Restaurants eröffnet. Jünger als das ehrwürdige „Checcino", aber mit ebenso authentischer *macellara*-Küche (abzüglich einiger seiner Spezialitäten aus BSE-Gründen): *antipasto di lingua e nervetti, paiata alla cacciatorepolpete di lombatello*. Guter, mit Latium-Weinen gefüllter Keller. - 25 €.

in der Nähe von Stazione Termini

- **Pommidoro**, piazza dei Sanniti 44 - Tel. 06-445 26 92 - So und Aug. geschl. - Nonna (Oma) Clementina eröffnete diese Osteria in der Nähe von San Lorenzo vor einem Jahrhundert. Mamma Dina starb hier 1943 am Herd unter den Bomben, und heute kochen Aldo und Anna nach Rezepten der *macellara*, der echten römischen Küche: *pasta alla gricia, minestrone, innvoltini di paiata*. Pasolini war ein Stammkunde. Terrasse im Sommer. - 30 €.

in der Nähe der via Veneto

- **Tullio**, via San Nicola da Tolentino - Tel. 06-474 55 60 - So und Aug. geschl. - 41 € - Das beste toskanische Restaurant in Rom; gute Jahreszeitengerichte. Freundliches Ambiente, eine exzellente Adresse.
- **Gran Caffe' Doney**, via Veneto 39 - Der Gründer wurde 1822 in Florenz geboren, ließ sich 1884 in Rom, und 1946 an der Via Veneto nieder: Cocktails, Salate, Gebäck.
- **Harry's Bar**, via Veneto 148 - Wie alle seine Brüder: schick und elegant.

DER BESTE CAPPUCINO: **Caffe' San Eustachio**, piazza San Eustachio. • **La Tazza d'Oro**, via degli Orfani, nahe der piazza del Pantheon.

DIE BESTEN GELATI: **Il Gelato di San Crispino**, via Acaia 56 und via della Panetteria 42. Eis und Sorbets von feinstem, ausgesuchtem Geschmack, aber auch eine zu Camembert und Gorgonzola servierte Honigcreme.

DIE ÄLTESTE KONDITOREI IN ROM: **Valzani**, via del Moro 37.

Die Hügel von Rom

Tivoli

- **Le Cinque Statue**, via Quintilio Varo 1 - Tel. 0774-20 366 - Öffnungszeiten telefonisch erfragen. Angenehm, wenn man die Gärten der Villa d'Este besucht. • **Sibella**, via delle Sibella 50 - Tel. 0774-20281 - 23 € - Innen sehr schön und ein Garten, den im Jahr 1803 auch Chateaubriand sehr schätzte.

Villa Adriana

- **Albergo Ristorante Adriano**, Tel. 0774-382 235 - So abends geschl. - 36-62 € - Terrakotta-Wände, korinthische Säulen, hübscher schattiger Garten, besonders angenehm nach dem Besuch der Hadriansvilla.

Frascati

- **Cacciani**, via Armando Diaz 13 - Tel. 06-9420 378 - Mo, 7. bis 17. Jan. und 17. bis 27. Aug. geschl. - 28-47 € - 30 Jahre römische Küche, köstlicher Hauswein, sehr schöne Terrasse, lohnt den Umweg.

Grottaferrata

- **La Briciola**, via d'Annunzio 12 - Tel. 06-94 93 38 - So abends, Mo und Aug. geschl. - Ideal, um sich nach dem Besuch von San Nilo zu stärken.

Castelgandolfo

- **Sor Campana**, corso della Repubblica - Mo geschl. - Eines der ältesten Restaurants der Region. • **Antico Ristorante Pagnanelli**, via Gramsci 4 - Tel. 06-936 17 40 - Di geschl. - 31-95 € - Typische *cantina* - Weinbar.

Anguillara Sabazia

- **Chalet del Lago**, via Reginaldo Belloni - Tel. 06-996 07 053 - 1. bis 13. Febr., Do und So abends geschl. - 23-39 € - Im Sommer sitzt man auf der Terrasse am See.

L'Aquila

• **Ernesto** (Ai benefattori del Grillo), piazza palazzo 22 - Tel. 0862-2 10 94 - So, Mo und Aug. geschl. - Erst sollte man *sagnarelle alla pastora, pastasciutta* oder *bigolo al torchio* kosten, und danach die beiden „botti a camera" besichtigen: bewundernswerte Räume, in denen der Wein aufbewahrt wird.

• **Tre Marie**, via Tre Marie - Tel. 0862-413 191 - So abends und Mo außer Aug. und Weihn. geschl. - 26-31 € - Unter Denkmalschutz, herrliche Ausstattung, gute Küche (Dessert-Tipp: „Tre Marie").

Isola di Ventotene

• **Il Giardino**, via Olivi 43 - Tel. 0771-85 020 - Mai geschl. - Giovanni und Candida wachen über die Tradition und bereiten eine köstliche *zuppa di lenticchie* (Linsensuppe) zu, eine Spezialität der Insel, sowie die *cianfotta*, eine Bohnen- und Artischockensuppe, außerdem fangfrischen Fisch. 25 €, Hauswein inkl. • **L'Aragosta**, via Porto 1 - Tel. 0771-85078 - Mai geschl. - Spezialisiert auf Langusten und andere Meeresfrüchte. Außerdem beste Teigwaren, etwa die *schiaffoni* mit Fisch. 20 €. • **Zi'Amalia**, piazza della Posta 32 - Tel. 0771-85129 - Mai geschl. - Auch hier Pasta und frischer Fisch. Terrasse für die warme Jahreszeit. • **Da Benito**, in Pozzillo - Tel. 0771-85 267. Nahe des Porto antico und des kleinen Strandes, auf dem die sterblichen Überreste von Santa Candida aufgefunden wurden: in Ponza gefoltert, dem Meer überlassen und seither Schutzpatronin der Insel. Gegrillter Fisch und gute Teigwaren wie z.B. Benitos *chiacchiere*. Terrasse. 25 €, Keine Kreditkarten.

LOKALE PRODUKTE

• **Antico Forno Aiello**, via Olivi 35. Pizzas, *foccace, palatella*, das hiesige Brot, Biskuits und weitere *dolci* seit 50 Jahren.

Viterbo

• **Il Grottino**, via della Cava 7 - Tel. 0761-308 188 - Di und 20. Juni bis 10. Juli geschl. - 26 € - Wenige Tische, reservieren. • **La Pentolaccia**, via delle Fabbriche 20/22 - Tel. 0761-34 27 55 - Di und 2 Wochen im Jan. geschl. - 16 € - Um jeden Preis das *viterbeso*-Menü nehmen: gute Spezialitäten der lokalen Familienküche.

Bolsena

• **Angela e Piero**, via della Rena 98/b - Tel. 0761-799 264 - Di und Okt. geschl. - 16-26 € - Blick auf den See.

Farnese

• **La Piazzetta del Sole**, via xx settembre 129 - Tel. 0761-458 606 - Mi und außer an Feiertagen mittags geschl. Auf der 1. Etage eines Gebäudes im historischen Zentrum - 25 €. Lokale Küche in besonders ruhiger Atmosphäre.

Tuscania

• **La torre di Lavello**, via torre di Lavello 27 - Tel. 0761-434 258 - Mi geschl. - 12-25 €. Im Erdgeschoss eine Osteria mit einem auf 12 € festgesetzten Mittagsmenü, im Obergeschoss Gerichte, die elaborierter sind. Gegenüber der Kirche San Pietro.

Abruzzen
(Nationalpark Maiella)

Guardiagrete
- **Villa Maiella**, via Sette Dolori 30 - Tel. 0871-809 319 - Mo geschl. - Probiermenü 45 €. „Ich will das Beste", pflegt der Chef zu sagen, „also gebe ich das Beste".

Rivisondoli
- **Reale**, via Regina Elena 49 - Tel. 0864-693 82 - Mo und Di geschl. - Probiermenü 60 und 80 €. Außergewöhnliche Produkte, mit Ehrfurcht und Sensibilität verarbeitet. Niko Romito hat sich als Wortführer der Küche der Abruzzen durchgesetzt.

Fara Fiolorium Petri
- **Casa d'Angelo**, via San Nicola 5 - Tel. 0761-434 258 - So abends und Mo geschl. - Probiermenü 37 €. Lokale Jahreszeitengerichte neu interpretiert, verfeinerte Hausmannskost.

Isola di Ponza
- **Gennarino al mare**, via Dante - Tel. 0771-805 93 - 31-52 € - Gute Küche mit Blick aufs Meer und den Hafen, bei schönem Wetter außerdem eine schöne Terrasse am Wasser. • **Acqua Pazza**, piazza Carlo Pisacane - Tel. 0771-806 43 - Dez. und Jan. geschl. - 39-62 € - Traditionelle Küche in charmantem Ambiente. • **La Kambusa**, via Banchina Nuova 15 - Tel. 0771-802 80 - Okt. bis 15. Mai geschl. - 34-47 € - Regionale Küche.

CAFÉ-PASTICCERIA
- **Gildo**, corso Pisacane - Ein Umweg lohnt sich wegen seiner *sfogliatelle, babà* und seiner *torta Caprese*, der Spezialität des Hauses.

SHOPPING
- **Aniello Calise**, via Dante (vor dem Strand Sant' Antonio), *der* Spezialist für Korallenverarbeitung.

LIGURIEN

Le Ponente ligure Val Nervia
14 km von Ventimiglia

Dolceacqua
• **Agriturismo Terre Bianche Arcagagna** - Tel. 0184-20 99 42 - Wein, darunter der bekannte Rossese di Dolceacqua, auch Rossese de Ventimiglia genannt, sowie das Olivenöl Dop.

Apricale
• **La Favorita**, strada San Pietro - Tel. 0184-20 81 86 - außer Aug. Mi geschl. - Sehr beliebtes Restaurant wegen seines *porcini*, paniert oder in jenem guten Öl gebraten, das sein Vermieter herstellt. Aber auch *carne a la brace* mit trifolati. - 30 €.

Pigna
• **Terme**, via Madonna Assunta - Tel. 0184-24 10 46 - Mi außer Aug. sowie 10. Jan. bis 10. Febr. geschl. - 25 €.

Valle Argentina
(über das Argentina-Tal erreicht man die Küste).

Triora und Molini di Triora
• **Santo Spirito**, piazza Roma, Molini di Triora - Tel. 0184-99 019 - außer im Sommer Mi geschl. - Eines der ältesten Restaurants der ganzen Region. Spezialitäten: *panizza, lumache, tagliatelle al sugo di funghi* ... - 25 €. • **Negozio di Angelamaria**, Corso Italia 7, Triora - Ein wunderbares altes Lebensmittelgeschäft, in dem man lokale Produkte, vor allem aber Pilze kauft: getrocknet oder frisch in der Saison.

Montalto Ligure
• **Giampiero Borgna**, Naturführer zum Pilze sammeln - Tel. 0184-68 38 07.

Badalucco
• **Ca' Mea**, strada Statale 548, km 13 - Tel. 0184-40 81 73 - Mo geschl. - Besonders berühmt wegen seiner Pilz-Beilagen: *frittata, patate al forno, agnello alla brace, tagliatelle* und *risotto con funghi*. - 30 €.

Riviera du Ponente
San Remo
• **Da Giannino**, lungomare Trento e Trieste 23 - Tel. 0184-504 014 - So abends, Mo und 15. bis 31. Mai geschl. - 41-47 € - *Das* schicke Restaurant der Stadt. • **Paolo e Barbara**, via Roma, 47 - Tel. 0184-53 16 53 - Mi, Do mittags, 13. bis 25. Dez., 10. Jan. bis 7. Febr. und 24. Juni bis 13. Juli geschl. - 90 € (mittags), 65-119 € - Regionale Küche (1 Michelin*). Reservieren. • **Osteria del Marinaio da Carluccio**, via Gaudio 28 - Tel. 0184-501 919 - von 19.30 bis 22.00 Uhr - Mo, Okt. und Dez. geschl. - 36-

67 € - Eine winzige Osteria, in der einer distinguierten Kundschaft hervorragende Fischgerichte serviert werden. Reservieren. • **Tre Scalini**, piazza Sardi 2 - Tel. 0184-50 23 01 - Mo geschl. Außer im hinteren Raum ist auch die Gestaltung nicht sonderlich ansprechend. Die angebotene ligurische Familienküche hingegen ist exzellent, und die Produkte sind äußerst frisch: *polpe e patate, frittora di totani, grillate di pesce* ... • **Antica Trattoria Nuovo Piccolo Mondo**, via Piave 7 - Tel. 0184-509 012 - So und Mo geschl. - 25 € - Kreditkarten nicht akzeptiert - Stets viele Gäste, die sich um einen Tisch in den beiden kleinen Räumen dieses typisch ligurischen Restaurants „streiten". Es kann reserviert werden.

Imperia
• **Pane e Vino**, via Des Geneys 52 - Tel. 0183-29 00 44 - Mi geschl. - Traditionell-modernisierte Trattoria-Küche.

Marina Porto Maurizio
• **L'Osteria da Pippi**, via dei Pelligrini 9 - Tel. 0183-65 21 22 - Di geschl. - Ivano Perrone hat sich in diesem einstigen Bootsschuppen niedergelassen und bietet seinen Gästen ein allwöchentlich wechselndes Menü ligurischer Spezialitäten an, die mit größter Sorgfalt zubereitet werden. Eine kleine, aber gut ausgewählte Weinkarte; der Wein wird auch glasweise ausgeschenkt. 20 €.

Oneglia
• **Ai due Amici**, via Des Geneys 52 - Tel. 0183-29 00 44 - Ein lohnender Stopp. Exzellente, mit Kichererbsenmehl zubereite *farinata*, aber auch *panissa* und ein von Hania, der algerischen Ehefrau von Bruno Merano, zubereiteter außergewöhnlich guter Couscous.

LOKALES PRODUKT: OLIVENÖL
• **Frantoio di Sant'Agata**, Borgo Sant'Agata, strada dei Francesi 48. In diesem Betrieb wird Olivenöl verkauft, das mit Tagiasca (der hiesigen Olive) hergestellt wird und einen Mandel- und Pignolengeschmack hat.

Cervo
• **San Giorgio**, im historischen Zentrum, via Volta 19 - Tel. 0183-400 175 - Di mittags vom 20. Juni bis 10. Sept., Nov. und 10. bis 31. Jan. geschl. - 31-62 € - Ein wunderbares kleines Restaurant: *antipasti* (Meeresfrüchte), Fisch, gutes Fleisch, *zabaione*. Panoramaterrasse. Reservierung erwünscht.

Albenga
• **Il Pernambucco**, viale Italia 35 - Tel. 0182-53 45 58 - Im Winter Mi geschl. - 40 €. Fischspezialitäten in klassisch-elegantem Rahmen, Terrasse im Sommer. Die Altstadt von Albenga ist eine der besterhaltenen der Küste von Ponente. • **Gelateria Bar Festival des Glaces**, via Italia 47. Hier unbedingt selbstverständlich wegen dem Eis einkehren.

Alassio
• **Palma**, via Cavour 11 - Tel. 0182-64 03 14 - Mi geschl. - Kreative gastronomische Küche, die man in einem Haus des 18. Jahrhunderts genießt. 60 €.

Loano
• **Monastero del Carmelo** - Dieses 1609 nach dem Vorbild des Escorial erbaute Kloster ist von architektonischem Interesse; zudem führen die Brüder hier einen kleinen landwirtschaftlichen Betrieb und verkaufen ihre Produkte wie Olivenöl, Weine, Konfitüren, Honig und Heilkräuter.

Finale Ligure -Finalborgo
• **Ai Torchi**, in Finalborgo via dell'Annunciata 12 - Tel. 019-69 05 31 - D geschl. - 45 €. Gut interpretierte ligurische Küche. Finalborgo ist das älteste und interessanteste Viertel von Finale Ligure. • **Ca' del Moro**, via per Calizzano 34 - Tel. 019-696 001 - Mi (im Win-

ter Mo abends und Di) geschl. - 40 €. Ländliche Osteria-Atmosphäre mit lokalen, aber raffiniert zubereiteten Gerichten wie *fritto di pesce e verdure*, besonders leicht, und einer ganzen Reihe wundervoller Risottos.

WEIN

• **Cacina delle Terre Rosse**, via Manie. Hier kann man den Wein des Gutes kaufen: Pigato und Vermentino, *Solitario* und *Il Bocciato*.

Calice Ligure

• **Trattoria Locanda Piemontese**, piazza Massa 4 - Tel. 019-65 463 - Di geschl. - Spezialitäten des ligurischen Hinterlandes wie Kaninchen mit Pilzen, Tagliatelle mit Artischocken und *cima alla genovese*. Probiermenü 19 €. • **Gelateria Pastorino**, via V. Veneto 31. Von März bis September bietet dieses bekannte Haus köstliches selbstgemachtes Eis mit Früchten aus dem Tal wie Birnen, grünen Melonen, Pistazien und im Herbst *gelati al caco* an.

Noli-Voze

• **Liliput**, via Zuglieno 49 - Tel. 019-74 80 09 - Mo geschl. - Auf den Anhöhen mit Panoramablick. Seit über 40 Jahren bietet die Familie Garbarino eine kreative ligurische Küche an: *insalata di pesce, fagotino di pesce e crostacei su crema di zucca* ...

LOKALE PRODUKTE

• **Pastificio Rosalba**, via Colombo 79. Frische, hausgemachte Teigwaren: *pansooti di ricotta, ravioli di borragine, trofie al nero di seppia e farina di castagne*, aber auch *torta pasqualina* und *alici marinate*.

Mallare

• **La Lanterna**, via Mario Panelli 1 - Tel. 019-586 300 - Do geschl. - 30 €. Ein köstlicher Umweg für ein kreatives, nicht übertrieben ausgeklügeltes Menü, zubereitet mit den Produkten aus Daniele Minettis Gemüsegarten. Reservierung empfohlen.

Vado Ligure

• **Fornace di Barbablù**, via Lazio 11a, frazione S. Ermete - Tel. 019-88.85.35 - Mo geschl. - 45-60 €. Mediterrane Küche mit reichlich Bodenständigem und Meeresprodukten.

Savona

• **L'Arco Antico**, piazza Lavagnola 26r - Tel. 019-82 09 38 - So geschl. - 50 € - Rustikal und elegant, sowohl die Gestaltung als auch die Küche betreffend. Absolut frische Produkte wie in Olivenöl marinierter Fisch und aromatische Kräuter. • **Vino e Farinata**, via Pia 15 R. - 22 € - Populär, typisch, sympathisch.

Genova
Historisches Zentrum

• **L'Angolo della Luciana**, via della Libertà - Tel. 010-54 00 63 - Mo und 3 Wochen im Juli geschl. - 26 € - Nur wenige Gedecke, deshalb: unbedingt reservieren. Gute Produkte. Gute, gepflegte Küche. • **Edilio**, corso Dre Stefanis 104r - Tel. 010-88 05 01 - So abends, Mo und 1. bis 20. Aug. geschl. - 44-85 € - Eine feine kleine Karte, die Meeres- und Jahreszeitenprodukte bevorzugt. (1 Michelin*). • **Trattoria da Maria**, Vico Testadoro 14r (neben der Piazza Fontane Marose, am Ende der Via Garibaldi). - Tel. 010-58 10 80 - Sa und Mo abends geschl. - Seit 1946 empfängt Maria Mantè in ihrem freundlichen Restaurant eine treue Kundschaft, die ihre besondere Gastfreundschaft wie auch ihre *cima*, ihre *torta pasqualina* und ihre *verdure ripiene* schätzt. • **Vico Palla**, vico Palla, 15r (hinter dem Dom S. Lorenzo) - Tel. 010- 246 65 75 - Mo geschl. - Es heißt, van Dyck sei hier während seines Genua-Aufenthaltes eingekehrt. Ligurische Tradition mit *pesto (trofie, picagge, mandilli di sae)*, aber auch Stockfisch mit Oliven, Täubchen usw. 25 €. • **Cantine Squarciafico**, piazza Invrea 3r (in der Nähe des Doms) - Tel. 010-27 70 823 - Mai geschl. - 25 €. Dank Marina Vegezzis Initiative wird hier Ererbtes mit Modernität in Einklang gebracht, sowohl die Architektur als die Gestaltung und die Küche betreffend; guter Weinkeller. • **Migone San Matteo**, piazza San Matteo, Tel. 010-247 3282. Dieser gute Weinkeller mit Restaurant nebenan (gegenüber des Palastes, in dem sich das Architekturbüro von Renzo Piano befindet, welcher wiederum der kleinen Kirche San Matteo gegenüberliegt) tischt besonders gute ligurische Gerichte wie auch Fisch auf, und zwar im Rahmen einer traditionellen Trattoria. • **Trattoria Bedin**, via Dante 54r - Tel. 010-58 09 96 - Zum Kennenlernen der *farinata genovese*. • **Ristorante Bar Cuxinn-E**, via Galata, 35r - Tel. 010-59 59 839 - In einer kleinen Straße gegenüber der Fnac Via XX settembre: einst ein Hangar, heute eine Loft-Trattoria-Bar. Exzellente Genueser und ligurische Küche (Kastanien-Gnocchi mit Haselnuss-Sauce usw.), Cocktails, gute Musik. Von Tradition geprägte Modernität, sehr gelungen. • **Zeffirino**, via XX settembre 20 - Tel. 010-570 59 39 - In einer Hauptstraße der Stadt. Unumgänglich, wenn man wissen will, wie echter *pesto genovese* schmeckt, erhielt doch der Chef Belloni den *primo cavaliere della confraternita del pesto* ... - 40 €. • **Sa Pesta**, via Giustiniani 16r - Diese historische Trattoria wurde im Erdgeschoss eines Palastes eingerichtet, in dem sich bereits im 15. Jahrhundert jene *bottega* befand, in der *sale pestato* verkauft wurde - daher auch

der Name. Heute wird mit *farinata, verdure* und *acciughe ripiene, minestrone, trenette al pesto* und *torte salate* die ligurische Tradition fortgesetzt.

Porto Antico

In den **Magazzini del Cotone** große,

umgebaute Lagerhäuser mit heute Kongress-Center, Buchhandlung, Einkaufszentrum, Museum und Restaurants:
• **Le Terre di Liguria** - Tel. 010-25 436 40 - Familienküche und kleine Preise. Spezialitäten: *cioccolatino al pesto*, mit Pesto, Zirbelnüssen und Zimt gefüllte Schokoladenpralinen. • **La Goletta** - Tel. 10-26 72 63. Durchgängig geöffn. - Terrasse am Meer. • **Da Rina**, via Mura delle Grazie 3r - Tel. 010-246 6475 - Mo und Aug. geschl. - 28-47 € - Wegen seiner Spezialität *burrida di seppie*. • **Tre Merli**, Millo-Gebäude, Calata Mandraccio - Tel. 010-246-44 16 - In diesem Gebäude am Hafen wurde früher Kaffee gelagert. Das Lokal hat Charme; Fisch nach ligurischer Art. • **Vittorio**, via Sottoripa 59r. - Unter den Arkaden, die La Bolla gegenüber die Piazza Caricamento umgeben - Tel. 010-247 29 27 - 21-29 € - Gegrillter Fisch. • **Al Veliero**, via Ponte Calvi 10r - Tel. 010-24 65 773 - Mo geschl. - Auf der Ebene des Aquariums eine gesellige Adresse, mittags von Geschäftsleuten des Hafens sowie von Gästen der benachbarten Universität aufgesucht. Lokaler fangfrischer Fisch: *moscardini in guazetto, sedadini con orate e rucola, cappon magro* ....

Stadtteil Sestri Ponente

• **Baldin**, piazza Tazzoli 20r - Tel. 010-65 31 400 - So und Mo geschl. - „Intuition und Phantasie" in der Küche dieses jungen Chefs, der von den Genuesern viel Zustimmung erhält. Das Probiermenü ist ein exzellenter Vorgeschmack von Luca Collamis Können. 40 €.

Piazza della Vittoria, Internationale Messe und Sportpalast

• **Gran Gotto**, viale Brigate Bisagno 69r - Tel. 010-564 344 - Sa mittags, So und 12. bis 31. Aug. geschl. - 39-65 € - Elegante Ausstattung, das schickste Restaurant der Stadt, gute ligurische Küche (1 Michelin*). • **Ippogrifo**, via Gestro 9 - Tel. 010-59 27 64 - Do geschl. - Aufgrund der Nähe der Internationalen Messe mittags eine aus Geschäftsleuten bestehende Kundschaft; abends ist es intimer. Exzellentes traditionelles Essen mit einigen amalfitanischen Extras und einem besonders eigenwilligen *pansooti al sugo di noci*. • **Ö Beccö Fin**, via Pisacane 36r - Sa und So geschl. - Ambiente jung und lässig, gute Küche, z.B. die Tarta Pasqualina, eine hervorragende *foccacia genovese* und andere, mit Jahreszeitengemüse zubereitete Fischgerichte. 20 €. • **Antica Osteria el Bai**, via Quarto 12, Quarto dei Mille - Tel. 010-387 478 - Mo, 1. bis 20. Jan., 1. bis 20. Aug. geschl. - 28-47 € - Hinter dem Hafen der Küstenstraße folgen, Rtg. Nervi. Ausgezeichnete Fischgerichte und Krustentiere, aber auch *pasta al pesto, capponata salsa verde*. Rustikal-elegant.

CAFÉS
- **Caffe' Mangina**, via Roma 91 - Mo geschl. - Ein elegantes Café, in dem man die Reiterstatue von Viktor Emanuel II. auf dem Corvetto-Platz bewundern kann. • **Caffe' Klainguti**, piazza Soziglia 98 - Zählt zu den historischen Cafés Italiens. • **Caffe' degli Specchi**, Piazza Pollaiuoli 43r - Keramiken und Spiegel schaffen ein schönes, goldenes Licht in dieser „Porzellangrotte", wie der Dichter Dino Campana sie nannte und die in einem Film von Dino Risi („Profumo di Dona") zu sehen ist.
- **Café del Barbarossa**, piano di Sant' Andrea, 21-23r - Im Untergeschoss eines alten Palastes, besonders angenehm mittags, nicht unbedingt die ganze Karte lesen, die nicht weniger als 50 Seiten zählt ... • **Bar Bento**, piazza delle Erbe 6r - In den zwanziger Jahren von einem Seemann in Rente eröffnet; Name und Gestaltung der Bar sind unverändert, und ihre Kundschaft stammt nach wie vor aus Genua.

SPEZIALITÄTEN - KURIOSITÄTEN
- **Pasticceria Confetteria Villa**, via del Portello (am Ende der via Garibaldi 2r) - Seit drei Generationen bietet die Familie Profumi in einem unveränderten Rahmen Süßwaren und Gebäck an. • **La Tavola del Doge**, piazza Matteotti 80 - Hier werden beste ligurische Produkte angeboten: *pesto*, traditionelle Pastaarten wie *trofie* und *corzetti*, *pasqualina*-Kuchen. • **Macelleria Nico**, via Macelli di Soziglia 8r - In einer Straße, die an die historischen Schlachthöfe erinnert, wovon nur noch diese alte Metzgerei übrig geblieben ist und die einst die Schiffe vor ihrer Abfahrt mit Proviant versorgte. Die Räume mit ihren skulptierten Marmor-Fleischklötzen sind sehenswert. Ebenso **Antica Barberia Giacalone**, vicolo Caprettarilli Rosso 14, wo zwar nicht mehr rasiert wird, die wunderbare Jugendstil-Ausstattung jedoch erhalten blieb; kann von 8.30 bis 16.30 Uhr besichtigt werden.

Rapallo
- **La Goletta**, via Magenta 28 - Tel. 0185-66 92 61 - Mo geschl. - 30 €. Ligurische Trattoria- und Mittelmeerküche, gekocht wird mit Bioprodukten.
- **O Bansin**, via Venezia 105 - Im Winter So und Mo abends geschl. - Lokale Spezialitäten. 25 €.

in San Massimo, 3 km
- **U Giancu**, via San Massimo 78 - Tel. 0185-261 212 - 5. bis 25. Nov. und 23. Dez. bis 2. Jan. geschl.; 3. Jan. bis Ostern Fr, Sa und So geöffn. - 23-36 € - Hübsch rustikal und köstlich authentisch, serviert wird auf der Terrasse, reservieren.

Santa Margherita Ligure
- **Trattoria Cesarina**, via Mameli 2 - Tel. 0185-286 059 - Di und 20. Dez. bis Jan. sowie mittags im Juli und Aug. geschl. - 31-62 € - Eines der guten Restaurants an der ligurischen Küste, bester Empfang.
- **Da Pezzi**, via Cavour 21 - Tel. 0185-285 303 - Sa geschl. - *Torta pasqualina, fritelle di baccalà, farinata* ... 12-25 €.

CAFÉS UND BARS
- **Caffè del Porto**, lungomare, eine seit 1910 kaum veränderte Institution, die sowohl von Persönlichkeiten als auch von Fischern aufgesucht wird. • **Caffè Colombo**, Libertystil für die elegante Kundschaft von Santa Margherita.

Camaiore
- **Osteria Vignacio**, via della Chiesa 26 - Tel. 0584-914 200 - Mi geschl. Ausschließlich abends geöffnet, Ruhetag So - 30 €. Ausgesprochen entspannend und intim, sowohl auf der Terrasse als auch im hübschen Innenraum. Toskanische Küche.

Portofino
- **Da Ü Batti**, vico Nuovo 17 - Tel. 0185-

269 379 - Mini-Trattoria (Fisch), unbedingt reservieren. • **Puny**, piazza M. Olivetta 7 - Tel. 0185-269 037 - Do geschl. - 26-52 € - Von diesem klassischen Restaurant mit Meeresdekor hat man einen schönen Blick auf den Hafen. • **Il Pistoforo**, molo Umberto 1 - Tel. 0185-269 020 - Di, Mi mittags, Jan. und Febr. geschl. - 36-52 € - Fischsuppe, Bouillabaisse, gegrillter Fisch - serviert wird all das im Schatten eines hundertjährigen *pistoforum*. • **Chuflay Bar**, am Hafen - Nebengebäude des Splendido. Sämtliche Mahlzeiten, angefangen vom Frühstück bis zum späten Abendessen - Die neue In-Terrasse von Portofino. • **Tripoli**, piazza M. Olivetta 1 - Am Hafen, einfache, aber gute traditionelle Küche, im Sommer Terrasse am Hafen.

CAFÉS UND BARS

• **Bar Sole**, piazza Olivetta - Sandwiche, Aperitifs. Man kommt hierher, um zu sehen und gesehen zu werden. • **Caffe' Excelsior**, piazza M. Olivetta - In dieser Bar trinkt man seinen *cappucino* und liest dabei die Morgenpresse.

Sestri Levante

• **Polpo Mario**, via XXV aprile 136 - Ein schöner Raum, der noch immer die Atmosphäre einer alten ligurischen *cantina* hat; Gestaltung und Küche beschäftigen sich mit dem Tintenfisch, es gibt aber auch noch andere gute ligurische Spezialitäten. Rudi Ciuffardi eröffnete in unmittelbarer Nähe zusätzlich eine Weinbar namens **La Cantina del Polpo**. - **San Marco**, am Hafen - Tel. 0185-41 459 - Mi und mittags im Aug. sowie vom 5. bis 24. Nov. geschl. - 26-44 € - Sehr guter Fisch. • **El Pescador**, via Pilade Queirolo 1 - Tel. 0185-42 888 - Di außerh. der Saison, 15. Dez. bis 1. März geschl. - 31-41 € - Fisch-Spezialitäten. • **Santi's**, viale Rimembranza 46 - Tel. 0185-48 50 19 - Mo und 5. Nov. bis 20. Dez. geschl. - 26-39 €.

Levanto

• **Le Tumeline**, Tel. 0187-80 83 79 - Zwei Zwillingsbrüder führen dieses in einem der alten Häuser des Dorfes eingerichtete Restaurant mit Weinbar. Traditionsgetreue Küche. • **Loggia**, piazza del Popolo 7 - Tel. 0187-80 81 07 - Meeresgerichte, darunter ein ligurisches Fischgericht, eine Art Bouillabaise. 25-35 €.

Portovenere

• **Le Bocche**, Calata Doria, 102 - Tel. 0187 79 06 22 - Di geschl. Charme, Eleganz, Raffinement, phantastische Aussicht und gute Küche (Meeresprodukte). 45-80 €. • **La Taverna del Corsaro**, lungomare Calata Doria 102 - Tel. 0187-790 622 - Mo, 7. Nov. bis 7. Jan. geschl., 15. Juni bis 7. Aug. ausschließlich abends geöffn. - 41-72 € - Von innen hat man einen hübschen Blick auf die gegenüberliegende Insel Palmaria. Jahreszeitenküche, Schwerpunkt Fischgerichte, aber auch lokale Spezialitäten.

La Spezia

• **Capolinea**, via rebocco 57 - Tel. 0187-70 12 50 - Mo geschl. - Pizzeria mit Holzbackofen, wo auch die liguri-

sche Spezialität *farinata* serviert wird.
• **Antica osteria Caran**, via Genova 1 - Tel. 0187-51 81 00.

Tellaro
•Il Gambero Nero, via Fiascherino, 108, Tel. 0187 965731 - Ein exzellentes Fischrestaurant

Cinque Terre
Riomaggiore
• **La Grotta**, via Colombo 123 - Tel.

0187-92 01 87 - Mi und November geschl. Typisch ligurische Küche. 25 €.
• **La Lanterna**, am kleinen Hafen - Tel. 0187-92 05 89. Lokale Fischgerichte. - 20-40 €. • **Da Simone**, via Colombo 184 - Hier isst man *focaccia al pesto*.
• **D'uu Scintu** zum Kosten der Weine von Cinque Terre, der Sciacchetrà soll der beste sein. • **Ripa del Sole**, via De Gasperi 22 - Tel. 0187-92 01 43 - Mo außer im Sommer, Jan. und Nov. geschl. - Gedünsteter Tintenfisch, hausgemachte Fischravioli und weitere regionale (auch kreativere) Spezialitäten. 25 €. • **Cappun Magru in Casa di Marin**, via Volastra 19, Groppo - Tel. 0187-92à 563 - Mo und Di, Dez. und Jan. geschl. - Ein angenehmes Haus in den Weinbergen mit Terrasse. Spezialitäten: *cappon magro*, zubereitet mit Langusten und Meeresfrüchten. 50 €. In Groppo befindet sich auch die **Cantina Sociale**, in der man Wein kaufen kann.

Corniglia
• **La Cantina de Mananan**, via Fieschi, 117 - Tel. 0187-821 166 - Di und Nov. geschl. - Ligurische Jahreszeitenküche, Hauswein. Sehr sympathisches Ambiente. 25-40 €. Keine Kreditkarten.

Manarola
• **Marina Piccola**, via Discovolo 192 - Tel. 0187-92 01 03. Guter Fisch.

Vernazza
• **Gambero Rosso**, piazza Marconi 7 - Tel. 0187-812 265 - Mo, Jan., Febr. und Nov. geschl. - Kreative ligurische Küche, meist Fischgerichte. 35 €. • **Gianni Franzi**, piazza Marconi 5 - Tel. 0187-821 003. Besonders wegen seiner *troffie al pesto*.

Monterosso al Mare
• **Al Carrugio**, via San Pietro 9 - Tel. 0187-81 73 67 - Do und November geschl. - Spezialität: *acciughe al tegame*. 20-25 €. • **Il Frantoio**, via Gioberti 1. Eine Focacceria für *panissa* und *pane fritto ripieno di strchino*. • **Micky**, via Fegina 104 - Dem Strand gegenüber, serviert wird hier gesalzener oder im Holzbackofen gegarter Fisch, Krustazeen. • **Wine & Food**, via Vittorio Emanuele 26 und **Enoteca Internazionale**, via Roma 62, ligurische Weine, *bruschette*, Wurstwaren und Käse.

LOMBARDEI

Milano
in der Nähe des historischen Zentrums

- **Trattoria Bagutta**, via Bagutta 14 - Tel. 02-7600 27 67 - So und Weihn. geschl. - 31-62 € - Große Karikaturen schmücken die Wände der hintereinander gelegenen Räume dieser Trattoria, in der alljährlich ein Literaturpreis verliehen wird. Der Dekor ist noch immer interessant, die Küche lässt inzwischen allerdings sehr zu wünschen übrig. • **Papper Moon**, via Bagutta 1, in der Nähe von via Spiga und Montenapoleone - Tel. 02-76 02 22 97 - 23 € - Eine der besten und sympathischsten Trattorien Mailands.
- **Tavola calda Snack Bar Peck** und **Cracco-Peck**, via Victor Hugo 4 - Tel. 02-86 10 40 - So, 1. bis 10. Jan., 1. bis 20. Juli geschl. - 26 € - Von feiner traditioneller Küche bis hin zum Snack (direkt an der Straße) und gute Mailänder Spezialitäten. Das Restaurant von höchster Güte des Küchenchefs Carlo Cracco Peck liegt im Untergeschoss - mittags und So geschl. Eine minimalistische Küche für ein Maximum an Geschmack: *crema di mandorle con Matriny dry e ricci di mare, crema di risso allo zafrerano, midollo e cacao, carrè di maiale, bigni farcta con crema di nocciole fritti.* 90 €. • **Il Salumaio**, via Montenapoleone 12 - Elegant, hübscher Hof (im Sommer). Ideal fürs Mittagessen vor oder nach dem Luxus-Shopping. • **Don Lisander**, via Manzoni 12 - Tel. 02-7602 0130 - 41-59 € - 24. Dez. bis 10. Jan., 12. bis 22. Aug. und So geschl. - Schicke Kundschaft. Im Sommer sehr angenehme, italienisch ausgestattete Terrasse mit Sonnenschutz. Gute Küche, Reserv. erbeten. • **Franco il Contadino**, via Fiori Chiari 20 - Tel. 02-8646 3446 - Di, Mi mittags und Juli geschl. - 26-34 € - Ungezwungene Atmosphäre, zahlreiche Künstler. Wichtig: So geöffn. • **Trattoria Milanese**, via

Santa Marta 11 - Tel. 02-864 519 91 - Di geschl., der besten aller Traditionen treu.
- **Boeucc**, piazza Belgioioso 2 - Tel. 02-760 20224 - Sa, So mittags, 23. bis 5. Jan., Aug. geschl. - 31-41 € - Reservierung erwünscht; bei schönem Wetter sitzt man auf der Terrasse. Edel. • **Caffeteria Milano**, alla Scala, piazza Scala - Ein elegantes Restaurant fürs Mittagessen; teilt sich mit einer Buchhandlung die 1. Etage des Espace Trussardi. • **Stendhal**, via Ancona, Tel. 02-659 25 89 - Bei Mailändern sehr beliebt, auch So geöffn. - Reservierung nicht möglich. Im Sommer sitzt man auf der Terrasse gegenüber der gotischen Fassade der Kirche

San Marco. • **Alla Collina Pistoiese**, via Amedei 1 - Tel. 02-87 72 48 - Fr und Sa mittags geschl. 28-62 € - Einfach und authentisch. • **Al Cantinone**, via Agnello 19 - Tel. 02-864 613 38 - Sa mittags und

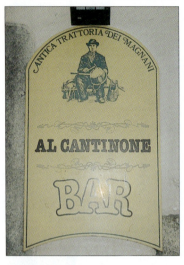

So geschl. - Ein gutes und angenehmes Restaurant für abends, eine Art Kantinenbar fürs stehend einzunehmende Mittagessen. • **Cantina dell' Ammiraglio**, via Borromei 13 (nahe Corso Magenta) - Tel. 02-805 091 120 - Sa und So geschl. Elegante Gestaltung in den vier kleinen Räumen mit zeitgenössischer Kunst von Mimmo Rotella. Besonders feine Fischspezialitäten und eine ansehnliche, vom Kellermeister sinnvoll erklärte Weinkarte. • **Dogana Golosa**, via Molino delle Armi 48 - Tel. 02-894 237 97 - Di geschl. Zeitgenössisches, sehr gepflegtes Ambiente in diesem einstigen Lagerhaus des Zollamtes, wo heute besonders regionalspezifische italienische Produkte angeboten werden, die man nur selten außerhalb der jeweiligen Provinzen findet. Auf der Karte eine Jahreszeitenküche und Weine, die man hier fast alle auf Wunsch auch glasweise serviert bekommt.

DOPO SCALA
• **Biffi Scala**, Piazza della Scala - Tel. 02-86 66 51 - So, Weihnachten und 10. bis 20. Aug. geschl. - Traditionell.
• **Don Carlos**, via Manzoni 29 - Tel. 02-72 314 640 - Mittags und Aug. geschl. - Das Restaurant des phantastischen Grandhotels, in dem Verdi starb. Entsprechende, theatralische Atmosphäre für elegante Nachtmahle.

Navigli
• **Osteria del Binari**, via Tortona 1 - Tel. 02-8940 9428 - mittags, So und 10. bis 20. Aug. geschl. - 31 € - Ein Restaurant mit Atmosphäre, sehr freundlich eingerichtet, schöner schattiger Garten. Regionale Küche mit Pfiff.

Porta Romana, Corso Vittoria
• **Giannino**, via Amatore Sciesa 8 - Tel. 02-551 955 82 - So und Aug. geschl. - 31-52 € - Eine der besten lombardischen Küchen, gastromisch, edel, ein Klassiker Mailands. • **Masuelli San Marco**, viale Umbria - Tel. 02-551 841 38 - So, Mo mittags, 25. Dez. bis 6. Jan. und 16. Aug. bis 10. Sept. geschl. - 26-44 € - Typische Trattoria, in der man lombardische und piemontesische Spezialitäten isst. • **Da Giacomo**, via B. Cellini, Ecke via Sottocorno 6 - Tel. 02-760 23 313 - Mo und Di mittags, 23. Dez. bis 7. Jan. sowie Aug. geschl. - 39-70 € - Eine hübsche, klassische Trattoria mit bestickten Gardinen und Lüstern der dreißiger Jahre; gute Meeresspezialitäten. Reservieren.

Weinbars und Weingeschäfte zwischen Porta Venezia und Porta Vittoria

• **Clam's Club**, via Sirtori 15 - Tel. 02-295 257 16 - Mai geschl. In reizvoller Gestaltung aus altem Backstein mehrere Speiseräume ab der Aperitifzeit, um sich ein Glas Wein oder einen Wein-Cocktail zu gönnen. Gute Speisen zum reichhaltigen Angebot des Kellers, in dem nicht weniger als 420 internationale Weinsorten lagern. • **La Cantina di Manuela**, via Poerio 3 - Tel. 02-763 188 92 - So geschl. Die letzte Adresse des bekannten Weinkellers der Via Cadore, die hier eine bemerkenswerte Auswahl berühmter Weine und eine Reihe guter Sorten kleiner Winzerbetriebe wie auch Wurstwaren, Käse und kleine warme Gerichte anbietet. Außerdem Verkauf regionaler Produkte. • **Ross & Bianch**, via Sottocorno, 11 - Tel. 02-2 760 087 28 - So geschl. Dank der libanesischen Abstammung des Inhabers kommen wir hier in den Genuss italienisch-libanesicher Spezialitäten, die die Weine der Lombardei, Toskana und des Piemont begleiten, welche auch glasweise (und die berühmtesten sogar „halbglasweise") serviert werden. • **Dolce Miele**, via Calvi 2 - Tel. 02-760 242 61 - So geschl. In Designambiente mit Jazzmusik eine kleine, aber feine Auswahl von Weinen wie auch eine Küche, die nicht alltäglich ist.

Porta und Corso Venezia

• **Rosy e Gabrielle**, via Sirtori 26 - Tel. 02-295 259 30 - Pizzeria. Ein Klassiker dieses Viertels. • **Transatlantico**, via Malpigi 3 - Tel. 02-295 260 98 - im Erdgeschoss eines schönen Gebäudes mit Fresken von 1900.

Centro direzionale

• **La Tana del Lupo**, viale Vittorio

Veneto 30 - Tel. 02-6 59 90 06 - ausschl. abends geöffn., So, 1. bis 7. Januar und August geschl. - 36 € - Küche des Trentino und Veneto in Mailand. • **Alla Cucina delle Langhe**, corso Como 6 -

Tel. 02-6 55 42 79 - August und So, Sa im Juli geschl. - 34-47 € - Köstliche piemontesische und lombardische Spezialitäten. • **Rigolo**, largo Treves, Ecke via Solferino - Tel. 02-8646 3220 - Mo und August geschl. - 26-41 €. Im Brera-Viertel ein Restaurant mit treuer Stammkundschaft. Ein weiterer Vorzug: auch sonntags geöffnet. • **Antica Trattoria delle Pesa**, via Pasubio - Tel. 02-65 55 741 - So, August und Sa im Juni und Juli geschl. - 41-62 € - Eines der besten Mailänder Restaurants. Nur wer frühzeitig reserviert, bekommt hier einen Tisch fürs Abendessen.

Fiera-Sempione

• **Alfredo Gran San Bernardo**, via Borghese 14 - Tel. 02-331 9000 - 20. Dezember bis 7. Januar, August und So, Sa im Juni, Juli geschl. - Eine exzellente Adresse, vor allem für *risotto*

Visconti di Modrone 2. • **Biffi**, corso Magenta 87. • **Pasticceria Marchesi**, via Santa Maria alla Porta 1 - Hier trinkt man lediglich einen Kaffee und isst man dazu ein italienisches Marmeladen-Hörnchen, aber dieses Haus stellt seit 1824 ebenfalls die besten Weihnachts-*panettone* und Oster-*colombe* her. • **Bar del Comparino**, mit Fresken und Mosaiken im Libertystil. Ein histori-

all'osso buco (1 Michelin*). • **Pizzeria il Mozzo**, via Marghera - Tel. 02-498 4746 - Mi und August geschl. Bis 2 Uhr morgens geöffn. - Rustikale Gestaltung, gute hausgemachte Küche. • **Torre di Pisa**, via Fiori Chiari 21 - Tel. 02-874 877 - So geschl. - 26-31 € - Sehr gutes toskanisches Restaurant, Kundschaft aus Mode und Design.

CAFÉS UND BARS

• **Bar Zucca**, galleria Vittorio Emanuele 21, eine der ältesten Kneipen der Stadt, gelegen in der schönen überdachten Passage nahe des Doms und der Scala. Café in der 1. Etage.
• **Caffe del Sole**, via della Spiga 42 - Ein Café mit Charme und Ambiente.
• **Cova**, via Montenapo-leone 8 - Das schickste Café von ganz Mailand: Tee, Kaffee, Kuchen, Champagner und Cocktails in reicher Auswahl. • **Pozzi**, piazza Cantore 4 - Eiscafé. Eis und Sorbets in Hülle und Fülle. • **Sant Ambrœus**, corso Matteoti 7 - Spezialität: *ambrogitto*, der schickste Teesalon Mailands, aber auch • **Taveggia**, via

scher Ort, das Stammcafé von Toscanini, Verdi und Carrà. • **Galli**, corso di Porta Romana 2 (vor allem: kandierte Maronen).

Bergamo

• **Lio Pellegrini**, via San Tomaso 47 - Tel. 035-247 813 - Mo, Di mittags, 4. bis 11. Jan. und 2. bis 24. Aug. geschl. - 26-47 € - Wenige Tische, reservieren.
• **Taverna del Colleoni dell' Angelo**, piazza Vecchia 7 - Tel. 035-232 596 - Mo geschl. - 26 € (mittags), 57 € (abends) - Regionale Küche, Renaissance-Ausstattung. Spezialität des Hauses: *tagliatelle* und *filetto alla Colleoni*. • **La Marianna**, largo Colle Aperto 2/4 - Tel. 035-247 997 - Mo und 1. bis 14. Jan. geschl. - Ab dem Frühjahr eine wunderschöne Terrasse voller Blumen. • **La Cantina**, via Ghislanzoni 3 - Tel. 035-23 71 46 - Sa mittags und So geschl. - Eine von einem Winzer der Region geführte Wein-Osteria. 25 €. Auch den regionalen Käse sollte man hier probieren: *branzi, taleggio, strachit und bagoss*.

PATISSERIE
• **Pasticceria Cavour**, via Gombito 7. Seit 1860 werden hier alle Bergamo-typischen Süßigkeiten angeboten, darunter die berühmte *Polenta e ucelli*, aber auch *torta Donizetti, torta Cavour* und *Tamburino*.

Brescia

• **Duomo Vecchio**, via trieste 3 - So geschl. An der Ecke der piazza del Duomo bieten Sara und Luca ein Menü an, das mit den Jahreszeiten und dem Angebot des Marktes wechselt. • **La Vineria**, via x Giornate 4 - Di geschl. Eine Weinbar plus Osteria, die die guten alten Rezepte Brescias anbietet.
• **Gastronomia Porteri**, via Trento 52. Außerhalb des Zentrums im Stadtviertel Borgo Trento mit vielen alten Geschäften entlang der Hauptstraße; besonders typisches Restaurant mit ansprechender traditioneller Gestaltung, in dem jede Menge gute Speisen serviert bzw. verkauft werden.

Rovato
• **Due Colombe**, via Roma 1 - Tel. 030-772 15 34. Ein junger Küchenchef, der in seinen Spezialitäten auf perfekte Art sein Innovationstalent, die Tradition betreffend, zum Ausdruck bringt. Versuchen Sie den *manzo all'olio de Rovato*.

Iseo
• **Il Volto**, via Mirolte 2 - Tel. 030-98 14 62 - Mi, Do mittags, 25. Jan. bis 10. Febr., 25. Juli bis 10. Aug. geschl. - 34-57 € - Speiseraum einfach und elegant. Spezialitäten: Brescia-Küche, mit 1 Michelin* geehrt. • **Cascina Doss**, via Colombera 15 - Tel. 030-980 406. Rustikaler, aber sehr gut.

Mantova

• **L'Aquila Nigra**, vicolo Bonacolsi 4 - Tel. 0376-327 180 - So (außer im April, Mai, Sept. und Okt. mittags geöffn.), Mo, 1. bis 7. Jan. und 1. bis 21. Aug. geschl. - 39-60 € - Die schönen Fresken sind Überreste des alten Klosters. Berühmte Küche (1 Michelin*). • **San Gervasio**, via San Gervasio 13 - Tel. 0376-323 873 - Mi und 12. bis 31. Aug. geschl. - 34-39 € - Im Sommer speist man in zwei charmanten Innenhöfen.
• **Cento Rampini**, piazza delle Erbe 11 - Tel. 0376-366 349 - So abends, Mo, 26. bis 31. Jan. und 1. bis 15. Aug. geschl. - 26-36 € - Unter dem Palazzo della Ragione-Portikus, Terrasse im Sommer.

CAFÉ
• **Caravatti**, seit 1865 an der piazza delle Erbe. Spezialität des Hauses: *sbrizolona* (Sandkuchen).

Villastrada-Dosolo

- **Nizzoli**, Tel. 0375-838 066 - Mi und 24. bis 29. Dez. geschl. - 13-26 € - 33 km von Mantua; wenn Sie die Dörfer am Po aufsuchen, sollten Sie unbedingt bei Nizzoli einkehren, und zwar wegen der Schönheit des Restaurants, der Spezialitäten vom Schwein und wegen dem Gericht, das hier u.a. mit *zucca, lumaca, rana* und *melone* zubereitet wird.

Pavia

- **Antica Trattoria Ferrari da Tino**, via del Mille 111 - Tel. 0382-31033 - So abends, Mo und Aug. geschl. - 21-36 € - Traditionelle Land-Trattoria. Köstliche Küche.

Certosa di Pavia

- **Vecchio Pavia „Al Mulino"**, via al Monumento 5 - Tel. 0382-925 894 - Mo, Mi mittags, 1. bis 22. Jan. und 8. bis 23. Aug. geschl. - 39-65 € - *Die* gastronomische Adresse, wenn man die berühmte Kartause besichtigt. Unbedingt reservieren. • **Chalet della Certosa**, vor dem Ortseingang von Certosa - Mo und 11. bis 24. Jan. geschl.

Sirmione

- **La Rucola**, vicolo Strendelle 7 - Tel. 030-91 63 26 - Jan. bis 14. Febr., Do und Fr mittags geschl. - Nicht mehr als ca. 30 Gedecke, eine hervorragende Küche - 44-57 €.

in Lugana, 5 km von Sirmione

- **Vecchia Lugana**, piazzale vecchia Lugana 1 - Tel. 030-91 96 023 - Mo, Di, 3. Jan. bis 15. Febr. geschl. Im Nov. ausschließlich Fr abends, Sa und So geöffn. - Auch hier nicht mehr als 30 Gedecke, eine exzellente Küche. 39-60 € - Eine unumgängliche Adresse, um die „große" Luganer Küche kennen zu lernen (1 Michelin*). Bei schönem Wetter wird auf der Terrasse serviert.

Comer See, Lario-Tal

Das Lario-Tal ist der nördliche Teil des Comer Sees in Richtung Schweiz.

Mandello sul Lario

- **Ricciolo**, via Provinciale 165 - Tel. 0341-73 25 46 - Mo geschl. - Einfache, delikate Küche, basierend auf den täglich frisch gelieferten Seefischen. Terrasse im Sommer. 45 €.

Primaluna

- **Bonacina Vincenza**, via IV Novembre 4 - Tel. 0341-98 06 79 - Di geschl. - Spezialitäten von Valsassina, hergestellt mit exzellenten lokalen Jahreszeitenprodukten: Pilze als Beilage zu Pasta oder Risotto, Wild mit roten Früchten ... Nur wenige Gedecke, Reservierung unumgänglich, keine Kreditkarten. 35 €.

Vercéia - S. Fedelino

- **La Barcaccia**, Restaurant nahe der Abfahrtsstelle zum Kloster von S. Fedelino.

Mese

- **Crostasc**, für ein rustikales Mittagessen in einer alten, an den Felsen angelehnten Hütte, in der früher Wein und Wurstwaren aufbewahrt wurden; **Mamete Prevostino**, via Lucchinetti 63, nebenan, verkauft eigenen Wein.

Villa di Chiavenna

- **Lanterna Verde**, frazione San Barnaba 7 - Tel. 0343-38588 - Mi und Do geschl. - Ein exzellentes Speiselokal, eines der besten der Lombardei behaupten die Einheimischen. Sehr guter Weinkeller, nahe der Schweizer Grenze. 45 €, Forellenmenü 30 €.

MARKEN

Ancona und die Küste der Adria

• **La Moretta**, piazza del Plebiscito 52 - Tel. 071-20 23 17 - So geschl. - 25 €. Seit 1897, vom Großvater bis zum Urenkel wird hier eine Ancona-Familienküche mit einer Vorliebe für den *stoccafisso* angeboten, für den Corrado Bilò sogar eine Akademie gründete. Einladender Speiseraum, heimische, sympathische Kundschaft, gute Küche und bemerkenswerter Weinkeller. • **La Cantinetta**, via Gramsci 1 - Tel. 071-20 11 07 - Mo mittags geschl. - Fisch und eine weitere lokale, unumgängliche Spezialität: die *brodetto all' anconetana* (Fischsuppe). Schlichtes, warmes Ambiente. 25 € • **Osteria Teatro Strabacco**, via Oberdan 2 - Tel. 071-542 13 - Mo und Mai geschl. - 26 € - Besonders gesellige Atmosphäre dank Generationen-Mix, bis um 3 Uhr morgens geöffn., Menü und Karte für jedes Alter.

• **Traiano**, via XXIX Settembre 6/a - Tel. 071-20 55 40 - Mi geschl. - In der Nähe des Hafens und der Verschiffungsstellen, insbesondere nach Kroatien; eine empfehlenswerte Adresse, die ganz verschiedenartige Gerichte wie auch guten Käse der Region anbietet, einige mit Melonenkonfitüre. 30 €.

Portonovo

• **Il Laghetto**, via Poggio - Tel. 071-80 11 83 - So abends und Mo geschl. - Zwischen dem Strand und den von Enten und Seeraben bevölkerten Teichen eine hübsche Adresse für den Sommer und abends, wenn man draußen isst. *Risotto di mare, spaghetti alla vongole* und einen köstlichen *gratinato misto* - 35 €.

Sirolo

• **Da Sara**, via Italia 9 - Tel. 071-93 30 716 - Mi geschl. - Ein kleiner Gastraum, für den man vorsichtshalber reserviert, einfaches Ambiente, hausgemachte Pasta und Fischgerichte entsprechend dem Fang des Tages. 35 €.

Pesaro

• **Bristolino**, piazzale della Libertà 7 - Tel. 071-31 609 - So geschl. - An der Strandpromenade. Ein großer Speiseraum, in dem die von dem kontaktfreudigen Lorenzo freundlichst servierten Portionen der Meeresgerichte großzügig sind. 45 €.

LOKALE PRODUKTE

• **Bibi**, viale Fiume 52 - Hier wird eine gute Auswahl der Marken-Produkte angeboten: Wein, Cartoceto-Öl, Teigwaren aus Campofilone und Osimo etc.

Urbino

• **Vecchia Urbino**, via dei Vasari 3 - Tel. 0722-4447 - Di und Mi geschl. - 30-

45 €. In einem Saal des Palastes Viviani, berühmt für seine bodenständige Küche. • **San Giacomo di Urbino**, via San Giacomo in Foglia 15 - Tel. 0722-580646 - Mo geschl. - 40-50 €. Eine Umgebung aus sanften Hügeln fürs Auge, eine exzellente Küche für verwöhnte Gaumen.

LOKALE PRODUKTE
• **Enoteca da Bruno**, via Mazzini 5. Beim Kauf regionaler Weine wird man hier bestens beraten. • **Casa del Formaggio**, via Mazzini 47. Eine große Auswahl von hiesigem Käse wie *casciotta* aus Urbino, *formaggio di Fossa*, ferner Fleisch- und Wurstwaren, u. a. *prosciutto di Carpagna*.

Fermignano
• **Il Girasole**, Pagino 40 - Tel. 0722-535 79 - Di geschl. 30 €. Innerhalb der schönen Mauern eines Hauses aus dem 18. Jh. genießt man eine traditionelle, exzellente Produkte verarbeitende Küche.

Acqualagna
• **Furlo**, via Flaminia 66, Passo del Furlo - Tel. 0721-70 00 96 - Mo abends und Di geschl. - 60 €. *Tagliatella in brodo con uova e tartuffo, fegato al tartuffo* und viele andere Trüffelspezialitäten. • **La Ginestra**, via Furlo 17 - Tel. 0721-79 70 33. Dieses kleine Hotelrestaurant ist für seine Trüffel bekannt: *pasatelli al tartuffo* sind die besondere Empfehlung.

LOKALE PRODUKTE
• **Marini Azzolini Tartufi**, viale Risorgimento 26. In dieser Region, in der es das ganze Jahr über Trüffel gibt, werden diese in jeglicher Beschaffenheit verkauft: frisch, weiß oder schwarz, konserviert, in Öl, Käse und Wurst.
• **Pietro Sorcinelli**, via Marconi 18-20. Seit 50 Jahren kann man hier traditionell hergestellte Fleisch- und Wurstwaren vom Schwein und Wildschwein sowie Gemixtes erwerben: *salami de Fabbriano, capocollo* mit Wacholder geräuchert ... • **Roberto del Romano**, Monte Paganuccio 171. Die Straße befindet sich rechts, gleich am Beginn von Gola del Furlo. Robertos Bauernhof, auf dem man morgens hergestellte *pecorino* und *ricotta* kaufen kann, liegt in vollkommen unberührter Natur, in der angenehme Wanderungen unternommen werden können.

Serrungarina
• **Symposium 4 Stagioni**, via Cartoceto 38 - Tel. 0721-89 83 20 - Mo und Di geschl. - 90 €. Lucio Pompili bietet eine großartige Küche in einem von Olivenbäumen und Kunstwerken geprägten Rahmen an. In seiner *bottega* gibt es das Beste der Region Marken.

Ascoli Piceno
• **Gallo d'Oro**, corso V. Emanuele 13 - Tel. 0736-2535 20 - So geschl. - 25 € - Hier kehrt man ein wegen des

berühmten *pollo alla diavola*, aber auch die Fischgerichte und Trüffel aus den nahen Bergen sind bemerkenswert. • **Laliva**, piazza della Viola 13. Inmitten der Altstadt, nahe piazza del Popolo, beliebt wegen der guten, einfachen Küche und der Preise. • **C'era una volta**, via Piagge 336 - Tel. 0736-261 780 - Di geschl. - Bodenständige Gerichte, informelles Ambiente. • **Caffe' Meleni**, Piazza del Popolo - Sartre und Hemmingway kehrten hier wegen der Patisserien ein.

Recanati und Loreto

• **Frantoio di Gabriella** und **Elisabetta Gabrielloni**, via Montefiore, in Recanati - Tel. 0733-850 342. Das Anwesen am Fuß des Schlosses Montefiore produziert eines der besten Olivenöle Italiens: das Laudato Gabrielloni. • **Adreina**, via Buffolareccia 14, in Loreto - Tel. 071-970 124 - Di geschl. Noch immer empfängt hier Nonna Adreina, aber ihr Enkel Enrico ist es, der heute über die Küche herrscht und sich einsetzt für regionale Produkte und die gute Küche der Region Marken. 30€.

OMBRIEN

Perugia

- **Osteria del Bartolo**, via Bartolo 30 - Tel. 075-573 15 61 - So, Mi mittags und von Jan. bis April mittags geschl. - 41-67 € - Gute solide Küche nach alten umbrischen Rezepten.
- **La Taverna**, via delle Streghe 8 - Tel. 075-572 41 28 - Mo außer vom 10. bis 25. Juli geschl. - 28-44 € - Großer, gewölbter Speiseraum, rustikale Küche.
- **Del Sole**, via delle Rupe 1 - Tel. 075-65 031 - Mo und 23. Dez. bis 10. Jan. geschl. - 21 €.

CAFÉS UND BARS

- **Pasticceria Sandri**, corso Vannucci 32 - Für alle, die Süßes lieben.
- **Caffe' del Cambio**, corso Vannucci 29 - Die-

ses Studenten-Café ist stets sehr gut besucht.
- **Bar Montanucci**, corso Cavour 21. Ideal fürs Frühstück, für Imbisse *(spuntini)* und zum Aperitif. Gute selbstgemachte Produkte, vor allem die mit Schokolade.

Assisi

- **Buca di San Francesco**, via Brizi 1 - Tel. 075-812 204 - Mo, Jan. und Juli geschl. - 23-34 € - Mittelalterliches Palais mit hübschem Garten, traditionelle Küche.
- **Medio Evo**, via Arco del Priori 4 - Tel. 075-81 30 68 - Mi, Jan. und Juli geschl. - 23 € - Sehr ansprechendes Äußeres, gepflegte und raffinierte Küche.
- **La Fortezza**, vicolo della Fortezza 2/B - Tel. 075-812 418 - Do geschl. - 16-23 € - Auf den Ruinen eines römischen Hauses errichtet. Umbrische Küche.
- **Taverna del Arco da Bino**, via S. Gregorio 8 - Tel. 075-81 24 18 - So abends und Di sowie vom 7. Jan. bis 13. Febr. und 30. Juni bis 15. Juli geschl. - 21-36 €.

Spello

- **Il Cacciatore**, via Giulia 42 - Tel. 0742-65 11 41 - Mittags außer So und an Feiertagen sowie vom 1. bis 14. Juli geschl. - 26-34 € - Trattoria mit Terrasse.
- **Il Molino**, piazza Matteotti 6/7 - Tel. 0742-651 305 - Di geschl. - 23-44 €.

Spoleto

- **Il Tartufo**, piazza Garibaldi 24 - Tel. 0743-40 236 - So abends, Mo, 7. bis 15. Febr., 20. bis 30. Juli geschl. - 23-34 € - Exzellente Taverne, regionale Küche, Spezialität des Hauses: *fettucine al tartufo*.
- **Sabatini**, corso Mazzini 52/54 - Tel. 22 18 31 - Mo und 1. bis 10. Aug. geschl. - 23-44 €.
- **Tric Trac da Giustino**, piazza del Duomo - Tel. 0743-44 592 - 16-26 € - Zur Zeit des Festivals stark besucht.

Campello sul Clitunno

- **Casaline**, Tel. 0743-522 1113 - Mo geschl. - 21-41 € - Nach dem Besuch des Tempietto sul Clitunno. Hervorragende Küche - Regionale Produkte. Die *crostini* mit Trüffeln sind ein Traum.

Todi

- **Umbria**, via San Bonaventura, 13 - Tel. 075-89 42 737 - Di und 19. Dez. bis

8. Jan. geschl. - 21-31 €. • **Jacopone da Peppino**, piazza Jacopone 5 - Tel. 075-89 48 366 - Mo und 10. bis 30. Juli geschl. - 21-31 €.

Avigliano Umbro,
5 km von Pesciano

• **La Posta**, via G. Matteotti 11 - Tel. 0744-93 39 27.

Gubbio

• **Alle Fornace di Mastro Giogio**, via Mastro Giogio 3 - Tel. 075-922 18 36 - 7. bis 31. Jan., Di und Mi mittags (außer von Juni bis Okt.) geschl. - 34-57 €.
• **Taverna del Lupo**, via G. Ansidei 21 - Tel. 075-927 12 69 - Mo (außer Aug. und Sept.) geschl. - 28-47 € - Wie eine mittelalterliche Taverne ausgestattet. Lokale Spezialitäten.

Orvieto

• **I Sette Consoli**, piazza Sant'Angelo 1/A - Tel. 0763-34 39 11 - Mi und So abends geschl. - Anna Rita Simoncini bietet hier „ihre" umbrische Küche an. Beste Produkte, guter Weinkeller, intimes Ambiente (27 Gedecke im Gastraum, reservieren). 37-45 € fürs gastronomische Menü, 1 Michelin*. • **Giglio d'Oro**, piazza Duomo 8 - Tel. 0763-341 903 - Mi geschl. - 31-52 € - Klassisch und gut. • **Grotte del Funaro**, v. Ripa Serancia 41 - Tel. 0763-343 276 - Mo außerh. der Saison geschl. In einer ursprünglichen Grotte; typisch.
• **Dell'Ancora**, via di Piazza del Popolo 7 - Tel. 0763-342 766 - Do und Jan. geschl. - 21 € - Regionale Küche.

LOKALE SPEZIALITÄTEN
• **Dai Fratelli**, via del Duomo 11 - Zahlreiche Käsesorten und die berühmten umbrischen Fleisch- und Wurstwaren.
• **Gelateria Pasqualetti**, corso Cavour 56. Traditionell hergestelltes Eis mit besonders ausgewählten Pistazien, Mandeln, Nüssen und Früchten der Saison – und das schmeckt man.

Trevi

• **L'Ulivo**, in Mattige (3 km) - Tel. 0742-78 969 - Mo und Di geschl. - Gute Tagesgerichte (26 €). Spezialität: Regionale Küche.

PIEMONT

Torino
Zentrum

• **Del Cambio**, piazza Carignano 2 - Tel. 011-546 690 - So und Aug. geschl. - 31-52 € - Im historischen Zentrum Turins, der ersten Hauptstadt Italiens gelegen, hat dieses Restaurant den Glanz aus der Zeit des Camillo Cavour bewahrt, der hier jeden Tag sein Mittagessen einzunehmen pflegte. Die Atmosphäre, die Küche und der Service entsprechen der Tradition des Piemont im 19. Jahrhundert. *Fritto misto, risotto al barolo* und *bonêt* fürs Dessert. Schick und teuer. • **Porta di Savona**, piazza V. Veneto II, Ecke via del Po. Eine authentische Familien-Trattoria mit einer Touristen nicht sonderlich freundlich empfangenden Chefin, aber sympathischem Personal. • **Ristorante Monferrato**, via Monferrato 8 - Tel. 011-819 06 61 - Sa mittags und So geschl. Gute regionale Küche; vorsichtshalber reservieren. Die Brücke Vittorio Emanuele I in der Verlängerung der piazza Vittorio Veneto überqueren; nahe des Platzes. Gran Madre. 40 €. • **Cera una Volta**, corso Vittorio Emanuele 41. Eine gastfreundliche Adresse im Stadtzentrum. • **Pecato di Gola**, via Borgo Dora 37 - Tel. 339-694 60 72 - So geschl. Wenn eine Antiquitätenhändlerin und Tochter eines Restaurantbesitzers ein Speiselokal eröffnen, dann bedeutet das: gute Küche und guter Weinkeller in piemontesischer Tradition und freundlichem Rahmen. Ab 18 €.

Piazza della Republica und Palazzo Reale

• **Montagna Viva**, piazza Emanuele Filiberto - Tel. 011-521 78 82 - So geschl. In jenem Stadtteil Turins, in dem sich die römischen Ruinen befinden, nahe Piazza de la Repubblica. Hier isst man, was hier auch verkauft wird. Fleisch- und Wurstwaren sowie Käse und Früchte der Region sind die Basis der hier angebotenen Speisen. Und da Spezialität verpflichtet, gibt es hier auch den berühmten Turiner *bonêt*: eine Art Schokoladenfladen mit Amaretti. • **Tre Galline,** via Bellezia 37 -Tel. 011-436 65 53 - So und Mo mittags geschl. - 36 € - Typisch piemontesische Küche *(carrelli dei bolliti e degli arrosti, bagna cauda, fritto misto)* im historischen (etwas abseits gelegenen) Zentrum, heute ganz im Trend. • **I Tre Galli**, via Sant'Agostino 25, im gleichen Stadtviertel, Verkostung von Weinen (Piemont und Südtirol). • **Il Bacaro Panevino**, piazza della Consolata 1. Eine angenehme Weinbar, die im Sommer ihre Tische auf dem reizenden kleinen, größtenteils von der Kirche Consolata eingenommenen Platz aufstellt. Den braucht man nur zu überqueren, um seinen Kaffee im *Bicerin* zu trinken. • **Salsamentario**, via Santorre di Santarosa 7/B - Tel. 011-819 50 75 - So abends, Mo und 15. bis 22. Aug. geschl. - Ein großes Buffet für 21 € - Direkt daneben: Traiteur. • **Il Ciacalon**, viale 25 Aprile - Tel. 011-661 09 11 - So abends, Mo mittags und 16. bis 31. August geschl. - In der Nähe des Ausstellungsgeländes, ansprechender, rustikaler Speiseraum.

nahe Stazione Porta Nuova

• **Al Gatto Nero**, corso Turati 14 - Tel. 011-590 414 - So und August geschl. - 36 € - Köstliche toskanische Küche.

Besonders empfehlenswert: *assassini*, eine Auswahl der besten Spezialitäten des Hauses. • **Trattoria della Posta**, strada Mongreno 16 - Tel. 011-8980 193 - So abends, Mo, 23. Dezember bis 7. Jan. und August geschl. - 21-34 € - Berühmt sind hier die *antipasti* mit Käse und der gute Weinkeller, *bollito* und *panacota* sind köstlich. Typisches Familienambiente einer Trattoria. Keine Kreditkarten.

nahe Lingotto
• **Mina**, via Ellero 36 - Tel. 011-696 3608 - So abends im Juni/Juli, Mo im Aug. geschl. - 28-44 € - Typisch piemontesische Küche *(antipasti, sformati, finanziera)*.

HISTORISCHE CAFÉS
• **Caffe' al Bicerin**, piazza della Consolata 5 - 1763 eröffnet. Illustre Gäste wie Alexandre Dumas tranken hier den

berühmten *bicerin* (Kakao, Kaffee, Milch, Zuckerrohrsirup): *die* Spezialität des Hauses. • **Caffe' Il Fiorio**, Via Po - *caffè dei condini* genannt, weil sich hier die damalige konservative Gesellschaft einfand. *Sabaione, gelato al gianduia*. Geburtsort von Wermut, Martini und Cinzano, der Aperitif ist ein „Ritus" in Turin.

- **Caffe' San Carlo**, piazza San Carlo 156 - 1822 eröffnet, Treffpunkt der europäischen Intelligenzia; d'Azeglio, Cavour, Crespi, Cesare Pavese, James Stewart und viele andere Berühmtheiten kehrten hier ein. Spezialität: *bicerin*.
- **Baratti e Milano**, galleria Subalpina und piazza Castello 27. Café-Konditorei, hier kauft man vor allem die *giandujotti*;

im großen Saal mit Blick auf das schöne Glasdach der Galleria Subalpina kann man aber auch zu Mittag essen.
- **Caffe' Mulassano**, piazza Castello 15 - Ein Café im Libertystil mit besonderem Ambiente. Köstliche *tramezzini* (32 versch. Sorten kleiner Sandwiche).
- **Platti**, corso Vittorio. 1870 eröffnet. Die Bourgeosie pflegte hier ihre Geschäfte abzuschließen, und die Politiker erschufen hier die Welt neu.

PATISSERIE

- **Stratta**, piazza San Carlo 191, in erster Linie: *caramelle alla gioca di gelati-*

nases, „kandierte Maronen", *amaretti, meringhe con panna montata*. • **Peyrano**, V. Emanuele II 76 • **La Torteria**, via Mercanti. Hier gibt es vor allem die *coppa Torino*, eine Art Rumrosinenkuchen mit kandierten Maronen, Schlagsahne usw., *torcetti* Blätterteigplätzchen. • **Pepino**, piazza Carignano. Bekannt für seine *gelati* und seine Spezialität *pinguine*: mit Schokolade überzogenes Eis.

LOKALE SPEZIALITÄTEN

- **Cantine Marchesi di Barolo**, via Maria Vittoria: *barolo barbera, barbaresco, gattinara, asti spumante, grappa*.
- **Baita del Formaggio**, via Lagrange.

Formaggi, salumi. • **Galleria Gilibert**, Galleria subalpina. Antiquarische Bücher, Grafik und Kunsteditionen.

Asti

- **Gener Neuv**, lungo Tanaro 4 - Tel. 0141-557 270 - 24. Dez. bis 7. Jan., Aug., So und Mo von Jan. bis Juli, So abends und Mo von Aug. bis Dez. geschl. - Traditionelle Piemonteser Küche, eine der besten Adressen des Piemont (1 Michelin*). • **L'Angolo del Beato**, via Guttuari 12 - Tel. 0141-531 668 - Vom 1. bis 10. Juli und vom 1. bis 25. Aug. So geschl. - 40 €. Ein altes Haus (an der Ecke der Via Beato Enrico Comentina) mit gastronomischer und önologischer Tradition des Piemont. Reservieren. • **Falcon Vecchio**, via Mameli 9 - Tel. 0141-59 31 06 - So abends, Mo und 9. bis 21. Aug. geschl. - 23-31 € - Jahreszeitenküche, entspr. der Saison Trüffel- und Pilzgerichte, zudem Barolo. Der venezianische Ursprung des Anwesens zeigt sich auch auf der Karte mit einigen Spezialitäten der Region. Authentizität ist hier die Regel. • **Il Cenacolo**, viale al Pilone 59 - Tel. 0141-531 110 - Mo und Di mittags, 10. bis 20. Jan. und 5. bis 20. Aug. geschl. - 26 € - Ein kleiner, intimer Speiseraum, regionale Gerichte, reservieren.

BODENSTÄNDIGE PRODUKTE

- **Sandrino Tartufi**, piazza Campo del Palio, 13: u. a. Trüffel und Wein.

Weiße Trüffel und Wein aus Monferrato

Zum Zelebrieren der Trüffel

Lu Monferrato

- **La Commedia della Pentola**, Régione Borghina 1 - Tel. 0131-741 706. Mo und Di sowie Mi und Do mittags geschl. Wilma hat ihre „Connections", um in der Saison genau die Trüffel zu bekommen, die bestens zu ihren *fiori in pasta di tartufo farcis de mousse au Castelmagno* oder *saccottini ripieni di ovuli con tartufo bianco* passen. 30 €

Murisengo

- **Cascina Martini**, via Gianoli 15 - Tel. 0141 693 015 - So abends und Mo geschl. Inmitten der Weinberge labt man sich hier an einer großzügigen, rustikalen Küche, die aber auch den Genuss der geschätzten Knolle bietet. 15-20 €.

Castell' Alfero

- **Osteria del Castello**, piazza Castell'Alfero - Tel. 0141-204 115 - Mo und Di geschl. Hier, innerhalb der Mauern des Schlosses, werden in drei kleinen, hintereinander gelegenen Räumen Spezialitäten des Piemont wie die unumgängliche *insalata russa*, ein Carpaccio aus Fleisch und Trüffellamellen angeboten, ferner *agnelloti del Monferrato*. Preis der Trüffel entsprechend Gewicht.

Casale Monferrato

- **La Torre**, via Garoglio 3 - Tel. 0142-70 295 - 26. Dez. bis 6. Jan. und 1. bis 20. Aug. geschl. - 26-57 €. Regionale Küche und guter Weinkeller (Monferrato-Weine)..

SPEZIALITÄTEN

Die Spezialitäten von Casale, *krumiti*, *biscotti*, deren Rezept von den Beduinen stammen soll, und der Likör, den sie in der Wüste tranken, gibt es im **Laboratorio Portinaro**, via Lanza, nahe der piazza Mazzini.

Cortiglione

- **Trattoria del Pozzo**, via Pozzo 30, Tel. 0141-76 52 01- So abends und Mo geschl. Eine hervorragende Adresse für lokale, mit bemerkenswerten Produkten zubereitete Spezialitäten. Etwa 28 €. Trüffel werden nach Gewicht berechnet.

Costigliole d'Asti

- **Guido**, piazza Umberto I 27 - Tel. 0141-966 012 - mittags, So, 1. bis 24. Aug. und 22. Dez. bis 10. Jan. geschl. - 52 € - Reservierung unumgänglich,

Spezialität: eine besonders neue und raffinierte Art der *langhe*.

S. Stefano Belbo

• **Dal Gal Vesti**, via Cesare Pavese 18 - Tel. 0141-84 33 79 - Mo und Di geschl. - 20-30 € inkl. Wein. Diese typische Osteria liegt in einem Flügel des Geburtshauses von Cesare Pavese, *gal vesti*, dem „Eleganten", wie die Dorfbewohner ihn nannten, wenn er im Anzug an diesen Ort zurückkehrte. Lokale Spezialität: *friciula*. • **Ristorante della Stazione**, via piazzale Manzo 6 - Tel. 0141-84 42 33. Zum Zelebrieren der Trüffel haben sich Vater und Sohn die Arbeit geteilt. Der Erste sucht sie, der Zweite kocht sie: *tajarin ai funghi, insalata d'ovoli* ... 30 €. Trüffel werden nach Gewicht berechnet.

Cossano Belbo

• **Trattoria della Posta da Camulin**, corso Fratelli Negro 3 - Tel. 0141-88 126 - So abends und Mo geschl. - 30 €. Eine unumgängliche Adresse für Piemonteser, denen hier seit einem guten Jahrhundert außergewöhnliches Können einschließlich Tradition geboten wird. Auf der Speisekarte außer hausgemachter Pasta: *tajarin, carne cruda battuta a coltello* und exzellente Trüffel.

Canelli,
29 km von Asti

• **San Marco**, via Alba 136 - Tel. 0141-82 35 44 - Di abends, Mi und 20. Juli bis 12. Aug. geschl. - Gerichte à la carte: 40-45 €. Hervorragede regionale Küche und Themenabende mit jeweils einem Saisonprodukt. Spezialitäten: *finanziera all astigiana con cresta di gallo, cervella, animelle, filoni* (1 Michelin*).

SPEZIALITÄTEN

• **Giovine & Giovine**, piazza Carlo Gancia 9-11 - Mo geschl. In dieser Konditorei gibt es *coppi*, „patentierte" Biskuits mit Haselnüssen aus Langhe und in der Pasticceria Bosca, piazza Amadeo d'Aosta, für besonders Naschhafte die *bon-ben-bon, biscotti al Forteto della Luja* und die *mattone delle Langhe*.

Alba und die Langhe-Weinberge

Alba

• **La Bottega del Vicoletto**, via Bertero 6 - Tel. 0173-36 31 96 - Mo, Weihn. und 15. Juli bis 15. Aug. geschl. - 36-52 € - Gastronomisch, *langarola*-Küche (1 Michelin*). Feinschmecker gehen hier zur Trüffelzeit hin. • **Osteria dell'Arco**, piazza Savona 5 - Tel. 0173-36 39 74 - So und Mo mittags von Sept. bis Dez. und Mo von Okt.-Nov. geschl. - 26-36 € - Im historischen Zentrum. • **Porta San Martino**, via Enaudi 5 - Tel. 0173-36 23 35 - Mo, 25. Juli bis 20. Aug., 27. Dez. bis 5. Jan. geschl. - 23-44 € - Nahe Piazza Savona und der Straßenkreuzung. Hier anzukommen ist nicht gerade berauschend, aber jeder kennt diese Adresse und empfiehlt, hier vor allem in der Trüffelsaison einzukehren. Abends angenehmer.

CAFÉ

- **Caffe' Calissano**, piazza Duomo. Mit seinem Stuck und seiner Vergoldung *das* große Café der Stadt. Ideal für einen *spuntino* im kleinen Restaurantraum oder für einen Kaffee mit Patisserie.

Barbaresco

- **Antiné**, via Torino - Tel. 0173-63 52 94 - Mi geschl. Ein sehr gutes, sympathisches und elegantes Dorfrestaurant: Familienrezepte der Langarol-Piemontäser Küche wie *petto di galletto farcito con tartufo nero*, Stopfleber, *uovo di quaglia frito, coniglio* (Hase) mit Babaresco, timballo di baccalà, *sorbetto al Barolo* und das köstliche *semifreddo*. 30-40 €.

WEINKELLER UND WEINBERGE

- **Enoteca Regionale del Barbareco**, via Torino 8 • **Gigi Bianco**, Sotto la Torre - Tel. 0173-63 51 37 - Barbareco, kleine Mengen, beste Qualität.

La Morra

- **Belvedere**, piazza Castello 5 - Tel. 0173-501-90 - Leute aus der ganzen Region essen hier zu Abend. • **Osteria Veglio**, Borgata Pozzo Annunziata 9 - Tel. 0173-50 93 41 - Hochwertige Produkte wie für ihr *ladro di polli ruspanti* und beste Tradtion: *tartufi, funghi* ... etwa 30 €.

Barolo

- **Osteria Cantinella**, via Roma 33 - Tel. 0173-561-98 • **Brezza**, via Lomondo 2 - Tel. 0173-561-91.

Monforte d'Alba

- **Giardino da Felicin**, via Vallada 18 - Tel. 0173-782 25 • **Terra Luna**, Frazione San Giuseppe, Tel. 0173-78 275. Maria Luisa und Luciano bieten piemontesische Spezialitäten an, darunter *agnolotto* mit *tartufi* in der Saison und auf Vorbestellung ein schmackhaftes *fritto misto* aus Fleisch und Gemüse, „benetzt" mit Wein aus eigener Produktion.

Dogliani

- **Poderi Luigi Einaudi**, Borgata Gombe - Tel. 0173-70 414 - Empfehlenswert ist sein Dolcetto (kein Süßwein) 12 €.

Farigliano

- **Anna Maria Abbona**, Frazione Moncucco - Tel. 0173-79 72 28 - Ihr Cadó, Docetto di Dogliani Maioli, Dolcetto di Dogliani Superiore sind besonders gute Tropfen.

Carrù

- **Trattoria Vascello d'Oro**, via San Giuseppe 9 - Tel. 0173-754 78. Spezialist des berühmten *bollito salsa verde*.

Albaretto delle Torre

- **Dei Caciatori**, da Cesare, via San Bernardo - Tel. 0173-52 01 41.

Die olympischen Täler des Jahres 2006

Susa-Tal

Bardonecchia

- **Villa Myosotis**, via Cantore 2 - Tel. 0122-99 98 83. In dieser reizenden kleinen Villa werden zwei Probiermenüs angeboten, nämlich „sapori di valle" und „sapori di montagna", außerdem eine Jahreszeiten-Karte - 20-40 €.
- **'I Fouie**, borgata Rochemolles 58 - Tel. 0122-99 96 70. In einer typischen, authentischen alten *baïta* (Alpenhütte) des Tales von Rochemolles werden Ihnen lokale Gerichte wie *polenta e salvaggini, gnocchi alle ortice* usw. mit Wein des Piemont angeboten - 30 €.

San Antonio di Susa

- **Il Sentiere di Franchi**, borgata Cresto 16 - Tel. 011-963 17 47. Ein kleiner Speiseraum, wenige Tische. Alpine Spezialitäten. Reservieren. 35 €.

Avigliana

- **Corona Grossa**, piazza Conte Rosso 38 - Tel. 011-932 83 71. Traditionelle

Küche in einem historischen Gebäude. 30 €.

Chisone-Tal
Clavière
- **'l Gran Bouc**, via Nazionale 24 - Tel. 0122-87 88 30. An der italienisch-französischen Grenze. Hierher kommt man wegen des guten Tagesmenüs und des hervorragenden Weinkellers. Eher elegantes Ambiente. 20-40 €.

Cesana
- **La Cantini degli Alpini**, frazione Mollieres - Tel. 0122-895 45. Wild in der Saison sowie Ragout, außerdem ein paar Spezialitäten des Tals, die ein Muss sind: u. a. *ghenefle* und *pra glara* 20-40 €. Elegantes Ambiente.

Sestriere
- **Du Grand-Père**, via Forte Seguin 14 - Tel. 0122-75 59 70. Eine wegen ihres rustikal-eleganten Ambientes und ihrer modernisierten regionalen Küche geschätze Adresse. 20-40 €.

Pragelato
- **Antica Osteria**, frazione Plan, via del Bet 26 - Tel. 0122-785 30. Freundliche Atmosphäre; gute, traditionelle Gerichte bei Kerzenschein.

Usseaux
- **Lago del Laux**, via del Lago 7 - Tel. 0121-836 83. Eine gute Adresse für jene, die sich ein wenig tiefer ins Tal von Chisone begeben möchten. 30 €.

San Germano Chisone
- **Malan**, Locanda del Postale, via Ponte Palestro 11 - Tel. 121-588 22. Für diejenigen, die Pilze und das Ambiente ehemaliger Postwechselstationen mögen. 35 €.

Pinerolo und die Dörfer der Umgebung
- **Taverna degli Acaja**, corso Torino 106 - Tel. 0121-79 47 27. Klassische Piemonteser Küche auf einem alten Herrensitz. 40 €.

Cavour
- **La Posta**, via dei Fossi 4 - Tel. 0121-699 89. Eine historische Adresse des Tales. 35 €. • **Vetta della Rocca**, via Vetta della Rocca 5 - Tel. 0121-6369. Für ein raffiniert-elegantes Abendessen. 40 €.

Cercenasco
- **Ristorante del Centro**, via Vittorio Emmanuele 8 - Tel. 011-980 92 47. Einfach und gastfreundlich. Frosch-Spezialitäten.

Frossasco
- **Mesa**, via Principe Amedeo 57 - Tel. 0121-35 34 55. Modernes Ambiente mit dazu passender Küche.

Piossasco
- **Nove Merli**, via Rapida ai Castelli 10 - Tel. 011-904 13 88. Nouvelle Cuisine, vorwiegend Fisch und Spezialitäten des Piemont, in einem des Säle des Schlosses von Piosacco. Gestylter Service. 60 €.

Val Sangone
Giaveno
- **Valsangone Hotel Restaurant**, piazza Molines 45 - Tel. 011-937 62 86. Ein in erster Linie wegen seiner klassischen Küche hochgeschätztes Haus des Tales.

Pellice-Tal
Torre Pellice
- **Flipot**, corso Gramsci 17 - Tel. 0121-95 34 65. In der Küche wirkt der berühmte Chef Walter Eynard, der eine originelle Jahreszeitenküche (mit Michelin-Sternen) anbietet. *Souppo barbëtto agnelo al fieno, sformato di fiori di lavanda* sowie eine außergewöhnliche Käseplatte (regionale Sorten).

Villar Pelice
- **Villagio Crumière**, corso Torino 106 - Tel. 0121-79 47 27. Spezialitäten aus dem Tal, sympathisches, rustikales

Ambiente in dieser ehemaligen Hutfabrik.

Okzitanisches Tal Cuneo

Lottulo-San Damiano Macra

- **La Canonica**, via Nazionale 4 - Tel. 0171-900 009 - Do geschl., Abendessen ausschließlich Fr und Sa. Dieses Restaurant, einst das Pfarrhaus des kleinen Ortes, ist heute ein Tempel okzitanischer Spezialitäten.

Macra

- **Locanda Occitana Ca' Bianca**, strada Luisa Paulin 53 - Tel. 0171-918 500 - Mo abends und Di geschl. Wie die Bewohner des Dorfes, die hier essen oder Karten spielen, werden auch Sie die Ravioli, Schmorbraten, *polenta nera con patate* usw. sehr schätzen.

Villar San Constanzo

- **Locanda Occitana Dei Gelsi**, via della Resistenza 33 - Tel. 0171-910 249 - Di geschl. Nahe Dronero. Die Spezialitäten von David und Valeria sind Ravioli und vegetarische, mit lokalen Bioprodukten zubereitete Gerichte.

Serre-Elva

- **Locanda Occitana San Pancrazio-Hans Clemer**, Serre - Tel. 0171-997 986 - Mi geschl. Diverse okzitanische Spezialitäten des Val Varaita wie *frittata alla erbe d'Elba*. Nicht vergessen, sich hier die Schlüssel zur Besichtigung der Kirche Santa Maria mit Freskomalereien von Hans Clemer zu holen.

- **Caseficio Cooperativo Elvese**. In einem der traditionellen Häuser des Dorfes Elva können Sie Toma d'Elva und Tumo Pastà kaufen.

Dronero

- **Antiva Pasticceria Galletti**, via Giovanni Giolitti 41. Der junge Konditor hat die alten Rezepte für die *droneresi al Rhum* und *biscotti Giolitti* wiedergefunden.

Roccabruna

- **Panificio Val Maira**, strada Valle Maira 81. Hier gibt es den tradionellen, ein Pfund schweren Brotlaib zu kaufen, der *pane dei Tetti* heißt.

AOSTATAL

Aosta und Umgebung

• **Vecchio Ristoro**, via Tourneuve 4 - Tel. 0165-3 32 38 - Juni, So und Mo mittags außerh. der Saison geschl. - 34-44 € - Authentische, hervorragende Alpen- und Aostatal-Küche (1 Michelin*). Der Rahmen: eine alte Wassermühle. Nur wenige Gedecke. Reservieren. • **Vecchia Aosta**, piazza Porta Pretoria 4 - Tel. 0165-3611 86 - Di abends, Mi, 5. bis 20. Juni und 15. bis 30. Okt. geschl. - 21 € - Unweit der römischen Ruinen von Aosta. Die lokalen Gerichte, die entsprechend Jahreszeit und Marktangebot wechseln, sind sehr beliebt. Reservierung unumgänglich. • **Trattoria degli Artisti**, via Maillet 5/7 - Tel. 0165-4 09 60 - Um dieses rustikale, authentische Haus ausfindig zu machen, muss man durch die kleinen Straßen des historischen Zentrums der Stadt schlendern. • **Le Pèlerin Gourmand**, via De Tillier 9b - Tel. 0165-23 18 50. Ambiente rustikal, intim und sympathisch. Guter Aostatal-Aufschnitt und regionale Spezialitäten wie *polenta con carbonade d'asino*. 20 €.

CAFÉS

• **Caffè Nazionale**, piazza Chanoux 9 - Geöffnet bis Mitternacht, Mo geschl. In einem ehemaligen Kloster, elegant.
• **Pasticceria Sala da Té Chocolat**, La Croce di Città 34 - Mi geschl. Elegante Atmosphäre, gut 300 Teesorten zu dem hiesigen Gebäck *tegole* und *pan des amis*.

SPEZIALITÄTEN

• **Maison de la Fontine**, via Monsignor de Sallers 14. Die älteste Käsehandlung von Aosta; von hier sollte man eine gute Auswahl Aostatal-Käse, vor allem den Fontina mit nach Hause nehmen. • **La Bonne Bouteille**, via S. Anselmo 62. Grappa für alle Geschmäcker.

Saint-Christophe, 4 km von Aosta

• **Casale** - Tel. 0165-54 12 03 - 5. bis 20. Jan. und 5. bis 20. Juni geschl. - 31 € - Aostatal-Spezialitäten; im Winter in freundlich-rustikalem Rahmen, im Sommer auf der Terrasse. Ein Muss.

Gressan

• **Hostellerie de la Pomme Couronnée**, Resselin - Tel. 0165-25 11 91 - In der Küche nimmt die Spezialität der Gegend, der Honig, einen Sonderplatz ein: in Suppen, Salaten, Fleischgerichten und selbstverständlich den Nachtischen. Ein zudem besonders hübscher Gastraum.

Breuil-Cervinia

• **Cime Bianche** - Tel. 0166-949 046 - im Winter: direkt an den Pisten - 16-26 € - Typische Küche in hübschem Bergdekor, wundervoller Blick auf die Umgebung (Matterhorn). • **Matterhorn** - Tel. 0166-948 518 - Im Zentrum: Pizza, gegrilltes Fleisch, Fischgerichte. • **Maison de Saussure**, via Carrel 4 - Tel. 0166-948 259 - Juni, Sept., Okt. und mittags (außer Fr, Sa, So, Juli und Aug.) geschl. - 31-44 € - Die authentische Aostatal-Küche dieses Hauses ist so gefragt, dass eine Reservierung unumgänglich ist. • **Hostellerie des guides**, von 7 Uhr bis Mitternacht geöffn. - Der hier servierte Irish-Coffee findet großen Anklang.

Courmayeur und Umgebung

Courmayeur

• **Pierre Alexis 1877**, via Marconi 54 - Tel. 0165-84 35 17 - Okt., Nov., Mo (außer Aug.) und Di mittags von Dez. bis März geschl. • **Leone Rosso**, via Roma 73 - Tel. 0165-845 726 - Mo außerh. der Saison, 15. Mai bis 15. Juni und Okt. geschl. - 26 € - Regionale Jahreszeitenküche in rustikal-elegantem Rahmen. • **Al Camin**, in Larzey, via dei Bagni - Tel. 0165-844 687 - Di außer in der Hauptsai-

son und Nov. geschl. - Bergatmosphäre, Hausmannskost. • **Le Cadran Solaire**, via Roma 122 - Tel. 0165-84 46 09 - Di geschl. - Serviert wird den ganzen Tag über, eine ansehnliche Karte, gute Tagesgerichte - 25 € • **Le Bistroquet**, Strada regionale 61 - Tel. 0165-84 61 20 - Mo geschl. - nur abends geöffnet. Freundliches Ambiente, abgewandelte regionale Küche.

SHOPPING Via Roma

CAFÉ

• **Caffe' Della Posta**, via Roma 41 - In diesem Café, das seit hundert Jahren besteht, trinkt man Alpen-Cocktails und -Alkohol *(grappa, genepi, grolla dell'amizia)* und sitzt man auf komfortablen Sofas.

LOKALE PRODUKTE

• **Mario il Pasticcere**, via Roma 88. Hier besonders die Mürbenusskekse *tegole*, dann die Spezialität *Monte Bianco* und weitere Süßigkeiten. • **Maison du Fromage**, via Roma 120. Nehmen Sie von hier *Fontina*, den hiesigen Käse, und *Mocetta*, auf vielerlei Art getrocknetes und mit Kräutern aus den Bergen geräuchertes Fleisch mit nach Hause.

Entrèves,
4 km von Courmayeur

• **La Maison de Filippo** - Tel. 0165-89

668 - Di, Juni bis 15. Juli und Nov. geschl. - 31 € - Eine berühmte Taverne des Aostatals, unbedingt reservieren.

Plan Checrouit

• **Refugio de Maison Vieille**, am Fuß der Drahtseilbahn Maison Vieille. Hier Halt zu machen und sich mit einem Glas Glühwein aufzuwärmen oder sich mit einer guten Polenta zu stärken, ist angenehm.

Planpincieux Val Ferret,
7 km von Courmayeur

• **La Clotze** - Tel. 0165-869 720 - Mi und mittags von Juli bis 18. Sept., 29. Mai bis 30. Juni, 18. Sept. bis 6. Okt. geschl. - 31-52 € - Gute regionale Küche.

La Palud Val Ferret,
5 km von Courmayeur

• **La Palud-da-Pasquale** - Tel. 0165-89

169 - Mi und Nov. geschl. - 21-26 € - Spezialitäten des Aostatals und aus den Bergen.

Plan-de-Lognan Val Veny,
12 km von Courmayeur

- **Le Chalet del Miage** - Juli und Sept. geschl. - Berggerichte.

Cogne und Nationalpark Gran Paradiso

Cogne

- **Lou Ressignon**, rue des Mines 22 - Tel. 0165-74 034 - Mo abends, Di, 27. Mai bis 8. Juni, 23. Sept. bis 5. Nov., 4. Nov. bis 1. Dez. geschl. - *Fonduta, carbonara*, ferner köstlicher Käse und Nachtisch. • **La Basserie du Bon Bec**, Hotel Bellevue - Tel. 0165-74 92 88 - Berggerichte in ansprechend altem Ambiente. • **Les Pertzes**, Tel. 0165-74 92 27 - Ein einfacher, geselliger Ort mit alten Fotos von Cogne. Hier isst und trinkt man (beachtliche Karte der Aostatal-Weine), köstlicher Saint-Marcel-Schinken.

Lillaz

- **Lou Tchappé**, fraz. Lillaz 126 - Tel. 0165-74 379 - Mo geschl. 25 €.

Verres

- **Chez Pierre**, via Martorey 43 - Tel. 0125-929 376 - Di (außer im Aug.) geschl. - 36-57 € - Ein phantastisches Restaurant 37 km von Aosta entfernt, behagliche Atmosphäre. Nichtraucher.

Saint-Vincent

- **Batezar**, via Marconi 1 - Tel. 0166 51 31 64 - Ein elegantes, sehr geschätztes Restaurant, das nur abends geöffnet ist. Reservieren.

Gressoney-la-Trinité

- **Capanna Carla**, Ciaval - Tel. 0125-36 61 30 - Viel Atmosphäre in diesem freundlichen Bergrestaurant.

Barmasc

- **Le Solitaire** - Tel. 0125-30 63 11 - Hütten-Ambiente in diesem einsam im Wald gelegenen Bergrestaurant (5 Minuten zu Fuß ab Parkplatz). Eine Adresse mit Charme.

Alberobello

• **Trullo d'Oro**, via Cavallotti 31 - Tel. 080-432 39 09 - So abends und Mo sowie vom 3. bis 28. Jan. geschl. - 21-39 € - Malerisch-rustikale Einrichtung, regionale Küche. • **Cucina dei Trulli**, piazza San Fernandino 31 - Tel. 080-432 11 79 - Do außer im Sommer geschl. - 16 €, abwechslungsreiche regionale Küche. • **Il Poeta Contadino**, via Indipendenza 21 - Tel. 080-432 19 17 - Mo (außer Juli, Aug., Sept.), 7. bis 31 Jan. und Juni geschl. - 39-52 € - Exzellente Küche

Bari

• **Nuova Vecchia Bari**, via Dante Alighieri 47 - Tel. 080-521 64 96 - Fr und So abends geschl. - 26 € - In einer ehemaligen Ölpresse. Apulische Küche. • **La Pignata**, corso Vittorio Emanuele 173 - Tel. 523 24 81 - Aug. und Mo geschl. - 26-39 € - Meeresspezialitäten. • **Deco'**, largo Adua 10 - Tel. 524 60 70 - Elegant.

Polignano al Mare

• **Grotta Polazzese**, via Narciso 59 - Tel. 080-424 06 77 - 36-57 € - Im Sommer werden in diesem Restaurant, das

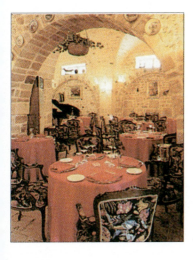

(1 Michelin*).

Castel del Monte

• **Ostello di Federico**, Castel del Monte - Tel. 0883-56 98 77 - Mo, 2 Wochen im Jan. und 2 Wochen im Nov. geschl. - 21 € - Nach dem Besuch der monumentalen Festung „Krone von Apulien". Eine ideale Etappe. Spezialitäten: *tortieri di riso e patate, cannelloni di baccalà e ricotta* ...

eine natürliche Grotte ist, Langusten und Fischgerichte serviert.

Monopoli

• **La Peschiera**, Hotel Pescheria, Contrada Losciale 63, Capitolo - Tel. 080-801 066 - 40-80 €. Eine Terrasse zwischen Himmel und Meer, eine moderne, auf Traditionen aufgebaute Küche. Selbstverständlich Fischgerichte. Luxuriös.

Martina Franca

• **Da Antonietta**, via Virgilio 30 - Tel. 080-706 511 - Mi außerh. der Saison geschl. - 16 € - Küche von höchster Güte. • **Rosticceria Ricci**, via Cavour 19 - In einem hinter der Metzgerei gelegenen Raum werden gute Fleischgerichte serviert. • **Trattoria delle Ruote**, via Ceglie (4,5 km) - Tel. 080-483 74 73 - Mo geschl. - 18-26 € - Eine gute Adresse, wenige Tische, deshalb: reser-

vieren. • **Ristoranre In**, piazza Magli 6 - Tel. 080-705 021 - Di abends, Mi, 1 oder 2 Wochen im Nov. geschl. - 26 € - Das Restaurant dieser superben Villa ist eine elegante Interpretation des regionalen Stils. Produkte höchster Qualität, vowon die *galantina d'anatra al pistacchio* zeugt. • **Caffe' Tripoli**, piazza Garibaldi - Ein herrliches, altes Café: Patisserien, Marzipan. • **Bar Derna**, piazza Settembre 4. Besonders schmackhafte Patisserien.

Taranto

• **Il Caffè**, via San Tomaso d'Aquino 8 - Tel. 099-452 5097 - Di und 2 Wochen im Aug. geschl. - 23-44 € - Ein sehr

gutes Haus mit bemerkenswerten, frischen Fischgerichten wie *papardelle al pesce affumicato* und Desserts der Tochter des Hauses, FrancescaroMana, die sich nicht nur um köstliche Nachtische kümmert, sondern auch erfolgreich Jura studiert.

Lecce

• **Villa della Monica**, via SS. Giacomo e Filippo 40 - Tel. 0832-458 432 - Di und 7. bis 27. Jan. geschl. - 16-29 € - Prachtvolle Ausstattung des 16. Jh. • **Gino e Gianni**, via Adriatica (2 km) - Tel. 0832-399 210 - Mi geschl. - 23 € - Das „Florenz des Barock", eine herrliche Stadt. Traditionelle Küche. • **Il Satirello**, Tel. 0832-378 672, (9 km, an der Straße Rtg. Torre Chianca) - Di geschl. - 21 € - Ein ehemaliger Bauernhof mit hübschem Garten, in dem man bei schönem Wetter speist. • **Barbablù**, via Umberto 1 - Tel. 0832-24 11 83 - So abends, Mo und die 1. Juniwoche geschl. - 26 € - In der 1. Etage eines schönen renovierten Palastes inszenieren Tonio Pireci und seine Tochter Paola die guten Salentiner Rezepte, die der Restaurantbesitzer in *Oltre le orecchiette* veröffentlichte.

SARDINIEN

Alghero

- **Le Lepanto**, via Carlo Alberto 135 - Tel. 079-979 116 - Mo außerh. der Saison geschl. - 26 € - Eine der besten Adressen für Langusten *(aragosta alla catalana)* in elegant-raffiniertem Ambiente.
- **Al Tuguri**, via Majorca 113 - Tel. 079-97 6 772 - 20. Dez. bis 20. Jan. und So geschl. - 30 €. Besonders typisch, Spezialität: *aragosta e ricci*. Reservierung unumgänglich.
- **Les Arenes**, via delle Baleari/via Lido 1 - Tel. 079-985 522 - Di geschl. - 30 € - Um sie so frisch wie möglich zu genießen, muss hier die Alghero-Languste vorbestellt werden. Kenner empfehlen, sie sich gekocht mit einer Idee Olivenöl servieren zu lassen. Terre Biance ist hierzu ein idealer lokaler Wein.

LANGUSTENFANG

Um mit den Fischern aufs Meer hinauszufahren: *Apt Alghero*, Tel. 079-97 90 54 (42 €). Ein Tag auf dem Meer (Angeln, Baden, Picknick) **Cooperativa pescatori di Stintino**, Tel. 079-52 3050 (42 €).

Santa Teresa Gallura

- **Canne al Vento**, via Nazionale 23 - Tel. 0789-754 219 - Okt., Nov. und Sa außerh. der Saison geschl. - *Zuppa galurese, antipasti del mare,* gekonnt zubereitete Fischgerichte.

Dorgali

- **Il Colibri**, via Gramsci 44 - Tel. 0784-960 54 - So von Okt. bis Mai und Dez. bis Febr. geschl. - 26 € - Hier, an der Straße des Dolmen Mottora und der Ispinigoli-Grotten sollte man pausieren und die sardische Küche genießen.

Orosei

- **Su Barchile**, via Mannu 5 - Tel. 0784-988 79 - Mai geschl. - Seit 25 Jahren kauft Maria Loi jeden Morgen seine Fische bei den Fischern des Golf von Orosei und bereitet sie auf delikate Art derart zu, dass ihr Eigengeschmack nicht verfälscht wird. 35 €.

Oliena

- **Su Gologone**, Tel. 0784-28 75 12 - Nov. bis Febr. außer 18. Dez. bis 10. Jan. geschl. - 31-46 €. Besonders ansprechende traditionelle Gestaltung, gutes Essen.

Nuoro

- **Ciusa**, viale Ciusa 55 - Tel. 0784-25 70 52 - Di geschl. - Franco Fenu bietet eine Pizzeria-Ecke und einen eleganten Raum an, in dem man auf einfache Art zubereitete exzellente sardische Gerichte serviert bekommt: *mocetta di* capra, ricotta e miele amaro, risotto al Cannonau und ein Myrten-Parfait mit echtem Maquis-Aroma. 30 €.

Monte Ortobene
7 km von Nuoro
• **Dai Fratelli Sacchi** - Tel. 0784-31 200 - Die Brüder Sacchi empfangen ihre Gäste warmherzig und servieren ihnen köstliche Gerichte.

Oristano
• **Il Faro**, via Bellini 25 - Tel. 0783-700 02 - 23. Dez. bis 15. Jan., 12. bis 26. Juli, von Okt. bis März So abends geschl. - 36-49 € - Sehr kreative Küche, regionale Spezialitäten. Beste Fischgerichte. Unbedingt reservieren.

LOKALE PRODUKTE
• **Pasticceria Roberto Mele**, via Cer, palazzina Cer.

Olbia
• **Ristorante dell' Hotel Gallura**, corso Umberto 145 - Tel. 0789-246 48 - Eine seit über 50 Jahren bestehende Institution. Einfache, aber gut zubereitete Fischgerichte und Meeresfrüchte.

• **Leone e Anna**, via Barcellona 90 - Tel. 0789-263 33 - Jan., Febr., Mi (außer Juli und Aug.) geschl. - 41-49 € - Sardische Küche und venezianische Spezialitäten.

Cagliari
• **Dal Corsaro**, viale Regina Margherita 28 - Tel. 070-664 318 - So, 23. Dez. bis 6. Jan. und 9. bis 25. Aug. geschl. - 31-49 € - Wenn Sie vor der Weiterfahrt eine Nacht in Cagliari verbringen möchten, werden Sie von der authentischen sardischen Küche dieses Restaurants bestimmt nicht enttäuscht sein. • **Antica Hostaria**, via Cavour 60 - Tel. 070-665 870 - So, 23. Dez. bis 7. Jan. und Aug. geschl. - Eines der angenehmsten Restaurants Cagliaris. Antonello Floris „modernisiert" mit viel Talent die traditionellen Gerichte. Die guten Desserts werden von seiner Frau Lilly zubereitet. • **San Criprino**, corso V. Emanuele - Mo geschl. - 25 € und **Crakers**, corso V. Emanuele 195 - Mi geschl. - 30 € - Zwei gute traditionelle Trattorien im Zentrum.

Isola san Pietro Carloforte
• **Al Tonno di Cosa**, via Marconi 47 - Tel. 0781-855 106 - Mo (außer Sommer und Weihnachten) geschl. - 30 € - Feine lokale Küche: *tonno alla carlofortina*, „casa" (Couscous nach sardischer Art). Terrasse mit Seeblick. • **Da Nicolo**, corso Cavour 32, Tel. 0781-85 40 48 - Mo geschl. - Ein seit drei Generationen bestehendes Haus, das es heute „wagt", Tunfisch als Sushi oder Sashimi anzubieten. Im Sommer wird mit Blick aufs Meer serviert. 50 €. • **Da Vittorio**, corso dei Battellieri 11 - Tel. 0781-85 52 00. Seit etwa 30 Jahren drängen sich hier die Gäste, um sich *spaghetti alla Vittorio* (Ragout aus Tun-

fisch und Tintenfisch), aber auch *ventresca daurata alla griglia* servieren zu lassen. 35 €. • **Da ü Bobba**, in Segni, strada delle Saline, Tel. 0781-85 40 37 - Di geschl. - In angesagter Lagerhausgestaltung wird hier selbstverständlich Thunfisch serviert, dies jedoch auf ungewöhnliche Art.

LOKALE PRODUKTE
• **Enoteca Luxurto**. Der Di-Corsa-Thunfisch ist nur in den Monaten Mai und Juni fangfrisch. In diesem Geschäft garantierte vor-Ort-Zubereitungen traditioneller Art unmittelbar nach dem Fang: Thunfisch in Öl und andere Spezialitäten.

Porto Cervo

• **Il Pescatore**, sul Molo Vecchio - Tel. 0789-92 296 - Okt. bis Mai geschl., nur abends geöffn. - 34 € - Abendessen bei Kerzenschein auf blumengeschmückter Terrasse. • **Gianni Pedrinelli**, Strada bivio Pevero Sud (1,5 km) - Tel. 0789-92 436 - Nov. bis Febr., Juli und Aug. mittags geschl. - 41-60 €. • **Bar degli archi**, piazzetta degli Archi. Hier frühstückt man, hier isst man mittags seinen Sandwich, und hier trinkt man abends seinen Aperitif. • **Pevero Golf Club**, Pevero - Tel. 0789-96 210 - Nov. bis Apr. geschl. - 41 € - Die Küche vom Club-House-Restaurant ist leicht und raffiniert, ganz der eleganten Klientel entsprechend.

Isola la Maddalena

• **La Grotta**, via Principe di Napoli 3 - Tel. 0789-737 228 - Nov. geschl. - 26 € - Fischgerichte und Meeresfrüchte. • **Mangana**, via Mazzini - Tel. 0789-738 477 - Mi und 20. Dez. bis 20. Jan. geschl. - 21-34 € - Auch hier alle möglichen Fischgerichte.

SIZILIEN

Palermo
in der Nähe des Vucciria-Marktes

- **Santandrea**, piazzetta Sant'Andrea 4 - Tel. 091-33 49 99 - So und Mo mittags geschl. - Nahe der Barockkirche San Domenico. Annamaria erklärt Ihnen das Tagesmenü: ihre Art (worauf sie großen Wert legt) Sie in Empfang zu nehmen. Besonders empfehlenswert die *pasta con le sarde* und *filetti di spigola*. Höchst angenehmes Ambiente. 35 €.
- **Trattoria Gagini**, via Cassari 35 - Tel. 091-32 15 18 - Mo geschl. - Fischgerichte (eigene Rezepte) und exzellente selbstgemachte Pasta. 25 €.

Kalsa

In diesem sowohl barocken als auch arabischen alten Stadtteil Palermos befinden sich die schöne Kirche S.Teresa alla Kalsa und das Palais Gangi, in dem Visconti die Ballszene des Films „Der Leopard" drehte. In diesem Viertel befindet sich auch das Museum für moderne Kunst.
- **Osteria dei Vespri**, piazza Croce dei Vespri 6 - Tel. 091-61 71 631 - So geschl. - Hübsches Lokal, gute Weine zum Begleiten köstlicher Spezialitäten 35 €.
- **Antica Focacceria San Francesco**, via Paternostro 58 - Tel. 091-32 02 64 - Mai geschl. - Eine historische Adresse (1834) in Palermo: *caponata di melanzane, fritella di fave, piselli e carciofi* ...
- **Mi manda Picone**, via Paternostro 59 - Tel. 091-61 60 660 - So geschl. - Dieser jüngere Nachbar bietet einen Gästetisch im Untergeschoss an und ein Restaurant im 1. Stock; die Wahl trifft man je nachdem: pressiert oder verliebt. Das Menü ist identisch: Suppe oder Risotto, Fisch und ein Glas Wein. Dennoch sollten Sie einen Blick auf die umfangreiche Weinkarte werfen.

Corso Emanuele

- **Trattoria ai Normanni**, pizza della Vittoria 25 - Tel. 091-65 16 011 - So abends und Mo abends geschl. - Eine traditionelle, bemerkenswerte Adresse in der Nähe des Doms: nur ganz frische Produkte.
- **Trattoria Ai Cascinari**, via d'Ossuna 43 - Tel. 091-56 19 804 - Mo sowie Di, Mi und So abends geschl. - 20 €. Ein populäres Viertel: mittags Büro- und Gerichtskundschaft wegen des nahen *tribunale*, abends elegant. Familienküche wie z.B. *falso magro*, eine Spezialität des Hauses. Keine Kreditkarten.

CAFÉS UND BARS

- **Caffe' Mazzara**, via Generale Magliocco 15 - Tomaso di Lampedusa schrieb hier mehrere Kapitel seines *Leoparden*.
- **Bar du Grand Hotel des Palmes** - In diesen superben Salons sollte man einen Drink nehmen oder zu Abend essen.

LOKALE PRODUKTE

- **Markt Vucciria**, piazza Caracciolole, ein besonders lebendiger Markt Palermos; ebenso der Markt del Capo mit der wunderschönen, angrenzenden, gleichnamigen Kirche.
- **Antonino Giannusa**, via Argenteria 51 - In diesem hundert Jahre alten Laden des Marktes gibt es all die lokalen Gewürze und die Spezialität des Hauses: den *pesto palermitano*.
- **La Dispensa del Monsù**, via G. Turrisi Colonna 36. Käse: *pecorini*, den berühmtesten, *piancentinu* sowie *vastedda del Belice*, *ricotta, caciocavallo ragusano* und *caciota palermitana*. Ferner das Schwarzbrot von Castelvetrano und

das Extra-Jungfernolivenöl aus Guccione ... • **Spinnato**, via Principe di Belmonte 111/115. Spezialist der *pasta reale* und *martarana*, Marzipan in Form von Früchten, vor allem der Mandarine. Auf der Terrasse können Sie auch den traditionellen *arancini di riso* probieren.

Monreale,
8 km von Palermo

Nach der Besichtigung des Doms und des Klosters: • **La Botte**, contrada Lenzitti 416 - Tel. 091-414 051 - Mo, Juli und Aug. geschl. - 26 € - Die Küche ist köstlich und der Dom bewundernswert. • **Antica Pasticceria Giambelluca**, via Modigliani 29 - Ein sehr gutes Haus für sizilianische Süßigkeiten: *canditi di Crespo* mit Zucker, Orange, Birne, *cassate*, *cannoli* und die gute *cassata con pan di Spagna*.

Mondello,
11 km von Palermo

• **Charleston le Terrazze**, viale Regina Elena - Tel. 091-450 171 - 10. Jan. bis 10. Febr., Mi (außer Mai bis Okt.) geschl. - 39-52 € - Am eleganten Strand von Palermo. Superbe Terrasse am Meer. • **Gambero Rosso**, via Piano Gallo 30 - Tel. 091-454 685 - Mo und Nov. geschl. - 26 € - Trattoria, Fisch und Meeresfrüchte sehr gut. • **Taverna dell'Arte**, via Rampe San Giorgio Maggiore 1/A - Tel. 081-552 75 58 - So und 5. bis 21. Aug. geschl. - 26 € - Eine kleine Osteria mit Charme, in der Sie diverse Spezialitäten der Insel entdecken werden; je nach Saison traditionelle Küche der Küste, aber auch die „arme" Küche des Hinterlandes wie etwa *minestra maritata* der Region oder *fu la cassuola di calamari*.

Tràpani

• **Cantina Siciliana**, via Giudecca 32 - Tel. 923-28 673 - Spezialitäten: *busiati con bottarga e mandorle, cuscus di pesce* in rustikalem, typischem und authentischem Rahmen. 25 €. • **Aï Lumi**, corso V. Emanuele - Tel. 923-87 24 18 - Auch wird hier ein guter *cuscus di pesce* serviert 25 €.

• Berühmte PASTICCERIE, in denen man die berühmten *cannoli trapanese* erhält, eine wahre „Institution" der Stadt: **Pasticceria Colicchia**, via S. Pietro 21 • **Pasticceria La Rinascente**, via Gatti 3 - Die größten Fans werden sich nach Dattilo begeben, zur **Euro Bar**, via Garibaldi 11. • **Angelino Pasticcere**, via Ammiraglio Staiti, hier besonders die *arancini allo scoglio*. • **Gelateria Gino**, Piazza Generale dalla Chiesa 4, mit dem Muss *gelato alla cannella e al gelsomino*.

Erice

• **Ristorante Monte San Giuliano**, Vicolo San Rocco 7 - Tel. 0923-86 095 95 - Mo geschl. - 30-45 €. Nach dem Besuch dieser schönen Stadt ein Blick auf Tràpani und die Ägadischen Inseln; gönnen Sie sich einen gastronomischen Abstecher für Fischgerichte zur Familie Coppola.

Insel Favignana

Nur hier nehmen die Trapanesen nach wie vor die *matanza* vor: den archaischen, von den Arabern übernommenen Thunfischfang. Um in den Genuss dieser und anderer fangfrischer Spezialitäten zu kommen: **El Pescador**, piazza Europa 38 - Tel. 0923- 92 10 35. *Tonno alla brace, fritura dei calamari* ... 35 €.

Marsala

• **Divino Rosso**, via XI Maggio (lago di Girolamo 11) - Tel. 923-911 770 - Mo geschl. - Dieses Restaurant mit Weinbar befindet sich im historischen Zentrum von Marsala. Hinter den Tresen können Sie eine der besten Lagen sizilianischer Weine aussuchen und sie genießen zu den Spezialitäten (meist zubereitet mit Meeresprodukten) von Nino Rosolia. 30 €.

LOKALE PRODUKTE
- **Cantine Florio**, via Vincenzo Florio 1 - Tel. 0923-781 111 Einer der historischen Weinkeller, wo es all die alten und die besten Marsala-Lagen gibt *(Marsala Vergine Baglio)*. Besichtigung nur mit Voranmeldung. Gute Produzenten sind:
- **Bottega del Carmine**, via Caturca 20 und **Marco de Bartoli**, coutrada Fornara-Samperi 292. *(Vecchio Samperi Ventennale, Zibibbo Pietra Nera ...)*

San Vito lo Capo
(Riserva dello Zingaro)

- **Alfredo**, coutrada Valanga 3 - Tel. 923-972-366 - außer im Sommer Mo geschl. - Einst Seemann, eröffnete er in der Riserva dello Zingaro diese gute Trattoria, in der es Pasta mit präzisester Kochdauer und 22 verschiedenen Beilagen aus Fisch oder Krustentiere des Tages gibt: Thunfisch, Langusten, Gambas, Tintenfisch. 25 €.

Cefalù

- **La Brace,** via XXV Novembre 10 - Tel. 0921-423 570 - Mo und 15. Dez. bis 15. Jan. geschl. - 16-34 € - Im kleinen Speiseraum werden typisch italienische Gerichte serviert. • **Ristorante Kentia**, via Botta 15 - Tel. 0921-42 38 01 - Mo und Jan. geschl. - 26 € - Vorwiegend „Marina"-Küche: *pasta casarecce, spaghetti con le sarde, involtini di pesce spada, pesce al forno* und *carciofi* haben auch einen Sonderplatz. Sympathischer, aufmerksamer Service, Terrasse unter Zitronenbäumen in der warmen Jahreszeit.

Messina

- **Alberto**, via Ghibellina 95 - Tel. 090-710 711 - Seit nunmehr 30 Jahren gibt es die phantastische Küche des Alberto Sardella. Eine seiner Spezialitäten: *spiedini di pesce spada*. Einfacher, aber sehr freundlich ist Pippo Nunnari, via U. Bassi 157 - Mo und Juni geschl. - 26 €.

Taormina

- **La Griglia**, corso Umberto 54 - Tel. 0942-239 80 - Di und 20. Nov. bis 20. Dez. geschl. - 21-41 € - Rustikal, gepflegt, regional. • **A' Zammàrra**, via Fratelli Bandieri 15 - Tel. 0942-24 408 - Mi und Jan. geschl. - 26 € - Fein interpretierte regionale Küche. • **La Capinerara**, in Spisone, via nazionale 177 - Tel. 0942-626 247 - Mo geschl. - 40-55 €. *Pasta con le sarda*, Makrelenfilets mit Pistazien aus Bronte, einfache Rezepte, aber perfekt zubereitet. • **Casa Grugno**, via Santa Maria dei Greci - Tel. 0942-212 08 - So geschl. - 50-70 €. „Ich liebe den Duft der Speisen, die ich esse", sagt Andreas Zangerl. Um in den Genuss ähnlicher Freuden zu kommen, sollten Sie vielleicht *calamaro alla griglia* probieren. • **Ciclope**, corso Umberto - Tel. 0942-625 910 - Mi geschl. - 13-23 € - Eine der besten Adressen am Ort. Einfache Küche, ausschließlich frische Produkte; Terrasse im Sommer.

Catania

- **La Siciliana**, via Marco Polo 52/a - Tel. 095-376 400 - So abends, Mo und 15. bis 31. Aug. geschl. - 26-31 € - Hier macht man Bekanntschaft mit der katanischen Küche: *caponate, sparacanaci, mucco* und die köstlichen *pasta alla Norma*. Der *ripiddu nivicatu*, eine weitere Spezialität des Hauses, hat die Form des Ätna. • **Osteria I Tre Bicchieri**, via S. Giuseppe al Duomo 31 - Tel. 0957-153540 - So und Mo mittags geschl. Domenico Privitera hat das Haus übernommen (nahe Dom Sant'Agata) und ist erfolgreich mit dem

Relook traditioneller Gerichte voller Frische, Subtilität und Genuss. 55 € • **Osteria Antica Marina**, via Pardo 29, zona Pescheria - Tel. 095 348 197 - Mi geschl. Salvo Campisi, der junge Inhaber, stellt seine Menüs entsprechend dem Angebot auf dem Markt von Sant Agata zusammen. Abends ersetzen die Restaurant- die Ladentische, und der Geschmack von *alga Mauro* wird Ihren Gaumen erfreuen. Reservierung sehr empfohlen. 40 €.

PATISSERIEN

Canoli di ricotta, cassata siciliana, granite und *pezzi di tavola calda* bei: • **Savia**, via Etnea 302 • **St Moritz**, viale Raffaelo Sanzio 4/12 - Mo geschl. • **Pistorio**, piazza Ariosto 26 - Di geschl.

Acireale

• **Panoramico**, Sta Maria Ammalati, Blick auf den Ätna, serviert wird eine fabelhafte *pastciutta al raguttino di mare*, „castellane di Leonardo" - Mo geschl.

Capomulini-Acireale

• **La Curva**, via Nissoria - Tel. 095-87 70 72 - Mo, Mai, Juli und Aug. geschl. - 18 € - Täglich frischer Fisch, Zubereitung *alla griglia*, mit *pasta alla curva*. Schöner Blick auf die *faraglioni* von Aci Trezza. Reservieren.

Sant'Alfio

• **Case Perrotta**, Tel. 095-96 89 28 - Tägl. geöffn., mittags ausschließlich am Wochenende - Wenn Sie das Menü zu etwa 18 € nehmen, gibt es *penne* mit Pistazien und *ricotta* ganz frisch, *caponata* mit Kakao und Zimtkuchen in der typischen Bauernhausgestaltung des 18. Jh.

Syrakus

• **Archimede**, via Gemellaro 8 - Tel. 0931-69 701 - So (außer von März bis Nov.) geschl. - 18-24 € - Sein Name ist

eine Hommage an den berühmtesten aller Syrakuser, seine Küche eine Hommage an den Fisch, z.B. *zuppa di pesce riso al nero di seppia e ricotta fresca*. • **Darsena**, riva garibaldi 6 - Tel. 0931-61 522 - Mi geschl. - 21-28 € - Spezialität: Fisch. Meerblick. • **Don Camillo**, via Maestranza 92/100 - Tel. 0931-67 133 - Nov., Weihn. und So geschl. - 23-39 €. • **La Follia**, eine gute neue Adresse.

LOKALE PRODUKTE

• **Botega dei Fratelli Burgio**, piazza Cesare Battisti 4. Innerhalb des Marktes von Ortigia, ein richtiges Schaufenster lokaler Produkte: Oliven von Cassaro, *caponata*, Nüsse aus dem Anapo-Tal, Mandeln usw. • **Pasticceria Artale**, via Landolina 32. Im historischen Zentrum von Ortigia. Der einzige Ort, wo es noch traditionelle Süßigkeiten gibt: *puppi di zuchero, giuggiulena, datteri ripieni*.

Agrigento

• **Le Caprice**, strada panoramica dei

Tempi 51 - Tel. 0922-264 69 - 21-31 € - Fr und 1. bis 15. Juli geschl. - Blick auf das Tal der Tempel. • **Taverna Mosé**, contrada San Biago 6, von der Terrasse schaut man auf den Juno-Tempel, und hier gibt es jene Spaghetti, die Pinrandello besonders gern gegessen haben soll!

San Leone,
7 km von Agrigento

• **Il Pescatore**, von einem Leser empfohlen.

Isola de la Pantelleria

• **Dammúso**, via catania 2, in Pantelleria - Tel. 923-91 14 22 - Mi sowie 14 Tage im Okt. geschl. Ein einfaches Dorfrestaurant mit dementsprechender Küche: *ravioli amari, calamari rioieni, ricciolo in agrodolce*. • **La Nicchia**, in Scauri Basso - Tel. 923-91 63 42 - Ende Mai bis 10. Okt. geschl. - Elegantes Restaurant, gepflegte Küche (Couscous mit Gemüse und Fisch, Fisch *alla pantesca* ...), in einem Innenhof mit Orangenbäumchen serviert. Ausschl. abends geöffn. • **La Vela**, in Scauri Scalo - Tel. 923-91 65 66 - Mai geschl. - In der Laube Ambiente und Küche informell.

LOKALE PRODUKTE

• **Benito Patané**, via Catania 14 Pantelleria. „Gustare Pantelleria" steht auf Benitos altem Schild geschrieben, und deshalb wird hier folgendes angeboten: *finocchio di mare*, ein Öl, angereichert mit Kräutern, die zwischen den Felsen wachsen, eine Pastete aus getrockneten Tomaten (*pomodori secchi*), *pesciolini asciutti* (kleine, getrocknete Fische). • **Agricola Valenza**, contrada Monastero, Cantina Valenza 300. Verkostung und Verkauf vor Ort der Weißweine LIgria, Moscato Monasté und Monasté Passito. Zitrusfrüchtemarmeladen und auch Konfitüren. • **Agricola Bukkuram**, contrada Bucchuram 9 Marco De Bartoli, ein in die Insel Verliebter Sizilianer produziert in seinem in den achtziger Jahren erworbenen Anwesen einen exzellenten Passito.

Eolie-Lipari

• **Filippino**, Piazza Municipio - Tel. 090-981 1002 - Mo außerh. der Saison und 15. Nov. bis 15. Dez. geschl. - 26-36 € - Traditionell, der beste Fisch der ganzen Insel. • **E Pulera**, via Stradale Diana 51 - Tel. 090-981 1158 - Juni bis Okt. geöffn., mittags geschl. - 26-36 € - Abends sitzt man in einer hübschen Laube. Unbedingt reservieren. • **Pescecane**, Corso V. Emanuele - Sehr gute Pizzas.

Eolie-Vulcano

• **Lanterna Bleu**, Porto Ponente, via Lentia - Tel. 090-985 2287 - 26 € - Die beste Adresse auf dieser kleinen, noch ganz unberührten Insel, gute Fischgerichte.

Eolie-Panarea

• **Da Pina**, via S. Pietro und Trattoria da Adelina, am Hafen, *die* beiden guten Adressen der Insel.

Eolie-Salina

• **Da Franco**, Via Belvedere, in Santa Marina - Tel. 090-984 32 87 - 1. bis 20. Dez. geschl. - 23-39 € - Authentische Küche, Meerblick. • **Porto Bello**, Via Bianchi, in Santa Marina - Tel. 090-984 31 25 - Nov. und Mi außerh. der Saison geschl. - 26-39 € - Typisch äolische Küche.

TOSKANA

Firenze

nahe piazza de la Signoria und Uffici

• **Enoteca Pinchiorri**, via Ghibellina 87 - Tel. 055-24 27 577 - So, Mo und Di mittags, Aug., Weihn. und Neuj. geschl. - 77 (mittags)-129 € - Zählt zu den Küchen und Weinkellern mit dem größten Raffinement von ganz Italien; Porzellan, Kristall und Silbergeschirr vom Feinsten. Elegantes Ambiente. • **Dino**, via Ghibellina 51/r - Tel. 055-241 452 - So abends, Mo und Aug. geschl. - 26 € - Eine der ältesten Adressen Florenz', Jahreszeitenküche mit viel toskanischer Tradition. • **Da Gannino**, piazza del Cimatori - Tel. 055-214 125 - So und Aug. geschl. - Typische kleine Osteria in der Nähe der Signoria; im Sommer sitzt man auf dem kleinen Platz, reservieren. • **Antico Fattore**, via Lambertesca 1 - Tel. 055-288 975 - So und 15. Juli bis 15. Aug. geschl. - 23-41 € - Traditionelle toskanische Spezialitäten, Familien-Trattoria in der Nähe der Uffici.

nahe via Tornabuoni

• **Trattoria Coco Lezzone**, via del Parioncino 26/r - Tel. 055-287 178 - So, Di abends, Aug. und Weihn. geschl. - 26-41 € - Mehrere hintereinander gelegene Speiseräume, in denen Stammgäste aus Florenz und internationale Persönlichkeiten verkehren. Der *padrone* zählt zwar alle Gerichte auf, aber alle Spezialitäten werden Sie freilich nicht probieren können, auch wenn sie köstlich zubereitet sind. • **Cantinetta Antinori**, piazza Antinori 3 - Tel. 055-292 234. Verborgen im Hof des Palais Antinori gelegen, in der Nähe des Rathauses. Viele schätzen hier die besonders guten toskanischen Weine, die Küche ist einfach. • **Buca Lipi**, via del Trebbio 1/r - Tel. 055-213 768 - So, Mo mittags und Aug. geschl. - 36-57 € - Pittoresker Keller im bereits erwähnten Antinori-Palais, gute Küche.

nahe Ponte Vecchio

• **Le Murate**, via Proconsolo 16 - Tel. 055-24 06 18 - Diese einstige Reinigung barg einen künstlerischen und archäologischen Schatz, der bei der Instandsetzung des Hauses zutage kam. Heute isst man somit in einem superben, modern gestalteten Restaurant mit Fresken aus dem 14. Jahrhundert. • **Mamma Gina**, borgo S. Iacopo 37 - Tel. 055-2396 009 - So und Aug. geschl. - 28-46 € - Traditionelle Küche. • **Cantinone del Gallo Nero**, via San Spirito 6 - Tel. 055-218 898 - 13 € - In einem Keller, dessen Eingang man leicht übersehen kann, dem Cammillo schräg gegenüber; *crostini, chianti* und *tiramisù*.

in der Nähe von Santa Croce

• **Il Cibreo**, via dei Macci 118/r - Tel. 055-234 1100 - So, Mo, 26. Juli bis 6. Sept. und Weihn. geschl. - 46-52 € - In der Nähe von Santa Croce, Trattoria-Ambiente, aber hervorragende italienische Nouvelle Cuisine. Reservierung

unumgänglich. Die zum gleichen Haus gehörende Weinbar nebenan ist ebenfalls sehr sympathisch: **Vineria Cibreino** - 25 €.

in der Nähe von S. Maria Novella

• **Sabatini**, via de Panzani 9/a - Tel. 055-210 293 - Mo geschl. - 36-52 € - Die *antipasti* des Hauses eignen sich besonders zum Kennenlernen der guten klassischen, toskanischen Küche. Ein berühmtes und schickes Restaurant, in dem viele Persönlichkeiten eingekehrt sind. • **Sostanza**, via della Porcellàna (zwischen S. M. Novella und piazza d'Ognissanti) - Tel. 055-212 691 - Sa, So und Aug. geschl. - 26 € - Ein winziges Restaurant mit

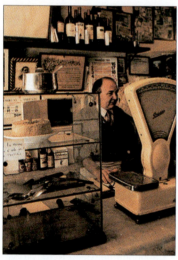

Lebensmittelgeschäft in der Nähe von Santa Maria Novella. Besonders authentisch, einfache Gerichte - Spezialität des Hauses: Kohlsuppe und *bistecca alla fiorentina*. Ungezwungen, authentisch und gesellig. • **Trattoria Zaza**, piazza del Mercato Centrale 26 - Tel. 055-21 54 11 - Antipasti, Kutteln nach Florentiner Art, Obstkuchen à la Zaza; eine erfreuliche Adresse, die uns von einem sympathisch-kooperativen Leser übermittelt wurde. • **13 Gobbi**, via del Porcellàna 9r - Tel. 055-2398 769 - Kleine Bänke an diskret beleuchteten Tischen, lokale Küche.

in der Nähe der Stazione und piazza della Independenzia

• **Le Fonticine**, via Nazionale 79r - Tel. 055-282 106 - Großer, rustikaler Raum mit zahlreichen Gemälden - Toskanische Küche und einige Spezialitäten der Emilia Romagna; Gutes vom Grill, einzige Kritik: die Tische sind zu eng gestellt. • **Trattoria Tito Trattoria Il Cavaliere** • **Ristorante Taverna del Bronzino**, via delle Ruote 25-27 - Tel. 055-49 52 20 - So geschl. Ein gutes, traditionnelles Haus.

PATISSERIEN: **Robiglio** und **Goretta**, zwei Adressen für reichhaltige Frühstücke, die auch die Nachbarn sehr schätzen.

in der Nähe des Ponte Verrazzano

• **Campannia di Sante**, piazza Ravenne, Ecke ponte Verrazzano - Tel. 055-80 24 57 - Der abendliche Spaziergang entlang dem Arno Rtg. Verrazzano-Brücke ist sehr schön. Ausschließlich Fischgerichte, aber auch hervorragende *spaghetti alla capannina* und *capesante con funghi e tartufi*. Schöner Blick auf den Ponte Vecchio und den Signoria-Turm. • **Caffè Concerto**, Lungarno Colombo 7 - 055-67 73 77 - So geschl. - Holztäfelung, indirekte Beleuchtung, eine seit langem bekannte Adresse in Florenz am Arno; wird von Ausländern mehr wegen der Atmosphäre denn für die hier servierte internationale Küche aufgesucht. • **Da Noi**, via Fiesolana 46r - Tel. 055-242 917 - So, Mo, Aug. und Weihnachten geschl. - 36 € - Kleines, raffiniertes Restaurant, kreative Küche, Meeresprodukte. • **Fagioli**, corso Tintori 47/r - Tel. 055-244 285 - Sa, So, Aug. und Weihn. geschl. - 23-28 € - Die hier angebotenen Spezialitäten werden von einem echten Toskaner zubereitet. Eine der wenigen

Adressen, wo man mehr Florentiner als Touristen antrifft.
• **Il Latini**, via Palchetti 6r - Tel. 055-210 916 - Mo und 24. Dez. bis 5. Jan.

geschl. - 23-31 € - Am Ende einer kleinen Straße versteckt, warten oft viele Gäste mit einem Glas Wein in der Hand auf einen Tisch; Tipp: *prosciutto* und *vitello arrosto*, die Spezialität des Hauses. Sympathisch laut. • **Buca Mario**, piazza Ottaviani 161 - Tel. 055-214 179 - Mi und Aug. geschl. - 15-26 € - Typischer Keller, traditionelle Küche. • **Antico Ristoro de' Cambi**, via Sant' Onofrio 1 - Tel. 055-21 71 34 - So geschl. - 31-47 € - Atmosphäre und Küche typisch florentinisch; viele Spezialitäten, aber besonders erwähnen möchten wir: *bistecca alla fiorentina, trippa alla fiorentina, lampredotto, baccalà con i porri* und den Nachtisch *torta di mele* oder *biscottini di Prato con Vinsanto*. • **I Raddi**, via dell'Ardiglione 47 - Tel. 055-21 10 72 - So und Mo mittags geschl. - 41-46 € - Alte, von Generation zu Generation weitergegebene toskanische Spezialitäten. Wunderbarer, in den ehemaligen Pferdeställen eingerichteter Speiseraum, dessen Mauern auf die Renaissance zurückgehen. • **Trattoria Angiolino**, borgo San Spirito 36 - Tel. 055- 239 89 76 - So abends und Mo geschl. - 41-52 € - Küche und Ambiente besonders traditionell: *spezzatino, rognoncini trifolati e le verdure miste fritte*.
• **Trattoria dei Quattro Leoni**, via dei Vellutini 1 - Tel. 055-21 85 62 - So geschl. - Eine alte Trattoria mit besonders typischer Tradition und folgenden Spezialitäten: *peposo all' imprunetina, gran fritto dell'aia*.

CAFÉS UND BARS

• **Rivoire**, piazza della Signoria - Eine große Terrasse am schönsten Platz der Welt. Es tut sehr wohl, sich hier nach dem Besuch der Uffici auszuruhen. Sandwiche, Kuchen, besonders bekannt wegen seiner *gianduiolli* und *cantucci di Prato* mit *vinosanto*. • **Giubbe Rosse**, piazza della Repubblica, Literatencafé, das seine ruhmreichste Zeit in der ersten Hälfte des 20. Jh. hatte, als die Futuristen es frequentierten. Die Wände mit einer

Originalausgabe von „Lacerba" und „La Voce" erinnern daran. Mittelmäßige Küche, ein Service, der kein Ende findet, aber ganz und gar sympathischer Empfang. • **Gilli**, piazza della Repubblica - Mit großer palmengeschützter Terrasse

am beliebtesten Platz der Stadt. Wunderbares Belle-Epoque-Interieur, gestylter Service. • **Vivoli**, via Isola delle Strinche - Mo geschl. Sehr gutes Eis - Gebäck. • **Hemingway**, piazza Piattellina 9r - Auf der Seite des Palazzo Pitti, nahe S. M. del Carmine. Ideal für den Nachmittagstee, einer der besten Aperitif-Treffpunkte. Eine gute Auswahl der besten europäischen Schokoladensorten und einige große italienische Lagen. • **Dolce Vita**, piazza del Carmine. Junger Szene-Treff der Stadt. • **Paszkowski**, piazza della Repubblica 6 - Konzert-Café und Restaurant.

SHOPPING

• **Pineider**, piazza della Signoria 13/r - Einst Lieferant Napoleons und Verdis; hier kaufen noch immer die Großen der Welt wie auch Ästheten ihr Briefpapier (mit Monogramm), ihre Tinte usw. • **Officina Profumo Farmaceutica di Santa Maria Novella**, via della Scala 16, piazza Sta Maria Novella - Eaux de Cologne, Parfums, Elixiere, Seifen; das Geschäft befindet sich in einer Kapelle des 14. Jahrhunderts; bei Voranmeldung können die wundervollen hinteren Räume besichtigt werden. • **Via de Tornabuoni** ist *das* Modezentrum: Gucci, Prada, Armani ... - Seide und Besticktes, bester Florentiner Tradition der Renaissance entsprechend: **Antico Sattifico Fiorentini**, via Bartolini.

ZENTRALMARKT SAN LORENZO

Der Besuch des Marktes San Lorenzo (Mo-Fr bis 14 Uhr, Sa bis 20 Uhr) ist aus verschiedenen Gründen interessant: Das Gebäude von 1874 ist das Werk Guiseppe Mengonis, des Architekten der Galerie Vittorio Emanuele II in Mailand, der Mittags-Stopp bei **Nerbone**, ein Muss für Imbisse *(spuntini)* von 7-11 Uhr *(panino con salsa verde* oder *salsa picante)* und für Tagesgerichte mit der Spezialität *lampredotto tripato,* von 11-14 Uhr wie auch für den Kauf regionaler Produkte. **Perini** Eingang via dell'Ariento rechts, **Baroni**, Eingang via dell'Ariento, **Franci**, Eingang piazza del Mercato.

OUT LET, DISCOUNT

Auf dem Land in der Toskana werden in Hallen Discount-Verkäufe großer italienischer Marken veranstaltet.

In Incisa Val d'Arno, an der A1 Rtg. Roma, Ausfahrt Incisa. • **Dolce & Gabbana Industria**, 49 av. Sta Maria Maddalena - Tel. 055-833 11, 055- 833 43 84.

In Leccio, an der A1 Rtg. Roma, Ausfahrt Incisa, Rtg. Pontasieve. • **Gucci Negozio**, 67 via Aretina - Tel. 055-865 77 75, 055-865 78 01 - Mo bis Sa von 10-18 Uhr und So morgens. Im sogenannten *The Mall* alle Marken der Gruppe Pinaud: Gucci, Sergio Rossi, Armani, Loro Piana, Bottega Veneta. Man kann hier zu Mittag essen und sich in der Cafeteria vor Ort erfrischen.

In Rignano sull' Arno, an der A1 Rtg. Roma, Ausf. Incisa. Nördl. von Incisa Rtg. Rignano. • **Fendi**, av. Giuseppe di Vittorio 10 - Tel. 055-83 49 81.

In Levanella-Montevarchi, an der A1 Rtg. Roma, Ausf. Valdarno. • **Space Prada Industrial**, Levanella 68A, Tel. 055-91 901. Prada und Miu Miu. So morgens geschl. Mittagessenspause in der **Osteria Locanda**, Tel. 055-970 51 47 in Panna Alta, Flurname Terranova Bracciolini.

Penna alta Terranova Branciolini

Mittagspause in der **Osteria Locanda Canto del Maggio**, Tel. 055-970 51 47 oder bei Costachiara in Badiona, Tel. 055-944 318.

Umgebung Florenz

Fiesole, 5 km von Firenze

• **Il Polpa**, piazza Mino da Fiesole 21/22 - Aug. und Mi geschl. - 26-36 €.
• **Osteria Carpe Diem**, via Mantellini 16 - Tel. 055-599 595 - Mo und 10. bis 17. Aug. geschl. 1,5 km vom Zentrum über Via Fra da Fiesole ein Restaurant (46-65 €) und eine Osteria (18-26 €), Terrasse im Sommer. • **Trattoria Cave di Maiano**, in Maiano (3 km), via delle cave 16 - Tel. 055-591 33 - Do, So abends, Aug. geschl. - 18 €. Im Sommer wird hier an den langen Holztischen der schattigen Terrasse zu Mittag gegessen, im Winter im Innern der pittoresken Taverne.

Sesto Fiorentino, 7 km von Firenze

• **L'Ulivo Rosso**, via Le Catese 2 - Tel. 055-448 18 90 - Verdi-Ambiente mit nach Falstaff-Figuren benannten Gasträumen, Opern-Hintergrundmusik. Bodenständige Spezialitäten und Weine.

Bagno a Ripoli, 9 km von Firenze

• **Cent'Anni**, via Centanni 7 - Tel. 055-630 122 - Sa mittags, So und August geschl. - 26-36 €. Ein reizender Garten, ein hübscher Gastraum, traditionelle toskanische, von der ganzen Familie zubereitete Gerichte; Mamma Luciana kocht, ihr Sohn Luciano backt, und Silvano kümmert sich um die Weine.

Settignano, 7 km von Firenze

• **Caffe' Desiderio**, ein altes Café aus dem ausgehenden 19. Jahrhundert. Kaffee, Schokolade, Gebäck und Cocktails, wundervolle Aussicht auf die Hügel von Fiesole.

Serpiolle, 8 km von Firenze

• **Lo Strettoio**, via di Serpiolle 7 - Tel. 055-42 50 044 - So, Mo und August geschl. Ein schöner Gastraum in einer alten Villa, die noch immer ihre Olivenpresse hat (daher auch der Name) - 36-52 €. Atmosphäre voller Raffinement, ein Jahreszeiten-Menü, das von den *camerieri* in schwarzer Robe mit weißem Kragen serviert wird.

Carmignano - Artimino, 22 km von Firenze

• **Da Delfina**, in Artimino (6 km), via della Chiesa - Tel. 055-87 18 119 - So abends, Mo, Di und 28. Dez. bis 10. Jan. geschl. - 28-44 €. Mit ihren gut 90 Jahren wacht Mamma Delfina über alles, alles stammt aus eigenem Anbau bzw. eigener Produktion (Gemüse, Eier, Geflügel), alles ist hausgemacht, und die *pappardelle* sind ein Traum; in der kühlen Jahreszeit ist *ribbolita* ein Muss. Eine Referenz-Adresse.

Chianti Fiorentino
San Casciano in Val di Pesa
• **Caffè del Popolano**, via Macchiavelli 34 - Tel. 055-822 84 05 - Mo und in den ersten beiden Januarwochen geschl. - 35 €. Das alte Café San Casciano wurde zum Glück aufgekauft. Raffaelo Migliori eröffnete in ihm ein kleines traditionelles, bodenständiges Restaurant. In den Wintermonaten unbedingt die *ribbolita* bestellen, denn zu der Jahreszeit wird der *cavalo nero* geerntet, die Hauptzutat dieses alten Rezeptes, das weiter mit Kräutern aus dem Garten gewürzt, mit Jungfernölivenöl (besonders wichtig) benetzt und mit *pepe* aus der Mühle gepfeffert wird; zudem: *tortellini di piccione* und *zuppa alla frantoiana*. • **Consorzio Compagnia Cinta Senese**, via Faltignano 7, Chiesa Nova di San Casciano - Tel. 055-824 23 60. Vertreibt die beste Wurstware des Chianti. Verkostung von *salumerie de cinta senese* (kastriertes Spanferkel, köstliches Fleisch); diese Tierart gibt es ausschließlich in dieser Gegend.

Cerbaia - S. Casciano
• **La Tenda Rossa**, piazza del Monumento - Tel. 055-826 132 - Weihnachten, August, So und Mo mittags geschl. - 57-83 €. Dieses kleine, berühmte Restaurant (3 Michelin*) ist ein Familienbetrieb: hervorragende, nur mit allerfrischesten Produkten zubereitete Gerichte. Reservieren.

Mercatale
• **La Biscondola** - Tel. 055-821 381 - Mo, Di mittags und November geschl. - 26 €.

Greve in Chianti
• **Antica Macelleria Falorni**, piazza Matteotti 69 - Tel. 055-85 30 29. Seit 1729 werden hier ausgesuchte regionale Produkte verkauft: Wurstwaren, *pecorini* (Schafskäse), Wein und Öl.

Passignano
• **La Bottega di Antinori**, via Passignano 33 - Tel. 055-807 12 78. Verkauf der besten Antinori-Produktion. Unter der Bezeichnung Tignanello und Solara gibt es hier den außergewöhnlichen Brunello di Montalcino Pian delle Vigne, Jahrgang 97 - Chianti Classico Riserva Badia in Passignano (Jahrgänge 97 und 98) - Vinsanto naturel - Olio Novizio surgelato, wird viertel- und halbliterweise tiefgefroren für den direkten Konsum verkauft. Neben der Bottega das Restaurant **L'Osteria**: auch hier sind die angebotenen Weine gut.

Panzano
• **Forno Badii**, via Giovanni da Verrazano 100 - Tel. 055-852 132 - Hier gibt es *sciocco*, das echte toskanische Brot.
• **Antica Macelleria Cecchini**, via XX Luglio 11 - Tel. 055-852 020 - Trotz seines TV-Erfolgs bietet Dario Cecchini nach wie vor seine Produkte an, die den Ruf seines Hauses begründet haben: Terrinen, *soppressata medicea, crema di lardo*, vor allem aber sein 8 cm dickes *bisttecca alla panzanese*. Sonntags, wenn Markt in Panzano ist, kann man die Podukte in einem Bodega-Ambiente probieren.

Chianti Senese
Volpaia
• **Fattoria Castello di Volpaia**, Volpaia - Tel.: 0577-738 066. Ein winziger, zu einem landwirtschaftlichen Betrieb *(azienda agricole)* umgestellter Ort. Produktion Chianti Classico: Riserva Coltassala (Jahrgang 98), aber auch Vinsanto (Jahrgang 93), Honig, Feigenkonfitüre, gewürztes Öl.

Radda in Chianti
• **Cantina Vignavecchia**, strucciolo di

Plazza 7 - Tel. 0577-738 090. 1876 gegründet. Ursprung der Bezeichnung Gallo Nero. Chianti, aber auch Canvalle 98 (Reben Sangiovese und Cabernet Sauvignon).

Coltibuono-Gaiole in Chianti

• **Badia**, in Coltibuono (5 km) - Tel. 0577-749 424 - Mo außer von Mai bis Okt. und 1. Jan. bis 1. März geschl. - 28-41 €. Diese 1049 gegründete Abtei, inzwischen eine *fattoria*, selbstverständlich noch heute von der Tradition der Benediktiner geprägt, waren sie doch Humanisten, aber auch große Feinschmecker. Eine besonders angenehme Etappe.
• **Tenuta di Coltibuono**, Tel. 0577-74 481. Zum Einkaufen des Sangioveto 97 und des Chardonnay Sella del Boscone 97. Unter den Essigsorten ist Balsamico Lorenzo Medici die berühmteste.

Gaiole in Chianti - Ama

• **Castello di Ama**: Chianti Classico Vigneto La Casuccia (97) und Merlot L'Apparita (Jahrgang 98). Außerdem ein bedeutendes Werk von Buren im Garten.

Castello di Brolio

Wenn Sie sich für alla cantina Ricasoli, einen reputierten Chianti Classico interessieren (Docg di Chianti Classico und Chardonnay Torricella Toscana, 2000), können Sie bei der Gelegenheit auch das Schloss besichtigen (10-12/15-18 Uhr). • **Castello di Brolio Restaurant** - Der Küchenchef, Seamus de Pentheny O'Kelly, hat seit einiger Zeit in der Region den besten Ruf. Der Rahmen, den die Gärten des Schlosses Brolio bieten, ist ein zusätzlicher Pluspunkt. Reservierung unumgänglich.

Castelnuovo Berardenga

• **La Bottega del 30**, Villa A Sesta, 5 km von Castelnuovo - Tel. 0577-35 92 26 - mittags (außer So und Feiertage), ferner Di und Mi geschl. - 44-52 €. Eine in der Region sehr gefragte Adresse (Hélène Camelia wurde mit 1 Michelin* belohnt); besser reservieren. • **Latteria Scali Valerio**, piazza Citernest 3. Eine exzellente Adresse zum Kaufen lokaler Produkte wie Käse, Konfitüren, Honig. • **Vecchia Osteria**, via della Certosa 13 (Località Ponte a Bozzone Castelnuovo Berardenga). Eine hervorragende traditionelle Adresse an der Chianti-Straße. Nicht mehr als neun Tische, deshalb: reservieren.

Siena

• **Cane e Gatto**, via Pagliaresi 6 - Tel. 0577-287545 - mittags reservieren - Zwei sehr gute Trattorien in einer kleinen Straße gegenüber der Pinakothek.
• **Guido**, Vic. Pettinaio 7 - Tel. 0577-28 00 42 - Mi, 10. bis 25. Jan. und 15. bis 30. Juli geschl. - Eine absolut authentische Küche. • **Nello La Taverna**, via del Porrione 28 - Tel. 0577-289 043 - So und

Jan. geschl. - 31-44 € - Ein von den Familien der Stadt aufgesuchtes Gasthaus. Gute Küche, gute toskanische Weine. • **Osteria Le Logge**, via del Porrione 33 - Tel. 0577-480 13 - an So und Feiertagen und 15. Nov. bis 5. Dez. geschl. - 36-52 € - In einem ehemaligen Lebensmittelgeschäft, recht edel. Reservieren, wenn Sie im angenehmsten Raum (Erdgeschoss) sitzen möchten.
• **Grotta Santa Caterina da Bogoga**, via della Galluzza 26 - Tel. 0577-282 208 - So abends, Mo, 1. bis 7. Febr. und 20. bis 30. Juli geschl. - 23-39 € - Küche und Atmosphäre rustikal. • **Antica Trattoria Botteganova**, stradale 408 Rtg. Montevarchi - Tel. 0577-284 230 - Mo und 10 Tage im Aug. geschl. - 39-47 € -

Sehr angenehm (1 Michelin*), Küche und Empfang könnten nicht besser sein, lohnt durchaus einen kleinen Umweg.

Monterriggioni,
15 km von Siena

• **Il Pozzo**, piazza Roma 2 - Tel. 304 127

- So abends, Mo, 10. Jan. bis 10. Febr. und 30. Juli bis 8. Aug. geschl. - 31-44 € - Gastronomische (regionale) Küche.

Abbadia Isola,
4 km von Monterrigioni

• **La Leggenda dei Frati** - Tel. 0577-30 12 22 - Mo geschl. - Jahreszeitenküche in hübschem, historischem Ambiente.

San Piero a Sieve,
21 km von Siena

• **Villa Ebe**, borgo San Lorenzo - Tel. 0551-845 7507 - Mo geschl. - 26 € - Allein das Dorf und die Umgebung lohnen einen Umweg, die frische Pasta der Signora Ebe aber machen diesen Ort unumgänglich!

Castellina in Chianti,
26 km von Siena

• **Albergaccio di Castellina**, via Fiorentina 63 - Tel. 0577-740 042 - So und von Di bis Fr mittags geschl. - 28-46 €
• **Gallo Papa** Wein- und Salamibar.

Colle Val d'Elsa,
25 km von Siena

• **Arnolfo**, piazza Santa Caterina 2 - Tel. 0577-920 549 - Di und Mi, vom 17. Januar bis 5. März und vom 29. Juli bis 13. August geschl. - 52-95 €. Eine gute Stoppadresse auf dem Weg nach San Gimignano und Volterra: Tradition und Innovation haben Gaetano Trovato zwei Michelin-Sterne eingebracht: *capretto* von den Bergkämmen um Siena, *filetto di agnello*, exzellente Desserts wie *cassata di ricotta*, das auf die sizilianische Herkunft des Küchenchefs zurückgeht. Auch der Sonnenuntergang hinter den Hügeln der Toskana von der Terrasse aus zählt zu den besonderen Augenblicken in diesem Haus. Reservieren. • **Antica Trattoria**, piazza Arnolfo 23 - Tel. 0577-923 747 - Di und 22. Dez. bis 10. Jan. geschl. - 36-62 € - Eine Institution. Kleine, aber exzellente Karte, toskanische Küche, wenige Gedecke. Reservieren.

Crete Senese,
40 km von Siena
Abtei von Monteoliveto Asciano

• **La Torre**, in den Gärten der Abtei - Di

geschl. - 15-26 € - Es ist sehr angenehm, in diesem Gasthaus auf die Öffnung der Abtei, die mittags schließt, zu warten; sobald das Wetter es erlaubt, stehen die Tische in der Laube: Sandwiche.

IN ASCIANO • **Osteria della Pievina**, stratale 438, Lauretana - Wenn Sie die einmalig schöne Straße von Asciano nach Siena benutzen, ist dies ein besonders schöner Ort zum Rasten. Ein Restaurant mit Ambiente, guter Küche und gutem Weinkeller.

Abtei Sant' Antimo Montalcino

• **La Cucina di Edgardo**, via Saloni, 33 - Tel. 0577-84 82 32 - Mi und Jan. geschl. - Regionale Küche, sehr rustikal.
• **Poggio Antico**, in Poggio Antico (4 km) - Tel. 0577-849 200 - Mo geschl. - 26-41 € - Zu Recht berühmt. Reservieren.
• **Taverna della Fattoria dei Barbi**, in Podernovi, 5 km von Montalcino - Tel. 0577-841 200 - Di abends, Mi, 7. bis 31. Jan. geschl. - 36 € - Nach der unumgänglichen Besichtigung der Abtei San Antimo raten wir Ihnen, hier all die guten Produkte der *fattoria* zu kosten.

Buonconvento

• **Osteria da Duccio**, via Soccini 76 - Do geschl. - Tel. 0577-807 042. Am Dorfplatz, *crostini, bistecca alla fiorentina* usw., die ganze Generosität der Tradition.

Val d'Orcia
Montefollonico

• **La Chiusa**, via Madonnina - Tel. 0577-669 668 - Di (außer von August bis September), 5. Januar bis 19. März und 5. November bis 5. Dezember

geschl. - 62-93 € - Köstliche Gerichte (1 Michelin*) in charmanter Umgebung. Im Sommer reservieren.

Montepulciano

• **Caffè Poliziano**, via di Voltaia nel Corso 27 - An der großen, das Dorf durchquerenden Straße. Das denkmalgeschützte *(locale storico d'Italia)* Poliziano (1868) hat heute wieder sein Dekor im Libertystil und die typische Atmosphäre eines alten Literatencafés:

die beste Adresse im historischen Zentrum wegen der Atmosphäre und seiner kleinen Terrasse mit Panoramablick auf Valdichiana. Unbedingt den Nobile, den Wein von Montepulciano probieren. • **La Grotta**, Tel. 0578-75 74 79 - Mi geschl. Edle Küche. Serviert auf der Terrasse mit Blick auf den Tempel von San Biagio am Fuß des Dorfes Montepulciano.

Pienza

• **La Buca delle Fate**, corso il Rossellino 38/a - Tel. 0578-748 272 - Mo, 7. bis 30. Jan. und 15. bis 30. Juni geschl. - 21-28 € - Echte toskanische Küche: rustikal und großzügig.

- **Latte di Luna**, via San Carlo 2/4 - Tel. 0578-74 86 06 - Berühmt wegen seiner Fleischgerichte und günstigen Preise.
- **Dal Falco**, piazza Dante Alighieri 7 - Tel. 0578-74 85 51 - Fr geschl. - 21-31 € - Spezialitäten des Hauses, familiäre Atmosphäre.
- **Il Prato**, piazza Dante Alighieri 25 - Tel. 0578-748 601 - Mi und 1. bis 20. Juli geschl. - Gastfreundlich und regional.
- **Il Rossellino**, piazza di Spagna 4 - Tel. 0578-74 90 64 - Do geschl. Franca und Enzo Mariani haben aus diesem kleinen Restaurant eine bemerkenswerte Adresse gemacht: *soufflé di verdure e fiori di zucca faciti,* Trüffel in der Saison und weitere lokale Produkte.

Montichiello
- **Taverna di Moranda**, via di Mezzo 17 - Tel. 0578-75 50 50 - Mo und 10. Jan. bis 10. Febr. geschl. - Ein guter Stopp in diesem hübschen, mittelalterlichen Dorf, das im Juli/August stark besucht wird wegen der Aufführungen des Teatro Populare, dessen Schauspieler die Bewohner des Dorfes sind.

Bagno Vignoni
- **Il Logiatto**, gegenüber der via Delle Sorgenti 36. Eine typische Cantina in den Kellern eines Klosters: gekostet werden hier Weine wie auch gute Produkte des Anwesens und der Region.
- **La Foiano della Chiana**, piazza del Moretto - Sowohl *spuntineria* als kleines Lebensmittelgeschäft, wo einem von 11 bis 19 Uhr köstliche Imbisse zubereitet werden, die man dann an Tischen auf dem Platz neben dem Garten genussvoll verzehren kann.

San Gimignano
- **Le Terrazze**, piazza della Cisterna - Tel. 0577-575 152 - Di, Mi mittags und 1. Jan. bis 10. Febr. geschl. - 26 € - Spezialitäten der Toskana, schöner Ausblick auf Val d'Elsa.
- **Dorando'**, vicolo dell'oro 2 - Mo außer von Ostern bis Okt. und 10. Jan. bis 28. Febr. geschl. - 34-52 € - In unmittelbarer Nähe des Doms, hervorragende Küche, elegante, intime Atmosphäre.
- **La Griglia**, Tel. 0577-940 005 - Do und 15. Dez. bis 1. März geschl. - Blick auf die Umgebung.
- **Bel Soggiorno**, via San Giovanni 91 - Tel. 0577-94 03 78 - 10. Jan. bis 28. Febr. geschl. - Traditionelle toskanische Küche, gute Weinkarte und Panorama-Speiseraum.

Arezzo, Valli Aretine und Casentino
Arezzo
Zwei gute Restaurants im historischen Zentrum für einen angenehmen Stopp zum Kosten guter bodenständiger Produkte der Region um Arezzo. Auf zeitgenössische Art isst man im
- **I Tre Bicchieri**, piazzetta Sopra I Ponti, 3 - Tel. 0575-26 557 - So geschl. Zwei Brüder, die in den besten Küchen der Region ihr Metier erlernt haben, bieten hier etwas ganz Neues an – kompromisslos und vorwiegend mit hiesigen Produk-

ten und Weinen. Seit bereits mehreren Generationen an Traditionellem festhaltend, die • **Trattoria II Saraceno**, via Mazzini 6, Tel. 0575-276 44 - 7. bis 25. Jan., 7. bis 28. Juli und Mi geschl. - 15-39 €. • **Antica Osteria l'Agania**, via Mazzini 10 - Tel. 0575-29 53 81 - Mo geschl. - 15-26 € - Gute Hausmacherkost in einfachem, sympathischem Rahmen. • **Al Principe**, in Giovi (7 km), Tel. 0575-362 046 - Mo und 20. Juli bis 20. Aug. geschl. - 26 € - Eine alte traditionelle Trattoria.

Foiano della chiana

• **L'Osteria Lodola**, via Piana, 19, Tel. 0575-649 660 - Di geschl. - von 19.30-24.00 Uhr. Nichts wie hin zu Paolos Osteria: gutes Abendessen mit dem genau richtigen Angebot an Weinen;

serviert wird ohne Schnickschnack auf sympathische Art im kleinen Lebensmittelgeschäft-Speiseraum oder am großen Gästetisch im Garten. Reservierung empfohlen.

Bibbiena (Casentino)

• **Il Bivio**, Bivio di Banzena - Tel. 0575-59 32 42 - Mo geschl. In den Wintermonaten ausschl. von Di bis Fr mittags geöffn. *Tortelli di patate* und *scottiglia* stehen auf der Karte dieses guten, traditionsverbundenen Restaurants. 25 €, keine Kreditkarten.

Pratovecchio (Casentino)

• **Gli Accaniti**, via Fiorentini 12 - Tel. 0575-58 33 45 - Di geschl. Düfte und Wohlgeschmack aus den umliegenden Wäldern mit einer Pilzsuppe *(zuppa di*

funghi) und *tortelli di patate*, der Spezialität des Casentino. 25 €. Eine der besten Adressen der Region.

Cortona

• **Osteria del Teatro**, via Maffei, 2 - Tel. 0575-630 556 - Mi geschl. Eine von Touristen und Einheimischen aufgesuchte Institution der Stadt. Mehrere Speiseräume, in denen in sympathischem Ambiente lokale Spezialitäten von den Kellnern tänzelnd serviert werden. Reservierung empfohlen. • **La Grotta**, Piazza Baldelli 3 - Tel. 0575-630 271 - Jan. und Di geschl. - 15-36 € - Gute, traditionelle Trattoria in einer kleinen Straße gleich am großen Platz von Cortona.

Prato

• **Enoteca Barni**, via Ferrucci 22 - Tel. 0574-60 78 45 - Aug., 2. bis 8. Jan., So und Sa mittags geschl. - 28-52 € - Seit das Paar Clinton/Blair sich an dieser Küche und diesem Keller delektierten, ist der Andrang groß. Mittags Selfservice. • **Il Piraña**, via Valentini 110 - Tel.

0574-25746 - Sa mittags, So und Aug. geschl. - 34 (mittags)-44 € - Elegant, moderne Einrichtung, gute Küche (1 Michelin*). • **Tonio**, piazza Mercatale 161 - Tel. 0574-21 266 - So, Mo, 23. Dez. bis 7. Jan. und Aug. geschl. - 28-44 € - Meeresspezialitäten.

Lucca

• **Buca di Sant' Antonio**, via della Cervia 1 - Tel. 0583-55 881 - So abends, Mo, 14. bis 29. Jan. und 1. bis 15. Juli geschl. - 26-36 € - Eröffnet wurde es im Jahr 1782; intimes, warmes Interieur, eines der besten Restaurants der Region, in dem schon viele Persönlichkeiten gespeist haben. • **Puccini**, corte S. Lorenzo 1 - Tel. 0583-31 61 16 - Di, Mi mittags, Jan., Febr. geschl. - 28-52 € - zubereiteten regionalen Gerichte sind besonders köstlich und authentisch. • **Locanda Buatino**, via Borgo Giannotti 34 - Tel. 0583-34 32 07 - So und 15. Juli bis 15. Aug. geschl. - 15 € - Wegen ihrer typischen, preiswerten Küche. • **Osteria Baralla**, via Amfiteatro - Tel. 0583-44 02 40 - 15 € und **Orti** di via Elisa 17 - Tel. 0583-49 12 41 - sind zwei weitere Adressen am Ort: beliebt und preisgünstig.

Fischspezialitäten. Reservieren. • **Antico Caffe' delle Mura**, piazzale Vittorio Emanuele 2 - Tel. 0583-47 962 - Di, 20 Tage im Januar und 10 Tage im August geschl. - 26 € - Ein altes Café, in dem großzügige regionale Gerichte serviert werden. • **Da Giulio in Pelleria**, via delle Conce 45 - Tel. 0583-55 948 - So (außer Mai und von Sept. bis Dez.), Mo geschl. - 21 € - Die von der Familie

CAFÉS UND BARS

• **Taddeucci**, piazza S. Michele. Hier gibt es den besten *buccellato*: Napfkuchen mit Anis, eine Spezialität von Lucca. • **Antica Caffè Di Simo**, via Fillungo 58 - Tel. 0583-49 62 34 - Literatencafé. • **Enoteca Marsili Constantino**, piazza S. Michele 38. Ein historischer Ort und bekannt für sein großes Angebot an Weinen, Likören

und Schnäpsen. Dazu gereicht werden *stuzzichini* (Amuses-bouche), Salate und Wurstwaren.

FAHRRÄDER

Diese Stadt erkundet man am besten per Fahrrad (eine 4 km lange Rundfahrt entlang der Stadtmauer, die die Stadt ganz umgibt). Fahrräder kann man leihen an der Piazza Santa Maria (Cicli Bizzari und Poli Bicycles) wie auch an der Piazzale Verdi (Casermetta San Donato).

Pugnano S. Giuliano Terme

• **Le Arcate**, Tel. 050-850 105 - Mo und im Aug. geschl. - Traditionelle Küche.

Küste von Versilia
Forte dei Marmi

• **Lorenzo**, via Carducci 61 - Tel. 0584-87 40 30 - Mo geschl. 50-80 €. Das bekannteste und begehrteste der Station und der Küste um Versilia. Der Fisch wie auch der *bollito di mare* sind grandios. Unbedingt reservieren. • **Bistrot**, viale Repubblica 14 - Tel. 0584-898 79. Wegen seiner (Spur) Kreativität. • **La Barca**, viale Italico 3 - Tel. 0584-893 23. Wegen seinem Fisch. - Maito, via Arenile 86 - Tel. 0584-88 10 20. Am Strand. • **Capannina**, die mythische Diskothek von Forte dei Marmi, die hier auf dem Strand seit 1929 existiert.

Pietrasanta

• **Enoteca Marcucci**, via Garibaldi 40 - Tel. 0584-79 19 62 - 40 €. Antipasti-Spezialitäten, dazu guter Wein. Warmes, informelles Ambiente.

Lido di Camaiore

• **Ariston Mare**, viale Cristoforo Colombo 660 - Tel. 0584-904 747 - Mo geschl. - 45 €. Der Blick auf den Strand lädt zum Probieren der Meeresprodukte ein: *linguini* mit Meeresfrüchten und *poutargue* zum Beispiel.

Viareggio

• **Grand Caffè Margherita**, lungomare Margherita 30 - Tel. 0584-962 553 - So und August geschl. - 26 € - Orientalisch inspirierte Architektur der Fassaden, Libertystil in den Salons. Das Café ist heute erneut prachtvoll, die Speisekarte des Restaurants klassisch, die Qualit sehr gut. • **Romano**, via Mazzini 122 - Tel. 0584-31 382 - Mo geschl. - Die traditionelle Adresse für Fisch des Ligurischen Meeres. Besonders empfehlenswert sind die *fritti di calamari*,

scampi und *sogliole*, aber auch *fiori di zucca* 50 €. • **L'Oca Bianca**, via Coppino 409 - Tel. 0584-38 84 77 - Außer Juli/August Di und Mi mittags geschl. - 39-57 €. Die Referenz-Adresse von Viareggio (1 Michelin*) wegen der Küche, die *mare* und *monti* kombiniert: Fisch und *agnolotti biologico* aus Garfagnana. • **Gusmano**, via Reggia 58-64 - Tel. 0584-312 33 - Di geschl. - 30-50 €. Meeresgerichte.

Pisa

• **Al Ristoro dei Vecchi Macelli**, Tel. 050-20 424 - 10. bis 20. August Mi und So mittags geschl. - 39-49 € - Regionale, sehr eigenwillige Küche. Besonders mochten wir die *colorita* (rote Bohnensuppe), den Fisch und den *zabaione gratinato*. • **Emilio**, via Roma 26 - Tel. 050-562 131 - Fr geschl. - 18 € - Eine gute Adresse fürs Mittagessen zwischen Arno und Turm: großes *antipasti*-Buffet. • **Da Bruno**, via Bianchi 12 - Tel. 050-560 818 - Mo abends, Di und 5. bis 18. August geschl. - 26-39 € - Traditionelle Küche in freundlichem Rahmen. • **Lo Schiacconoci**, via Vespucci 104 - Tel. 050-210 24 - So und Feiertage (außer von Juli bis September) geschl. - 21-36 € - Authentische Küche *trotz* der für Touristen übersetzten Karte. Gute Spezialitäten aus der Toskana, aber auch aus Ligurien, der Region, aus der der Restaurantbesitzer stammt: *bucatini all'amatriciana, ribollita, gamberi all'erba cittolina* usw.; nur ein paar Schritte vom Bahnhof.

Volterra

• **Sacco Fiorentino**, piazza 20 Settembre 178 - Tel. 0588-88 537 - Mi, 10. Jan. bis 25. Febr. geschl. - 18-34 € - Ein junges, sympathisches Duo, Renzo Vanni und Irina del Sacco, führen dieses gute alte Haus in Volterra. • **Trattoria del Etruria**, piazza dei Priori 8 - Tel. 0588-86 064 - Do und Nov. geschl. - 26-31 € - Das Restaurant befindet sich in einem ehemaligen Palast am herrlichen Volterra-Platz.

Livorno

• **La Barcarola**, viale Carducci 63 - Tel. 0586-402 367 - So und Aug. geschl. - 26-31 € - Ein Palast aus dem frühen 19. Jh., beste Spezialitäten Livornos: die Fischsuppe *caciucco* und Barsch nach lokaler Art.
• **Gennarrino**, via Santa Fortunata 11 - Tel. 0586-888 093 - Mi und Febr. geschl. - 26 € - Ein gutes, klassisches Rest., reservieren.
• **Il Fanale**, Scali Novi Lena 15 - Tel. 0586-881 346 - Di geschl. - 25 € - Reservieren.

Grosseto

• **La Locanda**, via Vinzaglio 11 - Tel. 056-42 22 39 - So geschl. - 15-26 € - Typisch, authentisch und gepflegt.
• **Lorena**, viale Mameli 23 - Tel. 0564-226 95 - Mo und 3 Wochen im Jan. geschl. - 31 € - Dank ihrer 20-jährigen Erfahrung in *La Buca di San Francesco* bieten Lorena und Luciano Momini auf ihrer neuen Karte Gerichte an, die die Traditionen der Maremma respektieren: *tagliata alla chiantina, finocchiona, cinghiale*, aber auch Kreativeres wie *flan di patate e ricotta con fecatini al vinsanto, sformato di cardi con fonduta alla valdostana*.

Maremmen und etruskische Toskana

Massa Marittima

• **Taverna del Vecchio Borgo**, via Parenti 10 - Tel. 0566-90 39 50 - Mo, So abends im Winter, Febr. und März geschl. - Holzfeuergegrilltes Fleisch, guter Weinkeller. 35-40 €.
• **Il Gatto e la Volpe**, vicolo Ciambellano 12 - Tel. 0566-90 35 75 - Mo und

Nov. geschl. - Eine kleine, authentische Adresse im historischen Zentrum. 30-40 €.

Roccastrada

- **Grotta dell'orso**, via IV Novembre 31 - Tel. 0564-56 41 83. Gute Hausmannskost. 20-25 €. • **La Bandinella**, in Montelattaia - Tel. 0564-57 70 34 - Kleine Dorftrattoria, besonders im Sommer wegen ihrer Weinlaube geschätzt.

Castiglione della Pescaia,
23 km von Grosseto

- **Pierbacco**, corso della Libertà 23/24 - Tel. 0564-93 35 22 - Mi (im Winter) und den ganzen Jan. geschl. - 30-35 €. Alle Fischarten. • **Osteria nel buco**, via del Recinto - Tel. 0564-94 44 60 - Mo und 15. Nov. bis 15. Dez. geschl. - 25-35 €. Informell, sehr freundlich, typisch und musikalisch.

Ortebello

- **Circolo Arci I Pescatori**, via Leopardi 9 - Tel. 0564-86 73 71. Fangfrischer Fisch. Einfach und gesellig. 20-35 €.

Manciano

- **Da Paolino**, via Marsala 41 - Tel. 0564-62 93 88 - Mo geschl. - Lokale Tradition und Wild (Wildschwein) in der Saison. 20-35 €.

Saturnia

- **I Due Cippi-da Michele**, piazza Veneto 26 - Tel. 0564-60 10 74 - 10. bis 24. Jan., Di außer im Sommer geschl. - 26-41 € - Gute toskanische und französische Gerichte, Terrasse im Sommer.

Pitigliano

- **Il tuffo allegro**, vicolo della Constituzione 1 - Tel. 0564-61 61 92 - Di im Winter, Mi mittags, Jan., Febr. und Juli geschl. - Troglodyten-Gastraum zum Kosten lokaler Spezialitäten in diesem unglaublichen Dorf, das unbedingt aufgesucht werden sollte.

Isola d'Elba

Poggio

- **Publius**, piazza XX Settembre 6 - Tel. 0565-99 208 - Mo außerh. der Saison, Nov. bis März geschl. - 29-46 € - Das berühmteste Restaurant der Insel, schöner Blick aufs Meer. • **Luigi**, Lavacchio - Tel. 0565-99 413 - Mo mittags und in der Nebensaison Di geschl. - Ein ehemaliges Bauernhaus im Wald, bodenständige Küche und Produkte. Spezialitäten: *ravioli alla bietola e ricotta* und gegrilltes Fleisch. 35 €.

Marciana Marina

- **Capo Nord**, la Fenicia - Tel. 0565-99 69 83 - Januar bis März geschl., ferner mittags von Juni bis September und Mo außer im Sommer. Gastronomische Fischgerichte: *spaghetti ai crostacei, sanpietro, dentici* ... Reservierung empfehlenswert, vor allem, wenn man am Tisch Nr. 5 sitzen möchte. • **Rendezvous da Marcello**, in Marciana Marina, piazza della Vittoria 1 - Tel. 0565-99 251 - Mi außerh. der Saison und November bis Februar geschl. - 26-44 €.

La Pila

- **Osteria del Chirlo Grigio**, campo nell'Elba - Tel. 0565-97 75 14 - außer im Sommer Mo geschl. - Die Eigentümer aus Varese haben sich in diesem kleinen Lokal niedergelassen, um ihr besonderes Interesse an der lokalen Küche mit anderen zu teilen. Gekocht wird hier nach alten Rezepten: *matufoli al sugo di coniglio, lo stocafisso in umido*, und zum Nachtisch gibt's die hausgemachten *cantucci* mit Aleatico. 35 €.

Rio nell'Erba

- **La Bruschetta**, Padreterno - Tel. 0565-94 33 67 - Di außer im Sommer geschl. - Ideal für ein Mittagessen nach dem Besuch der Hermitage Santa Caterina. Wie der Patron sagt, ist die Küche erdverbunden, weil die Inselbewohner eher Bauern denn Fischer waren: *papardelle alla lepre, cinghiale.*

Capolivari

- **Chiasso**, via Nazario Sauro - Tel. 0565-96 87 09 - Di außer im Sommer geschl. - Ein exzellentes Fischrestaurant: *minestra di polipo, totani al pomodoro ...*

TRENTINO SÜDTIROL

Trient

- **Chiesa**, via San Marco, 64 - Tel. 0461-238 766 - So und 10. bis 25. Aug. geschl. - 31-47 € - Die Spezialitäten sind den Jahreszeiten angepasst: In der Zeit der Apfelernte werden z. B. alle Gerichte mit Äpfeln zubereitet - Im Frühjahr viel frisches Gemüse, im Sommer Fischgerichte (mit Fischen aus dem See); raffiniert, elegant.
- **Antica Trattoria Due Mori**, via San Marco, 11 - Tel. 0461-98 42 51 - Mo geschl. - 21-31 € - Ein besonders gutes Haus, das die italienische Küche (Spezialität: Risotto, auf tausenderlei Arten zubereitet) mit lokalen Spezialitäten verbindet, z. B. von Früchten begleitete exzellente Tagliatelle mit Heidelbeeren sowie Wild in der Saison.
- **Hostaria del Buon Consiglio**, via Suffragio 23 - Tel. 0461-986 619 - außer So nur abends geöffn. - 26 € - Rustikal und freundlich.
- **Birreria Forst**, via Oss Mazzurana 38 - Tel. 0461-235 590 - Mo geschl. - 16 € - Eine gute Adresse fürs Mittagessen, das man an der Bar oder im hinteren Raum einnimmt.
- **Le Bollicine**, via dei Ventuno 1 - Tel. 0461-983 161 - So und Aug. geschl. - 16-26 € - An der Straße des Schlosses Buon Consiglio, Rest. und Kneipe.

IN CIVEZZANO, 6 km von Trento. • **Maso Cantanghel**, via Madonnina 33 - Tel. 0461-858 714 - So, Ostern und Aug. geschl. - 31 € - Ein schönes, altes und gut restauriertes Bauernhaus etwas außerhalb der Stadt. Küche und Service gepflegt.

CAFÉ
- **Caffe' Campregher**, via Mazzini - Köstliche Cocktails mit viel *spumante*, dem Schaumwein dieser Gegend.

Calavino, 19 km von Trient

- **Castel Toblino**, Tel. 0461-44 036 - Am Gardasee wurde in wundervoller Berg-

und Seenlandschaft ein Raum dieses romantischen Schlosses als Restaurant eingerichtet. Garantiert charmant.

Riva del Garda, 28 km von Trient

- **Vecchia Riva**, via Bastione 3 - Tel. 0464-555 061 - Außerh. der Saison Di und Mi abends geschl. - 31 € - Restaurant edel, Service gepflegt. • **Bastione**, via Bastione 19/a - Tel. 0464-552 652 - Mi und 4. Nov. bis 11. Dez. geschl. - 21 € - Typische Trientiner Küche, sehr angenehme Atmosphäre, reservieren.

Madonna di Campiglio Val Rendena

Pozze

- **Prima o Poi**, Pozze 8 - Tel. 0465-57 175 - Mi und Juni geschl. - Einige Kilometer vom Zentrum entfernt, an der Straße nach Pinzolo. Zögern Sie nicht, dieses kleine Holzhaus zu betreten. Die Familie Recagni wird Sie freundlich empfangen und großzügig mit Berggerichten bewirten.

Ritorto

• **Malga Ritort**, Tel. 0465-44 24 70 - Mai geschl. Ein Marsch über die Hänge des Monte Ritorto (im Winter per Schneeteller) wird Sie zu dieser Hütte führen, in der die Küche schmackhaft und das Ambiente sympathisch ist und dessen Terrasse bei Sonnenuntergang einen Postkartenblick über Gruppo della Brenta zeigt. Schneemotorräder können auf Wunsch gemietet werden. 20 € mit Getränken.

Val Genova: Carisolo

• **Cascata di Nardis**, via Val Genova 1 - Tel. 0465-50 14 54 - Bei guten Wetterbedingungen im Dez. geöffn. Eine weitere Exkursion, die Sie zu einem „Meisterwerk der Natur" führt. Wundervoller Speiseraum voller Raffinement und eine Küche, die eigentlich das Adjektiv gastronomisch verdient.

Pradalago

• **Rifugio Malghette**, Pradalgo - Tel. 0465-41 144 - 20. Sept. bis Weihn. und Mai bis 10. Juni geschl. - 21-26 € - Ein freundlich-sympathisches Chalet im Naturpark dell'Andamello-Brenta. Die schönste Zeit ist Anfang Juli, wenn die Rhododendren blühen. Das Risotto mit Pilzen und Preiselbeeren und die selbstgemachte Pasta sind eine wahre Freude.

Mortasio/Spiazzo

• **Mezzosoldo**, via Nazionale 198 - Tel. 0465-80 10 67 - Do geschl. - In ihrem Haus voller Antiquitäten empfangen Eleora Collini und Rino Lorenzi ihre Gäste zu einem Gaumenkitzel hoher Qualität; die hier verwandten bodenständigen Produkte werden mit Kräutern gewürzt, die aus dem Naturpark Adamello Brenta stammen. 35 €.

LOKALE SPEZIALITÄTEN

• **Dispensa Antonio Caola**, via Maturi 1, Pinzolo. Die hiesigen Spezialitäten sind Fleisch- und Wurstwaren wie auch eine mit Wacholder gewürzte Mortadella-Kreation. • **Distillerie Boroni**, Borzago 13/A in Spiazzo Rendena. Grappa, Enzianschnaps und Kräuterlikör nach alter Art hergestellt.

Bozen

• **Da Abramo**, piazza Gries 16 - Tel. 0471-280 141 - So, 1. bis 7. Jan. und 1. bis 20. Aug. geschl. - 23-49 € - Ein elegantes Fischrestaurant. • **Hopfen**, piazza Erbe 17 - Tel. 0471-300 788 - So im Sommer geschl. - 20 €. Drei Etagen zum Probieren des hauseigenen Bieres, dazu lokale Fleisch- und Wurstwaren oder regionale Spezialitäten in der *stube* oder Verkostung Südtiroler Weine in der *cantina*. • **Vögele**, via Goethe 3 - Tel. 0471-973 938 - 15. bis 30. Juli, Sa abends, So geschl. - 21-41 €. Ambiente und Küche regionaltypisch. • **Castel Mareccio**, via Claudia de Medici 12 - Tel. 0471-979 439 - Dieses von Wein umgebene Schloss ist auf rustikale Art elegant. • **Gurhof**, via Rafenstein 17 - Tel. 0471-97 50 12 - Mi geschl. - 26 € - Hierher kommt man wegen des ländlichen Rahmens vor den Toren von Bolzano, vor allem aber wegen der Gerichte von Leonhard Herbst, dem es gelingt, leichte Versionen der doch recht rustikalen regionalen Küche anzubieten: *zuppa di trippa, maiale affumicato* Ein Muss: der Strudel.

CAFÉS

• **Caffè Streitberger**, via Museo 15. Wiener Ambiente für heiße Schokolade, Cappucino und hiesiges Gebäck.

• **Konditorei Monika**, via Goethe 13. Eine Konditorei, in der Sie sich an *strudel di mele*, Linz- und Sachertorte laben können.

LOKALE SPEZIALITÄTEN

- **Antica Salumeria Salsamenteria Giuiliano Masé**, via Goethe 15 - Hausgemachter Tiroler Speck, *salumi di selvaggina* und andere Spezialitäten.
- **Vinotèque**, viale Druso 122. Pinot noir, regionale sowie italienische und österreichische Lagen.

Altopiano dello Scilliar

Fie allo Scilliar

- **Agriturismo Gmoanerhof**, Planer Josef, Maso Germner, Aica di Sotto - Tel. 0471-60 12 52 - Dez. bis März sowie Juli und Aug. geschl. - In der alten *stube* eine traditionelle Küche, in der reichlich Gemüse und Früchte aus eigenem Anbau verwendet werden. Besonders bekannt ist das traditionelle Törggelen-Fest, bei dem Heuriger und Esskastanien einen Sonderplatz einnehmen.

Castelrotto

- **Tschötschernhof**, S. Osvaldo 19. Ein Hotel mit Restaurant, in dem nicht nur die Hausgäste beköstigt werden. • **Silbernagl**, im Zentrum, traditionelle Produkte und Verkostungen in der Weinbar.

Merano

- **Sissi**, via Galilei 44, Tel. 0473-123 10 62 - Mo, 8. bis 22. Jan. und 1. bis 15. Juli geschl. - 34-47 € - Gute lokale Küche, nur wenige Gedecke, reservieren. • **Flora**, via Portici 75 - Tel. 0473-231 484 - So, Mo mittags und 15. Jan. bis 28. Febr. geschl. - 31-47 € - Tiroler und italienische Küche. Edel.

LOKALE SPEZIALITÄTEN

- **Casa del Miele Schenk**, via casa di Risparmio 25 - Selbstverständlich Honig, ausgezeichnetes Gelee, aber auch eine große Auswahl handwerklich hergestellter Kerzen.

Santa Gertrude Val D'ultimo,

28 km von Meran

- **Genziana**, via Fontana Bianca 116 - Tel. 0473-79 133 - Fr und 1. Nov. bis 26. Dez. geschl. - 26 € - Eines der besten und gewiss auch am höchsten gelegenen Restaurants (2000 m). Tiroler und Trentiner Küche: *polenta, porcini*, aber auch Linzer- und Sachertorte sowie Strudel.

Bressanone und Val Isarco

Bressanone

- **Fink**, Portici Minoni 4 - Tel. 0472-83 48 83 - Di abends (außer Juli-Aug.), Mi, 1. bis 14. Febr. und 1. bis 14. Juli geschl. - 23-36 € - Typische Bergküche in einem

früheren, unter den mittelalterlichen Arkaden des im Zentrum von Bressanone gelegenen Palastes. • **Oste Scuro**, vicolo Duomo 3 - Tel. 0472-83 53 43 - So abends, Mo und 10. Jan. bis 5. Febr. geschl. - 26 € - Im Speiseraum Barockdekor und im Sommer eine schöne Terrasse - Südtiroler Küche.

Villabassa

- **Friedlerhof**, via Hans Wassermann 14 - Tel. 0474-745 003 - Di und 6. bis 27. Jan. geschl. - 26-36 € - 23 km von Brunico entfernt, ein angenehmes Restaurant im Tiroler Stil: die Gerichte wie auch die Ausstattung betreffend.

Ortisei

- **Ramoser**, via Purger 8 - Tel. 0471-796 460 - Do geschl. - 26 € - Die Atmosphäre ist sehr behaglich und die Speisen sind echt und typisch. Eine der guten Adressen des Val Gardena.
- **Janon**, via Rezia 6 - Tel. 0471-796 412 - Di und Nov. geschl. - 21 € - Typische Tiroler Küche, guter Nachtisch.

Val Badia
Corvara, La Villa, S. Cassiano

Val Badia ist ein etwa 30 Kilometer langes Tal (von Castelbadia bis Corvara in Badia) mit folgenden Sportmöglichkeiten: Abfahrtsski, Langlaufski, Trekking per Schneeteller. Dieses kleine Tal ist berühmt für seine kreative, besternte Gastronomie in einigen Grandhotels, für die regionalen Gerichte in den *masi*, in denen noch heute die Landwirte wohnen, aber auch in den Restaurants mit Höhenlage.

GASTRONOMISCHE RESTAURANTS

- **La Stua di Michil**, Hotel La Perla, Corvara in Badia - Tel. 0471-831 000. Abends geöffn. Mo geschl. 75 €. Wunderschöner Speiseraum *(stube)* aus dem 17. Jahrhundert und weiß behandschuhter Service zum Auftragen einer exzellenten „Autorenküche".
- **La Siriola**, Hotel Ciasa Salares, S. Cassiano - Tel. 0471-849 445. Abends geöffn., Mo geschl. 75 €. Wunderbares Ambiente und eine unglaubliche Weinkarte.
- **St. Hubertus**, Hotel Rosa Alpina, S. Cassiano - Tel. 0471-849 500 - Di und Mi mittags geschl. - Küche wundervoll und kreativ, ebenso die Präsentation. Probiermenü 64 €.
- **Castel Colz**, via Marin 80, **La Villa** - Tel. 041- 847 511 - Di geschl. - Raffinierte ladinische Küche in einem hübschen, besonders gut restaurierten Schloss des 16. Jahrhunderts. 62 €.

LADINISCHE KÜCHE IM BAUERNHOF

- **Sotciastel** Sotciastel 5, San Leonardo - Tel. 0338-764 188. 12 €. Erika erteilt Kochkurse in ihrem Bauernhaus; wer ihre Spezialitäten probieren möchte, muss reservieren.
- **Maso Runch**, Pedraces 196 - Tel. 0471-839 796. Agriturismo-Ambiente am Gästetisch mit einem um 19.30 Uhr servierten Menü. 18 €.
- **Lech da Sompunt**, Pedraces 36 - Tel. 0471-847 015. Ein Gasthaus nahe des Sees von Pedraces. Kalorienreiche Bergküche mit Speck, *zigher, panicia*, Gulasch, *buchtles* und *canifli da vin* als Dessert. 25 €.

HOCH GELEGENE
HÜTTEN-RESTAURANTS

- **Moritzino** (2077 m), Zugang über die Drahtseilbahn von Piz la Ila ab La Villa. Moritz Craffonara bringt seinem Chef täglich den frischen Fisch hoch, der aus Choggia kommt; Letzterer bereitet ihn dann in seinen *spaghetti all'astice, bavette allo scoglio, rombo al forno* und *coda di rospo ai pomodori* zu.
- **Ütia Punta Trieste** (2028 m), Zugang per Sessellift von Pralongiá südlich von Corvara. Bekannt für seine *spaghettate* und unglaubliche Weinkarte.
- **Rifugio Scotoni**, Zugang über die Drahtseilbahn bis Passo Falzarego, dann per Ski über die nach Armentarola hinabführende Piste. Köstlicher, vom Chef des Hauses, Erwin Agreiter, gegrilltes Fleisch, aber auch Polenta und leckerer Strudel.
- **Ospicio Santa Croce**, La Crusc 1, Zugang über die Anhöhen von Pedraces am Fuß von Sass d'la Crusc nahe der Kirche Santa Croce (1484) in 2043 Meter Höhe. Das Ospicio wird seit

1889 von der Familie Isnara geführt. Heute ist Erwin Irsara „Küster" (d.h. mit der Pflege der Kirche betraut) und Koch. Seine Spezialitäten: *minestre con wurstel* und Kaiserschmarren, den man mit Heidelbeerkonfitüre bestrichen isst. 20 €.

VENETO

Venedig
in der Nähe der Markuskirche

RESTAURANTS

• **Harry's Bar**, calle Vallaresco 1323 - Tel. 041-528 5777 - Mo und 4. Jan. bis 15. Febr. geschl. - 78-109 € - *Bellini, carpaccio* und *risotto* sind die Spezialitäten dieses in aller Welt berühmten Hauses. Sehr touristisch. • **Al Bacaro**, san Marco 1345 - Tel. 041-296 0687. Hinter der Mondadori-Buchhandlung etwas verborgen in der Geschäftsstraße hinter dem Museum Correr gelegen. Gemäßigte Modernität, den ganzen Tag über bis spät abends geöffn.: Spuntino, Aperitivo, Abendessen oder after theater, eher gastronomisch (60 €). • **Centrale**, piscina Frezzeria 1659-b (100 m von der Fenice) - Tel. 041-296 06 6435. Ab 18.30 Uhr geöffn. Lounge-, Glamour- und VIP-Ambiente (40-70 €). • **Acqua Pazza**, campo Sant'Angelo - Tel. 041-277 06 88 - Mo geschl. - Antonio kocht hier sizilianisch: Pizza mit frischen Tomaten, *mozarella di bufala* und andere pikante Fischgerichte. Im Sommer wird am Campo serviert, einem der angenehmsten Orte San Marcos. • **Vini da Arturo**, calle degli Assassini 3656 - Tel. 041-528 69 74. Sieben im Sturm genommene Tische, was bedeutet, dass unbedingt reserviert werden muss, wenn man in den Genus der exzellenten Fleischgerichte (mit grünem Pfeffer, Strogonoff oder Voronoff) oder *braciola alla venexiana* des Hauses kommen will. Ernestos hochnäsiger Empfang kann irritieren. Auch seine Preise (70 €).

BACARI

• **Vino Vino**, ponte delle Veste 2007/a - Di geschl. - Nur ein paar Schritte vom

Theater La Fenice. *Bacaro*, in dem die Gondolieri pausieren. Gute Auswahl italienischer Weine, die man mit einem an der Theke bestellten Tagesgericht trinkt. Ideal für mittags. Klimatisiert. • **Enoteco Volto**, calle Cavalli 4081, San Marco - Tel. 041-522 89 45 - Weinbar. Köstliche kleine Sandwiche, Antipasti mit einem *Ombre*, aber auch gute Brunello, Barolo, Barbaresco - Zahlreiche Biersorten. • **Al Bacareto**, calle de le Boteghe.

Nahe Palazzo Grazzi eine historische Adresse. Stammgäste gönnen sich hier ein Gläschen Weißwein des Veneto oder Friaul, wozu *cicchetti*, frittierte Sardinen oder ein venezianisches, gehaltvolleres Gericht gereicht werden. Lebendig, schmackhaft. • **Vitae** ist nicht weit von Bacareto entfernt, Salizada San Luca 4118. Von morgens 9 bis 1.30 Uhr ununterbrochen geöffnet, serviert wird nonstop. Aperitifs, Cocktails, *crostini*, *tramezzini* und ein gutes Tagesgericht, dazu ein exzellenter Prosecco.

CAFÉS

• **Florian**, piazza San Marco 56 - Mi geschl. - Besteht seit 1720, berühmt sind die prachtvollen Innenräume und die große schattige Terrasse am Markusplatz. Um 5 Uhr nachmittags: Schokolade; zum Aperitif: im Sommer den *Bellini* (Spumante mit frischem Pfirsichsaft) und im Winter den Tintoretto (Spumante mit frischem Apfelsaft). Und Grappa nach dem Abendessen. • **Quadri**, piazza San Marco. Gegenüber, an der Sonnenseite - Elegant. • **Caffe' Lavena**, piazza San Marco 134. Trotz seines hohen Alters (200 Jahre) lässt es sich von seinen illustren Nachbarn nicht unterkriegen.

in der Nähe von Accademia, Dorsoduro

RESTAURANTS

• **Fiore**, calle delle Botteghe 3461 (V. Accademia, piazza S. Stefano) - Tel. 041-523 53 10 - Di geschl. - Eine Bar mit kleiner Theke zur Straße hin vor dem Restaurant (nicht zu verwechseln mit dem gastronomischen *Da Fiore*), das für sein umfangreiches Antipasti-Buffet bekannt ist. • **Hostaria Mosaniallo**, campo Santo Stefano. Die dynamische Chefin stammt aus Neapel, weshalb es angebracht ist, ohne lange zu überlegen ein Fischgericht zu wählen. Hübsches Geschirr, hübscher Tisch, im Sommer wird auf der Terrasse serviert. Von Raffinement geprägte Gastfreundschaft. • **Cantinone Storico**, San Vio 661 - Tel. 041-52 39 577 - Aug. geschl. - Ein hervorragendes Fischrestaurant; im Sommer sitzt man direkt am Kanal, und der Empfang vom Patron, Alessandro, könnte herzlich-italienischer nicht sein. • **Locanda Montin**, fondamenta di Borgo 1147 - Tel. 041-522 71 51 - Di abends und Mi geschl. - 16 € - Traditionelle Gerichte. Das Restaurant ist zwar berühmt, aber die Küche ist mittelmäßig. In der Laube des großen Hofs fühlt man sich allerdings sehr wohl.

• **La Riviera**, Zattere 1473 - Tel. 41-522 76 21 - Aug. geschl. - Diskreter Eingang an den Zattere, im Sommer Terrasse am Kanal mit Blick auf die Stuky-Müh-

len; Spezialität: Fischgerichte. • **La Bitta**, calle lunga San Barnaba, Dorsoduro 2754a (V. Ca' Rezzo-nico) - Tel. 041-52 30 531 - So und Mo geschl. - Eine kleine Osteria, in der es ein paar Fleisch- und Gemüsegerichte gibt, eine Auswahl origineller kleiner Weine, die man auch an der Theke mit *cichetto* serviert bekommt. • **Osteria Quatro Feri**, calle lunga San Barnaba, 2754 (Ca' Rezzonico) - Tel. 041-520 69 78 - So geschl. - 25 €. Nahe Campo San

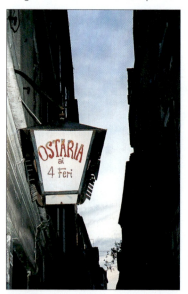

Barnaba ein sympathisches Haus, geführt von jungen Leuten: Barbara und Betty kümmern sich um den Service, Davide hat die Jahreszeitenküche im Griff. Venezianische Bobo-Kundschaft.

Keine Kreditkarten. • **Casin del Nobili**, sottoportego del Casin dei Nobili, 2765 (V. Ca' Rezzonico) - Tel. 041-241 18 41. Hierher begibt man sich wegen der köstlichen Pizzas (auch wenn der Rest ebenfalls gut ist), die allerdings nur am Wochenende oder wochentags abends serviert werden. Man sitzt entweder im hübschen Gastraum oder im Innenhof. • **Ai vini Padovani**, calle Idel Cerchieri, 1280 (V. Ca' Rezzonico) - Tel. 041-523 63 70 - Sa und So geschl. - Ein alter Stadtteil-Bacaro (hinter Calle della Toletta) mit populärem Ambiente und familiärer Küche. Gehen Sie hin, wenn Sie zur Mittagessenszeit in der Gegend sind.

CAFÉS UND BARS

• **Cantinone Già Schiavi**, San Trovaso 992 - Die Universität und Akademie, beide in unmittelbarer Nähe, machen

die *Cantinone* zur bevorzugten Adresse der Akademiker, die hier meist ein *panini* mit einem *spritz al bitter* bestellen. Verkauf.

• **Caffe' Paolin**, campo San Stefano, 2692 San Marco. Große Sonnenterrasse am Campo, auf der man sich entweder ein gutes Eis oder zur Aperitifzeit einen *spritz* (Prosecco mit Bitter) servieren lässt.

• **Avogaria**, calle de l'Avogaria (V. San Basilio) - Tel. 041-296 0491 - Di geschl. Kreative Jahreszeiten- und apulische Küche in eher schicker Innen-„Architektur" (60 €).

- **Bar Gelateria Causin**, campo Santa Margherita; sehr leckeres, traditionell hergestelltes Eis.
- **L'incontro**, campo Santa Margherita - Tel. 041-522 24 04 - Mo geschl. - Abso-

lut sympathisches Ambiente an diesem Platz, wo sich im Sommer in den offenen Cafés die Jugend Venedigs trifft; wird kaum von Touristen aufgesucht.
- **Pasticceria Rosa Salva**, campo San Giovani e Paolo, campo San Luca ...

- **Pane, Vino e San Daniele**, campo del Anzolo Raffaele (V. San Basilio) - Mi geschl. Endlich einmal allein auf einem hübschen Platz für einen Friaul-Salami-Imbiss mit gutem Wein, aber auch *gnocchi di pane e san Daniele* und Tagesmenü (15-40 €). Rustikaler Raum für weniger milde Tage.

San Polo (westl. von Rialto)
RESTAURANTS
- **Al Bancogiro**, campo San Giacometto 122 (V. Rialto) - Tel. 041-523 20 61 - So abends und Mo geschl. - Zwischen dem Fisch- und Gemüsemarkt, der Kirche S. Giacometto und Canal Grande. Salate und Fisch-Carpaccio, Gemüsegerichte, dazu ein täglich wechselnder guter kleiner Wein.
- **Osteria da Fiore**, calle del Scaleter 202/a - Tel. 041-72 13 08 - So, Mo, von Weihnachten bis 15. Jan. und Aug. geschl. - Der hier servierte Fisch ist sehr begehrt, reservieren, da die beste Osteria am Ort (1 Michelin*). • **Da Ignazio**, calle del Saoneri - Tel. 041-523 48 52 - Sa geschl. - 31-41 € - Nahe des Goldoni-Hauses. Sehr freundlicher

Innenraum, berühmt für seine *baccalà mantecado, spaghetti con capporossoi* und seine Fischgerichte.
BACARI
- **Do Mori**, calle dei Do Mori, in der Nähe der Rialto-Brücke. Wenn man in dieser Gegend ist, *muss* man hier einkehren, nur: mittags geschlossen. • **Do**

Spade, calle Le do Spade, die Verlängerung der Straße do Mori - Hier wird an der Theke serviert. • **Vini da Pinto**, campo della Pescaria, die Lieblingsbar der Fischer vom Markt, die sich hier an der Theke „aufwärmen", indem sie ein Glas Weißwein trinken und dazu einige *crostini* essen; Fisch- und Langustinenplatte. Im Sommer mittags eine angenehme Terrasse. • **Sacro e Profano**, S. Polo 502 - Tel. 041-520 19 31 - Fünf Tische, ein paar gute Gerichte, um den Wein zu „begleiten". Einen Krug Wasser brauchen Sie aus dem Grund nicht zu verlangen, weil es einen solchen ganz einfach nicht gibt! • **Alla Botte**, nahe der Rialtobrücke und des campo San Bartolomeo: eine echte italienische Bar, in der einem die gewünschte Anzahl von Mortadellascheiben geschnitten werden und wo der Wein glasweise ausgeschenkt wird. Ideal für die Mittagspause.

Cannaregio (Ca' d'Oro, Ghetto)

• **Fiaschetteria Toscana**, S. Giovanni Crisostomo 5719 - Tel. 041-528 52 81 - Mo mittags, Di und 11. Juli bis 8. Aug. geschl. - 36-52 € - Fisch-Spezialitäten: Seebarsch, Risotto. • **Osteria Al Milion**,

S. Giovanni Crisostomo 5841 - Mi geschl. - Eines der ältesten *bacaro* von Venedig; die Legende besagt, Marco Polo habe hier gewohnt. Das erklärt seinen Namen, der der Titel jener Abenteuergeschichten ist, die Marco Polo im Jahr 1298 Rusticicello di Pisa im Gefängnis von Genua diktierte. Soave, Prosecco, Fragolino oder Schiopetino sind hier die Weißweine; die Rotweine Valpolicella oder Bardolino passen besonders gut zu den *molecche* (weiche Krabben) oder *cichetti*. Terrasse im Sommer. • **La Colombina**, Canareggio 1828 - Tel. 041-275 06 22 - Di geschl. - Der toskanische Patron bietet eine Auswahl Florentiner Spezialitäten an, außerdem Fisch- und Gemüsegerichte. Kleine Terrasse im Sommer am Campiello. Bis 2 Uhr morgens geöffn. Ganz und gar außergewöhnlich für Venedig. 25-35 €. • **Paradiso Perduto**, fondamenta della Misericordia 2540 - Tel. 0417-20581 - Di und Mi geschl. - Nahe des wunderbaren sakralen Komplexes Misericordia des 10. Jh., wo im 14. Jh. die Bruderschaft der Scuola Vecchia untergebracht war; Letztere kann besichtigt werden. Atmosphäre, Geselligkeit, gute Küche: kleine gegrillte Fische, Krabben, Tintenfisch usw. Großer Gästetisch in der Taverne, eine Terrasse am Kanal im Sommer; wer keinen Hitzschlag erleiden will, muss hierfür unbedingt reservieren. • **Ostaria da Rioba**, fondamenta della Misericordia 2553 - Tel. 041-524 43 79 - Mo geschl. - Täglich wechselndes Menü (Fisch, Hase, andere Fleischarten). Hier ist man stolz darauf, keinen Tiefkühlschrank zu besitzen. 23-26 €. • **Antica Mola**, fondamenta Ormesini - Im Ghetto (dem einstigen jüdischen Stadtteil Venedigs), das von Touristen kaum aufgesucht wird. Besonders nostalgisches Ambiente, wo Cinephile in unmittelbarer

Nähe den Platz erkennen werden, auf dem Visconti einst eine Szene drehte ... Im Sommer sitzt man draußen am Kanal. • **Anice Stellatto**, fondamenta della Sensa 3272 (San Maecuola) - Tel. 041 720 744 - Mo geschl. - In dieser etwas abseits gelegenen Familien-Trattoria muss derzeit recht lange im voraus reserviert werden, um in den Genuss der hier gereichten köstlichen, kreativen Fischgerichte zu kommen. • **Alla Pergola**, Fondamenta della Sensa 3318. Am gleichen Kai nahe des Hauses von Tintoretto ein typischer, authentischer Bacaro mit Familienküche: *risotto, cichetti, canocce*.

BACARI

• **Vini da Gigio**, fondamenta San Felice 3628/a (zwischen Palazzo Vendramin und Ca' d'Oro) - Tel. 041-528 51 40 - Mo, 15. bis 31. Aug. und 15. bis 31. Jan. geschl. - Eine historische venezianische Adresse, wo immer noch *ombreta* getrunken wird in Begleitung von *cappesante in padella, crocchette di baccalà mantecato, sarde in saor con uvetta e pinoli*. Bemerkenswerte Weinkarte und sympathischer Empfang durch Paolo Lazzari. 28-44 €. • **Ca d'Oro** oder **alla Vedova** (Zur Witwe), calle del Pistor, hinter Ca' d'Oro. - Tel. 041-528 53 24 - Do und So mittags geschl. - Typische Bar, gute Fischgerichte wie *cicheti, spaghetti alle vongole, alla busara* und die Spezialität *polpette d'Alda* (köstliche Fleischbouletten). Keine Kreditkarten.

Castello (Giardini und Arsenal)

• **Alle Testiere**, calle del Mondo Nuovo 5801 (V. S. Zaccaria, zwischen S. Lio und S. M. Formosa) - Tel. 041-522 72 20 - So und Mo geschl. - Wenige Gedecke, zwei Servierzeiten, wozu unbedingt reserviert werden muss. Brunos Küche ist exzellent und kreativ, und Luca wird Ihnen den richtigen Wein aus

dem gut bestückten Keller des Hauses servieren; zudem ein gutes Käse- und Dessertangebot. • **Corte Sconta**, calle del Pestrin 3886 - Tel. 041-522 70 24 - So und Mo geschl. - 55 € - Die Kundschaft besteht größtenteils aus Intellektuellen und Künstlern, hervorragende Küche; die beste Adresse in Venedig ist noch immer vertraulich, da nicht leicht zu finden (Vaporetto-Haltestelle Arsenale, hinter der 1. Brücke calle de 11 Forno links, dann calle del Prestin). • **Al Covo**, campiello della Pescaria 3968 - Tel. 041-522 38 12 - Mi, Do, 15. Dez. bis 15. Jan. und Aug. geschl. - 49-67 € - Eine der bevorzugten Adressen der Venezianer wegen dem hier servier-

ten frischen Fisch aus der nördlichen Adria und dem Gemüse von den Laguneninseln. • **Dai Tosi-piccoli**, Seco Marina 738 (Giardini) - Tel. 041-523 71 02 - Mi geschl. - Ideal für eine Pause während der Biennale, um sich an *spaghetti con scampi, pizze*, dem Gemüse und vielem anderen zu ergötzen.

Die Giudecca

• **Harry's Dolci**, fondamenta San Biagio - Tel. 041-522 48 44 - Mi und 7.

November bis 26. März geschl. - 52-92 € - Hier trifft man im Sommer die besonders schicken Venezianer. • **L'Altanella**, Rio del Ponte Lungo Giudecca 268 - Tel. 041-522 77 80 - Nahe der großen Giudecca-Eisenbrücke. Vene-

zianische Hausmannskost: Polenta mit Tintenfisch, Risotto mit Fisch der Lagune. Liebenswürdig-unkomplizierter Service.

Der Lido

LIDO DE VENEZIA

• **La Favorita**, via Duodo 33 - Tel. 041-526 16 26 - Mo sowie Di mittags geschl. - 50 €. Gut interpretierte uralte Rezepte; köstlich zubereiteter roher Fisch.

• **La Battiglia**, via Nicosia 10 - Tel. 041-276 16 26 - Mi geschl. - 35 €. Gastliche Trattoria, in der Maria und ihr Sohn Gianluca Sie mit ihren Spezialitäten wie *saltata alla Battiglia*, aber auch *fritture miste, gnochi con scampi* usw. beglücken.

BARS

• **Bar Trento**, via sandro gallo 119/A. Machen wir es wie die echten Venezianer vom Lido: bestellen wir die *cicheto* mit einer *ombra* Wein.

MALLAMOCO

• **Al Ponte di Borgo**, calle delle Mercerie 27 - Tel. 041-770 090 - Mo geschl. - 40 €. Dieses historische Dorf, am Ursprung der Gründung der Stadt San Marco, sollte unbedingt besichtigt werden. Gute Fisch- und Gemüsegerichte, wozu man einen Fragolino de Malamacco trinken kann.

Murano

• **Ai Frati**, fondamenta Venier 4, Tel. 041-73 66 94. Hervorragende venezianische Küche. Vorwiegend Fischgerichte. Terrasse im Sommer.

• **Busa la Torre**, Campo Stanto Stefano 3 - Tel. 041-73 96 62 - Mittags tägl. geöffn. - Jahreszeitenküche, vorwiegend Fischgerichte, darunter die *moeche fritti*, hier ein Muss. Lele empfängt sympathisch.

• **Ai Bisatei**, Campo San Bernardo 1 - Mi geschl. - Diese populäre Osteria, in der man am Gästetisch neben den

Glasarbeitern von Murano sitzt, kocht gut und ist preiswert.

Burano

- **Osteria ai Pescatori**, Tel. 041-730 650 - Mo und Jan. geschl. - 26 € - Seit 200 Jahren gibt es hier die authentische Burano-Küche. Speiseraum und Garten sehr hübsch.
- **Al Gato Nero-da Ruggero**, fondamenta della Giudecca 88 - Tel. 041-730 120 - Mo, 15. bis 31. Jan. und 15. bis 30. Nov. geschl. - 26-52 € - Typisch.
- **Da Romano**, piazza Galuppi 221 - So abends und Di geschl. - Bekannt und anerkannt.

Torcello

- **Locanda Cipriani**, Tel. 041-735433 -

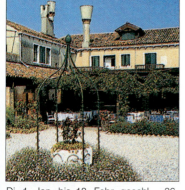

Di, 1. Jan. bis 18. Febr. geschl. - 36-41 € - Unmittelbar neben der Kathedrale Santa Maria Assunta, deren Mosaiken man sich unbedingt ansehen sollte.

Verona

- **Al Bersagliere**, via dietro Pallone 1 - Tel. 045-800 49 22 - So geschl. - 25 €. Im alten Stadtteil Filippini, im 16. Jahrhundert befand sich hier eine Mautstelle für Waren und Karossen, bietet diese authentische Veroner Trattoria unter anderen lokalen Spezialitäten einen mehrmals prämierten *baccallà alla vicentina* an, und die italienische und ausländische Weine umfassende Karte ist auch sehr gut. • **Al Capitan della Citadella**, piazza Cittadella 7 - Tel. 045-595 157 - Sa mittags und So geschl. - 32 €. Nahe des Amphitheaters wird Ihnen hier ein köstliches *risotto all'Amarone* serviert (Amarone ist ein Wein, der in der Umgebung von Verona produziert und in der lokalen Küche regelmäßig verwendet wird). • **Arche**, via delle Arche Scaligere 6 - Tel. 045-800 7415 - So, Mo mittags und 16. Jan. bis 13. Febr. geschl. - 41-62 € - Liegt dem berühmten Grabmal von Della Scala gegenüber und ist ein höchst edles Restaurant. • **Il Desco**, via Dietro San

Sebastiano 7 - Tel. 045-595 358 - So, Mo, 25. Dez. bis 10. Jan., Ostern und 15. bis 30. Juni geschl. - 62-93 € - Italienische Nouvelle Cuisine, sehr guter Weinkeller (2 Michelin*). • **Re Teodorico**, piazzale Castel San Pietro - Tel. 045-8349 990 - Mi und 7. bis 31. Jan. geschl. - 39-72 € - Schöner Blick auf Stadt und Fluss (Etsch). • **Bottega del Vino**, via scudo di Francia 3 - Tel. 045-80 04 535 - 31-52 € - Angenehme Weinbar nahe Piazza dell'Erbe: traditionelle Küche, gutgelaunt-informelles Ambiente. Einen Tisch im Eingangsraum an der Bar reservieren. • **Taverna di via Stella**, via Stella 5c - Mo geschl. - Morgens spielen die alten Veroneser in der Taverna Karten, und mittags werden sie dann abgelöst von denjenigen, die in der Stadt arbeiten und hier ihr *pranzo* einnehmen. 25 €. • **Trattoria Sant'**

Anastasia, corso Sant' Anastasia 27 - Tel. 045-800 91 77 - So, Mo mittags im Sommer, Mi in den anderen Monaten geschl. - 34-52 € - Kulinarische Küche: *torteli di zucca, piedini misti di mare caramelle di mascarpone e basilico al sugo di ciliegino fresco*, und das Dessert *zabaione au café*. • **Osteria le Vecete**, via Pelliciai 32 - So geschl. - Weinbar, Aufschnitt, gesellig. • **Al Camiere**, piazza San Zeno 10 - Tel. 045-803 0765 - Mi abends, Do, 30. Dez. bis 15. Jan. und 1. bis 12. Juli geschl. - 28-39 € - Nahe der romanischen Basilika

San Zeno. Gepflegte Küche, vorwiegend lokale Produkte. Spezialitäten: *carni sulla griglia* und höchst seltenen *bollito misto salsa peara*. • **Trattoria San Basilio**, via Pisano 10, Borgo Venezia - Tel. 045-52 04 75 - So geschl. - 25 €.

Östl. von Ponte Navi, etwa 1 km von der Piazza Bra. • **Rubiani**, piazzetta Scalette Rubiani 3 - Tel. 045-800 68 30 - 25. Jan. bis 25. Febr. und So geschl. - 31-47 € - Eines der guten Restaurants dieses nahe des Amphitheaters gelegenen Viertels, in dem es an Speiseangeboten nicht mangelt: *risotto ai bruscandoli* und für Neugierige ein *coniglio al caffè*. • **Osteria all' Oste Scuro**, vicolo San Silvestro 10 - Tel. 045-59 26 50 - Sa mittags, So, 1. bis 7. Jan. und 8. bis 25. Aug. geschl. - 43-62 € - Zwei kleine Räume in einem Palast des historischen Zentrums, wo Sie dank Giuseppinas die

Spezialitäten von Verona entdecken werden: *sfilacciata di cavalo* und *la pastisada*. • **Osteria dal Duca**, via Arche Scaligere 2 - Tel. 045-59 44 74 - Hauptsächlich einheimische Gäste, die wegen der *pastisada de caval* (Pferderagout), der Spezialität Veronas, hier einkehren. • **Al Pompiere**, vicolo Regina d'Ungheria 5/10 - Tel. 045-803 05 37 - So und Mo mittags geschl. - 30 €.

CAFÉS UND BARS

• **Caffè Tubino**, corso Porta Borsari 15d. Eine kleine Bar, die Kaffee in jeglicher Form serviert: *macchiato, samba, viennese* ... zudem *gelati*. • **Gelateria Pampanin**, via Garibaldi 24. Naürliche Aromen. • **Campidoglio**, piazzetta Tirabosco 4 - Die in einem ehemaligen Kloster (mit alten Fresken) eingerichtete Bar für Yuppies. • **Enoteca Dal Zovo**, vicolo San Marco in Foro 7 - Weine in großer Auswahl: Amarone und Recioto.

Soave

• **Lo Scudo**, via San Matteo 46 - Tel. 045-768 07 66 - So abends, Mo, 1. bis 15. Febr. und 15. bis 30. Aug. geschl. - 34-52 € - Reserv. erwünscht. Gute venezianische Küche. • **Al Gambero**, Corso Vittorio Emanuele 5 - Tel. 045-768 00 10 - Di abends, Mi und 10. bis 30. Aug. geschl. - 18-23 € - Traditionelle Küche und Fischgerichte. • **Enoteca del Soave**: Hier verkostet und kauft man Weine und Spumanti der Region um Verona: Soave, Recioto.

Lago di Garda

Torri del Benaco

• **Bell'Arrivo**, piazza Calderini 10 - Tel. 045-6 29 90 28. Wegen dem hier servierten Seefisch und der Lage die bekannteste Adresse von Torri. 25 €.
• **Don Diego**, vicolo Fosse 7. Eine Taverne im historischen Zentrum: informell, jung, bis sehr spät geöffnet.
• **Osteria da Ago e Rita**, in San Felice, via Frader 59 - Tel. 045-6 29 00 54. Für ein Essen zwischen Olivenbäumen auf dem Land.

Lazise

• **La Kambusa**, via Calle Prima - Tel. 0457-58 01 58 - Hier empfehlen wir die Hummer-Spaghetti mit (im Holzfeuer) getoastetem (und mit Olivenöl benetztem) Brot. In der Hochsaison reservieren.

San Zeno di Montagna

• **Taverna Kus**, via Castello 14 - Tel. 0457-85 667 - Mi sowie Do mittags geschl. In einem alten Bauernhaus des Monte Baldo; das Restaurant wurde in einem großen Raum mit Gewölbe aus trockenem Stein eingerichtet. Regionale Rezepte und Produkte: Spargel, Esskastanien, Trüffel und andere Pilze.

Padua

• **Antico Brolo**, Corso Milano 22 - Tel. 049-66 45 55 - Mo geschl. - 34-52 € - Stets frische Jahreszeitenküche. Im Sommer Abendessen bei Kerzenschein im Garten.

• **Il Michelangelo**, corso Milano 22 - Tel. 049-65 60 88 - Sa mittags, Mo und Ende Aug. geschl. - 26-31 € - Reservieren.

• **Mario e Mercedes**, via S. Giovanni da Verdara 13 - Tel. 049-871 97 31 - Mi, Weihn., Neujahr und 15. bis 31. Aug. geschl. - 26-34 € - Die besten venezianischen Spezialitäten, ein Familienbe-

trieb, edle Einrichtung, kurz, eine gute Adresse.

CAFÉS UND BARS
• **Caffe' Pedrocchi**, 1831 von Antonio Pedrocchi eröffnet, galt lange als das eleganteste Café Europas. Seit seiner Restaurierung hat der oktogonale Raum heute wieder seine ursprüngliche Form; die drei historischen Salons in den Nationalfarben Weiß, Rot und Grün wurden renoviert. Das neogotische Pedrocchino gleich nebenan ist nun eine Patisserie. Besuch unumgänglich. • **Margherita**, piazza della frutta 44. Hier trifft man sich zur Aperitifzeit für Haus-Cocktails, darunter den *margherita*. Eine Hochburg der Studenten.

Dolo
• **Locanda alla Posta**, Tel. 041-410 740 - Mo geschl. - 31 € - Fischrestaurant.

Vicenza
• **Scudo di Francia**, Contrà Piancoli 4 - Tel. 0444-323 322 - So abends, Mo und August geschl. - 31 €. In einem venezianischen Palast, nahe der Piazza Signori, Meeresspezialitäten. • **Al Pestello**, contrà Santo Stefano - Sa mittags, So und Mo mittags geschl. Eine Karte im hiesigen Dialekt, nicht leicht zu lesen; einfach bestellen, nichts als angenehme Überraschungen. • **Antica Casa della Malvasia**, Contrà Morette 5 - Tel. 044-543 704 - Mo geschl., nahe der die Piazza dei Signori überragenden Torre Bissara. Gestaltung und Küche traditionell. • **Gran Caffe' Garibaldi**, piazza dei Signori 5 - Tel. 0444-544 147 - Di abends, Mi und Nov. geschl. - 23 € - Entweder trinkt und isst man hier eine Kleinigkeit an einem der Marmortische im schönen großen Raum des Erdgeschosses oder man begibt sich ins Restaurant mit traditioneller Küche im 1. Stock. • **Osteria Il Cursore**, stradella Cursore 10 - Tel. 0444-32 35 04 - Populär und sympathisch, auf dem Tisch die ganze lokale Tradition: *sopa, bigoi* und *baccalà*. • **Antica Offelleria Meneghina**, via Cavour 18, die historische Bar, in der man seinen Kaffee an der Theke trinkt oder auf der Terrasse mit Blick auf die Basilika im Stil Palladios.

Treviso
• **Osteria Al Naneti**, vicolo Brodi 2. Einer dieser geselligen Orte, wo einem Wein mit *ciccheti, crostini, formaggi* und *salumi* serviert werden. Die Treviser gehen so von Osteria zu Osteria, zum *fare ciacole* mit ihren Freunden. • **Le**

Beccherie, piazza Ancillotto 10 - Tel. 0422-54 08 71 - So abends, Mo und Ende Juli geschl. - 28-39 € - Eines der ältesten und berühmtesten Restaurants der Stadt, das sich bemüht, die große kulinarische Tradition der Region fortzuführen. • **Al Cavallino**, borgo cavour 52 - Tel. 0422-41 801 - Einst eine Postwechselstation nahe Porta S. Quaranta. Garantierte Treviser Tradition: *sopa cauda* (gibt es längst nicht überall), *baccalà alla vicentina*, eine Radieschen (*radicchio*)-Spezialität in der Saison. • **Toni del Spin**, via Inferiore 7 - Tel. 0422-54 38 29 - So und Mo mittags geschl. - Alle Spezialitäten: *sopa cauda, baccalà, riso al radicchio* ... im Rahmen einer edlen Trattoria. 25 €. • **All' Antica Torre**, via Inferiore 55 - Tel. 0422-58 36 - So geschl. - Zwei kleine Speiseräume voller Bilder - vom Inhaber selbst gemalt. Fisch und eine gute Weinkarte. 40 €.

LOKALE PRODUKTE

• **Treviso Doc**, via Municipio 1. Hier gibt es die vier Treviser DOC: *Prosecco de Conegliano-Valdobbia-dene, Colli de Conegliano, Colli Asolano* und *Montello*.
• **Bottega del Baccalà**, via Pescheria 12: regionale Spezialitäten. • **Pasticceria Guiscardo Casellato**, via Portico Oscuro 11. Seit 1870 für seinen Kakao bekannt. Ihrem *tiremesù* (wie es in Venetien heißt) bleibt sie ebenfalls treu.

Marostica

Eine schöne mittelalterliche Stadt, die einen Besuch lohnt. Marostica ist auch bekannt für seine Schachspiele mit lebenden kostümierten Figuren auf dem großen Schachbrett der piazza Castello. • **Castello Superiore**, via Cansignorio della Scala 3 - Tel. 0424-728 66 - Di geschl. - Die beste Adresse am Ort. • **Scacchiera**, piazza Castello - Tel. 0424-72346 - Mo geschl. Am unteren Platz des Castello.

Asolo

• **Ai Due Archi**, via Roma 55 - Tel. 0423-95 22 01 - Mi abends, Do und 15. bis 30. Jan. geschl. - 21-36 €.

• **La Tavanetta**, via Schiavonesca 45 (2 km entf.) - Tel. 0423-95 22 73 - Di geschl. - 16-26 € - Wenige Gedecke. Reservieren.

• **Osteria alla Chiesa in Monfumo**, via Chiesa 14 - Tel. 0423-54 50 77 - Mo, Di mittags geschl. Eine authentische Adresse: phantastisches Spargel-Risotto in der Saison.

Bassano di Grappa

• **Ca'7**, via Cunizza da Romano 4 - Tel. 0423-95 22 01 - Mi abends oder Do, 15. bis 30. Jan. geschl. - Bassano ist bekannt für seinen weißen Spargel, der im Frühjahr in allen möglichen Formen zubereitet wird. In einem eleganten Speiseraum kulinarische Genüsse mit einer *zuppa di asparargi bianchi, cappesante dorate con asparagi* ...

LOKALES PRODUKT: SPARGEL
Im Frühjahr. • **Ceramiche Barettoni**, via Tuna 1, Casella d'Asolo. Von jeher wird hier Spargel-Geschirr angeboten.

Miane

• **Da Gigetto**, via A. de Gasperi 4 - Tel. 0438-960020 - Mo abends, Di, 7. bis 25. Jan. und 1. bis 25. Aug. geschl. - 26-39 € - Ein hervorragendes Restaurant; rustikal und gediegen. Italienische Küche: fein und originell, mit den Vorzügen, aber nicht den Nachteilen der Nouvelle Cuisine. Weinkeller und Empfang außergewöhnlich gut.

Belluno

• **Al Borgo**, via Anconetta 8 - Tel. 0437-926 755 - Mo abends, Di und 15. bis 30. Jan. geschl. - 19-31 € - Diese schöne venezianische Villa ist ein privilegierter Ort: Kultur verbunden mit guter Küche.

Mel, 14 km von Belluno

• **Antica Locanda al Cappello**, piazza Papa Luciani - Tel. 0437-753 651 - Di abends, Mi und 2 Wo im Juli geschl. - 21-29 € - Eine ehemalige Posthalterei, was auch die alten Schilder an diesem Palast aus dem 17. Jh. bezeugen. Hier wird nach alten Rezepten gekocht.

Cortina d'Ampezzo

• **El Toulà**, ronco 123 - Tel. 0436-3339 - Mo und Jan. geschl., 20. Dez. bis 12. April und 20. Juli bis Ende Aug. geöffn. - 31-47 € - Das eleganteste Restaurant Cortinas.

• **Bellavista-Meloncino**, in Gillardon - Tel. 0436-861 043 - Di, Juni und Nov. geschl. - 31 € - Ab Cortina-Zentrum Rtg. Falzarego. Ein kleines, von den Habitués des Wintersportortes sehr geschätztes Restaurant.

• **Da Beppe Sello**, via Ronco 67 - Tel. 0436-3236 - Di geschl. - 28-47 € - Uns gefällt die großzügige Küche dieses kleinen Chalet-Hotels dritter Kategorie; man sitzt entweder im Speiseraum im Tiroler Stil oder (im Sommer) auf der Terrasse.

• **Da Leone e Anna**, via Alverà 112 - Tel. 0436-2768 - 28-44 € - Ardische Spezialitäten.

• **Baita Fraina**, Fraina - Tel. 0436-3634

- Mo außerh. der Saison geschl. - 31-47 € - Die Atmosphäre dieses isoliert in einem Wald in den Bergen gelegenen Chalets ist freundlich und ungezwungen. Hausmannskost.

• **Il Meloncino al Lago**, lago Ghedina - Tel. 0436-860 376 - Di, Juli und Nov. geschl. - Ein geschmackvoll-rustikales Chalet in wundervoll natürlicher Umgebung.

• **El Zoco**, via Cademai 18 - Tel. 860 041 - 26-36 € - Reservierung erbeten.

• **Son Zuogo**, Passo Tre Croci 1 - Tel. 0436- 86 75 71 - Di geschl. - Diego Ghiretti serviert auf seiner großen Veranda einen seltenen Pilz, den er in der nahen Umgebung sammelt: eine vor allem in der Schweiz verbreitete Pilzsorte. Wenn er ihn findet, bietet er ihn *alla griglia* oder mit *tagliolini* an. Ansonsten Risotto und Polenta, selbstverständlich mit Pilzen.

BAR

• **Bar del Posta**, *Hôtel de la Poste*, Piazza Roma. Hemmingway soll sich in dieser Bar mit plüschiger Atmosphäre sehr wohl gefühlt haben. Der Cocktail des Hauses heißt *dolomite*.

Pilze aus den Cadore-Tälern

Tai di Cadore
- **Lo Scoiattolo**, Al Mas, Nebbìu di Cadore - Tel. 0435-50 02 00 - Mai geschl. - 25 €. Im Wald verborgen, Tagesmenü entsprechend Ernte und Marktangebot.

Valle di Cadoro
- **I Portico,** via Rusecco 43 - Tel. 0435-30 236 - Mai geschl. - 30 €. Kreative Küche mit lokalen Produkten.

San Vito di Cadoro
- **La Scaletta**, via Calvi 1 - Tel. 0436-89 04 69 - Mai geschl. - 35 €.

Hütten in Senes-S. Vito
- **Larin**, in Gillardon - Tel. 0436-861 043 - Di, Juni und Nov. geschl.

Vodo di Cadoro
- **La Chiusa**, via Ruvignan - Tel. 0435-48 92 88 - Mai geschl. - 50 €.

FRIAUL VENEZIA GIULIA

Splimbergo

- **Osteria da Afro**, via Umberto 114 - Tel. 0427-2264 - So geschl. - Ein guter Stopp nach dem Besuch des wunderschönen historischen Zentrums mit Schloss und Dom „romantisch"-gotischen Stils. *Bolliti, spezzatino di puledro* und *oca* (Gans), die Spezialität des Hauses. 25 €. Reservieren.

San Daniele

- **Prosciuttificio Prologo**, via Trento e Trieste 129 - Tel. 0432-470 291 - Sa (außer mittags im August und Dezember) sowie So geschl. - Eine der besten Schinkensorten Italiens, etwa 13 €/Kilo mit Knochen.

Zomeais di Tarcento

- **Da Gaspar**, via Gaspar 1 - Tel. 0432-785 950 - Mo, Di und Juli geschl. - Am Ende des Del-Torre-Tales; hier delektiert man sich an *gnocchi di zucca*, Pilzen und anderen Saisongerichten. 25 €. Keine Kreditkarten. Reservieren.

Udine

- **Alla Vedova**, via Tavagnacco 8 - Tel. 0432-470 291 - So abends, Mo und 10. bis 25. Aug. geschl. - 23-34 € - Atmosphäre sympathisch, Küche wie man sie liebt.

Weinberge der Colli Orientali

Ramandolo-Nimis

- **Azienda Agricola Giovanni Dri "il Roncat"**, via Pescia 7 - Tel. 0432-470 291 - Sa und So nach Vereinbarung. Die erste Etappe zum Kennenlernen der großen Friaul-Weine. Weine der Colli Orientali wie Rocat Rosso 1997: 25 €, Refosco 2000: 8 €, Ramandolo 2000: 10 €. Keine Kreditkarten.

Cividale dei Friuli

- **Zorutti**, Borgo di Ponte 9 - Tel. 0432-73 11 00 - Mo geschl. - 26 € - Reich an kulinarischer Tradition, Großes Angebot regionaler Gerichte.
- **Taverna Lungolombarda**, via Monastero Maggiore 5 - Tel. 73 16 55 - Di und Mi geschl. - 21 € - Gute traditionelle Küche.

Stregna

- **Ristorante Sale e pepe**, via Roma 19 - Tel. 0432-72 41 18 - Mi geschl. - 21 € - Einige Kilometer von Cividale ist dies die beste Adresse zum Entdecken der Spezialitäten des Natisone-Tals: *gubana, struki*; daran denken, den Wein dieser Gegend, den Refosco, zu bestellen. Kastanien und Honig aus dieser Gegend sind ebenfalls sehr beliebt.

Weinberge des Collio

Cormons

- **Cantina Produttori Cormons**, via vino della Pace 31 - So geschl. - Zum Kaufen einiger Flaschen Oro del Collio vom berühmtesten Weinberg des Friaul.
- **Trattoria Al Cacciatore della Subida**, Loc. Monte 22 - Tel. 0481-60 531 - Di und Mi geschl. - Eine historische Adresse für friaulische Gerichte. Die „Grenzküche" Josko Sirks, der friaulische mit slowenischen Aromen mixt, etwa seine berühmten, mit Zimtbutter gefüllten Gnocchi.

Palmanova

- **Alla Campana d'Oro**, via Borgo Udine 25/B - Tel. 040-92 87 19 - So abends und Di geschl. - Eine gute, äußerst traditionelle Trattoria nahe der Porta Udine: *polenta* zu den *gamberi fritti* der Lagune, aber auch nach alten Bauernrezepten zubereitete Gerichte wie *zuppa di orzo e fagioli all'aceto*. 30 €.

Die Küste

Grado

- **Tavernetta all'Androna**, calle Porta Piccola 6 - Tel. 0432-80 950 - Mai geschl. - 50 €. Verborgen in einer Gasse nahe der beiden ältesten Kirchen von Grado gelegen. Hier gibt es *boreto di pesce misto*, *taglierini al grazoporo* und weitere mit fangfrischem Fisch zubereitete Spezialitäten. Exzellent.

Duino

- **Alla Dama Bianca**, Duino porto 61/C - Tel. 040-20 81 37 - Auf der Terrasse am kleinen Hafen wird besonders frischer Fisch serviert.

Triest

- **Antipastoteca di Mare alla Voliga**, via della Fornace - Tel. 040-30 96 06 - So abends und Mo geschl. - Das Restaurant bietet zahlreiche Spezialitäten aus Istrien und Triest an. Hier speist man vortrefflich ab 10 €. Nur ein einziges Dessert: *palacinche*, Crêpe mit Schokolade oder Konfitüre. Keine Kreditkarten. • **Osteria de Marino**, vial del Ponte 5 - Tel. 040-366 596 - Sa und So mittags geschl. Im Ghetto von Triest. Maurizio bietet eine große Auswahl Käse, Wurst und Fleisch an. Sehr beliebt, weshalb reserviert werden muss. • **Al Granzo**, piazza Venezia 7 - Tel. 040-306 788 - Mi geschl. - 26-36 € - Eines der beliebtesten Fischrestaurants von Triest. Versuchen Sie, einen Tisch dem hübschen Fischmarkt gegenüber zu bekommen. • **Al Bragozzo**, riva Nazario Sauro 22 - Tel. 040-303 001 - So, Mo, 20. Dez. bis 10. Jan. und 25. Juni bis 10. Juli geschl. - 31-44 € - Eines der besten und beliebtesten Restaurants am Hafen. • **Trattoria ai Pescatori**, riva Gulli 4 - Tel. 051-70 01 02 - Mo vom 15. bis 31. Aug. und 2 Wochen im Febr. geschl. - 36 € - Ein kleines, ganz holzvertäfeltes Restaurant mit freundlichem Ambiente. Zahlreiche Fischgerichte, Angebot je nach Saison und Tagesfischfang. Die schmackhafte Küche ist ohne Schischi.

WEINBAR UND BUFFET

- **Buffet da Pepi**, via cassa di Risparmio 3 - Tel. 040 366 858 - So geschl. Das Buffet ist eine Triester Tradition, gekocht wird den ganzen Tag über: *panini con porzina* im berühmten *bolliti*. Da Pepi ist diesbezüglich eine wahre Institution.

- **Enoteca Nanut a Ponterosso**, via Genova 10/E. So mittags und Mo geschl. Im Stadtteil Ponterosso mit *der* mitteleuropäischen Atmosphäre der Stadt, ist der gute Ruf von Lucas Nanut sowohl auf seine Weinkarte als auch auf seine Küche zurückzuführen.

CAFÉS

- **Caffe' San Marco** - 1904, zur Zeit der Doppelmonarchie eröffnet; die kürzlich vorgenommene Restaurierung sollte die Atmosphäre jenes Literatencafés wiederherstellen, in dem sich einst Umberto Saba und Italo Svevo trafen und heute Schriftsteller wie Claudio Magris und Giorgio Voghera. Anlässlich der Wiedereröffnung verband sich das San Marco partnerschaftlich mit zwei Cafés, die im kulturellen Leben Europas ebenfalls eine große Rolle spielen: dem *Hungeria* in Budapest und dem *Florian* in Venedig.

- **Caffe' degli Specchi**, piazza dell'Unita de' Italia - Am größten Platz von Triest und Ausgangspunkt der Stadtbesichtigung. Hier sollten Sie abends etwas trinken und den Sonnenuntergang am Meer betrachten.
- **Caffè Pasticceria Pirona**, largo Barriera Vecchia 12. Auf den Spuren von James Joyce, der hier gern einen Aperitif oder Kakao mit *presnitz, putizza* und *pinza* zu sich nahm.
- **James Joyce Café**, via Roma 14 - So geschl. Die Fotos an den Wänden belegen, wie sehr der irische Schriftsteller Triest zugetan war.

Guide de Charme

IN DER GLEICHEN REIHE:

Hotels und Landgasthöfe
mit Charme in Frankreich

Landgasthäuser
mit Charme in Frankreich

Hotels, Landgasthäuser und Agriturismo
mit Charme in Italien

Hotels und Landgasthäuser
mit Charme in Spanien

Printed in France
by I.M.E., 25110 Baume-les-Dames
Dezember 2010